U1000019

本書出版得到國家古籍整理出版專項經費資助

郝懿行集

（三）

[清] 郝懿行 著

安作璋 主編

齊魯書社

春秋説略

晁岳佩　點校

春秋説略目録

自叙

一

《春秋》難説也，立乎定哀以指隱桓，隱桓遠矣；立乎今日以指定哀，定哀又遠矣。古有説者，左氏以事，公、穀以義，胡氏以文。説以事者博，説以義者約，説以文者繁。其敝也，博而駁，約而膠，文而蔽。然則奚從？皆可從也。古之説者多矣，就其善者亦宜然也。或事同而文異，或文同而義殊，或孤立而無援，或比肩而有耦，或顯義達情，或微文見義，此皆可説者也。不以日月説，不以名爵説，不以書王不書王、稱天不稱天説。凡所説者，質而已，非有文也。事者有説者也則不説，義者有説者也無多説，經所無者不能説也，經所有者不具説，蘄明大義而止，猶未知當否也。凡説之蔽，駁而不博，膠而無約，蔽而不文。乾隆壬子孟夏晦日，郝懿行自叙。

二

是編自壬子初脱稿，越明年以内艱廢業，逮乙卯歲復加訂正，增以十例，爲第二稿。今年秋讀膠西法氏《春秋取義測》，因檢是編，重加校定，爲第三稿。先是，己未、庚申間，紀文達公引余説《春秋》，遂睹是編，深加嗟賞，且曰：「吾覽《春秋》無慮百數十家，惟兹能剗盡千秋藤葛。」欲爲叙以梓行，余退讓未遑也。未幾，以外艱歸。歲癸亥，復來都門，而公以抱疴不時見。比今年正月，公以疾薨，屬負兹時與汪兄鋭齋言，猶以未及作叙爲憾。嗚呼，公可謂好學也已。篇中隱三年「君氏卒」，從顧氏《日知録》之解，是公所親定也，因録其語以志知音之感云。嘉慶乙丑八月望後一日，郝懿行識。

春秋説略例言

一曰《春秋》不敢褒貶天王。天王者，天下之共主，臣子之君父也。春秋之時，諸侯强，大夫僭，陪臣干政，於是孔子修《春秋》，書王法，道名分，上以尊天子，達王事焉。今曰王不稱天，文乃是貶，是身自爲僭，何以責天下之僭乎？故愚以爲説《春秋》者明臣子之義，廣忠孝之心，當自不敢褒貶天王始。

二曰説《春秋》者不得妄生褒貶。《春秋》，聖人之書，簡易明白，廣大精微，義具言中，情餘文外，讀書承學之士不過依文求義粗通大旨而已，於聖人之心蓋不可以道里計也。今自説《春秋》者張大其辭，如云「一字之褒逾於華衮之贈，片言之貶過於蕭斧之誅」，然則《春秋》本簡易，説者自以艱深淆之耳。且所謂褒貶者，左有左之例，公有公之例，穀有穀之例，胡又有胡之例，而此諸家之例又斷斷不能相通。我不識《春秋》一句之文，何故有如許不能相通之例。且彼所謂例者，非自孔子口授而筆傳也，直以其意造爲之耳，朱子譬之命格，是人所作，非從天下，斯乃通人之論。愚以爲《春秋》無褒貶，説《春秋》者有之耳。《春秋》直書其事，褒貶自見，如書「天王使宰咺來歸惠公、仲子之賵」，直著秋七月有此事而已，此事不須傳説，可知爲非禮之事，便是聖人所以垂教處，更不須問此一句中何字是褒貶。

三曰説《春秋》者好於經所無處尋褒貶。《春秋》皆實録也，其多一字少一字皆事實如此，不得不然，非夫聖人意爲增減也。如書「公及邾儀父盟于蔑」，此實公及，不得不稱公也；又書「及宋人盟于宿」，此實非公及，不得稱公也。據事直書，何等明白。又如書爵書人，皆實録也，書爵者君，書人者大夫，按：書爵是君，書人是大夫，獨至執諸侯則謂不繫於稱爵稱人，當更詳之。何等明白。今自説者曰不稱公者没公也，又曰此君也貶人之。夫君也可貶而人之，然則人也亦可褒而君之乎？本有公者既可削而没之，然則本無公者亦可增而有之乎？如書「諸侯盟于扈」，亦可變而書公及諸侯盟于扈乎？以無爲有，以虚爲實，何以爲《春秋》。

四曰《春秋》多闕文。昔人云，今之《春秋》非皆聖人親筆，蓋傳授遞更，失其真者或多矣。左氏經文近古，乃自傳中抽出者，公、穀二經初皆口授，未書竹帛，是以闕誤頗多。王安石不喜《春秋》，詆爲斷爛朝報，正謂此耳。然其脱文誤字，以義推之，今皆大略可見。如桓之篇「春正月」無王，不書秋冬，又如「寔來」、「及處父盟」之類皆是也。今自説《春秋》者好於闕文尋褒貶，正月無王、不書秋冬，則以爲削之，「寔來」、「及處父盟」則以爲貶之。夫闕文，聖經之不幸也，然文雖闕而義可尋，不幸之中猶有幸焉。至於汩之以傳説，淆之以褒貶，一若闕誤爲聖人有意爲之者，支離破碎，穿鑿附會，此則聖經真不幸也已。

五曰《春秋》經文當從左氏。左氏記事近古，似非鑿空爲之者，其於經文亦較完善，且公、穀二經與左氏異者不過人名地名之類，非大義所關。昔朱子刻四經文字於漳郡，《春秋》經一從左氏，蓋以此與。然其間不無脱誤，賴公、穀二經而明者亦有矣。今斷以經從左氏，左氏闕誤乃從公、穀。如「紀子帛」、「吴入郢」之類，是皆異文不可讀者也。「單伯送王姬」，以逆爲送；「次于聶北」作曹伯，「城邢」又作曹師；「會于承筐」稱叔仲彭生，「伐邾」又稱叔彭生，是皆異文不可通者也。上書「齊高固來逆叔姬」，下書「子叔姬」，是闕文無其義者也。諸如此類，參用公、穀，以訂闕誤。其三經并誤或俱闕，無從考正，則一仍其舊。

六曰左氏深於經，以其言褒貶少也。先儒謂左氏史學，公、穀經學，竊謂不然。《春秋》聖人之筆，意思平厚，安得每書一字即有許多褒貶，公、穀説經乃字字求褒貶，夫字字求褒貶乃經生險薄之習，非聖人意也。左氏則異是，但叙本事，令人讀之褒貶自見，往往得聖人渾厚之旨，惟其間傳聞異辭，是非多謬。如稱族尊君命、舍族尊夫人之類，支離妄説；稱君君無道、稱臣臣之罪之類，謬戾背經，此則其蔽也。其曰《春秋》之稱「微而顯，志而晦，婉而成章，盡而不汙，懲惡而勸善」，此言亦非公、穀所及。公、穀之意往往綜核名實及尋文究義，妄生褒譏，卒至名實顛倒，樊然淆亂，此説經求深之過也。故愚以爲左氏爲史而經明，公、穀爲經而經蔽。昔張大亨以《春秋》義問蘇氏軾，軾答書云：「《春秋》，儒者本務，然此書有妙用，學者罕能領會，多求之繩約中，乃近法家者流，苛細繳繞，竟亦何用。惟左氏明識其用，終不肯盡言，微見端兆，欲使學者自求之。」見蘇籀《雙溪集》。蘇氏此言近得其實。

七曰説《春秋》者好緣傳生義，不顧經文，及説不去，則寧屈經而伸傳，終不肯舍傳而從經。如趙盾、許止之事，按之經文書法本無可疑，乃爲説曰「盾亡不越境，止坐不嘗藥」，遂令千載而下都欲解免二賊，此尤害義傷教之顯然者，而經生家猶謂傳未可廢。夫傳至悖理害經而猶謂未可廢，然則經顧可廢乎？《春秋》誅亂賊，此尤聖人垂世翼教之大端，今按三傳往往故入人罪，輕出人罪。如「盜殺衛侯之兄」本不知孰誰，而必實其人曰齊豹也。鄭伯髡頑書卒，而必證其事曰弑也。夫弑而書卒是巨奸漏網矣，豹而書盜得不令鬼哭含冤乎？竊謂説經當一以經爲主，傳與經合則知其必可信也，傳與經違則知其不可從也，以此求之，三傳孰爲得失，必有能辨之者。范武子曰：「傳以通經爲主，經以必當爲理，三傳殊説，擇善而從，既不俱當，庸得不并舍以求宗，據理以通經。」又曰：「雖我之所是，理未全當，安可以得當之難而自絶於希通哉。」此言可爲治經者法。

八曰《春秋》刑書也。刑書之例一成不移，故法必行而人知畏。今自《春秋》之例朝令夕更，既云「君弑，賊不討不書葬」，而蔡景公書葬又云「君子辭也」；大夫盟諸侯既云「大夫伉」，而諸侯之大夫盟袁僑又曰「大夫張也」；「及宋人盟」則曰微者，「及齊高傒盟」則又曰公也。然則《春秋》一萬八千言，徒供舞文之吏顛倒是非播弄口舌耳，惡足爲聖人垂教之書乎？三傳之中，左氏例差簡，公、穀則繁矣，胡氏又加繁，然輕重任情，紛更百出，所謂法令滋章者也。近日方望溪乃有《春秋解》，自以爲頗得其要領，然蒙意觀之，其於新舊諸例過而存者尚多矣。故愚以爲治《春秋》者當如漢高帝三章約法，不當如狙公賦芧朝四暮三。

九曰《春秋》聖人義理之書，本不待傳而明，如必待傳而明則是《春秋》不足於經也，且聖人著經時寧知後世有傳乎？經待傳而明者十之一，不待傳而明者十之九，其因傳而汩者十之五六矣。如「鄭棄其師」、「梁亡」之類是必待傳而明者也。上書「狄入衛」，下書「諸侯救邢」，則知入衛之後禍又及邢矣；上書「戍鄭虎牢」，下書「楚公子貞救鄭」，則知戍鄭之邑所以難鄭矣。如此之類是不待傳而明者也。經言「晉人、秦人伐鄭」，傳言「晉侯、秦伯」；經言「齊、宋、江、黄盟貫」，傳言「諸侯皆來」；至吳、楚稱人則爲進之，齊、晉稱人又爲貶之，如此之類是經因傳而汩者也。以此求之，思過半矣。

十曰比事屬辭，《春秋》教也。何謂比事？事同相比，事異相比。如救邢救徐，皆先次後救；「公孫敖及諸侯之大夫救徐」，「叔孫豹及諸侯之大夫盟陳袁僑」；「及齊大夫盟于蔇」，「及晉大夫盟于扈」，是皆事同相比，其義自明者也。如正月書「公在楚」，其在齊、晉則不書公在齊、晉；正月書「公在乾侯」，其居鄆則不書公在鄆；僖公之不雨以月舉，文公之不雨以時舉，是皆事異相比，其義自見者也。何謂屬辭？辭同相屬，辭異相屬。上書「宋人執鄭祭仲」，下書「突歸于鄭」，則知突挈乎仲矣；上書「戎侵曹」，下書「赤歸于曹」，則知赤挈乎戎矣，如此之類，辭同相屬者也。上書「會于垂」，下書「璧假許田」，則知爲賂鄭矣；上書「會于平州」，下書「取濟西田」，則知爲賂齊矣，如此之類，辭異相屬者也。雖然，治《春秋》者屬辭之教易明，比事之類難通，通於其義，則可以斷天下之疑，成天下之務。故曰治世莫近於《春秋》。乾隆乙卯五月二十一日。

春秋説略卷一

隱　公

元年，春，王正月。

元年，君之始年也。春，周春也。王，周王也。周之正月，夏之十一月也。表年於魯，魯史也。繫正於王，王周也。元年必舉正月，謹始也。不書公即位何也？不行即位之禮，史故不書。〇惠公之終不見於經，隱公不書即位，其義蓋不可知。傳曰攝也，非也。攝則不稱公，稱公則非攝。

三月，公及邾儀父盟于蔑。

及者與也。《春秋》之法以内及外，以大及小，不以賤及貴，不以外及内。儀父，邾君之名也，時爲附庸故稱名，後爲諸侯故稱爵。莅牲曰盟，相見曰會。〇舊説儀父，字也，方氏苞謂「《春秋》無書字之法」，今從之。

夏，五月，鄭伯克段于鄢。

傳曰段不弟故不稱弟，非也。不弟者，正當稱弟以見之，「陳侯之弟招」是也。或曰《春秋》之初皆不稱弟，史文略也，非也，齊年、鄭語不皆稱弟乎？段不稱弟，蓋非弟也。非弟則何以不書族？《春秋》之初皆不書族也。克者，力勝之，傳曰殺之，非也。稱鄭伯，君將也，凡君將皆不言帥師。

秋，七月，天王使宰咺來歸惠公、仲子之賵。

仲子者何？或曰惠公妾，或曰惠公母，據僖公成風之例。不知也。賵者，以車馬助喪紀也。孰爲賵？兼賵也，若非兼賵，則不須言惠公也。天王之尊下賵諸侯妾，非禮可知。宰，官；咺，名也。宰周公則書爵，宰咺、宰糾則書名，不知也。《公羊》以宰爲宰士，近是。或曰書名，孔子貶之，非也。天王則無貶，於其宰焉則貶之何？《春秋》書爵書名，各從其實，非褒貶所在也。

九月，及宋人盟于宿。

内稱及，外稱人，皆微者也，微者不目。宿，微國也。凡盟以國地者，國主亦與盟。〇此微者，但非君耳，或卿或大夫不可知。《春秋》之初，外大夫會盟、侵伐皆稱人，自晉士穀盟垂隴，外大夫會盟書名之始也，陽處父救江，外大夫侵伐書名之始也，皆起於文公之世。凡稱人稱名，史文詳略，隨世以變，非義例所在也。

冬，十有二月，祭伯來。

祭，畿内國；伯，爵。來者，内辭也，自内出曰如，自外至曰來。來者何？或曰朝，或曰奔，皆非也。如朝也，蕭叔朝公則書之；如奔也，周公奔晉則書之；如聘也，南季來聘又書之。此直曰來而已，故知非朝、奔、聘。○方氏苞曰：「祭，畿内邑，名伯者，王朝卿以行次書也。天子大夫書名，卿書行次，三公稱公。《記》云：五十以伯仲，周道也。其稱伯多於叔季者，承嗣多嫡長也。」又曰：「《詩》稱召伯、申伯與南仲同，《春秋》書祭伯、凡伯與榮叔、南季同，皆行次也。召公在文王時而稱伯，則非爵明矣。」懿行案：此説非也。伯自是爵，叔季乃名耳，非行次也。如鄭伯亦畿内國，爲王卿士而稱伯，則伯固是爵也。知叔季乃名者，何氏休曰：「天子上士以名氏通，中士以官録，下士略稱人。」見隱元年《公羊·注》。此則榮叔、南季，天子之士，以名氏通耳，非行次也。

公子益師卒。

稱公子，著親貴也。凡書卒者皆卿，卿或不卒，卒或不日，因舊史也。或繫而名，或名而不繫，亦因舊史也。史所闕者，聖人不能增；史所詳者，聖人不得略也。以筆削、褒貶求之，則過矣。卿書卒不書葬，杜氏預曰：「葬者，臣子事，非公家所及。」

二年，春，公會戎于潛。

夏，五月，莒人入向。

將卑師少稱人。得而不居曰入。向，微國也，傳曰我邑，非也。凡邑無不繫國者，經不書伐我，非我邑也。案：桓十六年城向，乃我邑，地名偶同耳。

無駭帥師入極。

無駭者，魯卿。不氏，或未賜族，或權位未盛。帥師者，用衆也。極，微國也。外莒人入向，内無駭入極，著擅兵之罪。○隱、桓之世，無駭、翬、挾、柔、溺皆不氏，僖、文以後無不氏者矣。

秋，八月，庚辰，公及戎盟于唐。

春會秋盟，傳曰「復修戎好也」。或日或不日，孔氏穎達曰：「史有詳略耳」，不可以爲褒貶，《春秋》不以日月爲例。王充《論衡·正説篇》云：「紀以善惡爲實，不以日月爲意。若夫公羊、穀梁之傳，日月不具輒爲意使，夫平常之事有怪異之説，徑直之文有曲折之義，非孔子之心。」○杜預《釋例》云：「自文公已上書日者二百四十九，宣公以下亦俱六公，書日者四百三十二，計年數略同，而日數加倍，此則久遠遺落不與近同也。」〔一〕

九月，紀裂繻來逆女。

裂繻者，紀卿也。逆女者，卿爲君逆也。傳曰：「逆女必親，使大夫非正也」，非也。天子、諸侯與士庶異，卿逆而迎於境，禮也，越國親迎，非禮也。文王造舟於渭，蓋時爲世子耳。

冬，十月，伯姬歸于紀。

女謂嫁曰歸。內女歸，常事不書，書者，非常也。其得禮而以爲常者則不書，蓋孔子削之也。此何以書？伯姬、叔姬後先歸紀，書逆女，明嫡也。

紀子帛、莒子盟于密。帛當從公、穀經作伯。

程子曰：「闕文也，當爲紀侯某伯、莒子盟于密。」左氏經伯作帛。杜預云裂繻字，然經無大夫在諸侯上者。《釋例》云「魯爲《春秋》主，常列諸侯上，非其實次也。子帛，卿也，依魯大夫之比，列于莒上，故傳曰魯故也」，非也。杜氏既知魯大夫列諸侯上非其實次魯，則有說矣，子帛何人，何故比于魯大夫列莒子上也？

十有二月，乙卯，夫人子氏薨。

子氏者，隱公妻也，或曰桓母，或曰隱母，非也。二母皆妾，舉不得稱夫人也。成風、敬嬴不稱夫人乎？春秋之初，禮法尚存，殆不其然。若隱公爲君，妻稱夫人則無嫌也。不書葬，蓋實未葬也。禮，有赴葬者，有久不葬者，皆有故；無故而不葬，非禮也。蔡宣公三月葬，周桓王七年葬，子氏終隱之世未葬，及隱死而遂不葬，或雖葬不如禮，故史不書耳。傳曰：「不書葬，夫人之義從君也，」非也。紀侯尚存，伯姬何以書葬？莊四年。或曰：「隱志乎讓，不以夫人禮葬也」，非也。不以夫人葬，何以夫人薨也？傳曰：「不赴於諸侯，不反哭於寢，不祔於姑，故不曰薨。」今曰薨，則備禮矣，而謂葬不以禮乎？葬不以禮薨以禮，非情也。子氏書薨不書葬，實未葬明矣。

鄭人伐衛。

聲罪致討曰伐。《春秋》書伐二百一十三，多無名之師也。伐而不戰，或衛服故。

三年，春，王二月，己巳，日有食之。

日食之度，巧曆者知之，而以爲非常者，謹天戒也。不言朔，史失之也。○傳曰：「言日不言朔，食晦日也」，非也，食晦則何以不言晦？又曰：「言朔不言日，食既朔也」，非也。食既朔亦當有日，得其日則何以不言日？又曰：「不言朔，不言日，夜食也」，非也。即夜食者，至曉而見，則既得其朔與日矣，何以不言朔與日？《春秋》日食三十六。

三月，庚戌，天王崩。

平王也。崩，何爲有葬有不葬？魯往會則葬，不往會則不葬。《春秋》十二王，不數悼王、敬王。崩、葬具者五而已：桓、襄、匡、簡、景。

夏，四月，辛卯，君氏卒。

君氏者何？傳曰聲子也。何以不稱夫人？非夫人也。非夫人何以繫之君？君之母也。君之母，故君之非夫人，故卒之。不言葬，非夫人也。經有非夫人而夫人之，且薨、葬之者矣，春秋之末，禮教亡之所由也。夫人子氏薨，君氏卒，禮教存焉爾。〇顧氏炎武《日知録》曰：「或疑君氏之名别無所見，《左傳·襄公二十六年》：左師見夫人之步馬者，問之，對曰君夫人氏也。蓋當時有此稱，然則去其夫人即爲君氏矣。」〇案：《春秋》書孟子卒，亦此例。李穎曰：「揆之情事，若是隱母，必無卒而不葬者。昭之與哀，分義疏矣，似不得以孟子不葬爲解。或如前説，禮法尚存，不得成葬，左氏説正如此。然又何以得書卒？而聖人曲意徇之乎？似宜再參。」

秋，武氏子來求賻。

武氏子不名者，未官也。稱子者，繫其父也。父在，子未官而任之，非禮也。不稱使，當喪未君也。錢財曰賻。求賻者，王未葬也。不書葬，魯不會也。不歸賻，不臣也。王求之，不君也。歸死者賵，歸生者賻。

八月，庚辰，宋公和卒。

諸侯不生名，卒名之，告終易代也，或不名者，史失之。傳曰同盟則赴以名，非也。禮，赴者惟曰寡君不禄，以臣子名先君，無是理也。諸侯薨，正也，稱卒者，别内外。〇孫氏覺曰：「諸侯即位之初以名赴，故卒而得記其名，其不名者，即位之初不赴，或史失之也。傳曰共王之子圍爲長，是言嗣君之名矣。」

冬，十有二月，齊侯、鄭伯盟于石門。

《春秋》書會盟，著忠信之衰也。内盟言會、及，外不言者，略之。

癸未，葬宋穆公。

卒自外録，葬自内録。不卒者，外不赴；不葬者，内不會。穆者，謚也，當請於王，春秋，諸侯皆私謚也。稱公者，臣子辭。惟宋卒、葬皆稱公，從其爵也，吴、楚書卒不書葬，避其號也。

四年，春，王二月，莒人伐杞，取牟婁。

書伐、書取，著暴也。陳氏傅良曰：「外取邑不書，自隱以前則書之，春秋之初猶以取邑爲重也。」〇李頴曰：程子謂莊以前杞稱侯者皆紀之訛。王方麓《輯略》以爲按之輿地杞不與莒鄰，此杞字亦紀之訛。此言良是。

戊申，衛州吁弑其君完。

傳曰：州吁者，嬖妾子，寵而好兵，莊公卒，完立，十六年，州吁弑而代之。不稱公子，或曰絶其屬籍，非也，孔氏頴達曰「史有詳略爾」。《釋例》云：「自莊公以上，諸弑君者皆不書氏，閔公以下皆書氏，亦足以明時史之異同，非仲尼所皆刊也。」

夏，公及宋公遇于清。

杜氏預曰：「遇者，草次之期，二國各簡其禮，若道路逢遇也。」方氏苞曰：「遇者不期而會，《春秋》所書則期而見，特不行盟會之禮耳。《春秋》之初，書遇者六，自閔以後無聞焉。」

宋公、陳侯、蔡人、衛人伐鄭。

宋殤忌馮在鄭，州吁立而懼討，陳、蔡方睦於衛，故四國共難鄭。或稱爵，或稱人，爵者君也，人者臣也。《春秋》書摟伐於是始。

秋，翬帥師會宋公、陳侯、蔡人、衛人伐鄭。

翬，魯卿也。先伐後會者，四國已伐鄭而要魯，翬復往而會之耳。再序四國，傳云復伐之也，然則單伯會伐宋亦先伐後會，而不再序三國何也？據莊十四年。非復伐之也。先儒謂再序四國罪魯黨惡，或者又謂大夫與諸侯衆會之始，皆非也。此二者，但書翬帥師會伐鄭亦足以見矣，何待再序四國而見也？

九月，衛人殺州吁于濮。

傳云石碏謀也。書衛人者，從告辭也，衛以國討來告，故書之。不稱君，衛人不以爲君也。傳曰：「稱人，討賊辭也」，非也。凡討賊殺大夫，經皆稱人無異辭，非有義例也，直書其事耳。若以討賊稱人爲予辭，則殺大夫稱人豈亦予辭乎？賊者人人當討，書弑其君，賊已見矣，不待稱人而見也。晉殺里克，楚殺蔡般，棄疾殺比，皆討賊也，何不稱人而見乎？若謂懷惡而討不予其討，尤非也。賊者，天地所不容，有能討者，皆當予也，因其討不以罪而右之，是豈《春秋》之法乎？雍廩殺無知，嘗受其虐也；蔡人殺陳佗，爲立厲公也；楚人殺夏徵舒，爲欲縣陳也，此孰非懷惡而討乎？而皆復稱人何也？《春秋》不以人爲褒，亦不以人爲貶。

冬，十有二月，衛人立晉。

《春秋》無書立君者，此何以書？亦從告辭也。傳曰衆也，非也。君非衆之得立也，上有天子，衆人何得擅立君乎。然則舍是無立君者乎？有之。有則何以不書？不告也。春秋之初，禮法尚存，以立君爲重事，故以告辭及魯而書。其後篡賊公行，以立君爲常事，不告，故亦不書也。晉不稱公子何也？史文略也，或曰絶之，非也。○方氏苞曰：「公子者，大夫之稱也，故兄弟代立者不稱公子。然則楚比、棄疾稱公子何也？嘗爲大夫也。」

五年，春，公矢魚于棠。

傳曰：矢，陳也。矢魚則非事，于棠則非地。○朱子曰：「矢，射也，如漢武親射蛟江中之類。」案《淮南·時則訓》「季冬命漁師始漁，天子親往射魚」，疑古者將祭，君親射牲，故公託矢漁而遠游與。後説本之葉氏適。

夏，四月，葬衛桓公。

秋，衛師入郕。

郕，國也。傳曰：「衛亂，郕侵衛，故入之。」

九月，考仲子之宫，初獻六羽。

考，成也。宫成爲主而祭焉，是别廟也，非禮也。傳曰：「庶子爲君，爲其母築宫，使公子主祭，於子祭，於孫止。」此何禮也？凡宫廟，非志災、失禮不書。六羽者，六佾也。羽，舞羽也，佾，舞列也。佾兼干、羽；婦人無武事，獨用羽而已。初者，始也，今始六羽，明前不六羽也，僭也。尊者曰獻，蓋萬於仲子之宫也。仲子不卒，卒在《春秋》前，觀元年歸賵可見。〇二傳并云諸公六，諸侯四，以初獻六羽爲譏始僭，與《左傳》異。

邾人、鄭人伐宋。

鄭伐宋，報伐也。邾先鄭，主兵也。

螟。

螟，食苗心蟲也，爲災，故書。《春秋》之初書螟，自桓以後書螽，自閔以後則無螟。此災也，《洪範·五行傳》云：「非常曰異，害物曰災。」

冬，十有二月，辛巳，公子彄卒。

宋人伐鄭，圍長葛。

六年，春，鄭人來渝平。渝，公、穀經作輸。

渝，變也。平，成也。傳曰渝平，更成也。狐壤之役，公與鄭怨，鄭人爲此而來變更前惡，復修舊好也。

夏，五月，辛酉，公會齊侯，盟于艾。

傳曰：「始平於齊也」。凡會、盟兼言者，先行會禮後結盟，不言盟者徒會也，不言會者徒盟也。

秋，七月。

雖無事，必書首月，備四時也；一時不具歲不成。

冬，宋人取長葛。

兵環之曰圍。去冬圍之，今冬取之。長葛不繫鄭者，蒙前文。

七年，春，王三月，叔姬歸于紀。

叔姬者，伯姬之媵，至是乃歸者，待年也。媵不書，或曰録賢也，或曰有其終必見其始也。

說見莊三十年。

滕侯卒。

不名，史失之。不葬，魯不會。

夏，城中丘。

傳曰書不時也。中丘，邑名也。凡言城者，城之也。不時書，時亦書，創始書，完舊亦書，重民力也。凡城，繫時不繫月，不以月成也。○傳曰「凡城之志皆譏也」，非也。譏不譏，視其時與事耳，非城即爲譏。

齊侯使其弟年來聘。

傳曰：「結艾之盟也」。經言兄弟者十，傳云「母弟稱弟，母兄稱兄」，非也。兄弟者，以屬稱耳，未見爲母弟、母兄也，且薄於恩者，豈以異母貸其罪，厚於寵者，寧以同母倍其責乎？○《釋例》云「諸書弟者皆卿也」，非也。公弟叔肸未嘗爲卿，公子季友卒不稱弟，杜説爲不通矣。方氏苞曰：「凡書弟者，公子而不爲大夫也，書公子者，大夫也。」

秋，公伐邾。

冬，天王使凡伯來聘。戎伐凡伯于楚丘，以歸。

傳云「凡、蔣、邢、茅、胙、祭，周公之後」，蓋皆畿内國名也。楚丘，衛地，或曰非衛地也。案：襄十年滅偪陽，傳云宋公享晉侯於楚丘，是宋地別有楚丘，與此異也。李穎曰：「斯時戎在魯西郊，頗似猖獗，楚丘亦似魯地，非衛地。又以莊三十二年城小穀例之，楚丘非爲衛城可知。」聘使言伐者，卿行旅從，戎以大衆勝之也。以歸，猶愈乎執也。戎伐王使，王不問，魯衛不救，凡伯不死。

八年，春，宋公、衛侯遇于垂。

三月，鄭伯使宛來歸祊。庚寅，我入祊。

宛，鄭卿也。鄭有祊，惡乎歸？魯無祊，惡乎入？

夏，六月，己亥，蔡侯考父卒。

辛亥，宿男卒。

秋，七月，庚午，宋公、齊侯、衛侯盟于瓦屋。

宋先齊，王爵也。參盟於是始。傳曰：「遇于垂，齊平宋、衛於鄭也；盟于瓦屋，齊卒平宋、衛於鄭也。」非也。一遇一盟，鄭皆弗與，何謂平也？程子曰「宋爲主盟，與鄭絶也」，恐是。

八月，葬蔡宣公。

三月而葬，渴也，五月而葬，慢也；凡渴葬、慢葬，皆有故。

九月，辛卯，公及莒人盟于浮來。

公親與微者盟，目公，則知凡不目公者非公也。浮來者，紀邑。傳曰「以成紀好也」，或曰好莒也。

螟。

冬，十有二月，無駭卒。

九年，春，天王使南季來聘。

南，氏；季，名也。聘，問也。古者，天子時聘以結諸侯之好，諸侯不朝，天王猶聘。

三月，癸酉，大雨，震電。庚辰，大雨雪。

震，雷也，電，霆也。大雨震電，不時也。大雨雪，不時也。皆言大者，非常也。雨雪不仍至，寒燠不并行。

挾卒。

傳曰：「俠者，所俠也。」公、穀二經挾作俠。注云：「所，氏；俠，名也。」

夏，城郎。

秋，七月。

冬，公會齊侯于防。

十年，春，王二月，公會齊侯、鄭伯于中丘。

會于防，謀伐宋也；會于中丘，爲師期也。

夏，翬帥師會齊人、鄭人伐宋。六月，壬戌，公敗宋師于菅。辛未，取郜。辛巳，取防。

內外兵敗，或言戰或不言戰，文有詳略耳。傳曰「皆陳曰戰，詐戰曰敗」，非也。史自記事耳，安能瑣瑣焉記其陳不陳、詐不詐也？郜、防皆邑也，邑曰取。

秋，宋人、衛人入鄭。宋人、蔡人、衛人伐戴，鄭伯伐取之。

冬，十月，壬午，齊人、鄭人入郕。

以詐盡俘其師曰取。入鄭，乘虛也。入郕，報伐戴也；郕，宋與國，戴，鄭與國。○《春秋》兵事之亟，無如是年者。

十有一年，春，滕侯、薛侯來朝。

諸侯非朝天子不旅見。榖伯、鄧侯別言之，不同日也，滕侯、薛侯并言之，同日也。諸侯來曰朝，大夫來曰聘。

夏，公會鄭伯于時來。

秋，七月，壬午，公及齊侯、鄭伯入許。

時來，鄭地。謀伐許也。許言入者，得而弗居也。傳曰「會者外爲主，及者內爲志」，非也。此一事耳，何內外異辭乎？許鄰於鄭，貪賴土地是本鄭志，得而弗居，何與魯事？而云及者內爲志，不亦誣乎？

冬，十有一月，壬辰，公薨。

傳曰：「公薨不地，故也；隱之，不忍地也。」又曰「君弒，賊不討，不書葬，罪下也」，非也。隱則不葬，桓則葬之，何説乎？乃爲説曰仇在外不責逾國而討，然則不共戴天謂何也？方氏苞乃曰「弒於臣者，賊不討不書葬，而弒於世子者，賊不討書葬」，此又非也。臣、子一例，而云弒於臣與弒於子者異，則是《春秋》誅惡有異法也。竊疑國亂君弒，葬者多不如禮，鄰國亦不往會，故葬而不書，其一二書者，必魯嘗往會之。因著於册。若以不書葬爲例，此豈《春秋》之法乎？傳載：晉弒厲公，以車一乘葬之於翼東門之外；齊崔杼弒莊公，葬諸士孫之里，四翣，不蹕，下車七乘。然則葬不如禮與鄰國不會，舉可知矣。

校勘記

〔一〕「已」原作「以」。古「已」與「以」通。「加倍」原作「向倍」。

春秋説略卷二

桓　公

元年，春，王正月，公即位。

繼故不即位，不忍也，公繼故而即位，忍也。以其忍也，知其與聞乎故也。即者，就也，即位者，告廟踐阼臨群臣也。

三月，公會鄭伯于垂。鄭伯以璧假許田。

夏，四月，丁未，公及鄭伯盟于越。

會於垂，懼討也，璧假田，以賂也。許田者，魯邑，祊者，鄭邑也。始，鄭使宛歸祊，欲易焉，而不果。此曰假何也？美其名也。曰易則不歸，曰假明有歸焉爾。以田易田，加璧何也？以祊爲薄乎云爾，鄭伯之諼也。祊不曰田，許曰田，何也？傳曰：「田多邑少稱田，邑多田少稱邑」。盟于越，結垂成也。魯則無討矣，然而魯亦以此無許矣。《詩》曰「居常與許，復周公之宇」，豈逮僖公而復得故田與？將假而復歸與？《晏子春秋·内篇·雜上》云「景公伐魯傳許」，是許復歸魯之證。

秋，大水。

傳曰：「高下有水曰大水。」《春秋》内大水八。〔一〕

冬，十月。

二年，春，王正月，戊申，宋督弑其君與夷及其大夫孔父。

外大夫恒稱人，而以事見則名之，督、父皆名也，傳云「父，字」，非也。及者，與也。據傳，孔父先死，其曰及何也？《春秋》之法以貴及賤，不以卑及尊也。及其大夫何以書？傳曰：「累也。孔父正色而立朝，則人莫敢過而致難其君者。」

滕子來朝。

滕，侯也，稱子者，蓋時王黜也，自是，終《春秋》稱子。《春秋》黜爵者三而已：滕、薛、杞，皆微國也。〇朱子駁胡氏「朝桓貶稱子」之説是矣，然謂「列尊貢重，故小國降爵以避賦役」，恐非也。或彼自貶而天子因黜之爾。

三月，公會齊侯、陳侯、鄭伯于稷，以成宋亂。

會，未有目其故者，此曰以成宋亂何也？嫌也。不曰成宋亂，即安知不疑於討宋亂或以他事會乎？成者，平也，其名則美，其實則惡。《春秋》書魯事不無少諱焉，然亦婉其名而已，未始没其實也。宋亂者，弑君也。何以平？立華氏也。皆有賂，則未知其齊、陳、鄭者也，魯則以郜鼎。◯胡傳訓成爲定，謂成定宋亂。直書國惡，斯豈《春秋》「婉而成章」之體？上書成亂，下書取鼎，大義已明，《春秋》屬辭之教也。

夏，四月，取郜大鼎于宋。戊申，納于大廟。

取者，非其有也。納者，强所無也。此取之宋，其曰郜大鼎何也？傳曰：「器從名，地從主人。」大廟，周公廟也。

秋，七月，杞侯來朝。

杞蓋紀字之誤也。齊欲并紀，紀侯朝魯將求庇焉爾。自是，三年會郕，六年會成，復來朝。

程子曰：「凡杞稱侯者皆爲紀。」

蔡侯、鄭伯會于鄧。

傳曰：「始懼楚也。」《公羊》以鄧爲國，《釋例》以爲蔡地，孔穎達謂鄧國去蔡甚遠，不宜遠會於其國。李穎曰：「蔡去鄧較近於鄭，既云懼楚，則就鄧與謀亦情事所有，况穀、鄧越千餘里而朝魯，蔡顧必以數百里爲遠乎？遠年事實，固難深考，特先儒注地理多紊其實，讀者當察。」

九月，入杞。

不稱主帥，蓋微者也。凡將卑師少，外則稱人，内則不目。

公及戎盟于唐。

冬，公至自唐。

公或至或不至，何也？出必告行，反必告至，禮也；不至，非禮也。《春秋》公行一百七十六，至者八十二，不至者九十四。凡公行，告至則書，不告則不書。《釋例》曰：「隱公之不告，謙也；餘公之不告，慢於禮也。」傳曰：「凡公行，告於宗廟，反行飲至，舍爵策勳焉，禮也。特相會，往來稱地；自參以上，則往稱地，來稱會。」〔二〕

三年，春，正月。

桓元年書王，傳曰：「謹始也」；二年書王，劉敞曰：「未畢喪也」；三年以後不書王，十年、十八年復書王，何休曰：「十年有王數之終也，十八年有王桓之終也」；〔三〕胡氏曰：「不書王見桓無王與天王失政也」。愚謂諸説皆非也。桓之篇闕文有三焉，非褒貶所在也。秋冬則闕矣，大夫卒則闕矣，春王正月則王又闕矣。謂皆孔子削之，何其穿鑿支離而悖於經乎？削其王則謂無王，削其秋冬是又無天矣，無王無天，豈《春秋》乎？且夫天王者天下之天王，非魯一國之天王也，爲一魯國而削天下之天王，爲此者，必其人深文巧詆如張湯而後可也。〇《春秋》闕文其義有二：如「夏五」、「仲孫忌」、正月無王之類，是皆闕於孔子後者也，令闕在孔子前，孔子必益之矣。諸侯卒不名，日食不書朔不書日之類，是皆闕於孔子前者也，孔子雖知之，亦無由而益之矣。二端之外，可以意求。

公會齊侯于嬴。

傳曰：「成昏於齊也」。蓋不由媒介，因會結成之。

夏，齊侯、衛侯胥命于蒲。

胥命，相約信也。結言不盟，其事近正，荀子曰：「《春秋》善胥命」。○劉氏敞曰：「胥命，非正也。彼此相命，以成其私，蓋相推爲伯也。」案：劉説恐未必然，姑存之。

六月，公會杞侯于郕。

秋，七月，壬辰，朔，日有食之，既。

既，盡也。《春秋》書日食既者三。

公子翬如齊逆女。九月，齊侯送姜氏于讙，公會齊侯于讙。夫人姜氏至自齊。

翬稱公子，時已貴盛也，以其貴盛，知其與聞乎故也。女在其國稱女，入國稱夫人。讙，魯地也。何以不稱夫人？自齊侯言之也。越境送女，非禮也；公親迎於境，因會齊侯，禮也。夫人自讙而來曰至自齊，亦禮也。諸侯不越境而逆，親迎於境即爲身受其國，故本其初所自來而曰自齊也。不言翬以至，公親受於齊侯也。以入國言，故曰夫人。

冬，齊侯使其弟年來聘。

傳曰：「致夫人也」。杜氏預曰：「古者女出嫁，又使大夫隨加聘問，存謙敬，序殷勤也。在魯而出則曰致女，據成九年季孫行父如宋致女。在他國而來則總曰聘。」

有年。

年，稔也。歲穀一熟，謂之一年。傳曰：「有年，以喜書也，大有年，亦以喜書也。」有年者，僅有年也，大有年者，大豐年也。然則《春秋》二百四十餘年，書有年者二而已，豈餘皆無年乎？方氏苞曰：「承災祲之後，則有年必書，不承災祲之後，則雖有年不書。」

四年，春，正月，公狩于郎。

冬獵曰狩。田狩從夏時，春狩，時也。于郎，非地也。凡蒐狩，常事不書，非禮則書，常地不書，非地則書。

夏，天王使宰渠伯糾來聘。

宰亦宰士也。渠，氏；伯糾，名也。以伯糾爲名，從《釋例》說，見桓十一年祭仲、莊二十三年蕭叔。宰周公官而不名，宰咺名而不氏，渠伯糾氏而且名，蓋皆因舊史之文，雖有詳略，皆紀事實，非褒貶所在也。左氏云「父在，故名」，非也。或曰書名，孔子貶之，亦非也。桓、宣惡同，王季子聘宣，何以無貶？宣十年。天子上士書名不爲貶。經無秋冬，闕文也，或曰貶天王失刑，謬也。

五年，春，正月，甲戌，己丑，陳侯鮑卒。

甲戌之下，己丑之上，蓋有闕文，傳載：「陳亂，佗殺太子免代之，公疾病而亂作。」所闕蓋即此事也。或云再赴，或云傳疑，皆非。

夏，齊侯、鄭伯如紀。

外相朝曰如。傳曰：「齊、鄭朝紀，欲以襲之，紀人知之。」

天王使仍叔之子來聘。

傳曰：「仍叔之子弱也」。蓋弱冠之年未任從政，不得自以名列於朝，故繫其父言之，然則與武氏子何以異？傳云「子者，父卒也；之子者，父在也」，非也，父皆在也。傳云「父老，子代從政也」，非也。如代父任職，是有列於朝，即當名其子，無爲繫其父矣。〇方氏苞引《左傳》：「韓襄爲公族大夫，韓須受命而使。是時韓起爲政，其子方幼，未有職司而奉命以使，蓋世卿專權，欲任弱子以收威柄，而君曲徇之。」此言近得其實。

葬陳桓公。

城祝丘。

杜氏預曰：「齊、鄭將襲紀故。」

秋，蔡人、衛人、陳人從王伐鄭。

凡首兵稱以，此不言王以者，不使諸侯敵王也。伐鄭，討不朝也。不朝而親討之，不君也；王親行而三國之君不從，不臣也。不言戰，王者無戰也。不言敗，王者無敵也。然則茅戎何以敗？非王將也。見成九年。

大雩。

雩。吁嗟求雨之祭，爲壇南郊，魯之雩門外有舞雩壇也。天子曰大雩，諸侯曰雩。大雩者祭上帝，用盛樂，雩者祭境内山川而已。傳曰：「龍見而雩」。龍見者，建巳之月。《春秋》無書六月雩者，時則不書，過則書也。何以不書旱？言雩則旱見也。凡郊禘、大雩，皆僭也，不能備書。雩因旱而書，郊禘因事而書。

螽。

螽者蝗也。繼雩而螽，旱蝗也。蝗遺種於地，旱則復爲蝗，水即化爲魚。《春秋》書螽者十。

冬，州公如曹。

州，畿内國名，公者，天子三公也。傳云「外相如不書，此何以書？過我也」，非也。「齊侯、鄭伯如紀」，豈亦過我也？

六年，春，正月，寔來。

方氏苞謂闕文，是也。杜預訓寔爲實。公、穀訓寔爲是，謂之是者簡言之，非也。書來者當目其人，簡其人而没其名謂之是而已，非辭也。程子、胡氏訓寔爲名，以爲「諸侯失地，名」，非也。即失地者，當以名繫國，不當以名没國也。傳云「淳于公如曹，度其國危，自曹來朝，遂不復」，〔四〕非也。不復其國是奔也，當書州公自曹來奔。○法氏坤宏引《記》云：「天子曰，非佗伯父寔來；成二年傳，王曰鞏伯寔來」，以爲寔訓是之證。説固可通，但孤經難曉，當在闕疑。

夏，四月，公會紀侯于成。

秋，八月，壬午，大閲。

大閲，大蒐，先儒以爲僭也。大閲者，大視兵也。禮，仲冬教大閲；秋八月，不時也。不地者，得其地則不書也。何休云「比年簡徒謂之蒐，三年簡車謂之大閲，五年大簡車、徒謂之大蒐」，非也。蒐、閲歲有之，何三年、五年也？凡蒐、閲，常事不書，非時、非地、非禮則書。

蔡人殺陳佗。

傳曰：「陳厲公，蔡出也，故蔡人殺五父而立之。」佗，逾年之君，不稱君，陳人不以爲君也。

九月，丁卯，子同生。

同者，莊公名也。冢嫡之生，國之大事，十二公之記，獨此一書，何也？傳曰「疑，故志之也」，非也。文姜歸且四年，中間又未如齊，安得疑同爲齊侯之子乎？然則何也？書者冢嫡，不書者非冢嫡，或生者在其父未君之前，即是冢嫡亦不書也。不稱世子何也？未誓也，天下無生而貴者也。

冬，紀侯來朝。

七年，春，二月，己亥，焚咸丘。

焚，火田也，譏盡物。咸丘，非地也，譏淫獵。

夏，穀伯綏來朝。鄧侯吾離來朝。

附庸之君來朝稱名，介葛盧、倪犁來是也；不知其名則人之，郕人、牟人、葛人是也；其有爵者則稱爵，穀伯綏、鄧侯吾離是也。既有爵矣，豈復附庸乎？春秋時有之也。鄫子，子也，而魯請屬之；滕侯，侯也，而宋請屬之。屬之，是附庸於宋、魯也。穀、鄧近楚，蓋是楚之附庸，魯人遠而輕之，故舊史名之與。李穎曰：「穎按：楚稱王矣，夷諸侯於九縣，何復附庸之有？或謂魯有望國之名，穀、鄧始懼楚而欲求遠援，如後江、黃會貫之類，以前蔡、鄧參之，似合情事。竊疑遠夷不嫻禮文，自以其名相通，魯史因而書之，《春秋》因而不革爾。」傳曰「失地之君故名之」，非也。即失地者，當言來奔，不當言來朝。或曰貶稱名，非也。滕子、紀侯來朝，何以不名？兩言來朝，非旅見也。不具秋冬，史闕文也。

八年，春，正月，己卯，烝。

祭用夏時，烝以仲冬，正月而烝，時也。其書，以再烝也。

天王使家父來聘。

家，氏；父，名也。

夏，五月，丁丑，烝。

五月，不時也。烝又烝，黷也。凡常祀，非失禮不書。

秋，伐邾。

不言將帥，義與入杞同。

冬，十月，雨雪。

不時也。《春秋》書雨雪三，他皆言大，此不言大，言大者以大書，不言大者以失時書。

祭公來，遂逆王后于紀。

祭公，天子三公也。來者，先儒以爲問昏期，非也。書曰來而已，安知爲問期來也？不稱王使，私行也。本以私事來，遂以逆后往，非禮也。何以不稱逆女？王后，尊也，王命之後則后矣。○内女、内夫人、王后昏姻，常事得禮不書，非禮然後書。

九年，春，紀季姜歸于京師。

逆曰王后，歸曰季姜何也？自逆者言則曰王后，自歸者言則曰季姜。逆稱季姜則不知爲王后也，歸稱王后又不知爲季姜也。京師者，大衆也，王所居，故衆大之。

夏，四月。

秋，七月。

冬，曹伯使其世子射姑來朝。

杜氏預曰：「曹伯有疾，使世子射姑來朝。」世子而君之，非禮也；魯而君人之世子，亦非禮也。周禮：「諸侯嫡子誓于天子而攝其君，則下其君禮一等」，謂朝天子也，攝而朝諸侯，則非也。

十年，春，王正月，庚申，曹伯終生卒。

夏，五月，葬曹桓公。

秋，公會衛侯于桃丘，弗遇。

衛侯與公爲會，期中背公，更與齊、鄭，故公獨往而不遇，衛失信也。

冬，十有二月，丙午，齊侯、衛侯、鄭伯來戰于郎。

三國來，爲戰也。不言敗，未敗也。其來戰何？爭周班也。傳曰：「伐戎之役，魯以周班後鄭。」先齊、衛，周班也。〇或曰，齊主兵，爲紀故。

十有一年，春，正月，齊人、衛人、鄭人盟于惡曹。

人者，人大夫也。三國之君既釋兵，而使大夫更結盟。胡氏以稱人爲貶，非也，《春秋》不以人爲貶。

夏，五月，癸未，鄭伯寤生卒。

秋，七月，葬鄭莊公。

九月，宋人執鄭祭仲。突歸于鄭，鄭忽出奔衛。

凡諸侯相執，或稱爵，或稱人。大夫皆稱人，以執之賤也。祭仲者，卿；仲，其名也。《釋例》云：「伯、仲、叔、季固人字之常，然古今亦有以爲名者。宰渠伯糾、蕭叔大心皆以伯、叔爲名，則仲亦名也。傳又云祭仲足，或偏稱仲，或偏稱足，蓋名仲、字足也。」歸者，順辭也，有易辭焉。入者，逆辭也，有難辭焉。突之歸也，易也，挈乎祭仲也。鄭忽者，鄭君也，不稱爵，未逾年也。未逾年何以不稱子？子者在喪之稱也，出則不終喪，亦不稱子也。忽正也，突不正也。

柔會宋公、陳侯、蔡叔，盟于折。

繫鄭不繫鄭者，便文爾。

傳曰爲宋謀鄭也。方氏苞曰：「柔，魯卿也。蔡叔，蔡侯之弟也。諸侯兄弟將承國者則以行次書，所以示兄終弟及之義，而别於公子爲卿大夫者，紀季、蔡季、許叔之類皆是也。其不稱蔡侯之弟何也？凡書某氏之子、某君之弟，皆無位之稱也。」愚謂蔡叔、紀季、蔡季、許叔之類皆名耳，非行次也。

公會宋公于夫鍾。

冬，十有二月，公會宋公于闞。

十有二年，春，正月。

夏，六月，壬寅，公會杞侯、莒子，盟于曲池。

杞亦當爲紀。傳曰平杞、莒，蓋非也。疑與莒尋浮來之盟，同謀紀故也。

秋，七月，丁亥，公會宋公、燕人，盟于穀丘。

燕，南燕。會燕人者，亦爲宋故也。

八月，壬辰，陳侯躍卒。

公會宋公于虚。

冬，十有一月，公會宋公于龜。

二年之間，兩盟四會，皆爲宋謀鄭也，卒與鄭伐宋，前盟口血未乾也。○汪氏克寬曰：「宋會魯者，將求賂於鄭，魯會宋者，將爲鄭免賂，是以卒不能降心相從也。」

丙戌，公會鄭伯，盟于武父。

鄭伯者突也，不正矣，君之何也？蘇氏轍曰：「諸侯雖以篡得，苟内外君之，則君之，不没其實也。雖君而實篡，雖篡而實君，皆因其實而已。」

丙戌，衛侯晉卒。

牟廷相曰：「再書丙戌，傳云決日，或云羨文，皆非也。二事不相屬，不再書丙戌，則是衛侯之卒爲無其日也，豈傳信乎？」

十有二月，及鄭師伐宋。丁未，戰于宋。

孰及之？公也。不言公，蒙前文也。間有異事，何以蒙之？衛侯晉卒與盟武父同日，故亦爲間無異事也。凡一事而再見者，略之。◯内不稱公，外不稱鄭伯，抑或皆微者也。二君親盟不親伐，豈皆遣師以行與？

十有三年，春，二月，公會紀侯、鄭伯。己巳，及齊侯、宋公、衛侯、燕人戰，齊師、宋師、衛師、燕師敗績。

不地者，蓋戰于宋也，亦蒙前文也。歲且改矣，何以蒙之？間無異事也。何以知地於宋也？前年及鄭師伐宋戰於宋，故不復舉地也。一事而再見者略之，此亦是也。宋既戰而請救於齊，齊約衛、燕以援宋。紀者，齊仇也，故魯、鄭援紀以抗齊。紀先鄭，王爵也；齊先宋，主兵也。趙氏匡從穀梁云「不地於紀也」，非也。地於紀，當書戰于紀也。方氏苞從公羊云「不地，近也，近于圍」，非也。地於魯，當書四國來伐也。方氏云史諱伐，非也。外兵來伐，非國惡，何故諱之？定、哀多微辭，猶不諱伐，春秋之初何故反諱也？戰稱君，敗稱師，傳云重衆也。衛宣未葬，衛朔何以稱侯？凡諸侯在喪而有外事，以喪行者，子；以吉行者，爵；皆非禮也，有甚不甚焉。

三月，葬衛宣公。

既與戰矣，復會其喪。君子曰：「怨不棄義，怒不廢禮，惡不忘親。」

夏，大水。

秋，七月。

冬，十月。

十有四年，春，正月，公會鄭伯于曹。

無冰。

恒燠也。凡不宜無曰無，不宜有曰有，有、無不爲災不書。○方氏苞曰：「正月無冰，寒遲也，丑月尚有冰也。二月無冰，燠早也，成元年。子月已有冰也。春無冰，通一時而常燠也，襄二十八年。尤災異之大者。」《春秋》書無冰者三。

夏，五，鄭伯使其弟語來盟。

夏五，闕文也。來盟，或稱使，或不稱使。稱使者，前定也，不稱使者，非前定也。

秋，八月，壬申，御廩災。乙亥，嘗。

御廩，粢盛之所藏也。天火曰災。八月嘗，不時也。不改卜，不敬也。傳曰「未易災之餘而嘗也」，非也。壬申、乙亥越四日，粢盛出廩久矣。傳曰「米而藏之御廩」，非也。御廩藏粟不藏米，舂人職祭祀供粢盛之米。詩曰：「誕我祀如何，或舂或揉新。」御廩不書，常事也，得禮故不書。

冬，十有二月，丁巳，齊侯禄父卒。

宋人以齊人、蔡人、衛人、陳人伐鄭。

傳曰：「報伐宋之戰也」。凡師能左右之曰以。方氏苞曰：「霸國會討，列國連兵，皆列序，必以弱假强而後書以。」

十有五年，春，二月，天王使家父來求車。

求賻、求車、求金，何以書？天王求，諸侯貪，大夫鄙，士庶盗竊。

三月，乙未，天王崩。

夏，四月，己巳，葬齊僖公。

五月，鄭伯突出奔蔡。鄭世子忽復歸于鄭。

奔者，必有逐也。《春秋》書奔不書逐，君臣皆以自奔爲文。逐突者，祭仲也。突名者，失國也。失國或名或不名，從告辭也。忽奔不稱子，歸稱世子何也？奔不稱子，失位也；歸稱世子，正名也，亦從告辭也。其不稱鄭伯何也？當喪而出未成君也，出未成君故歸不稱爵。突曰歸，易辭也；忽曰復歸，反正也，國固忽之國也。古者，諸侯世國，大夫不世官。世者得復，未絶也；不世者不得復，絶也。

許叔入于許。

許叔者，許君之弟。書曰入，難也。許自鄭入後，十五年不見經，今鄭亂，許叔因而入之也。入之則君矣，故其後許復見經。先儒以爲無王命，不正其入也，非也。此當與其能興復，不當病其無王命。春秋，諸侯怙强滅人國，人復之，何謂不正乎？今有大盗劫人財，人亦間盗而取之，官釋盗勿問而詰取者，曰何故擅取爾財也，非《春秋》之法也。

公會齊侯于艾。

傳曰謀定許，或曰非也。魯與齊絶，至是復通好。

邾人、牟人、葛人來朝。

諸侯來曰朝。此三國之君也，皆何以稱人？附庸之君，名之，不名者，史失其名也。邾儀父嘗名矣，此人之者，一之也。凡稱人稱名，或便文無義例也。天王崩，不奔喪而相朝，又旅見，非禮可知。○杜氏預曰：「三人皆附庸之世子，降稱人。」非也。附庸雖君，恒稱人。

秋，九月，鄭伯突入于櫟。

稱鄭伯，已君也。書曰入，逆辭也。傳曰：「莊公城櫟而置子元焉，使昭公不立。」然則何以不曰入於鄭？猶未入鄭也。雖未入鄭，入櫟則入鄭易矣，耦國也。○方氏苞曰：「突入櫟稱鄭伯，以後此會盟、征伐、交政於諸侯者皆突也。」不於其人稱爵，則疑於忽、亹、儀矣。忽、亹、儀之弑不書何也？或曰：不告，故不書。

冬，十有一月，公會宋公、衛侯、陳侯于袲，伐鄭。

謀納突也。或曰伐突，非也。伐鄭，非伐櫟也。地而後伐，先會後伐也。傳曰疑辭，非也。

十〔有〕六年，春，正月，公會宋公、蔡侯、衛侯于曹。

夏，四月，公會宋公、衛侯、陳侯、蔡侯、伐鄭。

納突也。春會曹，蔡先衛，夏伐鄭，衛先蔡，杜氏預曰「蓋後至也」。以至之先後易王爵，《春秋》因而不革，著實也。

秋，七月，公至自伐鄭。

冬，城向。

十有一月，衛侯朔出奔齊。

朔殺兄簒國，其出奔也，左氏云「逐」，公、穀云「得罪天子」，方氏苞曰：「諸侯出奔而名者，國有二君也。」

十有七年，春，正月，丙辰，公會齊侯、紀侯，盟于黄。

傳曰：「平齊、紀，且謀衛故也。」

二月，丙午，公會邾儀父，盟于趡。

夏，五月，丙午，及齊師戰于奚。

傳曰：「疆事也」。孰及之？微者也。不書敗，微之也，或勝負敵。

六月，丁丑，蔡侯封人卒。

秋，八月，蔡季自陳歸于蔡。

蔡季者，蔡侯之弟獻舞也。其歸，蓋蔡人召而立之也。

癸巳，葬蔡桓侯。

何以稱侯？趙氏汸曰「文誤也」。〇或曰：「稱侯正也，稱公非正也。」啖氏助曰：「其稱侯，蓋蔡季之賢，請謚於王也。」恐非。

及宋人、衛人伐邾。

孰及之？微者也。趙盟未寒而背之，傳曰：「宋志也。」

冬，十月，朔，日有食之。

朔不日，史闕也。陳氏傅良曰：「日食，自文以上有不日，自文以下無不日，故曰桓、莊多闕文。」

十有八年，春，王正月，公會齊侯于濼。公與夫人姜氏遂如齊。

公將往而會，夫人與公偕。會無夫人，夫人不與會也。何以不曰公及夫人？及者，順辭也，與者，等辭也，夫人伉，非公所及也。

夏，四月，丙子，公薨于齊。丁酉，公之喪至自齊。

公薨於內，不地，故也；於外，非故，亦地也。薨而地，葬而書，何以别於非故者也？别有見也。莊元年不書公即位，下書「夫人孫于齊」，其爲故可知。

秋，七月。

冬，十有二月，己丑，葬我君桓公。

校勘記

〔一〕引自《穀梁傳》，「高下有水」下原有「災」。

〔二〕引自《左傳》，「往來稱地」下原有「讓事也」；「來稱會」下原有「成事也」。
〔三〕引自《公羊解詁》，「王數」原作「王者數」；「王桓」原作「王者桓公」。
〔四〕引自《左傳·桓五年》，原無「自曹來朝」。

春秋説略卷三

莊　公

元年，春，王正月。

三月，夫人孫于齊。

不稱姜氏，前已見也，故略之；略之，所以諱之也。姜氏與聞乎弑，義絶矣，何故諱之？非爲姜氏，爲國惡故爾。先君弑，夫人奔，君子痛夫國之不國也，故爲前没其文後顯其義。讀「夫人孫于齊」而不言夫人誰氏也，讀「夫人姜氏會齊侯」而後知夫人姜氏也。君子諱國惡，其義當然也。内諱奔曰孫。夫人有歸矣，不書歸，亦諱之也。書「夫人姜氏會齊侯」，則歸也可知矣。傳曰「不稱姜氏，絶不爲親」，非也。絶不爲親當去其夫人而曰姜氏，奔於齊何故反稱夫人孫也？以是知爲諱之也。

夏，單伯送王姬。送，當從公、穀經作逆。

單伯，亦名也。據祭仲、蕭叔、伯糾皆名之類。王姬者，齊襄之儷也。不稱伯仲，以王爲尊也。

王嫁女，魯逆者，爲之主也。不言於京師，省文也，即稱王姬，不言京師，亦從可知，傳曰「義不可受於京師也」，非也。既無當受，亦無當逆，何故偏諱也？二傳經文作逆王姬，故以單伯爲魯臣；左氏經文作送王姬，故以單伯爲王卿士，一字之異，解遂不同。以文十五年經書「單伯至自齊」推之，則知單伯實魯臣矣，若王臣，當書單伯歸於京師，不當言至也。又案十四年「單伯會齊侯、宋公、衛侯、鄭伯于鄄」，若王臣，當書單伯、齊侯某某會于鄄，不當屬會於單伯也。會伐宋亦然。案：自莊初逮文末，八十餘年，而單伯尚能爲使如齊，則其人當百有餘歲矣。或疑單伯非一人，蓋族人有同名者亦未可知。以爲命卿書字者非。

秋，築王姬之館于外。

築，爲治館也。外，城外也。魯先主昏當有舊館，廢而不用，示變常也。接仇讎於昏媾，交衰麻於弁冕，築館於外之爲宜，不如辭而勿主之爲得也。

冬，十月，乙亥，陳侯林卒。

王使榮叔來錫桓公命。

《春秋》或稱王，或稱天王，或稱天子，一爾，猶之稱天或稱帝，或稱上帝，或稱上天。今曰王不稱天文乃是貶，然則稱天王者文乃是褒乎？豈亦可云稱上帝者文乃是褒，稱帝者文乃是貶乎？人而無敢褒貶天亦明矣。褒貶天是謂無天，褒貶王豈不謂之無王乎？己則無王而又以責人，何以爲《春秋》？錫命者，賜之命也，或褒之辭，或加之服，不知也。

王姬歸于齊。

齊師遷紀郱、鄑、郚。

郱、鄑、郚者，紀邑也。齊欲滅紀，强遷其人，因取其地。邑不言遷，遷不言師；言遷言師，著暴也。凡自遷者曰某遷于某，强遷者曰某人遷某；以師遷，甚矣。

二年，春，王二月，葬陳莊公。

夏，公子慶父帥師伐於餘丘。

慶父者，公庶兄也，或曰弟也。於餘丘者，國也，傳曰邾婁邑，非也。邑不言伐，伐邑無不繫國者。此非魯仇也，將尊師衆汲汲伐之，謂之傎也。

秋，七月，齊王姬卒。

王姬歸與卒，書之何也？爲之主則書歸，爲之服則書卒。不歸者，魯不主也；不卒者，魯不服也。不服者，不告也。《檀弓記》曰：「齊穀王姬之喪，魯莊公爲之大功。」

冬，十有二月，夫人姜氏會齊侯于禚。

傳曰：「書姧也」。趙氏匡曰：「姜氏、齊侯之惡著矣，亦所以病公也。」

乙酉，宋公馮卒。

三年，春，王正月，溺會齊師，伐衛。

孫氏復曰：「衛朔之齊，溺會師伐衛，謀納朔也。」懿行案：傳云疾之，蓋疾其會仇讎，黨有罪，逆王命也。而杜預謂疾溺專命故去氏，非矣。不氏者，非貶去其氏。

夏，四月，葬宋莊公。

五月，葬桓王。

七年乃葬，緩也。傳云改葬，非也。魯會葬，不書其人，蓋微者也，抑或史有詳略。

秋，紀季以酅入于齊。

酅者，紀邑也。紀侯耻臣齊，判國以屬弟爲齊附庸，請後五廟。季者，名也。入而不叛，有君命也。書曰入，難也。

冬，公次于滑。

次者，止也，傳曰欲救紀而不能也。方氏苞曰：「或云紀在魯東北，滑在西南，救紀之師不宜次此。滑，衛南鄙，豈奉齊命以俟諸侯，納朔而不至與？」

四年，春，王二月，夫人姜氏享齊侯于祝丘。

杜氏預曰：「享，食也。兩君相見之禮。」愚謂享接於廟，夫人淫邪，特假其名耳，非必即用其禮。傳曰：「享，甚矣。」

三月，紀伯姬卒。

夏，齊侯、陳侯、鄭伯遇于垂。

三國遇垂，其事未聞，或曰紀故也。鄭伯者，突也。突未入鄭，何知鄭伯爲突？突能君也。或曰子儀也，非也。忽、亹、儀之爲君蓋微矣，不見於《春秋》，知突爲鄭伯也。

紀侯大去其國。

紀侯失國，何以不名？非奔也。不言滅，鄰存焉爾；不言奔，智存焉爾。不争地以殘人，不見逐以羞己，故特書曰大去其國。不書所去，不知所終也。〇或曰紀侯名大。

六月，乙丑，齊侯葬紀伯姬。

内女不具卒，卒紀伯姬爲葬故也。亡國之君不葬，葬紀伯姬爲齊故也。齊則何爲爲之葬？爲諼也。伯姬在殯，紀侯去國，葬之，將以揜滅國之名耳。葬者，臣子事也，齊侯豈人臣子乎？而葬也，名亦不可揜也。伯姬無謚，紀侯存也。凡夫人無謚，從夫之謚。《釋例》云：「不書謚者，蓋亡國之婦，夫妻皆降，莫爲之謚也。」〔一〕

秋，七月。

冬，公及齊人狩于禚。

齊人，微者也，傳云齊侯，非也。即齊侯者何故人之？云「諱與仇狩也」，非也。方將譏之，何故諱之？且譏仇狩者，謂與齊侯狩也譏，與齊人狩也亦譏。今曰實齊侯稱齊人，則是與齊侯不可狩，與齊人即可狩；親與仇狩即可譏，親與仇之人狩即不可譏，是豈《春秋》之法乎？或曰狩非微者事也，以是知之，非也。經書「西狩于大野」，即非公狩也明矣。〇《春秋》，傳信之書，諸所稱名罔非實録，名實混淆，豈傳信也？《春秋》全經亦無以侯稱人之例。

五年，春，王正月。

夏，夫人姜氏如齊師。

孔氏穎達曰：「於時齊無征伐之事，不知師在何處。蓋齊侯疆理紀地，有師在紀。不言會者，不行會禮。」〔二〕

秋，郳犁來來朝。

郳，國也，犁來，名也。時爲附庸故稱名，後爲小邾故稱爵。

冬，公會齊人、宋人、陳人、蔡人，伐衛。

納朔也，不言納，省文也。下書朔入衛，其爲納朔可知矣。四國稱人，微者也。傳曰人諸侯也，「人諸侯，所以人公也」，非也。公則稱公，人則稱人，著其實也，《春秋》不以人爲貶。

六年，春，王正月，王人子突救衛。

王人，下士也。子突，其名也。王人出會諸侯皆不名，此名者，在會諸侯皆稱爵，無爲王人獨名也；此獨王人所有事，無爲不著其名也。或名或不名，便文耳，非謂貶其可貶，褒其可褒也。救衛，拒納朔也，正也，救者正，則伐者不正矣。

夏，六月，衛侯朔入于衛。

入者，逆辭也。王救衛，朔入衛，逆王命可知。

秋，公至自伐衛。

惡事不致，其以伐衛致何也？公不以爲惡而成之，史因其爲惡而書之。

螟。

冬，齊人來歸衛俘。

俘者，軍所獲也。歸俘者，猶獻捷也。伐衛，齊爲首，故歸之。〇公、穀經皆爲寶，左氏傳亦爲寶，而經爲俘。杜預疑經文誤，恐非也。《書序》：「遂伐三朡，俘厥寶玉」，衛之俘或即是寶亦未可知。但公、穀之意以寶爲賂，衛人歸齊，齊歸魯，與左氏異耳。

七年，春，夫人姜氏會齊侯于防。

夏，四月，辛卯夜，恒星不見。夜中，星隕如雨。

恒星，經星也。不見，夜明也。如雨，言多也。隕霜先言隕，星隕先言星者，見其隕而知爲霜故先言隕；先見星而後見隕故先言星。隕者衆星也，於衆星見其隕，即恒星復見可知。

秋，大水，無麥、苗。

無者，僅無也。大無者，盡無也。據二十八年書「大無麥、禾」。此何以僅無？災於水也。彼何以盡無？災於人也。先麥後苗何也？麥先熟而敗，苗將秀而漂。

冬，夫人姜氏會齊侯于穀。

八年，春，王正月，師次于郎，以俟陳人、蔡人。

俟陳、蔡，其事未聞。范氏寧謂「陳、蔡將伐我」，〔三〕非也。杜氏預謂「期共伐郕也」。

甲午，治兵。

治兵者，習戰也。不地者，於郎也。師久次郎，所俟不至，卒伍潰散，故申明約束訓齊其衆也。○傳曰「治兵於廟，禮也」，非也。廟，嚴者也，治兵非其地。鄭伯伐許，授兵大宮；楚子伐隨，將齋，杜預云「將授兵於廟」，是當時治兵皆以於廟爲禮矣，非也。

夏，師及齊師圍郕，郕降于齊師。

秋，師還。

未有言師還者，此其言之何？親仇讎，圍同姓，剿民力，逾三時而後還，故特文以見義。凡君將不稱師，重君也。春次郎，夏圍郕，秋還，皆稱師，師衆也。不稱公，非公也。○胡氏據左氏謂公實親將，經不書公，所以見貶，非也。見貶者當書公以見之。

冬，十有一月，癸未，齊無知弑其君諸兒。

九年，春，齊人殺無知。

傳曰雍廩殺也。書齊人者，從告辭也，齊以國討來告，故書之。不稱君，齊人不以爲君也。

公及齊大夫盟于蔇。

將納糾也。齊人皆來受盟，盟者衆，不可但稱齊人，不可遍舉其名，故統曰齊大夫。

夏，公伐齊，納子糾。齊小白入于齊。

稱子者，宜爲君也，凡嗣子在喪稱子。子糾不繫齊者，蒙伐齊文也，小白繫齊者，不繫齊則不知爲何人也。公納糾未至，小白自莒先入。書曰入，逆辭也，又難辭也。○張氏照曰：「群公子稱公子，世子嗣位未成君稱子。《春秋》書子糾不曰公子糾，貴可知矣，糾、小白孰爲兄、弟不必論。」案：左氏經糾上有子字，程子據公、穀辨其誤，非也。

秋，七月，丁酉，葬齊襄公。

八月，庚申，及齊師戰于乾時，我師敗績。

戰不稱公，非公也。公親伐不親戰，故伐則稱公，戰不稱公。杜氏預曰諱也，非也。戰而敗績，雖殘民，非大惡也。公如齊納幣書，觀社書，皆大惡也而無諱，獨諱師敗績何也？傳曰

「内不言戰，言戰乃敗也」，非也，此言戰又言敗。凡言戰不言敗者敗輕也，言戰又言敗者敗甚也。輕者略之，甚者書之，非有諱也，諱則没其實矣。

九月，齊人取子糾殺之。

取，易辭也，有逆辭焉。齊不當取，魯不當與，殺之，甚矣。稱齊人，人大夫也。傳曰鮑叔帥師來言也，又曰魯人殺之，非也。

冬，浚洙。

洙，水名。浚，深也，以備齊。

十年，春，王正月，公敗齊師于長勺。

傳稱齊師伐魯，經不書伐，胡氏因謂意在責魯，非也。内敗外兵不書伐者多矣，文有省略，非譏貶也。傳云「皆陳曰戰，詐戰曰敗，凡書敗者，譏之」，非也。譏不譏，視其事耳，非書敗即譏也。

二月，公侵宋。

或言伐，或言侵，何也？聲罪曰伐，掠境曰侵。

三月，宋人遷宿。

何以不地？亡也。凡遷而地者後復見，遷而不地者後不復見。〇傳曰：「遷者，猶未失其國家以往者也。」許氏翰曰：「猶未失其國家以往，其義猶有所難，則是王澤之未竭也。僖、文以後有滅國無遷國矣。」

夏，六月，齊師、宋師次于郎。公敗宋師于乘丘。

《檀弓記》曰：「魯莊公及宋人戰於乘丘，縣賁父御，卜國爲右，馬驚敗績。」今經書公敗宋師，知《記》文誤也。

秋，九月，荆敗蔡師于莘，以蔡侯獻舞歸。

荆、楚，一國二名。荆無人何也？未與夏通，史略之也。

冬，十月，齊師滅譚，譚子奔莒。

書滅國自此始，齊桓爲之也。凡國亡君死曰滅，國滅君亡曰奔。蔡侯何以名，譚子何以不名？凡諸侯卒，名之，告終也；奔、失地，名之，亦告終也。名者正也，其不名者史失之也。舊説以歸者皆名，奔者皆不名，非也。以歸皆名，夔子何以不名？奔者不名，徐子章禹何以名？

十有一年，春，王正月。

夏，五月，戊寅，公敗宋師于鄑。

秋，宋大水。

外災也，何以書？告則書，弔則書。

冬，王姬歸于齊。

王姬歸，不具書，莊公之篇再書之，魯主昏也，魯主昏於齊也。

十有二年，春，王三月，紀叔姬歸于酅。

紀侯去國，叔姬從。至是，紀侯卒，始歸酅。國亡矣，猶不忘故主之宗廟爾。明婦人夫死歸宗非其正道，著叔姬之節爲千古風也。

夏，四月。

秋，八月，甲午，宋萬弑其君捷及其大夫仇牧。

冬，十月，宋萬出奔陳。

仇牧何以書？不避難也。萬奔陳何以書？罪陳也。凡賊所奔，其國有罪。傳云宋人求萬醢之，賊討矣。閔公何以不葬？蓋魯不會也。謂賊不討不書葬，蔡般、許止見存，蔡景、許悼何以葬？謂賊既討書葬，里克、寧喜既誅，晉卓、衛剽何以不葬？或曰當葬，賊已討則書葬，既葬，賊雖討不書，亦非也。〇宋人殺萬不書於經，或傳所載非其實，抑或宋不告也。

十有三年，春，齊侯、宋人、陳人、蔡人、邾人會于北杏。

傳曰「平宋亂也」。齊稱侯，君也，四國稱人，大夫也。君何爲親與大夫會？春秋，君與大夫會盟者多矣。或曰獨書齊侯，始霸之辭，非也。始霸之辭，不待書齊侯而見也。○齊侯，穀梁經作齊人，傳云齊侯稱人，始疑之，非也。

夏，六月，齊人滅遂。

不書奔者，國滅君死之，正也。滅愈乎奔，奔愈乎以歸，以歸愈乎執。○春秋，大陵小，衆暴寡，致滅亡者，非小國之罪。書之者，閔弱小，惡强大，病天王也。

秋，七月。

冬，公會齊侯，盟于柯。

傳曰「始及齊平也」。仇易世矣，齊桓又倡大義，尊周室，雖與盟可也。傳曰：「敵惠敵怨，不在後嗣。」○《公羊》稱曹沬刼盟，乃戰國刺客之流，未可信也。

十有四年，春，齊人、陳人、曹人伐宋。

夏，單伯會伐宋。

傳曰宋背北杏之盟，故伐之。其稱人，將卑師少也。公使單伯會之。先伐後會者，不及伐也。

秋，七月，荆入蔡。

冬，單伯會齊侯、宋公、衛侯、鄭伯于鄄。

十有五年，春，齊侯、宋公、陳侯、衛侯、鄭伯會于鄄。

傳曰：「會於鄄，宋服故也。復會焉，齊始霸也。」

夏，夫人姜氏如齊。

秋，宋人、齊人、邾人伐郳。

郳，宋附庸也，因其叛，伐之。宋先齊，主兵也；伐鄭、伐徐亦同。

鄭人侵宋。

冬，十月。

十有六年，春，王正月。

夏，宋人、齊人、衛人伐鄭。

秋，荆伐鄭。

南北争鄭於是始。

冬，十有二月，會齊侯、宋公、陳侯、衛侯、鄭伯、許男、滑伯、滕子，同盟于幽。

傳曰「鄭成也」。會不目公，蓋微者也，或闕文。傳曰「没公」，非也。許男先滑伯，始亂王爵也。同盟者，志同欲也。盟有同有不同，史有詳略耳。杜氏預曰：「書同盟者，服異也；不書同盟者，非服異也。」○公羊經「會」上有「公」，「許男」下公、穀有「曹伯」。

邾子克卒。

邾稱子者，蓋齊桓尊周，請於王而進其爵。○方氏苞曰：「先儒據此以儀父爲字，克爲名，不知小國諸侯卒不見於魯史者多矣。克與儀父非一人，儀父卒不書，至克始書耳。」

十有七年，春，齊人執鄭詹。

杜氏預曰：「諸執大夫皆稱人以執之，大夫賤也。」執之者何？傳曰「鄭不朝也」，然而齊亦不朝也。

夏，齊人殲于遂。

殲，盡也。傳曰：「齊滅遂而戍之，遂之餘民醉而殺之，齊人殲焉。」何以不言遂人殺齊戍？遂亡矣，無人也。然則何以言齊人殲于遂？遂猶有人也。何以書？從告也。惡在齊，義在遂。

秋，鄭詹自齊逃來。

逃，賤者事也，詹不能伏節守死也。

冬，多麋。

十有八年，春，王三月，日有食之。

不言日與朔，史失之也。傳曰「夜食」，非也。○張氏瑗《三傳折諸》曰：「《春秋》日食三十六，有甲乙者三十四。曆家推驗，精者不過得二十六，唐一行得二十七，周王樸得二十五。莊十八年三月日食古今算不入法。有淮南衛樸者精曆術，《春秋》日食獨得三十五，惟此算不入，與諸家同。」

夏，公追戎于濟西。

不言來何也？文略也，言追則必有來矣。或曰魯無備也，戎侵魯，魯不知，於其去也，追躡之。濟西，魯濟也。

秋，有蜮。

蜮，短狐射人者也。麋，所有也，多爲災；蜮，所無也，有爲災。

冬，十月。

十有九年，春，王正月。

夏，四月。

秋，公子結媵陳人之婦于鄄，遂及齊侯、宋公盟。

媵，淺事也，何以書？以遂事書也。陳人，陳大夫也。鄄，衛地也。程子曰：「鄄之巨室嫁女於陳人，結以其庶女媵之。」孔穎達曰：「凡爲媵者，皆送至嫁女之國，從嫡而行。今曰于鄄，故知鄄女爲陳人婦者也。」結至鄄，聞齊、宋爲會，遂與之盟。大夫無遂事，大夫特盟公侯，非禮也。○公、穀皆謂魯女媵陳侯之婦，非也。陳侯，君也，何爲稱人？陳之夫人何爲稱婦？即如此，當書公子結歸媵于陳足矣，何須辭費。

夫人姜氏如莒。

杜氏預曰：「非父母國而往，書姦。」

冬，齊人、宋人、陳人伐我西鄙。

外兵加魯皆曰鄙，遠之也，傳曰「不以難邇我國也」。三國來伐，或曰爲鄭詹也。或曰爲結之伉盟也，非也。即爲伉盟，無與盟可矣。

二十年，春，王二月，夫人姜氏如莒。

夏，齊大災。

天火曰災。大者，已甚也。

秋，七月。

冬，齊人伐戎。戎，穀梁經作我。

二十有一年，春，王正月。

夏，五月，辛酉，鄭伯突卒。

秋，七月，戊戌，夫人姜氏薨。

冬，十有二月，葬鄭厲公。

厲之謚惡也，是雖私謚，不廢公議。

二十有二年，春，王正月，肆大眚。

肆，赦也。眚，罪也。肆大眚，惠奸，賊善良。

癸丑，葬我小君文姜。

婦人無謚，從夫之謚，别立謚，非禮也，自此始。

陳人殺其公子御寇。

言公子不言大夫，非大夫也。傳曰「殺其太子」，非也。如實太子者，當書殺其世子，何稱公子也？方氏苞曰：「國亂，衆人擅殺及兩下相殺，皆不得不書人」，非也。經凡書某人殺其大夫、公子，皆君殺之辭也。不目君者大夫賤，猶之執大夫皆稱人以執也。擅殺而無主名當書盗，兩下相殺當書名，何得書人也？又謂兩下相殺不書，尤非也。國亂無政至於同列相賊，安得不書也？殺大夫、公子，或稱國，或稱人，何也？文有詳略耳，非有義例也。說又見文九年三月。

夏，五月。

五月何以首時？蓋闕誤也。〇何氏休曰：「譏莊公取仇女，不可事先祖，猶五月不宜首時。」

又以昭十年十二月無冬爲昭公取吳孟子之年，故貶之，皆非也。果如其説，二百四十二年之春夏秋冬，可存者尠矣。

秋，七月，丙申，及齊高傒盟于防。

孰及之？杜預云微者也。何以知非公也？以納幣不諱公知之也。高傒者，齊卿也，公與齊昏，故來結盟。

冬，公如齊納幣。

納幣者，納徵也，宜使大夫，公親之，非禮也。何以不没公？公之大惡有三焉，《春秋》不能爲諱也：取仇女無父，喪圖昏無母，親納幣無君。

二十有三年，春，公至自齊。

公出不皆致，獨納幣、觀社、逆女三事致，告廟也，皆如齊也。二十六年伐戎亦致。

祭叔來聘。

不稱使，非王命也。非王命而聘，假聘禮以行也。祭伯來不言事，祭叔聘不稱使，皆私交也；私交，非禮也。

夏，公如齊觀社。

齊因祭社蒐軍實，故公往觀之，非禮也。傳曰「尸女也」。

公至自齊。

荆人來聘。

楚交諸侯自此始。其稱人，傳云進之，非也，便文耳。

公及齊侯遇于穀。

蕭叔朝公。

蕭，蓋宋附庸國；叔，其君名也。案：傳有蕭叔大心，未審即是人不？《釋例》云：「伯、仲、叔、季，固人字之常，然古今亦有以爲名者。」此説是也。朝不言來，於外也。穀者，齊地也。公與齊侯遇，蕭叔朝於此，非禮也。凡朝、聘，壹受於廟，歸美先君，且以敬賓。

秋，丹桓宫楹。

冬，十有一月，曹伯射姑卒。

十有二月，甲寅，公會齊侯，盟于扈。

遇于穀，盟于扈，亦尸女也。

二十有四年，春，王三月，刻桓宫桷。

丹楹、刻桷，非禮也。丹，塗也；楹，柱也；刻，鏤也；桷，椽也。將取齊女，預爲盛飾夸示之。不言新宫，非新也。

葬曹莊公。

夏，公如齊逆女。

秋，公至自齊。八月，丁丑，夫人姜氏入。

逆女使卿；越國親迎，非禮也。親迎與夫人偕至；先至，非禮也。八月丁丑月日具者，避同至也。入者，逆辭也。何以不言夫人姜氏至自齊？至者廟見也，不至者亦廟見也，以其不同至，故以逆辭書也。何以知必廟見也？丹桓宫楹矣，刻桓宫桷矣。

戊寅，大夫、宗婦覿，用幣。

覿，見也。宗婦，同姓大夫妻也。言宗婦必言大夫者，明俱覿也。禮，夫人至，大夫見於廟，婦見於内，别也；同覿，不别也。男女異贄，别也；用幣，不别也。君子曰：「慶父來矣。」

大水。

冬，戎侵曹，曹羈出奔陳，赤歸于曹。

鄭忽、曹羈一也，突、赤亦一也。突之歸也，宋也，赤之歸也，戎也。彼先歸後奔，此先奔後歸，何也？歸在先者强甚也，奔在先者弱甚也。羈不稱爵，不能君也，或曰從告辭也。不稱子，當喪而出，不能子也，或曰亦從告辭也。

郭公。

闕誤也。

二十有五年，春，陳侯使女叔來聘。

女，氏；叔，名也。諸侯交聘於是始。

夏，五月，癸丑，衛侯朔卒。

不葬，魯不會也。或曰朔犯王命，去葬以討，非也。

六月，辛未，朔，日有食之，鼓、用牲于社。

吳氏徵曰：「社者，祭地，示也。其祭有常禮，不書，經所書社凡四，非爲社書也。」

伯姬歸于杞。

不言逆，逆者非卿，略之。○方氏苞曰：「伯姬，桓公女也，左氏以爲莊公女，非也。時君之女，當書子伯姬。」

秋，大水，鼓、用牲于社、于門。

天災無牲，水災無鼓。日有食之，用幣是也，用牲非也，不鼓於朝而鼓於社，社不受也。大水，用牲是也，鼓非也，不禜於壇而於社、於門，社、門不受也。應天以實不以文，文又失也。門，國門也。

冬，公子友如陳。

報女叔之聘也。凡内朝、聘，皆書如。

二十有六年，春，公伐戎。

夏，公至自伐戎。

曹殺其大夫。

不名，史闕也，傳曰衆也，非也。晉三郤亦衆也，何故名之？杜氏預曰無罪也，非也。殺大夫多矣，曹、宋不名，其餘皆名，豈盡有罪也？殺者或稱國或稱人何也？詳略辭也。或曰稱國以殺者君殺之，罪累上也，稱人以殺者衆殺之，殺有罪也，非也。大夫雖有罪，諸侯專殺之，惡也，有專命而後有專殺，諸侯皆專命，故亦專殺也。或曰《春秋》不書天王殺大夫，予其專殺也，非也。東周以來，天子守府，實不能專殺大夫耳。如實殺者，就令義得專殺，法固當書也，以其不書，知其實未嘗殺也。惟見於傳者間有一二，而亦不書，抑或不告與。

秋，公會宋人、齊人，伐徐。

二國稱人，將卑師少也。宋先齊，主兵也。

冬，十有二月，癸亥，朔，日有食之。

二十有七年，春，公會杞伯姬于洮。

婦人會，非事也，參譏之。

夏，六月，公會齊侯、宋公、陳侯、鄭伯，同盟于幽。

傳曰：「陳、鄭服也」。又曰：「同者，有同也，同尊周也」。

秋，公子友如陳，葬原仲。

原，氏；仲，名，陳大夫也。大夫何以葬？公子友之舊也。何以書？友欲往而葬，則人臣無私越境，於是乎請於公，而公命之行也，非禮也。或曰原仲交乎魯侯，魯侯使友會其葬，亦非禮也。傳曰「辟内難也」，辟内難何以託之葬原仲？不知也。○杜氏預曰：「原，氏；仲，字。禮，大夫既卒不名。」恐非。說見僖十五年夷伯。

冬，杞伯姬來。

來者歸寧也，來歸者大歸也。歸寧，常事不書，非禮書之。伯姬來何以爲非禮？春會洮矣，以是爲亟也。禮，父母在，歲一歸寧。伯姬，桓公女，法不當歸寧，故書。

莒慶來逆叔姬。

莒慶何以名，叔姬何以不名？婦人稱伯仲，禮也。何以不言逆女？別於爲君逆也。莒慶非公事，叔姬非夫人，何以書？公自主之也。凡公嫁女，敵者，主之，非敵者，大夫主之；自主叔姬，非禮也。傳曰：「大夫越境逆女，非禮也。」

杞伯來朝。

公會齊侯于城濮。

　城濮，衛地。謀伐衛也。

二十有八年，春，王三月，甲寅，齊人伐衛，衛人及齊人戰，衛人敗績。

　稱人，將卑師少也。伐未有書日者，此何以日？伐之日即戰之日也。然則何以不於戰焉日？於戰焉日則嫌於非伐之日也。不徵辭，不察罪，齊以甲寅之日伐，衛以甲寅之日戰。不地者，於衛也。不以齊及衛者，戰非齊人之志也。凡敗績稱師，此稱人何也？亦將卑師少也。

夏，四月，丁未，邾子瑣卒。

秋，荆伐鄭。

公會齊人、宋人，救鄭。

　凡救未有不善者。

冬，築郿。

　築者，始作邑也，城者，城舊城也。

大無麥、禾。

　麥夏熟，禾秋成，何爲書於冬？此不由水旱也，非饑也，有司歲杪計國用而曰麥不足也，又曰禾不足也，故國史書曰大無也。費用無藝，爰及耗竭，故不曰水、旱、饑。麥一穀，禾五穀，何爲一而當五？麥續舊興新，令民不饑乏，故《春秋》重麥。《晉書·五行志》云：「吳孫皓時，常歲無水旱，苗稼豐美而實不成，百姓以饑，闔境皆然，連歲不已，吳人以爲傷露。」非也。按劉向《春秋説》曰：「水旱當書，不書水旱而曰大無麥、禾者，土氣不養，稼穡不成。」此其義也。

臧孫辰告糴于齊。

何以不言如齊？劉氏敞曰：「先言如齊則詞緩，先言告糴則情急也。」臧孫辰曰：「賢者急病而讓夷。」

二十有九年，春，新延廄。

新者，有舊也。何以書？大無麥、禾，告糴于齊，冬築郿，春延新廄，所謂時詘舉贏者也。或曰：「延廄，法廄也，僭也。」

夏，鄭人侵許。

秋，有蜚。

記異也，或曰災也。蜚，《爾雅》以爲蟲，《山海經》以爲獸。劉歆曰：「負蠜，性不食穀，食穀爲災。」羅願曰：「負蠜，今之蜚，盤蟲，能食稻花，使稻不蓄。」若然是以災書也。然負蠜常有，經當書多，不當言有，有者，言本無也。劉敞據《山海經》云：「蜚，狀若牛而白首、一目、虵尾，行水則竭，行草則死，見則其國大疫，是則以異書也。」懿行案：《爾雅、釋蟲》云：『蜚，蠦蜰。』注云「負蠜是也」。劉向以爲爲蟲臭惡，蓋即今所謂臭盤蟲也。劉歆以爲負蠜，誤矣。劉敞引《山海經》亦恐誤，姑存之。

冬，十有二月，紀叔姬卒。

城諸及防。

傳曰「書時也」，非也。春新延廐，冬城諸、防，雖時，庸可乎？其言及何也？先後之辭。

三十年，春，王正月。

夏，次于成。

秋，七月，齊人降鄣。

次于成何也？齊將降鄣，故備之。不言將，不稱師，將卑師少也。鄣者，紀之附庸。凡降者，自降也，降之者，脅降也。

八月，癸亥，葬紀叔姬。

娣媵不卒，卒紀叔姬，來告也。亡國不葬，葬紀叔姬，魯往會也。其來告、往會何也？録賢也。○方氏苞曰：「内女書葬，禮之變也，以爲著其賢，非也。宋共姬之葬也，以卿共葬事而書，紀叔姬之葬也，以媵而書。二姬之賢與葬之非禮，其義兩行而不相悖也。」説見僖十六年「鄫季姬卒」下。

九月，庚午，朔，日有食之，鼓，用牲于社。

冬，公及齊侯遇于魯濟。

傳曰：「謀山戎也」。杜氏預曰：「濟水歷齊魯界，在齊界爲齊濟，在魯界爲魯濟。」

齊人伐山戎。

稱人，將卑師少也。傳曰：「齊侯也，貶人之」，非也。○傳曰：「遇于魯濟，以山戎病燕故。」然則伐戎爲燕也，當書戎伐燕，齊救燕，如邢、衛之等。經壹不言，傳未可信。疑山戎近燕與齊接境，齊欲南服楚，恐戎議其後，故先以兵加耳。外傳之言亦近夸辭，未可信也。若謂齊侯親伐貶稱人，然則伐北戎稱齊侯，何以無貶？見僖十年。

三十有一年，春，築臺于郎。

夏，四月，薛伯卒。

築臺于薛。

六月，齊侯來獻戎捷。

捷者，戰勝所獲也。伐戎曰齊人，獻捷曰齊侯，何也？齊侯不親伐，及其捷也，親來獻之，夸魯也，非禮也，諸侯不相遺俘。傳曰「旗獲而過我也」，非也，齊伐戎不過魯。

秋，築臺于秦。

國有臺爲侯也，遠乎國非禮也。一歲而築三焉，惟臺是樂而已矣。

冬，不雨。

一時不雨即書者，吕氏大圭曰：「莊公亟興土功，屢見災異，故詳志之。」

三十有二年，春，城小穀。

小穀，魯地。傳曰「爲管仲」，非也。齊自有穀，非小穀也。即齊地者，當書城齊小穀，如城邾瑕之例。見哀六年。

夏，宋公、齊侯遇于梁丘。

傳曰：「齊侯爲楚伐鄭之故，請會於諸侯，宋公請先見，遇於梁丘。」宋先齊何也？遇則簡禮相見，莫適爲主，故以爵序。

秋，七月，癸巳，公子牙卒。

傳曰「殺也」，非也。殺則何以不書刺？云爲季子諱也，非也。諱殺書卒，非事實也，何以傳信乎？〇内大夫皆卒，桓之大夫皆不卒，史闕爾。莊之大夫亦不卒，公子牙特卒，廟存爾。方氏苞謂「聖人削之，以示王法所不容」，非也。方氏既引韓子「《春秋》書王法不誅其人身」，而復瑣瑣然削其卒以示誅貶何哉？削其卒，既與叔彭生之不卒書法相亂，且桓、宣惡同，而宣之大夫皆書卒，非《春秋》誅惡之法也。若謂桓之大夫特文見義而餘從其常，則《春秋》書亂賊何不皆從其常而必每事書之乎？又謂桓之篇月不繫王，而宣之篇月仍繫王，夫王以不討賊削其王，然則《春秋》之王當削者多矣。不爲他國不書王，而獨爲魯貶其王，則是王不王獨繫於魯而不繫他國乎？

八月，癸亥，公薨于路寢。

路寢，正寢也，以正終也。范氏寧曰：「公薨皆書其所，謹凶變。」

冬，十月，癸未，子般卒。

此弑也，何以卒？諱也。何以名？未葬也。禮，未葬稱子某，既葬稱子，逾年稱公。未葬何以名？父前子名也。既葬何以不名？疑君也，所以稱子，緣孝子之心也。逾年何以稱公？成君也，所以稱公，緣臣民之心也。般卒不葬，不成葬也，國亂故。或曰不葬，降成君，非也。雖未成君，待之猶君也。◯方氏苞曰：「凡子某卒，不地、不葬者，皆故也。」啖氏助曰：「未逾年曰卒，未成君也。子卒而不地，葬而不志，義與成君同。」

公子慶父如齊。

告立君也。傳曰奔，非也。閔公者，齊出也。子般，孟任所生。般死閔公立，故告以自託也。

狄伐邢。

校勘記

〔一〕原無「蓋」；「爲」原作「與」。

〔二〕引自《春秋左傳正義》，「有師在紀」下原有「杜云書奸，奸發，夫人當向紀地從之」；「不言會者」下原有「往其軍内從齊侯耳」。

〔三〕引自《穀梁傳集解》，「將伐我」原作「欲伐魯」。

春秋説略卷四

閔　公

元年，春，王正月。

繼故不即位，不忍也。閔繼般，僖繼閔，非君父也，從之受國一也。

齊人救邢。

夏，六月，辛酉，葬我君莊公。

秋，八月，公及齊侯盟于落姑。

傳曰：「請復季友也，齊侯使召諸陳。」必請齊者，假霸權，讋奸黨。

季子來歸。

曰季子，曰仲孫，曰高子，方氏苞以此類皆舊史之文，理或然也。不名者，魯人重之也。然則孔子不革何也？欲革之則不可盡革，或有革其號而不得其名者矣，故仍之。孔子曰：「其文則史，其義則吾竊取之矣。」季子魯人，何以曰來？來者，明有去也；去，將不來矣。喜之，曰來也，異於奉使，故不曰至也。歸者必有奔也，嫌於以罪奔，故不書奔也，書「公子友如陳葬原仲」。

冬，齊仲孫來。

不稱使，不曰聘，不書盟，則未知以何事來也。胡氏謂譏齊桓，非也。方氏苞曰：「不名者，魯人重之，故史不書名，至孔子修《春秋》，則名無可徵而事不可削，故一仍其書也。」

二年，春，王正月，齊人遷陽。

夏，五月，乙酉，吉禘于莊公。

吉者，未可以吉也，禘者，未可以禘也。禘，王者之大祭，行於大廟；於莊公，無祖也。不言宫，於寢也。○先儒據《明堂位》謂成王以周公賜魯重祭，非也。成王先主，必不爲此。《竹書》稱魯惠公使宰讓請郊廟之禮，當平王之世，《明堂位》謬説未可信也。案：杜氏預曰：「三年喪畢，致新死者之主於廟，遠主遷祧，因是大祭，以審昭穆，謂之禘。莊公喪制未闋，而吉祭又不於大廟，故詳書以示譏。」

秋，八月，辛丑，公薨。

九月，夫人姜氏孫于邾。

文姜也則不稱姜氏，哀姜也則稱姜氏，何也？公薨于齊，夫人即孫齊，醜也，可揜也。慶父奔莒，夫人乃孫邾，無嫌也，不必揜矣。《春秋》比事屬辭，其義自見。上書夫人孫邾，下書慶父奔莒；一孫也，一奔也，何爲乎雙雙而俱去也？

公子慶父出奔莒。

公子出奔，不討賊也。謚而不刺，非國討也。

冬，齊高子來盟。

來盟者，立僖公，定魯難。不稱使，非前定也。

十有二月，狄入衛。

傳言滅，經言入，何也？得而弗居曰入，居而勿絶其祀亦曰入。

鄭棄其師。

傳曰鄭人惡高克也。然則何不曰鄭高克出奔陳？曰高克出奔陳則無以見鄭棄其師之罪也。然則何不曰鄭棄其師、高克出奔陳？重師也，抑或高克非卿，法不當書也，亦猶侵伐者將卑，稱師不稱將也。《春秋》舉要不煩，稱其事而已。〇方氏苞曰：「舊史以傳聞書也，自僖二十八年以前，外大夫奔皆不書。」懿行謂：魯史書他國之事，皆以赴告，謂以傳聞書，非也，此事安知非以高克來告而書？

春秋説略卷五

僖公

元年，春，王正月。

齊師、宋師、曹伯次于聶北，救邢。伯，當從公、穀經作師。

狄入衛，救邢何也？邢、衛接壤，入衛則必及邢矣。然則救邢不救衛何也？蓋狄已去衛矣，斯時戴公廬於漕。先言次後言救何也？凡次而救，成救也；救而次，不成救也。○公、穀經作曹師，是也，左氏下經亦作曹師，而此經作曹伯，蓋誤。

夏，六月，邢遷于夷儀。

齊師、宋師、曹師城邢。

再序三師，著實也。不言師則不知以師城也，若言諸侯則不知爲三國也，言諸侯師則非辭也。何以不曰城夷儀？邢遷矣，城邢也，亦著實也。

秋，七月，戊辰，夫人姜氏薨于夷，齊人以歸。

夫人薨于内，不地；于外，則地。夫人孫邾，何以在夷？傳曰「齊人召而殺之」。〔一〕書曰薨，諱也。以歸者，歸於齊也，僖公請而葬之。

楚人伐鄭。

荆號楚始此。

八月，公會齊侯、宋公、鄭伯、曹伯、〔邾人〕于檉。

傳曰：「謀救鄭也。」

九月，公敗邾師于偃。

冬，十月，壬午，公子友帥師敗莒師于酈，獲莒挐。

敗邾於偃，哀姜故也。敗莒於酈，慶父故也，傳曰求賂也。獲，戰得也。大夫生死皆曰獲，諸侯死曰滅，生曰獲。○傳曰「詐戰曰敗」，非也。内敗外兵皆書曰敗，豈盡詐戰？

十有二月，丁巳，夫人氏之喪至自齊。

不稱姜，前已見也；一事而再見者，略之。君子諱國惡，苟其辭可略則略之，略之，所以諱之也。然則何以不於薨焉諱？於薨焉諱，則其事遂不可知矣。諱其惡而没其事，君子亦不爲也。○杜氏預曰「不稱姜，闕文也」，非也。文姜不稱姜氏，何以非闕文？此稱氏不稱姜；逆婦姜于齊，文四年。稱姜不稱氏；皆非闕文也。

二年，春，王正月，城楚丘。

楚丘，邑名，或曰衛邑，以《詩》知之。孰城之？不知也。傳曰「諸侯城之」，非也。不書諸侯，何由知是諸侯也？方氏苞曰「魯城之」，非也。不書城衛楚丘，何由知非内邑也？杜氏預曰「大都以名通者不繫國」，杜説見莊三十二年春「城小穀」下。非也。彭城、虎牢何以繫國？疑經有闕文矣。傳曰「不與諸侯專封也」，非也。專封之罪，不大於存亡之功，孔子曰「如其仁，如其仁」，若不書諸侯是貶，緣陵書諸侯何以非褒？見僖十四年。

夏，五月，辛巳，葬我小君哀姜。

虞師、晉師滅下陽。

虞先晉，賂故也。下陽，附庸國也，傳曰邑，非也。邑不言滅，言滅非邑也。突入櫟而鄭舉矣，入鄭不書，不告也；下陽滅而虢舉矣，滅虢不書，不告也。

秋，九月，齊侯、宋公、江人、黄人盟于貫。

傳曰服江、黄也，服江、黄所以孤楚也。傳又曰「中國稱齊、宋，遠國稱江、黄」，以爲諸侯皆至也，非也。至者至之，不至者不至之，未有諸侯與會而不書者。

冬，十月，不雨。

楚人侵鄭。

三年，春，王正月，不雨。

周之正月非雨節也，不雨庸何病？經之正月疑三月之誤。杜氏預曰：「一時不雨則書首月也。」案：莊三十一年冬不雨，不書首月者，僅一時也。

夏，四月，不雨。

徐人取舒。

舒，國也。取者，取爲附庸也。或曰書取者恕辭，爲其奉霸令披楚黨也，非也。實滅言取，豈《春秋》乎？

六月，雨。

凡不雨之書，月舉者勤也，時舉者慢也，歷時而總舉者加慢也。有書不雨，無書雨者，此書「六月雨」何也？喜也。勤故喜，喜則書；慢故不喜，不喜則不書。見莊三十一年、文二年、十年、十三年。

秋，齊侯、宋公、江人、黄人會于陽穀。

傳曰「謀伐楚也」。伐楚之役，江、黄不與何也？與謀也。

冬，公子友如齊莅盟。

來盟曰來，往盟曰莅。傳曰：「齊侯爲陽穀之會，來尋盟也。」

楚人伐鄭。

四年，春，王正月，公會齊侯、宋公、陳侯、衛侯、鄭伯、許男、曹伯，侵蔡，蔡潰，遂伐楚，次于陘。

先侵蔡，誑楚也。民逃其上曰潰。遂者，繼事之辭，胡氏謂「譏其專」，非也。伐而次何也？用大師善持重，爲能不戰而屈人兵也。

夏，許男新臣卒。

諸侯外卒，在師稱師，在會稱會，此不言者，許男有疾，歸國而卒，君子謂之不知命。

楚屈完來盟于師，盟于召陵。

盟不稱使，非前定也。既言來盟于師，又言盟于召陵，何也？盟於師者完之志，桓公退舍以禮之，故盟於召陵。方氏苞曰「再言盟者，既盟於師，復盟於召陵」，非也。一盟而已，再盟何爲？

齊人執陳轅濤塗。

秋，及江人、黄人伐陳。

孰及之？魯之微者也。

八月，公至自伐楚。

葬許穆公。

冬，十有二月，公孫兹帥師會齊人、宋人、衛人、鄭人、許人、曹人，侵陳。

齊桓略於責楚，苛於治陳，轅濤塗之罪止於誤軍道耳，執其人又侵伐其國，甚矣。齊桓矜帖荆，功未良成而志已溢。

五年，春，晉侯殺其世子申生。

《春秋》書殺世子兄弟目君，屬辭之體也。曰世子、曰弟，對君而言也，傳曰「甚之」，非也。書世子、書弟，即是甚之，不待目君而見也。晉申生、宋痤皆自裁，目殺者，意成乎殺也。

杞伯姬來，朝其子。

傳曰：「參譏也」。伯姬來，因見其子，攝行朝禮，故書曰朝。朝者其子，繫之母者，子幼不能朝也。禮，童子侯不朝，蓋不可以成人禮接也。案：何休云：「禮，外孫初冠，有朝外祖之道。」此曲説耳。

夏，公孫兹如牟。

傳曰娶焉，蓋因聘而逆焉。

公及齊侯、宋公、陳侯、衛侯、鄭伯、許男、曹伯會王世子于首止。

及以會，尊之也，諸侯不敢與王世子齒也。然則會之奈何？王將以愛易嫡，齊桓爲會以定之，禮之變也；殊會世子，變之禮也。

秋，八月，諸侯盟于首止。

諸侯不序，前目後凡也。無中事而後舉諸侯，見王世子不與盟也，尊之也。會，盟同地而再舉，别於異地也。

鄭伯逃歸，不盟。

逃，賤者事也。言逃歸又言不盟，明逃在盟前。

楚人滅弦，弦子奔黄。

九月，戊申，朔，日有食之。

冬，晉人執虞公。

虞公，天子三公也。此滅矣，不書滅何也？不告也。傳曰：晉「修虞祀，歸其職貢於王」，則不以滅告。可知不言以歸，亦不告也。虞公不名，史闕也。

六年，春，王正月。

夏，公會齊侯、宋公、陳侯、衛侯、曹伯，伐鄭，圍新城。

秋，楚人圍許，諸侯遂救許。

冬，公至自伐鄭。

致有二道，有以先事致者，有以後事致者，大先事以先事致，大後事以後事致。凡致，以告廟書也，告以先事則以先事書，以後事則以後事書，不告則亦不書也。〇傳曰「有二事偶則以後事致，後事小則以先事致」，非也。又曰「此不以救許至何也？大伐鄭也」，〔三〕非也。伐鄭之義不大於救許。或曰伐鄭本事，救許繼事，出以本事告，還以本事致，亦非也。二十八年會温，遂圍許，繼書「公至自圍許」，則非以本事致明矣。

七年，春，齊人伐鄭。

夏，小邾子來朝。

此郳也，齊桓白天子進之，故以爵通，本邾國別封，故稱小邾。

鄭殺其大夫申侯。

秋，七月，公會齊侯、宋公、陳世子款、鄭世子華，盟于寧母。

傳曰：「謀鄭故也。」

曹伯班卒。

公子友如齊。

冬，葬曹昭公。

八年，春，王正月，公會王人、齊侯、宋公、衛侯、許男、曹伯、陳世子款，盟于洮。

傳曰：「謀王室也。」王人，下士也。先王人，禮也；盟王人，非禮也。○傳曰「襄王定位而後發喪」，蓋左氏謂去年冬王崩，然是年冬方見於經，豈有秘不發喪終年之理？未可信也。

鄭伯乞盟。

盟而後乞，不得與盟也，故盟無鄭伯。

夏，狄伐晉。

秋，七月，禘于大廟，用致夫人。

禘，僭也。大廟，周公廟也。夫人者，哀姜也。致者，祔於廟也。夫人得罪先君，不可致而致之也。夫人葬八年矣，至此始致者，爲疑其禮，故遲也。○方氏苞謂：「夫人，風氏也。致，生者之辭也。若哀姜入廟，則當書祔。」非也，祔亦致也。禮，夫人與祭，君母不與祭，若風氏入廟，以母乎？以婦乎？以母則無其禮，以婦則非所安，故知夫人，哀姜也。哀姜本夫人，故但書夫人，即知爲姜氏。若風氏，非夫人也，但書夫人，何以見爲風氏乎？傳曰「貶，去氏」，非也。

冬，十有二月，丁未，天王崩。

九年，春，王正月，丁丑，宋公御說卒。

夏，公會宰周公、齊侯、宋子、衛侯、鄭伯、許男、曹伯于葵丘。

惠王未葬而宰出會，蓋王有內難故也。周，采地也。天子三公，故以爵稱，異於儲君，故不殊會。宋子者，在喪之稱，背殯忘哀，非禮可知。

秋，七月，乙酉，伯姬卒。

此未嫁也，何以卒？許嫁諸侯笄而字矣，於其卒也，以成人禮禮之。猶未嫁，故不繫國。

九月，戊辰，諸侯盟于葵丘。

曰諸侯盟，見宰周公不與盟也。○先會後盟，申明五禁，翼戴天王。再言葵丘，與首止義同。

甲子，晉侯佹諸卒。

冬，晉里克殺其君之子奚齊。

凡遇弑，雖未逾年稱君，此其稱君之子何？子者，在喪之稱也，以爲君也而實子，以爲子也而君之矣。君之子待猶君，然則商人弑舍不曰君之子何也？君之子也，君也，其文異，其實同。君曰弑，君之子曰殺，何也？不言君者不稱弑。○傳曰「其君之子者，國人不子也」，非也。特稱君者，以君爲重耳。若非以君爲重，但書殺晉子足矣，何迂言君之子？且親殺者，里克一人，何足見國人不子也？

十年，春，王正月，公如齊。

狄滅温，温子奔衛。

傳以温爲蘇氏邑，非也。邑不言滅，言滅非邑也。温，蓋畿内國，子爵也。温子不名，史闕也。○内諸侯之名，見於《戴記》，方氏苞疑之，謂「王臣無五等之爵，不當稱子」，恐非也。温子，爵也，劉子、單子，亦爵也。方氏以榮叔、南季爲行次，猶可也，以劉子、單子等爲尊異之稱，不可也。温子，國滅矣，何以得尊異之稱也？

晉里克弑其君卓及其大夫荀息。

奚齊也，則子之；卓，子也，則君之，何也？奚齊，殺於次，未葬也，未葬稱子；卓，子，弑於朝，已葬也，已葬稱君。荀息者，不食言者也，君欲殺正則殺之，君欲立不正則立之，曰臣不食言而已，與卓皆死。○死難之臣，皆以來告得書；不書，不告也。

夏，齊侯、許男伐北戎。

杜氏預曰：「北戎，山戎。」

晉殺其大夫里克。

方氏苞曰「非討其弑君之罪也，則爲殺其大夫而已」，非也。《春秋》書殺大夫四十七，無以别其孰殺之是、孰殺之非也。且以魯史記他國之國事，但據赴告之辭，書曰某國殺其大夫而已，其是與非，何由盡知也？《春秋》美惡不嫌同辭，凡殺大夫皆不去其官，必據傳而别之：孰爲非國討故不去其官，孰爲稱人以殺爲殺有罪，孰爲稱國以殺爲殺無罪，若罪累上，則是紛紛然，惟傳者之所顛倒，其必屈經以從也。據傳，陳泄治、楚郤宛皆無罪，楚公子側、鄭公孫黑皆有罪，而皆不去其官。傳説紛紛，自亂其例，何足信乎？

秋，七月。

冬，大雨雪。

十有一年，春，晉殺其大夫丕鄭父。

夏，公及夫人姜氏會齊侯于陽穀。

夫人，聲姜，齊侯之女。其曰公及夫人，猶愈乎公與夫人耳。據桓十八年。

秋，八月，大雩。

冬，楚人伐黄。

十有二年，春，王三月，庚午，日有食之。

夏，楚人滅黄。

國滅君死之，正也。盟于貫也，江、黄請服，管子難之，以爲遠齊而近楚，若伐而無救，則無以宗諸侯矣。信矣。

秋，七月。

冬，十有二月，丁丑，陳侯杵臼卒。

十有三年，春，狄侵衛。

夏，四月，葬陳宣公。

公會齊侯、宋公、陳侯、衛侯、鄭伯、許男、曹伯于鹹。

傳曰：「淮夷病杞故」，且爲戎難謀王室也，諸侯戍焉。

秋，九月，大雩。

冬，公子友如齊。

十有四年，春，諸侯城緣陵。

傳曰：「諸侯，散辭也」，桓德衰矣。諸侯者誰？不知也。或曰「會鹹者也」，非也。會鹹，既改歲，又間有異事，何知非别國諸侯也？傳曰「城緣陵，遷杞也」，非也。邢遷夷儀矣，此不言杞，不言遷，何知非城虎牢之例，而必曰遷杞也？即遷杞者，疑經有闕文矣。〇傳云「淮夷病杞」，疑城緣陵而戍之，與城虎牢同。案：《地理志注》臣瓚曰：「營丘即臨淄也。營陵，《春秋》謂之緣陵。」李穎曰：「緣陵在今青州之昌樂，去臨淄不二百里，而去杞都之陳留千數百里，杞何由得遷於此？」古事邈遠，固多難稽，而輿地則千古難昧。止緣傳者創有此説，後人依訛承謬，有實而按之者，或轉從而怪之矣。

夏，六月，季姬及鄫子遇于防，使鄫子來朝。

方氏苞曰：「内女適人者繫國，未嫁書字。季姬書字而不繫國，則女而非婦明矣。蓋使自擇配，故得與鄫子遇也。如《左傳》『鄫季姬來寧，公怒，止之』，而要鄫子，使來朝。則當書某月鄫季姬來，某日及鄫子會於防，使鄫子來朝。以是知公、穀二傳於經爲合也。明年，季姬歸于鄫，以始嫁之辭書，則此非歸寧益明矣。」〔三〕

秋，八月，辛卯，沙鹿崩。案，鹿當作麓，古字通用。

沙鹿，晉山也，不繫國，名山大澤不以封。何以書？爲天下記異也。

狄侵鄭。

冬，蔡侯肸卒。

十有五年，春，王正月，公如齊。

公再朝於齊矣，杜氏預曰「諸侯五年再相朝，禮也」，非也。五年一朝天子，禮也。

楚人伐徐。

三月，公會齊侯、宋公、陳侯、衛侯、鄭伯、許男、曹伯，盟于牡丘。

遂次于匡。

傳曰：「遂，繼事也。次，止也，有畏也。」

公孫敖帥師及諸侯之大夫救徐。

諸侯在焉，而大夫帥師，桓德益衰矣。

夏，五月，日有食之。

傳曰：「不書朔與日，官失之也。」

秋，七月，齊師、曹師伐厲。

八月，螽。

九月，公至自會。

季姬歸于鄫。

方氏苞曰：「内女之歸，非禮不書，此以及鄫子遇防而書也。」

己卯，晦，震夷伯之廟。

雷曰震。夷，氏；伯，名。或曰字，非也，《春秋》無書字之法。或曰：禮，大夫既卒不名，故稱字，「公子友如陳葬原仲」，亦字也，非也。杜氏預曰：「展氏『夷，謚』」，非也。原仲何以不稱謚也？或曰大夫没稱謚若字，禮也。然而《春秋》無大夫稱謚若字者也。或曰：葬而稱謚，《春秋》大夫不書葬，故不稱謚也，非也。原仲書葬矣，亦不稱謚也。

冬，宋人伐曹。

宋始背盟也。盟會同而諸侯無私爭者三十載。

楚人敗徐于婁林。

病齊桓也，傳曰：「徐恃救也」。

十有一月，壬戌，晉侯及秦伯戰于韓，獲晉侯。

凡戰不言伐者，省文耳，胡氏謂「罪晉侯」，非也。不以秦及晉者，内晉外秦也，胡氏謂「怒秦伯」，非也。君獲不言師敗績，君重於師也；大夫獲必言師敗績，大夫與師敵也。

十有六年，春，王正月，戊申，朔，隕石于宋五。是月，六鷁退飛過宋都。

或言隕星，或言隕石，何也？據莊七年。夜隕見星故言星，晝隕見石故言石。其體石，其數五；後數，下辭也，石隕在下，故覽形而知數。是月者，何失其日也？失其日，則何以言是月？避同日也。六鷁退飛，不言風，非風也。風則不成飛，退則不獨鷁。其體鷁，其數六；先數，上辭也，鷁飛在上，故因數以察形。或言宋，或言宋都，何也？于宋者，略辭也；宋都者，專辭也。何以書？記異也。列國告災不告異；告異，非禮也。災須弔；異，自警而已。

三月，壬申，公子季友卒。

其稱季友何？著親貴也。胡氏曰：「魯卿有生而賜氏者，季友、仲遂，命爲世卿也」，非也。

世卿多矣，非必生而賜氏也。「季子來歸」，已稱季矣；「公子友如齊莅盟」，穀梁經已作季友，未聞生而賜氏也。竊疑季友、仲遂生皆寵貴，於其卒也，魯君恩禮有加，故舊史特以氏書耳。

夏，四月，丙申，鄫季姬卒。

內女爲夫人，或卒或不卒者，告則卒，不告則不卒。或曰，爲之服則卒，不服則不卒。卒而或葬或不葬者，往會則葬，不往會則不葬。鄫季姬卒不葬，魯不會也。○內女爲夫人，卒、葬義當與外諸侯同。方氏苞謂「內女卒、葬，法不當書；書者，禮之變也」，恐非。

秋，七月，甲子，公孫兹卒。

冬，十有二月，公會齊侯、宋公、陳侯、衛侯、鄭伯、許男、邢侯、曹伯于淮。

傳曰「謀鄫」，蓋鄫爲淮夷所病也。邢侯在鄭伯、許男下，辟王爵也。○法氏坤宏曰：「《魯頌、閟宫》云：『魯侯之功，遂荒徐宅，淮夷率從。』蓋謂此也。」

十有七年，春，齊人、徐人伐英氏。

夏，滅項。

孰滅之？魯滅之。何以不言我？省文也。入杞、取鄟、取邿、取鄫皆不言我也。猶之會盟，書及不目其人，即知是我也。不稱師，不稱將，將卑師少也。胡氏謂「內諱滅曰取，此不諱者，公在會也」，非也。實滅言取，非事實也。內之惡有大於滅國者矣而不諱，獨於滅國諱何也？若滅國實當諱，公雖在會，猶在國也，罪豈末減乎？〇法氏坤宏曰：「傳云會于淮，謀鄫，且東略也，伐英、滅項皆東略中事。」又曰：「書法與滅偪陽同，不言遂者，非繼生之事。」懿行謂：此以滅項爲齊人伐英氏者滅之也，但偪陽言遂，故知諸侯因會滅之，此不言遂，即知魯人滅之也。

秋，夫人姜氏會齊侯于卞。

卞，魯邑也。淮在魯南，齊侯罷會過魯，姜氏出會之，猶陽穀意也。傳曰：「齊以滅項止公，聲姜會齊侯而請」，非也。魯、齊姻也，又最相親，狄滅温，齊不問，宋伐曹，齊不討，而獨以項故難魯乎？

九月，公至自會。

冬，十有二月，乙亥，齊侯小白卒。

十有八年，春，王正月，宋公、曹伯、衛人、邾人伐齊。

納昭也；昭者，齊桓生時蓋嘗屬於宋。桓公卒，無虧立；無虧者，庶長也。宋伐齊，卒殺無虧而立昭。宋與諸侯不知昭之不當立，而以爲德於齊桓也，又伐喪，不義也。

夏，師救齊。

稱師，將卑師衆也。

五月，戊寅，宋師及齊師戰于甗，齊師敗績。

四國伐齊，獨稱宋者，三國同伐不同戰也。伐稱宋公戰則稱師者，宋公親伐不親戰也。

狄救齊。

秋，八月，丁亥，葬齊桓公。

冬，邢人、狄人伐衛。

傳曰：「伐衛以救齊；狄稱人，進之也」，非也。即進之者，當人於救齊之日，不當人於伐衛之日。趙氏鵬飛曰：「狄稱人，便文爾。」

十有九年，春，王三月，宋人執滕子嬰齊。

滕子何以名？遂失國也。

夏，六月，宋公、曹人、邾人盟于曹南。

鄫子會盟于邾。己酉，邾人執鄫子用之。

會盟者，後會也。用之者，祭也。傳曰「宋使之」，非也。即宋使者，不當獨稱邾也。邾人戕鄫子於鄫，豈亦宋使也？鄫子不名，史闕也。

秋，宋人圍曹。

衛人伐邢。

冬，會陳人、蔡人、楚人、鄭人，盟于齊。

外皆稱人，内不目公，蓋微者也。胡氏曰：「諱也，楚與諸侯會盟之始。」方氏苞曰：「諸侯與大夫共盟之始，故書會而没公。」皆非也。前此者，荆人來聘矣，不諱聘而諱盟何也？後此者，嬰齊會蜀矣，不諱蜀而諱齊何也？云「惡惡，疾其始」，亦非也。惡莫大於篡弑，而一一書之，何不云亦疾其始也？内大惡不諱公者多矣，獨於此焉諱何也？《春秋》諱國惡亦不没其實，若公實在會而没公，何以别於公實不在會者也？變亂名實，豈《春秋》也？然則其會奈何？傳曰：「陳穆公欲修齊桓之好，爲此會。」或曰：楚人攘霸之漸也。地於齊者，齊亦與盟。〇公羊經「會」上有「公」，直書不諱，則知凡言諱公者非矣。

梁亡。

此未有言伐梁者，何以亡？自亡也，傳曰「魚爛而亡也」。梁内訌而外潰，秦因取之，故不曰秦滅梁。

二十年，春，新作南門。

或言新，或言新作，何也？言新有故也，言作創爲也，言新作非創爲而有加乎故也。南門者，法門也。〇方氏苞曰：「《周官》：『匠人營國，方九里，旁三門。』内外傳於列國無言南門者，豈南門獨天子有與？」

夏，郜子來朝。

牟廷相曰：鄭樵謂郜有二，郜鼎者，北郜，來朝者，南郜，非也。果有南北二郜，經必曰南郜子，如北燕伯之例也。今既不然，知無二郜也。《左傳》有莒之二方鼎，亦謂莒鼎者西莒與？《公羊》以郜子爲失地之君亦非。

五月，乙巳，西宫災。

諸侯三宫，夫人居中，右媵西，左媵東，其名爲小寢。○法氏坤宏曰：「禮，自命士以上，父子異宫，故有西、東、南、北諸宫名。《衛風》稱東宫之妹，《左傳》南宫適、北宫喜以宫命氏，則西宫亦異宫之通稱爾。《春秋》謹災變，故書。」

鄭人入滑。

秋，齊人、狄人盟于邢。

傳曰：「爲邢謀衛難也，衛方病邢。」〔四〕

冬，楚人伐隨。

二十有一年，春，狄侵衛。

宋人、齊人、楚人盟于鹿上。

夏，大旱。

或言雩，或言旱，何也？雩而得禮不書雩，雩而不得雨則書旱。或言不雨，或言大旱，何也？不雨者，未大旱；大旱者，久不雨。

秋，宋公、楚子、陳侯、蔡侯、鄭伯、許男、曹伯會于盂，執宋公以伐宋。

先宋，主盟也。次楚，攘霸也。傳曰：「宋求諸侯於楚，乃爲會乎盂，宋以乘車往，楚以兵車會，於是執宋公以伐宋。」不言執執之何也？親執之者，楚也；聽之者，諸侯也。宋人愚，楚人詐，諸侯讋。

冬，公伐邾。

楚人使宜申來獻捷。

人，疑子字之訛。《春秋》全經無稱人以使者。來獻捷，威魯也。執不稱楚，獻捷稱楚，互見也；執稱宋，捷不稱宋，亦互見也。《春秋》文約而義明。傳曰爲宋諱，胡氏曰爲魯諱，皆非也。

十有二月，癸丑，公會諸侯，盟于薄，釋宋公。

書諸侯者，前目後凡也。不言執釋之何也？執之者釋之也。傳曰「不言楚，不與楚專釋也」，非也。不與楚專釋，亦當不與楚專執，而曰「楚人來獻捷」矣。經言楚，傳曰不言楚，何也？

二十有二年，春，公伐邾，取須句。

傳曰：「須句，國也，成風母家。」邾滅之，公伐邾，反其君。然則其曰取何也？私爲附庸也，俄而升陘之師來矣。○案：劉氏敞以經無明文，疑左氏之妄，趙氏、李氏、汪氏皆從之，蓋以須句邑也。

夏，宋公、衛侯、許男、滕子伐鄭。

秋，八月，丁未，及邾人戰于升陘。

不稱公，非公也，傳曰公戰而敗績，非也。及齊人戰于奚，何不亦曰公戰而敗績乎？謂内諱敗故不稱公，非也。此未有言師敗績者也。謂「内不言戰，言戰乃敗」，非也。乾時言戰又言敗。○《檀弓記》曰：「邾婁復之以矢，蓋自戰於升陘始也。」鄭康成注云：「時師雖勝，死傷亦甚。」是知二國俱有傷敗，此經所以書戰不書敗也。

冬，十有一月，己巳，朔，宋公及楚人戰于泓，宋師敗績。

宋挾三國伐鄭，楚救鄭而戰宋。不言三國，先歸也。《春秋》三十四戰，未有以師敗乎人；以師敗乎人，則不量故也。

二十有三年，春，齊侯伐宋，圍緡。

宋伐喪，齊伐敗，皆不義也。傳曰：「討其不與盟於齊。」

夏，五月，庚寅，宋公茲父卒。

秋，楚人伐陳。

冬，十有一月，杞子卒。

稱子，爵黜也。不名，史闕也。莊二十七年冬，書「杞伯來朝」。

二十有四年，春，王正月。

夏，狄伐鄭。

秋，七月。

冬，天王出居于鄭。

方氏苞曰：「其書出何也？去王畿而越在鄭地也，與皇、翟泉異矣。傳曰天子無出，非也。不書天王入何也？王室禍亂，魯不與聞，則史不書。」〇案：王出居鄭，告使及魯，故得書出；魯不勤王，王入不告，故不書入。方氏苞謂「魯人耻無功而不書」，非也。

晉侯夷吾卒。

二十有五年，春，王正月，丙午，衛侯燬滅邢。

何以名？傳曰「滅同姓，名」，非也。滅同姓多矣，舍此何以不名？朱子曰：「文與『衛侯燬卒』連，蓋傳寫誤也。」

夏，四月，癸酉，衛侯燬卒。

宋蕩伯姬來逆婦。

蕩，氏也。自逆婦，非禮也；公自主女，亦非禮也。

宋殺其大夫。

不名者，史失之。

秋，楚人圍陳，納頓子于頓。

不言遂，非繼事；不再舉楚人，非更端。凡諸侯出奔，名；他國納之則不名，互見也。頓子出奔不書，不告也。

葬衛文公。

冬，十有二月，癸亥，公會衛子、莒慶，盟于洮。

傳曰「衛人平莒於我也。」衛稱子者，既葬稱子；逾年即位，即位稱君。○方氏苞曰：「成公以前，列國大夫會盟無以名見者，至《春秋》之終，小國大夫會盟無以名見者，莒慶何以名？魯姻也，故史稱名，寵異之。」懿行謂：非也，稱名不稱名無義例。若謂莒慶魯姻，獨得稱名，明年又名衛寧速，其義何居？

二十有六年，春，王正月，己未，公會莒子、衛寧速，盟于向。

齊人侵我西鄙，公追齊師至酅，不及。

侵曰人，追曰師，互見也，傳曰「以公之弗及，大之」，非也。〇方氏苞曰：「戰稱人、敗稱師，《春秋》之通例。戰稱人者，兼將而言也；敗稱師間亦稱人者，別衆寡也。胡《傳》非也。」

夏，齊人伐我北鄙。

衛人伐齊。

公子遂如楚乞師。

師曰乞，重師也。傳曰：「非所乞也。」

秋，楚人滅夔，以夔子歸。

不名，史闕也，或曰非其罪也，非也。滅國而名者多矣，豈皆其罪也？傳曰：夔祖熊摯，「不祀祝融、鬻熊」，禮也，然而楚人滅而虜之。

冬，楚人伐宋，圍緡。

公以楚師伐齊，取穀。

公至自伐齊。

二十有七年，春，杞子來朝。

夏，六月，庚寅，齊侯昭卒。

秋，八月，乙未，葬齊孝公。

乙巳，公子遂帥師入杞。

冬，楚人、陳侯、蔡侯、鄭伯、許男圍宋。

楚稱人，臣也；諸侯稱爵，君也。或曰：「曹南之爵宋也，予以霸也，此圍宋之不爵楚也，嫌予以霸也。」非也。霸不霸，不繫乎予不予，聖人亦無予人以霸者。傳曰「楚人，楚子也，人楚子，所以人諸侯也」，非也。城濮之戰豈亦人楚子也？蓋人得臣也，鄢陵之戰則子楚子矣。○楚稱人，不宜序諸侯上，疑人當爲子字之訛。據文二年盟垂隴，晉士穀序諸侯下。

十有二月，甲戌，公會諸侯盟于宋。

公不與圍也。諸侯不序，前目後凡也。○方氏苞曰：「此經第書諸侯，諱楚大夫先諸侯也。文之篇盟扈、會扈，第書諸侯，諱晉大夫先諸侯也。」非也。此盟于宋，謂楚必與盟固也，不書楚者，省文爾。若書公會楚人、諸侯盟則不辭，書公會諸侯及楚人盟則辭費，故不言楚即知盟者有楚也。且圍宋之役，楚實主兵，則此盟楚實主之，雖不言楚，無嫌楚不與盟也。若盟扈、會扈不序諸侯，史文略也，不書晉人，著其實也。未有與會盟而不書者，經不書晉人，何知其中必有晉人乎？然則諸侯城緣陵，方氏何知其中必無齊人乎？《春秋》據事直書不没其實，獨於國惡不無少諱，而謂列國會盟皆有諱，然則《春秋》諱惡之書乎？

二十有八年，春，晉侯侵曹，晉侯伐衛。

再舉晉侯，兩事也。

公子買戍衛，不卒戍，刺之。

刺者，殺也，内諱殺曰刺。刺或言其故或不言其故，據成十六年。不知也。傳曰「先名後刺，殺有罪也」，非也。有罪無罪不繫於名之先後也。若以言故不言故，則言故者安知非加之罪，不言故者安知非當其罪也？

楚人救衛。

三月，丙午，晉侯入曹，執曹伯畀宋人。

執諸侯或稱爵或稱人，無義例。傳曰「稱爵者霸討，稱人者非霸討」，〔五〕非也。《春秋》惡諸侯專執耳，非瑣瑣然別其孰爲霸討孰爲非霸討也，聖人亦何取以霸討予人乎？若以稱爵爲霸討，則「執曹伯畀宋人」，所謂霸討安在乎？以稱人爲非霸討，則「執衛侯歸京師」，所謂非霸討安在乎？傳曰：「曹共公爲不道，遠君子，近小人，赤芾乘軒者三百人也。」畀，與也。執之，是也；畀宋，非也，以是爲諼也。詳見成十五年「執曹伯歸于京師」下。

夏，四月，己巳，晉侯、齊師、宋師、秦師及楚人戰于城濮，楚師敗績。

晉稱爵，君也；三國稱師，臣也，又以著衆也。書晉及楚，以内及外也。楚人者，成得臣也。戰稱人敗稱師者，互見也。晉之爲此戰何也？齊桓没，宋襄虜，楚虎狼將薦食諸侯，晉文扼其吭而擊之，楚大創，數年不出。

楚殺其大夫得臣。

衛侯出奔楚。

出奔皆名，衛侯何以不名？凡出奔而名者，國有二君，非名無以别也。衛侯出而叔武攝，非二君也，故不名。

五月，癸丑，公會晉侯、齊侯、宋公、蔡侯、鄭伯、衛子、莒子，盟于踐土。

衛子者何？杜氏預曰：「衛侯出奔，其弟叔武攝位受盟，非王命所加，從未成君稱子，序鄭伯下。」〔六〕

陳侯如會。

如會者，後會也。不言會盟，不盟也。

公朝于王所。

朝不言所；言所，非所也。王所者，踐土也。何以不言踐土？諸侯在曰踐土，王在則曰王所矣。王何以在踐土？王聞戰勝，下勞晉侯，晉侯除踐土而宫焉，諸侯朝乎是。然則何以不言諸侯？略辭也。何不先言朝？先盟也。

六月，衛侯鄭自楚復歸于衛，衛元咺出奔晉。

衛侯出奔不名復歸名，何也？出奔不名，未失國也，託之乎叔武；復歸而名，嘗失國也，入殺乎叔武。奔而名之，無以見其未失國；歸而不名之，無以見其嘗失國也。此曰復歸後曰歸，略辭也。殺叔武不書，不告也。元咺走之晉，訴其君。

陳侯款卒。

秋，杞伯姬來。

歸寧，常事不書，非常書之。此何以書？入杞之怨釋也。

公子遂如齊。

伐齊之怨釋也。

冬，公會晉侯、齊侯、宋公、蔡侯、鄭伯、陳子、莒子、邾子、秦人于温。

天王狩于河陽。

踐土不言王狩，省文也；河陽言王狩，互見也；以河陽言狩則知踐土亦狩也。狩，巡狩也。傳曰「實召而言狩，諱也」，非也。即晉實召王，王亦必以狩行，安得不書狩也？河北曰陽，其地即温也。於諸侯會曰温，切言之也；於天王狩曰河陽，大言之也。〇《竹書紀年》云「周襄王會諸侯于河陽」，《春秋》書云「天王狩于河陽」，據此而言，魯史舊文亦當如《竹書》所記。

壬申，公朝于王所。

冬不書月，空書壬申，史闕文也。再言王所，非京師也。

晉人執衛侯歸之于京師。

李氏光地曰：「王在京師，則曰歸于京師，義已備也，京師即王也。王在會所，則曰歸之于京師，義始備也，王既知其事矣，歸其人於京師耳。」懿行謂：或言歸于或言歸之于者，詳略辭耳。

衛元咺自晉復歸于衛。

晉文聽臣訴而執君，傎也；元咺挾霸權以歸國，伉也。凡歸者，或言歸，或言復歸，文有詳略耳。或曰「歸，善辭；復歸，惡辭」，非也。

諸侯遂圍許。

諸侯者，朝王之諸侯。遂，繼事也，繼朝王之事。諸侯不序，前目後凡也。圍許者，討不服也。

曹伯襄復歸于曹，遂會諸侯圍許。

自宋歸也，不言者，略辭也。執不名，復歸名，何也？義與衛侯鄭同。○凡歸，或書自某，或不書自某，赴告有詳略耳。傳曰「自某者，某有奉」，非也。

二十有九年，春，介葛盧來。

介，微國；葛盧，名。不稱朝，不能行朝禮。公在會，故冬復來。

公至自圍許。

夏，六月，會王人、晉人、宋人、齊人、陳人、蔡人、秦人，盟于翟泉。

傳曰：「謀伐鄭也」。王人，王之下士也。内不目公，外皆稱人，皆卿大夫也。王人與諸侯會可也，與諸侯之大夫會不可也。卑王之使，卑王也，晉文爲之也。翟泉近王城，公然會盟，强逼甚矣。或曰：「内諱公，外人諸國之卿，貶也」，非也。此皆人矣，何知會必有公也？○《公羊》、《穀梁》經「會」上有「公」，亦無諱公之説。

秋，大雨雹。

雹，冰雨也，大則爲災，故書。無日月，史闕也。○高氏閌曰：「劉向云：雹者，陰脅陽也；霰者，陽薄陰也。《春秋》不書霰，猶不書月食。」

冬，介葛盧來。

三十年，春，王正月。

夏，狄侵齊。

秋，衛殺其大夫元咺及公子瑕。

以咺及瑕何也？瑕非能立也，咺存則存，咺死則死。瑕立逾年不稱君何也？非君也。瑕爲咺私立，衛侯尚在，故不稱君。

衛侯鄭歸于衛。

歸，易辭也，咺死而歸易矣。何以不言歸自京師？略辭也。

晉人、秦人圍鄭。

鄭不與翟泉之盟，以爲貳於楚也，而討之。經言「晉人、秦人」，傳言「晉侯、秦伯」，非也。

介人侵蕭。

冬，天王使宰周公來聘。

公子遂如京師，遂如晉。

冢宰下聘，國卿報聘，若敵國然。前此，内大夫未有如京師者，自此始，晉文爲之也。胡氏謂「以二事出，是夷周於晉」，非也。先周後晉，未爲不可。〔七〕

三十有一年，春，取濟西田。

傳曰「曹田也」。何以不繫曹？蓋魯故田也。濟西，大名也。田何以不目？取者多，略辭也。凡內取田、邑不繫國者，皆魯故田，濟西、汶陽是也。繫國者，取邾田是也。漷東、沂西不繫國者，蒙上伐邾文也。見襄十九年、哀二年。

公子遂如晉。

夏，四月，四卜郊不從，乃免牲，猶三望。

魯郊，非禮也。卜郊何也？卜日與牲。日用辛，不於冬至、於祈穀，避王也。夏四月何爲乎？牲有二，帝牛不吉卜稷牛，遠怠慢也。凡卜日，比旬而卜之，更三旬，吉則爲，凶則已。若牲更三卜皆不吉，亦不郊，何有四卜乎？不從者，龜逆也。乃者，不得已也。免猶縱也，免牲則不郊矣。傳曰：「免牲者，爲之緇衣纁裳，有司玄端奉送至於南郊；免牛亦然。」然則或言牲或言牛何也？未牲曰牛，即卜曰牲。猶者，可以已也。何謂三望？傳曰「泰山、河、海」，杜預曰「星辰山川」。禮有四望，去一，下天王也。望者，郊之餘也，不郊何爲乎望？魯僭郊於是始。案：《周禮·大司樂》四望蓋祀天神之屬，注云星辰風雨，其下方言祭山川，與公羊、杜氏異，未知其審。鄭氏云「三望，淮、海、岱」，恐非也。

秋，七月。

冬，杞伯姬來求婦。

非歸寧也，特以求婦來也。自求婦，非禮也。凡言婦者，有姑之辭。

狄圍衛。

十有二月，衛遷于帝丘。

狄侵齊，不知；圍衛不問，於是遷帝丘而避焉；病晉文也。

三十有二年，春，王正月。

夏，四月，己丑，鄭伯捷卒。

衛人侵狄。

秋，衛人及狄盟。

再舉衛人，兩事也。

冬，十有二月，己卯，晉侯重耳卒。

重耳自狄入晉，不書入，不告也。凡外事，告則書。

三十有三年，春，王二月，秦人入滑。

齊侯使國歸父來聘。

夏，四月，辛巳，晉人及姜戎敗秦師于殽。

晉稱人，大夫將也，傳曰「晉子親之，貶而稱人」，非也。如當貶者，直書晉子，文乃是貶，今曰晉人而已，何由知爲晉子乎？晉文甫没，秦人下兵畿內，有窺周室主夏盟之心。伯禽衰經興戎，晉子墨經發命，亦奚不可乎？是役也，先軫實爲謀主，傳曰「子墨衰經，遂發命」而已，不言晉子親之也。姜戎稱及，晉爲主也。秦入滑稱人，敗殽稱師，互見也。○晉人敗狄于箕，晉人伐許，皆在是年，二傳不云稱人是貶何也？

癸巳，葬晉文公。

狄侵齊。

公伐邾，取訾婁。

秋，公子遂帥師伐邾。

晉人敗狄于箕。

冬，十月，公如齊。

十有二月，公至自齊。乙巳，公薨于小寢。

小寢，非正也，傳曰「即安也」。

隕霜，不殺草，李梅實。

或舉草，或舉菽，何也？殺菽，秋寒也；不殺草，冬燠也。冬當無草，故不殺爲異；秋當有菽，故殺爲異。李梅實，實爲異。〇傳云舉重舉輕，非也。隕霜殺菽，見定元年。

晉人、陳人、鄭人伐許。

校勘記

〔一〕引自《左傳·閔公二年》，「召」原作「取」。

〔二〕「至」原作「致」。

〔三〕引自方苞《春秋直解》，「公、穀二傳」原作「公羊所傳」。

〔四〕引自《左傳》，「衛方病邢」上原有「於是」。

〔五〕引自《公羊傳·僖公四年》，「霸」原作「伯」。

〔六〕引自《左傳》經注，「從未成君」下原有「之禮故」；「序」上有「而」。

〔七〕引自胡安國《春秋傳》，「夷周於晉」原作「夷周室於列國」。

春秋説略卷六

文公

元年，春，王正月，公即位。

傳曰：「繼正即位，正也。」即位改元必於歲首，正始也。公未葬，何以即位？即位者以逾年爲限，不以葬爲限。未葬何以稱公？稱公者以即位爲限，不以葬爲限。即位者，易服、告廟、臨群臣，事畢，反喪服。○胡氏據虞、商《書》謂冢宰攝告廟、臨群臣，朱子曰：「他事可攝，即位不可攝。」又曰：「王侯以國爲家，雖先君之喪，猶以爲己私服，明知即位必吉服矣。」

二月，癸亥，日有食之。

天王使叔服來會葬。

叔，氏；服，名。士也，或曰大夫也。諸侯葬，天子使大夫來會，禮也。凡外大夫來會葬不書，此書者，尊王使。

夏，四月，丁巳，葬我君僖公。

天王使毛伯來錫公命。

錫先君命則舉謚，錫時君命則稱公，皆非禮也。傳曰：「禮有受命，無來錫命；錫命，非正也。」舉謚見莊元年。

晉侯伐衛。

叔孫得臣如京師。

衛人伐晉。

秋，公孫敖會晉侯于戚。

大夫特會諸侯於是始。

冬，十月，丁未，楚世子商臣弑其君頵。

《春秋》討亂賊，非能誅其身也，而曰亂賊懼何也？凡《春秋》書之，即討之矣。惡乎討之？以君父討之；稱世子者以父討之，稱其君者以君討之。〇啖氏助曰：「楚僭號已久，世子必不誓於天子，今以商臣大逆，故特書世子以明其罪。」懿行謂：不特此也。凡《春秋》以世子書者，蓋皆不誓於天子也，然不稱世子更別無可稱，故知稱者窮於辭耳。〇方氏苞曰「世子弑君未有直赴鄰國者，蓋皆以傳聞書也」，非也。弑逆大惡，《春秋》不以疑加人，傳聞之辭奈何輕以坐人乎？竊謂弑逆之賊雖不肯直赴鄰國，但其國史不容不書，孔子修《春秋》，於列國寶書蓋嘗親見，如董狐、南史輩直筆見存，確有依據，而謂傳聞之辭便筆之於書乎？必不然矣。

公孫敖如齊。

二年，春，王二月，甲子，晉侯及秦師戰于彭衙，秦師敗績。

戰稱人、敗稱師，常也；此戰、敗皆稱師，師衆也。〇方氏苞曰「赴告第稱師而不及主兵者，則莫辨其爲君爲大夫，故第稱師也」，非也。此自將卑師衆耳，君將不稱師。

丁丑，作僖公主。

主，依神也。古者葬而虞，期而練，練而祔，其祭三，其主二。虞者，喪主也；練者，吉主也。喪主桑，吉主栗；栗主藏，桑主埋；桑主祭於寢，栗主祔於廟。僖公薨十五月矣而作主，爲虞乎？爲練乎？或曰蓋祔也，將躋僖公，疑之，是以緩。

三月，乙巳，及晉處父盟。

孰及之？蓋微者也。微者何？大夫也。大夫何以不名？大夫之名不登於《春秋》，《春秋》名者，皆卿也。處父不氏，闕文也，何以知非未賜族也？伐江稱氏矣。見三年。盟不地者，於晉也。此卿大夫盟何以書？晉之國都，而卿大夫盟乎是，以是爲伉也。〇傳曰「不言公，爲諱也」，非也。不言公何以知其爲公也？曰「處父不氏也」，非也。即去氏者，何以别於秦術、吳札也？若曰貶也，以卿大夫伉盟諸侯於國都，直書公及陽處父盟不愈見貶乎？傳曰「何以不言公如晉？所耻也，出不書，反不致也」，非也。出不書，反不致，其非公也明矣，如實公者，出不書，反不致，何足殺耻乎？又何以别於非公者也？

夏，六月，公孫敖會宋公、陳侯、鄭伯、晉士縠，盟于垂隴。

傳曰「晉討衛也」。此士縠主盟，序諸侯下，大夫不先諸侯也。

自十有二月不雨，至于秋七月。

歷時而言不雨者，不憂雨也；不言八月雨者，不喜雨也。〇言自、至于者，總略之辭，公不憂雨，故書辭從略。十年、十三年「自正月不雨，至于秋七月」，義并同。

八月，丁卯，大事于大廟，躋僖公。

有事者，時祫也；大事者，大祫也。祫何以爲大事？諸侯之祭無大於此也。然則何以不曰祫？《春秋》文不虛設，凡不目祭名者，無譏於祭也，目祭名者，有譏於祭也，此於祭無譏，故不目也。何謂時祫？四廟之主合食於大廟。何謂大祫？毀廟之主皆陳於大廟。躋，升也。何謂躋僖公？先之乎閔也。閔雖弟，君也；僖雖兄，臣也。古者，父子異昭穆，兄弟同昭穆。於魯之祭，則惠、莊爲昭，皆南面西上；隱、桓、閔、僖爲穆，皆北面西上。於其位之序，則隱在西，桓次之；閔在西，僖次之。

冬，晉人、宋人、陳人、鄭人伐秦。

傳曰：「報彭衙也」。其稱人，大夫也，或曰貶，非也。

公子遂如齊納幣。

納幣何以書？譏喪娶。何以不於娶焉譏？娶在喪外，納幣在喪內。三年之内不圖婚。〇昏禮先納采、問名、納吉乃納幣，今言納幣，則三者更早可知。

三年，春，王正月，叔孫得臣會晉人、宋人、陳人、衛人、鄭人，伐沈，沈潰。

夏，五月，王子虎卒。

王臣無外交，何以卒？告則卒，弔則卒。卒，非也；葬，甚矣。〇孔氏穎達曰：「王子虎即王叔文公也，諡之爲文，必當有爵，不書爵者，畿内之國不得外交諸侯，其臣不敢赴魯，必天子爲之赴，赴以王子爲親，不復言其爵也。」

秦人伐晉。

秋，楚人圍江。

雨螽于宋。

雨者自上而下，螽來衆多，勢如雨，降在宋之境，禾稼盡矣，又食屋之茅茨。〇傳曰「墜而死」，非也。盇本以災書，墜而死又何書乎？

冬，公如晉。十有二月，己巳，公及晉侯盟。

公蓋即位始朝於晉也，則知及處父盟者非公也。〇二年傳曰「晉人討公不朝，使處父盟公以耻之」，此傳又曰「晉人懼其無禮於公也，請改盟」，非也。。前乎此者，魯君未嘗朝晉也。文公立甫十六月，晉遽以不朝來討，此非人情。既盟以耻之，而又懼其無禮何也？此皆傳者妄説，何足信也。

晉陽處父帥師伐楚以救江。

伐未有目其故者，此何爲伐以救？伐，其事也；救，其意也。〇李氏光地曰：「若止書救江，則處父之師向楚而不向江，故書法如此。」懿行謂：若止書伐楚，又無以見意爲救江及避實擊虚之本謀也。此與「成宋亂」、「宋災故」之類，皆經文自下注解，不待傳而明者也。

四年，春，公至自晉。

夏，逆婦姜于齊。

卿爲君逆，稱夫人，臣子辭也，此不稱夫人，公自逆也。何以不稱公？蒙前文也。公既自逆矣，若書公逆夫人于齊則不辭，書公逆婦姜于齊則又不辭，故不稱公也。謂諱公者，非也。婦者，有姑之辭。姜不氏何也？文略爾。王姬歸于齊，言姬不言氏；紀姜歸于京師，言姜不言氏。其有言者何也？文有詳略，非義例也。謂不氏爲貶者，非也，姜即氏矣。而云去氏以貶，是猶言東方、西方而云去方以貶也，然則亦可云加方是褒也？夫言東、西矣，即不加方，可知爲東、西方也；言婦姜矣，即不言氏，亦可知爲姜氏也。今不可謂去方是貶，顧可謂去氏是貶乎？曰婦姜、曰夫人婦姜既皆爲貶矣，則未知曰夫人婦姜氏獨何以爲褒也？喪圖婚者，公之失，何爲貶去夫人之氏乎？夫人不致何也？凡致，以告廟書也。告廟則致，不告廟則不致。

狄侵齊。

秋，楚人滅江。

晋侯伐秦。

衛侯使寧俞來聘。

冬，十有一月，壬寅，夫人風氏薨。

此非夫人，何以夫人之？成乎夫人也。然則仲子何以不夫人之？猶未成乎夫人也。

五年，春，王正月，王使榮叔歸含且賵。

珠玉曰含，含所以實口也。含、賵二事，言且者，兼之。王不稱天，或曰貶也，非也。妾僭嫡不重於臣篡君，錫命桓公一貶而已，會葬成風，何故再貶。

三月，辛亥，葬我小君成風。

王使召伯來會葬。

先葬後會，不及葬也，與元年會葬僖公文異，以是知之。傳曰：「會葬之禮於鄙上。」

夏，公孫敖如晉。

秦人入鄀。

秋，楚人滅六。

冬，十月，甲申，許男業卒。

六年，春，葬許僖公。

夏，季孫行父如陳。

秋，季孫行父如晉。

八月，乙亥，晉侯驩卒。

冬，十月，公子遂如晉，葬晉襄公。

晉殺其大夫陽處父。晉狐射姑出奔狄。

傳曰狐射姑使續鞫居殺之，是兩下相殺也，經何以書晉殺乎？書晉殺，則非射姑殺明矣。處父殺而射姑奔，此與佞夫殺而王子瑕奔何以異？傳未可信。殺佞夫見襄三十年。

閏月，不告月，猶朝于廟。

閏月者，非常月也。中朔大小不齊，正之以閏，積分而成於月。不告月者，不告朔也。不言朔言月者，胡氏謂主乎月而有閏，故以月言也。諸侯必告朔何也？尊王敬祖也。朝于廟何也？諸侯親廟三，皆月祭之，其禮簡，故不言祭而言朝也。公怠棄時政，以閏爲附月，不復告朔。猶者，可已而幸其不已也。經書閏月皆在歲終，此閏亦是十二月也。當時曆法疏謬，左氏遂以閏三月爲非禮。穀梁以爲附月之餘日，所謂附者，亦是附於歲終也。○馮氏荆南曰：「告朔非告於廟也，以是月應行之政告群臣耳。閏月不告月，猶朝于廟，則爲二事可知矣。既朝于廟，何難以朔告哉？《魯論》『子貢欲去告朔之餼羊』。餼，餽生者之辭也，蓋以月政告群臣，而因以餼之也。」

七年，春，公伐邾。

三月，甲戌，取須句，遂城郚。

僖公嘗伐邾取須句矣，此復言取，則中間嘗失之可知。以此復書取，則邾人取之不必書。《春秋》文簡而義明，諸如此者，皆互見也。城郚，備邾也。

夏，四月，宋公王臣卒。

宋人殺其大夫。

不名，史闕也。〇方氏苞曰「赴告不及，以傳聞書，其名不可得詳也」，非也。宋司城來奔，其名非不得詳矣，而亦不書名，何也？見八年。謂以傳聞書亦非也。

戊子，晉人及秦人戰于令狐。晉先蔑奔秦。

稱人者，大夫將也。不稱師，師少也。戰不言敗，勝負敵也。言奔不言出，在外也。

狄侵我西鄙。

秋，八月，公會諸侯、晉大夫，盟于扈。

諸侯不序，略辭也；大夫不名，衆辭也；與盟蔇同矣。莊九年。何以盟？傳曰「晉侯立故也」，又曰「公後至，故不書所會」，非也。諸侯不序，大夫不名，無以見爲公後至也。即後至者，何以得書會、書盟也？胡氏謂「趙盾内專廢置，外强諸侯爲盟，不名者，見大夫强」，非也。見大夫强，反不書大夫之名，何足見强乎？方氏苞謂「義在大夫，不在趙盾」，非也。新城書趙盾，不聞義在趙盾也；垂隴書士縠，不必義在士縠也；齊大夫盟蔇，又不聞義在齊大夫也。

冬，徐伐莒。

公孫敖如莒莅盟。

八年，春，王正月。

夏，四月。

秋，八月，戊申，天王崩。

冬，十月，壬午，公子遂會晉趙盾，盟于衡雍。

乙酉，公子遂會雒戎，盟于暴。

盟趙盾、盟雒戎，兩事也，故再稱公子；不同日，故各日其會，胡氏以爲別内外，非也。

公孫敖如京師，不至而復。丙戌，奔莒。

如京師，弔也。不至而復，逃也。未至者，緩辭；不至者，决辭。還者，事已畢；復者，事未畢。傳曰：「奔莒，從己氏也。不言出，在外也。」敖之罪甚矣，魯亦不更使人往。

螽。

宋人殺其大夫司馬。宋司城來奔。

司馬、司城，其官也。未有書官者，此何以書？不知也。傳曰：「公子卬黨昭公，坐是被殺，蕩意諸效節而走之。」然則何以不名？不知也。方氏苞謂貴之故不名，蓋魯史之情，非《春秋》之法也。史不書其名，孔子亦無從而益之矣。○程子曰：「諸侯之卿皆不書官，以不受命於天子，故不與爲卿，惟宋，王者後，得命官，故宋卿獨書官。」懿行案：《左氏傳》凡書宋亂，必列序六官，與他國異。程子之説恐是，方氏非之，殆不然。

九年，春，毛伯來求金。

夫人姜氏如齊。

二月，叔孫得臣如京師。辛丑，葬襄王。

毛伯求金，供葬也；不稱王使，未葬也。王葬，會則書。

晉人殺其大夫先都。

三月，夫人姜氏至自齊。

夫人如齊，歸寧也，反而告廟，所以得書。然則夫人何爲有致有不致？告廟則致，不告廟則不致。夫人何爲有告有不告？以禮行則告，不以禮行則不告，或雖以禮行，慢亦不告也。然則致夫人，何爲與公同？夫人與公一體也。

晉人殺其大夫士縠及箕鄭父。

晉殺三郤不稱及，此稱及者，蓋以貴及賤也。方氏苞曰「趙盾殺之」，非也。趙盾殺，經何以書晉人殺乎？胡氏例以稱人以殺爲國亂無政、衆人擅殺，非也。方氏又謂「殺大夫非若弑君可目其人，兩下相殺不書，雖得其主名，舍晉人無以稱也」，非也。以理揆之，衆人擅殺而無主名者宜書盜，「盜殺陳夏區夫」是也；有主名者宜書名，「王札子殺召伯、毛伯」是也；而謂兩下相殺不書，有是理乎？國君專殺猶惡之，若兩下相殺，所謂先有無君之心而後動於惡，履霜堅冰，此其漸矣，乃謂殺大夫非若弑君可目其人，不亦謬乎？凡《春秋》書殺大夫，義繫於殺，所以著國君專殺之罪與失政刑耳，義不繫於稱國稱人也。方氏又謂「弑君稱國爲懸獄，稱人爲無主名」，亦非也。

楚人伐鄭。公子遂會晉人、宋人、衛人、許人，救鄭。

夏，狄侵齊。

秋，八月，曹伯襄卒。

九月，癸酉，地震。

震，動也。地静，以動爲異。地何爲震？陽伏而不出，陰遁而不烝，於是乎震。不目其地者，地異廣遠，不限一方，故地震、山崩不繫國。《春秋》地震五。

冬，楚子使椒來聘。

楚稱子，便文爾，不可曰楚使椒，又不可曰楚人使椒也。或曰褒之，或曰進之，皆非也。《春秋》黜吳楚，何爲進之、褒之也？若以來聘爲美，前此者會于盂、執宋公稱子矣，後此者次厥貉、伐麇稱子矣，豈亦爲進之、褒之乎？椒不氏，略之也。

秦人來歸僖公、成風之襚。

衣服曰襚。孰爲襚？兼襚也，若非兼襚，則不須言僖公也。成風嘗稱夫人矣，此何以不夫人也？便文爾，不可曰僖公、夫人成風，又不可曰夫人成風、僖公也。然則子亦可以先母乎？母以子貴。傳曰「秦人弗夫人也」，非也。魯人夫人之，秦人安得不夫人之乎？

葬曹共公。

十年，春，王三月，辛卯，臧孫辰卒。

夏，秦伐晉。

秦無人，略辭也。或曰黜秦，非也。說見昭十二年「晉伐鮮虞」下。

楚殺其大夫宜申。

自正月不雨，至于秋七月。

及蘇子盟于女栗。

孰及之？蓋大夫也。大夫亦可盟王臣乎？奚不可也？翟泉是矣。僖二十九年。王臣之爵視諸侯，大夫既可盟諸侯，奚不可盟王臣乎？何以知非没公也？公與大夫盟則不諱，與王臣盟焉諱何也？出不書、反不致，則非公也可知矣。然則「逆婦姜于齊」亦出不書、反不致，何由知必是公也？以不書夫人知之也。蘇子者何？周卿士也。或曰即温子，非也，温滅矣，此蘇子也。或曰：蘇子，畿内諸侯，子爵也。何以盟？傳曰「頃王立故也」，或曰私交也。○陸氏淳謂「畿内諸侯皆曰子，殷制已然」，方氏苞非之，謂「蘇子稱子，非五等之爵，蓋特爲是稱以尊異之」，又謂「自是以後，會盟、征伐，王臣與諸侯列序皆稱子」，非也。王臣皆稱子，而召伯、毛伯復不稱子何也？孟子曰：「天子之卿受地視侯，大夫受地視伯，元士受地視子、男。」禄既視之，則爵當視之可知。方氏謂王臣無五等之爵，非也。又謂《春秋》王臣無稱侯、男者，則伯與子非爵，亦非也。伯與子，蓋春秋時適有此爵耳，且如漢世功臣止有列侯而無伯、子、男，豈亦可云非爵也？

冬，狄侵宋。

楚子、蔡侯次于厥貉。

傳曰：「將伐宋也」。不言伐，蓋宋服故。

十有一年，春，楚子伐麇。

夏，叔仲彭生會晉郤缺于承筐。公、穀經無仲字。

傳曰：「謀諸侯之從楚者。」○叔仲彭生，公、穀經皆無仲字，以十四年伐邾證之，此蓋衍文。

秋，曹伯來朝。

公子遂如宋。

狄侵齊。

冬，十月，甲午，叔孫得臣敗狄于鹹。

傳曰長狄鄋瞞也。自晉人敗之箕，其後侵齊、侵魯、侵宋，至是復侵魯，得臣獲其渠魁，鄋瞞遂弱。

十有二年，春，王正月，郕伯來奔。

不名者，史失之也。或曰：莊八年，郕降于齊師，自是入齊爲附庸，故來奔不名，非也。附庸之君失地亦當書名。或曰：不名者，有攝君，如衛侯鄭矣。○傳曰：「郕太子朱儒以邑來奔，公以諸侯逆之，故稱郕伯」，非也。以子叛父，又未即位，安得爲郕伯也？

杞伯來朝。

其稱伯，蓋爵復進故。

二月，庚子，子叔姬卒。

稱子者，時君女也。不繫國，未嫁也。○傳曰：「不言杞，絶也。」啖氏助曰：「《左傳》大誤，當在成八年，誤置此耳。」○方氏苞曰：「十四年，『齊人執子叔姬』，時君之子不應有兩叔姬，豈此經承庚子之文，而録者誤衍與？」

夏，楚人圍巢。

秋，滕子來朝。

秦伯使術來聘。

冬，十有二月，戊午，晉人、秦人戰于河曲。

不言及，闕文也。傳曰以其亟戰略之，或曰二國邊邑之争故不書及，皆非也。不言敗，交綏而退，勝負敵。

季孫行父帥師城諸及鄆。

稱及者，先後之辭。帥師而城，畏莒故也。鄆者，莒、魯所争。○舊説魯有二鄆，此東鄆，近莒，故杜預曰「莒、魯所争」；成四年所城乃西鄆，近晉，故杜預曰「備晉也」。

十有三年，春，王正月。

夏，五月，壬午，陳侯朔卒。

邾子蘧蒢卒。

自正月不雨，至于秋七月。

大室屋壞。

大室者，大廟之室屋。何以壞？自壞也。天久不雨，而廟屋自壞，志不敬也。壞則必修，何以不書？凡新宫廟，不書；非禮，書。○《公羊》經大字作世，傳曰：「魯公稱世室」。如此則魯有不毁之廟二，故吴氏徵以爲僭。然經不書新作世室，則亦未爲非禮也。

冬，公如晉。衛侯會公于沓。

狄侵衛。

十有二月，己丑，公及晉侯盟。公還自晉。鄭伯會公于棐。

會于沓，會于棐，要會也，蓋介公以通於晉也。

十有四年，春，王正月，公至自晉。

邾人伐我南鄙。叔彭生帥師伐邾。

夏，五月，乙亥，齊侯潘卒。

六月，公會宋公、陳侯、衛侯、鄭伯、許男、曹伯、晉趙盾，癸酉，同盟于新城。

傳曰：「從於楚者服，且謀邾也。」凡盟會書日，或舉於首，或舉於中。舉於首者，會之日即盟之日也；舉於中者，會在先、盟在後也。

秋，七月，有星孛入于北斗。

有者，不宜有也。星孛者，孛星也；先言星，外孛於星也。孛謂之彗，邪氣所生。北斗者，辰星也。言入者，斗有環域，入其魁中。○傳曰「宋、齊、晉之君」當此。蓋北斗，衆星紀綱；三國，諸侯紀綱。言「不出七年」者，斗數七也。然天道幽遠，其應難知，故無取焉。

公至自會。

晋人納捷菑于邾，弗克納。

晋人者誰？或曰趙盾，或曰郤缺，或曰郤克，不知也。傳曰：「捷菑，晋出也。」爲是納之。邾人曰「齊出貜且長」，於是引而去之。弗克者，義弗克也。以晋之强也而不能行於邾，非義故也。傳曰「稱人貶也」，非也。曰弗克納，其罪已見，何待貶也？〇胡氏謂「内以諱爲貶，外以諱爲善」，非也。聖人爲魯臣子，於外何諱焉？

九月，甲申，公孫敖卒于齊。

奔大夫不卒，此何以卒？爲受其喪，卒也。受其喪則何爲卒？不受其喪，非大夫也；受其喪，則大夫矣；大夫，卒矣。

齊公子商人弑其君舍。

舍未逾年，何以稱君？凡遇弑，雖未逾年，稱君；稱君，所以重弑也。

宋子哀來奔。

子哀者何？不知也。傳曰：「高哀爲蕭封人」，不義宋公，辭卿而奔，書字貴之。方氏苞曰：「非也。古有以子某名者，陳子亢、介子推是也。《春秋》無以字書者。」

冬，單伯如齊，齊人執單伯。齊人執子叔姬。

單伯，魯大夫也。子叔姬，魯女也。舍遇弑，叔姬，其母也。魯使單伯唁之，商人怒而執焉。再稱齊人，兩事也。不以單伯及子叔姬，别嫌也。○方氏苞曰：「傳以叔姬爲舍母，非也。果舍母，則當書齊人執其君之母叔姬。蓋姬，舍所聘，至齊，舍已見弑，不得稱君夫人。」懿行謂：非也。《春秋》比事屬辭，文約而義明。上書「弑舍」，下書「執子叔姬」，則知爲舍母也。猶之上書「子卒」，下書「夫人姜氏歸于齊」，則知爲子母也，何必書君之母始見乎？其謂叔姬爲舍所聘，尤非也。五月，齊侯潘卒，九月，舍已遇弑，中間纔四月，苫塊之中，豈即圖婚？果以喪婚，經當書齊人來逆子叔姬，而又不言，果何見而云舍所聘乎？此説蓋本之吴氏徵而誤。

十有五年，春，季孫行父如晉。

三月，宋司馬華孫來盟。

方氏苞曰：「不名何也？魯人以爲敏而貴之，猶齊仲孫、高子、宋司馬、司城之不名耳。不書使，非奉命而來盟也。」

夏，曹伯來朝。

齊人歸公孫敖之喪。

敖以罪出，不當受其喪，魯人感子以赦父，非禮也。歸不言來，齊人止至境，孟氏迎以歸。

六月，辛丑，朔，日有食之，鼓，用牲于社。

單伯至自齊。

大夫不致，執則致。

晉郤缺帥師伐蔡。戊申，入蔡。

秋，齊人侵我西鄙。

季孫行父如晉。

冬，十有一月，諸侯盟于扈。

諸侯不序，略辭也。晉靈公之世，大夫數出會諸侯，大夫强也，諸侯多不序，散辭也，霸業衰故。○傳曰「謀伐齊，齊人賂晉侯，不克而還」，非也。若晉侯主盟，經何不書也？方氏苞曰「盟扈、會扈，蓋以晉大夫實序諸侯上，故總言諸侯而没晉大夫」，非也。若大夫主盟，經何不書也？大夫雖主盟，仍序諸侯下，垂隴、新城是也。見二年及十四年。

十有二月，齊人來歸子叔姬。

來歸者，大歸也。稱齊人者，制在齊人也。

齊侯侵我西鄙，遂伐曹，入其郛。

侵魯者，以怒魯故。伐曹者，以朝魯故。郛者，城外郭。

十有六年，春，季孫行父會齊侯于陽穀，齊侯弗及盟。

可以會，亦可以盟，何以弗及？難魯也。於是，公有疾，齊曰請俟君閒。未幾，以賂故，盟于郪丘。

夏，五月，公四不視朔。

或言月或言朔者，朔舉始，月舉終。或言告或言視者，謁上曰告，臨下曰視；告於廟，視於朝。四不視朔，是四月不朝也。何不曰不朝？視朔重於視朝也。公之不視朔奈何？疾也。或曰非疾也，託也。不言猶朝於廟，則朝廟亦廢矣。◎傳曰「自是，公無疾不視朔也」，非也。蘇氏轍曰：「五月書四不視朔，則六月視朔矣。視朔之廢，非始於此也。」

六月，戊辰，公子遂及齊侯盟于郪丘。

秋，八月，辛未，夫人姜氏薨。

毁泉臺。

毁者，墮之盡。傳曰：「泉臺，郎臺也。」築之非，毁之非。非祖之爲而毁之，是非祖矣。

楚人、秦人、巴人滅庸。

喪不貳事；貳事，忘哀也。

不稱及，莫適爲主也。庸，國也。

冬，十有一月，宋人弑其君杵臼。

弑者，或稱人，或稱國，或稱名，何也？傳信稱名，疑者稱人，略者稱國。傳曰「稱人者，君無道」，非也。君即無道，弑者亦賊也。又曰「賤者稱人」，非也。若賤者稱人，是釋賊不討也。以理揆之，弑君之賊，雖賤亦宜書名，不得以微者之名不登《春秋》例之也。獨陰賊而無主名者，乃宜稱盜耳。杵臼何以弑？傳曰「帥甸攻而殺之」，則未知誰弑君者也。○方氏苞以稱人爲微者，稱國爲懸獄，亦非也。稱國、稱人皆懸獄。稱人者三：宋杵臼、齊商人、莒密州。稱國者四：莒庶其、晉州蒲、吴僚、薛比。

十有七年，春，晉人、衛人、陳人、鄭人伐宋。

傳曰：「討弑君，猶立文公而還，卿不書，失其所也」，非也。即失所者，人之何爲？外卿大夫恒稱人，非貶也。

夏，四月，癸亥，葬我小君聲姜。

齊侯伐我西鄙。

六月，癸未，公及齊侯盟于穀。

諸侯會于扈。

傳曰「平宋也」。左氏以二扈皆諸侯親之，方氏苞以二役實趙盾主之，皆非也。

秋，公至自穀。

冬，公子遂如齊。

十有八年，春，王二月，丁丑，公薨于臺下。

秦伯罃卒。

夏，五月，戊戌，齊人弑其君商人。

商人，弑君者也，齊人弑弑君者也。何爲不以國討之辭書？非國討也。以爲賊也則不當君之，以爲君也而弑之，是弑君而已矣，故不從州吁、無知之例。○傳稱邴歜、閻職，經不書名，疑傳所云者未必實。

六月，癸酉，葬我君文公。

秋，公子遂、叔孫得臣如齊。

書使不書介，常也。此何以書？卿、介卿也。其卿、介卿奈何？遂欲弑君，結外援，挾國卿同往，得臣爲與乎弑者也。

冬，十月，子卒。

方氏苞曰：「子卒而不地，葬而不書，故也。子般之卒日，黨氏徵之也；子野之卒日，季氏告之也；子赤之卒不日，蓋事在宫闈，不可得而考矣。」○又曰：「傳載叔彭生之死，而不見於經，孔子削之也。」〔一〕非也。彭生不卒，安知非史闕之？抑或畏仲遂而不敢書也，此不得謂孔子削之。若謂發後人之疑，則簒弒之迹，書法顯然，不待削彭生之卒而見也，卒又法不當削。

夫人姜氏歸于齊。

歸者，大歸也。夫人，子赤之母。子卒，夫人歸，簒弒之迹顯然矣。

季孫行父如齊。

致夫人也。前乎子卒則如齊，後乎子卒則如齊，是齊與聞乎故也。成乎弒逆之謀者：遂、得臣、行父。

莒弒其君庶其。

弒君，或稱人，或稱國，文有詳略，皆疑獄而未有所歸也。○傳曰：「僕因國人以弒紀公。」舊說以、已古通用，明非莒僕弒君也。若莒僕實弒，則當自立，何爲以寶玉奔魯乎？非僕弒君，故經不書名。

校勘記

〔一〕引自《春秋直解》，「叔彭生」原作「叔仲彭生」。

春秋説略卷七

宣　公

元年，春，王正月，公即位。

桓即位忍也，宣即位忍也，皆與聞乎故也。

公子遂如齊逆女。

爲桓逆者翬也，爲宣逆者遂也，皆賊也。公以喪昏者，急自結於齊。

三月，遂以夫人婦姜至自齊。

遂不稱公子，蒙前文也。姜不氏者，略辭也。此未有言納幣者，一禮不備，貞女不行，公以喪娶，夫人行，非貞也。或曰不稱氏，貶也，非也。夫人，一國之母，非臣子所當貶也。稱婦者，有姑辭也。出姜出，無姑矣；敬嬴者，妾姑也。成乎宣公之篡者：仲遂、敬嬴。○杜預以不書氏爲闕文，非也。

夏，季孫行父如齊。

晉放其大夫胥甲父于衛。

放者，棄而置也。放，或稱國，或稱人，何也？放與殺同例。○或曰稱國以放者放有罪，稱人以放者放無罪，非也。稱人以放，見哀三年。

公會齊侯于平州。

公子遂如齊。

六月，齊人取濟西田。

濟西田，取諸曹者也。齊何爲取諸魯？賂故也。何爲賂？會平州之賂也。何爲會平州？定公位也。此魯田何爲不言我？互見也。據十年。○桓之立也，許田假於鄭；宣之立也，濟西取於齊，皆賂也。胡氏例以會者外爲志，此宜稱及而曰會，誅齊以孤賊黨也，非也。

秋，邾子來朝。

楚子、鄭人侵陳，遂侵宋。

晉趙盾帥師救陳。

楚侵陳、宋，圖霸也。晉救陳，急陳也；不救宋，蓋宋未病也。或曰宋有罪，不與救也，或曰闕文也，皆非也。救則書，不救則不書。

宋公、陳侯、衛侯、曹伯會晉師于棐林，伐鄭。

晉趙盾既救陳，移師於棐林，四國往而會之也。何以不言會趙盾？大夫與師敵，各隨其事以著稱，此爲兵會非好會，故稱師。胡氏主《公羊》，謂君不會大夫，非也。

冬，晉趙穿帥師侵崇。

晉人、宋人伐鄭。

傳曰：「伐崇，爲秦也；伐鄭，爲宋也。」俄而，鄭敗宋，秦伐晉。

二年，春，王二月，壬子，宋華元帥師及鄭公子歸生帥師戰于大棘，宋師敗績，獲宋華元。

皆言帥師，將尊師重也。言敗復言獲，大夫與師敵也。

秦師伐晉。

夏，晉人、宋人、衛人、陳人侵鄭。

秋，九月，乙丑，晉趙盾弑其君夷皋。

經曰盾弑，傳曰穿弑，入穿所以出盾也，謬也。傳所以出盾者，爲盾賢也。賢也而弑君，則所謂賢者，乃所以釣世之名而蓋其彌天大罪，傳者爲所欺而曲庇之耳。果若不討賊者，經當書趙盾使穿弑其君夷皋。或云盾既外出，變由内作，亦猶漢許后之弑，霍光不知。懿行謂：即如此，霍光不討妻顯，光不爲無罪；雖復入穿終不能出盾。〇趙盾、許止諸獄，如傳所載，顯悖於經，當如歐陽子信經不信傳。

冬，十月，乙亥，天王崩。

三年，春，王正月，郊牛之口傷，改卜牛。牛死，乃不郊，猶三望。

口傷，自傷也。或言卜郊，或言卜牛，何也？卜郊者，兼卜牲、日；卜牛者，專卜牲也。牛死乃不郊，爲牲廢郊也；卜郊不從乃不郊，爲牲、日皆不吉廢郊也。牛傷、牛死何以書？爲災也。卜郊不從何以書？爲譴也。災於物，譴於天，以爲上帝弗歆也。禮爲天王服斬衰，王崩猶未葬，遽僭越紼，滋益罪也。

葬匡王。

楚子伐陸渾之戎。

戎在伊洛，近王都，楚子伐之，無君甚矣。傳曰：「蓋問周鼎焉。」

夏，楚人侵鄭。

秋，赤狄侵齊。

宋師圍曹。

冬，十月，丙戌，鄭伯蘭卒。

葬鄭穆公。

葬不月，闕文也。

四年，春，王正月，公及齊侯平莒及郯，莒人不肯，公伐莒，取向。

莒、郯有怨，平之，義也；挾齊侯而强之平，非義也。莒人不肯，義不肯也；平而伐之，不義甚矣。傳曰：「其言不肯何？辭取向也。」

秦伯稻卒。

夏，六月，乙酉，鄭公子歸生弑其君夷。

據傳，子公實弑，加之歸生者，與聞乎故也，非也。與聞者信有罪，釋首賊而坐與聞之人，然則《春秋》成而亂臣賊子免矣。◯傳曰：「鄭人討幽公之亂，斫子家之棺，逐其族。」其爲歸生弑可知。

赤狄侵齊。

秋，公如齊。公至自齊。

冬，楚子伐鄭。

五年，春，公如齊。

夏，公至自齊。

秋，九月，齊高固來逆叔姬。公、穀經作子叔姬。

傳曰：「公如齊，高固使齊侯止公，請叔姬。」書曰來逆，公自主也。厭尊毁列，辱己甚矣。

○公、穀經并爲子叔姬，此下經亦爲子叔姬，而此經無子字，蓋闕文，宜從公、穀。

叔孫得臣卒。

冬，齊高固及子叔姬來。

高固來，反馬也。子叔姬來，歸寧也。反馬不躬至，歸寧無并行。古者，自天子以至大夫，皆有留車反馬之道，反馬之節以三月。

楚人伐鄭。

六年，春，晉趙盾、衛孫免侵陳。

夏，四月。

秋，八月。螽。

螽，何爲或繫月或繫時？繫時者，久也；繫月者，未久也。雖未久，書也。

冬，十月。

七年，春，衛侯使孫良夫來盟。

夏，公會齊侯，伐萊。

秋，公至自伐萊。

大旱。

冬，公會晉侯、宋公、衛侯、鄭伯、曹伯于黑壤。

良夫來盟，衛欲爲晉致魯也。會于黑壤，始從晉也。傳曰「公不與盟，諱之」，非也。經惟書會耳，實未嘗盟也。若實盟言會，何以取信乎？

八年，春，公至自會。

夏，六月，公子遂如齊，至黄乃復。

復者，事未畢。何以復？有疾也。何不言有疾？君命不爲疾止也，死以尸將事。

辛巳，有事于大廟。仲遂卒于垂。壬午，猶繹，萬入，去籥。

有事者，時祫也，以于大廟知之。遂不稱公子，蒙前文也，其稱仲，著貴寵也。繹者，賓尸也。猶者，可以已也。萬者，舞也，以無聲入。籥者，管也，以有聲去。《檀弓》曰：「非禮也，卿卒不繹。」〇《公羊》以萬爲干舞，籥爲籥舞，非也。《毛氏詩傳》以干、羽爲萬舞，是萬兼二舞。

戊子，夫人嬴氏薨。

晉師、白狄伐秦。

或稱赤，或稱白，何也？别也。殽之役，姜戎稱及，此不稱及，蓋白狄爲主，抑或莫適爲主也。

楚人滅舒蓼。

秋，七月，甲子，日有食之，既。

冬，十月，己丑，葬我小君敬嬴，雨，不克葬。庚寅，日中而克葬。

己丑，葬日也；庚寅，非葬日也。葬既有日，不爲雨止，禮也；雨不克葬，權也。葬以平旦，虞以日中，禮也；日中而葬，慢也。〇馮氏荆南曰：「書日中而克葬，譏亟也。若葬無譏，則書庚寅而克葬可也。蓋葬必以朝，既以雨止而至庚寅，何不可更易一夕之期，而必以日中亟葬哉。」

城平陽。

楚師伐陳。

九年，春，王正月，公如齊。公至自齊。

夏，仲孫蔑如京師。

齊侯伐萊。

秋，取根牟。

根牟，東夷邑也。國曰滅，邑曰取。不書將帥，微者也。

八月，滕子卒。

九月，晉侯、宋公、衛侯、鄭伯、曹伯會于扈。晉荀林父帥師伐陳。辛酉，晉侯黑臀卒于扈。

傳曰：「會于扈，討不睦也。」扈，晉地也。凡外諸侯卒於師曰師，於會曰會，在其國都不地，於封内則地。不葬者，魯不會。

冬，十月，癸酉，衛侯鄭卒。

宋人圍滕。

楚子伐鄭。晉郤缺帥師救鄭。

陳殺其大夫泄冶。

殺諫臣也，殺諫臣未或不亡也。傳曰：「靈公淫，泄冶諫，公孫寧、儀行父請殺之，公弗禁。」

十年，春，公如齊。公至自齊。

齊人歸我濟西田。

取矣，何爲歸？以魯服故也。取不言我，歸言我，互見也。○馮氏荆南曰：「歸田，獨此書我者，濟西之田齊與諸侯皆有之，而所歸獨我，故封也。若鄆、讙、闡則魯邑也，龜陰之田獨魯有也，而書我，則贅矣。」

夏，四月，丙辰，日有食之。

己巳，齊侯元卒。

齊崔氏出奔衛。

崔氏者何？不知也，或曰杼也，或曰非杼也。不名何也？傳曰：「氏者，舉族而出之辭也。」○豐氏曰：「是崔夭也。氏、夭篆文相近而訛。」恐非。

公如齊。

五月，公至自齊。

癸巳，陳夏徵舒弑其君平國。

六月，宋師伐滕。

去年圍滕既因其喪，今又伐滕，暴亦甚矣。傳曰：「滕恃晉而不事宋。」

公孫歸父如齊，葬齊惠公。

晉人、宋人、衛人、曹人伐鄭。

秋，天王使王季子來聘。

傳曰：「王季子者，王之母弟也，其來聘也，以報蔑也。」周聘魯止此。○方氏苞曰：「書王季子，未有職司也；或曰時王之子猶時君之女，稱子以別也，并通。」

公孫歸父帥師伐邾，取繹。

大水。

季孫行父如齊。

冬，公孫歸父如齊。

齊侯使國佐來聘。

傳曰：「行父如齊，初聘也；歸父如齊，伐邾故也；國佐來聘，報聘也。」君未逾年不舉爵，未即位不遣使，此書齊侯使何也？三月而葬，太不懷也；來聘稱使，即吉速也。君子以齊頃爲無哀矣。

饑。

穀不成曰饑。或言饑，或言大饑，何也？大，甚也；饑，未甚也，雖未甚，書也。《春秋》饑二、大饑一。

楚子伐鄭。

楚五伐鄭，暴也。稱子、稱人，義非褒貶，親將與不親將爾，胡氏説并非。

十有一年，春，王正月。

夏，楚子、陳侯、鄭伯盟于辰陵。

楚莊始主諸侯盟也。胡氏謂因其能謀陳而進之，陳氏、汪氏謂予楚以霸，皆非也。方氏苞曰：「傳稱侵鄭及櫟，未嘗一語及陳事，蓋因鄭服，并徵會於陳，而爲此盟，本無討賊之心可知矣。」

公孫歸父會齊人，伐莒。

秋，晉侯會狄于欑函。

冬，十月，楚人殺陳夏徵舒。丁亥，楚子入陳，納公孫寧、儀行父于陳。

此一事耳，楚或稱人或稱子何也？屬辭之體也。若書楚子殺之則不辭，猶之執大夫皆稱人以執之，無目其君者也。或曰稱人以殺，討賊辭也，非也。討賊者不繫於稱人不稱人也，楚亦非真能討賊者也。「宋人執鄭祭仲」，非討賊辭也；「楚人執陳行人干徵師殺之」，亦非討賊辭也。入者，不有其地。公孫寧、儀行父者，陷君於惡者也，又納之，杜氏預曰「二子功足補過，善楚復之」，謬也。○李氏紱曰：「造其國都曰入。株林野鄙，去國都甚遠，徵舒弑君，豈敢復入國都？楚子蓋就其私邑執而殺之，然後入陳耳。經書丁亥，在殺徵舒之後，正明殺而後入，傳謂入而後殺誤矣。」○懿行按：以經文推之，蓋楚先遣大夫殺徵舒於私邑，然後楚子親入其國都，故殺徵舒稱楚人，入陳稱楚子，亦猶上書「齊人伐山戎」，下書「齊侯來獻戎捷」。

十有二年，春，葬陳靈公。

靈公弑三年矣，始葬者，漫也，抑或徵舒亂國，不得葬也。傳曰「賊不討，不書葬」，然則賊不討而葬者多矣。周桓王七年乃葬，豈亦討賊而葬也？

楚子圍鄭。

夏，六月，乙卯，晉荀林父帥師及楚子戰于邲，晉師敗績。

林父，臣也，楚子，君也，何爲以臣及乎君？《春秋》之法，尊内而抑外。先林父者，内晉也；後楚子者，外楚也。昔者齊衛王命伐衛，《春秋》以衛及齊，豈亦内衛外齊乎？彼蓋屬辭之體也。先書齊伐見主兵在齊，後書衛及明主戰在衛。傳者緣此謂凡戰言及皆爲主乎是戰，非也。艾陵之役，吴主戰也，而以齊國書及之，則以内及外也明矣。林父何爲戰邲？救鄭也。不言救，不及也。偏師輕戰，失律剿民。自是，楚莊横，日以兵力劫諸侯。

秋，七月。

冬，十有二月，戊寅，楚子滅蕭。

經言滅，傳言潰，非實也。楚即滅之，厥後辰、佗、彄、地入蕭以叛，豈楚滅之不能有其地，猶屬於宋與？

晉人、宋人、衛人、曹人同盟于清丘。

四國稱人，皆大夫也。其曰同盟，志同欲也。盟之言曰恤病、討貳。陳貳於楚，宋伐之，衛救之，非討貳也；楚伐宋，晉不救，非恤病也。清丘之盟未寒也。

宋師伐陳。衛人救陳。

十有三年，春，齊師伐莒。

夏，楚子伐宋。

秋，螽。

冬，晉殺其大夫先穀。

穀違命而敗邲，雖信有罪矣，晉釋將而誅佐，又加以召狄之罪，盡滅其族，甚矣。

十有四年，春，衛殺其大夫孔達。

夏，五月，壬申，曹伯壽卒。

晉侯伐鄭。

秋，九月，楚子圍宋。

晉伐鄭，邲故也。楚圍宋，陳故也。皆稱爵，君將也。胡氏釋鄭罪晉，釋楚罪宋，頗矣。

葬曹文公。

冬，公孫歸父會齊侯于穀。

十有五年，春，公孫歸父會楚子于宋。

夏，五月，宋人及楚人平。

書宋及楚，以内及外也。上書「公孫歸父會楚子于宋」，下書「宋人及楚人平」，蓋魯實平之也。内及齊平，及鄭平，皆不書人，此書人何也？屬辭之體也。平者，繫一國之事，目君、大夫則嫌於一人之私，内既不目君、大夫，而外書齊人、鄭人則贅矣。若外及内平，則無問其君、大夫，一皆稱人，於義無嫌，「鄭人來渝平」是也。此「宋人及楚人平」，則未知其君之意與？或大夫之意與？傳曰「稱人貶也，平者在下」，非也。「鄭人來渝平」，何不亦云平在下貶也？〇方氏苞曰：「使欲見平者在下則如袁婁，書宋華元及楚子反盟不更切著乎？」

六月，癸卯，晉師滅赤狄潞氏，以潞子嬰兒歸。

潞氏，國，子爵，赤狄別種。嬰兒，其名也。

秦人伐晉。

王札子殺召伯、毛伯。

王札子，疑當爲王子札也，文誤倒耳。傳曰：「王孫蘇與召、毛爭政，使札殺之。臣不忌君，無政刑也。」傳曰「兩不相殺，不志乎《春秋》」，非也。大夫無專殺，君殺大夫猶書之，大夫殺大夫反不書乎？凡兩下相殺稱名，别於君殺也。

秋，螽。

仲孫蔑會齊高固于無婁。

初税畝。

初者，始也。税者，取民也。畝者，田畝也。周制：九夫爲井，井九百畝，分之九夫，夫百畝，徹取十畝以爲賦，而不收餘畝之税，故曰徹田爲粮，又曰歲取十千。古者籍而不税；税畝，非古也。既收十畝之入，復履餘畝税其十一，是十取二也。其後哀公謂有若曰：「二，吾猶不足，如之何徹也？」自是用田賦。○孟子言井中爲公田，八家私百畝，乃殷人助法，非周之徹也；徹無公、私田。

冬，蝝生。

蝝者，螽子也。何以書？洊災也。蝝何以言生，螽何以不言生？螽飛蔽天，不知所自來，故不曰生；蝝見其生而知之，故曰生。蝝生還爲螽。劉歆以蝝爲蚍蜉子，非也。蝝即蝮蜪，説者謂不因牝牡，腹中陶冶而生，故名。

饑。

螽、蝝者，一時災；饑者，一歲災。

十有六年，春，王正月，晉人滅赤狄甲氏及留吁。

甲氏、留吁，赤狄别種。言及者，别二族。既滅潞氏，又并盡其餘黨。

夏，成周宣榭火。

成周，洛陽，王之下都。宣榭蓋宣王講武屋也。凡有廂有室曰廟，無廂有室曰寢，無廂無室曰榭。或曰宣榭者樂器存，或曰宣王廟，皆非也。廟不得謂榭，榭不得藏樂。火者，人火之。何以書？存古也。〇經無書火者，獨此有之，公穀二經亦并爲災字，疑此經本亦爲災，偶脱其上，爲火耳。

秋，郯伯姬來歸。

來歸，大歸也。歸郯何以不書？常也。來歸何以書？變也。常事得禮不書，變事雖得禮必書。郯伯姬何以不卒？既出不卒。杞叔姬何以卒？爲逆喪，卒也。成八年、九年。

冬，大有年。

大者，非常辭。有者，非常有。大有年，大熟也。

十有七年，春，王正月，庚子，許男錫我卒。

丁未，蔡侯申卒。

夏，葬許昭公。葬蔡文公。

六月，癸卯，日有食之。

己未，公會晉侯、衛侯、曹伯、邾子，同盟于斷道。

同盟者，同欲也。或曰同外楚，或曰同謀齊，或曰本爲外楚，徵會齊不至，故復謀齊。

秋，公至自會。

冬，十有一月，壬午，公弟叔肸卒。

叔，氏；肸，名也。或稱公子，或稱公弟，何也？主先君言曰公子，主時君言曰公弟。凡内稱公子，皆卿也；卿卒，禮也。此未仕，何以卒？傳曰賢也。何以賢？通恩也。宣弑立，肸非之，欲去則不可，仕則不義，與之財不受，織屨而食終其身。○或曰稱叔者譏世卿，非也。季友、仲遂、叔肸稱氏者，皆以公爲之變而加禮，故特著之；方氏説是。

十有八年，春，晉侯、衛世子臧伐齊。

公伐杞。

夏，四月。

秋，七月，邾人戕鄫子于鄫。

戕者，殘殺之。於國都者，掩其不備。鄫子不名，史失之。

甲戌，楚子旅卒。

楚不卒，此何以卒？告則卒，弔則卒。楚莊强，會盟、征伐交乎諸侯，於是始卒之。何以不葬？避其號也。何其稱子？從其爵也。

公孫歸父如晉。

冬，十月，壬戌，公薨于路寢。

歸父還自晉，至笙，遂奔齊。

還者，事已畢。笙，魯地，未及國也。何以奔？蓋逐也。禮：君薨，聘使執圭復命於殯。歸父家遣，墠帷，哭踊，介復命，走之齊。然則誰逐之？傳曰：「季孫行父言於朝而逐之。」捐君殯，奔父使，於臣爲死君，於子爲死父。

春秋説略卷八

成公

元年，春，王正月，公即位。

二月，辛酉，葬我君宣公。

無冰。

三月，作丘甲。

作，爲也。甲，兵也。丘者，十六井也。古者甸出甲，丘不出甲。甸者，六十四井也，其地爲一成，其賦車一乘，出甲士三，每一甲統步兵二十四，合爲七十二，故甲者甸賦也，非丘賦也。何以謂之丘甲？一丘出一甲，則四丘四甲也。古者四丘爲一甸，今三丘當一甸，是益兵也。何爲益兵？傳曰「齊難故」也。〇甸與乘，古字通。成方十里，甸旁加一里也。周制，甸賦所出，丘得十八人，不及一甲，今令丘出二十五人，則一甸所賦計百人矣，故曰益兵。〇公、穀以甲爲鎧，非也。杜氏預謂使丘出甸賦，加三倍，亦無是理，獨胡氏得之。

夏，臧孫許及晉侯盟于赤棘。

秋，王師敗績于茅戎。

王師者，非王將也。茅戎者，戎屬也。王者無敵，王師何以敗？自敗也。不言戰，省文也。

傳曰：「劉康公徼戎，伐之，叔服諫，不聽，敗焉。」

冬，十月。

二年，春，齊侯伐我北鄙。

夏，四月，丙戌，衛孫良夫帥師及齊師戰于新築，衛師敗績。

以衛及齊者，齊稱師，非卿將也，故後衛。

六月，癸酉，季孫行父、臧孫許、叔孫僑如、公孫嬰齊帥師會晉郤克、衛孫良夫、曹公子首，及齊侯戰于鞍，齊師敗績。

凡戰，書將不書佐，此其書之何？四卿并將也。四卿將者，三軍也。臧孫許逆晉師，遂導之，故與乎帥師耳。四國戰鞍，或曰爲婦人一笑也，或曰齊即楚故也。袁婁盟而齊從晉者三十載。〇方氏苞曰：「春秋時軍帥正佐皆卿。許，行父之佐也；嬰齊，僑如之佐也。蓋是時魯止二軍，故其後三軍稱作。」

秋，七月，齊侯使國佐如師。己酉，及國佐盟于袁婁。

屈完曰來盟，此其曰如師何？來盟者，請盟也；如師者，非請盟也。師在鞍矣，盟則何爲於袁婁？盟於召陵，退盟也；盟於袁婁，進盟也；退者以禮，進者以力。傳曰：「齊侯使國佐如師，」晉人不肯，佐怒而歸，將復戰，晉睨魯、衛，使請，乃相與追焉，而盟之乎袁婁。

八月，壬午，宋公鮑卒。

庚寅，衛侯速卒。

取汶陽田。

晉使齊還魯。取者，不以好得也，介人威力而居有之。汶陽田者，魯故田也。何以不曰齊人歸？自外曰歸，自内曰取。

冬，楚師、鄭師侵衛。

十有一月，公會楚公子嬰齊于蜀。

楚未有稱公子者，自嬰齊始。傳曰：「嬰齊爲陽橋之役以救齊，侵衛，遂侵魯，師於蜀。」不書者，蓋兵未加魯，公懼而往會之也。不没公，則知凡會盟不目公者，非公也。

丙申，公及楚人、秦人、宋人、陳人、衛人、鄭人、齊人、曹人、邾人、薛人、鄫人盟于蜀。

會則曰公子嬰齊，盟則曰楚人，前目後凡也。諸國稱人，皆大夫也。其先楚，主盟也。〇卿大夫稱人，恒辭耳。傳曰「卿不書，匱盟也」，非也。

三年，春，王正月，公會晉侯、宋公、衛侯、曹伯，伐鄭。

傳曰「討邲之役也」。宋、衛未葬，皆以爵舉，非禮可知。

辛亥，葬衛穆公。

二月，公至自伐鄭。

甲子，新宫災，三日哭。

新宫者，宣宫也。何以不稱宣宫？主未入也。主未入何以不稱僖宫？主已遷也。僖公主已遷，因舊宫而新焉，新主猶未入，於是災。三日哭，禮也。○宣公薨二十八月矣，主猶未入宫，緩也。傳曰：「壞廟之道，易檐可也，改塗可也。」此時新舊之主皆不在，故曰新宫。然是先人棲神之處，災而哭焉，固其宜也，三傳皆以爲禮。胡氏據劉絢謂「宫成主未入，不當哭」，非也。李氏光地謂「新主未入，舊主在焉」，亦恐非。《檀弓記》曰：「有焚其先人之室，則三日哭。」明不必主在始當哭也。○《記》又曰：「新宫火，亦三日哭。」是此經災當爲火，如「成周宣榭火」之例。

乙亥，葬宋文公。

夏，公如晉。

鄭公子去疾帥師伐許。

公至自晉。

秋，叔孫僑如帥師圍棘。

傳曰：「取汶陽田，棘不服，故圍之。」凡内獨圍者，皆叛邑。

大雩。

晉郤克、衛孫良夫伐廧咎如。

廧咎如，赤狄別種。

冬，十有一月，晉侯使荀庚來聘。衛侯使孫良夫來聘。丙午，及荀庚盟。丁未，及孫良夫盟。

言來聘不言來盟，非前定也。言及不目其人，義繫於盟不繫於人，故不目也。「鄭伯使其弟語來盟」，不言何人與盟也，「公子友如齊莅盟」，亦不言何人與盟也。傳曰：「不言及者，以國與之，不言其人，亦以國與之。」〇胡氏據劉敞謂「庚、良夫不繫國者，惡其遂事」，非也。來聘，已繫國矣。

鄭伐許。

鄭無人，略辭也。〇胡氏以去人爲貶，非也。是年去疾伐許，明年鄭伯伐許，皆無貶，何以獨與此焉貶？杜氏預謂「告辭略」，亦非也。鄭人來告，其辭必不曰鄭也，即書鄭人亦魯史目之耳，鄭人來告亦必不自曰鄭人也。方氏苞謂「赴告不及，傳聞略」，亦非也。列國侵伐多矣，苟無赴告，何得以傳聞書也？

四年，春，宋公使華元來聘。

三月，壬申，鄭伯堅卒。

案《玉篇》云：「成公四年，鄭伯䊵卒。」䊵，古干切，是堅古本作䊵也。《公羊釋文》云：「堅本或作臤。」疏云：「《左氏》作堅字，《穀梁》作賢字，今定本亦作堅字。」

杞伯來朝。

夏，四月，甲寅，臧孫許卒。

公如晉。

葬鄭襄公。

秋，公至自晉。

冬，城鄆。

鄭伯伐許。

鄭舉爵者，喪未逾年，即吉從戎。其父伐人喪，其子以喪伐人。二年冬，楚、鄭侵衛，是伐喪也。

五年，春，王正月，杞叔姬來歸。

仲孫蔑如宋。

夏，叔孫僑如會晉荀首于穀。

梁山崩。

梁山，晉望也。不繫國者，名山大澤不以封，又地道廣遠，變異之應非一國獨當，故地震、山崩不繫國。

秋，大水。

冬，十有一月，己酉，天王崩。

十有二月，己丑，公會晉侯、齊侯、宋公、衛侯、鄭伯、曹伯、邾子、杞伯，同盟于蟲牢。

傳曰：「鄭服也」。鄭與許訟而不勝，背楚即晉，故爲是盟。胡氏曰：「天王崩，會盟不廢，見其皆不臣。」

六年，春，王正月，公至自會。

二月，辛巳，立武宫。

立者，不宜立也。武宫者，武公之宫。武公者，去公十一世，廟毁久矣，又立之。〇杜氏預誤以武宫爲武軍，謂季文子以鞍之戰立」，非也。

取鄟。

鄟，微國也。或曰邾邑，非也。取邑無不繫國者。○方氏苞曰「取者，取爲附庸也」，謂「内滅書取」，非也。「徐人取舒」，外亦書取；「滅項」，内亦書滅。以此知滅與取異道也。

衛孫良夫帥師侵宋。

夏，六月，邾子來朝。

公孫嬰齊如晉。

壬申，鄭伯費卒。

秋，仲孫蔑、叔孫僑如帥師侵宋。

傳曰「晉命也」。宋既同蟲牢之盟，諸侯謀復會，宋以内難辭焉，晉於是命魯、衛侵之。○胡氏謂「伐也，貶而書侵」，寧有是理？

楚公子嬰齊帥師伐鄭。

冬，季孫行父如晉。

晉欒書帥師救鄭。

七年，春，王正月，鼷鼠食郊牛角，改卜牛，鼷鼠又食其角，乃免牛。

鼷鼠，微鼠也。牛角如繭、栗，日展焉，見其傷，改卜牛，又食之，洊災也。傳曰「備災不至」，非也。鼷，微矣，其爲害無可備。按：黄氏震曰：「鼷鼠，甘口鼠也，噬人、畜，不知痛。」

吳伐郯。

夏，五月，曹伯來朝。

不郊，猶三望。

免牛即不郊矣，再言之者，免牛在春，不郊在夏，既不同時，須備言之。胡氏據朱長文以爲三望僭天子禮，然與僖三十一年傳不合，蓋失檢也。

秋，楚公子嬰齊帥師伐鄭，公會晉侯、齊侯、宋公、衛侯、曹伯、莒子、邾子、杞伯，救鄭。八月，戊辰，同盟于馬陵。

同盟，同病楚也。傳曰：「尋蟲牢之盟，且莒服故也。」晉自靈公數以大夫主會盟，遂失諸侯，楚主夏盟近二十年，至是景公屢出會盟，而諸侯復集。

公至自會。

吳入州來。

州來，微國，楚所與；入之，將以撓楚也。春伐郯，秋入州來，吳始强也，傳曰晉人巫臣爲之也。吳以國舉，與荆同。

冬，大雩。

衛孫林父出奔晉。

八年，春，晋侯使韓穿來言汶陽之田歸之于齊。

戰鞍之後，齊服事晋，故晋復來言歸其所取。汶陽田者，魯故田也，歸者取，取者歸，晋無信，齊無義，魯無權，以是爲市而已。

晋欒書帥師侵蔡。

公孫嬰齊如莒。

宋公使華元來聘。

夏，宋公使公孫壽來納幣。

納幣，常事，何以書？傳曰「録伯姬也」，或曰卿納幣非禮也，或曰禮也。

晋殺其大夫趙同、趙括。

秋，七月，天子使召伯來賜公命。

天子、天王通稱爾，賜與錫同義爾，或皆因近似而誤。

冬，十月，癸卯，杞叔姬卒。

晋侯使士燮來聘。叔孫僑如會晋士燮、齊人、邾人，伐郯。

衛人來媵

媵，淺事耳，何以書？傳曰「録伯姬」，又曰三國來媵，非禮也。古者，諸侯三歸，二國往媵，以姪娣從，凡九女，唯王后三國媵，則十二女。○傳曰「諸侯嫁女，同姓媵，異姓否」，非也。若媵必同姓，經唯書齊人來媵足矣，不必復書衛、晉也。媵必異姓者，以一姓之女不皆宜子故也。《論語》云「管氏有三歸」，包氏咸曰：「三歸，娶三姓女。婦人謂嫁曰歸。」

九年，春，王正月，杞伯來逆叔姬之喪以歸。

杞伯來，自來也。叔姬出未反，没而親逆其喪，非禮也。或曰叔姬無罪也，非也。杞，孱國耳，果若叔姬無罪被出，魯人寧受而甘心乎？書曰以歸，成之爲婦也。汪氏克寬曰：「夫在而逆喪，歸葬則自應祔廟，與宋襄公母異矣。」

公會晉侯、齊侯、宋公、衛侯、鄭伯、曹伯、莒子、杞伯，同盟于蒲。

傳曰：「爲歸汶陽之田」，故諸侯貳，晉人懼，爲是會。

公至自會。

二月，伯姬歸于宋。

逆者非卿，故不書。

夏，季孫行父如宋致女。

致，猶至也。女嫁三月而廟見，稱婦，隨加聘問以安之，謂之致女。常事耳，何以書？傳曰「録伯姬也」，或曰卿致女，非禮也，或曰禮也。

晉人來媵。

伯姬歸宋，復來媵者，凡媵，必送至嫁女之國，隨嫡而行。

秋，七月，丙子，齊侯無野卒。

晉人執鄭伯。晉欒書帥師伐鄭。

因朝而執也。傳曰：「鄭伯如晉，晉人討其貳，執之銅鞮而伐之。」

冬，十有一月，葬齊頃公。

楚公子嬰齊帥師伐莒。庚申，莒潰。楚人入鄆。

伐莒稱嬰齊，入鄆稱楚人者，前目後凡也。方氏苞謂「嬰齊在莒而以偏師入鄆，故書楚人」，恐非。伐莒、入鄆，兩事也，故再舉楚人，人即嬰齊也。猶之會蜀稱嬰齊，盟蜀稱楚人，原止一人。

秦人、白狄伐晉。

鄭人圍許。

傳曰：「示晉不急君也。」

城中城。

中城者，或曰東海邑，或曰魯内城。楚潰莒，入鄆，迫近魯，故城以備不虞，又得時，此不皆非爲譏。杜氏預曰：「此閏月，城在十一月後也。」○傳曰非外民，胡氏曰譏警守之微，皆非也。

十年，春，衛侯之弟黑背帥師侵鄭。

傳曰「晉命也」。方氏苞曰：「其稱弟，未有職司而任國之大事也。」

夏，四月，五卜郊不從，乃不郊。

夏四月，不時也。四卜非也，况五卜乎？傳曰「不免牲，故言乃不郊」，非也。卜者，卜日與牲；不從者，二事皆不吉也。不郊之故乃兼包牲、日，故須言不郊以見之，非止爲不免牲一事也。然則鼷鼠食郊牛角，既言免牲又言不郊者，間有異事也。彼不郊但爲牲災，非日不吉，故特言卜牛而已。

五月，公會晉侯、齊侯、宋公、衛侯、曹伯，伐鄭。

晉侯者，獳也。傳曰「獳有疾，立太子州蒲爲君」，非也。州蒲生代父，獳生立子，大惡也，《春秋》何故成之？○此與郕太子朱儒事，皆傳誣經者也。傳又曰「鄭人改立君，晉伐鄭而歸鄭伯」，若然，經何不書也？

齊人來媵。

丙午，晉侯獳卒。

秋，七月，公如晉。

傳曰「晉人止公送葬」，蓋魯人辱之，故不書葬，非孔子削之也。

冬，十月。

十有一年，春，王三月，公至自晉。

晉侯使郤犨來聘。己丑，及郤犨盟。

晉人止公凡九月，懼公歸而貳也，使郤犨隨加聘問，犨因以便宜結盟。稱及者，與荀庚同。

夏，季孫行父如晉。

秋，叔孫僑如如齊。

冬，十月。

十有二年，春，周公出奔晉。

傳曰「自周無出」，非也。天王之出也，鄭也；周公之出也，晉也。凡王居内地則不言出，臣自外奔亦不言出。周公何以奔？傳曰：「惡惠襄之逼，且與伯與争政也。」

夏，公會晉侯、衛侯于瑣澤。

傳曰「華元克合晉、楚之成」，非也，經無楚也。又曰「鄭伯如晉聽成，會于瑣澤，成故也」，非也，經又無鄭也。

秋，晉人敗狄于交剛。

冬，十月。

十有三年，春，晉侯使郤錡來乞師。

言乞者，重師也，又明列國之體不相統壹，非王命而徵師皆非禮，故内外通曰乞。

三月，公如京師。

朝也，何以不言朝？書如京師則朝不待言也。踐土、河陽言王所，京師不言王所，故不言朝也。雖朝而非特朝，道過也。或曰書如者不與朝也，非也。内書朝曰如，公如齊、如晉、如楚，皆朝也。

夏，五月，公自京師遂會晉侯、齊侯、宋公、衛侯、鄭伯、曹伯、邾人、滕人，伐秦。

書公自京師者，著實也，不書公自京師，則無以見會諸侯於京師，又無以見諸侯皆朝於京師也。書遂會者，亦著實也，不書遂會則疑朝王與會伐爲兩事也。遂者繼事之辭，此雖繼事，實本事也。

曹伯廬卒于師。

案《檀弓記》曰：「諸侯伐秦，曹桓公，桓，經作宣。卒于會，諸侯請含，使之襚。」此可見諸侯卒于師之禮。

秋，七月，公至自伐秦。

不以京師致者，道過也。

冬，葬曹宣公。

十有四年，春，王正月，莒子朱卒。

范氏甯曰：「徐邈云，葬皆稱謚，莒君無謚，故終《春秋》不葬。」〇懿行按：傳稱渠丘公、犂比公，皆號也，知無謚。

夏，衛孫林父自晉歸于衛。

歸，或言復或不言復，文有詳略耳。或曰大夫無復道，故復歸爲惡，歸爲善，非也。復歸爲惡，晉趙鞅叛也，何以歸不言復？方氏苞謂「復歸爲難，歸爲易」，亦非也。復歸爲難，衛元咺歸自晉，無難矣，何以言復？宋華元亦歸自晉，無以見爲不難也，何以不言復？

秋，叔孫僑如如齊逆女。

鄭公子喜帥師伐許。

九月，僑如以夫人婦姜氏至自齊。

一事而再見者，卒名之。僑如不氏，前已見也。夫人稱婦，有姑辭也，穆姜存焉耳。稱氏異於不稱氏者何？詳略辭耳。趙氏匡謂書氏傳寫誤衍，未必然也。或曰無，貶也，非也。夫人非臣子所當貶，氏與不氏，又非褒貶所在也。

冬，十月，庚寅，衛侯臧卒。

秦伯卒。

十有五年，春，王二月，葬衛定公。

三月，乙巳，仲嬰齊卒。

嬰齊者何？不知也。其稱仲，蓋於歸父爲子行而襄仲之孫也，孫以王父字爲氏也。傳曰「爲人後者爲之子」，仲嬰齊者，後歸父也，非也。弟後兄是，孫亦可父祖乎？歸父家遣，嬰齊蓋以庶孫後仲遂，故世稱仲氏。〇方氏苞謂：「是時魯有二嬰齊皆公孫，使其卒書公孫嬰齊，則與十七年卒貍脤者無以知爲兩人，故魯人以仲爲別，而舊史因之」。非也。卿卒皆書氏，而嬰齊獨以與人同名變而書字，則非義所安。且魯人私立號名以相識別，何足登於《春秋》乎？若二嬰齊果皆公孫氏，於其卒也，皆書公孫嬰齊亦何嫌爲非兩人，而必瑣瑣然別之也？

癸丑，公會晉侯、衛侯、鄭伯、曹伯、宋世子成、齊國佐、邾人，同盟于戚。晉侯執曹伯歸于京師。

盟于戚，討曹也。傳曰：曹宣公卒，「負芻殺太子而自立」。三年矣，稽討也，又盟焉，盟則不當討，討則無與盟，盟而執之，非禮也。歸于京師，正也。凡執諸侯，或稱爵，或稱人，何也？義繫於執，不繫於稱爵、稱人。凡執稱人，略辭也，以爲不必别也；其或稱爵，便文也，以爲不得不别也。晉侯入曹執曹伯則稱爵，蒙上文也；若入曹稱爵執稱人，則疑親執者非晉侯也；此同盟于戚執曹伯則稱爵，亦蒙上文也；若同盟稱爵執稱人，則疑親執者非晉侯也。二者皆辭有所窮也，外此無稱爵者矣。傳曰「稱爵以執者，霸討；稱人以執者，非霸討」，非也。凡稱爵、稱人，非褒貶所在，《春秋》不以爵爲褒、人爲貶。〇既盟於戚然後執曹伯，是盟而後執，兩事也，故必再言晉侯。會於盂執宋公，是因會而執，一事也，又在會諸侯同執之，故不得再言楚子。

公至自會。

夏，六月，宋公固卒。

楚子伐鄭。

秋，八月，庚辰，葬宋共公。

宋華元出奔晉。宋華元自晉歸于宋。宋殺其大夫山。宋魚石出奔楚。

傳曰：「華元相宋，蕩山弱公室，殺子肥，於是，華元耻之，走之晉。」山不氏，從告辭也。魚石者，山族也，走之楚。傳曰「魚石止華元於河上，反而歸」，非也。若華元實未至晉，經何得書自晉歸也？○方氏苞曰：「再書華元，與良霄自許入鄭異辭，正爲晉、宋懸隔千里，奔晉、歸宋非一時事，不得不再舉華元；許、鄭接壤，良霄方出即入，不得再舉良宵，從告皆因事屬辭以著其實也。」○又曰：「宣、成而後，外大夫無不氏者，而宋山獨不氏，從告辭也，其國惡之，故告不以氏。謂《春秋》削之，非也。弑君之賊無不氏，而山以背族削氏，則其類頗矣。」按：後一條見方氏《春秋通論》。

冬，十有一月，叔孫僑如會晉士燮、齊高無咎、宋華元、衛孫林父、鄭公子鰌、邾人，會吳于鍾離。

會又會者，兩會也。吳子强，諸侯之大夫不敢致其來，爲會以謀之，於是乎相率以往。鍾離者，楚邑也，迫近吳，就而與之會。傳曰「殊會吳」，外之，非也。即外吳者，何以不外楚？

許遷于葉。

十有六年，春，王正月，雨，木冰。

不雪而雨，温也；既雨而冰，寒也。上温而下寒，雨著木成冰。或曰木稼，或曰木介也。○胡氏據何休云：「木，少陽；冰，兵象；冰脅木，大臣執兵之徵。」鑿矣。〔一〕

夏，四月，辛未，滕子卒。

鄭公子喜帥師侵宋。

六月，丙寅，朔，日有食之。

晉侯使欒黶來乞師。

甲午，晦，晉侯及楚子、鄭伯戰于鄢陵，楚子、鄭師敗績。

戰稱將、敗稱師，常也。此何以書楚子？凡君敗稱君，師敗稱師，舉其甚者。此敗者，楚子耳，矢集於其目。然則泓之敗，宋公傷股，何以稱師？師敗甚也。抑或楚子當爲楚師，文誤耳。

楚殺其大夫公子側。

秋，公會晉侯、齊侯、衛侯、宋華元、邾人于沙隨，不見公。

既曰公會矣，又曰不見公，何也？會者，其志也；不見者，其事也。諸侯爲期謀伐鄭，公會焉，而之乎沙隨，晉侯信讒而嗛公，不見也。傳曰：「鄢陵之戰，魯後師期，僑如訴公於晉侯。」○沙隨不見公，平丘不與盟，直書無隱。胡氏遂謂「二役曲不在公，故不諱」，非也。即曲在公，亦不得諱也，諱則没其實矣。

公至自會。

公會尹子、晉侯、齊國佐、邾人，伐鄭。

尹氏，王卿士，子爵。未有以王臣會伐者，於是始。

曹伯歸自京師。

執而歸者名，此何以不名？啖氏助曰：「諸侯失地反國則名，曹伯在京師，而王不黜之，是不失國，故不名也。」

九月，晉人執季孫行父，舍之于苕丘。

執未有言舍之于者，此其言之何？舍者，釋也。舍之于苕丘，明乎未嘗執以歸耳。或曰舍，置也。

冬，十月，乙亥，叔孫僑如出奔齊。

十有二月，乙丑，季孫行父及晉郤犨盟于扈。

公至自會。

高氏閌曰：「内大夫執則致，行父不致者，公待行父偕歸，舉公爲重也。」

乙酉，刺公子偃。

偃之罪，未有聞焉爾。傳曰：「穆姜私乎僑如，欲去季、孟。公難之，姜怒。適偃來前，指之曰：『汝不可者，吾使是爲君。』而去之，公疑是言，歸而刺之。」然則其與刺公子買異辭，何也？方氏苞曰：「戍衛不卒戍，刺買之獄辭也，故舊史據而書之。若偃之刺，其故不可言也，刺之，亦不能言其故也，直書刺而已。」

十有七年，春，衛北宫括帥師侵鄭。

夏，公會尹子、單子、晉侯、齊侯、宋公、衛侯、曹伯、邾人，伐鄭。

六月，乙酉，同盟于柯陵。

不目諸侯，尹、單與盟也。未有王臣與盟而稱同者，於是始。

秋，公至自會。

齊高無咎出奔莒。

九月，辛丑，用郊。

九月，不時甚也。用郊者，不卜日，不卜牲，直郊而已。○劉氏敞以用爲用人以祭，恐非也。昭十年，季平子始用人於亳社。

晉侯使荀罃來乞師。

冬，公會單子、晉侯、宋公、衛侯、曹伯、齊人、邾人，伐鄭。

晉未能服鄭，三假王命以臨之，鄭人卒不服。○方氏苞曰：「齊書人，非卿也。自成以後，列國之卿會盟、侵伐皆以名見，其不名者，非卿也。」懿行謂：外卿大夫恒稱人，或名或不名，史有詳略耳，未必如方氏所説。

十有一月，公至自伐鄭。

壬申，公孫嬰齊卒于貍脤。

從公伐鄭歸也，道疾而卒。蘇氏轍曰：「大夫卒不地，其地，在外也。」杜氏預曰：「十一月無壬申，日誤也。」○案：公、穀傳并以壬申爲十月十五日也，以爲待公至然後卒大夫，故十月之日書在十一月之下，非也。月日顛倒，史無此例。上書「昭公孫于齊」，下書「叔孫婼卒」，非待公至然後卒大夫也。

十有二月，丁巳，朔，日有食之。

邾子貜且卒。

晉殺其大夫郤錡、郤犨、郤至。

一朝而尸三卿，傳曰胥童爲之也，未幾亦誅死。

楚人滅舒庸。

十有八年，春，王正月，晉殺其大夫胥童。

庚申，晉弑其君州蒲。

傳曰欒書、荀偃使程滑弑也，何以不書？凡傳所據者，或傳聞異辭，經既不書，則未知傳之信否也，《春秋》不以疑加人。《竹書紀年》又云「晉厲公卒」，復不言弑。○孔疏引應劭云：「周穆王名滿，晉厲公名滿，是同名不諱。」今作蒲，豈誤與？

齊殺其大夫國佐。

公如晉。

夏，楚子、鄭伯伐宋。宋魚石復入于彭城。

入者，逆辭也。不言納者，楚、鄭自伐宋，本不爲納魚石，石自乘亂而入，故不言納。據公孫寧、儀行父言納，見宣十一年。

公至自晉。

晉侯使士匄來聘。

秋，杞伯來朝。

八月，邾子來朝。

築鹿囿。

囿者，禽府也。鹿者，其名也。築者，爲牆也。虞民利非正，罷民力不時。其後昭築郎囿，

己丑，公薨于路寢。

定築蛇淵囿。

冬，楚人、鄭人侵宋。

晉侯使士魴來乞師。

十有二月，仲孫蔑會晉侯、宋公、衛侯、邾子、齊崔杼，同盟于虛朾。

傳曰：「謀救宋也。」

丁未，葬我君成公。

校勘記

〔一〕「大臣執兵之徵」，何休《公羊解詁》和胡安國《春秋傳》均作「君臣將執於兵之徵。」

春秋説略卷九

襄　公

元年，春，王正月，公即位。

仲孫蔑會晉欒黶、宋華元、衛寧殖、曹人、莒人、邾人、滕人、薛人，圍宋彭城。

彭城繫宋者，傳曰「爲宋討故繫宋」，非也。凡邑無不繫國者，即非爲宋討，猶當繫宋也。然則魚石入彭城何以不繫宋？蒙伐宋文也。

夏，晉韓厥帥師伐鄭。仲孫蔑會齊崔杼、曹人、邾人、杞人，次于鄫。

伐者，討貳也。次者，援伐也。

秋，楚公子壬夫帥師侵宋。案：此與五年經左、公、穀并作壬夫，顔師古《匡謬正俗》獨以壬夫爲王夫，無據，謬甚。

九月，辛酉，天王崩。

邾子來朝。

冬，衛侯使公孫剽來聘。晉侯使荀罃來聘。

天王崩，朝聘不廢者，杜氏預曰：「辛酉，九月十五。冬者，十月初也」，訃未至魯，不爲非禮。○懿行謂：杜氏亦臆度耳，冬者總舉一時，何以知爲十月初也？若王訃已至，則此當與蟲牢義同。成五年。

二年，春，王正月，葬簡王。

鄭師伐宋。

夏，五月，庚寅，夫人姜氏薨。

六月，庚辰，鄭伯睔卒。

晉師、宋師、衛寧殖侵鄭。

非伐喪也。稱師者將卑，稱將者師少。

秋，七月，仲孫蔑會晉荀罃、宋華元、衛孫林父、曹人、邾人于戚。

己丑，葬我小君齊姜。

叔孫豹如宋。

冬，仲孫蔑會晉荀罃、齊崔杼、宋華元、衛孫林父、曹人、邾人、滕人、薛人、小邾人于戚，遂城虎牢。

城邑不繫國何也？城不繫鄭戍繫鄭，互見也。城若繫鄭無以見爲鄭邑也。城虎牢何以爲難鄭？虎牢者，岩邑，鄭之吭也，可以扼鄭，可以制楚。諸侯討鄭而不服，於是乎城之，而楚不爭，鄭不叛，天下息兵者六年。〇方氏苞謂「虎牢不繫鄭者，城楚丘、緣陵皆不繫國，蓋職方具在，書某地即知爲某國」，非也。《春秋》滅國五十二，惡睹職方具在也？謂楚丘、緣陵不繫國，而外此無不繫國也，楚丘、緣陵得非闕文與？僖二年及十四年。

楚殺其大夫公子申。

三年，春，楚公子嬰齊帥師伐吳。

公如晉。

夏，四月，壬戌，公及晉侯盟于長樗。

公如晉，始朝也，非禮也。童子侯不朝王，公即位時年四歲。長樗，近晉地也。出其國都而外盟，禮也。謙以接同列。

公至自晉。

公本爲朝不爲盟，故不以長樗致。

六月，公會單子、晉侯、宋公、衛侯、鄭伯、莒子、邾子、齊世子光，己未，同盟于雞澤。

同盟者，鄭服也。盟王官，非禮也。杜氏預曰：「靈王新立，使王官伯出盟諸侯，安王室，故無譏。」

陳侯使袁僑如會。

如會者，後會也。

戊寅，叔孫豹及諸侯之大夫及陳袁僑盟。

及以及何也？豹及諸侯之大夫先受命於其君，而後及乎袁僑。以大夫盟大夫，禮也，袁僑免乎伉，諸侯免乎卑。○方氏苞曰：「諸侯在則大夫不列序，屬辭之體也；救徐、盟溴梁皆然。」

秋，公至自會。

冬，晉荀罃帥師伐許。

四年，春，王三月，己酉，陳侯午卒。

夏，叔孫豹如晉。

秋，七月，戊子，夫人姒氏薨。

齊姜，夫人矣，又一夫人也，以是爲贗爾。

葬陳成公。

八月，辛亥，葬我小君定姒。

冬，公如晉。

陳人圍頓。

五年，春，公至自晉。

夏，鄭伯使公子發來聘。

叔孫豹、鄫世子巫如晉。

傳曰「成屬鄫」也。不言及，不知也，傳曰「比諸魯大夫」，恐非也。○此與下一條俱不言及，或俱闕文，二事外更無其比。

仲孫蔑、衛孫林父會吳于善道。

不言及者，杜氏預曰「魯、衛俱受命於晉，故不言及」，恐非也。又曰：「吳先在善道，二大夫往會之，故曰會吳。」

秋，大雩。

楚殺其大夫公子壬夫。

公會晉侯、宋公、陳侯、衛侯、鄭伯、曹伯、莒子、邾子、滕子、薛伯、齊世子光、吳人、鄫人于戚。

吴會善道不稱人，略辭耳，此稱人，便文耳，不可曰吴、鄫人也。鄫與會，魯不利屬也。此不殊會吴何也？鍾離往而即吴故殊會，戚則來而聽命故不殊會也。

公至自會。

冬，戍陳。

會于戚，命戍陳也。戍陳何以不目諸侯？傳曰：「離至不可得而序，故言我也。」諸侯在會受命，各還國遣戍，不時至，故獨書魯戍；虎牢亦然。見十年冬。

楚公子貞帥師伐陳。公會晉侯、宋公、衛侯、鄭伯、曹伯、齊世子光，救陳。

十有二月，公至自救陳。

辛未，季孫行父卒。

六年，春，王三月，壬午，杞伯姑容卒。

夏，宋華弱來奔。

秋，葬杞桓公。

滕子來朝。

莒人滅鄫。

病晉悼也。傳曰立異姓以爲後，謬也。

冬，叔孫豹如邾。

季孫宿如晉。

傳曰：「晉以鄫故來討也。」

十有二月，齊侯滅萊。

七年，春，郯子來朝。

夏，四月，三卜郊不從，乃免牲。

三卜，禮也。夏四月，不時也，傳曰「啟蟄而郊」。啟蟄在建寅之月。

小邾子來朝。

城費。

費，季氏邑也。行父相三君而無私積，宿初嗣位，首城私邑，不臣見矣。自僖公賜季友汶陽田及費，此季氏所以强；宿使南遺城費，此陪臣所以强；季孫斯帥師墮費，此陪臣所以亡，季氏所以弱。

秋，季孫宿如衛。

八月，螽。

冬，十月，衛侯使孫林父來聘。壬戌，及孫林父盟。

楚公子貞帥師圍陳。

十有二月，公會晉侯、宋公、陳侯、衛侯、曹伯、莒子、邾子于鄬。

杜氏預曰：「謀救陳，陳侯逃歸，不成救，故不書救也。」

鄭伯髠頑如會，未見諸侯，丙戌，卒于鄵。

鄭伯何以生名？卒名也，卒名加之如會之上，便文爾。未見諸侯何以書？著實也。鄬、鄵皆鄭地，若但書如會則疑於已見諸侯歸而卒矣，若已見諸侯，則不必書也，陳侯如會、袁僑如會是也。三傳皆曰此弒也，吾以經斷之曰此卒也，非弒也。奚以明其然也？鄭伯適以如會，未見諸侯而暴卒，三傳既見經如此書矣，而傳聞者同口而疑之，於是信其疑而目之曰弒也。《左氏》曰子駟使賊弒也，《公羊》曰大夫欲從楚者弒也，《穀梁》曰其臣欲從楚者弒也。然則親弒君者竟誰乎？其爲傳疑亦明矣，何足信乎？或曰：凡弒君者，赴告之辭皆有以自文，《春秋》或書卒或書弒，書弒，不終疑者也，書卒，疑者也，非也。《春秋》推見至隱，聖人博識多聞，凡所書者皆爲萬世傳信，未有疑而筆於書者也。且夫弒逆，大惡也，如實不弒君者，非可失入而書之曰弒也，如實弒君者，獨可失出而書之曰卒乎？以疑而入人罪與以疑而出人罪，皆非所以傳信也。此經書鄭伯未見諸侯而卒，辭理明白，本無可疑者，三傳乃自生疑，并以疑誣經耳。故曰：吾以經斷之，此卒也，非弒也。傳曰諱也，非也。劉氏敞曰「從赴書卒，見鄭無臣子也」，非也。方氏苞曰「書未見諸侯，所以發人之疑也」，非也。審如是，則無爲傳信也。

陳侯逃歸。

八年，春，王正月，公如晉。

夏，葬鄭僖公。

鄭人侵蔡，獲蔡公子燮。

季孫宿會晉侯、鄭伯、齊人、宋人、衛人、邾人于邢丘。

何以會？傳曰「命朝聘之數」也。公在晉，何以使宿會？重煩諸侯，使大夫聽命也。鄭伯何以親之？獻捷也。皆何以稱人？大夫稱人，恒辭也。傳曰「尊晉侯也，不以大夫敵盟主」，非也。大夫敵盟主多矣，何獨此？或曰貶也，諸侯在而大夫會，非也，大夫稱人不爲貶。

公至自晉。

莒人伐我東鄙。

秋，九月，大雩。

冬，楚公子貞帥師伐鄭。

晉侯使士匄來聘。

九年，春，宋災。

夏，季孫宿如晉。

五月，辛酉，夫人姜氏薨。

秋，八月，癸未，葬我小君穆姜。

冬，公會晉侯、宋公、衛侯、曹伯、莒子、邾子、滕子、薛伯、杞伯、小邾子、齊世子光，伐鄭。十有二月，己亥，同盟于戲。

同盟者，鄭服也。何以不致？繼有事也。傳曰「耻不能據鄭」，非也。于鄬不致，以繼會邢丘故；于戲不致，以繼會柤故。

楚子伐鄭。

十年，春，公會晉侯、宋公、衛侯、曹伯、莒子、邾子、滕子、薛伯、杞伯、小邾子、齊世子光，會吳于柤。

會又會，猶鍾離也。傳曰「外之」，非也。吳在柤，晉以諸侯往會之，結吳所以撓楚也。吳者，楚之臂也，楚用則楚强，晉用則晉强。晉欲致鄭則楚人議其後，得吳則吳人議楚後。晉角之，吳掎之，楚也疲，晉也逸。自是三駕而楚不争，然吳亦由此浸浸强。

夏，五月，甲午，遂滅偪陽。

因會而滅之，故曰遂滅之，蓋以通吳道也。

公至自會。

楚公子貞、鄭公孫輒帥師伐宋。

晉師伐秦。

法氏坤宏曰：「秦附楚故也。晉通吳以制楚，楚援秦以敵晉。」

秋，莒人伐我東鄙。

公會晉侯、宋公、衛侯、曹伯、莒子、邾子、齊世子光、滕子、薛伯、杞伯、小邾子，伐鄭。

冬，盜殺鄭公子騑、公子發、公孫輒。

凡兩下相殺稱名，不得其主名則稱盜；盜者，陰賊之辭也。何以不曰盜殺鄭大夫？嫌也。大夫者對君之稱，非所施於盜也。然則盜殺蔡侯申何以稱爵？不稱爵則不知爲蔡君也。傳曰賤者窮諸盜，非也。賤者之名，不著於《春秋》，常也；殺君，大夫雖賤當書名，變也。傳曰尉止等五族作亂殺之，即如是，何以不名？

戍鄭虎牢。

虎牢繫鄭，何以知非鄭服而爲鄭戍之也？以下書楚公子貞救鄭知之也。

楚公子貞帥師救鄭。

公至自伐鄭。

十有一年，春，王正月，作三軍。

作，爲也。軍，萬二千五百人也。三軍，大國也。魯二軍，今增其一，蓋作中軍也。何以謂之作三軍？毁舊乘，從新制。或曰：魯故三軍矣，言作者以私易公也，三分之，各取一，蓋自是兵去公室矣。古者有公兵無私兵，有事，三卿更將，事畢，將歸朝，車歸甸，兵歸邑。古者家不藏甲，以爲大夫不得尸兵也。○方氏苞曰：「作三軍者，季氏自爲一軍，孟、叔共爲一軍，而公徒爲中軍也；謂三桓各有一軍者誤。」

夏，四月，四卜郊不從，乃不郊。

不從者，牲、日皆不吉也，故不書免牲，惟書不郊而已。或曰卜免牲不吉而不敢免也，然則僖三十一年亦四卜郊不從，書免牲何也？行免牲禮也。彼蓋牲不吉非日不吉，故但書免牲，既免牲則不郊可知，故不言乃不郊也。

鄭公孫舍之帥師侵宋。

公會晉侯、宋公、衛侯、曹伯、齊世子光、莒子、邾子、滕子、薛伯、杞伯、小邾子，伐鄭。

秋，七月，己未，同盟于亳城北。

杜氏預曰「亳城，鄭地。伐而書同盟，鄭與盟可知」，非也。啖氏助曰「戲、亳二盟，鄭皆不與，蓋諸侯自相盟」，亦非也。戲盟，鄭與，故下書楚子伐鄭；亳盟，鄭不與，故下書楚、鄭伐宋。

公至自伐鄭。

楚子、鄭伯伐宋。

公會晉侯、宋公、衛侯、曹伯、齊世子光、莒子、邾子、滕子、薛伯、杞伯、小邾子，伐鄭，會（子）〔于〕蕭魚。

伐鄭會蕭魚，鄭成也。會而不盟，不必盟也。自是，鄭不叛者二十四年，三駕之功也。初，晉悼三年四伐鄭，不得志，荀罃曰：「善師不陳，善陳不戰，吾三分四軍，更出肄楚，則不戰而疲也。」公從之，楚以敝。其後，北方小安，兵革息。

公至自會。

致會不致伐何也？大蕭魚之會，故告廟而以會致。

楚人執鄭行人良霄。

冬，秦人伐晉。

十有二年，春，王三月，莒人伐我東鄙，圍台。季孫宿帥師救台，遂入鄆。

大夫無遂事；遂者，專之也。

夏，晉侯使士魴來聘。

秋，九月，吴子乘卒。

冬，楚公子貞帥師侵宋。

公如晉。

十有三年，春，公至自晉。

夏，取邿。

邿，國也。取者，取爲附庸也，故不言滅。傳曰：「邿亂，分爲三，魯救邿，遂取之。」

秋，九月，庚辰，楚子審卒。

冬，城防。

十有四年，春，王正月，季孫宿、叔老會晉士匄、齊人、宋人、衛人、鄭公孫蠆、曹人、莒人、邾人、滕人、薛人、杞人、小邾人，會吴于向。

魯二卿并會，卿、介卿也。此皆大夫矣，或名之，或人之，蓋舊史之文有詳略耳，非義例也。小國大夫與會盟，終《春秋》無以名見者，舊史略之也。傳曰「齊、宋大夫不書，惰也；衛北宫括書於伐秦，攝也」，非也。《春秋》不以書人爲貶。方氏苞曰「成公以後稱人者，非卿也」，亦非也。卿大夫稱人，恒辭耳。會于向，爲伐吴也；伐秦，報伐也。會與伐，君不親之，悼德衰矣。自是，凡役皆大夫。

二月，乙未，朔，日有食之。

夏，四月，叔孫豹會晉荀偃、齊人、宋人、衛北宫括、鄭公孫蠆、曹人、莒人、邾人、滕人、薛人、杞人、小邾人，伐秦。

己未，衛侯出奔齊。

衛侯，衎也。林父逐君不書者，《春秋》書奔不書逐也。〇胡氏於君奔、君弑多爲偏責君之辭，害義傷教，不可以訓。

莒人侵我東鄙。

秋，楚公子貞帥師伐吴。

冬，季孫宿會晉士匄、宋華閲、衛孫林父、鄭公孫蠆、莒人、邾人于戚。

傳曰：「謀定衛也」。〇萬氏斯大曰：「此與會稷成宋亂無異，不書成衛亂者，孫林父在會，不書亂而成亂自明也。」

十有五年，春，宋公使向戌來聘。二月，己亥，及向戌盟于劉。

劉夏逆王后于齊。

劉，氏；夏，名。稱名，非卿也；逆后不使卿，非禮也。逆后，常事不書，非禮則書，若其不告，雖當書亦不書也。此書逆不書歸，或齊不告與？

夏，齊侯伐我北鄙，圍成。公救成，至遇。

季孫宿、叔孫豹帥師城成郛。

秋，八月，丁巳，日有食之。

邾人伐我南鄙。

冬，十有一月，癸亥，晉侯周卒。

十有六年，春，王正月，葬晉悼公。

三月，公會晉侯、宋公、衛侯、鄭伯、曹伯、莒子、邾子、薛伯、杞伯、小邾子于溴梁。戊寅，大夫盟。

晉平速葬即吉，太不懷也。諸侯會而大夫盟，君失政也。牡丘之大夫繫諸侯，僖十五年。雞澤之大夫繫諸侯，見三年。此其不繫何？省文耳，間無異事，故不須復言諸侯。或曰不繫諸侯者，大夫不臣也，非也。即繫諸侯，無以見大夫臣也。或曰盟齊高厚以大夫敵大夫也，非也。即盟齊高厚，何不書如陳袁僑也？

晉人執莒子、邾子以歸。

傳曰：以我故，且通齊、楚之使。執諸侯未有以歸者；以歸，非禮也。十九年執邾子不言以歸者，旋釋之也。

齊侯伐我北鄙。

夏，公至自會。

五月，甲子，地震。

叔老會鄭伯、晉荀偃、衛寧殖、宋人，伐許。

荀偃主兵，序鄭伯下，不以大夫先諸侯也。

秋，齊侯伐我北鄙，圍郕。〔一〕

大雩。

冬，叔孫豹如晉。

十有七年，春，王二月，庚午，邾子牼卒。

宋人伐陳。

夏，衛石買帥師伐曹。

秋，齊侯伐我北鄙，圍桃。高厚帥師伐我北鄙，圍防。

齊三年而五伐，弱晉卑魯也，明年卒致十二國之圍。

九月，大雩。

宋華臣出奔陳。

冬，邾人伐我南鄙。

十有八年，春，白狄來。

杜氏預曰：「不言朝，不能行朝禮。」

夏，晉人執衛行人石買。

行人者，官也。執，或官或不官，何也？著其實也。執行人，非禮也。傳曰「爲曹故」。○方氏苞曰「不書行人以本事執者也，書行人不以本事執者也」，非也。官非行人也，安得書行人？官行人也，安得不書行人？《春秋》非以其事別也。

秋，齊師伐我北鄙。

冬，十月，公會晉侯、宋公、衛侯、鄭伯、曹伯、莒子、邾子、滕子、薛伯、杞伯、小邾子，同圍齊。

圍未有稱同者；齊靈怙强佳兵，諸侯同疾之。

曹伯負芻卒于師。

楚公子午帥師伐鄭。

十有九年，春，王正月，諸侯盟于祝柯。

圍齊之諸侯也，不序，前目後凡也。

晉人執邾子。

公至自伐齊。

此圍也，以伐致，圍、伐一也。

取邾田，自漷水。

取者，不以道得也，介人之力，披人之田。邾田者，非魯故田也。自漷水，以漷水爲界也。取者多，略不數也。傳曰「漷移」，非也。以移而正之，不當坐取田。

季孫宿如晉。

葬曹成公。

夏，衛孫林父帥師伐齊。

秋，七月，辛卯，齊侯環卒。

晉士匄帥師侵齊，至穀，聞齊侯卒，乃還。

穀，齊地。侵者，其志也。至者，未侵也。還者，事已畢也。此事未畢，善其畢所未畢也，畢則伐喪矣，專之可。傳曰「外專君命，故非之」，非也。

八月，丙辰，仲孫蔑卒。

齊殺其大夫高厚。

鄭殺其大夫公子嘉。

冬，葬齊靈公。

城西郛。

叔孫豹會晉士匄于柯。

城武城。

二十年，春，王正月，辛亥，仲孫速會莒人，盟于向。

釋舊怨也。仲孫速者，蔑之子，未練而從政，非禮也。古者臣有大喪，君三年不呼其門。閔子騫要絰服事，退而致仕，孔子善之。《記》曰：「君子不奪人喪，亦不可奪喪也。」

夏，六月，庚申，公會晉侯、齊侯、宋公、衛侯、鄭伯、曹伯、莒子、邾子，滕子、薛伯、杞伯、小邾子，盟于澶淵。

傳曰：「齊成故也。」

秋，公至自會。

仲孫速帥師伐邾。

蔡殺其大夫公子燮。蔡公子履出奔楚。

陳侯之弟黄出奔楚。

稱弟者，未官也。傳曰：「楚人使蔡無常，公子燮欲從晉，蔡人殺之。」履，其母弟也，走之楚。陳慶虎、慶寅畏公子黄之逼，訴諸楚曰與燮同謀，黄亦奔而自理。

叔老如齊。

冬，十月，丙辰，朔，日有食之。

季孫宿如宋。

二十有一年，春，王正月，公如晉。

邾庶其以漆、閭丘來奔。

小國大夫恒稱人，而特以事見，雖賤必書名，屬辭之體也。傳曰「重地」，非也。即不重地，亦當書名，不書名，則不知孰誰也。漆、閭丘，二邑也，大小敵，故不言及。以邑出爲叛，其言來奔，内辭也，魯登三叛人。邾庶其、莒牟夷、黑肱，見昭五年及三十一年。

夏，公至自晉。

秋，晉欒盈出奔楚。

九月，庚戌，朔，日有食之。

冬，十月，庚辰，朔，日有食之。

歷家言日無頻月食，此與二十四年皆頻月食。

曹伯來朝。

公會晉侯、齊侯、宋公、衛侯、鄭伯、曹伯、莒子、邾子于商任。

二十有二年，春，王正月，公至自會。

夏，四月。

秋，七月，辛酉，叔老卒。

冬，公會晉侯、齊侯、宋公、衛侯、鄭伯、曹伯、莒子、邾子、薛伯、杞伯、小邾子于沙隨。

商任、沙隨二會，傳曰錮欒盈也。盈出矣，又極之所往，士匄尸之也。明年，盈入晉，幾亂國。

公至自會。

楚殺其大夫公子追舒。

二十有三年，春，王二月，癸酉，朔，日有食之。

三月，己巳，杞伯匄卒。

夏，邾畀我來奔。

葬杞孝公。

陳殺其大夫慶虎及慶寅。

慶氏專國，奔君之弟，其罪大矣。傳曰：「以陳叛，爲國人所殺。」不書，不告也。稱及者，以貴及賤也。慶誅而黄歸矣。

陳侯之弟黄自楚歸于陳。

晉欒盈復入于晉，入于曲沃。

復入者，逆辭也。曲沃，邑也，入爲亂。言入晉又言入曲沃者，先後之辭。傳曰「由曲沃而入」，非也。即如是，經當先書入曲沃後書入晉。

秋，齊侯伐衛，遂伐晉。

八月，叔孫豹帥師救晉，次于雍榆。

齊伐晉，助欒氏也。遂以伐，事之次也。救而次，有畏也，不成救也，畏晉而憚齊。

冬，十月，乙亥，臧孫紇出奔邾。

己卯，仲孫速卒。

晉人殺欒盈。

傳曰：「范氏殺之也。」稱晉人者，以國殺告也。不言大夫，非大夫也，出奔，位已絶。

齊侯襲莒。

襲者，掩也，未有言襲者，君而襲，君病矣。

二十有四年，春，叔孫豹如晉。

仲孫羯帥師侵齊。

傳曰：「晉故也。」仲孫竭者，速之子，未練而從戎，非禮也。古者，臣有大喪，已練可以弁冕服金革之事。

夏，楚子伐吳。

秋，七月，甲子，朔，日有食之，既。

齊崔杼帥師伐莒。

大水。

八月，癸巳，朔，日有食之。

公會晉侯、宋公、衛侯、鄭伯、曹伯、莒子、邾子、滕子、薛伯、杞伯、小邾子于夷儀。

冬，楚子、蔡侯、陳侯、許男伐鄭。

傳曰：伐鄭以救齊。○鄭，孱國也，子產相之，楚不能難，晉不加兵，國有人故也。

公至自會。

陳鍼宜咎出奔楚。

叔孫豹如京師。

傳曰「聘且賀城」。城者何？齊人城郟，郟者，王城也。於是，穀、洛鬥，毁王宫，齊城之。不書，不告也。〇會於夷儀，傳曰：「將伐齊，水不克。」蓋齊懼，故城以説王耳。凡魯聘王，皆因事而往，此無事，故傳云然。魯聘王止此。

大饑。

傳曰：「五穀不升爲大饑。」

二十有五年，春，齊崔杼帥師伐我北鄙。

夏，五月，乙亥，齊崔杼弑其君光。

公會晉侯、宋公、衛侯、鄭伯、曹伯、莒子、邾子、滕子、薛伯、杞伯、小邾子于夷儀。

六月，壬子，鄭公孫舍之帥師入陳。

秋，八月，己巳，諸侯同盟于重丘。

崔杼弑君，會於夷儀將討之，以賂故不克，盟于重丘以定之。同者，有同也，同黨賊。

公至自會。

衛侯入于夷儀。

有二衛侯，此何衛侯也？衎也。會夷儀者，剽也。然則孰正？曰衎正。正則何以不名？别有見也。然則突入櫟何以名？後不復見也。下書「衛侯衎復歸于衛」，則入夷儀不名可也；後不書鄭伯突復歸于鄭，則入櫟名可也。或曰：「突不正也，故名；衎正也，故不名」，非也。名與不名，何足以見正不正也？或曰：「名不名，從告辭也。」

楚屈建帥師滅舒鳩。

冬，鄭公孫夏帥師伐陳。

十有二月，吳子遏伐楚，門于巢，卒。

吳子何以生名？卒名也。門者，門之也。巢，國也。門巢何以卒？傳曰：「吳子好勇而輕，巢人誘之親門焉，射之卒。」

二十有六年，春，王二月，辛卯，衛寧喜弒其君剽。

衛孫林父入于戚以叛。

據土背君曰叛。杜氏預曰：「衎雖未居位，林父專邑背國，猶爲叛也。」

甲午，衛侯衎復歸于衛。

剽不正何以稱君？君之爾。衎正矣何以名？失國爾。

夏，晉侯使荀吳來聘。

公會晉人、鄭良霄、宋人、曹人于澶淵。

傳曰：「來聘，召公也；會于澶淵，以討衛，疆戚田。」晉黨逆獎亂，公降尊毁列。或名之，或人之，與會向、伐秦義同。見十四年。○傳曰「趙武不書，尊公也；向戌不書，後也」，非也。名之，人之，此自史有詳略耳，非義例也。鄭先宋，蓋先至故也，齊世子光先滕、薛、杞、莒亦然。見十年、十一年。

秋，宋公殺其世子痤。

晉人執衛甯喜。

孫林父、甯喜，罪一也，晉於林父右之，於甯喜執之。郝氏敬曰：「晉非執弑君也，執不附己者。」

八月，壬午，許男甯卒于楚。

冬，楚子、蔡侯、陳侯伐鄭。

葬許靈公。

二十有七年，春，齊侯使慶封來聘。

夏，叔孫豹會晉趙武、楚屈建、蔡公孫歸生、衛石惡、陳孔奐、鄭良霄、許人、曹人于宋。

傳曰：宋向戌欲弭兵爲名，爲此會，且令晉、楚之從交相見。自是，南北二霸，天下多事，向戌爲之也。弭兵，大事也，會何以無諸侯？政在大夫也。會何以無宋？地於宋，宋與盟可知。傳曰楚先歃，經先晉者，盟則先楚，會則先晉。會虢亦然。見昭元年。〇趙氏汸曰：「周制以班爵爲序，歃血則先同姓。」説見定四年。是盟與會次序本異，今屈建所争者，歃血之先後耳，其大夫之會，楚固未嘗先晉也。傳曰「書先晉，晉有信也」，考之已不詳。杜預曰「蓋孔子追正之」，亦非傳意。

衛殺其大夫寧喜。衛侯之弟鱄出奔晉。

殺寧喜者，非討賊也，討其專也。初，獻公求反國於喜，喜曰：「鱄也來，無用盟。」於是以鱄往約曰：「政由寧氏，祭則寡人。」公既反而患其專，殺之。鱄走之晉，織絇邯鄲，終身不言衛。鱄稱弟，非大夫也。信不近義，言不復鱄之約，非義矣。君兄無絶道，至於誓衛不反，過矣。

秋，七月，辛巳，豹及諸侯之大夫盟于宋。

豹不氏者，前已見也。會盟同地再言之者，别於異地也。

冬，十有二月，乙亥，朔，日有食之。

二十有八年，春，無冰。

夏，衛石惡出奔晉。

邾子來朝。

秋，八月，大雩。

仲孫羯如晉。

冬，齊慶封來奔。

十有一月，公如楚。

十有二月，甲寅，天王崩。

乙未，楚子昭卒。

胡氏曰：「甲寅、乙未相距四十二日，則閏月之驗也。」不書閏者，范寧云：「承前月而受其餘日，故書閏月之日繫前月之下。」或曰喪不數閏，《春秋》兩書閏皆爲非禮而書，其得禮則不書也。〇李氏光地曰：「以去年十二月乙亥朔推之，此年十二月有乙未，無甲寅。胡氏説雖善，但此年實無閏，當從左氏爲確，蓋甲寅以傳寫偶誤耳。」案：去年十二月乙亥，朔，日有食之，左氏作十一月，傳曰：「辰在申，司曆過也，再失閏矣。」是左氏謂去年有閏也。孔穎達曰「杜以長曆推之，乙亥是十一月朔，非十二月也。知傳是而經誤。」

二十有九年，春，王正月，公在楚。

公在楚，何以書？以正月書也。三始之正，嘉禮所重，朝正於廟，人理自新，感君不在，故特存之。然則公以朝、會正月在外者多矣，成公如晉，晉人止公送葬，不書公在晉，内晉也；此楚人止公送葬，書公在楚，外楚也。案《檀弓記》曰：「襄公朝於荆，康王卒。荆人曰必請襲。魯人曰非禮也。荆人强之，巫先拂柩，荆人悔之。」是楚止公送葬之事。

夏，五月，公至自楚。

庚午，衛侯衎卒。

閽弑吴子餘祭。

閽，門者也，不稱姓名，無人道，非人也。不稱其君，非人也何有君？然則何以稱弑？閽食禄也，無人道，有臣道。○傳曰：「閽，越俘也。」若本吴人，當書吴閽弑其君餘祭，不得云閽弑吴子也。傳曰：「近刑人，輕死之道也。」〔二〕

仲孫羯會晉荀盈、齊高止、宋華定、衛世叔儀、鄭公孫段、曹人、莒人、滕人、薛人、小邾人，城杞。

傳曰：「晉平公，杞出也，故城之。」動大衆，私母家，故曰晉棄諸姬而屏夏肆。

晉侯使士鞅來聘。

杞子來盟。

傳曰：來聘者，拜城，且治杞田也，故來盟繼之。杞子蓋杞伯之誤，以卒稱杞伯，不合生稱杞子。案：杞伯卒，見昭六年。

吴子使札來聘。

吴子者，餘祭也，爵舉者，便文耳。不可曰吴使，又不可曰吴人使也。或曰始進之，非也。不稱公子，與楚椒同。吴未有來聘者，於是驟强，交上國，其後遂主諸侯會盟。○杜氏預曰：吴子既遣使而後遇弑，「札以六月到魯，未聞喪。不稱公子，其禮未同於上國」。此説是也。公、穀以使札爲賢，胡氏以去公子爲貶，皆非也。經書吴子使札來聘，見吴驟强耳，與楚子使椒、秦伯使術亦有何異？緣一札字妄生褒貶，於經無當。又札讓國在後日，吴亂亦非札致，何緣預貶於前？胡氏望文生義，不顧所安，往往如此。

秋，九月，葬衛獻公。

齊高止出奔北燕。

何以稱北燕？别也。范氏寧曰：「南燕，姞姓，在鄭、衛間。北燕，姬姓，在晉北。」傳曰：「高止好以事自爲功，且專，故及。」〔三〕

冬，仲孫羯如晉。

三十年，春，王正月，楚子使薳罷來聘。

夏，四月，蔡世子般弑其君固。

不日者，史失之。

五月，甲午，宋災。宋伯姬卒。

災有日，卒無日，見以災卒也。君母而災卒焉，無臣子也。宋災，火延伯姬舍，左右請避，姬曰：「婦人保、傅不俱，宵不下堂，越義而生，不如守義而死。」遂逮乎火而死，蓋年六十餘。

天王殺其弟佞夫。王子瑕奔晉。

傳曰「儋括將爲亂，立佞夫，佞夫弗知，群臣殺之」，非也。若群臣殺者，不當坐王矣。瑕者，佞夫黨也，走之晉，不言出，蓋自外去也。傳言自周無出，非也。周公之奔也，自內出也，故特言出；王子朝之奔也，自外出也，故不言出。○陳氏傅良曰「凡王殺不書，雖王子不書，甚者母弟亦不書，必殺無罪也而後書」，非也。殺王子、母弟，虐及骨肉，安得不書？刑殺，國之大事，雖天王義得專殺，不容不書也。《春秋》書殺之例，亦不論有罪無罪也。說者徒見經書王殺止此一處，妄爲之說耳，不知理不可通也。《春秋》全經魯書刺者亦僅有二，豈亦比諸王殺不書，必殺無罪而後書乎？周、魯積弱，皆以相忍爲國，其所誅殺本視他國爲少耳。

秋，七月，叔弓如宋，葬宋共姬。

卿共葬，非禮也。葬舉謚稱共姬者，婦從夫謚，正也。傳曰「賢也」，非也。紀叔姬不稱謚，媵也；此稱謚，嫡也。

鄭良霄出奔許，自許入于鄭。鄭人殺良霄。

傳曰：「霄汏侈嗜酒，奔許，復入襲鄭，伐公門，死乎羊肆。」不言大夫，非大夫也，出奔，位已絶。〇方氏苞曰：「不再言良霄，與宋華元異者，許、鄭接壤，方奔而即入也。不言復入，與宋魚石、晉欒盈異者，亦方奔而即入也。」

冬，十月，葬蔡景公。

蔡景何以葬？魯往會也。謂賊不討不書葬者，非也。

晉人、齊人、宋人、衛人、鄭人、曹人、莒人、邾人、滕人、薛人、杞人、小邾人會于澶淵，宋災故。

會未有目其故者，此曰宋災故，何也？嫌也。不曰宋災故即安知不疑爲討蔡故，或以他事會乎？恤災，小惠也；討賊，大義也。亂賊而不討乃更宋喪歸其財。大夫稱人，恒辭耳。會無魯大夫，魯、宋姻也，蓋會葬時已歸財矣。此會魯不與，故不書，傳曰「諱之」，非也。于稷成宋亂，何以不諱公？

三十有一年，春，王正月。

夏，六月，辛巳，公薨于楚宫。

楚宮，非正也。公蓋自楚歸而寫放其宮，故名楚宮。

秋，九月，癸巳，子野卒。

野卒不地，葬不書，故也。何以故？蓋賊由季氏也。傳稱子野以毁卒，疑季氏爲之辭。

己亥，仲孫羯卒。

冬，十月，滕子來會葬。

諸侯之葬諸侯會，非禮也。

癸酉，葬我君襄公。

十有一月，莒人弑其君密州。

傳曰：「犁比公虐，國人攻而弑之，立展輿。」展輿者，去疾弟，去疾奔。〇傳曰：「展輿因國人以攻莒子，弑之，乃立。」陸氏淳疑以字當爲之字。懿行謂：以、已古通用，非誤也，文十八年「莒弑其君庶其」傳同。

校勘記

〔一〕「郕」，《春秋比》作「成」。阮元《校勘記》曰：「宋本、岳本，郕作成，與石經合，傳同。案《公羊》、《穀梁》皆作成。」

〔二〕案：《左傳》載：「吳人伐楚，獲俘焉，以爲閽，使守舟。吳子餘祭觀舟，閽以刀弑之。」以此，「越俘」當爲「楚俘」。

〔三〕「故及」，《左傳》原作「故難及之」。

春秋説略卷十

昭　公

元年，春，王正月，公即位。

繼故而即位，忍也。

叔孫豹會晉趙武、楚公子圍、齊國弱、宋向戌、衛齊惡、陳公子招、蔡公孫歸生、鄭罕虎、許人、曹人于虢。

傳曰「尋宋盟也」，讀舊書，加牲上。衛先陳、蔡，蓋先至故也。一招也，此稱公子後稱弟，何也？稱公子者常辭，稱弟者非常辭。見八年。

三月，取鄆。

取邑不繫國何也？方氏苞曰：「鄆爲莒邑，已見前矣。」〇牟廷相曰：「鄆非莒邑也，亦非我邑也，莒、魯爭鄆久矣，不偏繫，存實也。」

夏，秦伯之弟鍼出奔晉。

傳曰：懼選也，車千乘，如二君。稱弟者，非大夫。

六月，丁巳，邾子華卒。

晉荀吳帥師敗狄于大鹵。

傳曰：「崇卒也」。崇卒者，毁車用卒。

秋，莒去疾自齊入于莒，莒展輿出奔吳。

去疾何以莒？不言莒則不知爲何人也。展輿何以莒？不言莒則不知爲何人也。不稱爵，不能君也，或曰從告辭也。不稱子，蓋庶孽也，或曰亦從告辭也。凡歸入，或繫國或不繫國，便文耳，非義例也。鄭突、齊糾、曹赤不繫國者，蒙上文也；突蒙執鄭祭仲之文，糾蒙伐齊之文，赤蒙侵曹之文，雖不繫國，從可知也。鄭忽、齊小白、曹羈必繫國者，文無所蒙也。鄭忽、曹羈文有所蒙矣，若小白不繫國，則納糾、小白連文爲不辭，若小白獨繫國，鄭忽、曹羈皆不繫國，則又嫌於别爲義例，令人疑，故皆繫國也。方氏苞謂「展輿當承國，若名不繫國，則疑於庶孽爭立」，非也。即名繫國，何知非庶孽爭立者也？

叔弓帥師疆鄆田。

疆者，疆之也，溝封之也。春取之，秋疆之，因莒亂而以爲利。

葬邾悼公。

冬，十有一月，己酉，楚子麇卒。

傳曰弒也，經曰卒也，吾以經斷之曰：「此卒也，非弒也。」〇或曰，傳載公子圍入問王疾，縊而弒之，疑踪跡曖昧，誠有如傳所載者。且慶封被執，亦聲其罪於軍中，則傳固可信，非也。此皆傳聞之辭，傳者疑而書之耳，《春秋》不以疑加人。

楚公子比出奔晉。

二年，春，晉侯使韓起來聘。

夏，叔弓如晉。

秋，鄭殺其大夫公孫黑。

冬，公如晉，至河及復。季孫宿如晉。

傳曰：「公如晉，弔少姜也。至河乃復，晉人辭也。宿如晉，致襚也。」〇《穀梁傳》謂公如晉而不得入，季孫宿如晉而得入，惡季孫也。《傳》意蓋以季孫訴公於晉，使不得入而已入也，恐非。

三年，春，王正月，丁未，滕子原卒。

夏，叔弓如滕。五月，葬滕成公。

卿共葬，非禮也。葬襄公，滕子來會，故厚報之。〇《檀弓記》曰：「滕成公之喪，使子叔敬叔弔，進書。」敬叔即叔弓也，然則叔弓蓋兼弔與葬二事。

秋，小邾子來朝。

八月，大雩。

冬，大雨雹。

北燕伯款出奔齊。

傳曰：「燕簡公多嬖，欲去諸大夫而立其寵人，大夫比以殺其寵而奔其君。」何以名？别也，蓋國有二君故。

四年，春，王正月，大雨雹。

春雨雹，非時也，又洊災。

夏，楚子、蔡侯、陳侯、鄭伯、許男、徐子、滕子、頓子、胡子、沈子、小邾子、宋世子佐、淮夷會于申。

楚專會諸侯於是始。自是，晉益偷，楚益肆。淮夷不殊會者，彼來而會，非往而會也，與吳會戚同。見襄五年。

楚人執徐子。

傳曰：「徐子，吳出也，以爲貳，執之。」不言以歸者，尋釋之。

秋，七月，楚子、蔡侯、陳侯、許男、頓子、胡子、沈子、淮夷伐吳，執齊慶封殺之。

慶封何以在吳？自魯奔吳也。繫之齊，著實也，不言齊則疑有二慶封也。殺未有言執者，此言執，亦著實也，不言執則疑因伐而戰殺也。或曰不言執者服罪也，言執者不服罪也，非也。言執不言執不關於服罪不服罪也。楚執封以徇於軍，封爲楚言而反之，軍中皆粲然笑。執徐子稱楚人，執慶封不稱楚人，何也？互見也。

遂滅賴。

傳曰「賴子面縛銜璧，楚子焚櫬」，非也。啖氏助曰：「經但言滅，是死位也，或他年賴降而舍之，故誤耳。」

九月，取鄫。

此取邑，非取國也，莒人滅鄫矣。然則何以不繫莒？前已書「莒人滅鄫」矣。

冬，十有二月，乙卯，叔孫豹卒。

五年，春，王正月，舍中軍。

舍中軍，豈二軍與？四軍也。何以四？析三爲四，季氏二，二子各一。然則何以不曰作四軍？其實非四軍也；叔弓，貳季氏者也。何以不曰舍三軍？言舍三軍則嫌於無軍也。何以謂之舍中軍？言舍中軍則知非二軍也。何以知非二軍？以三卿帥師知之也。自作三軍，征於私，貢於公，公室無民，射人不能具三耦。案：三卿帥師見十年伐莒、哀二年伐邾。

楚殺其大夫屈申。

公如晉。

夏，莒牟夷以牟婁及防兹來奔。

傳曰：「及防兹，以大及小也。」

秋，七月，公至自晉。

戊辰，叔弓帥師敗莒師于蚡泉。

秦伯卒。

不名，史闕也。

冬，楚子、蔡侯、陳侯、許男、頓子、沈子、徐人、越人伐吴。

楚伐吴，怙强也。越稱人，便文耳，不可曰徐人、越也，胡氏謂越進稱人，非也。越爲楚役，何足進之？〇越見經始此，蓋楚通越以敝吴也，然越亦由此浸浸强。

六年，春，王正月，杞伯益姑卒。

葬秦景公。

夏，季孫宿如晉。

葬杞文公。

宋華合比出奔衛。世子痤以寺人伊戾殺華合比，以寺人柳奔。

秋，九月，大雩。

楚薳罷帥師伐吳。

冬，叔弓如楚。

齊侯伐北燕。

七年，春，王正月，暨齊平。

暨亦及也。平者誰？或曰燕及齊平也，或曰魯及齊平也。燕則何以不稱燕？蒙前文也，間無異事，故不稱燕。《釋例》云：「六年冬，齊侯伐北燕，七年春而平，冬春相接，其間無異事，省文，故不重言燕。猶桓五年冬州公如曹，六年春因曰實來也。傳以其不分明，故超見齊燕平之月以正之也。」〔二〕魯則何以不稱我？內及外平，皆不稱我也。魯與齊無怨，何知暨齊平者必魯也？以下書「叔孫婼如齊莅盟」知之也。然則宜何從？從魯暨齊平者。定十一年冬「及鄭平」，下書「叔還如鄭莅盟」。吾以此二經斷之，知魯暨齊平也，平者和而不盟，故莅盟繼之。

三月，公如楚。

叔孫婼如齊莅盟。

夏，四月，甲辰，朔，日有食之。

秋，八月，戊辰，衛侯惡卒。

九月，公至自楚。

冬，十有一月，癸未，季孫宿卒。

十有二月，癸亥，葬衛襄公。

八年，春，陳侯之弟招殺陳世子偃師。

公子招也。稱弟者，著賊恩也。傳曰「兩下相殺不志乎《春秋》，此志者，世子，君之貳也」，非也。兩下相殺，是臣下亂國，何得不志？王札子殺召伯、毛伯，非君之貳也，何故志之？

夏，四月，辛丑，陳侯溺卒。

叔弓如晉。

楚人執陳行人干徵師，殺之。陳公子留出奔鄭。

秋，蒐于紅。

簡車徒曰蒐。秋蒐，不時也，于紅，非地也。不稱公，非公也。自根牟至商、衛，革車千乘，魯君舉不得有之。

陳人殺其大夫公子過。

大雩。

冬，十月，壬午，楚師滅陳，執陳公子招放之于越，殺陳孔奐。

招復稱公子，常辭也。放召、殺奐，刑頗也。殺夏徵舒，先殺後入，此先滅何也？著事之次也。徵舒不在國都，故先殺後入，招、奐在國都，故先滅而後放、殺也。

葬陳哀公。

滅國不葬，此何以葬？魯往會也。傳曰輿嬖、袁克葬之。或曰楚葬之，如齊侯葬杞伯姬也，不書楚子葬者，互見也，上書「楚師滅陳」，下書「叔弓會楚子于陳」。

九年，春，叔弓會楚子于陳。

許遷于夷。

夏，四月，陳災。

陳滅矣，非有告災者，何以書？叔弓會楚子于陳記見也，抑或叔弓已會而去記聞也。不書日，失其日也。方氏苞曰：「傳云存陳，非也。災作於陳地，不書陳災，當稱楚災乎？」

秋，仲孫貜如齊。

傳曰：「殷聘也。」周制，諸侯三年而一聘謂之殷聘。殷者，中也。七年，叔孫婼如齊莅盟，蓋以聘往，至是間一年，故曰殷聘。杜預訓殷爲盛，非也。

冬，築郎囿。

十年，春，王正月。

夏，齊欒施來奔。

秋，七月，季孫意如、叔弓、仲孫貜帥師伐莒。

三卿并將也。叔弓者，意如貳也。弓，叔肸之後，與叔孫異，魯蓋四卿稱三家，胡氏以叔弓爲叔孫誤。◯方氏苞謂「成、襄以後，每出大師則并舉諸卿，散辭也，不屬於君而無所統也」，此説是也。又謂「孟、叔共一軍」，據《左傳》清之戰，季孫爲左師，孟、叔爲右師之文，恐非也。清之戰則然耳，未必每戰皆然。

戊子，晉侯彪卒。

九月，叔孫婼如晉，葬晉平公。

十有二月，甲子，宋公成卒。

無冬者，闕文也。

十有一年，春，王二月，叔弓如宋，葬宋平公。

夏，四月，丁巳，楚子虔誘蔡侯般殺之于申。

虔名何也？蓋衍文也，如衛侯燬滅邢，名矣。或曰舊史惡之，非也。惡其誘乎？楚子誘戎蠻子，何以不名？惡其殺乎？邾人執鄫子用之，何以不名？

楚公子棄疾帥師圍蔡。

五月，甲申，夫人歸氏薨。

歸氏者，襄夫人也，傳曰娣，非也。嫡有不書娶，無不書薨與葬者，歷襄、昭、定、哀，更不見襄夫人薨、葬，以是知齊歸爲嫡也。案：以歸氏爲嫡，何休得之。

大蒐于比蒲。

胡氏曰：大蒐，非禮也。傳曰：「君有大喪，國不廢蒐，不忌君也。」

仲孫貜會邾子，盟于祲祥。

秋，季孫意如會晉韓起、齊國弱、宋華亥、衛北宫佗、鄭罕虎、曹人、杞人于厥慭。

傳曰「謀救蔡也」，蔡卒以滅。楚滅陳不問，滅蔡不校，君子以是惡弭兵。

九月，己亥，葬我小君齊歸。

冬，十有一月，丁酉，楚師滅蔡，執蔡世子有以歸，用之。

用之者，以祭也。既葬稱子，此其稱世子何也？般死八月矣，雖逾葬期，喪不獲歸，猶未葬也。君死國圍，未暇以禮即位，故從未成君稱世子。

十有二年，春，齊高偃帥師納北燕伯于陽。

燕伯何以不名？傳曰「不以高偃挈燕伯也」。執大夫不目君，大夫賤也；大夫納君不名君，君尊也，不以君之名而予乎大夫也。晉趙鞅納衛世子蒯聵則名，以爲非君故也。或曰燕伯不名正也，非也。正不正，不繫乎名不名。案：燕伯不名，獨《穀梁》得之。

三月，壬申，鄭伯嘉卒。

夏，宋公使華定來聘。

公如晉，至河乃復。

傳曰「晉以莒訴辭公也」，《穀梁》曰「季孫不使遂乎晉也」，恐非。

五月，葬鄭簡公。

楚殺其大夫成熊。

秋，七月。

冬，十月，公子慭出奔齊。

杜氏預曰「書名，謀亂故」，非也。慭謀去季氏，强公室，何謂謀亂？大夫書名，恒辭耳。

楚子伐徐。

晋伐鮮虞。

鮮虞者，姬姓國。傳曰：「晋荀吴僞會齊師，假道鮮虞，遂入昔陽，復伐之。」不稱人，或曰貶也，非也。伐國多矣，何以獨於此焉貶？齊氏履謙曰「秦伐晋，鄭伐許，晋伐鮮虞，三者皆《春秋》闕文」，亦非也。此直略辭耳，非闕文也。荆敗蔡師于莘，荆伐鄭，徐伐莒，何不云是闕文乎？猶之殺大夫或稱國或稱人，特文有詳略，非義例所在也。方氏苞謂「赴告不及，傳聞略，不知其將者，又不知其師之衆寡，則第書晋有是事而已」，亦非也。伐國耳，赴告不及，何必以傳聞書。

十有三年，春，叔弓帥師圍費。

叔弓者，意如貳也，故代之圍。費不書叛者，家臣賤，凡内叛不書，書圍則叛可知。方氏苞謂「叛三家非叛公，故削而不書」，非也。國，固公之國也，叛三家即爲叛公，謂削其叛，何不并削其圍乎？○家氏鉉翁謂「家臣尊公室可乎？曰可」，非也。家臣真尊公室固可，若陽虎、侯犯等，乃假以爲名謀亂耳，惡乎可？

夏，四月，楚公子比自晋歸于楚，弑其君虔于乾谿。

傳曰：「公子棄疾脅比而立之，令於乾谿之衆而去之，靈王經而死」，非也。審如是，弑君者當坐棄疾耳，何故坐比乎？或曰比自外入，焉能弑君？經言自晋歸，明不與謀也，繼書棄疾殺比，則弒君，棄疾之本謀，比被脅而蒙惡名耳，非也。弒逆大惡，非可遷就而爲辭，比實弒也則坐弒，棄疾實不弒也則不坐弒，安得變亂名實如傳所云乎？若曰比宜效死不立故坐之，然則齊陽生何以不坐？據哀六年坐陳乞。

楚公子棄疾殺公子比。

其不以國殺之辭書如衛州吁、齊無知何也？棄疾者，與比爭立，爲是殺之，故以兩下相殺爲文。

秋，公會劉子、晉侯、齊侯、宋公、衛侯、鄭伯、曹伯、莒子、邾子、滕子、薛伯、杞伯、小邾子于平丘。

八月，甲戌，同盟于平丘，公不與盟。

晉合諸侯終於平丘。傳曰：「是會也，治兵邾南，有甲車四千乘而不務德，諸侯皆貳，於是，脅齊侯而盟之，脅魯侯而不盟之。」書曰同盟，見劉子與盟也。書公不與盟，見公同會不同盟也。會、盟同地而再書者，别於異地也。會、盟同地，葵丘是也；異地，重丘是也。

見僖九年、襄二十五年。

晉人執季孫意如以歸。〔公至自會。〕

以邾、莒訴故。

蔡侯廬歸于蔡。陳侯吳歸于陳。

棄疾始起由陳、蔡，故既立而復之，是楚有奉矣。不言歸自楚者，國固其國也，不與楚滅，不與楚復也。此亡公子耳，稱某侯某者，爵固其爵也，楚不得奪亦不得封也。何以稱名？本當有國，比失國之君也。歸者，易辭，又順辭焉。何以不言復歸？本非失國，自不得言復也。據鄭世子忽、衛侯鄭、衛侯衎。

冬，十月，葬蔡靈公。

公如晉，至河乃復。

吳滅州來。

十有四年，春，意如至自晉。

三月，曹伯滕卒。

夏，四月。

秋，葬曹武公。

八月，莒子去疾卒。

冬，莒殺其公子意恢。

稱公子者，非大夫也。傳曰「曹、莒無大夫」，非也。經言「曹殺其大夫」，無大夫何言大夫也？莒慶、莒挐非大夫與？然則「陳人殺其公子御寇」，亦可謂陳無大夫乎？凡殺大夫皆稱大夫；非大夫則稱公子，著其實也。傳曰：「郊公善意恢，其大臣殺之，立庚輿，出郊公。」

十有五年，春，王正月，吴子夷末卒。

二月，癸酉，有事于武宫，籥入，叔弓卒，去樂，卒事。

武宫者，成所立也。有事者，時祭也，傳曰禘，非也。籥，文舞也。其入廟，先文後武，今言籥入，樂始作也。叔弓卒，以莅事卒也。大夫卒當祭不告，禮也。以莅事卒，禮之變也。去樂，卒事，變之禮也。去樂則不止去籥矣。卒事，終事也。去籥，據宣八年。

夏，蔡朝吴出奔鄭。

傳曰：「楚信讒也。」朝吴者，蔡舊臣，介楚平以復蔡，還處其國。無極者，讒人也，害其寵而奔之。

六月，丁巳，朔，日有食之。

秋，晉荀吴帥師伐鮮虞。

冬，公如晉。

十有六年，春，齊侯伐徐。

楚子誘戎蠻子殺之。

此亦誘殺也。楚子不名，則知名者，衍文也。蠻子不名，不知其名也。傳曰：「楚聞蠻氏亂，誘而殺之，復立其子。」

夏，公至自晉。

秋，八月，己亥，晉侯夷卒。

九月，大雩。

季孫意如如晉。

冬，十月，葬晉昭公。

十有七年，春，小邾子來朝。

夏，六月，甲戌，朔，日有食之。

秋，郯子來朝。

八月，晉荀吳帥師滅陸渾之戎。

陸渾邇王畿，非地也，然則滅之是乎？非也。戎非侵敗王略，徒以貳楚，爰及干戈，震警郊甸，厥罪大矣。然則秦、晉遷戎，亦有罪矣，不書，不告也。案：秦、晉遷陸渾之戎於伊川，見僖二十二年傳。

冬，有星孛于大辰。

孛以月舉；以時舉者，非一月也。孛于大辰，在大辰也。大辰，心星，大火也。大辰三：心也、伐也、北辰也，謂之三辰。

楚人及吴戰于長岸。

《春秋》不以楚及晉，外之也。何爲以楚及吴？皆外也，有大小焉。傳曰此楚陽匄、吴光也。或稱人或稱國，略之也，《春秋》於外恒略之。不言敗者，勝負敵。

十月八年，春，王三月，曹伯須卒。

夏，五月，壬午，宋、衛、陳、鄭災。

同日災也，皆來告，故書。

六月，邾人入鄅。

秋，葬曹平公。

冬，許遷于白羽。

十有九年，春，宋公伐邾。

爲鄅故也。傳曰：「鄅夫人，宋向戌女；鄅人籍稻，邾襲之，盡俘以歸。」

夏，五月，戊辰，許世子止弑其君買。

己卯，地震。

秋，齊高發帥師伐莒。

冬，葬許悼公。

謂止不嘗藥者，過與？故與？君親無過，過而加之弑，當刑也；故而赦之罪，非法也。弑逆，大惡也。既責止，又赦止，是《春秋》成而亂賊不懼也。楚商臣、蔡般、許止一體書弑，止獨以不嘗藥蒙赦，則書法無以别。若曰弑君不葬，此葬也，蔡景公亦葬，又可曰君子之赦般乎？〇李氏光地謂「楚商臣、蔡般皆立乎其位，止則不然」，又謂「楚每假討賊屬諸侯，許近楚而不討，疑三傳所傳未可盡廢」，非也。凡傳所載，多傳聞之辭，傳有可疑，考信於經，趙盾、許止，經實書弑，傳必明其不弑，猶謂傳不可廢，是疑經也，歐陽子之論當矣。

二十年，春，王正月。

夏，曹公孫會自鄸出奔宋。

公孫會者，曹公子臧子也。鄸，蓋其采邑。奔未有言自者，此言自鄸，别於從國都出耳。何以奔？不知也。傳曰叛，非也。叛則何以不書叛？曰爲賢者之後諱，非也。曹子臧之賢不見於經矣，何得爲其後諱乎？《春秋》亦不爲賢者諱。

秋，盗殺衛侯之兄縶。

傳曰齊豹殺之，非也。豹，司寇，又有主名，何故稱盜？傳曰盜賤也，非也。賤者殺人亦宜名之。衛侯之兄，無位之稱也。傳曰「目衛侯，衛侯累也」，非也。盜，陰賊也，何足累之？若非累衛侯，當不稱衛侯之兄乎？兄則何以無位？縶之足不良，故不立。

冬，十月，宋華亥、向寧、華定出奔陳。

十有一月，辛卯，蔡侯盧卒。案：盧當作廬。

二十有一年，春，王三月，葬蔡平公。

夏，晉侯使士鞅來聘。

宋華亥、向寧、華定自陳入于宋南里以叛。

杜氏預曰：「自外至故曰入，披其邑故曰叛。南里者，宋城内里名也。」然則何以繫之宋？據告辭也。○胡氏曰「凡書叛，若戚、若蕭、若朝歌，不繫國者皆其私邑」，非也。書某人，已繫國矣，故邑不繫國，省文耳，非謂私邑可不繫國也。

秋，七月，壬午，朔，日有食之。

八月，乙亥，叔輒卒。

冬，蔡侯朱出奔楚。

朱，穀梁經作東，蓋誤也。傳曰「東者，東國也，惡之而貶」，非也。東國貶而東，不辭也。

或曰朱出奔楚無歸，卒、葬之文，東國卒於楚無出奔之事，疑爲一人，非也。朱不書卒、葬，失國也，東國不書出奔，不告也。案：東國卒在二十三年。○李顒曰：「東國卒于楚與許男寧卒于楚，在襄二十六年。未見其必爲出奔。」

公如晉，至河乃復。

二十有二年，春，齊侯伐莒。

宋華亥、向寧、華定自宋南里出奔楚。

書奔者，著逸賊也。奔楚者，著納叛也。自南里者，别於自外出。

大蒐于昌間。

昭公之世三書蒐，皆以非時非地書也。不稱公，非公也，蓋不得與耳。○方氏苞曰「狩于郎目公，公之私行也。若蒐則國政，無取乎書公」，非也。若公實與者，何得不書公也？《周官·司馬》蒐田之法：王執路鼓，諸侯執賁鼓，皆親莅行間。而謂書公蒐于某即爲公之私行，非其理也。

夏，四月，乙丑，天王崩。

六月，叔鞅如京師，葬景王。

王室亂。

三月而葬，渴葬也。何以渴葬？亂故也。何以不曰京師亂？曰京師亂則概乎上下之辭也，曰王室亂則起於父子兄弟之間耳。然則穨、帶常亂矣不書，此書者非常也。猛一王也，朝一王也，真贋莫分，未知誰是，故謂之亂。魯叔鞅送葬而歸曰王室亂，魯史承而書之，亦曰王室亂。○方氏苞曰：「凡禍變皆直書其事，此虚言王室亂何也？不言王室亂，則劉、單以王出，不知其事之端而疑於大惡矣。」

劉子、單子以王猛居于皇。

以者，言有奉也。以，有正有不正，各隨其事，胡氏例以爲貶，非也。猛者，太子壽之母弟，何以稱名？在喪也。何以稱王？當君也。不稱天王，未逾年也。不稱王子，嫌於非正也。居者，居其所也，所居皆王土。○戴氏震曰：「王猛與鄭忽皆以國氏者。」

秋，劉子、單子以王猛入于王城。

王城，天子都也，有子朝之黨在，曰入者，難辭也。王猛稱名，劉、單不名，何也？嫌也，王猛不名則嫌於子朝也，劉、單稱名則嫌於敵猛也。臣名君不名，常也；君名臣不名，變也。

冬，十月，王子猛卒。

生曰王猛，卒曰王子猛，何也？生而王，宜爲嗣，卒而子，未逾年也。未逾年，故不崩。不葬者，亂不得成禮。○公、穀皆以猛爲篡，非也。猛稱王，朝稱王子，嫡孽可知。

十有二月，癸酉，朔，日有食之。

二十有三年，春，王正月，叔孫婼如晉。

癸丑，叔鞅卒。

晉人執我行人叔孫婼。

傳曰：取邾師，邾人訴於晉。

晉人圍郊。

郊者，周邑也，討子朝故圍之。不繫周，內辭也，繫周即外周矣。晉稱人，微者也，天子蒙塵，不奔問官守，又使微者往，著勤王不力。

夏，六月，蔡侯東國卒于楚。

秋，七月，莒子庚輿來奔。

戊辰，吳敗頓、胡、沈、蔡、陳、許之師于鷄父，胡子髡、沈子逞滅，獲陳夏齧。

傳曰：「吳伐州來，楚令尹帥六國救之。」不言戰，略辭耳。傳曰未陳也，非也。敗無楚，傳曰楚師熸，未接也。蔡、陳序下，大夫將也。或言滅，或言獲，君臣異辭。

天王居于狄泉。尹氏立王子朝。

稱天王，明正也。匄者，猛之母弟。猛言以，當喪未君也；此不言以，逾年成君也，君非臣之得以也。猛、匄皆不言立，朝則言立，立者不宜立也。劉、單稱子，爵舉之也；尹氏稱氏，族舉之也；援立出尹宗之力也。衛人立晉，衆辭也；尹氏立朝，專辭也；朝獨尹氏所欲立也。晉不稱公子，朝稱王子，何也？不稱王子，則嫌於尹氏之朝也。於是，敬王居狄泉，號爲東王；子朝居王城，號爲西王。不言者，黜之。

八月，乙未，地震。

冬，公如晉，至河，有疾，乃復。

公如晉不至而復者數矣，未有言其故者，此言有疾何也？别於無疾而復者也。傳曰：「公如晉，爲叔孫故。或曰有疾，託也，辭不如晉也」，非也。此實有疾耳，即託疾者，前乎此何以不託也？經言有疾，何由知其非疾也？

二十有四年，春，王二月，丙戌，仲孫貜卒。〔二〕

婼至自晉。

大夫執則致，致則名。不氏者，前已見也，經或有氏者，衍文耳。或曰賢也，非也。〇《公羊疏》曰：「意如有罪故去氏，叔孫無罪故無貶。」此不知經有叔孫乃是衍文，妄爲説耳。

夏，五月，乙未，朔，日有食之。

秋，八月，大雩。

丁酉，杞伯郁厘卒。

冬，吴滅巢。

方氏苞曰：「吴滅巢，以復君父之仇，與他滅國異。」

葬杞平公。

二十有五年，春，叔孫婼如宋。

夏，叔詣會晉趙鞅、宋樂大心、衛北宫喜、鄭游吉、曹人、邾人、滕人、薛人、小邾人于黄父。

傳曰：「謀王室也」。王室亂，且四年，晉人圍郊，亦三年矣，今始謀之也。傳曰：趙鞅「令諸侯之大夫輸王粟，具戍人，曰：明年將納王。」逮明年，王入成周，亦不言納。

有鸜鵒來巢。

鸜鵒穴居，今來巢木；不逾濟，今來魯，故曰有記異也。〇《漢書·五行志》顔師古注曰：「此鳥本亦巢居，不皆穴處也。書巢者，著其居止，字乳不即去也。」案：劉向以爲有蜚、有蜮，不言來者，氣所生，所謂眚也；鸜鵒言來者，氣所致，所謂祥也。

秋，七月，上辛，大雩。季辛，又雩。

雩又雩，黷祀也。上、季者，略辭也。何以不日？本見旱甚，一月再雩，無取於日，故空言辛，雩蓋宜辛與？抑魯特用之與？季辛不言大，蒙上文也。大者，僭也。

九月，己亥，公孫于齊，次于陽州。

公何以孫？討季氏也。公無民，季無君。傳曰：「公徒皆釋甲、執冰而踞也。」陽州，齊、魯境上邑。未能入齊，故次於境。

齊侯唁公于野井。

弔生曰唁。野井，齊地。齊侯將唁公，公前逆之，爲恭也。傳曰：「以遇禮相見。孔子曰：其禮與？其辭足觀矣。」蓋譏之也。

冬，十月，戊辰，叔孫婼卒。

十有一月，己亥，宋公佐卒于曲棘。

傳曰「邡公也」。宋公者，意如外舅也。舍婿助君，知義矣；卒於行，知命矣。

十有二月，齊侯取鄆。

方氏苞曰「外取邑皆稱人，獨此書齊侯，是知書人者以爲亂世相攘奪之事」，非也。君則稱爵，將卑稱人，師衆稱師，著其實而已。取鄆，爲公也，不伐魯討意如，乃取鄆以居公。胡氏謂「見公於魯已絶，逐於季氏爲不君」，謬也，君父非臣子所當絶。

二十有六年，春，王正月，葬宋元公。

三月，公至自齊，居于鄆。

公孫矣，不告廟，猶致者，存公也。鄆非國都而言至者，内公也。杜氏預曰：「入魯境，故書至，猶在外，故書地」傳曰：「公次于陽州，其曰至自齊，何也？以齊侯之見公，可以言至自齊也。」○或曰：禮，曾子問君去國，大宰取群廟主以從。是則公每出必致，亦當告廟矣。

夏，公圍成。

成者，孟氏邑也，季用以拒公。内書叛曰圍。圍獨公，明齊不與也。

秋，公會齊侯、莒子、邾子、杞伯，盟于鄟陵。

傳曰：「謀納公也」。以賂故，不果納。

公至自會，居于鄆。

九月，庚申，楚子居卒。

冬，十月，天王入于成周。

王始得京師也。何以不言入京師？言入京師則不知爲成周也。成周者，洛陽，王之下都。王城者，郟鄏，謂之東都。於是，子朝餘黨據王城，敬王避之，徙都成周，在王城東，故傳曰東周。○胡氏謂不稱京師，著其衰弱，同於列國，非也。

尹氏、召伯、毛伯以王子朝奔楚。

以者，言有奉也。以猛，正也；以朝，非正也。尹氏其首，召、毛其從也。不言出，外之也。王入成周，王所居，則内之；子朝雖居王城，非王所居，則外之。○一尹氏也，出會諸侯則爵舉，立朝、奔楚則族舉，何也？尹氏世爲卿士，其宗盛强。立子朝者，舉族戴之也；出奔楚者，舉族奔之也。

二十有七年，春，公如齊。公至自齊，居于鄆。

夏，四月，吴弑其君僚。

傳曰光弑也，非也。經繫以國，僚疑坐國亂見弑，傳聞者疑爲光耳。《春秋》不以疑加人。

楚殺其大夫郤宛。

秋，晉士鞅、宋樂祁犂、衛北宫喜、曹人、邾人、滕人會于扈。

傳曰：「令戍周，且謀納公也。」後五年，始城成周，謀納公而復受賂，不果納。

冬，十月，曹伯午卒。

邾快來奔。

公如齊。公至自齊，居于鄆。

二十有八年，春，王三月，葬曹悼公。

公如晉，次于乾侯。

次陽州，阻於齊；次乾侯，拒於晉。

夏，四月，丙戌，鄭伯寧卒。

六月，葬鄭定公。

秋，七月，癸巳，滕子寧卒。

冬，葬滕悼公。

二十〔有〕九年，春，公至自乾侯，居于鄆。齊侯使高張來唁公。

鄉曰至自齊，齊侯親唁得至齊也；今不曰至自晉，晉不見容，未至晉也。荀躒唁公則地乾侯，外也；高張唁公則不地鄆，内也，内鄆所以内公也。

公如晉，次于乾侯。

夏，四月，庚子，叔詣卒。

秋，七月。

冬，十月，鄆潰。

鄆何以潰？自潰也。公無德於民，民亦無恩於君。〇方氏苞曰：「不書季氏伐鄆而書鄆潰，猶不書鄭敗王師而書蔡人、衛人、陳人從王伐鄭也。公、穀、胡傳皆謂昭公無德於鄆，蓋以

鄆爲自潰，其實非也。」〔三〕

三十年，春，王正月，公在乾侯。

正月，存公也。何以獨於此焉存？居鄆，猶魯也，無事乎存；乾侯，非魯矣，不可不存。鄉曰居，今曰在，何也？内外辭也。臣子於君父，在外猶在内也。

夏，六月，庚辰，晉侯去疾卒。

秋，八月，葬晉頃公。

冬，十有二月，吴滅徐，徐子章禹奔楚。〔四〕

徐子名者，蓋吴赴以名也。或曰先服後奔，絶之，非也。滅國而名，告終也；其不名者，史闕耳。徐介居江淮間，北通上國，南之吴、楚，孔道也，吴光欲圖楚，故滅之。伍員曰：請「爲三師以肄焉，一師至，彼必皆出，彼出則歸，彼歸則出，楚必道敝。」闔廬從之，楚於是始病。

三十有一年，春，王正月，公在乾侯。

季孫意如會晉荀躒于適歷。

季氏賊乎魯，陳氏賊乎齊，六卿賊乎晉，齊、晉以國分，魯侯以客死。襄、昭之春秋，以貨成貨之行由大夫而已矣。公在乾侯，「季孫意如會晉荀躒于適歷」，君子傷之。

夏，四月，丁巳，薛伯穀卒。

晉侯使荀躒唁公于乾侯。

秋，葬薛獻公。

冬，黑肱以濫來奔。

墨肱不繫邾，闕文也。《公羊》云通濫，《穀梁》云別乎邾，并非。

三十有二年，春，王正月，公在乾侯。取闞。

十有二月，辛亥，朔，日有食之。

取鄆、取闞，皆魯地也，若取外邑然。杜氏預曰：「公別居乾侯，遣人誘闞而取之，不用師徒。」〇方氏苞曰：「不書公取何也？圍成可書公也，魯地而書公取，則其義舛矣。」

夏，吳伐越。

秋，七月。

冬，仲孫何忌會晉韓不信、齊高張、宋仲幾、衛世叔申、鄭國參、曹人、莒人、薛人、杞人、小邾人，城成周。

王入於成周，都焉，諸侯之大夫相與城之。何以不言城京師？言城京師則不知爲成周也，記實也，既城之，遂爲京師。〇李纇曰：「前有天王入于成周，則城之可知爲京師，不得以爲緣陵例。」

十有二月，己未，公薨于乾侯。

校勘記

〔一〕「實」原作「寔」。案：桓五年經亦作「寔」。又：「超見」原作「起見」。

〔二〕「二月」，十三經本作「三月」。

〔三〕引自《春秋直解》，原文無「陳人」。

〔四〕「禹」，《春秋比》和十三經本作「羽」。阮元《校勘記》曰：「岳本羽作禹，從《傳》文也。」

春秋説略卷十一

定　公

元年，春，王三月，晉人執宋仲幾于京師。

定公未立稱元年者，史臣追書也。元年必書正月，謹始也，此無正月，公未立也，又適正月無事，故闕之。《公羊》云正月者，正即位，《穀梁》云「不言正月，定無正」，非也。若實正月有事，則亦不容空没其文，又不得曲避正月而移於他月也。傳曰：「城成周，宋仲幾不受功，爲是執之。」城則曰成周，執人則曰京師，何也？城成周，著其地也，執于京師，示執人於天子之側也。不書所歸，既在京師，不待言也。

夏

六月，癸亥，公之喪至自乾侯。戊辰，公即位。

昭公薨七月矣，喪始至魯，無君逾年矣，公始立。嗣子定位於初喪，今喪至五日始即位者，或曰殯而即位，禮也，或曰喪從外至，正棺兩楹也。繼故不即位，正也，公即位者，制於季氏也。他公即位皆不日，朔日也，得時不書，此非朔日也，不得時故書。

秋，七月，癸巳，葬我君昭公。

九月，大雩。

立煬宫。

煬公者，伯禽子，考公弟，魯一生一及昉乎此，去定公二十世矣。傳曰：「昭公出，季平子禱焉，故立其宫。」或曰：意如黜公衍、務人而立公子宋，宋與昭公爲弟，立煬宫爲是也。

冬，十月，隕霜殺菽。

二年，春，王正月。

夏，五月，壬辰，雉門及兩觀災。

雉門、兩觀，天子制也。雉門者，中門也。兩觀者，象魏；象魏謂之闕。何以稱及？災起雉門，延及兩觀。傳曰主災者兩觀，非也。

秋，楚人伐吳。

冬，十月，新作雉門及兩觀。

凡新作不書，非禮則書。

三年，春，王正月，公如晉，至河乃復。

公如晉，始朝也。何以復？不知也。〇三傳皆無説。

二月，辛卯，邾子穿卒。

夏，四月。

秋，葬邾莊公。

冬，仲孫何忌及邾子盟于拔。

四年，春，王二月，癸巳，陳侯吳卒。

三月，公會劉子、晉侯、宋公、蔡侯、衛侯、陳子、鄭伯、許男、曹伯、莒子、邾子、頓子、胡子、滕子、薛伯、杞伯、小邾子、齊國夏于召陵，侵楚。

傳曰：「楚爲一裘一馬，拘唐、蔡二君三年而後遣，晉爲蔡故，合十八國之諸侯於召陵，桓、文未有也。」侵而不伐，陋矣。荀寅求貨弗得，遂辭焉。是年冬，蔡以吳入郢。自是，吳盛强，主諸侯。

夏，四月，庚辰，蔡公孫姓帥師滅沈，以沈子嘉歸，殺之。

五月，公及諸侯盟于皋鼬。

再稱公者，會、盟異地，嫌公不與也。或曰書公及者内爲志，非也。盟于宋，書豹及，豈内爲志也？盟言諸侯，見劉子不與也，正也。◎何氏休曰：「再言公者，昭公數如晉，不見答，定公初即位，得與諸侯盟，故喜録之。」程子、胡氏謂公求爲此盟，并非。

杞伯成卒于會。

此卒於既盟之後也。不言卒於盟者，嫌卒於盟之時也。不言卒於師者，嫌卒於侵楚之時也。

六月，葬陳惠公。

許遷于容城。

秋，七月，公至自會。

劉卷卒。

葬杞悼公。

楚人圍蔡。

晉士鞅、衛孔圉帥師伐鮮虞。

葬劉文公。

劉卷者，劉子也，何以不具爵？王爲之赴也。然則葬何以稱公？從臣子之辭也。王臣無外交，故不卒不葬。此何以卒？來赴也。何以葬？往會也，非禮也。或曰嘗會諸侯特爲之赴，非也。王臣會諸侯多矣，何不皆爲赴？或曰因其有定難功特卒之也，非也。單子同有定難功，何以不卒？〇王子虎、劉卷，王臣之中特卒二人。隱三年，公、穀經書尹氏卒，尤所難曉。

冬，十有一月，庚午，蔡侯以吳子及楚人戰于柏舉，楚師敗績，楚囊瓦出奔鄭。庚辰，吳入郢。

郢，當從公、穀經作楚。

楚怙强陵諸侯，於蔡爲世仇，今者昭侯發憤假手句吳。稱以者，能左右之也。戰稱吳子，入郢稱吳，何也？詳略辭也。或曰稱子進之，稱吳貶之，非也。郢，楚都也。入國例皆稱國，以此都舉，疑誤。公、穀二經并作楚。

五年，春，王三月，辛亥，朔，日有食之。

夏，歸粟于蔡。

蔡爲楚圍，不能救，乃輸之粟，畏吳也。公、穀云諸侯歸之，杜預云魯歸之，皆是。○方氏苞謂「魯人獨歸之粟也。歸粟，必壤地相接，水道可通，魯歸蔡粟以淮也。若諸國，但能歸蔡財，安能輸之粟？」，非也。魯獨歸粟，義無所據。若謂水道可通，則諸侯輸魯，魯輸於蔡，有何不可？經言「齊人來歸衛寶」，即伐他國歸粟之例，豈可謂寶獨歸魯，不歸宋、陳、蔡乎？經言戍陳、戍虎牢，豈可謂魯獨戍乎？經言「取郜大鼎于宋」，則齊、陳、鄭皆有賂可知，經不具書耳。

於越入吳。

於，發聲也。或稱越，或稱於越，一爾。越入吳，吳在楚故。○劉氏敞曰：「於越者，其自稱者也，越者，中國稱之者也。」李氏廉曰：「考之經文，入吳、敗吳，皆越人來告，故書於越。吳伐越，則吳來告也，故止書越。」劉説爲合。

六月，丙申，季孫意如卒。

秋，七月，壬子，叔孫不敢卒。

冬，晉士鞅帥師圍鮮虞。

六年，春，王正月，癸亥，鄭游速帥師滅許，以許男斯歸。

二月，公侵鄭。公至自侵鄭。

夏，季孫斯、仲孫何忌如晉。

傳曰「獻鄭俘也」。二卿并使，制於陽虎故。

秋，晉人執宋行人樂祁犂。

傳曰：「祁犂如晉，趙鞅逆而飲之酒，獻楊楯六十。士鞅曰：『未致使而私飲酒，大不敬，執之。』」行人，其官也。

冬，城中城。

方氏苞曰：「僑如欲去季、孟，則城中城；陽虎欲去三桓，亦城中城；皆欲得公以濟其亂謀也。」

季孫斯、仲孫忌帥師圍鄆。

鄆貳於齊也。仲孫忌不言何，闕文也。傳云譏二名，謬矣。

七年，春，王正月。

夏，四月。

秋，齊侯、鄭伯盟于鹹。

齊人執衛行人北宮結以侵衛。

齊侯、衛侯盟于沙。

盟鹹、盟沙，叛晉故也。叛晉者，以齊景圖霸故。霸業隳，諸侯散，自是無殷會。○此年結叛晉，明年盟曲濮亦結叛晉，又明年次于五氏遂伐晉。

大雩。

齊國夏帥師伐我西鄙。

九月，大雩。

一秋再雩，亦爲旱甚。

冬，十月。

八年，春，王正月，公侵齊。公至自侵齊。

二月，公侵齊。三月，公至自侵齊。

魯無公久矣，六年侵鄭，今年再侵齊，皆稱公，自宣以來未有也。三桓微，陪臣强，公蓋爲役耳。〇傳言魯無軍政，士無鬥志，不能平伐，故侵耳。

曹伯露卒。

夏，齊國夏帥師伐我西鄙。

公會晉師于瓦。

齊伐魯，晉士鞅救焉，公會之。何以不稱會士鞅？軍行，重師也。不書救，蓋齊已去。

公至自瓦。

何爲不以會致？凡離會致地不致會，自參以上致會。

秋，七月，戊辰，陳侯柳卒。

晉士鞅帥師侵鄭，遂侵衛。

葬曹靖公。

九月，葬陳懷公。

季孫斯、仲孫何忌帥師侵衛。

冬，衛侯、鄭伯盟于曲濮。

從祀先公。

從，順也。先公，閔、僖也。何以不目？親盡，故略之。桓、僖災何以目？見哀三年。義不得略也。今曰從祀，則知躋爲逆祀也。不目祭名，不書地，不言日，略之也。傳曰：「陽虎欲去三桓，順祀先公而祈焉。」○胡氏據馮山謂，昭公之主久未祔祭，至是始得從祀於大廟。蓋以從訓祔也。然則不目先公何也？昭公所祔爲成公，義不繫於所祔，故不目也。《春秋》文不虛設，猶之祭祀失禮，義不繫於祭名，則但書有事不出祭名也。或又謂魯祀之不順多矣，今但稱先公，則盡從典禮，不止爲一公設也，亦通。

盜竊寶玉、大弓。

傳曰「盜者陽虎也」，非也。虎既兵敗，何暇入宮？蓋陰使人竊之，不知主名，故書曰盜也。傳曰：「虎欲殺季孫於蒲圃，不克而出。」寶玉者，夏璜也，大弓者，繁弱也。何以不目？義繫弓、玉，不繫於名，故不目也。

九年，春，王正月。

夏，四月，戊申，鄭伯蠆卒。

得寶玉、大弓。

得者，獲也。不言歸，不與盜歸也。弓、玉則得矣，盜則未得也，是國無政也。何以書？國寶也，竊之書，得之書。

六月，葬鄭獻公。

秋，齊侯、衛侯次于五氏。

秦伯卒。

冬，葬秦哀公。

十年，春，王三月，及齊平。

夏，公會齊侯于夾谷。公至自夾谷。

晉趙鞅帥師圍衛。

齊人來歸鄆、讙、龜陰田。

取，自内也；歸，自外也。歸濟西田，歸讙及闡，皆不言來，此言來，蓋自來也。其自來何？孔子行乎季孫，三月不違，及齊平，會夾谷釋怨睦鄰，齊人慕義而歸魯田。鄆、讙、龜陰者，汶陽田也。不言及者，大小敵。○左、穀所記郤萊兵、誅優施等，蓋欲夸大聖人而反小之者，歸田亦非由要齊而得，傳皆非也。

叔孫州仇、仲孫何忌帥師圍郈。

秋，叔孫州仇、仲孫何忌帥師圍郈。

宋樂大心出奔曹。

宋公子地出奔陳。

冬，齊侯、衛侯、鄭游速會于安甫。

叔孫州仇如齊。

宋公之弟辰暨仲佗、石彄出奔陳。

十有一年，春，宋公之弟辰及仲佗、石彄、公子地自陳入于蕭以叛。

傳曰：「宋公有嬖曰向魋，又信讒，於是大夫、公子、母弟奔者三，從者二。」樂大心以讒逐，公子地以嬖臣，辰爲地請不許，亦以嬖臣也。宋公不君，辰不弟，地、大心、佗、彄不臣。奔稱暨，叛稱及，何也？暨、及，一也，暨之與及，猶不之與弗，克之與能，辭有輕重，義實通也。傳曰昭七年「暨齊平」傳。「暨者不得已也，以外及内曰暨」，非也。此辰、佗、彄皆一國之人耳，何有外内乎？

夏，四月。

秋，宋樂大心自曹入于蕭。

此不言叛何也？蒙前文也。四子在蕭，大心從之，叛可知。

冬，及鄭平。叔還如鄭莅盟。

十有二年，春，薛伯定卒。

夏，葬薛襄公。

叔孫州仇帥師墮郈。

衛公孟彄帥師伐曹。

季孫斯、仲孫何忌帥師墮費。

秋，大雩。

冬，十月，癸亥，公會齊侯，盟于黃。

十有一月，丙寅，朔，日有食之。

公至自黃。

十有二月，公圍成。

費、郈、成者，三家邑也，强耦國。南蒯、公山叛乎費，侯犯叛乎郈，公斂陽者，孟氏之孚也，守乎成，獨不叛。故費、郈之强，二氏亦憚矣。孟氏則曰：「成，吾保障也。」孔子行乎季孫，三月不違，曰：「邑無百雉，城百雉，非制也」，於是墮之。墮者，毀城也。叔孫墮乎郈，季孫墮乎費，獨孟氏不肯墮成，公圍之，不克。未幾，孔子行。或曰：墮三都，非孔子事也，墮而不克，聖人豈圍之。

公至自圍成。

圍成，國内事亦致者，成强，比之若敵國然。

十有三年，春，齊侯、衛侯次于垂葭。

夏，築蛇淵囿。

大蒐于比蒲。

衛公孟彄帥師伐曹。

秋，晉趙鞅入于晉陽以叛。

冬，晉荀寅、士吉射入于朝歌以叛。

晉趙鞅歸于晉。

傳曰邯鄲午無罪，鞅殺之，不忌君矣。寅、吉射亦無君命擅興師，是以亂易亂也。入，逆辭也。鞅入晉陽，寅、吉射入朝歌，是皆專土背君，故書曰叛，三子之罪鈞矣。鞅何以歸？晉國無政也，韓、魏者，黨趙氏，逐二子，召鞅而歸之，其卒以分晉。○公、穀以地正國之説大謬，如其言，是黨叛奬亂也。

薛弑其君比。

三傳并無説，今所未詳。

十有四年，春，衛公叔戌來奔。衛趙陽出奔宋。案：衛趙陽，公、穀經作晉趙陽。

二月，辛巳，楚公子結、陳公孫佗人帥師滅頓，以頓子牂歸。

夏，衛北宫結來奔。

五月，於越敗吴于檇李，吴（公）子光卒。

敗而卒何也？卒於敗也。闔廬聞越允常死，興師伐越，句踐襲敗之，射殺闔廬。闔廬能用兵者也，卒以兵死。

公會齊侯、衛侯于牽。公至自會。

秋，齊侯、宋公會于洮。

傳曰：「會牽、會洮，謀救范、中行氏也。」

天王使石尚來歸脤。

石尚名者，士也。傳曰：「脤，俎實也。」生曰脤，熟曰膰，或曰宜社肉也，盛以蜃器故曰脤。魯不助祭，猶歸脤，非禮也。歸賵、歸脤，皆私惠也，故不言錫。

衛世子蒯聵出奔宋。

衛靈侯夫人曰南子，靈侯不君，南子不婦，奔公孫戌、趙陽、北宫結，今又奔蒯聵。傳曰「蒯聵以欲殺母聞。」或曰非也，南子�也。世子而奔之，父不父，子不子。○傳謂蒯聵欲殺

母，劉敞、劉絢深辯其誣，謂傳所記者非其實也。〔一〕

衛公孟彄出奔鄭。

宋公之弟辰自蕭來奔。

仲佗、石彄、公子地、樂大心不書何也？奔不同時，時不同地，皆未可知，既不悉告，故略而不書。

大蒐于比蒲。

邾子來會公。

蒐無公，會有公，何也？以會有公知蒐亦有公，不書者，公不與也。蒐而會，非禮也。不地者，於比蒲，與蕭叔朝公同。莊二十三年。

城莒父及霄。

公既與齊、衛會而懼，故城三邑以備晉。此年無冬，史闕文。○何氏休曰：「是年，齊饋女樂，孔子去，不書冬者，貶也」，謬也。饋女樂亦非此年事，《史記·魯世家》攝相事、歸女樂、孔子行皆在十二年。

十有五年，春，王正月，邾子來朝。

鼷鼠食郊牛，牛死，改卜牛。

不言其所，舉死，重也。傳曰「食漫也」，恐非。

二月，辛丑，楚子滅胡，以胡子豹歸。

夏，五月，辛亥，郊。

何爲夏五月郊？牛災矣，改卜牛，牛吉矣，乃卜郊。一卜之則不吉，再卜之則不吉，三卜之則不吉，四卜之，夏五月辛亥吉，於是郊。○李穎曰：「牛必在滌三月，自改卜牛後，滿三月而卜郊，自應至五月矣，似未必四卜之故。」

壬申，公薨于高寢。

鄭罕達帥師伐宋。

齊侯、衛侯次于渠蒢。

邾子來奔喪。

葬有期，故言會；喪無容，故言奔；奔喪，臣子之道也。

秋，七月，壬申，姒氏卒。

傳曰：「姒氏者何？哀公之母也。何以不稱夫人？哀未君也。」○傳曰：「不稱夫人，不赴且不祔也。」方氏苞曰：「三桓不使用夫人之禮，非正嫡，媵也，卑哀公也。」

八月，庚辰，朔，日有食之。

九月，滕子來會葬。

丁巳，葬我君定公，雨，不克葬。戊午，日下昃，乃克葬。

日中未昃也，下昃僅逮乎日也。○案王制，葬不爲雨止，蓋庶人禮耳，此及宣八年書雨不克葬，似不爲非禮，穀梁及胡氏譏之，非也。

辛巳，葬定姒。

不言我小君，亦哀未君也，因著妾爲夫人之非。何以知妾爲夫人也？葬而舉謚曰定，是明以爲夫人也。○傳曰：「不稱小君，不成喪也。」方氏苞曰：「謂子未逾年，母不得稱夫人，則不當書卒、葬，書卒、葬，是成之爲夫人也，成之爲夫人而復殺其禮，弱其君也。孟子并不書葬，則其禮益略矣，蓋一任季孫之顛倒耳。」

冬，城漆。

校勘記

〔一〕案：十四年經「公叔戍來奔」，十三經本經、傳也作「公叔戍」，此「公孫戍」蓋誤。

春秋説略卷十二

哀　公

元年，春，王正月，公即位。

楚子、陳侯、隨侯、許男圍蔡。

不能報吳，釋憾於蔡也。隨世服於楚，柏舉之役，楚昭由隨以免，德之，故與從事焉。許已滅，此復見者，蓋楚復之。

鼷鼠食郊牛，改卜牛。

不言牛死，蓋未死也。不言所食，非一處也。

夏，四月，辛巳，郊。

秋，齊侯、衛侯伐晉。

冬，仲孫何忌帥師伐邾。

二年，春，王二月，季孫斯、叔孫州仇、仲孫何忌帥師伐邾，取漷東田及沂西田。癸巳，叔孫州仇、仲孫何忌及邾子盟于句繹。

漷、沂者，界也，東、西者，限也。田不目，多辭也。三人伐，二人盟，蓋志未厭也，又卑邾。

夏，四月，丙子，衛侯元卒。

滕子來朝。

晉趙鞅帥師納衛世子蒯聵于戚。

其言于戚，未得衛也。何以未得衛？拒於輒也。輒者，蒯聵子，靈公死而輒立，蒯聵入而輒拒。此出奔矣，復稱世子何也？正名也。蒯聵無父不當入，輒有父不當拒。或曰大夫出奔位已絕，此稱世子，明位未絕，非也。蒯聵罪狀未明而奔，靈公又未有命復之而卒，假使位猶未絕，其不可立亦明矣，死父之謂何而背之也？豈有無父之國哉？蒯聵雖無父，輒不可以不子，生父之謂何而兵之也？豈有無父之君哉？爲輒者，效死不立可也。傳曰輒不以父命辭王父命，非也。輒不有父，安有王父？

秋，八月，甲戌，晉趙鞅帥師及鄭罕達帥師戰于鐵，鄭師敗績。

冬，十月，葬衛靈公。

十有一月，蔡遷于州來。蔡殺其大夫公子駟。

州來者，吴所滅也，蔡遷焉，避楚也。公子駟、公孫獵，蓋不利遷者，今年殺駟，明年放獵。◯傳謂蔡侯背楚誑吴，殺駟以説。如此當先書殺後書遷，經乃先遷後殺，傳未可信。

三年，春，齊國夏、衛石曼姑帥師圍戚。

此圍戚也，何以先國夏？主兵也。何以主兵？討蒯聵也。蒯聵主晉而齊景惡晉，晉逐范氏則齊救之，晉納蒯聵則齊圍之，將以求霸也。或曰曼姑主兵，知其不義，故推齊爲首，非也。曼姑主兵而推齊，非實也，《春秋》何爲成之乎？戚不繫衛，省文也，不必繫也。傳曰：「先國夏，子不圍父也，不繫戚於衛，子不有父也」，非也。即先國夏，無以見子不圍父，即戚不繫衛，無以見子不有父也。且《春秋》書之，正乃見其圍父、有父耳，何反没之乎？然則彭城繫宋、虎牢繫鄭與此異何也？互見也。入彭城亦不繫宋矣，城虎牢亦不繫鄭矣。或曰離戚於衛，非也。上書「晉趙鞅納衛世子蒯聵于戚」，是即繫戚於衛矣，猶之書「齊高偃納北燕伯于陽」，是即繫陽於燕矣，何謂離之乎？豈必書納衛世子蒯聵于衛戚而後謂之不離乎？然則亦必書納北燕伯于北燕陽而後謂之不離乎？

夏，四月，甲午，地震。

五月，辛卯，桓宫、僖宫災。

桓、僖親盡而廟不毁，於是災。不言及者，據定二年「雉門及兩觀災」。蓋兩宫同時遇災，非所及也，傳或曰敵或曰一，非也。桓與僖爲祖，言及無所不可。雉門兩觀言新作，此不言者，蓋不復立，傳曰復立，亦非也。

季孫斯、叔孫州仇帥師城啟陽。

宋樂髡帥師伐曹。

秋，七月，丙子，季孫斯卒。

蔡人放其大夫公孫獵于吳。

冬，十月，癸卯，秦伯卒。

叔孫州仇、仲孫何忌帥師圍邾。

四年，春，王二月，庚戌，盜殺蔡侯申。

傳曰公孫翩射而殺之，非也。翩即有主名矣，何以稱盜乎？不言君，盜殺不得稱其君；不言弑，不稱君者不言弑。◎方氏苞曰：「凡書盜者必陰賊而未有主名也，惟無主名，故辰以懼禍而奔，姓、霍以見疑而殺。」◯懿行案：胡氏偏責蔡侯，不可以訓。又案：宣十七年「蔡侯申卒」，纔五世，昭侯又名申，二者必有一誤。

蔡公孫辰出奔吳。

葬秦惠公。

宋人執小邾子。

夏，蔡殺其大夫公孫姓、公孫霍。

晉人執戎蠻子赤歸于楚。

戎蠻子名，失地也。赤逃楚而奔晉，晉詐執之，不義也。又歸于楚，京師楚也。不言畀者，弱晉也。據僖二十八年執曹伯畀宋人。

城西郛。

六月，辛丑，亳社災。

亳社，殷社也。不稱殷者，社主土，從地名爾。傳曰：「亡國之社以爲廟，屏戒也，屋之，故災。」○馮氏荆南曰：「《記》稱亡國之社屋之，恐非先王之意。魯有亳社，其因國實殷墟耳，又諸君子立於社宫謀亡曹，則凡社皆有宫，不獨亳社也。」

秋，八月，甲寅，滕子結卒。

冬，十有二月，葬蔡昭公。

葬滕頃公。

五年，春，城毗。

夏，齊侯伐宋。

晉趙鞅帥師伐衛。

此年伐衛，明年伐鮮虞，范氏故也。

秋，九月，癸酉，齊侯杵臼卒。

冬，叔還如齊。

閏月，葬齊景公。

閏月何以書？傳曰：「喪不數閏，不正其閏也。」鄭氏曰：「以月數者數閏，以年數者雖有閏不數也。」○《公羊》云喪以閏數，《穀梁》云喪不數閏，二傳不同，康成通其意，是也。劉氏敞曰「葬以月斷宜數閏」，恐非，蘇氏轍曰：「《春秋》不書閏，書閏皆譏。」

六年，春，城邾瑕。

邾瑕，邾之瑕也，魯城之，迫邾也，明年遂入邾。魯自城啓陽，城西郛，城毗，比年三城，皆備晉，此則謀邾也。○不書取邾瑕何也？書城知其取也，書取不知其城也。

晉趙鞅帥師伐鮮虞。

吳伐陳。

夏，齊國夏及高張來奔。

叔還會吳于柤。

吳不稱子，不稱師，不稱人，略辭也。叔還會之，則非不知其主名矣。

秋，七月，庚寅，楚子軫卒。

齊陽生入于齊。齊陳乞弑其君荼。

陽生入而荼弑，是陽生與聞乎弑矣，陳乞者爲主乎弑者也。景公欲君荼，乞欲君陽生。陽生者，庶長也，乞不諫景公，私陽生而走之。景公已葬，私陽生於其家，脅諸大夫而君之，於是往弑荼。陽生繫齊，或曰罪景公，非也。小白繫齊，何以不曰罪僖公？不稱公子，或曰絶之，非也。商人親弑，何以稱公子？然則陽生立乎其位，與楚比同而所坐異，何也？比實弑也則坐比，乞實弑也則坐乞，陽生不弑而實與聞乎弑也，則首書「齊陽生入于齊」。

冬，仲孫何忌帥師伐邾。

宋向巢帥師伐曹。

七年，春，宋皇瑗帥師侵鄭。

晉魏曼多帥師侵衛。

夏，公會吳于鄫。

秋，公伐邾。八月，己酉，入邾，以邾子益來。

公無兵久矣，猶能伐人而入其國乎？蓋三家之兵也。然則何以稱公？三家之兵而使公將之，公於是反爲役也。事畢，兵各歸其家，公若臣僕然。入邾，惡名也，三家利其實，公受其名。

宋人圍曹。

冬，鄭駟弘帥師救曹。

八年，春，王正月，宋公入曹，以曹伯陽歸。

此滅矣，其言入何？未滅也。當是時，伯陽虜，司城强死國舉矣。何言未滅？蓋未久而復也。或曰此實滅矣，書入者曹亡，《春秋》之終，天下無霸，聖人傷之，蓋不忍書也，非也。滅則書滅，不滅則不書滅，安有没其實乎？經言入，傳言滅，經乎從？傳乎從？〇六國時有曹交，爲曹君之弟，知曹實未滅矣。

吳伐我。

邾故也。何以不言四鄙？言四鄙者未至國都，今至國都故不言四鄙，曰伐我而已，蓋城下之師也。定、哀多微辭。

夏，齊人取讙及闡。

歸邾子益于邾。

秋，七月。

冬，十有二月，癸亥，杞伯過卒。

齊人歸讙及闡。

其取之也，賂也，邾故也；其歸之也，服也，亦邾故也。邾子者，齊出也。〇《左傳》：爲季姬故，「齊鮑牧帥師伐我，取讙及闡。」然經不書伐，蓋未可信，當從《公羊》。

九年，春，王二月，葬杞僖公。

宋皇瑗帥師取鄭師于雍丘。

以詐盡俘之曰取，宋取鄭師，鄭取宋師。見十三年。佳兵不祥，其事好還。

夏，楚人伐陳。

秋，宋公伐鄭。

冬，十月。

十年，春，王二月，邾子益來奔。

公會吳伐齊。三月，戊戌，齊侯陽生卒。

經曰卒也，傳曰弒也，吾以經斷之曰：此卒也，非弒也。〇齊大國，止師小嫌，何至遽弒其君以說？傳未可信。

夏，宋人伐鄭。

晉趙鞅帥師侵齊。

五月，公至自伐齊。

葬齊悼公。

衛公孟彄自齊歸于衛。

李氏廉曰：「彄，蒯聵之黨，今歸於衛，必從輒而棄蒯聵，故十五年蒯聵入國，彄復奔齊。」

薛伯夷卒。

秋，葬薛惠公。

冬，楚公子結帥師伐陳，吴救陳。

十有一年，春，齊國書帥師伐我。

《左傳》作戰於郊，《檀弓》作戰於郎，并非也。果如其說，當言四鄙，不當言伐我；經又不書戰也。說見八年「吴伐我」。

夏，陳轅頗出奔鄭。

五月，公會吴伐齊。甲戌，齊國書帥師及吴戰于艾陵，齊師敗績，獲齊國書。

會伐有公，知戰有公矣，不書者，便文耳，不可以國書及乎公也。抑或公會伐而不與戰也，公不與戰，故亦不致也。此吳伐齊，書齊及吳者，以内及外也。傳曰國書戰死，是與華元生獲者異。

秋，七月，辛酉，滕子虞母卒。

冬，十有一月，葬滕隱公。

衛世叔齊出奔宋。

十有二年，春，用田賦。

用者，不宜用也。田者，井也。賦者，財也。古者，农任田，商賈任里，田出粟，里出賦，因粟以制用，因賦以制軍，國民給足，軍用無乏。魯自宣初税畝，田非古矣；成作丘甲，賦非古矣；今用田賦，曰：「二，吾猶不足。」於是計田出賦，商賈之征并仰諸農。○李氏廉曰：「杜預云丘賦之法，因其田、財通出馬一匹、牛三頭，今欲别其田及家財各爲一賦，則是一丘出馬二匹、牛六頭也。然杜氏於作丘甲已云魯使丘出甸賦，是一丘出馬四匹、牛十二頭矣，安得復云馬一匹、牛三頭乎？其説前後相戾，不可從。胡氏獨用《國語》，於義爲長。」

夏，五月，甲辰，孟子卒。

孟子，吳女，昭公夫人也。魯人諱之，謂之孟子，《春秋》順時不改，以徵過也。不書薨，不稱夫人不得言薨。何以不稱夫人？或曰不命於天子，非也。不稱夫人薨，不以夫人禮薨也。不書葬，不以小君禮葬也。傳曰：「死不赴，不反哭。」孔子與弔，適季氏，季氏不絻，放經而拜。然則季氏黜之與？

公會吳于橐皋。

秋，公會衛侯、宋皇瑗于鄖。

宋向巢帥師伐鄭。

冬，十有二月，螽。

不時也。螽，失政所致，非闕置閏。明年九月、十二月螽，豈亦失閏也？《左氏》所記非聖人語。

十有三年，春，鄭罕達帥師取宋師于嵒。

夏，許男成卒。

公會晉侯及吳子于黃池。

吳夫差敗越、伐魯、破齊師，威震天下。城邗溝，通江淮，起師北征，闕深溝於商魯，北屬沂，西屬濟，哆然會晉，定於黃池。言及者，會兩霸辭也。吳稱爵，主會也；其先晉，周班也。《吳語》云先吳，非也。經但書會，不書盟，何云吳先歃也？

楚公子申帥師伐陳。

於越入吳。

秋，公至自會。

晉魏曼多帥師侵衛。

葬許元公。

九月，螽。

冬，十有一月，有星孛于東方。

于東方者，見於旦也。旦而衆星没，故不言所在。或曰，不言宿名者，不加宿也。據文十四年、昭十七年。

盗殺陳夏區夫。

十有二月，螽。

十有四年，春，西狩獲麟。

西，謂國之西，其地蓋大野也。得其地，故不地。狩不言公，非公也。麟者，瑞應獸也。言獲者，麟出非時，爲虞人所得，孔子蓋傷之。《春秋》何爲始乎隱？爲平王也，隱之始則平之終，然後知周之不復西也。何爲終乎獲麟？孔子曰：「鳳鳥不來，河圖不出，吾其已夫。」

牟廷相春秋説略叙

吾鄉樸茂甲天下，自先民習誦者不設己見，循循傳注之中而相與守之，余於其間私有疑惑，獨喜向郝子恂九問焉。恂九好學覃思，余纔少其二歲，而自視轂雛望之寥廓，顧不余鄙夷，間商榷及之。今年夏，告余《春秋説》成，將假以觀。嚴霜朝隕，伯氏彫喪，重以人事之累，繭胝燕趙，再反而歲行盡。憂能傷人，廢書而嘆。恂九亟來視，因出《春秋説》爲慰，曰是可塞悲。視其書，本之以慎而要之以通，慎於經故傳可黜也，通於理故例可蠲也。手披口誦，曉夜不能息，蓋一月得四十五日業。未及卒，而恂九愛子、一女殤於痘。童烏不秀，悒悒不可爲懷。余無以慰之，還慰之以《春秋説》。嗚呼，更數十百年，學徒有稱郝氏《春秋》者，吾鄉之榮，余其與焉！而余與恂九之哀樂，後孰知之？乾隆壬子臘月，同學牟廷相筆。

點校後記

《春秋説略》十二卷，初成於乾隆五十七年，三年後復加訂正，增以十例，嘉慶十年再次修改。郝懿行逝世後隔一年，郝氏《春秋》二種由趙銘彝校刻問世，後收入《郝氏遺書》。今將二本對勘，行款、格式、字體等各方面都完全相同，特别是顯屬誤刻者亦一致，可以斷定後者仍採用了趙刻原版。此次整理即據遺書本點校。

推究「一字之褒」和「片言之貶」是歷代《公羊》、《穀梁》學者研治《春秋》的基本途徑，本書重點即批評這種方法。郝氏認爲，《春秋》是信史，直書其事，多一字少一字皆事實如此，非聖人意爲增減，其中並不存在筆削和避諱，聖人垂教處就在對史事的叙述之中。《春秋説略》「不以日月説，不以名爵説，不以稱王不稱王、稱天不稱天説」。郝氏主張用「屬辭比事」的方法研究《春秋》，即把《春秋》視爲一個有機整體，通過對經文的前後聯繫把握其確切内涵，從對事件相同或相關經文的排比中，理解聖人的義理和義例，以經解經，不要受後人傳疏的束縛，方能接近聖人本意。郝懿行是經學家，研治《春秋》是爲「明臣子之義，廣忠孝之心」，故在對經文的解説中難免有迂腐或不及本義之處，但這並不影響本書在研究史學、經學和《春秋》學史方面的參考價值。

最後，對點校整理中的幾個問題略作説明。

一、《春秋》經文，左、公、穀三家互有異同，郝氏有「經從左氏」之例，並於解説中時有辯證，故三家異同不出校。

二、《左傳》版本很多，今僅據阮元《十三經注疏》本校勘。凡阮元指出底本錯誤他本正確，而郝氏不誤者，不出校。間有異文，阮元又無校勘記者，出校，稱「十三經本作某」。

三、本書徵引其他著作不下百種，絶大部分進行了查核對校，因限於點校，凡不出校者均不注出處。與原文完全相同者加引號，對原文雖有删改而無礙原義者酌加引號，也不出校，與原書有違或影響理解者，出校並注出處。凡引文需出校記，而本書與原書爲對同條經文的解説，不詳注卷數。凡出處不明確，祇稱「或曰」者，均不加引號。

四、凡屬經文中的明顯錯誤，均於文中給予改正，不出校記。凡避諱字闕筆者，徑補足，不出校。

春秋比

晁岳佩　點校

春秋比自叙

漢人重經術，其引經決事輒謂之比，陳寵明習法律撰《辭訟比》，奏除漢法溢於《甫刑》者爲《決事比》，應劭有《春秋斷獄決事比例》。推是而言，武帝重《公羊》，宜有《公羊決事比》，宣帝好《穀梁》，宜有《穀梁決事比》。蓋比者，例也，立文於此，取則於彼。今懿行治《春秋》而有《春秋比》，亦因於古也。然酷吏杜張往往依託經義，濟其深文，以法律爲詩書，公、穀二家幾不免爲世儒發冢。而懿行之治《春秋》也，刺取前後經文，分別部居，方以類聚，或事同相比，或事異相比，其不在異同之列，無與爲比，則當在闕疑。居嘗持論，彼決事比依經斷獄，或不能無失，未必非通人之蔽。此《春秋比》以經證經，經義賴以發明，未必非千慮之一也。往者望溪方氏《春秋比事》一書，經生家或不道，今取其便於省記，爲芟其繁複，訂其舛訛，放漢人重經之例，題其篇曰《春秋比》。嘉慶己巳三月，棲霞郝懿行自叙。

春秋比目録

卷下

附録

春秋比卷上

王室會盟

公及齊侯、宋公、陳侯、衛侯、鄭伯、許男、曹伯會王世子于首止。僖公五年夏。

春，王正月，公會王人、齊侯、宋公、衛侯、許男、曹伯、陳世子款，盟于洮。僖公八年。

夏，公會宰周公、齊侯、宋子、衛侯、鄭伯、許男、曹伯于葵丘。僖公九年。

五月，癸丑，公會晉侯、齊侯、宋公、蔡侯、鄭伯、衛子、莒子，盟于踐土。僖公二十有八年。

天王狩于河陽。僖公二十有八年冬。

夏，六月，會王人、晉人、宋人、齊人、陳人、蔡人、秦人，盟于翟泉。僖公二十有九年。

夏，公會尹子、單子、晉侯、齊侯、宋公、衛侯、曹伯、邾人，伐鄭。六月，乙酉，同盟于柯陵。成公十有七年。

六月，公會單子、晉侯、宋公、衛侯、鄭伯、莒子、邾子、齊世子光，己未，同盟于雞澤。

襄公三年。

秋，公會劉子、晉侯、齊侯、宋公、衛侯、鄭伯、曹伯、莒子、邾子、滕子、薛伯、杞伯、小邾子于平丘。八月，甲戌，同盟于平丘。昭公十有三年。

三月，公會劉子、晉侯、宋公、蔡侯、衛侯、陳子、鄭伯、許男、曹伯、莒子、邾子、頓子、胡子、滕子、薛伯、杞伯、小邾子、齊國夏于召陵，侵楚。定公四年。

王室伐救

秋，蔡人、衛人、陳人從王伐鄭。桓公五年。

春，王正月，王人子突救衛。莊公六年。

秋，王師敗績于茅戎。成公元年。

公會尹子、晉侯、齊國佐、邾人，伐鄭。成公十有六年秋。

夏，公會尹子、單子、晉侯、齊侯、宋公、衛侯、曹伯、邾人，伐鄭。成公十有七年。

三月，公會劉子、晉侯、宋公、蔡侯、衛侯、陳子、鄭伯、許男、曹伯、莒子、邾子、頓子、胡子、滕子、薛伯、杞伯、小邾子、齊國夏于召陵，侵楚。定公四年。

王室禍亂

冬，天王出居于鄭。僖公二十有四年。

王室亂。劉子、單子以王猛居于皇。昭公二十有二年六月。

秋，劉子、單子以王猛入于王城。昭公二十有二年。

晉人圍郊。昭公二十有三年春正月。

天王居于狄泉。尹氏立王子朝。昭公二十有三年秋七月。

冬，十月，天王入于成周。尹氏、召伯、毛伯以王子朝奔楚。昭公二十有六年。

天王崩葬

三月，庚戌，天王崩。隱公三年。

三月，乙未，天王崩。桓公十有五年。

五月，葬桓王。莊公三年。

冬，十有二月，丁未，天王崩。僖公八年。

秋，八月，戊申，天王崩。文公八年。

二月，叔孫得臣如京師。辛丑，葬襄王。文公九年。

冬，十月，乙亥，天王崩。宣公二年。

葬匡王。宣公三年春正月。

冬，十有一月，己酉，天王崩。成公五年。

九月，辛酉，天王崩。襄公元年。

春，王正月，葬簡王。襄公二年。

十有二月，甲寅，天王崩。襄公二十有八年。

夏，四月，乙丑，天王崩。昭公二十有二年。

六月，叔鞅如京師，葬景王。昭公二十有二年。

冬，十月，王子猛卒。昭公二十有二年。

王后、王姬

祭公來，遂逆王后于紀。桓公八年冬十月。

春，紀季姜歸于京師。桓公九年。

夏，單伯送王姬。秋，築王姬之館于外。莊公元年。

王姬歸于齊。莊公元年冬十月。

秋，七月，齊王姬卒。莊公二年。

冬，王姬歸于齊。莊公十有一年。

劉夏逆王后于齊。襄公十有五年春。

王臣卒葬

夏，五月，王子虎卒。文公三年。

劉卷卒。定公四年秋七月。

葬劉文公。定公四年秋七月。

王臣奔

春，周公出奔晉。成公十有二年。

王子瑕奔晉。襄公三十年五月。

尹氏、召伯、毛伯以王子朝奔楚。昭公二十有六年冬十月。

王臣至魯

秋，七月，天王使宰咺來歸惠公、仲子之賵。隱公元年。

冬，十有二月，〔一〕祭伯來。隱公元年。

秋，武氏子來求賻。隱公三年。

冬，天王使凡伯來聘。隱公七年。

春，天王使南季來聘。隱公九年。

夏，天王使宰渠伯糾來聘。桓公四年。

天王使仍叔之子來聘。桓公五年夏。

天王使家父來聘。桓公八年春正月。

祭公來。桓公八年冬十月。

春，二月，天王使家父來求車。桓公十有五年。

王使榮叔來錫桓公命。莊公八年冬十月。

祭叔來聘。莊公二十有三年春。

冬，天王使宰周公來聘。僖公三十年

天王使叔服來會葬。文公元年二月。

天王使毛伯來錫公命。文公元年夏四月。

春，王正月，王使榮叔歸含且賵。文公五年。

王使召伯來會葬。文公五年三月。

春，毛伯來求金。文公九年。

秋，天王使王季子來聘。宣公十年。

秋，七月，天子使召伯來賜公命。成公八年。

天王使石尚來歸脤。定公十有四年秋。

魯君朝王

公朝于王所。僖公二十有八年。

壬申，公朝于王所。僖公二十有八年冬。

三月，公如京師。成公十有三年。

魯臣如京師

公子遂如京師。僖公三十年冬。

叔孫得臣如京師。文公元年夏四月。

公孫敖如京師。文公八年冬十月。

二月，叔孫得臣如京師。文公九年。

夏，仲孫蔑如京師。宣公九年。

叔孫豹如京師。襄公二十有四年冬。

六月，叔鞅如京師。昭公二十有二年。

魯君即位、薨、葬

元年，春，王正月。隱公。

冬，十有一月，壬辰，〔二〕公薨。隱公十有一年。

春，王正月，公即位。桓公元年。

九月，丁卯，子同生。桓公六年附。

夏，四月，丙子，公薨于齊。丁酉，公之喪至自齊。桓公十有八年。

冬，十有二月，己丑，葬我君桓公。桓公十有八年。

元年，春，王正月。莊公。

八月，癸亥，公薨于路寢。冬，十月，己未，子般卒，莊公三十有二年。

元年，春，王正月。閔公。

夏，六月，辛酉，葬我君莊公。閔公元年。

秋，八月，辛丑，公薨。閔公二年。

元年，春，王正月。僖公。

乙巳，公薨于小寢。僖公三十有三年冬十有二月。

元年，春，王正月，公即位。文公。

夏，四月，丁巳，葬我君僖公。文公元年。

夏，五月，公四不視朔。文公十有六年附。

春，王二月，丁丑，公薨于臺下。文公十有八年。

六月，癸酉，葬我君文公。文公十有八年。

冬，十月，子卒。文公十有八年。

元年，春，王正月，公即位。宣公。

冬，十月，壬戌，公薨于路寢。宣公十有八年。

元年，春，王正月，公即位。成公。

二月，辛酉，葬我君宣公。成公元年。

己丑，公薨于路寢。成公十有八年八月。

丁未，葬我君成公。十有二月。

元年，春，王正月，公即位。襄公。

夏，六月，辛巳，公薨于楚宫。秋，九月，癸巳，子野卒。襄公三十有一年。

癸酉，葬我君襄公。冬十月。

元年，春，王正月，公即位。昭公。

十有二月，己未，公薨于乾侯。昭公三十有二年。

夏，六月，癸亥，公之喪至自乾侯。戊辰，公即位。定公元年。

秋，七月，癸巳，葬我君昭公。定公元年。

壬申，公薨于高寢。定公十有五年夏五月。

丁巳，葬我君定公，雨，不克葬。戊午，日下昃，乃克葬。定公十有五年九月。

元年，春，王正月，公即位。哀公。

魯夫人

十有二月，乙卯，夫人子氏薨。隱公二年。

夏，四月，辛卯，君氏卒。隱公三年。

公子翬如齊逆女。桓公三年秋七月。

九月，齊侯送姜氏于讙，公會齊侯于讙。夫人姜氏至自齊。桓公三年。

春，王正月，公會齊侯于濼，公與夫人姜氏遂如齊。桓公十有八年。

三月，夫人孫于齊。莊公元年。

冬，十有二月，夫人姜氏會齊侯于禚。莊公二年。

春，王二月，夫人姜氏享齊侯于祝丘。莊公四年。

夏，夫人姜氏如齊師。莊公五年。

春，夫人姜氏會齊侯于防。莊公七年。

冬，夫人姜氏會齊侯于穀。莊公七年。

夏，夫人姜氏如齊。莊公十有五年。

夫人姜氏如莒。莊公十有九年秋。

春，王二月，夫人姜氏如莒。莊公二十年。

秋，七月，戊戌，夫人姜氏薨。莊公二十有一年。

癸丑，葬我小君文姜。莊公二十有二年春正月。

冬，公如齊納幣。莊公二十有二年。

春，公至自齊。莊公二十有三年。

夏，公如齊逆女。秋，公至自齊。八月，丁丑，夫人姜氏入。戊寅，大夫、宗婦覿，〔三〕用幣。莊公二十有四年。

九月，夫人姜氏孫于邾。閔公二年。

秋，七月，戊辰，夫人姜氏薨于夷，齊人以歸。僖公元年。

十有二月，丁巳，夫人氏之喪至自齊。僖公元年。

夏，五月，辛巳，葬我小君哀姜。僖公二年。

秋，七月，禘于大廟，用致夫人。僖公八年。

夏，公及夫人姜氏會齊侯于陽穀。僖公十有一年。

秋，夫人姜氏會齊侯于卞。僖公十有七年。

公子遂如齊納幣。文公二年冬。

夏，逆婦姜于齊。文公四年。

冬，十有一月，壬寅，夫人風氏薨。文公四年。

三月，辛亥，葬我小君成風。文公五年。

夫人姜氏如齊。文公九年春。

三月，夫人姜氏至自齊。文公九年。

秋，八月，辛未，夫人姜氏薨。文公十有六年。

夏，四月，癸亥，葬我小君聲姜。文公十有七年。

夫人姜氏歸于齊。文公十有八年冬十月。

公子遂如齊逆女。三月，遂以夫人婦姜至自齊。宣公元年。

戊子，夫人嬴氏薨。宣公八年夏六月。

冬，十月，己丑，葬我小君敬嬴，雨，不克葬。庚寅，日中而克葬。宣公八年。

秋，叔孫僑如如齊逆女。成公十有四年。

九月，僑如以夫人婦姜氏至自齊。成公十有四年。

夏，五月，庚寅，夫人姜氏薨。襄公二年。

己丑，葬我小君齊姜。襄公二年秋七月。

秋，七月，戊子，夫人姒氏薨。襄公四年。

八月，辛亥，葬我小君定姒。襄公四年。

五月，辛酉，夫人姜氏薨。秋，八月，癸未，葬我小君穆姜。襄公九年。

五月，甲申，夫人歸氏薨。昭公十有一年。

九月，己亥，葬我小君齊歸。昭公十有一年。

秋，七月，壬申，姒氏卒。定公十有五年。

辛巳，葬定姒。定公十有五年九月。

夏，五月，甲辰，孟子卒。哀公十有二年。

内女

九月，紀履緰來逆女。〔四〕冬，十月，伯姬歸于紀。隱公二年。

春，王三月，叔姬歸于紀。隱公七年。

三月，紀伯姬卒。莊公四年。

六月，乙丑，齊侯葬紀伯姬。莊公四年。

春，王三月，紀叔姬歸于酅。莊公十有二年。

伯姬歸于杞。莊公二十有五年六月。

春，公會杞伯姬于洮。莊公二十有七年。

冬，杞伯姬來。莊公二十有七年。

莒慶來逆叔姬。莊公二十有七年冬。

冬，十有二月，紀叔姬卒。莊公二十有九年。

八月，癸亥，葬紀叔姬。莊公三十年。

杞伯姬來朝其子。僖公五年春。

秋，七月，乙酉，伯姬卒。僖公九年。

夏，六月，季姬及鄫子遇于防，使鄫子來朝。僖公十有四年。

季姬歸于鄫。僖公十有五年九月。

夏，四月，丙申，鄫季姬卒。僖公十有六年。

宋蕩伯姬來逆婦。僖公二十有五年夏四月。

秋，杞伯姬來。僖公二十有八年。

冬，杞伯姬來求婦。僖公三十有一年。

二月，庚子，子叔姬卒。文公十有二年。

齊人執子叔姬。文公十有四年冬。

十有二月，齊人來歸子叔姬。文公十有五年。

秋，九月，齊高固來逆子叔姬。〔五〕宣公五年。

冬，齊高固及子叔姬來。宣公五年。

秋，郯伯姬來歸。宣公十有六年。

春，王正月，杞叔姬來歸。成公五年。

冬，十月，癸卯，杞叔姬卒。成公八年。

春，王正月，杞伯來逆叔姬之喪以歸。成公九年。

夏，宋公使公孫壽來納幣。成公八年。

衛人來媵。成公八年冬十月。

二月，伯姬歸于宋。夏，季孫行父如宋致女。晉人來媵。成公九年。

齊人來媵。成公十年五月。

五月，甲午，宋災。宋伯姬卒。襄公三十年。

秋，七月，叔弓如宋，葬宋共姬。襄公三十年。

内大夫卒

公子益師卒。隱公元年冬十有二月。

冬，十有二月，辛巳，公子彄卒。隱公五年。

冬，十有二月，無駭卒。隱公八年。

挾卒。隱公九年三月。

秋，七月，癸巳，公子牙卒。莊公三十有二年。

三月，壬申，公子季友卒。僖公十有六年。

秋，七月，甲子，公孫兹卒。僖公十有六年。

春，王三月，〔六〕辛卯，臧孫辰卒。文公十年。

九月，甲申，公孫敖卒于齊。文公十有四年。

齊人歸公孫敖之喪。文公十有五年夏。

叔孫得臣卒。宣公五年秋九月。

辛巳，有事于大廟。仲遂卒于垂。壬午，猶繹，萬入，去籥。宣公八年夏六月。

冬，十有一月，壬午，公弟叔肸卒。宣公十有七年。

夏，四月，甲寅，臧孫許卒。成公四年。

三月，乙巳，仲嬰齊卒。成公十有五年。

壬申，公孫嬰齊卒于貍脤。成公十有七年十有一月。

辛未，季孫行父卒。襄公五年十有二月。

八月，丙辰，仲孫蔑卒。襄公十有九年。

秋，七月，辛酉，叔老卒。襄公二十有二年。

己卯，仲孫速卒。襄公二十有三年八月。

己亥，仲孫羯卒。襄公三十有一年秋九月。

冬，十有二月，乙卯，叔孫豹卒。昭公四年。

冬，十有一月，癸未，季孫宿卒。昭公七年。

二月，癸酉，有事于武宫，籥入，叔弓卒，去樂，卒事。昭公十有五年。

八月，乙亥，〔七〕叔輒卒。昭公二十有一年。

癸丑，叔鞅卒。昭公二十有三年春正月。

春，王二月，丙戌，仲孫貜卒。〔八〕昭公二十有四年。

冬，十月，戊辰，叔孫婼卒。昭公二十有五年。

夏，四月，庚子，叔詣卒。昭公二十有九年。

六月，丙申，季孫意如卒。定公五年。

秋，七月，壬子，叔孫不敢卒。定公五年。

秋，七月，丙子，季孫斯卒。哀公三年。

魯君會盟

三月，公及邾儀父盟于蔑。隱公元年。

春，公會戎于潛。隱公二年。

秋，八月，庚辰，公及戎盟于唐。隱公二年。

夏，五月，辛酉，公會齊侯，盟于艾。隱公六年。

九月，辛卯，公及莒人盟于浮來。隱公八年。

冬，公會齊侯于防。隱公九年。

春，王二月，公會齊侯、鄭伯于中丘。隱公十年。

夏，公會鄭伯于時來。隱公十有一年。

三月，公會鄭伯于垂。桓公元年。

夏，四月，丁未，公及鄭伯盟于越。桓公元年。

三月，公會齊侯、陳侯、鄭伯于稷，以成宋亂。桓公二年。

公及戎盟于唐。桓公二年九月。

冬，公至自唐。桓公二年。

春，正月，公會齊侯于嬴。桓公三年。

六月，公會杞侯于郕。桓公三年。

夏，四月，公會紀侯于成。〔九〕桓公六年。

秋，公會衛侯于桃丘，弗遇。桓公十年。

公會宋公于夫鍾。桓公十有一年九月。

冬，十有二月，公會宋公于闞。桓公十有一年。

夏，六月，壬寅，公會杞侯、莒子，盟于曲池。桓公十有二年。

秋，七月，丁亥，公會宋公、燕人，盟于穀丘。桓公十有二年。

公會宋公于虛。桓公十有二年八月。

冬，十有一月，公會宋公于龜。桓公十有二年。

丙戌，公會鄭伯，盟于武父。桓公十有二年冬十有一月。

春，正月，公會鄭伯于曹。桓公十有四年。

公會齊侯于艾。桓公十有五年五月。

春，正月，公會宋公、蔡侯、衛侯于曹。桓公十有六年。

春，正月，丙辰，公會齊侯，紀侯，盟于黄。桓公十有七年。

二月，丙午，公會邾儀父，盟于趡。桓公十有七年。

春，王正月，公會齊侯于濼。桓公十有八年。

公及齊大夫盟于蔇。莊公九年春。

冬，公會齊侯，盟于柯。莊公十有三年。

冬，十有二月，會齊侯、宋公、陳侯、衛侯、鄭伯、許男、滑伯、滕子，同盟于幽。莊公十有六年。

秋，七月，丙申，及齊高傒盟于防。莊公二十有二年。

十有二月，甲寅，公會齊侯，盟于扈。莊公二十有三年。

夏，六月，公會齊侯、宋公、陳侯、鄭伯，同盟于幽。莊公二十有七年。

公會齊侯于城濮。莊公二十有七年冬。

秋，八月，公及齊侯盟于落姑。閔公元年。

八月，公會齊侯、宋公、鄭伯、曹伯、邾人于檉。僖公元年。

公及齊侯、宋公、陳侯、衛侯、鄭伯、許男、曹伯會王世子于首止。僖公五年夏。

秋，八月，諸侯盟于首止。鄭伯逃歸不盟。僖公五年。

秋，七月，公會齊侯、宋公、陳世子款、鄭世子華，盟于甯母。僖公七年。

春，王正月，公會王人、齊侯、宋公、衛侯、許男、曹伯、陳世子款，盟于洮。鄭伯乞盟。僖公八年。

夏，公會宰周公、齊侯、宋子、衛侯、鄭伯、許男、曹伯于葵丘。僖公九年。

九月，戊辰，諸侯盟于葵丘。僖公九年。

公會齊侯、宋公、陳侯、衛侯、鄭伯、許男、曹伯于鹹。僖公十有三年夏四月。

三月，公會齊侯、宋公、陳侯、衛侯、鄭伯、許男、曹伯，盟于牡丘。僖公十有五年。

九月，公至自會。僖公十有五年。

冬，十有二月，公會齊侯、宋公、陳侯、衛侯、鄭伯、許男、邢侯、曹伯于淮。僖公十有六年。

九月，公至自會。僖公十有七年。

冬，會陳人、蔡人、楚人、鄭人，盟于齊。僖公十有九年。

秋，宋公、楚子、陳侯、蔡侯、鄭伯、許男、曹伯會于盂。執宋公以伐宋。僖公二十有一年。

十有二月，癸丑，公會諸侯，盟于薄，釋宋公。僖公二十有一年。

冬，十有二月，癸亥，公會衛子、莒慶，盟于洮。僖公二十有五年。

春，王正月，己未，公會莒子、衛甯速，盟于向。僖公二十有六年。

冬，楚人、陳侯、蔡侯、鄭伯、許男圍宋。十有二月，甲戌，公會諸侯，盟于宋。僖公二十有七年。

五月，癸丑，公會晉侯、齊侯、宋公、蔡侯、鄭伯、衛子、莒子，盟于踐土。陳侯如會。僖公二十有八年。

冬，公會晉侯、齊侯、宋公、蔡侯、鄭伯、陳子、莒子、邾子、秦人于温。僖公二十有八年。

夏，六月，會王人、晉人、宋人、齊人、陳人、蔡人、秦人，盟于翟泉。僖公二十有九年。

冬，公如晉。十有二月，己巳，公及晉侯盟。文公三年。

春，公至自晉。文公四年。

秋，八月，公會諸侯、晉大夫，盟于扈。文公七年。

及蘇子盟于女栗。文公十年秋七月。

冬，公如晉。衛侯會公于沓。文公十有三年。

十有二月，己丑，公及晉侯盟。公還自晉。鄭伯會公于棐。文公十有三年。

六月，公會宋公、陳侯、衛侯、鄭伯、許男、曹伯、晉趙盾，癸酉，同盟于新城。文公十有四年。

公至自會。文公十有四年秋七月。

六月，癸未，公及齊侯盟于穀。文公十有七年。

秋，公至自穀。文公十有七年。

公會齊侯于平州。宣公元年夏。

冬，公會晉侯、宋公、衛侯、鄭伯、曹伯于黑壤。宣公七年。

春，公至自會。宣公八年。

己未，公會晉侯、衛侯、曹伯、邾子，同盟于斷道。宣公十有七年六月。

秋，公至自會。宣公十有七年。

十有一月，公會楚公子嬰齊于蜀。丙申，公及楚人、秦人、宋人、陳人、衛人、鄭人、齊人、曹人、邾人、薛人、鄫人盟于蜀。成公二年。

十有二月，己丑，公會晉侯、齊侯、宋公、衛侯、鄭伯、曹伯、邾子、杞伯，同盟于蟲牢。成公五年。

春，王正月，公至自會。成公六年。

秋，楚公子嬰齊帥師伐鄭。公會晉侯，齊侯、宋公、衛侯、曹伯、莒子、邾子、杞伯，救鄭。八月，戊辰，同盟于馬陵。公至自會。成公七年。

公會晉侯、齊侯、宋公、衛侯、鄭伯、曹伯、莒子、杞伯，同盟于蒲。公至自會。成公九年春正月。

夏，公會晉侯、衛侯于瑣澤。成公十有二年。

癸丑，公會晉侯、衛侯、鄭伯、曹伯、宋世子成、齊國佐、邾人，同盟于戚。成公十有五年三月。

公至自會。成公十有五年三月。

秋，公會晉侯、齊侯、衛侯、宋華元、邾人于沙隨，不見公。公至自會。成公十有六年。

夏，公會尹子、單子、晉侯、齊侯、宋公、衛侯、曹伯、邾人，伐鄭。六月，乙酉，同盟于柯陵。秋，公至自會。成公十有七年。

公如晉。襄公二年春。

夏，四月，壬戌，〔一〇〕公及晉侯盟于長樗。公至自晉。襄公三年。

六月，公會單子、晉侯、宋公、衛侯、鄭伯、莒子、邾子、齊世子光，己未，同盟于雞澤。襄公三年。

秋，公至自會。襄公三年。

公會晉侯、宋公、陳侯、衛侯、鄭伯、曹伯、莒子、邾子、滕子、薛伯、齊世子光、吳人、鄫人于戚。公至自會。襄公五年秋。

十有二月，公會晉侯、宋公、陳侯、衛侯、曹伯、莒子、邾子于鄬。襄公七年。

冬，公會晉侯、宋公、衛侯、曹伯、莒子、邾子、滕子、薛伯、杞伯、小邾子、齊世子光，伐鄭。十有二月，己亥，同盟于戲。襄公九年。

春，公會晉侯、宋公、衛侯、曹伯、莒子、邾子、滕子、薛伯、杞伯、小邾子、齊世子光，會吳于柤。襄公十年。

公至自會。襄公十年夏五月。

公會晉侯、宋公、衛侯、曹伯、齊世子光、莒子、邾子、滕子、薛伯、杞伯、小邾子，伐鄭。襄公十有一年夏四月。

秋，七月，己未，同盟于亳城北。襄公十有一年。

公會晉侯、宋公、衛侯、曹伯、齊世子光、莒子、邾子、滕子、薛伯、杞伯、小邾子，伐鄭，會于蕭魚。公至自會。襄公十有一年秋七月。

三月，公會晉侯、宋公、衛侯、鄭伯、曹伯、莒子、邾子、薛伯、杞伯、小邾子于溴梁。襄公十有六年。

夏，公至自會。襄公十有六年。

春，王正月，諸侯盟于祝柯。襄公十有九年。

夏，六月，庚申，公會晉侯、齊侯、宋公、衛侯、鄭伯、曹伯、莒子、邾子、滕子、薛伯、杞伯、小邾子，盟于澶淵。秋，公至自會。襄公二十年。

春，王正月，公至自會。襄公二十有二年。

公會晉侯、齊侯、宋公、衛侯、鄭伯、曹伯、莒子、邾子于商任。襄公二十有一年冬十月。

冬，公會晉侯、齊侯、宋公、衛侯、鄭伯、曹伯、莒子、邾子、薛伯、杞伯、小邾子于沙隨。公至自會。襄公二十有二年。

公會晉侯、宋公、衛侯、鄭伯、曹伯、莒子、邾子、滕子、薛伯、杞伯、小邾子于夷儀。襄公二十有四年八月。

公至自會。襄公二十有四年冬。

公會晉侯、宋公、衛侯、鄭伯、曹伯、莒子、邾子、滕子、薛伯、杞伯、小邾子于夷儀。襄公二十有五年夏五月。

秋，八月，己巳，諸侯同盟于重丘。公至自會。襄公二十有五年。

公會晉人、鄭良霄、宋人、曹人于澶淵。襄公二十有六年夏。

秋，公會劉子、晉侯、齊侯、宋公、衛侯、鄭伯、曹伯、莒子、邾子、滕子、薛伯、杞伯、小邾子于平丘。八月，甲戌，同盟于平丘，公不與盟。晉人執季孫意如以歸。公至自會。昭公十有三年。

秋，公會齊侯、莒子、邾子、杞伯，盟于鄟陵。公至自會，居于鄆。昭公二十有六年。

三月，公會劉子、晉侯、宋公、蔡侯、衛侯、陳子、鄭伯、許男、曹伯、莒子、邾子、頓子、胡子、滕子、薛伯、杞伯、小邾子、齊國夏于召陵，侵楚。定公四年。

五月，公及諸侯盟于皋鼬。定公四年。

秋，七月，公至自會。定公四年。

公會晉師于瓦。公至自瓦。定公八年夏附。

夏，公會齊侯于夾谷。公至自夾谷。定公十年。

冬，十月，癸亥，公會齊侯，盟于黄。定公十有二年。

公至自黄。定公十有二年十有一月。

公會齊侯、衛侯于牽。公至自會。定公十有四年五月。

夏，公會吴于鄫。哀公七年。

公會吴于橐皋。哀公十有二年夏五月。

秋，公會衛侯、宋皇瑗于鄖。哀公十有二年。

公會晉侯及吳子于黄池。哀公十有三年夏。

秋，公至自會。哀公十有三年。

魯臣會盟

九月，及宋人盟于宿。隱公元年。

柔會宋公、陳侯、蔡叔，盟于折。桓公十有一年九月。

冬，單伯會齊侯、宋公、衛侯、鄭伯于鄄。莊公十有四年。

秋，公子結媵陳人之婦于鄄，遂及齊侯、宋公盟。莊公十有九年。

秋，公孫敖會晉侯于戚。文公元年。

三月，乙巳，及晉處父盟。文公二年。

夏，六月，公孫敖會宋公、陳侯、鄭伯、晉士縠，盟于垂隴。文公二年。

冬，十月，壬午，公子遂會晉趙盾，盟于衡雍。文公八年。

乙酉，公子遂會雒戎，盟于暴。文公八年冬十月。

夏，叔仲彭生會晉郤缺于承筐。文公十有一年。

春，季孫行父會齊侯于陽穀，齊侯弗及盟。文公十有六年。

六月，戊辰，公子遂及齊侯盟于郪丘。文公十有六年。

冬，公孫歸父會齊侯于穀。宣公十有四年。

春，公孫歸父會楚子于宋。宣公十有五年。

仲孫蔑會齊高固于無婁。宣公十有五年秋

夏，臧孫許及晉侯盟于赤棘。成公元年。

六月，癸酉，季孫行父、臧孫許、叔孫僑如、公孫嬰齊帥師會晉郤克、衛孫良夫、曹公子首及齊侯戰于鞍，齊師敗績。秋，七月，齊侯使國佐如師。己酉，及國佐盟于袁婁。成公二年。

夏，叔孫僑如會晉荀首于穀。成公五年。

冬，十有一月，叔孫僑如會晉士燮、齊高無咎、宋華元、衛孫林父、鄭公子鰌、邾人，會吳于鍾離。成公十有五年。

十有二月，乙丑，季孫行父及晉郤犨盟于扈。成公十有六年。

十有二月，仲孫蔑會晉侯、宋公、衛侯、邾子、齊崔杼，同盟于虛朾。成公十有八年。

秋，七月，仲孫蔑會晉荀罃、宋華元、衛孫林父、曹人、邾人于戚。襄公二年。

冬，仲孫蔑會晉荀罃、齊崔杼、宋華元、衛孫林父、曹人、邾人、滕人、薛人、小邾人于戚。襄公二年。

六月，公會單子、晉侯、宋公、衛侯、鄭伯、莒子、邾子、齊世子光，己未，同盟于鷄澤。陳侯使袁僑如會。戊寅，叔孫豹及諸侯之大夫及陳袁僑盟。襄公三年。

仲孫蔑、衛孫林父會吳于善道。襄公五年夏。

季孫宿會晉侯、鄭伯、齊人、宋人、衛人、邾人于邢丘。襄公八年夏。

春，王正月，季孫宿、叔老會晉士匄、齊人、宋人、衛人、鄭公孫蠆、曹人、莒人、邾人、滕人、薛人、杞人、小邾人，會吳于向。襄公十有四年。

冬，季孫宿會晉士匄、宋華閲、衛孫林父、鄭公孫蠆、莒人、邾人于戚。襄公十有四年。

三月，公會晉侯、宋公、衛侯、鄭伯、曹伯、莒子、邾子、薛伯、杞伯、小邾子于溴梁。戊寅，大夫盟。襄公十有六年。

叔孫豹會晉士匄于柯。襄公十有九年冬。

春，王正月，辛亥，仲孫速會莒人，盟于向。襄公二十年。

夏，叔孫豹會晉趙武、楚屈建、蔡公孫歸生、衛石惡、陳孔奂、鄭良霄、許人、曹人于宋。

襄公二十有七年。

秋，七月，辛巳，豹及諸侯之大夫盟于宋。襄公二十有七年。

叔孫豹會晉趙武、楚公子圍、齊國弱、宋向戌、衛齊惡、陳公子招、蔡公孫歸生、鄭罕虎、許人、曹人于虢。昭公元年春正月。

春，叔弓會楚子于陳。昭公九年。

仲孫貜會邾子，盟于祲祥。昭公十有一年五月。

秋，季孫意如會晉韓起、齊國弱、宋華亥、衛北宮佗、鄭罕虎、曹人、杞人于厥慭。昭公十有一年。

夏，叔詣會晉趙鞅、宋樂大心、衛北宮喜、鄭游吉、曹人、邾人、滕人、薛人、小邾人于黄父。昭公二十有五年。

季孫意如會晉荀躒于適歷。昭公三十有一年春正月。

冬，仲孫何忌及邾子盟于拔。定公三年。

癸巳，叔孫州仇、仲孫何忌及邾子盟于句繹。哀公二年春王二月。

叔還會吳于柤。哀公六年夏。

外會盟

紀子帛、莒子盟于密。隱公二年冬十月。

冬，十有二月，齊侯、鄭伯盟于石門。隱公三年。

秋，七月，庚午，宋公、齊侯、衛侯盟于瓦屋。隱公八年。

蔡侯、鄭伯會于鄧。桓公二年秋七月。

夏，齊侯、衛侯胥命于蒲。桓公三年。

春，正月，齊人、衛人、鄭人盟于惡曹。桓公十有一年。

春，齊侯、宋人、陳人、蔡人、邾人會于北杏。莊公十有三年。

春，齊侯、宋公、陳侯、衛侯、鄭伯會于鄄。莊公十有五年。

秋，九月，齊侯、宋公、江人、黄人盟于貫。僖公二年。

秋，齊侯、宋公、江人、黄人會于陽穀。僖公三年。

夏，六月，宋公、曹人、邾人盟于曹南。僖公十有九年。

秋，齊人、狄人盟于邢。僖公二十年。

宋人、齊人、楚人盟于鹿上。僖公二十有一年春。
秋，宋公、楚子、陳侯、蔡侯、鄭伯、許男、曹伯會于盂。僖公二十有一年。
秋，衛人及狄盟。僖公三十有二年。
冬，十有一月，諸侯盟于扈。文公十有五年。
諸侯盟于扈。文公十有七年六月。
九月，晉侯、宋公、衛侯、鄭伯、曹伯會于扈。宣公九年。
夏，楚子、陳侯、鄭伯盟于辰陵。宣公十有一年。
秋，晉侯會狄于欑函。宣公十有一年。
晉人、宋人、衛人、曹人同盟于清丘。宣公十有二年冬十有二月。
晉人、齊人、宋人、衛人、鄭人、曹人、莒人、邾人、滕人、薛人、杞人、小邾人會于澶淵，宋災故。襄公三十年冬十月。
夏，楚子、蔡侯、陳侯、鄭伯、許男、徐子、滕子、頓子、胡子、沈子、小邾子、宋世子佐、淮夷會于申。昭公四年。
秋，晉士鞅、宋樂祁犁、衛北宫喜、曹人、邾人、滕人會于扈。昭公二十有七年。
秋，齊侯、鄭伯盟于鹹。齊人執衛行人北宫結以侵衛。齊侯、衛侯盟于沙。定公七年。

冬，衛侯、鄭伯盟于曲濮。定公八年。

冬，齊侯、衛侯、鄭游速會于安甫。定公十年。

秋，齊侯、宋公會于洮。定公十有四年。

諸侯遇

夏，公及宋公遇于清。隱公四年。

春，宋公、衛侯遇于垂。隱公八年。

夏，齊侯、陳侯、鄭伯遇于垂。莊公四年。

公及齊侯遇于穀。莊公二十有三年夏。

蕭叔朝公。莊公二十有三年夏附。

冬，公及齊侯遇于魯濟。莊公三十年。

夏，宋公、齊侯遇于梁丘。莊公三十有二年。

魯君侵伐

秋，公伐邾。隱公七年。

夏，翬帥師會齊人、鄭人，伐宋。六月，壬戌，公敗宋師于菅。隱公十年。

秋，七月，壬午，公及齊侯、鄭伯入許。隱公十有一年。

十有二月，及鄭師伐宋。丁未，戰于宋。桓公十有二年。

春，二月，公會紀侯、鄭伯。己巳，及齊侯、宋公、衛侯、燕人戰，齊師、宋師、衛師、燕師敗績。桓公十有三年。

冬，十有一月，公會宋公、衛侯、陳侯于袲，伐鄭。桓公十有五年。

夏，四月，公會宋公、衛侯、陳侯、蔡侯，伐鄭。秋，七月，公至自伐鄭。桓公十有六年。

冬，公會齊人、宋人、陳人、蔡人，伐衛。莊公五年。

秋，公至自伐衛。莊公六年。

春，王正月，師次于郎，以俟陳人、蔡人。甲午，治兵。夏，師及齊師圍郕，郕降于齊師。秋，師還。莊公八年。

夏，公伐齊，納子糾。〔一一〕莊公九年。

八月，庚申，及齊師戰于乾時，我師敗績。莊公九年。

春，王正月，公敗齊師于長勺。莊公十年。

二月，公侵宋。莊公十年。

夏，六月，齊師、宋師次于郎。公敗宋師于乘丘。莊公十年。

夏，五月，戊寅，公敗宋師于鄑。莊公十有一年。

春，公伐戎。夏，公至自伐戎。莊公二十有六年。

秋，公會宋人、齊人，伐徐。莊公二十有六年。

夏，師次于成。〔一二〕莊公三十年。

九月，公敗邾師于偃。僖公元年。

春，王正月，公會齊侯、宋公、陳侯、衛侯、鄭伯、許男、曹伯侵蔡，蔡潰，遂伐楚，次于陘。僖公四年。

楚屈完來盟于師，盟于召陵。僖公四年夏。

秋，及江人、黄人伐陳。八月，公至自伐楚。僖公四年。

夏，公會齊侯、宋公、陳侯、衛侯、曹伯，伐鄭，圍新城。秋，楚人圍許，諸侯遂救許。

冬，公至自伐鄭。僖公六年。

冬，公伐邾。僖公二十有一年。

春，公伐邾。僖公二十有二年。

公子遂如楚乞師。僖公二十有六年夏。

公以楚師伐齊，取穀。公至自伐齊。僖公二十有六年冬。

冬，公會晉侯、齊侯、宋公、蔡侯、鄭伯、陳子、莒子、邾子、秦人于温。諸侯遂圍許。僖公二十有八年冬。

公至自圍許。僖公二十有九年春。

公伐邾。僖公三十有三年夏四月。

春，公伐邾。文公七年。

春，王正月，公及齊侯平莒及郯，莒人不肯，公伐莒，取向。宣公四年。

夏，公會齊侯，伐萊。秋，公至自伐萊。宣公七年。

公伐杞。宣公十有八年春。

春，王正月，公會晉侯、宋公、衛侯、曹伯，伐鄭。二月，公至自伐鄭。成公三年。

五月，公會晉侯、齊侯、宋公、衛侯、曹伯，伐鄭。成公十年。

三月，公如京師。夏，五月，公自京師遂會晉侯、齊侯、宋公、衛侯、鄭伯、曹伯、邾人、滕人，伐秦。秋，七月，公至自伐秦。成公十有三年。

公會尹子、晉侯、齊國佐、邾人，伐鄭。成公十有六年秋。

公至自會。成公十有六年十有二月。

夏，公會尹子、單子、晉侯、齊侯、宋公、衛侯、曹伯、邾人，伐鄭。秋，公至自會。成公十有七年。

冬，公會單子、晉侯、宋公、衛侯、曹伯、齊人、邾人，伐鄭。十有一月，公至自伐鄭。成公十有七年。

冬，公會晉侯、宋公、衛侯、曹伯、莒子、邾子、滕子、薛伯、杞伯、小邾子、齊世子光，伐鄭。襄公九年。

公會晉侯、宋公、衛侯、曹伯、莒子、邾子、齊世子光、滕子、薛伯、杞伯、小邾子，伐鄭。襄公十年秋。

公至自伐鄭。襄公十年冬。

公會晉侯、宋公、衛侯、曹伯、齊世子光、莒子、邾子、滕子、薛伯、杞伯、小邾子，伐鄭。襄公十有一年夏四月。

秋，七月，己未，同盟于亳城北。公至自伐鄭。楚子、鄭伯伐宋。公會晉侯、宋公、衛侯、曹伯、齊世子光、莒子、邾子、滕子、薛伯、杞伯、小邾子，伐鄭，會于蕭魚。公至自會。襄公十有一年。

冬，十月，公會晉侯、宋公、衛侯、鄭伯、曹伯、莒子、邾子、滕子、薛伯、杞伯、小邾子，同圍齊。襄公十有八年。

公至自伐齊。襄公十有九年春王正月。

三月，公會劉子、晉侯、宋公、蔡侯、衛侯、陳子、鄭伯、許男、曹伯、莒子、邾子、頓子、胡子、滕子、薛伯、杞伯、小邾子、齊國夏于召陵，侵楚。定公四年。

秋，七月，公至自會。定公四年。

二月，公侵鄭。公至自侵鄭。定公六年。

春，王正月，公侵齊。公至自侵齊。定公八年。

二月，公侵齊。三月，公至自侵齊。定公八年。

秋，公伐邾。八月，己酉，入邾，以邾子益來。哀公七年。

歸邾子益于邾。哀公八年夏。

公會吳，伐齊。哀公十年春二月。

五月，公至自伐齊。哀公十年。

五月，公會吳，伐齊。哀公十有一年。

魯臣侵伐

無駭帥師入極。隱公二年夏五月。

秋，翬帥師會宋公、陳侯、蔡人、衛人，伐鄭。隱公四年。

夏，翬帥師會齊人、鄭人，伐宋。隱公十年。

九月，入杞。桓公二年。

秋，伐邾。桓公八年。

及宋人、衛人伐邾。桓公十有七年秋八月。

夏，公子慶父帥師伐於餘丘。莊公二年。

春，王正月，溺會齊師，伐衛。莊公三年。

春，齊人、陳人、曹人伐宋。夏，單伯會伐宋。莊公十有四年。

冬，十月，壬午，公子友帥師敗莒師于酈，獲莒挐。僖公元年。

冬，十有二月，公孫茲帥師會齊人、宋人、衛人、鄭人、許人、曹人，侵陳。僖公四年。

乙巳，公子遂帥師入杞。僖公二十有七年秋八月。

秋，公子遂帥師伐邾。僖公三十有三年。

春，王正月，叔孫得臣會晉人、宋人、陳人、衛人、鄭人，伐沈，沈潰。文公三年。

冬，十月，甲午，叔孫得臣敗狄于鹹。文公十有一年。

叔彭生帥師伐邾。文公十有四年春正月。

公孫歸父帥師伐邾。宣公十年秋。

公孫歸父會齊人，伐莒。宣公十有一年夏。

六月，癸酉，季孫行父、臧孫許、叔孫僑如、公孫嬰齊帥師會晉郤克、衛孫良夫、曹公子首，及齊侯戰于鞌，齊師敗績。成公二年。

秋，仲孫蔑、叔孫僑如帥師侵宋。成公六年。

晉侯使士燮來聘。叔孫僑如會晉士燮、齊人、邾人，伐郯。成公八年冬十月。

仲孫蔑會晉欒黶、宋華元、衛寧殖、曹人、莒人、邾人、滕人、薛人，圍宋彭城。襄公元年春正月。

春，王三月，莒人伐我東鄙，圍台。季孫宿帥師救台，遂入鄆。襄公十有二年。

夏，四月，叔孫豹會晉荀偃、齊人、宋人、衛北宫括、鄭公孫蠆、曹人、莒人、邾人、滕人、薛人、杞人、小邾人，伐秦。〔一三〕襄公十有四年。

叔老會鄭伯、晉荀偃、衛寧殖、宋人，伐許。襄公十有六年五月。

仲孫速帥師伐邾。襄公二十年秋。

仲孫羯帥師侵齊。襄公二十有四年春。

戊辰，叔弓帥師敗莒師于蚡泉。昭公五年秋七月。

秋，七月，季孫意如、叔弓、仲孫貜帥師伐莒。昭公十年。

季孫斯、仲孫何忌帥師侵衛。定公八年九月。

冬，仲孫何忌帥師伐邾。哀公元年。

春，王二月，季孫斯、叔孫州仇、仲孫何忌帥師伐邾。哀公二年。

叔孫州仇、仲孫何忌帥師圍邾。哀公三年冬十月。

冬，仲孫何忌帥師伐邾。哀公六年。

魯被侵伐

冬，十有二月，丙午，齊侯、衛侯、鄭伯來戰于郎。桓公十年。

夏，〔一四〕五月，丙午，及齊師戰于奚。桓公十有七年。

夏，公追戎于濟西。莊公十有八年。

冬，齊人、宋人、陳人伐我西鄙。莊公十有九年。

秋，八月，丁未，及邾人戰于升陘。僖公二十有二年。

齊人侵我西鄙，公追齊師至酅，弗及。僖公二十有六年春正月。

夏，齊人伐我北鄙。僖公二十有六年。

狄侵我西鄙。文公七年夏四月。

邾人伐我西鄙。文公十有四年春正月。

秋，齊人侵我西鄙。文公十有五年。

齊侯侵我西鄙。〔一五〕文公十有五年十有二月。

齊侯伐我西鄙。文公十有七年夏四月。

春，齊侯伐我北鄙。成公二年。

莒人伐我東鄙。襄公八年夏。

秋，莒人伐我東鄙。襄公十年。

春，王三月，莒人伐我東鄙，圍台。襄公十有二年。

莒人侵我東鄙。〔一六〕襄公十有四年夏四月。

夏，齊侯伐我北鄙，圍成。襄公十有五年。

邾人伐我南鄙。襄公十有五年秋八月。

齊侯伐我北鄙。襄公十有六年三月。

秋，齊侯伐我北鄙，圍郕。〔一七〕襄公十有六年。

秋，齊侯伐我北鄙，圍桃。襄公十有七年。

高厚帥師伐我北鄙，〔一八〕圍防。襄公十有七年秋。

冬，邾人伐我南鄙。襄公十有七年。

秋，齊師伐我北鄙。襄公十有八年。

春，齊崔杼帥師伐我北鄙。襄公二十有五年。

齊國夏帥師伐我北鄙。定公七年秋。

夏，齊國夏帥師伐我西鄙。定公八年。

吴伐我。哀公八年春正月。

春，齊國書帥師伐我。哀公十有一年。

外侵伐

夏，五月，莒人入向。隱公二年。

鄭人伐衛。隱公二年十有二月。

春，王二月，莒人伐杞，取牟婁。隱公四年。

宋公、陳侯、蔡人、衛人伐鄭。隱公四年夏。

秋，衛師入郕。隱公五年。

邾人、鄭人伐宋。隱公五年九月。

宋人伐鄭，圍長葛。隱公五年冬十有二月。

冬，宋人取長葛。隱公六年。

秋，宋人、衛人入鄭。隱公十年。

宋人、蔡人、衛人伐戴，鄭伯伐取之。隱公十年秋。

冬，十月，壬午，齊人、鄭人入郕。隱公十年。

宋人以齊人、蔡人、衛人、陳人伐鄭。桓公十有四年冬十有二月。

秋，九月，荆敗蔡師于莘，以蔡侯獻舞歸。莊公十年。

秋，七月，荆入蔡。莊公十有四年。

春，齊人、陳人、曹人伐宋。莊公十有四年。

秋，宋人、齊人、邾人伐郳。莊公十有五年。

鄭人侵宋。莊公十有五年秋。

夏，宋人、齊人、衛人伐鄭。莊公十有六年。

秋，荆伐鄭。莊公十有六年。

夏，齊人殲于遂。莊公十有七年。

冬，齊人伐戎。莊公二十年。

冬，戎侵曹。莊公二十有四年。

春，王三月，甲寅，齊人伐衛，衛人及齊人戰，衛人敗績。莊公二十有八年。

秋，荆伐鄭。莊公二十有八年。

夏，鄭人侵許。莊公二十有九年。
秋，七月，齊人降鄣。莊公三十年。
齊人伐山戎。莊公三十年冬。
狄伐邢。莊公三十有二年冬十月。
十有二月，狄入衛。閔公二年。
楚人伐鄭。僖公元年秋七月。
楚人侵鄭。僖公二年冬十月。
徐人取舒。僖公三年夏四月。
楚人伐鄭。僖公三年冬。
秋，楚人圍許。僖公六年。
春，齊人伐鄭。僖公七年。
夏，狄伐晉。僖公八年。
夏，齊侯、許男伐北戎。僖公十年。
冬，楚人伐黄。僖公十有一年。
春，狄侵衛。僖公十有三年。

狄侵鄭。僖公十有四年秋八月。

楚人伐徐。僖公十有五年春正月。

秋，七月，齊師、曹師伐厲。僖公十有五年。

冬，宋人伐曹。僖公十有五年。

楚人敗徐于婁林。僖公十有五年冬。

十有一月，壬戌，晉侯及秦伯戰于韓，獲晉侯。僖公十有五年。

春，齊人、徐人伐英氏。僖公十有七年。

春，王正月，宋公、曹伯、衛人、邾人伐齊。僖公十有八年。

五月，戊寅，宋師及齊師戰于甗，齊師敗績。僖公十有八年。

冬，邢人、狄人伐衛。僖公十有八年。

秋，宋人圍曹。僖公十有九年。

衛人伐邢。僖公十有九年秋。

鄭人入滑。僖公二十年五月。

冬，楚人伐隨。僖公二十年。

春，狄侵衛。僖公二十有一年。

秋，宋公、楚子、陳侯、蔡侯、鄭伯、許男、曹伯會于盂，執宋公以伐宋。僖公二十有一年。
夏，宋公、衛侯、許男、滕子伐鄭。僖公二十有二年。
冬，十有一月，己巳，朔，宋公及楚人戰于泓，宋師敗績。僖公二十有二年。
春，齊侯伐宋，圍緡。僖公二十有三年。
秋，楚人伐陳。僖公二十有三年。
夏，狄伐鄭。僖公二十有四年。
秋，楚人圍陳。僖公二十有五年。
衛人伐齊。僖公二十有六年夏。
冬，楚人伐宋，圍緡。僖公二十有六年。
冬，楚人、陳侯、蔡侯、鄭伯、許男圍宋。僖公二十有七年。
春，晉侯侵曹。晉侯伐衛。三月，丙午，晉侯入曹，執曹伯畀宋人。夏，四月，己巳，晉侯、齊師、宋師、秦師及楚人戰于城濮，楚師敗績。僖公二十有八年。
曹伯襄復歸于曹，遂會諸侯，圍許。僖公二十有八年。
夏，狄侵齊。僖公三十年。
晉人、秦人圍鄭。僖公三十年秋。

介人侵蕭。僖公三十年秋。

狄圍衛。僖公三十有一年冬。

衛人侵狄。僖公三十有二年夏四月。

春，王二月，秦人入滑。僖公三十有三年。

夏，四月，辛巳，晉人及姜戎敗秦師于殽。僖公三十有三年。

狄侵齊。僖公三十有三年夏四月。

晉人敗狄于箕。僖公三十有三年秋。

晉人、陳人、鄭人伐許。僖公三十有三年十有二月。

晉侯伐衛。文公元年夏四月。

衛人伐晉。文公元年夏四月。

春，王二月，甲子，晉侯及秦師戰于彭衙，秦師敗績。文公二年。

冬，晉人、宋人、陳人、鄭人伐秦。文公二年。

秦人伐晉。文公三年夏五月。

秋，楚人圍江。文公三年。

秋，楚人滅江。文公四年。

狄侵齊。文公四年夏。
晉侯伐秦。文公四年秋。
秦人入鄀。文公五年夏。
戊子，晉人及秦人戰于令狐。文公七年夏四月。
冬，徐伐莒。文公七年。
楚人伐鄭。文公九年三月。
夏，狄侵齊。文公九年。
夏，秦伐晉。文公十年。
冬，狄侵宋。文公十年。
春，楚子伐麇。文公十有一年。
狄侵齊。文公十有一年秋。
夏，楚人圍巢。文公十有二年。
冬，十有二月，戊午，晉人、秦人戰于河曲。文公十有二年。
狄侵衛。文公十有三年冬。
晉郤缺帥師伐蔡。戊申，入蔡。文公十有五年六月。

齊侯侵我西鄙，〔一九〕遂伐曹，入其郛。文公十有五年十有二月。

春，晉人、衛人、陳人、鄭人伐宋。文公十有七年。

楚子、鄭人侵陳，遂侵宋。宣公元年秋。

宋公、陳侯、衛侯、曹伯會晉師于棐林，伐鄭。宣公元年秋。

冬，晉趙穿帥師侵崇。宣公元年。

晉人、宋人伐鄭。宣公元年冬。

春，王二月，壬子，宋華元帥師及鄭公子歸生帥師戰于大棘，宋師敗績，獲宋華元。宣公二年。

夏，晉人、宋人、衛人、陳人侵鄭。宣公二年。

秦師伐晉。宣公二年春二月。

楚子伐陸渾之戎。宣公三年春正月。

夏，楚人侵鄭。宣公三年。

秋，赤狄侵齊。宣公三年。

宋師圍曹，宣公三年秋。

赤狄侵齊。宣公四年夏六月。

冬，楚子伐鄭。宣公四年。

楚人伐鄭。宣公五年冬。

春，晉趙盾、衛孫免侵陳。宣公六年。

晉師、白狄伐秦。宣公八年夏六月。

楚師伐陳。宣公八年冬十月。

齊侯伐萊。宣公九年夏。

晉荀林父帥師伐陳。宣公九年九月。

宋人圍滕。宣公九年冬十月。

楚子伐鄭。〔三〇〕宣公九年冬十月。

六月，宋師伐滕。宣公十年。

晉人、宋人、衛人、曹人伐鄭。宣公十年六月。

楚子伐鄭。宣公十年冬。

丁亥，楚子入陳。宣公十有一年冬十月。

楚子圍鄭。宣公十有二年春。

夏，六月，乙卯，晉荀林父帥師及楚子戰于邲，晉師敗績。宣公十有二年。

宋師伐陳。宣公十有二年冬十有二月。

春，齊師伐莒。宣公十有三年。

夏，楚子伐宋。宣公十有三年。

晉侯伐鄭。宣公十有四年夏五月。

秋，九月，楚子圍宋。宣公十有四年。

秦人伐晉。宣公十有五年六月。

春，晉侯、衛世子臧伐齊。宣公十有八年。

夏，四月，丙戌，衛孫良夫帥師及齊師戰于新築，衛師敗績。成公二年。

冬，楚師、鄭師侵衛。成公二年。

鄭公子去疾帥師伐許。成公三年夏。

晉郤克、衛孫良夫伐廧咎如。成公三年秋。

鄭伐許。成公三年冬十有一月。

鄭伯伐許。成公四年冬。

衛孫良夫帥師侵宋。成公六年二月。

楚公子嬰齊帥師伐鄭。成公六年秋。

吳伐郯。成公七年春正月。

秋，楚公子嬰齊帥師伐鄭。成公七年。

吳入州來。成公七年八月。

晉欒書帥師侵蔡。成公八年春。

晉人執鄭伯。晉欒書帥師伐鄭。成公九年秋七月。

楚公子嬰齊帥師伐莒。庚申，莒潰。楚人入鄆。成公九年冬十有一月。

秦人、白狄伐晉。成公九年冬十有一月。

鄭人圍許。成公九年冬十有一月。

春，衛侯之弟黑背帥師侵鄭。成公十年。

秋，晉人敗狄于交剛。成公十有二年。

鄭公子喜帥師伐許。成公十有四年秋。

楚子伐鄭。成公十有五年夏六月。

鄭公子喜帥師侵宋。成公十有六年夏四月。

甲午，晦，晉侯及楚子、鄭伯戰于鄢陵，楚子、鄭師敗績。成公十有六年六月。

春，衛北宮括帥師侵鄭。成公十有七年。

夏，楚子、鄭伯伐宋。成公十有八年。

冬，楚人、鄭人侵宋。成公十有八年。

夏，晉韓厥帥師伐鄭。襄公元年。

秋，楚公子壬夫帥師侵宋。襄公元年。

鄭師伐宋。襄公二年春正月。

晉師、宋師、衛寧殖侵鄭。襄公二年六月。

春，楚公子嬰齊帥師伐吳。襄公三年。

冬，晉荀罃帥師伐許。襄公三年。

陳人圍頓。襄公四年冬。

楚公子貞帥師伐陳。襄公五年冬。

楚公子貞帥師圍陳。襄公七年冬十月。

鄭人侵蔡，獲蔡公子燮。襄公八年夏。

冬，楚公子貞帥師伐鄭。襄公八年。

楚子伐鄭。襄公九年冬。

楚公子貞、鄭公孫輒帥師伐宋。襄公十年夏五月。

晋師伐秦。襄公十年夏五月。

鄭公孫舍之帥師侵宋。襄公十有一年夏四月。

楚子、鄭伯伐宋。襄公十有一年秋七月。

冬，秦人伐晋。襄公十有一年。

冬，楚公子貞帥師侵宋。襄公十有二年。

秋，楚公子貞帥師伐吴。襄公十有四年。

宋人伐陳。襄公十有七年春二月。

夏，衛石買帥師伐曹。襄公十有七年。

楚公子午帥師伐鄭。襄公十有八年冬十月。

夏，衛孫林父帥師伐齊。襄公十有九年。

晋士匄帥師侵齊，至穀，聞齊侯卒，乃還。襄公十有九年秋七月。

秋，齊侯伐衛，遂伐晋。襄公二十有三年。

齊侯襲莒。襄公二十有三年冬十月。

夏，楚子伐吴。襄公二十有四年。

齊崔杼帥師伐莒。襄公二十有四年秋七月。

冬，楚子、蔡侯、陳侯、許男伐鄭。襄公二十有四年。

六月，壬子，鄭公孫舍之帥師入陳。襄公二十有五年。

冬，鄭公孫夏帥師伐陳。襄公二十有五年。

十有二月，吴子遏伐楚。襄公二十有五年。

冬，楚子、蔡侯、陳侯伐鄭。襄公二十有六年。

晉荀吴帥師敗狄于大鹵。昭公元年六月。

秋，七月，楚子、蔡侯、陳侯、許男、頓子、胡子、沈子、淮夷伐吴。昭公四年。

冬，楚子、蔡侯、陳侯、許男、頓子、沈子、徐人、越人伐吴。昭公五年。

楚薳罷帥師伐吴。昭公六年秋九月。

齊侯伐北燕。昭公六年冬。

楚公子棄疾帥師圍蔡。昭公十有一年夏四月。

楚子伐徐。昭公十有二年冬十月。

晉伐鮮虞。昭公十有二年冬十月。

秋，晉荀吴帥師伐鮮虞。昭公十有五年。

春，齊侯伐徐。昭公十有六年。

楚人及吳戰于長岸。昭公十有七年冬。

六月，邾人入鄅。昭公十有八年。

春，宋公伐邾。昭公十有九年。

秋，齊高發帥師伐莒。昭公十有九年。

春，齊侯伐莒。昭公二十有二年。

戊辰，吳敗頓、胡、沈、蔡、陳、許之師于鷄父，胡子髡、沈子逞滅，獲陳夏齧。昭公二十有三年秋七月。

夏，吳伐越。昭公三十有二年。

秋，楚人伐吳。定公二年。

楚人圍蔡。定公四年秋七月。

冬，十有一月，庚午，蔡侯以吳子及楚人戰于柏舉，楚師敗績，楚囊瓦出奔鄭。庚辰，吳入郢。定公四年。

晉士鞅、衛孔圉帥師伐鮮虞。定公四年秋七月。

夏，歸粟于蔡。定公五年附。

於越入吳。定公五年夏。

冬，晉士鞅帥師圍鮮虞。定公五年。

齊人執衛行人北宫結以侵衛。定公七年秋。

晉士鞅帥師侵鄭，遂侵衛。定公八年秋七月。

晉趙鞅帥師圍衛。定公十年夏。

衛公孟彄帥師伐曹。定公十有二年夏。

衛公孟彄帥師伐曹。定公十有三年夏。

五月，於越敗吴于檇李。定公十有四年。

鄭罕達帥師伐宋。定公十有五年夏五月。

楚子、陳侯、隨侯、許男圍蔡。哀公元年春正月。

秋，齊侯、衛侯伐晉。哀公元年。

秋，八月，甲戌，晉趙鞅帥師及鄭罕達帥師戰于鐵，鄭師敗績。哀公二年。

春，齊國夏、衛石曼姑帥師圍戚。哀公三年。

宋樂髡帥師伐曹。哀公三年五月。

夏，齊侯伐宋。哀公五年。

晉趙鞅帥師伐衛。哀公五年夏。

晉趙鞅帥師伐鮮虞。哀公六年春。
吳伐陳。哀公六年春。
宋向巢帥師伐曹。哀公六年冬。
春，宋皇瑗帥師侵鄭。哀公七年。
晉魏曼多帥師侵衛。哀公七年春。
宋人圍曹。哀公七年八月。
春，王正月，宋公入曹，以曹伯陽歸。哀公八年。
宋皇瑗帥師取鄭師于雍丘。哀公九年春二月。
夏，楚人伐陳。哀公九年。
秋，宋公伐鄭。〔二二〕哀公九年。
夏，宋人伐鄭。哀公十年。
晉趙鞅帥師侵齊。哀公十年夏。
冬，楚公子結帥師伐陳。哀公十年。
五月，公會吳伐齊。甲戌，齊國書帥師及吳戰于艾陵，齊師敗績，獲齊國書。哀公十有一年。
宋向巢帥師伐鄭。哀公十有二年秋。

春，鄭罕達帥師取宋師于嵒。哀公十有三年。

楚公子申帥師伐陳。哀公十有三年夏。

於越入吳。哀公十有三年夏。

晉魏曼多帥師侵衛。哀公十有三年秋。

魯君如

春，公矢魚于棠。隱公五年。

春，王正月，公會齊侯于濼。公與夫人姜氏遂如齊。桓公十有八年。

冬，公如齊納幣。莊公二十有二年。

春，公至自齊。莊公二十有三年。

夏，公如齊觀社。公至自齊。莊公二十有三年。

夏，公如齊逆女。秋，公至自齊。莊公二十有四年。

春，王正月，公如齊。僖公十年。

春，王正月，公如齊。僖公十有五年。

冬，十月，公如齊。十有二月，公至自齊。僖公三十有三年。

冬，公如晉。文公三年。

春，公至自晉。文公四年。

冬，公如晉。文公十有三年。

春，王正月，公至自晉。文公十有四年。

秋，公如齊。公至自齊。宣公四年。

春，公如齊。夏，公至自齊。宣公五年。

春，王正月，公如齊。公至自齊。宣公九年。

春，公如齊。〔二三〕公至自齊。宣公十年。

公如齊。宣公十年夏四月。

五月，公至自齊。宣公十年。

夏，公如晉。成公三年。

公至自晉。成公三年夏。

公如晉，成公四年夏四月。

秋，公至自晉。成公四年。

秋，七月，公如晉。成公十年。

春，王三月，公至自晉。成公十有一年。

公如晉。成公十有八年春正月。

公至自晉。成公十有八年夏。

公如晉。襄公三年春。

公至自晉。襄公三年夏四月。

冬，公如晉。襄公四年。

春，公至自晉。襄公五年。

春，王正月，公如晉。襄公八年。

公至自晉。襄公八年夏。

公如晉。襄公十有二年冬。

春，公至自晉。襄公十有三年。

春，王正月，公如晉。襄公二十有一年。

夏，公至自晉。襄公二十有一年。

十有一月，公如楚。襄公二十有八年。

春，王正月，公在楚。夏，五月，公至自楚。襄公二十有九年。

冬，公如晉，至河乃復。昭公二年。

公如晉。昭公五年春正月。

秋，七月，公至自晉。昭公五年。

三月，公如楚。昭公七年。

九月，公至自楚。昭公七年。

公如晉，至河乃復。昭公十有二年夏。

公如晉，至河乃復。昭公十有三年冬十月。

冬，公如晉。昭公十有五年。

夏，公至自晉。昭公十有六年。

公如晉，至河乃復。昭公二十有一年冬。

冬，公如晉，至河，有疾，乃復。昭公二十有三年。

春，王正月，公如晉，至河乃復。定公三年。

魯臣如

公子翬如齊逆女。桓公三年秋七月。

冬，公子友如陳。莊公二十有五年。

秋，公子友如陳葬原仲。莊公二十有七年。

臧孫辰告糴于齊。莊公二十有八年冬。

公子慶父如齊。莊公三十有二年冬十月。

冬，公子友如齊莅盟。僖公三年。

夏，公孫兹如牟。僖公五年。

公子友如齊。僖公七年秋七月。

冬，公子友如齊。僖公十有三年。

公子遂如楚乞師。僖公二十有六年夏。

公子遂如齊。僖公二十有八年秋。

公子遂如京師，遂如晉。僖公三十年冬。

公子遂如晉。僖公三十有一年春。

公孫敖如齊。文公元年冬十月。

公子遂如齊納幣。文公二年冬。

夏，公孫敖如晉。文公五年。

秋，季孫行父如陳。文公六年。

夏，季孫行父如晉。文公六年。

冬，十月，公子遂如晉，葬晉襄公。文公六年。

公孫敖如莒莅盟。文公七年冬。

公子遂如宋。文公十有一年秋。

冬，單伯如齊。文公十有四年。

春，季孫行父如晉。文公十有五年。

季孫行父如晉。文公十有五年秋。

冬，公子遂如齊。文公十有七年。

秋，公子遂、叔孫得臣如齊。文公十有八年。

季孫行父如齊。文公十有八年冬十月。

公子遂如齊逆女。宣公元年春正月。

夏，季孫行父如齊。宣公元年。

公子遂如齊。宣公元年夏。

夏，六月，公子遂如齊，至黄乃復。宣公八年。

公孫歸父如齊，葬齊惠公。宣公十年六月。

季孫行父如齊。宣公十年秋。

冬，公孫歸父如齊。宣公十年。

公孫歸父如晉。宣公十有八年秋七月。

仲孫蔑如宋。成公五年春正月。

公孫嬰齊如晉。成公六年夏六月。

冬，季孫行父如晉。成公六年。

公孫嬰齊如莒。成公八年春。

夏，季孫行父如宋致女。成公九年。

夏，季孫行父如晉。成公十有一年。

秋，叔孫僑如如齊。成公十有一年。

秋，叔孫僑如如齊逆女。成公十有四年。

叔孫豹如宋。襄公二年秋七月。

夏，叔孫豹如晉。襄公四年。

叔孫豹、鄫世子巫如晉。襄公五年夏。

冬，叔孫豹如邾。襄公六年。

季孫宿如晉。襄公六年冬。

秋，季孫宿如衛。襄公七年。

夏，季孫宿如晉。襄公九年。

冬，叔孫豹如晉。襄公十有六年。

季孫宿如晉。襄公十有九年春正月。

叔老如齊。襄公二十年秋。

季孫宿如宋。襄公二十年冬十月。

春，叔孫豹如晉。襄公二十有四年。

仲孫羯如晉。襄公二十有八年秋八月。

冬，仲孫羯如晉。襄公二十有九年。

秋，七月，叔弓如宋，葬宋共姬。襄公三十年。

夏，叔弓如晉。昭公二年。

季孫宿如晉。昭公二年冬。

夏，叔弓如滕。五月，葬滕成公。昭公三年。

夏，季孫宿如晉。昭公六年。

冬，叔弓如楚。昭公六年。

叔孫婼如齊莅盟。昭公七年三月。

叔弓如晉。昭公八年夏四月。

秋，仲孫貜如齊。昭公九年。

九月，叔孫婼如晉，葬晉平公。昭公十年。

春，王二月，叔弓如宋，葬宋平公。昭公十有一年。

季孫意如如晉。昭公十有六年九月。

冬，十月，葬晉昭公。昭公十有六年。

春，王正月，叔孫婼如晉。昭公二十有三年。

春，叔孫婼如宋。昭公二十有五年。

夏，季孫斯、仲孫何忌如晉。定公六年。
叔孫州仇如齊。定公十年冬。
叔還如鄭莅盟。定公十有一年冬。
冬，叔還如齊。閏月，葬齊景公。哀公五年。

諸侯來

春，滕侯、薛侯來朝。隱公十有一年。
滕子來朝。桓公二年春正月。
秋，七月，杞侯來朝。桓公二年。
春，正月，寔來。桓公六年。
冬，紀侯來朝。桓公六年。
夏，穀伯綏來朝。鄧侯吾離來朝。桓公七年。
冬，曹伯使其世子射姑來朝。桓公九年附。
郲人、牟人、葛人來朝。桓公十有五年五月。

秋，郳犂來來朝。莊公五年。

杞伯來朝。莊公二十有七年冬。

六月，齊侯來獻戎捷。莊公三十有一年。

夏，小邾子來朝。僖公七年。

夏，六月，季姬及鄫子遇于防，使鄫子來朝。僖公十有四年附。

夏，郜子來朝。僖公二十年。

春，杞子來朝。僖公二十有七年。

冬，介葛盧來。僖公二十有九年。

春，介葛盧來。僖公二十有九年。

秋，曹伯來朝。文公十有一年。

杞伯來朝。文公十有二年春正月。

秋，滕子來朝。文公十有二年。

夏，曹伯來朝。文公十有五年。

秋，邾子來朝。宣公元年。

杞伯來朝。成公四年三月。

夏，六月，邾子來朝。成公六年。

夏，五月，曹伯來朝。成公七年。

春，王正月，杞伯來逆叔姬之喪以歸。成公九年。

秋，杞伯來朝。成公十有八年。

八月，邾子來朝。成公十有八年。

邾子來朝。襄公元年九月。

滕子來朝。襄公六年秋。

春，郯子來朝。襄公七年。

小邾子來朝。襄公七年夏四月。

春，白狄來。襄公十有八年。

曹伯來朝。襄公二十有一年冬十月。

邾子來朝。襄公二十有八年夏。

杞子來盟。襄公二十有九年夏五月。

冬，十月，滕子來會葬。襄公三十有一年。

秋，小邾子來朝。昭公三年。

春，小邾子來朝。昭公十有七年。

秋，郯子來朝。昭公十有七年。

大蒐于比蒲。邾子來會公。定公十有四年秋。

春，王正月，邾子來朝。定公十有五年。

邾子來奔喪。定公十有五年夏五月。

九月，滕子來會葬。定公十有五年。

滕子來朝。哀公二年夏四月。

諸侯如

夏，齊侯、鄭伯如紀。桓公五年。

冬，州公如曹。桓公五年。

外臣來

九月，紀履緰來逆女。〔二三〕隱公二年。

齊侯使其弟年來聘。隱公七年夏。

三月，鄭伯使宛來歸祊。隱公八年。

冬，齊侯使其弟年來聘。桓公三年。

夏，五，鄭伯使其弟語來盟。桓公十有四年。

冬，齊人來歸衛俘。莊公六年。

荆人來聘。莊公二十有三年夏。

春，陳侯使女叔來聘。莊公二十有五年。

莒慶來逆叔姬。莊公二十有七年冬。

冬，齊仲孫來。閔公元年。

冬，齊高子來盟。閔公二年。

楚人使宜申來獻捷。僖公二十有一年冬。

齊侯使國歸父來聘。僖公三十有三年春二月。

衛侯使寧俞來聘。文公四年秋。

冬，楚子使椒來聘。文公九年。

秦人來歸僖公、成風之襚。文公九年冬。

秦伯使術來聘。文公十有二年秋。

三月，宋司馬華孫來盟。文公十有五年。

秋，九月，齊高固來逆子叔姬。〔二四〕宣公五年。

冬，齊高固及子叔姬來。宣公五年。

春，衛侯使孫良夫來盟。宣公七年。

齊侯使國佐來聘。宣公十年冬。

冬，十有一月，晉侯使荀庚來聘。衛侯使孫良夫來聘。丙午，及荀庚盟。丁未，及孫良夫盟。成公三年。

春，宋公使華元來聘。成公四年。

春，晉侯使韓穿來言汶陽之田歸之于齊。成公八年。

宋公使華元來聘。成公八年春。

夏，宋公使公孫壽來納幣。成公八年。

晉侯使士燮來聘。成公八年冬十月。

衛人來媵。成公八年冬十月。

晉人來媵。成公九年夏。

齊人來媵。成公十年五月。

晉侯使郤犨來聘。己丑，及郤犨盟。成公十有一年春三月。

春，晉侯使郤錡來乞師。成公十有三年。

晉侯使欒黶來乞師。成公十有六年六月。

晉侯使荀罃來乞師。成公十有七年九月。

晉侯使士匄來聘。成公十有八年夏。

晉侯使士魴來乞師。成公十有八年冬。

冬，衛侯使公孫剽來聘。晉侯使荀罃來聘。襄公元年。

夏，鄭伯使公子發來聘。襄公五年。

冬，十月，衛侯使孫林父來聘。壬戌，及孫林父盟。襄公七年。

晉侯使士匄來聘。襄公八年冬。

夏，晉侯使士魴來聘。襄公十有二年。

春，宋公使向戌來聘。二月，己亥，及向戌盟于劉。襄公十有五年。

夏，晉侯使荀吴來聘。襄公二十有六年。

春，齊侯使慶封來聘。襄公二十有七年。

晉侯使士鞅來聘。襄公二十有九年夏五月。

吴子使札來聘。襄公二十有九年夏五月

春，王正月，楚子使薳罷來聘。襄公三十年。

春，晉侯使韓起來聘。昭公二年。

夏，宋公使華定來聘。昭公十有二年。

夏，晉侯使士鞅來聘。昭公二十有一年。

外諸侯卒葬

八月，庚辰，宋公和卒。隱公三年。

癸未，葬宋穆公。隱公三年冬十有二月。〔二五〕

滕侯卒。隱公七年春三月。

夏，六月，己亥，蔡侯考父卒。隱公八年。

八月，葬蔡宣公。隱公八年。

辛亥，宿男卒。隱公八年夏六月。

春，正月，甲戌，己丑，陳侯鮑卒。桓公五年。

葬陳桓公。桓公五年夏。

春，王正月，庚申，曹伯終生卒。夏，五月，葬曹桓公。桓公十年。

夏，五月，癸未，鄭伯寤生卒。秋，七月，葬鄭莊公。桓公十有一年。

八月，壬辰，陳侯躍卒。桓公十有二年。

丙戌，衛侯晉卒。桓公十有二年冬十有一月。

三月，葬衛宣公。桓公十有三年。

冬，十有二月，丁巳，齊侯禄父卒。桓公十有四年。

夏，四月，己巳，葬齊僖公。桓公十有五年。

六月，丁丑，蔡侯封人卒。〔二六〕桓公十有七年。

癸巳，葬蔡桓侯。桓公十有七年秋八月。

冬，十月，乙亥，陳侯林卒。莊公元年。

春，王二月，葬陳莊公。莊公二年。

乙酉，宋公馮卒。莊公二年冬十有二月。

夏，四月，葬宋莊公。莊公三年。

邾子克卒。莊公十有六年冬十有二月。

夏，五月，辛酉，鄭伯突卒。莊公二十有一年。

冬，十有二月，葬鄭厲公。莊公二十有一年。

冬，十有一月，曹伯射姑卒。莊公二十有三年。

葬曹莊公。莊公二十有四年春王三月。〔二七〕

夏，五月，癸丑，衛侯朔卒。莊公二十有五年。

夏，四月，丁未，邾子瑣卒。莊公二十有八年。

夏，四月，薛伯卒。莊公三十有一年。

夏，許男新臣卒。僖公四年。

葬許穆公。僖公四年八月。

曹伯班卒。僖公七年秋七月。

冬，葬曹昭公。僖公七年。

春，王正月，丁丑，宋公御説卒。僖公九年。

甲子，晉侯佹諸卒。僖公九年九月。

冬，十有二月，丁丑，陳侯杵臼卒。僖公十有二年。

夏，四月，葬陳宣公。僖公十有三年。

冬，蔡侯肸卒。僖公十有四年。

冬，十有二月，乙亥，齊侯小白卒。僖公十有七年。

秋，八月，丁亥，葬齊桓公。僖公十有八年。

夏，五月，庚寅，宋公兹父卒。僖公二十有三年。

冬，十有一月，杞子卒。僖公二十有三年。

晉侯夷吾卒。僖公二十有四年冬。

夏，四月，癸酉，衛侯燬卒。僖公二十有五年。

葬衛文公。僖公二十有五年秋。

夏，六月，庚寅，齊侯昭卒。秋，八月，乙未，葬齊孝公。僖公二十有七年。

陳侯款卒。僖公二十有八年六月。

夏，四月，己丑，鄭伯捷卒。僖公三十有二年。

冬，十有二月，己卯，晉侯重耳卒。僖公三十有二年。

癸巳，葬晉文公。僖公三十有三年夏四月。

冬，十月，甲申，許男業卒。文公五年。

春，葬許僖公。文公六年。

八月，乙亥，晉侯驩卒。冬，十月，公子遂如晉，葬晉襄公。文公六年。

夏，四月，宋公王臣卒。文公七年。

秋，八月，曹伯襄卒。文公九年。

葬曹共公。文公九年冬。

夏，五月，壬午，陳侯朔卒。文公十有三年。

邾子蘧蒢卒。文公十有三年夏五月。

夏，五月，乙亥，齊侯潘卒。文公十有四年。

秦伯罃卒。文公十有八年春二月。

冬，十月，丙戌，鄭伯蘭卒。葬鄭穆公。宣公三年。

秦伯稻卒。宣公四年春正月。

八月，滕子卒。宣公九年。

晉侯黑臀卒于扈。宣公九年。

冬，十月，癸酉，衛侯鄭卒。宣公九年。

己巳，齊侯元卒。宣公十年夏四月。

公孫歸父如齊，葬齊惠公。宣公十年六月。

夏，五月，壬申，曹伯壽卒。宣公十有四年。

葬曹文公。宣公十有四年秋七月。

春，王正月，庚子，許男錫我卒。宣公十有七年。

夏，葬許昭公。宣公十有七年。

丁未，蔡侯申卒。宣公十有七年春正月。

葬蔡文公。宣公十有七年夏。

甲戌，楚子旅卒。宣公十有八年秋九月。

八月，壬午，宋公鮑卒。成公二年。

乙亥，葬宋文公。成公三年二月。

庚寅，衛侯速卒。成公二年八月。

辛亥，葬衛穆公。成公三年春正月。

三月，壬申，鄭伯堅卒。成公四年。

葬鄭襄公。成公四年夏四月。

壬申，鄭伯費卒。成公六年夏六月。

秋，七月，丙子，齊侯無野卒。成公九年。

冬，十有一月，葬齊頃公。成公九年。

丙午，晉侯獳卒。成公十年五月。

曹伯廬卒于師。〔三八〕成公十有三年夏五月。

冬，葬曹宣公。成公十有三年。

春，王正月，莒子朱卒。成公十有四年。

冬，十月，庚寅，衛侯臧卒。成公十有四年。

春，王二月，葬衛定公。成公十有五年。

秦伯卒。成公十有四年冬十月。

夏，六月，宋公固卒。成公十有五年。

秋，八月，庚辰，葬宋共公。成公十有五年。

夏，四月，辛未，滕子卒。成公十有六年。

邾子貜且卒。成公十有七年十有二月。

六月，庚辰，鄭伯睔卒。襄公二年。

春，王三月，己酉，陳侯午卒。襄公四年。

葬陳成公。襄公四年秋七月。

春，王三月，壬午，杞伯姑容卒。襄公六年。

秋，葬杞桓公。襄公六年。

鄭伯髡頑如會，未見諸侯，丙戌，卒于鄵。襄公七年十有二月。

夏，葬鄭僖公。襄公八年。

秋，九月，吴子乘卒。襄公十有二年。

秋，九月，庚辰，楚子審卒。襄公十有三年。

冬，十有一月，癸亥，晋侯周卒。襄公十有五年。

春，王正月，葬晋悼公。襄公十有六年。

春，王二月，庚午，邾子牼卒。襄公十有七年。

曹伯負芻卒于師。襄公十有八年。

葬曹成公。襄公十有九年春正月。

秋，七月，辛卯，齊侯環卒。襄公十有九年。

冬，葬齊靈公。襄公十有九年。

三月，己巳，杞伯匄卒。襄公二十有三年。

葬杞孝公。襄公二十有三年夏。

十有二月，吳子遏伐楚，門于巢，卒。襄公二十有五年。

八月，壬午，許男寧卒于楚。襄公二十有六年。

葬許靈公。襄公二十有六年冬。

乙未，楚子昭卒。襄公二十有八年十有二月。

庚午，衛侯衎卒。襄公二十有九年夏五月。

秋，九月，葬衛獻公。襄公二十有九年。

六月，丁巳，邾子華卒。昭公元年。

葬邾悼公。昭公元年秋。

冬，十有一月，己酉，楚子麇卒。昭公元年。

春，王正月，丁未，滕子原卒。夏，叔弓如滕。五月，葬滕成公。昭公三年。

秦伯卒。昭公五年秋七月。

葬秦景公。昭公六年春正月。

春，王正月，杞伯益姑卒。昭公六年。

葬杞文公。昭公六年夏。

秋，八月，戊辰，衛侯惡卒。昭公七年。

十有二月，癸亥，葬衛襄公。昭公七年。

夏，四月，辛丑，陳侯溺卒。昭公八年。

葬陳哀公。昭公八年冬十月。

戊子，晉侯彪卒。昭公十年秋七月。

九月，叔孫婼如晉，葬晉平公。昭公十年。

十有二月，甲子，宋公成卒。昭公十年。

春，王二月，叔弓如宋，葬宋平公。昭公十有一年。

三月，壬申，鄭伯嘉卒。昭公十有二年。

五月，葬鄭簡公。昭公十有二年。

三月，曹伯滕卒。昭公十有四年。

秋，葬曹武公。昭公十有四年。

八月，莒子去疾卒。昭公十有四年。

春，王正月，吴子夷未卒。〔二九〕昭公十有五年。

秋，八月，己亥，晉侯夷卒。昭公十有六年。

冬，十月，葬晉昭公。昭公十有六年。

春，王三月，曹伯須卒。昭公十有八年。

秋，葬曹平公。昭公十有八年。

十有一月，辛卯，蔡侯廬卒。昭公二十年。

春，王三月，葬蔡平公。昭公二十有一年。

夏，六月，蔡侯東國卒于楚。昭公二十有三年。

丁酉，杞伯郁厘卒。昭公二十有四年秋八月。

葬杞平公。昭公二十有四年冬。

十有一月，己亥，宋公佐卒于曲棘。昭公二十有五年。

春，王正月，葬宋元公。昭公二十有六年。

九月，庚申，楚子居卒。昭公二十有六年。

冬，十月，曹伯午卒。昭公二十有七年。

春，王三月，葬曹悼公。昭公二十有八年。

夏，四月，丙戌，鄭伯寧卒。六月，葬鄭定公。昭公二十有八年。

秋，七月，癸巳，滕子寧卒。冬，葬滕悼公。昭公二十有八年。

夏，六月，庚辰，晉侯去疾卒。秋，八月，葬晉頃公。昭公三十年。

夏，四月，丁巳，薛伯穀卒。昭公三十有一年。

秋，葬薛獻公。昭公三十有一年。

二月，辛卯，邾子穿卒。定公三年。

秋，葬邾莊公。定公三年。

春，王二月，癸巳，陳侯吳卒。定公四年。

六月，葬陳惠公。定公四年。

杞伯成卒于會。定公四年夏五月。

葬杞悼公。定公四年秋七月。

曹伯露卒。定公八年三月。

葬曹靖公。定公八年秋七月。

秋，七月，戊辰，陳侯柳卒。定公八年。

九月，葬陳懷公。定公八年。

夏，四月，戊申，鄭伯蠆卒。定公九年。

六月，葬鄭獻公。定公九年。

秦伯卒。定公九年秋。

冬，葬秦哀公。定公九年。

春，薛伯定卒。夏，葬薛襄公。定公十有二年。

五月，於越敗吴于檇李。吴子光卒。〔三〇〕定公十有四年。

夏，四月，丙子，衛侯元卒。哀公二年。

冬，十月，葬衛靈公。哀公二年。

冬，十月，癸卯，秦伯卒。哀公三年。

葬秦惠公。哀公四年春二月。

秋，八月，甲寅，滕子結卒。哀公四年。

葬滕頃公。哀公四年冬十有二月。

春，王二月，庚戌，盗殺蔡侯申。哀公四年。

冬，十有二月，葬蔡昭公。哀公四年。

秋，九月，癸酉，齊侯杵臼卒。哀公五年。

閏月，葬齊景公。哀公五年冬。

秋，七月，庚寅，楚子軫卒。哀公六年。

冬，十有二月，癸亥，杞伯過卒。哀公八年。

春，王二月，葬杞僖公。哀公九年。

三月，戊戌，齊侯陽生卒。哀公十年。

葬齊悼公。哀公十年五月。

薛伯夷卒。哀公十年五月。

秋，葬薛惠公。哀公十年。

秋，七月，辛酉，滕子虞母卒。冬，十有一月，葬滕隱公。哀公十有一年。

夏，許男成卒。哀公十有三年。

葬許元公。哀公十有三年秋。

校勘記

〔一〕有，原本缺，據《春秋説略》和十三經本補。
〔二〕有，原本缺，據《春秋説略》和十三經本補。
〔三〕戊寅，原本缺，據《春秋説略》和十三經本補。
〔四〕履緰，《春秋説略》從《左傳》作裂繻。此從公、穀經。
〔五〕子叔姬，《春秋説略》從《左傳》作叔姬，郝氏謂闕文。此從公、穀經。
〔六〕三，原作「正」，據《春秋説略》和十三經本改。
〔七〕乙，原作「己」，據《春秋説略》和十三經本改。
〔八〕二，十三經本作「三」。
〔九〕成，原作「郕」，據《春秋説略》和十三經本改。
〔一〇〕壬戌，原本缺，據《春秋説略》和十三經本補。
〔一一〕子，原本缺，據《春秋説略》和十三經本補。
〔一二〕師，《春秋説略》和十三經本無。
〔一三〕杞人，原本缺，據《春秋説略》和十三經本補。
〔一四〕夏，原本缺，據《春秋説略》和十三經本補。

〔一五〕侯，原作「人」，據《春秋説略》和十三經本改。

〔一六〕我，原作「伐」，據《春秋説略》和十三經本改。

〔一七〕郕，原作「成」，據《春秋説略》和十三經本改。

〔一八〕高字上原有「齊」字，據《春秋説略》和十三經本删。

〔一九〕侯，原本作「人」，據《春秋説略》和十三經本改。

〔二〇〕鄭，原作陳，據《春秋説略》和十三經本改。

〔二一〕公，原作「人」，據《春秋説略》和十三經本改。

〔二二〕公如，原作如公，據《春秋説略》和十三經本改。

〔二三〕同〔四〕。

〔二四〕同〔五〕。

〔二五〕二，原作「一」，據《春秋説略》和十三經本改。

〔二六〕丁，原作辛，據《春秋説略》和十三經本改。

〔二七〕王三月，原作正月，據《春秋説略》和十三經本改。

〔二八〕盧，十三經本作「盧」。

〔二九〕未，原作「昧」，據《春秋説略》和十三經本改。

〔三〇〕子光，十三經本作「公子光」。

春秋比卷下

内滅國、取邑田

三月，鄭伯使宛來歸祊。庚寅，我入祊。隱公八年。

六月，壬戌，〔二〕公敗宋師于菅。辛未，取郜。辛巳，取防。隱公十年。

夏，滅項。僖公十有七年。

春，公伐邾，取須句。僖公二十有二年。

公以楚師伐齊，取穀。僖公二十有六年冬。

春，取濟西田。僖公三十有一年。

公伐邾，取訾婁。僖公三十有三年夏四月。

春，公伐邾。三月，甲戌，取須句。文公七年。

春，王正月，公及齊侯平莒及郯，莒人不肯，公伐莒，取向。宣公四年。

秋，取根牟。宣公九年。

公孫歸父帥師伐邾，取繹。宣公十年秋。

取汶陽田。成公二年八月。

取鄟。成公六年二月。

夏，取邿。襄公十有三年。

取邾田，自漷水。襄公十有九年春正月。

三月，取鄆。昭公元年。

叔弓帥師疆鄆田。昭公元年秋。

九月，取鄫。昭公四年。

春，王二月，季孫斯、叔孫州仇、仲孫何忌帥師伐邾，取漷東田及沂西田。哀公二年。

外取内邑田

鄭伯以璧假許田。桓公元年三月。

六月，齊人取濟西田。宣公元年。

春，晉侯使韓穿來言汶陽之田歸之于齊。成公八年。

夏，齊人取讙及闡。哀公八年。

歸田

齊人歸我濟西田。宣公十年春。

齊人來歸鄆、讙、龜陰田。定公十年夏。

齊人歸讙及闡。哀公八年冬十有二月。

外滅國

冬，十月，齊師滅譚，譚子奔莒。莊公十年。

夏，六月，齊人滅遂。莊公十有三年。

虞師、晉師滅下陽。〔三〕僖公二年夏五月。

楚人滅弦，弦子奔黄。僖公五年秋八月。

狄滅温，温子奔衛。僖公十年春正月。

夏，楚人滅黄。僖公十有二年。

春，王正月，丙午，衛侯燬滅邢。僖公二十有五年。

秋，楚人滅夔，以夔子歸。僖公二十有六年。

秋，楚人滅江。文公四年。

秋，楚人滅六。文公五年。

楚人、秦人、巴人滅庸。文公十有六年秋八月。

楚人滅舒蓼。宣公八年夏六月。

冬，十有二月，戊寅，楚子滅蕭。宣公十有二年。

六月，癸卯，晉師滅赤狄潞氏，以潞子嬰兒歸。宣公十有五年。

春，王正月，晉人滅赤狄甲氏及留吁。宣公十有六年。

楚人滅舒庸。成公十有七年十有二月。

莒人滅鄫。襄公六年秋。

十有二月，齊侯滅萊。襄公六年。

春，公會晉侯、宋公、衛侯、曹伯、莒子、邾子、滕子、薛伯、杞伯、小邾子、齊世子光，會吳于柤。夏，五月，甲午，遂滅偪陽。襄公十年。

楚屈建帥師滅舒鳩。襄公二十有五年秋八月。

秋，七月，楚子、蔡侯、陳侯、許男、頓子、胡子、沈子、淮夷伐吴，執齊慶封殺之，遂滅賴。昭公四年。

冬，十月，壬午，楚師滅陳。昭公八年。

冬，十有一月，丁酉，楚師滅蔡，執蔡世子有以歸，用之。昭公十有一年。

吴滅州來。昭公十有三年冬十月。

八月，晉荀吴帥師滅陸渾之戎。昭公十有七年。

冬，吴滅巢。昭公二十有四年。

冬，十有二月，吴滅徐，徐子章羽奔楚。〔三〕昭公三十年。

夏，四月，庚辰，蔡公孫姓帥師滅沈，以沈子嘉歸，殺之。定公四年。

春，王正月，癸亥，鄭游速帥師滅許，以許男斯歸。定公六年。

二月，辛巳，楚公子結、陳公孫佗人帥師滅頓，以頓子牂歸。定公十有四年。

二月，辛丑，楚子滅胡，以胡子豹歸。定公十有五年。

遷國邑

齊師遷紀、郱、鄑、郚。莊公元年冬十月。

三月，宋人遷宿。莊公十年。

春，王正月，齊人遷陽。閔公二年。

國遷

夏，六月，邢遷于夷儀。僖公元年。

十有二月，衛遷于帝丘。僖公三十有一年。

許遷于葉。成公十有五年冬十有一月。

許遷于夷。昭公九年春。

冬，許遷于白羽。昭公十有八年。

許遷于容城。定公四年六月。

十有一月，蔡遷于州來。哀公二年。

内外救

秋，荆伐鄭。公會齊人、宋人救鄭。莊公二十有八年。

狄伐邢。莊公三十有二年冬十月。

春，王正月，齊人救邢。閔公元年。

春，王正月，齊師、宋師、曹師次于聶北，〔四〕救邢。僖公元年。

夏，公會齊侯、宋公、陳侯、衛侯、曹伯，伐鄭，圍新城。秋，楚人圍許，諸侯遂救許。僖公六年。

三月，公會齊侯、宋公、陳侯、衛侯、鄭伯、許男、曹伯，盟于牡丘，遂次于匡。公孫敖帥師及諸侯之大夫救徐。僖公十有五年。

春，王正月，宋公、曹伯、衛人、邾人伐齊。夏，師救齊。五月，戊寅，宋師及齊師戰于甗，齊師敗績。狄救齊。僖公十有八年。

晉侯伐衛。僖公二十有八年春。

楚人救衛。僖公二十有八年春。

秋，楚人圍江。文公三年。

晉陽處父帥師伐楚以救江。文公三年十有二月。

楚人伐鄭。公子遂會晉人、宋人、衛人、許人，救鄭。文公九年三月。

楚子、鄭人侵陳，遂侵宋。晉趙盾帥師救陳。宣公元年秋。

楚子伐鄭。晉郤缺帥師救鄭。宣公九年冬十月。

宋師伐陳。衛人救陳。宣公十有二年冬十有二月。

楚公子嬰齊帥師伐鄭。成公六年秋。

晉欒書帥師救鄭。成公六年冬。

秋，楚公子嬰齊帥師伐鄭。公會晉侯、齊侯、宋公、衛侯、曹伯、莒子、邾子、杞伯，救鄭。成公七年。

楚公子貞帥師伐陳。公會晉侯、宋公、衛侯、鄭伯、曹伯、齊世子光，救陳。襄公五年冬。

十有二月，公至自救陳。襄公五年。

公會晉侯、宋公、衛侯、曹伯、莒子、邾子、齊世子光、滕子、薛伯、杞伯、小邾子，伐鄭。襄公十年秋。

楚公子貞帥師救鄭。襄公十年冬。

春，王三月，莒人伐我東鄙，圍台。季孫宿帥師救台。襄公十有二年。

夏，齊侯伐我北鄙，圍成。公救成，至遇。襄公十有五年。

秋，齊侯伐衛，遂伐晉。八月，叔孫豹帥師救晉。襄公二十有三年。

宋人圍曹。哀公七年秋。

冬，鄭駟弘帥師救曹。哀公七年。

冬，楚公子結帥師伐陳。吴救陳。哀公十年。

内外次

冬，公次于滑。莊公三年。

春，王正月，師次于郎，以俟陳人、蔡人。莊公八年。

夏，六月，齊師、宋師次于郎。莊公十年。

夏，師次于成。〔五〕莊公三十年。

春，王正月，齊師、宋師、曹伯次于聶北，救邢。僖公元年。

春，王正月，公會齊侯、宋公、陳侯、衛侯、鄭伯、許男、曹伯，侵蔡，蔡潰，遂伐楚，次于陘。僖公四年。

三月，公會齊侯、宋公、陳侯、衛侯、鄭伯、許男、曹伯，盟于牡丘。遂次于匡。僖公十有五年。

楚子、蔡侯次于厥貉。文公十年冬。

夏，晉韓厥帥師伐鄭。仲孫蔑會齊崔杼、曹人、邾人、杞人，次于鄫。襄公元年。

八月，叔孫豹帥師救晉，次于雍榆。襄公二十有三年。

秋，齊侯、衛侯次于五氏。定公九年。

春，齊侯、衛侯次于垂葭。定公十有三年。

齊侯、衛侯次于渠蒢。定公十有五年夏五月。

内外平

春，鄭人來渝平。隱公六年。

夏，五月，宋人及楚人平。宣公十有五年。

春，王正月，暨齊平。昭公七年。

春，王三月，及齊平。定公十年。

冬，及鄭平。定公十有一年。

城、戍

齊師、宋師、曹師城邢。僖公元年夏六月。

春，王正月，城楚丘。僖公二年。

春，諸侯城緣陵。僖公十有四年。

冬，仲孫蔑會晉荀罃、齊崔杼、宋華元、衛孫林父、曹人、邾人、滕人、薛人、小邾人于戚，遂城虎牢。襄公二年。

冬，戍陳。襄公五年。

戍鄭虎牢。襄公十年冬。

仲孫羯會晉荀盈、齊高止、宋華定、衛世叔儀、鄭公孫段、曹人、莒人、滕人、薛人、小邾人，城杞。襄公二十有九年夏五月。

冬，仲孫何忌會晉韓不信、齊高張、宋仲幾、衛世叔申、鄭國參、曹人、莒人、薛人、杞人、小邾人，城成周。昭公三十有二年。

乞師

公子遂如楚乞師。僖公二十有六年夏。

春，晉侯使郤錡來乞師。成公十有三年。

晉侯使欒黶來乞師。成公十有六年六月。

晉侯使荀罃來乞師。成公十有七年九月。

晉侯使士魴來乞師。成公十有八年冬。

賊臣子

戊申，衛州吁弑其君完。隱公四年春二月。

九月，衛人殺州吁于濮。冬，十有二月，衛人立晉。夏，四月，葬衛桓公。隱公五年。

春，王正月，戊申，宋督弑其君與夷及其大夫孔父。桓公二年。

冬，十有一月，癸未，齊無知弑其君諸兒。莊公八年。

春，齊人殺無知。莊公九年。

秋，七月，丁酉，葬齊襄公。莊公九年。

秋，八月，甲午，宋萬弑其君捷及其大夫仇牧。冬，十月，宋萬出奔陳。莊公十有二年。

冬，晉里克殺其君之子奚齊。僖公九年。

晉里克弑其君卓及其大夫荀息。僖公十年春正月。

晉殺其大夫里克。僖公十年夏。

冬，十月，丁未，楚世子商臣弑其君頵。文公元年。

齊公子商人弑其君舍。文公十有四年九月。

冬，十有一月，宋人弑其君杵臼。文公十有六年。

夏，五月，戊戌，齊人弑其君商人。文公十有八年。

莒弑其君庶其。文公十有八年冬十月。

秋，九月，乙丑，晉趙盾弑其君夷皋。宣公二年。

夏，六月，乙酉，鄭公子歸生弑其君夷。宣公四年。

癸巳，陳夏徵舒弑其君平國。宣公十年五月。

冬，十月，楚人殺陳夏徵舒。宣公十有一年。

春，葬陳靈公。宣公十有二年。

庚申，晉弑其君州蒲。成公十有八年春正月。

夏，五月，乙亥，齊崔杼弑其君光。襄公二十有五年。

春，王二月，辛卯，衛寧喜弑其君剽。襄公二十有六年。

晉人執衛寧喜。襄公二十有六年秋。

衛殺其大夫寧喜。襄公二十有七年夏。

閽弑吳子餘祭。襄公二十有九年夏五月。

夏，四月，蔡世子般弑其君固。襄公三十年。

冬，十月，葬蔡景公。襄公三十年。

夏，四月，丁巳，楚子虔誘蔡侯般殺之于申。昭公十有一年。

冬，十月，葬蔡靈公。昭公十有三年。

十有一月，莒人弑其君密州。襄公三十有一年。

夏，四月，楚公子比自晉歸于楚，弑其君虔于乾谿。楚公子棄疾殺公子比。昭公十有三年夏四月。

春，陳侯之弟招殺陳世子偃師。夏，四月，辛丑，陳侯溺卒。昭公八年。

冬，十月，壬午，楚師滅陳，執陳公子招放之于越，殺陳孔奐。葬陳哀公。昭公八年。

夏，五月，戊辰，許世子止弑其君買。昭公十有九年。

冬，葬許悼公。昭公十有九年。

夏，四月，吴弑其君僚。昭公二十有七年。

薛弑其君比。定公十有三年冬。

齊陽生入于齊。齊陳乞弑其君荼。哀公六年秋七月。

諸侯專殺

陳人殺其公子御寇。莊公二十有二年春正月。

曹殺其大夫。莊公二十有六年夏。

鄭殺其大夫申侯。僖公七年夏。

晉殺其大夫里克。僖公十年夏。

春，晉殺其大夫丕鄭父。僖公十有一年。

宋殺其大夫。僖公二十有五年夏四月。

公子買戍衛，不卒戍，刺之。僖公二十有八年春。

楚殺其大夫得臣。僖公二十有八年夏四月。

秋，衛殺其大夫元咺及公子瑕。僖公三十年。

晉殺其大夫陽處父。文公六年冬十月。

宋人殺其大夫。文公七年夏四月。

宋人殺其大夫司馬。文公八年冬十月。

晉人殺其大夫先都。文公九年二月。

晉人殺其大夫士縠及箕鄭父。文公九年三月。

楚殺其大夫宜申。文公十年夏。

陳殺其大夫泄冶。宣公九年冬十月。

冬，晉殺其大夫先縠。宣公十有三年。

春，衛殺其大夫孔達。宣公十有四年。

晉殺其大夫趙同、趙括。成公八年夏。

宋殺其大夫山。成公十有五年秋八月。

楚殺其大夫公子側。成公十有六年六月。

乙酉，刺公子偃。成公十有六年十有二月。

晉殺其大夫郤錡、郤犨、郤至。成公十有七年十有二月。

春，王正月，晉殺其大夫胥童。成公十有八年。

齊殺其大夫國佐。成公十有八年春正月。

楚殺其大夫公子申。襄公二年冬。

楚殺其大夫公子壬夫。襄公五年秋。

齊殺其大夫高厚。襄公十有九年八月。

鄭殺其大夫公子嘉。襄公十有九年八月。

蔡殺其大夫公子燮。襄公二十年秋。

楚殺其大夫公子追舒。襄公二十有二年冬。

陳殺其大夫慶虎及慶寅。襄公二十有三年夏。

晉人殺欒盈。襄公二十有三年冬十月。

衛殺其大夫寧喜。襄公二十有七年夏。

鄭人殺良霄。襄公三十年秋七月。

秋，鄭殺其大夫公孫黑。昭公二年。

楚殺其大夫屈申。昭公五年春正月。

陳人殺其大夫公子過。昭公八年秋。

楚殺其大夫成熊。昭公十有二年五月。

冬，莒殺其公子意恢。昭公十有四年。

楚殺其大夫郤宛。昭公二十有七年夏四月。

蔡殺其大夫公子駟。哀公二年十有一月。

夏，蔡殺其大夫公孫姓、公孫霍。哀公四年。

殺世子、殺弟

齊人取子糾殺之。莊公九年九月。

春，晉侯殺其世子申生。僖公五年。

乙酉，刺公子偃。成公十有六年十有二月。

秋，宋公殺其世子痤。襄公二十有六年。

天王殺其弟佞夫。襄公三十年五月。

外放大夫

晉放其大夫胥甲父于衛。宣公元年夏。

蔡人放其大夫公孫獵于吳。哀公三年秋七月。

兩下相殺

王札子殺召伯、毛伯。宣公十有五年六月。

春，陳侯之弟招殺陳世子偃師。昭公八年。

楚公子棄疾殺公子比。昭公十有三年夏四月。

盜殺

冬，盜殺鄭公子騑、公子發、公孫輒。襄公十年。

秋，盜殺衛侯之兄縶。昭公二十年。

春，王二月，庚戌，盜殺蔡侯申。哀公四年。

盜殺陳夏區夫。哀公十有三年冬十有二月。

殺鄰國大夫

蔡人殺陳佗。桓公六年秋八月。

冬，十月，楚人殺陳夏徵舒。宣公十有一年。

秋，七月，楚子、蔡侯、陳侯、許男、頓子、胡子、沈子、淮夷伐吳，執齊慶封殺之。昭公四年。

楚人執陳行人干徵師殺之。昭公八年夏四月。

冬，十月，壬午，楚師滅陳，執陳公子招放之于越，殺陳孔奂。昭公八年。

内叛

叔孫僑如帥師圍棘。成公三年附。

春，叔弓帥師圍費。昭公十有三年。

九月，己亥，公孫于齊，次于陽州。齊侯唁公于野井。十有二月，齊侯取鄆。昭公二十有五年。

三月，公至自齊，居于鄆。夏，公圍成。秋，公會齊侯、莒子、邾子、杞伯，盟于鄟陵。公至自會，居于鄆。昭公二十有六年。

春，公如齊。公至自齊，居于鄆。昭公二十有七年。

公如齊。公至自齊，居于鄆。昭公二十有七年冬十月。

公如晉，次于乾侯。昭公二十有八年春三月。

春，公至自乾侯，居于鄆。齊侯使高張來唁公。公如晉，次于乾侯。昭公二十有九年。

冬，十月，鄆潰。昭公二十有九年。

春，王正月，公在乾侯。昭公三十年。

春，王正月，公在乾侯。季孫意如會晉荀躒于適歷。昭公三十有一年。

晉侯使荀躒唁公于乾侯。昭公三十有一年夏四月。

春，王正月，公在乾侯。取闞。昭公三十有二年。

十有二月，己未，公薨于乾侯。昭公三十有二年。

夏，六月，癸亥，公之喪至自乾侯。戊辰，公即位。秋，七月，癸巳，葬我君昭公。定公元年。

季孫斯、仲孫何忌帥師圍鄆。〔六〕定公六年冬。

盜竊寶玉、大弓。定公八年冬。

得寶玉、大弓。定公九年夏四月附。

叔孫州仇、仲孫何忌帥師圍郈。定公十年夏。

秋，叔孫州仇、仲孫何忌帥師圍郈。定公十年。

叔孫州仇帥師墮郈。定公十有二年夏。

季孫斯、仲孫何忌帥師墮費。定公十有二年夏。

十有二月，公圍成。公至自圍成。定公十有二年。

外叛

衛孫林父入于戚以叛。襄公二十有六年春二月。

宋華亥、向寧、華定自陳入于宋南里以叛。昭公二十有一年夏。

春，宋公之弟辰及仲佗、石彄、公子地自陳入于蕭以叛。定公十有一年。

秋，晉趙鞅入于晉陽以叛。定公十有三年。

冬，晉荀寅、士吉射入于朝歌以叛。定公十有三年。

晉趙鞅歸于晉。定公十有三年冬。

内君奔入

三月，夫人孫于齊。莊公元年。

九月，夫人姜氏孫于邾。閔公二年。

十有二月，丁巳，夫人氏之喪至自齊。僖公元年。

九月，己亥，公孫于齊，次于陽州。昭公二十有五年。

夏，六月，癸亥，公之喪至自乾侯。定公元年。

内臣奔入

季子來歸。閔公元年秋八月。

公子慶父出奔莒。閔公二年九月。

公孫敖如京師，不至而復。丙戌，奔莒。文公八年冬十月。

公孫歸父如晉。宣公十有八年秋七月。

歸父還自晉，至笙，遂奔齊。宣公十有八年冬十月。

冬，十月，乙亥，叔孫僑如出奔齊。成公十有六年。

冬，十月，乙亥，臧孫紇出奔邾。襄公二十有三年。

冬，十月，公子憖出奔齊。昭公十有二年。

外君奔入

突歸于鄭，鄭忽出奔衛。桓公十有一年九月。

五月，鄭伯突出奔蔡，鄭世子忽復歸于鄭。桓公十有五年。

秋，九月，鄭伯突入于櫟。桓公十有五年。

十有一月，衛侯朔出奔齊。桓公十有六年。

夏，六月，衛侯朔入于衛。莊公六年。

冬，戎侵曹，曹羈出奔陳，赤歸于曹。莊公二十有四年。

衛侯出奔楚。僖公二十有八年夏四月。

六月，衛侯鄭自楚復歸于衛。僖公二十有八年。

春，王正月，郕伯來奔。文公十有二年。

己未，衛侯出奔齊。襄公十有四年夏四月。

衛侯入于夷儀。襄公二十有五年秋八月。

甲午，衛侯衎復歸于衛。襄公二十有六年春二月。

秋，莒去疾自齊入于莒，莒展輿出奔吳。昭公元年。

北燕伯款出奔齊。昭公三年冬。

蔡侯廬歸于蔡。陳侯吳歸于陳。昭公十有三年八月。

冬，蔡侯朱出奔楚。昭公二十有一年。

秋，七月，莒子庚輿來奔。昭公二十有三年。

衛世子蒯聵出奔宋。定公十有四年。

春，王二月，邾子益來奔。哀公十年。

外臣奔入

許叔入于許。桓公十有五年五月。

秋，八月，蔡季自陳歸于蔡。桓公十有七年。

秋，紀季以酅入于齊。莊公三年。

衛元咺出奔晉。僖公二十有八年六月。

衛元咺自晉復歸于衛。僖公二十有八年冬。

晋狐射姑出奔狄。文公六年冬十月。

戊子，晋人及秦人戰于令狐。晋先蔑奔秦。文公七年夏四月。

宋司城來奔。文公八年冬十月。

宋子哀來奔。文公十有四年九月。

齊崔氏出奔衛。宣公十年夏四月。

衛孫林父出奔晋。成公七年冬。

夏，衛孫林父自晋歸于衛。成公十有四年。

宋華元出奔晋。宋華元自晋歸于宋。宋魚石出奔楚。成公十有五年秋八月。

宋魚石復入于彭城。成公十有八年。

齊高無咎出奔莒。成公十有七年秋。

夏，宋華弱來奔。襄公六年。

宋華臣出奔陳。襄公十有七年九月。

蔡公子履出奔楚。襄公二十年秋。

陳侯之弟黄出奔楚。襄公二十年秋。

陳侯之弟黄自楚歸于陳。襄公二十有三年夏。

邾庶其以漆、閭丘來奔。襄公二十有一年春正月。
秋，晉欒盈出奔楚。襄公二十有一年。
夏，邾畀我來奔。襄公二十有三年。
晉欒盈復入于晉，入于曲沃。襄公二十有三年夏。
陳鍼宜咎出奔楚。襄公二十有四年冬。
衛侯之弟鱄出奔晉。襄公二十有七年夏。
夏，衛石惡出奔晉。襄公二十有八年。
冬，齊慶封來奔。襄公二十有八年。
齊高止出奔北燕。襄公二十有九年秋七月。
鄭良霄出奔許，自許入于鄭。襄公三十年秋七月。
夏，秦伯之弟鍼出奔晉。昭公元年。
楚公子比出奔晉。昭公元年冬十有一月。
夏，莒牟夷以牟婁及防兹來奔。昭公五年。
宋華合比出奔衛。昭公六年夏。
陳公子留出奔鄭。昭公八年夏四月。

夏，齊欒施來奔。昭公十年。

夏，四月，楚公子比自晉歸于楚。昭公十有三年。

夏，蔡朝吳出奔鄭。昭公十有五年。

夏，曹公孫會自鄸出奔宋。昭公二十年。

冬，十月，宋華亥、向寧、華定出奔陳。昭公二十年。

宋華亥、向寧、華定自宋南里出奔楚。昭公二十有二年春。

邾快來奔。昭公二十有七年冬十月。

冬，黑肱以濫來奔。昭公三十有一年。

楚囊瓦出奔鄭。定公四年。

宋樂大心出奔曹。宋公子地出奔陳。定公十年秋。

宋公之弟辰暨仲佗、石彄出奔陳。定公十年冬。

春，宋公之弟辰及仲佗、石彄、公子地自陳入于蕭以叛。定公十有一年。

秋，宋樂大心自曹入于蕭。定公十有一年。

宋公之弟辰自蕭來奔。定公十有四年秋。

春，衛公叔戌來奔。衛趙陽出奔宋。定公十有四年。

夏，衛北宫結來奔。定公十有四年。

衛公孟彄出奔鄭。定公十有四年秋。

蔡公孫辰出奔吳。哀公四年春二月。

夏，齊國夏及高張來奔。哀公六年。

衛公孟彄自齊歸于衛。哀公十年五月。

夏，陳轅頗出奔鄭。哀公十有一年。

衛世叔齊出奔宋。哀公十有一年冬十有一月。

納君、大夫、世子、公子

夏，公伐齊，納子糾。〔七〕齊小白入于齊。莊公九年。

秋，楚人圍陳。納頓子于頓。僖公二十有五年。

晉人納捷菑于邾，弗克納。文公十有四年秋七月。

丁亥，楚子入陳，納公孫寧、儀行父于陳。宣公十有一年冬十月。

春，齊高偃帥師納北燕伯于陽。昭公十有二年。

晉趙鞅帥師納衛世子蒯聵于戚。哀公二年夏四月。

諸侯相執

冬，晉人執虞公。僖公五年。

春，王三月，〔八〕宋人執滕子嬰齊。僖公十有九年。

秋，宋公、楚子、陳侯、蔡侯、鄭伯、許男、曹伯會于盂。執宋公以伐宋。十有二月，癸丑，公會諸侯盟于薄，釋宋公。僖公二十有一年。

三月，丙午，晉侯入曹，執曹伯畀宋人。僖公二十有八年。

曹伯襄復歸于曹。僖公二十有八年冬。

晉人執衛侯歸之于京師。僖公二十有八年冬。

衛侯鄭歸于衛。僖公三十年秋。

晉人執鄭伯。成公九年秋七月。

晉侯執曹伯歸于京師。成公十有五年三月。

曹伯歸自京師。成公十有六年秋。

晉人執莒子、邾子以歸。襄公十有六年三月。

晉人執邾子。襄公十有九年春正月。

楚人執徐子。昭公四年夏。

宋人執小邾子。哀公四年春二月。

晉人執戎蠻子赤歸于楚。哀公四年夏。

鄰國相戕

鄫子會盟于邾。己酉，邾人執鄫子用之。僖公十有九年夏六月。

秋，七月，邾人戕鄫子于鄫。宣公十有八年。

夏，四月，丁巳，楚子虔誘蔡侯般殺之于申。昭公十有一年。

冬，十有一月，丁酉，楚師滅蔡，執蔡世子有以歸，用之。昭公十有一年。

楚子誘戎蠻子殺之。昭公十有六年春。

夏，四月，庚辰，蔡公孫姓帥師滅沈，以沈子嘉歸，殺之。定公四年。

内臣執

冬，單伯如齊，齊人執單伯。齊人執子叔姬。文公十有四年。

單伯至自齊。文公十有五年六月。

十有二月，齊人來歸子叔姬。文公十有五年。

九月，晉人執季孫行父，舍之于苕丘。成公十有六年。

晉人執季孫意如以歸。昭公十有三年八月。

春，意如至自晉。昭公十有四年。

春，王正月，叔孫婼如晉。晉人執我行人叔孫婼。昭公二十有三年。

婼至自晉。昭公二十有四年春二月。

外臣執

九月，宋人執鄭祭仲。桓公十有一年。

春，齊人執鄭詹。莊公十有七年。

齊人執陳轅濤塗。僖公四年夏。

楚人執鄭行人良霄。襄公十有一年秋七月。

夏，晉人執衛行人石買。襄公十有八年。

晉人執衛寧喜。襄公二十有六年秋。

春，王三月，晉人執宋仲幾于京師。定公元年。

秋，晉人執宋行人樂祁犂。定公六年。

齊人執衛行人北宮結以侵衛。定公七年秋。

外君臣逃

秋，鄭詹自齊逃來。莊公十有七年。

齊伯逃歸，不盟。僖公五年秋八月。

陳侯逃歸。襄公七年十有二月。

魯郊

夏，四月，四卜郊不從，乃免牲，猶三望。僖公三十有一年。

春，王正月，郊牛之口傷，改卜牛，牛死，乃不郊，猶三望。宣公三年。

春，王正月，鼷鼠食郊牛角，改卜牛，鼷鼠又食其角，乃免牛。成公七年。

不郊，猶三望。成公七年夏五月。

夏，四月，五卜郊不從，乃不郊。成公十年。

九月，辛丑，用郊。成公十有七年。

夏，四月，三卜郊不從，乃免牲。襄公七年。

夏，四月，四卜郊不從，乃不郊。襄公十有一年。

鼷鼠食郊牛，牛死，改卜牛。定公十有五年春正月。

夏，五月，辛亥，郊。定公十有五年。

鼷鼠食郊牛，改卜牛。哀公元年春正月。

夏，四月，辛巳，郊。哀公元年。

魯宫廟

九月，考仲子之宫，初獻六羽。隱公五年。

夏，四月，取郜大鼎于宋。戊申，納于大廟。桓公二年。

春，正月，己卯，烝。桓公八年。

夏，五月，丁丑，烝。桓公八年。

乙亥，嘗。桓公十有四年秋八月。

秋，丹桓宫楹。莊公二十有三年。

春，王正月，刻桓宫桷。莊公二十有四年。

夏，五月，乙酉，吉禘于莊公。閔公二年。

秋，七月，禘于大廟，用致夫人。僖公八年。

丁丑，作僖公主。文公二年春二月。

八月，丁卯，大事于大廟，躋僖公。文公二年。

閏月，不告月，猶朝于廟。文公六年冬。

大室屋壞。文公十有三年秋七月。

辛巳，有事于大廟。仲遂卒于垂。壬午，猶繹，萬入，去籥。宣公八年夏六月。

二月，辛巳，立武宫。成公六年。

二月，癸酉，有事于武宫，籥入，叔弓卒，去樂，卒事。昭公十有五年。

立煬宫。定公元年九月。

從祀先公。定公八年冬。

魯　雩

大雩。桓公五年秋。

秋，八月，大雩。僖公十有一年。

秋，九月，大雩。僖公十有三年。

大雩。成公三年秋。

冬，大雩。成公七年。

秋，大雩。襄公五年。

秋，九月，大雩。襄公八年。

大雩。襄公十有六年秋。

九月，大雩。襄公十有七年。

秋，八月，大雩。襄公二十有八年。

八月，大雩。昭公三年。

秋，九月，大雩。昭公六年。

大雩。昭公八年秋。

九月，大雩。昭公十有六年。

秋，八月，大雩。昭公二十有四年。

秋，七月，上辛，大雩，季辛，又雩。昭公二十有五年。

九月，大雩。定公元年。

大雩。定公七年秋。

九月，大雩。定公七年。

秋，大雩。定公十有二年。

魯城、浚

夏，城中丘。隱公七年。

夏，城郎。隱公九年。

城祝丘。桓公五年夏。

冬，城向。桓公十有六年。

冬，浚洙。莊公九年。

冬，築郿。莊公二十有八年。

城諸及防。莊公二十有九年冬十有二月。

春，城小穀。莊公三十有二年。

春，公伐邾。三月，甲戌，取須句。遂城郚。文公七年。

季孫行父帥師城諸及鄆。文公十有二年冬十有二月。

城平陽。宣公八年冬十月。

冬，城鄆。成公四年。

城中城。成公九年冬十有一月。

城費。襄公七年夏四月。

冬，城防。襄公十有三年。

季孫宿、叔孫豹帥師城成郛。襄公十有五年夏。

城西郛。襄公十有九年冬。

城武城。襄公十有九年冬。

冬，城中城。定公六年。

城莒父及霄。定公十有四年秋。

冬，城漆。定公十有五年。

季孫斯、叔孫州仇帥師城啟陽。哀公三年五月。

城西郛。哀公四年夏。

春，城毗。哀公五年。

春，城邾瑕。哀公六年。

魯臺、囿

春，築臺于郎。莊公三十有一年。

築臺于薛。莊公三十有一年夏四月。

秋，築臺于秦。莊公三十有一年。

築鹿囿。成公十有八年八月。

冬，築郎囿。昭公九年。

夏，築蛇淵囿。定公十有三年。

魯毁、作

春，新延厩。莊公二十有九年附。

春，新作南門。僖公二十年。

毁泉臺。文公十有六年秋八月。

冬，十月，新作雉門及兩觀。定公二年。

魯蒐、狩

春，正月，公狩于郎。桓公四年。

春，二月，己亥，焚咸丘。桓公七年。

冬，公及齊人狩于禚。莊公四年。

秋，蒐于紅。昭公八年。

大蒐于比蒲。昭公十有一年五月。

大蒐于昌間。昭公二十有二年。

大蒐于比蒲。定公十有三年夏。

大蒐于比蒲。定公十有四年秋。

西狩獲麟。哀公十有四年春。

魯軍制

秋，八月，壬午，大閱。桓公六年。

甲午，治兵。莊公八年春正月。

三月，作丘甲。成公元年。

春，王正月，作三軍。襄公十有一年。

春，王正月，舍中軍。昭公五年。

魯田制

初税畝。宣公十有五年秋。

用田賦。哀公十有二年春。

魯水、旱、蟲、饑

螟。隱公五年九月。

螟。隱公八年九月。

秋，大水。桓公元年。

螽。桓公五年秋。

夏，大水。桓公十有三年。

螟。莊公六年秋。

秋，大水，無麥、苗。莊公七年。

大水。莊公二十有四年八月。

秋，大水。鼓，用牲于社、于門。莊公二十有五年。

大無麥、禾。臧孫辰告糴于齊。莊公二十有八年冬。

冬，不雨。莊公三十有一年。

冬，十月，不雨。僖公二年。

春，王正月，不雨。僖公三年。

夏，四月，不雨。僖公三年。

六月，雨。僖公三年。

冬，大雨雪。僖公十年。

八月，螽。僖公十有五年。

夏，大旱。僖公二十有一年。

自十有二月不雨，至于秋七月。文公二年。

螽。文公八年冬十月。

自正月不雨，至于秋七月。文公十年。

自正月不雨，至于秋七月。文公十有三年。

秋，八月，螽。宣公六年。

大旱。宣公七年秋。

大水。宣公十年秋。

饑。宣公十年冬。

秋，螽。宣公十有三年。

秋，螽。宣公十有五年。

冬，蝝生。宣公十有五年。

饑。宣公十有五年冬。

秋，大水。成公五年。

八月，螽。襄公七年。

大水。襄公二十有四年秋七月。

大饑。襄公二十有四年冬。

冬，十有二月，螽。哀公十有二年。

九月，螽。哀公十有三年。

十有二月，螽。哀公十有三年。

魯有年

有年。桓公三年冬。

大有年。宣公十有六年。

魯災

秋，八月，壬申，御廩災。桓公十有四年。

五月，乙巳，西宮災。僖公二十年。

甲子，新宫災，三日哭。成公三年二月。

夏，五月，壬辰，雉門及兩觀災。定公二年。

五月，辛卯，桓宫、僖宫災。哀公三年。

六月，辛丑，亳社災。哀公四年。

魯異

三月，癸酉，大雨，震電。庚辰，大雨雪。隱公九年。

冬，十月，雨雪。桓公八年。

無冰。桓公十有四年春正月。

冬，多麋。莊公十有七年。

秋，有蜮。莊公十有八年。

秋，有蜚。莊公二十有九年。

冬，大雨雪。僖公十年。

己卯，晦，震夷伯之廟。僖公十有五年九月。

秋，大雨雹。僖公二十有九年。

隕霜不殺草，李梅實。僖公三十有三年十有二月。

無冰。成公元年二月。

春，王正月，雨，木冰。成公十有六年。

春，無冰。襄公二十有八年。

冬，大雨雹。昭公三年。

春，王正月，大雨雹。昭公四年。

有鸜鵒來巢。昭公二十有五年夏。

冬，十月，隕霜殺菽。定公元年。

春，西狩獲麟。哀公十有四年。

外災異

秋，宋大水。莊公十有一年。

夏，齊大災。莊公二十年。

春，王正月，戊申，朔，隕石于宋五。是月，六鷁退飛過宋都。僖公十有六年。

雨螽于宋。文公三年秋。

夏，成周宣榭火。宣公十有六年附。

春，宋災。襄公九年。

五月，甲午，宋災。宋伯姬卒。襄公三十年。

夏，四月，陳災。昭公九年。

夏，五月，壬午，宋、衛、陳、鄭災。昭公十有八年。

日食

春，王二月，己巳，日有食之。隱公三年。

秋，七月，壬辰，朔，日有食之，既。桓公三年。

冬，十月，朔，日有食之。桓公十有七年。

春，王三月，日有食之。莊公十有八年。

六月，辛未，朔，日有食之，鼓，用牲于社。莊公二十有五年。

冬，十有二月，癸亥，朔，日有食之。莊公二十有六年。

九月，庚午，朔，日有食之，鼓，用牲于社。莊公三十年。

九月，戊申，朔，日有食之。僖公五年。

春，王三月，庚午，日有食之。僖公十有二年。

夏，五月，日有食之。僖公十有五年。

二月，癸亥，日有食之。文公元年。

六月，辛丑，朔，日有食之，鼓，用牲于社。文公十有五年。

秋，七月，甲子，日有食之，既。宣公八年。

夏，四月，丙辰，日有食之。宣公十年。

六月，癸卯，日有食之。宣公十有七年。

六月，丙寅，朔，日有食之。成公十有六年。

十有二月，丁巳，朔，日有食之。成公十有七年。

二月，乙未，朔，日有食之。襄公十有四年。

秋，八月，丁巳，日有食之。襄公十有五年。

冬，十月，丙辰，朔，日有食之。襄公二十年。

九月，庚戌，朔，日有食之。襄公二十有一年。

冬，十月，庚辰，朔，日有食之。襄公二十有一年。

春，王二月，癸酉，朔，日有食之。襄公二十有三年。

秋，七月，甲子，朔，日有食之，既。襄公二十有四年。

八月，癸巳，朔，日有食之。襄公二十有四年。

冬，十有二月，乙亥，朔，日有食之。襄公二十有七年。

夏，四月，甲辰，朔，日有食之。昭公七年。

六月，丁巳，朔，日有食之。昭公十有五年。

夏，六月，甲戌，朔，日有食之。昭公十有七年。

秋，七月，壬午，朔，日有食之。昭公二十有一年。

十有二月，癸酉，朔，日有食之。昭公二十有二年。

夏，五月，乙未，朔，日有食之。昭公二十有四年。

十有二月，辛亥，朔，日有食之。昭公三十有一年。

春，王三月，辛亥，朔，日有食之。定公五年。

十有一月，丙寅，朔，日有食之。定公十有二年。

八月，庚辰，朔，日有食之。定公十有五年。

天地變異

夏，四月，辛卯夜，恒星不見，夜中，星隕如雨。莊公七年。

秋，八月，辛卯，沙鹿崩。僖公十有四年。

九月，癸酉，地震。文公九年。

秋，七月，有星孛入于北斗。〔九〕文公十有四年。

梁山崩。成公五年夏。

五月，甲子，地震。襄公十有六年。

冬，有星孛于大辰。昭公十有七年。

己卯，地震。昭公十有九年夏五月。

八月，乙未，地震。昭公二十有三年。

夏，四月，甲午，地震。哀公三年。

冬，十有一月，有星孛于東方。哀公十有三年。

首　時

秋，七月。隱公六年。

秋，七月。隱公九年。

冬，十月。桓公元年。

夏，四月。桓公九年。

秋，七月。桓公九年。

春，正月。桓公十有二年。

秋，七月。桓公十有三年。

冬，十月。桓公十有三年。

秋，七月。桓公十有八年。

秋，七月。莊公四年。

春，王正月。莊公五年。

春，王正月。莊公十有一年。

夏，四月。莊公十有二年。

秋，七月。莊公十有三年。

冬，十月。莊公十有五年。

春，王正月。莊公十有六年。

冬，十月。莊公十有八年。

春，王正月。莊公十有九年。

夏，四月。莊公十有九年。

秋，七月。莊公二十年。

春，王正月。莊公二十有一年。

夏，五月。莊公二十有二年。

春，王正月。莊公三十年。

春，王正月。僖公六年。

秋，七月。僖公十年。

秋，七月。僖公十有二年。

春，王正月。僖公二十有四年。

秋，七月。僖公二十有四年。

春，王正月。僖公三十年。

秋，七月。僖公三十有一年。

春，王正月。僖公三十有二年。

春，王正月。文公八年。

夏，四月。文公八年。

春，王正月。文公十有三年。

夏，四月。宣公六年。

冬，十月。宣公六年。

春，王正月。宣公十有一年。

秋，七月。宣公十有二年。

夏，四月。宣公十有八年。

冬，十月。成公元年。

冬，十月。成公十年。

冬，十月。成公十有一年。

冬，十月。成公十有二年。

夏，四月。襄公二十有二年。

春，王正月。襄公三十有一年。

春，王正月。昭公十年。

秋，七月。昭公十有二年。

夏，四月。昭公十有四年。

春，王正月。昭公二十年。

秋，七月。昭公二十有九年。

秋，七月。昭公三十有二年。

春，王正月。定公二年。

夏，四月。定公三年。

春，王正月。定公七年。

夏，四月。定公七年。

冬，十月。定公七年。

春，王正月。定公九年。

夏，四月。定公十有一年。

秋，七月。哀公八年。

冬，十月。哀公九年。

異　文

夏，五月，鄭伯克段于鄢。隱公元年。

夏，四月，辛卯，君氏卒。隱公三年。

紀侯大去其國。莊公四年夏。

春，王正月，肆大眚。莊公二十有二年。

鄭棄其師。閔公二年十有二月。

梁亡。僖公十有九年冬。

九月，辛丑，用郊。成公十有七年。

叔孫豹、鄫世子巫如晉。襄公五年。

仲孫蔑、衛孫林父會吳于善道。襄公五年。

冬，十月，鄆潰。昭公二十有九年。

夏，五月，甲辰，孟子卒。哀公十有二年。

闕文

紀子帛、莒子盟于密。隱公二年冬十月。

春，正月。桓公三年以後。

不書秋、冬。〔一〇〕桓公四年。

春，正月，甲戌，己丑，陳侯鮑卒。桓公五年。

春，正月，寔來。桓公六年。

不書秋、冬。桓公七年。

夏，五。桓公十有四年。

冬，十月，朔，日有食之。桓公十有七年。不書甲子。

郭公。莊公二十有四年冬。

夏，五月，日有食之。僖公十有五年。

壬申，公朝于王所。僖公二十有八年冬。不書月。

三月，及晉處父盟。文公二年。

十有二月，甲子，宋公成卒。昭公十年。不書冬。

黑肱以濫來奔。昭公三十有一年冬。

季孫斯、仲孫忌帥師圍鄆。定公六年冬。

不書冬。定公十有四年。

校勘記

〔一〕戊，原作「寅」，據《春秋説略》和十三經本改。

〔二〕下，原作「夏」，據《春秋説略》和十三經本改。

〔三〕羽，《春秋説略》卷十作「禹」。

〔四〕曹師，《左傳》、《春秋説略》作「曹伯」。

〔五〕師，《春秋説略》、十三經本無。

〔六〕仲孫何忌，《春秋説略》和十三經本無「何」字，郝氏謂闕文。

〔七〕子，原本缺，據《春秋説略》和十三經本補。

〔八〕三，原作「正」，據《春秋説略》和十三經本改。

〔九〕入，原本缺，據《春秋説略》和十三經本補。

〔一〇〕不書秋冬與下文不書冬，均指經有闕文，而非經文。

附　録

胡培翬刻郝氏春秋二種叙

道光旃蒙作噩之歲，郝蘭皋先生卒於京邸，遺命其嗣以所著《春秋》、《爾雅》屬余與比部李君月汀謀付諸梓。越月，其嗣持《春秋説略》、《春秋比》二書來，時余與月汀爲先生謀刻《爾雅》，未遑及也，爲寫副藏之。今歲夏，先生之中表弟大令趙君鳳崖謁選入都，談次及此，慨然允出資任剞劂。工既竣，屬余記其事。余竊惟《春秋》一經，自左、公、穀三家各異其説，迨後説者日滋。余嘗涉覽通志堂所刻《春秋經解》三十餘種，率皆宋以後之書，及考之宋、明各史《藝文志》，而所刻者未及十之二三焉。又進考之隋、唐《志》，而其存於今者十無一二焉。何其作之多而傳之少也？豈非以無好古者爲之刊布，僅資鈔録，孤存之本難不泯失歟？然作者敝精耗神，竭數十年之心力以成一書，其言縱不必盡合於經，要自多有足采者，而往往塵薶蠹蝕，與烟雲同盡，良足哀也。今二書得大令鏤版以傳，不特先生含怡泉壤，而余與月汀承先生垂殁之委託，亦可籍以告慰已。道光七年，歲在强圉大淵獻八月，績溪胡培翬撰。

點校後記

「屬辭比事」是郝懿行在《春秋説略》中解説《春秋》的基本方法，各種義理分析和義例裁斷都由此而出。爲了充分體現「經中前後自有比例」，且證明自己解説《春秋》不謬，嘉慶十四年，郝懿行又「刺取前後經文，分別部居」，撰成《春秋比》兩卷。此書先由趙銘彝與《春秋説略》同時校刻問世，後原版收入《郝氏遺書》。此次點校整理即據遺書本。

根據「辭同相屬，辭異相屬」、「事同相比，事異相比」的原則，《春秋比》把《春秋》經文劃分爲七十七類，其中又有許多相關類目的合併，總計有一百多類。《春秋比》是爲《春秋説略》服務的，它的分目與編排都旨在説明《春秋説略》中的各種論斷，故它僅僅是排比了經文，而没有逐類進行歸納分析。

本書在排列經文中錯誤很多，凡屬明顯錯誤者均衹在書中改補，不另出校記。凡屬異文或不得不出校者，出校記。對其他問題的處理，與《春秋説略》相同。因水平所限，錯誤難免，望指正。

在本書整理過程中，王威師兄曾幫助借書，管謹訒教授給予了指導。管先生多次審閲修改，齊魯書社的編輯同志提出了很好的意見，一併誌謝。

一九九二年四月

證俗文

李念孔　張金霞
高文達　劉淑賢　點校
趙立綱
管謹訒　通校

《證俗文》點校本目次

棖盞　桒桑　丗卅、世　乇互　傘繖、㩮　訛譌、吪　個箇、个　做作
伱伲、你　体體　套套　姦奸、奸　元原　壹一、弌　貳二、弍　參三、弎
肆四、亖　伍五、乂　陸六　柒七、桼、漆　捌八　玖九　拾十　噐器
塘唐　吃喫　云雲、員　亘亙、亙　匆悤　的底　朙明　俐　恠怪
氿九　策　宓伏　勑敕　万萬　汝女

第十六卷　誤字……二二六一

閩門　黠伯　玎公　雞斯　龍卷　巾幗　晢幘　儒雅　熾蕾　桃
萊　栭亓　牡丹　日及　海盒　舟鮫　巫乙　元二　虎六　羊四
寶力　割名　金根　銀鎖　昌歐　苦鹽　興雲　不雨　淫泆　壙遼
不斟　將穀　相近　填池　盧維　擾阻　鹿鹿　蠅蠅　穰穰　秩秩
壹戎衣　八寸策　蔡蔡叔　紹周王　蝦蟇陵　光禄澗　寡婦城　寒號城
千齡洲　樹亭川　洞渦驛　慎陽縣　毛氏河　三豖文　六幺曲　索郎酒
杜十姨　黄姑女　單非單　側不畱　魯爲魚　焉成馬　淮淫別列　鷽鴞
蔦鳶　房子官綿　芳洲杜若　趙肖齊立　天芳先牛章長　彭郎小姑　載弄

天波　叟　⿱⿱若⿰若若苴　沙家　傖　傖　乾魚頭　畜子　雞　傒　傷
漢子　客作兒　丫頭　措大　圭頭　秃楬　幾頭　恂目　散　嫶冥
太瘦生　胍肔　蓮　孋矮　喋　孱　椎儲　杓子　艮頭　雲
詡畜　媷扒　俏醋　婄臟　阿帶　私白　夫娘　兹　稔　一火
喜　化　一白　掌　淀　瀑流　趵突　林　洩　渴　磧　究
林　碥　漕　盧奴　沱　洞　干　崓　瀼　部　墟　步　步
步　瀨　磧　圯　晌　索　雙　塘　播琴　琴　蓬塊　蓬顆
差　繇　舌　鏵　鍋　莍　越　拔　拓　跋　賀若　事　菑
沁　沃　篷　俛　紵　終古　餘　車　庫　古　俟汾　宇文
趙　買節　由旬　根格　呼囫　謨　脂餅　服　躅　構　烏鬼
母　駁馬　草馬　兒馬　騍馬　草驢　女貓　淨貓　善狗　鐓雞
闍豬　羯羊　宦牛　騸馬　李耳　羅羅　老鬾子　程　璞　厥
厥　火　犕馬　豬來窮家　狗來富家　貓來孝家　笑狗落雨　幼　訛
蛇　娵隅　膎䐑　膎　劁　胎　羊　蠅　横　膡　膡　虸蚄

蝗　蚱蜢　簸鍾　潘　聿　不律　弗　筆　裝潢　衮　贉
玉池　驚燕　泥窗　筍　椑　橿　照道　鐇　銖　梯　梢
梢子　廬　廚　揹　顆　顆　喊山　過羅　白著　大户　喫酒
食酒　呷　滌　女麴　麴塵　媒　鬍　潃　灩　觀　冷澤
爆　燉　焜　喋　嘸　嘸葦　嘸芬　濫　齲　鱗　曹　觪
齃　壇　精搖　眇挈　雷　沙　踶　簿　塓　相　葆　旅
紇頭　逼　稞　昧　伊緩　稉　筥　莒　芋　叔　俷儻　絡
索　儒輸　眠娗　奊莫　雜種　包彈　嘴鼻　上頭　上頭　郲婁
麆糟　謾台　脅閱　掉磬　掉磬　羅師　鞅掌　妥帖　帖妥　妥
將牢　拾没　甚麽　怎麽　何等　等　底事　底　噫歆　噫興
噫嘻　阿堵　無那　奈何　囉嗊　狼扈　浩穰　秋秋　于諸
因諸　是月　恁地　文莫　呻惆　杌治　罷休　耐可　豆湊　方頭
鄭重　煖屋　煖房　温暾　經紀　樓頭　痡峭　始花　隔是　兀誰
墨尿　佁儗　骨董　筆腳　字腳　杜撰　品藻　不倸　牢愁　踏

跛　唐突　糊塗　賣卦　瓠落　孟浪　弔詭　安排　卑陬　淩誶
人道我　拏訛頭　撞太歲　賣廳角　樹背張風　相干摩　不鯽溜
阿瘖瘖　不中用　耳邊風　不耐煩　小家子　没雕當　没巴鼻　翠欲流
熱湯湯　虎拍思　琥珀思　作麽生　等　徯　拉　毛　夥　錗
粿　夥　[illegible]　寇　齊人爲多　苦　祖　跑　波　站　跨　躂
度　扶　跌　痛　殺　傻　戚　倦　簡　鮮　斯　娓　惠
湑　塊　史　和　衣　誰　烝　漚　逶　獠　豬　斂　登
蒙　漱　浣　憑　莎　畔　痢　踊　渾　所　獨　黨　至
是　其　杴　熙杴　麾　媌　墮　殆　棓　樵　怴　詐
如　咄　咄　諾　喏　者者　喏喏　唯唯　阿　唉　譬　哈
哈　咳　羌　狡獪　來　泄　嗑　柴　誰　撮　跐　嚇　誶
躧　欻　扶　連　子細　不中　一切　打疊　叮嚀　囑付　打聽
乖剌　跁跒　至竟　噢虛　克什　哨鹿　幬器　宰　良　堌
過所　排馬牒　零丁　藺石　渠答　撒撥架梁　馬頭　鑣客　幡城

馬哈沁　翦綹　覓帖兒　掤包兒　扒首　刮兒　小利　扒雞收矖　割
包翦縷　打清水網

第十八卷　古民族詞、古外國詞

單于　虛連鞮　攣鞮氏　匈奴　撐犁　孤塗　屠耆　若鞮　鞮
閼氏　可敦　可汗　祁連　付泥　空措泥　失禄楷泥　浮泥　屑金
火敦　百濟　固麻　檐魯　南詔　哀牢夷　烏蠻　詔　六詔　蒙巂詔
越析詔　摩步詔　浪穹詔　邆賧詔　施浪詔　蒙舍詔　哀牢　九隆
九隆　蘭干　槃瓠　精夫　姎徒　阿謩　阿段　阿夷　阿等　郎火
火　婆　公　峒洞　羅殿王　九真　張游　里　俚人　且蘭　牂牁
夜郎　羈縻州　羈縻洞　州　縣　洞　知州　權州　監州　知縣
知洞　同發遣　權發遣　主户　提陀　田子　田丁　馬前牌　洞丁
媚娘　繡面　出宋　雕題　交阯　夫餘　馬加　牛加　狗加　迎鼓
相加　對盧　沛者　古鄒大加　東盟　隧神　折風　溝漊　濊　沃沮
句驪　侯　邑君　三者　舞天　責禍　果下馬　從魚　天君　蘇塗
邦　弧　寇　行解　徙　秦韓　臣智　儉側　樊秖　殺奚　邑借

邪馬臺國 持衰 伊都國 爾支 泄謨觚 柄渠觚 奴國 兕馬觚
蕉布 硫磺 番茄 額膩 喀難 安知 倭捕煞 彌煞 呀噶煞
十六煞 會耕噶 會南宮 蛙籃壁 倭呀 米小利 安班 薩几
優嗟煞 挖煞 威帝 殷帝 馬爛敏達羅 喀難顧司姑 阿彌多 夜弗蘇
苦苫苦 軋 孰 中漢 没 烏没 泥根没 時根没 姦 好
京裏老皇帝 皇帝 矇 瞎 老爺 朝廷 流官 趕場 索 竿兒酒
歹雞 跳月 老虎 翕陸連 窟速吾 渾犯剌 吾悞竭腦兒 白狼
唐蔌 提官 魏 罔驛 莫 支 知 衣 微 隨旅 邪 毗
推 拓 角 拒 蘇 仍 陽 雒 莫 莝 僂讓 旦 陵
陵 路 附 菌 路 敕 博南山 蘭倉水 金沙 板楯 倓
岑陬 軍須靡 昆莫 獵驕靡 昆彌 龜茲 烏秅 縣度 度索尋橦
笮 橦 灩澦撒髮 烏弋山離國 條支 西海 安息 弱水 桃拔
符拔 天鹿 辟邪 天竺 身毒 浮圖 金人 佛 化人 西域
羌 無弋 爰劍 彡姐 蕩姐 西羌 三苗 月氏 烏桓 種姓
唐述 唐述窟 帳 耨達兀兒火敦 悶磨黎山 阿耨達山 大淵水

朵甘思　火敦腦兒　殑伽河　縛芻河　徙多河　阿耨達　突厥　屋利設
契丹　烏羅箇没里　捺鉢　攔子軍　金叜　玉瓌　頭魚宴　頭鵞宴
雅魯　若統　鐵擺　勃極烈　都勃極烈　諳版勃極烈　國論勃極烈
胡魯勃極烈　斡里朵　阿胡迭　骨赧　蒲陽温　按答海　散亦孛
撒答　阿里孫　胡魯剌　阿合　兀朮　粘罕　界可　吾亦可　盤里合
謾都訶　謀良虎　辭不失　奴甲　訛出虎　賽里　迪古乃　撒八
忽都　阿息保　兀帶　兀典　阿鄰　阿嬾　忒鄰　沙忽帶　斡論
闍母　斜烈　婆盧者　按春　銀朮可　蒲盧渾　阿里虎　活女　沙剌
胡剌　桓端　阿虎里　孰輦　活离罕　合喜　訛古乃　斜哥　蒲阿
窩謀罕　完顔　烏古論　紇古烈　徒單　女奚烈　兀顔　蒲察　顔盞
温迪罕　石抹　奥屯　孛术魯　移剌　斡勒　納剌　裴滿　尼忙古
斡准　阿典　阿里侃　吾魯　抹顔　撒答　呵不哈　雨林　僕散
朮虎　古里甲　蒙古　女真　怯薛　博爾忽　博爾朮　木華黎　赤老温
阿襤　路裹彩　吐嚕　歹　押不蘆　肉屏　鐵立　燕八八　八八
鮮卑　師比　胥紕　犀紕　郭落帶　徐偃王　駒王　造父　徐戎

鵠蒼　后蒼　西王母　白環玉玦　白琯　昭宮　觚竹　北户　日下

四荒　條支　弱水　大秦國　弱水　流沙　戴勝　瑶池　雨師妾

丈夫國　維鳥　風伯山　女子國　巫咸　東女國　賓就　姑妹珍

母兒獸　八百媳婦　酋長　八百大甸司

第十九卷　梵語……………………………………………………二一六二

浮屠　天竺　佛　修善慈心　不殺生　清静　沙門　息意去欲　無爲

菩提薩　菩薩　菩　薩　普濟衆生　智慧了見　桑門　比丘　僧伽藍

僧伽　阿蘭若　伊浦塞　優婆塞　受戒行　桑門　耶須　蓮經

火居道士　火宅僧　住持　婆利耶　阿摩　母蘇弗室利　馱索迦　薜荔

那伽　竭伽　伽那　頻伽　諸趣　蘇伐羅　阿路巴　耆婆　貧婆

優婆塞　婆娑　阿彌陀經　頻婆　般若　波羅蜜　金鋼經　波若

團墮　儐茶波　儐茶夜　鮮渠　上沮　碧芬　林氏國　伊黎沙掌挐

阿耨多羅阿　耨多羅　内典　蘭奢　震旦　樓炭經　吃栗多　底栗多

點校後記……………………………………………………二一六二

證俗文述首

余年在踰立，始有志乎讀書。資性遲鈍，日裁數十行，能倍諷者裁百餘言。及浹辰之間，忽忽如夢，彼百餘言已亡其半。更閲一時，半者又亡。偶復追憶，茫如隔世。今齒將及艾，前志不遂，良可於邑。日月不貸人，一得之愚，恐終不復能爲我有也。近六七年來，遇有所得，用紙劄記，藏弆遂多。今檢其紙有破損者，雨溼者，煙熏者，紙尾細書不可辨者，廼者涒灘之歲，稍欲收拾散亡，集而録之，作噩之年，廼能矗就。分别部局，令不雜廁，凡爲十九卷，命曰《證俗文》。蓋慕服子慎《通俗文》，兼取《儒林傳》「疏通證明」之意云。郝懿行識。

補證俗文目録·序

恂獲讀蘭皋先生《曬書堂文集》、《筆記》、《筆録》暨先生尊人《楳叟閒評》，皆摘而手繕之矣。恂資識駑鈍，每苦氣浮，眼亦隨之而滑。以故凡所讀書，輒句讀之，丹黄之，復摘而手繕之。冀以斂其心，使勿肆其大較也。今續讀先生所著《證俗文》一書，竊嘆其淹貫古今，出入經史，徵引浩博，斷制謹嚴，所以沾匄後人者不少，洋洋乎大觀哉！將摘繕之，則愛無可割；將備繕之，則恂今年閲春秋已七十有九，儻不自量，設功隳于半塗，不幾遺一未了于胸中乎！計是書凡十有九卷。書中所載，各以類從，特未明標厥類，更無子目，檢尋匪易。於是日置案頭，隨時省覽。不揣譾陋，爲補逐卷之目于首卷中，以綱絡之。俾因端竟委，可按跡而求。此後分條析縷以讀之可也；即行雲流水以讀之，抑亦無不可也。爰録先生自著《述首》一篇，仍冠其顛，即以恂所補之目列《述首》之次云。

光緒乙酉人日，後學甘泉董恂譔并書于京邸還讀我書之室。

補證俗文目録

卷一

卷二

卷三

卷六 ……………………………………………………………… 二三四四

岺（二五三二）　由（二五三二）　弫（二五三三）　)(（二五三三）　耐（二五三三）
䆞（二五三三）　泣（二五三四）　㣻（二五三四）　罝（二五三四）　㗊（二五三五）
枔（二五三五）　褵袜（二五三六）　憺怕（二五三六）　傀儡（二五三七）
儃佪（二五三七）　衹徊（二五三七）　佳可（二五三七）　㐮㐺（二五三八）
厶厸（二五三九）　周田觀（二五三九）

恂按：以上三卷首條之末曰「集奇字」、「集别字」、「集誤字」，似是總目，他卷則無。

校記

〔一〕應作「古民族詞、古外國詞」

證俗文

第一

烟　淡巴菇也。其筒曰火器，一曰烟袋。明張介賓《景岳書》云：「燒烟吸之，大能醉人，前古未聞。近自我明萬歷，始出於閩廣之間，自後吳楚皆種植之。然總不若閩中色微黄質細名金絲烟者，力强氣勝爲優也。求其習服之始，則向以征滇師旅，深入瘴地，無不染病，獨一營無恙。問其所以，則衆皆服烟，由是徧傳。」又云：「烟、檳榔，性略同，二物皆壯氣辟邪之要藥，故滇廣中人一日不可少也。」《香祖筆記》三稱：「姚旅露書云：吕宋國有草名淡巴菰，一名（曰）金絲。醺烟，氣從管中入喉，能令人醉，亦辟瘴氣，搗汁可毒頭蝨。初，漳州人自海外携來，莆田亦種之，反多于吕宋。今處處有之，不獨閩矣。」《筆記》七云：「又有製爲鼻烟者，云可明目，尤有辟疫之功，以玻瓈爲缾貯之云云。」余案：烟本自海外移根中土，張學禮《中山紀略》：「琉球烟、刀、摺扇皆來自日本國。」又云：「腰兩傍插扇子、烟袋、小刀之類。」是則烟在彼處誠不可斯臾去矣。今北方轉盛，一家男、婦無慮數口，盡解喫烟。上地膏腴，豆餅糞田，悉爲烟葉。計十萬户一日之費，蓋不下百餘萬。飢不可食，渴不可飲，而切於日用，有甚於飢渴者焉。明胡然有詩云：「流播自遐方，爭看帶火嘗。辟寒同麴蘗，解渴勝茶湯。堪助唫哦趣，能增齒頰香。霏霏呼吸處，雲霧滿衣裳。」

茶　《爾雅·釋木》「檟，苦荼」注云：「樹小如梔子，冬生。葉可煮作羹飲。今呼早采者爲荼，晚取者爲茗。一名荈，蜀人名之苦荼。」陸羽《茶經》：「一曰茶，二曰檟，三曰蔎，四曰茗，五曰荈。」案：蘇軾詩：「周詩記苦荼，茗飲出近世」，蓋誤以荼菜爲茗，不知荼是木，非菜也，公當讀《爾雅》未熟耳。《魏了翁集》曰：「茶之始，其字爲『荼』，如《春秋》『齊荼』、《漢志》『荼陵』之類。陸、顔諸人，雖已轉入『茶』音，未嘗輒改字文。惟陸羽、盧仝以後，則遂易『荼』爲『茶』，其字以从艸从人从木。」案：《漢書·年表》「荼陵」師古注：「荼音塗。」《地理志》荼陵从人从木。師古注：「弋奢反。又音丈加反。」則漢時已有「荼」、「茶」兩字，非至陸羽後始易「荼」爲「茶」也。案：《説文》：「荼，苦荼。」徐鉉曰：「此即今之茶字。」攷茗飲之法，始見於漢末，或云始於梁天監中，事見《洛陽伽藍記》，非也。而已萌牙於前漢，司馬相如《凡將篇》有「荈詫」。陸羽《茶經》。案：荈詫，即茶也。「荼」有「茶」音，蓋始於此。王褒《僮約》有「陽武買茶」。前云「炰鼈烹茶」，後云「陽武買茶」。注以前爲苦菜、後爲茗。然其飲法未聞，或曰爲餅咀食之。逮東漢末，蜀、吴之人始造茗飲。《毛詩》：「山有栲」，陸璣疏云：「山樗與下田樗無異，葉似差狹。吴人以其葉爲茗。」「椒聊」，疏云：「椒，蜀人作茶，吳人作茗，皆合煮其葉以爲香。」自《爾雅》已後，茶事見經始此。《吳志·韋曜傳》：「孫皓時，每宴饗，無不竟日，坐席無能否飲酒，率以七升爲限，雖不悉入口，皆澆濯取盡。曜素飲不過二升，初見禮異，或爲裁減，或賜茶荈以當酒。」茶事見史始此。晉張載《登成都白菟樓》詩云：「芳茶冠六清。」孫楚詩云：「薑桂茶荈出巴蜀。」茶事見詩歌始此。案：此可見茶莫盛於蜀，亦莫先於蜀。顧寧人《日知録》卷七云：「自秦人取蜀而後始有茗飲之事。」詳見本書。寇宗奭《本艸衍義》：「晉温嶠上表貢茶千斤、茗三百斤。」茶充貢始此。高澹人《天禄識餘》云：「逮唐中世，榷茶遂興，與榷酒相抗，迄今國計賴此爲多。」《日知録》卷十云：「宋嘉祐中，著作佐郎何鬲三班奉職，王嘉麟上書請罷給茶本錢，縱園户貿易，而官收租錢，與所在征算歸榷貨務，以償邊糴之費，可以疏利源而寬民力。仁宗從之。其詔書曰：『歷世之敝，一旦以除，著爲經常，弗復更制。』以是雖當王安石之時，而於茶法未有所變。」繇是辜榷興焉。《唐書·陸羽傳》：「羽嗜茶。《日知録》云：「自此後，茶字減一畫爲茶。」著經三篇，言茶之原、之法、之具尤備。有常伯熊者，因羽論復廣著茶之功，其後尚茶成風。時回紇入朝，始驅馬市茶。」而唐劉肅《大唐新語》載：「右補闕綦毋煚性不飲茶，著《茶飲叙》曰：『釋滯消壅，一日之利暫佳；瘠氣侵精，終身之害斯大。獲益則功歸茶力，貽患則不謂茶災。豈非福近易知，害遠難見？』」宋黄庭堅《茶賦》亦曰：「寒中瘠氣，莫甚於茶，或濟之鹽，句賊破家。」案：《物類相感志》云：「芽茶得鹽，不苦而甜。是則加薑因其味寒，施鹽欲其不苦。」今南北茶飲轉盛，烟茶二物，幾不可須臾離矣。故唐以御史主茶甌聽。唐趙璘《因話録》。明代設茶馬御史。《明史》。茶之名者，有浙之龍井，江南之芥片，吕種玉《言鯖》云：「茶之精者，浙以龍井爲第一，江南以芥片爲第一。然佳者極難得，亦少識者。明李于鮮爲浙臬副使，徐子與以芥茶最精者餉之，後見子與問及，則已賞皁役矣。蓋芥茶葉大多梗，于鱗北人，不識耳。」閩之武夷云。《天禄識餘》云：「宋御茶園在武夷，第四曲中有喊山臺，每歲驚蟄日，有司爲文致祭，祭畢，鳴金揚鼓，同喊曰『茶發芽』，謂之喊山。」《珩璜新論》云：「盧仝詩『天子初嘗陽羨茶』，是時當未知七閩之奇。」《鶴林玉露》十三云：「陸羽《茶經》、斐汶《茶述》皆不載建品，唐末，然後北苑出焉。宋朝，開寶間，始命造龍團以别庶品。厥後，丁晉公漕閩乃載之《茶録》。蔡忠惠又造小龍團以進。東坡詩云：『武夷溪邊粟粒芽，前丁後蔡相籠加。』」

鹽

《説文》云：「鹽，鹹也。古者，宿沙初作煮海鹽。」李時珍《本艸綱目》：「鹽品甚多，海鹽取海滷煎鍊而成，今遼、冀、山東、兩淮、閩、浙、廣南所出是也。」又云：「井鹽取井滷煎鍊而成，今四川、雲南所出是也。」又云：「鹻鹽刮取鹻土煎鍊而成，并州、河北所出是也。」又《周禮》「散鹽」，即末鹽，出於海及井並煮鹻而成者，其鹽皆散末也。鹽，河東鹽池，袤五十一里，廣七里，周百十六里。《左氏成六年傳》「必居郇瑕氏之地，沃饒而近鹽」注：「郇瑕，古國名，在河東解縣。鹽，鹽也。猗氏縣鹽池是。」《周禮·鹽人》「凡齊事，鬻鹽以待戒令」。疏：「鹽，出於鹽池，今之顆鹽是也。」案：顆鹽者，未經湅治，其形顆顆然也，其味鹹苦，一名苦鹽。鹽人祭祀，共其苦鹽。杜子春讀苦爲鹽，謂出鹽直用，不湅治，一名鹽鹽。《史記·貨殖傳》：「猗頓用盬鹽起。」《本艸綱目》：「池鹽出河東安邑、西夏靈州，今惟解州種之。疏鹵地爲畦隴而塹圍之，引清水注入，久則色赤，待夏秋南風大起，則一夜結成，謂之鹽南風。如南風不起，則鹽失利。亦忌濁水淤澱鹽脈也。」又云：「海豐、深州者，亦引海水入池曬成。」又云：「階成、鳳州所出，皆厓鹽也，生於土厓之間，狀如白礬，亦名生鹽。此五種皆食鹽也（謂海、井、池、鹻、厓）。上供國課，下濟民用。海鹽、井鹽、鹻鹽三者出於人，池鹽、厓鹽二者出於天。」案：《禮·内則》「卵鹽」注：「大鹽也。」未審於諸鹽誰屬。又鹽品之異者，傘子鹽生於井，石鹽生於石，木鹽生於樹，蓬鹽生於艸，具詳《本艸綱目》。又《周禮、鹽人》「賓客共其形鹽」注：「形鹽，鹽之似虎形。」「王之膳羞共飴鹽」注：「飴鹽，鹽之恬者，今戎鹽有焉。」《困學紀聞》四卷：「形鹽掘地以出之，周公閱所云鹽虎形也。飴鹽於戎以取之。伊尹所云和之美者，大夏之鹽也。後周四鹽之政倣此」（謂盬鹽、散鹽、形鹽、飴鹽）。《宋書·張暢傳》（附《張邵傳》後）：「魏主又遣送氈及九種鹽并胡豉，云：此諸鹽各有宜。白鹽是魏主所食。黑者療腹脹氣滿，刮取六銖，以酒服之。胡鹽療目痛。柔鹽不用食，療馬脊瘡。赤鹽、駁鹽、臭鹽、馬齒鹽四種，並不中食。胡豉亦中啖。」鹵，西方鹹地也。安定有鹵縣，東方謂之㡿，案：《禹貢》「海濱廣㡿」是。西方謂之鹵。《爾雅·釋言》：「滷、𪉟、鹹，苦也。」《玉篇》：「滷，苦地也。」案：西方謂之鹵者，《漢書·地理志》「安定郡鹵縣。」又「代郡鹵成縣。」《春秋公羊·昭元年》「晉荀吳帥師敗狄于大鹵」是也。又《漢書·宣帝紀》：「常困於蓮勺鹵中。」如淳曰：「蓮勺縣有鹽池，縱廣十餘里，其鄉人名爲鹵中。」師古曰：「今在櫟陽縣東。其鄉人謂此中爲鹵鹽池也。」鹺，鹹也。河内謂之鹺，沛人言若虘。《禮·曲禮》云：「鹽曰鹹鹺。」注云：「大鹹若鹺」，鹽味之厚也。夫鹽，爲食肴之將。《漢書·食貨志》。〔二〕民非食淡，誰能去鹽？古者，鹽利與民共之，故《周官》無課鹽之瀍，晉臣有近鹽之憂。《左傳》韓獻子。而《山海經》「鹽販之澤」，《穆天子傳》「至于鹽」，《職方氏》「幽州，其利魚鹽」，是皆布利而散之上下者也。自管子官山海，謹鹽筴，肇開辜榷之端。《管子·海王》篇：「十口之家，十人食鹽；百口之家，百人食鹽。終月大男食鹽五升少半；大女食鹽三升少半；吾子食鹽二升少半。」〔注：吾子，謂小男小女也。〕又云：鹽百升而釜，令鹽之重，升加分彊。」〔注：分彊，半彊也。令使鹽官稅其鹽之重，每一升加半合爲彊而取之。〕又云：「有海之國，售鹽於吾國，釜十五，吾受而官出之以百。」〔注：「受，取也。假令彼鹽平價，釜當十錢者，吾又加五錢而取之，所以來之也。既得彼鹽，則令吾國鹽官又出而糴之，釜以百錢也。」〕《困學紀聞》四卷：「自《海王》之篇、『祈望』之守，作俑於齊，至漢二十倍於古。」案：「祈望守之」見《左氏昭二十年傳》。至漢，遂以大農斡鹽，均輸平準，竭澤求魚，而桑孔利事析秋毫矣。《漢書·食貨志》。漢興之始，鹽利莫盛於吴，吴王煮海水爲鹽，以故無賦而國用饒足。《漢書·吴王濞傳》。案《地理志》：海鹽縣、鹽官縣並屬會稽郡。又杜甫詩：「蜀麻、吴鹽自古通」。又曰：「風烟渺吴蜀，舟楫通鹽麻」。又曰：「蜀麻久不來，吴鹽擁荆門」。然則鹽起東南，轉於西北，蓋斯時天下盡食吴鹽，亦如粳稻之來東吴矣。觀杜子美詩，則知至唐猶然。迨武帝以後，郡國鹽官坐列市肆，盡籠天下之貨矣。夫鹽官既不能罷，但少則利歸官，多則害歸民。民害者，官亦擾；官利者，民亦便。「唐劉晏爲轉運使，專用榷鹽法充軍國之用。時自許、汝、鄭、鄧之西皆食河東池鹽，度支主之；汴、滑、唐、蔡之東皆食海鹽，晏主之。晏以爲鹽吏多則州縣擾，故但於出鹽之鄉置鹽官，收鹽户所煮之鹽轉鬻於商人，任其所之。自餘州縣不復置官。其江嶺間去鹽鄉遠者，轉官鹽於彼貯之，或商絶鹽貴則減價鬻之，謂之常平。鹽官獲其利而民不乏鹽。始江淮鹽利不過四十萬緡，季年乃六百萬緡，由是國用充足而民不困弊。」此官民俱利之效也。官鹽貴則私販起，盜賣多則刑獄繁。「《宋史》言江西之虔州地連廣南，而福建之汀州亦與虔接，虔鹽弗善，汀故不産鹽，二州民多盜販廣南鹽以射利。」《宋史》又言「虔州官鹽自淮南運致，鹵溼雜惡，輕不及斤，而價至四十七錢。嶺南鹽販入虔，以斤半當一斤，純白不雜，賣錢二十，以故虔人盡食嶺南鹽。虔州，即今贛州府。宋時屢議不定，今卒食廣東鹽。」「每歲秋冬，田事纔畢，恒數十百爲羣，持甲兵旗鼓往來虔、汀、漳、潮、循、梅、惠、廣八州之地，所至劫人穀帛，掠人婦女，與巡捕吏卒鬭格，或至殺傷，則起爲盜，依阻險，要捕不能得，或赦其罪招之。」《日知録》卷十。此官民俱擾之驗也。善乎宋臣蘇軾《乞罷登萊榷鹽狀》云：「官無一毫之利，而民受三害，案：三害，謂鹽榷入官，官買價賤，竈户失業逃亡，其害一也；居民頓食貴鹽，遂至食淡，其害二也；鹽積不散，坐棄官本，官吏被責，專副破家，其害三也。決可廢罷。欲乞朝廷先罷登、萊兩州榷鹽，依舊令竈户賣與百姓，官收鹽税。其餘州軍，更委有司詳講利害施行。是誠課鹽之至論，經國之良謨也。其云令竈户自賣，官爲收税，尤與制田出賦相爲表裏。《夏書》唯青州有鹽貢，而今制，登、萊課鹽金，所謂制其貢各以其所有，不責以所無也。」近世李雯持論亦云：「鹽之産於場，猶五穀之生於地，宜就場定額。一税之後，不問其所之，則國與民兩利。」又曰：「天下皆私鹽，則天下皆官鹽。」《日知録》卷十。其論即蘇氏之旨，皆鑿然可行者也。鹽之有引，起於前明。《日知録》云：「洪武三年六月辛巳，山西行省言：『大同糧儲自陵縣長蘆運至太和嶺，路遠費重。若令商人於大同倉入米一石，太原倉入米一石三斗者，倶準鹽一引，引二百斤。商人鬻畢，即以原給引自赴所在官司繳之，如此則轉輸之費省，而軍儲充矣。』從之。此中鹽之法所自始。」蓋一切權宜之制，非經久無弊之規也。王應麟攷自古鹽政云：「《漢志》鹽官三十有五。唐有鹽之縣一百五。本朝鹽所出者十二路，爲池二，爲監七，爲場二十二，爲井六百有九。《玉海》作井八百二十二。法益詳而利無遺矣。」《困學紀聞》卷四。

酒

《説文》云：「酒，就也，所以就人性之善惡。一曰造也。吉凶所造也。〔二〕古者儀狄作酒醪。案：醪汁，滓酒也，今甜酒帶糟者。禹嘗之而美，遂疏儀狄。杜康作秫酒。」案：杜康，亦曰少康。《説文》：「古者少康初作箕、帚、秫酒。」少康，杜康也。秫，稷之黏者，即今所謂黏穀也，其米曰小黄米。儀狄蓋以稻爲酒，至杜康始以秫爲，即今之黄酒。案：稻之黏者亦名秫。《廣雅》云：「秈，粳也」，

「秫，稉也」。《月令》云：「秫稻必齊。」《爾雅·釋文》：「江東人皆呼稻米爲秫米。」然《爾雅》之《衆秫》，則謂黏稷也。今北方謂穀子之黏者爲秫穀子，謂高粱之黏者爲秫秫。《釋文》云：「北間自有秫穀，米黏，北人用之釀酒，」其説是矣。又云：「其莖稈似禾而粗大」，則秫秫矣。秫穀子得酒少，不如秫秫得酒多而味益美也。《本草》云：「高粱，一名蜀黍。」王楨《農書》云：「蜀黍，一名蜀秫，或謂之黍黍，或謂之竪黍，皆聲轉也。」《説文》云：「八月黍成，可爲酎酒。」今之黍，三月種，六月熟，未嘗至八月。今人不辨秫、黍，故遂淆譌，以秫爲黍。又《説文》云：「黍，禾屬而黏者也。以大暑而種，故謂之黍。孔子曰：『黍可爲酒，故从禾入水也。』」酏，黍酒也。賈侍中説酏爲鬻清。《周禮·酒正》「四曰酏」注云：「今之粥。《内則》有黍酏。酏飲，粥稀者之清也。」案：以黍爲粥，稀者清之可以當飲，稠者予麴釀之如造秫酒法，及成而色赤如《酒正》「緹齊」。〔注云：「緹者，成而紅赤，如今下酒矣。」〕《説文》云：「酏，黍酒。」《玉篇》云：「米酒，清酒」，謂是也。《釋名》云：「酒，酉也。釀之米麴。酉澤，久而味美也。」《説文》：「酉，就也。」又曰：「象古文酉之形。」案：古文酉、酒蓋通。亦言踧也，能否皆彊相踧持飲之也。又入口咽之，皆踧其面也。」《周禮·酒正》：「辨三酒」。注云：「事酒，酌有事者之酒，其酒則今之醳酒也。昔酒，今之酋久白酒，所謂舊醳者也。清酒，今中山冬釀，接夏而成。」案：《方言》云：「久熟曰酋。」《漢書·食貨志》云：「酒者，天之美禄。」又曰：「酒，百藥之長。」鄭康成言：「古者穫稻而漬米麴，至春而爲酒。」《禮·月令》注。恐不然。《詩》云「爲此春酒」，傳云：「春酒，凍醪也。」蓋十月穫稻，必以十一月或十二月爲酒，至春而熟，故言春酒。今名此酒爲「桃華開」矣。酒官謂之大酋。酋，酒熟也。《月令》注。湑酒謂之釃。釃，下酒也。《詩·小雅》曰「釃酒有萸」，傳云：「以筐曰釃，以藪曰湑。」案：筐、藪，皆今酒篘。壓酒具謂之醡。音詐。《廣韻》：「壓酒具也。」古言久酒有毒。《禮·郊特牲》釋文。而《大宛傳》云：「富人藏酒萬餘石，久者數十歲不敗。」〔三〕余外姑王氏家藏康熙元年酒，出以飲余，色若髹漆，和以新醅，其味甘馨，未審索郎有顧，視此如何？此酒已百有二十年矣。古者酤酒在民，而後世榷利入官。《詩》言「無酒酤我」，蓋承平之世，酒皆「和旨便人」，故可御也。《論語》「酤酒不食」，〔四〕蓋衰亂之朝，其酒薄惡不誠，故不可飲也。而魯匡以爲古有榷酤之證，謬矣。《漢書·食貨志》。夫酒酤以在官者惡，在民者美爾，奚取以經説文姦言乎？自漢「初榷酒酤」。《漢書·武帝紀》。昭帝「罷酒榷」。《食貨志》。宣帝「弛酒禁」。《宣帝紀》五鳳二年詔。王莽時復申明榷酤之法。《食貨志》云：魯匡言「令官作酒，以二千五百石爲一均，率開一盧以賣，售五十釀爲準。一釀用麤米二斛、麴一斛，得成酒六斛六斗。各以其市月朔米麴三斛，并計其賈而參分之，以其一爲酒一斛之平。除米麴本賈，計其利而什分之，以其七入官，其三及醩截灰炭給工器薪樵之費」。而後世榷酒遂不復可罷矣。《周禮·萍氏》「幾酒」注：「苛察沽買過多及非時者。」「謹酒」。注：「使民節用酒也。」《書·酒誥》曰：「有政有事，無彝酒。」今之釀家積糟成丘，「通邑大都，一歲千釀」。二語本《史記·貨殖傳》。民有高田，率皆種秫，艱食之故，職此之由。吁！此亦萍氏所用幾謹之時也。酒之名者，古有宜成、醴醪、蒼梧、竹葉。《周禮·酒正》「一曰泛齊」。注云：「泛者，成而滓浮泛泛然，如今宜成醪矣。」疏：「宜成，説以爲地名。曹植《酒賦》曰：『宜成醪醴，蒼梧縹清。』若馬融所云今之宜成，會稽稻米清似宜成，則以爲酒名，未知孰是。」案：張華《輕薄篇》云：「蒼梧竹葉清，宜成九醖醝」，亦以爲地名也。醝，《集韻》：「才何切，通作酇。」《酒正》「三曰盎齊」注：「盎猶翁也。成而翁翁然，葱白色，如今酇白矣。」疏：「酇，地名也。」《釋文》：「酇白，即今之白醝酒也。」九醖者，張衡《南都賦》「酒則九醖甘醴，十旬兼清」注：「九醖、十旬，皆以釀法名酒也。」案：十旬可對一宿。《説文》云：「酟，一宿酒也。」《繫傳》謂「造之一夜而熟，若今雞鳴酒也」。湘東醽渌。《抱朴子·嘉遁》卷云：「寒泉旨於醽渌。」《正字通》引《通雅》：「酃渌因作醽醁、醽緑。衡陽縣有酃湖，今之酃縣也，土人取其水以釀。晉武平吳薦醽酒於太廟。《荆州記》：渌水出豫章康樂縣，其閒烏程縣有井，官取水爲酒，與湘東酃酒，年常獻之，或曰酃湖水緑，故名酃緑，加西爲醽醁。」滎陽土窟、富平石凍。唐李肇《國史補》：「酒名，郢之富水，烏程之若下，滎陽之土窟香，富平之石凍春，劍南之燒春，河東之乾和蒲桃，嶺南之靈溪、博羅，宣城之九醖（案：疑爲『宜成』）。潯陽之湓水，京城之西市腔，蝦蟆陵之郎官清。河漢之三勒漿，其法出波斯。三勒者，謂菴摩勒、毘黎勒、訶黎勒。」今有玉壺春。造法：麥麪十觔（麥乾簸淨不淘汰），砂仁、木香、陳皮各三錢爲細末，預將毛緑豆五椀，多予水煮飯極爛，掠去豆皮，候涼聽用。蜂蜜三觔入飯内，將前藥末和麪攪勻，共入飯溲作卷子。若麪乾，以豆湯合溲，六月六日造麴，放一席不見烟火處，席上撒麩二指許，將卷子攤放，仍麩蓋二指許，摺席蓋好，七日一翻，三翻便可聽用。每麴二觔半，用黄米八十椀，其風麴煮酶，一如常法，但釀酒時取火酒一觔傾甕底，三四日以漿杷打起，隨將甕封好，四十日便熟。或云九月九日作酒，冬至日上醡，亦不必然。民治民。造法：八月一日將黄米一升淘汰浄，篩之，漉之，令乾溼半，放簸箕内，每米一升予麥麪二椀，摶成小丸，囊盛之，懸屋壁上，不避烟火也。七七日取下，斲開，風之，露之，臨用輾之，碎之，仍用黄米四升煑成酶如常法。惟釀酒時先以火酒滌其甕，其酒味甘而醇矣。糟可藏魚，每糟四觔予鹽一觔。

火酒　秫酒也。秫，今之高粱。今人礲秫爲厚粥，予糠若糟釀之，成，又入甑烝以火氣，流而下之，故謂之火酒。其色白，善能下氣，而大熱有毒。西域人言涼飲之極佳也。而今中土皆熱飲，故有「燒刀子」之名矣。此物於古未聞，攷其由來，蓋自秫酒而起，故特著之。亦有不用秫粥，但以糠糟爲之者，其味薄也。火酒自元時始創其法，一名「阿剌吉酒」，見《飲膳正要》，李時珍《本草》詳之。造豆橘酒法：用乾火酒四五觔入生緑豆一茶盞、大橘餅切碎四箇，封固，於烈日中轉曬三七日後，藏室中陰處，二日即可服。此酒解毒銷暑，夏月服之最宜。玫瑰露法：火酒六十壺，先將豬板脂四兩切作四五段，玫瑰花帶露採，去蔕與心，止取花瓣五六兩，同板脂放缾内烝，取酒時即乘熱接入缾，可不須再煮，過十餘日服之，甘美且有補益。

酪　酪有三義，一者以爲酥也。《釋名》：「酪，澤也，乳汁所作，使人肥澤也。」《韻會》：「酪屬，牛羊乳爲之，牛酥差勝。」《本艸綱目》：「寇宗奭曰：『酪上一重凝者爲酥，酥上如油者爲醍醐，甚甘美。』陳藏器曰：『性滑，物盛皆透，獨雞卵殼及壺蘆盛之乃不出。梵書以醍醐喻佛性：從乳出酪，從酪出酥，從生酥出熟酥，從熟酥出醍醐也。』」《臞仙神隱書》：「造法，以乳入釜煎二三沸，傾入盆内令定，待面結皮，取皮再煎油，出，去滓，入鍋内，即成酥油。北方名『馬思哥』。」酪濡者可爲餅。陶弘景曰：〔五〕「色黄白，作餅甚甘肥」是也。案：今酥餅是。乾者作塊用，謂之乾酪。元《飲膳正要》：「乾酪法：以酪就日曝使結，掠去浮皮再曝，至皮盡卻，入釜炒少時，器盛再曝作塊收用。」或謂之㸑𧎵。《漢書·揚雄傳·〈長楊賦〉》：「燒㸑𧎵。」張晏曰：「㸑𧎵，乾酪也，以爲酪母。」師古曰：「㸑，音覓；𧎵，音黎，又音來戈反。」一者以爲粥也。《漢書·食貨志》：「又分遣大夫謁者教民煮木爲酪。」如淳曰：「作杏酪之屬也。」案：杏酪者，《玉燭寶典》：「今人煮麥粥研杏仁爲酪，以餳沃之。」唐儲光羲詩：「杏酪漸香鄰舍粥。」韋應物詩：「杏粥猶堪食，榆羹已稍煎。」此杏酪之説也。竊攷《漢書》之意，蓋不如是。服虔曰「煮木實或曰如今餌朮之屬」，亦非也。《漢書》既言「煮木爲酪」，又言「酪不可食」，若是，杏仁即木實矣，何但言煮木？且杏仁爲酪，寒食所珍，何言「不可食」邪？蓋歲穀不登，人或割取榆柳皮礲出汁以爲粉及粥而啖之，今飢民猶然。酪不可食，必此物爾！那得麥粥杏仁爲之哉？造杏酪法：取甜杏仁水浸去皮，小磨磨細，加水攪稀，入釜内入糯米屑同煎，如打高糧糊法，至糖之多少，隨意糝入。一者又以爲酢也。《禮·禮運》：「以爲醴酪」，《雜記》「功衰」，「飲水漿，無鹽酪」注並云：

「酪、酢截。」〔六〕陳澔《集説》訓「乳漿」，非。《説文》：「截、酢漿也。」蓋經典無酪酥之制，《説文》亦無酪酥之字，故並以酸漿爲酪也。又《説文》：「酢，醶也。」酢，俗書作醋，「醶，酢漿也。」徐鉉曰：「醶，今俗作釅」，非是。「醯，酸也。作醯以鬻以酒。」「酸，酢也。關東謂酢曰酸。」案：鬻，粥也。今釀酢以米粥曰米酢，糠糟曰糟酢矣。造米酢法：黍米礱之瓣之，煮粥如搏飯，温出之，和以麴無算，實甕中，釀十三日乃出，予粟糠，乾濡必調復入之，候熱來乃出之。氣滃滃然復入之，候熱退則以水沃之淋之。如熱而不時出則餲，涼而不時淋則反熱而敗矣，惟善爲者能候之。酢與火酒通氣，凡造者如有神。造甜酢法：黑餹一斤，好井水十斤，麴一兩，同入器中密密覆之，十餘日後，甘而香美，過於米酢。《本艸綱目》案：孫光憲《北夢瑣言》云：「一婢抱兒落炭火上燒灼，以酢泥敷之，旋愈無痕。又一少年眼中常見一鏡，趙卿延之食魚鱠，少年飢甚，見臺上一甌芥酢，旋旋啜之，遂覺胸中豁然，眼花不見。卿云：君吃魚鱠太多，魚畏芥酢故也。觀此二事，可證《别録》治癰腫殺邪毒之驗也。李延飛云：酢能少飲辟寒勝酒，王戬自幼不食酢，年踰八十猶能傳神也。」漿者，酢之餘也。《説文》：「漿，酢漿也。」《酒正》「三曰漿」注：「今之酢漿也。」〔七〕案：《酒正》「四飲」、《漿人》「六飲」皆有漿，所以止渴也。今人以酢和黑餹加新汲水而飲之，可滌煩解暑，是古之遺意歟。其漿糟微酸而尤甘美，蓋漿之遺法。造漿糟法：每麴一丸，穤米二椀，水浸漉乾烝熟晾之，冷水淘去汁，乃予麴屑攪之，又手撒於甕器之四旁，置火坑之上，三日後成漿移於地。梅漿者，漿之别也。《禮·内則》

「醷」注云：「梅漿」。案：《酒正》有「醫」無「醷」，《内則》有「醷」無「醫」。《五音集韻》「因以醫爲梅漿。」《集韻》：「醷，釀醴酏爲漿也。」醫或作醷，直以爲一物，非也。《酒正》注：「醫，《内則》所謂或以酏爲醴。凡醴濁，釀酏爲之，則少清矣。」是康成欲以《酒正》之醫當《内則》之酏。則醫、醷非一物明矣。今人煮梅爲湯，加白餹而飲之，京師以冰水和梅湯尤甘涼。又今梅醬亦其遺也。造梅醬法：杏子將熟，摘取去蒂，以少鹽搓蒂處，經宿烝爛，日乾連核槌碎，約杏七八枚予蜜一觔，漬久杏爛，其味入蜜，用時取一匙涼水調飲，堪治暑月諸疾，愈陳愈妙也。

醬　醬有數義，古者以肉爲醬。《説文》：「醨，醬也。醬，醢也，从肉从酉，酒以和醬也。」《周禮·膳夫》「醬用百有二十甕」注：「醬謂醯醢也。王舉則醢人共醢六十甕，以五齏、七醢、七菹、三臡實之。醯人共齏菹醯物六十甕。」是知醯、醢皆謂之醬矣。《禮·内則》「醯醬」、「卵醬」注：「卵讀爲鯤。鯤，魚子，或作𩸞也。」案：即今魚子醬。《周禮·庖人》注「青州之蟹胥」疏：「蟹胥，蟹醬也。」〔八〕《説文》：「鮚，蚌也。」《漢律》：「會稽郡獻鮚醬」，是知魚蟹之屬皆可爲醬矣。《史記·西南夷傳》「南越食蒙蜀枸醬」注：劉德云：「枸樹如桑，其葚長二三寸，味酢；取其實以爲醬。」《説文》：「𨣊𨡓，榆醬也。」《齊民要術》：「二月榆莢收乾，可作𨣊𨡓。」枚乘《七發》：「勺藥之醬。」《文選》注引韋昭《上林賦》注曰：「勺藥和齊，鹹酸美味也。」《内則》：「芥醬。」是知艸木之屬皆可爲醬矣。今之爲醬，則以麥麪豆屑罨黄加鹽曝之成醬。造麪醬法：麥一斗，䅸豆四升共爲屑，餠之，烝之。麥藮黄蒿覆四十九日成衣，乃風之，露之，水滌刷其衣，輒之，礱之，稱得一觔，予鹽四兩，其水無算，納瓿甕中封固，其日須擇火日，爲不生蟲也。八月作之，來年春數暴曬之則成矣。其豆醬法同，旬餘日可成。《聞奇録》：「研芥子入豆醬不生蟲。」甜醬法：麥三升，水浸半日，别以新水入鑊烹之，微熟之，毋令破，漉之，乾之，攤席上厚二寸許，黄蒿覆無風處，釀七日出之，三日曬之，附著者離之，簸去黄衣，礱之，羅之，盡出其麪。及其造之也，予新水和鹽均調之如溲輭麪狀，分置小甌内，按定加蕃瓜葉罨之，放火坑上，如發酵然。及其皆發也，盡納大甌中，日暴曬之，嘗其鹹淡；如淡也，復予鹽。三日後可食，仍日曬之。須立秋前後造，毋令太晚。

清醬　於古未聞。今人造之，略如醬法。粟米爲稀粥，予麥麩十二升、乾濡必調，麥藮黄蒿覆之，釀出黄衣〔凡釀麴醬之屬，皆黄衣爲上，黑白爲下〕。輒之羅之，予豆四升，礱之瓣之，烹之熟之，連汁入麩粥中，乾濡必調，稱得一觔，予鹽四兩，納瓿甕中，仍鹽覆之封固，六月釀之〔七月亦可作〕，來年春，數暴曬之，則香味成矣。其取之也，熱水沃之，淋之，取無時。如鑊煮藏之，可經久無敗。

醢　《説文》：「肉醬也。」《周禮·醢人》注：「作醢及臡者，臡，亦醢也。「有骨爲臡，無骨爲醢」，見本注。必先膊乾其肉，乃後莝之，雜以粱麴及鹽，漬以美酒，塗致瓶中，百日則成矣。」案：《禮·内則》有「兔醢」、「魚醢」、「蝸醢」、「蚳醢」，其法並無傳。醢者，亦醢屬也。《醢人》注：「醢，肉汁也。」或曰肉醬，無骨有汁曰醢。《説文》作「監」，云：「血醢也。」《禮記》有「監醢」，以牛乾脯粱䴹鹽酒也。案：此則與造醢同，特以汁多爲醓爾。又《醢人》注：「醓醢，肉醬也。」則是二物皆肉醬之異名。

菹　《説文》：「酢菜也。」或作「薀藍」，與血部『薀藍』異。《釋名》：「菹，阻也。生釀之，遂使阻於寒温之間，不得爛也。」案：《周禮·醢人》八菹，厥狀未聞。〔九〕疏云：「齏菹之類菜肉通，全物若牒爲菹，細切爲齏。」《侯鯖録》：「細切曰齏，全物曰菹。今中國皆言齏，江南皆言菹。」案：菹，醃菜也。齏者，礲細之，若今作韭菁然。今爲菹法，凡是瓜瓠菜茹之屬，皆可收。《詩·小雅》：「疆埸有瓜，是剥是菹。」《禮·祭統》「水艸之菹」注：「芹茆之屬。」每稱一觔，予鹽四兩，若三兩殺其水盡漉出之，乾納瓿中，予酒酢清醬均無算，以浮其上爲度，泥封固，釀六十九日則成矣。附酸白菜法：黄芽白菜不限多少，摘去黄葉，縱割作四片，仍連其蒂，鉗著先放蒂以上入沸湯中，少頃，俟稍煮透，復鉗葉以下亦如之，取出冷水浸去熱氣，微晾去水納瓮内，以黍藍鋪其上，大石壓之，加冷水浮菜上約三指許，十二日後便發酸可食，天寒瓮放煖屋，然過煖又生衣。

枝　《説文》：「枝俗作豉。配鹽幽尗也。徐鍇曰：尗，豆也；幽謂造之幽暗也。」《釋名》：「豉，嗜也，五味調和，須之而成，乃可甘嗜也。」《史記·貨殖傳》：「鹽枝千合。」《漢書·食貨志》：「長安樊少翁賣枝，號枝樊。」李時珍《本艸》云：「艸枝生巴西諸國，艸似韭狀，枝出華中，彼人食之。」案《宋書·張暢傳》：「魏主遣送胡豉，云亦中啖，然不知胡枝如何作也。」今造豉法：大黑豆煮之熟之，薄之晾之，麥藍黄蒿覆之，釀出衣，温水浴之，漉之，乾之，予酒及鹽。若薑、椒、茄瓜、乾杏仁、胡桃仁投之皆無算。納瓿中，泥封固，日暴曬之，三十日則成矣。案：《農桑輯要》載《四時類要》云：「六月造豆豉。今亦不必盡然，秋冬皆可造也。其法大要與今同，而不及鹽酒，似未詳備。又水浸拌訖實瓮中，日暴七日開之，暴乾。又以水拌卻入瓮中，如此六七度，候好復烝過，又入瓮泥封，未若今法較簡便易爲也。《四時類要》：「六月造麩豉，麥麩不限多少，以水匀拌，熟烝，攤候温如人體，蒿艾罨，取黄衣徧出，攤曬令乾，即以水拌令浥，浥卻入缸瓮中實捺，安於庭中，倒合在地，以灰圍之，七日外取出攤曬。若顔色未深，又拌依前法入瓮中，色好爲度，又烝令及熱，入瓮中築泥卻，以冬取喫，温煖勝豆豉。

豆腐　於古未聞，古者食半菽。《漢書·項籍傳》：「今歲飢民貧，卒食半菽。」臣瓚曰：「士卒食蔬菜以菽雜半之。」案：《史記·項籍紀》作「士卒食芋菽」。徐廣曰：「芋，一作『半』。半，五升器。」孟康又曰：「半，五升器名。」並非也。今爲半菽者，菜半之，豆半之，故曰半菽。瓚説是矣。《詩·豳風·七月》「亨葵及菽」，蓋謂此。今鄉村貧民以爲常供，無問寒暑㸑食最宜，名曰「小豆腐」，言貧家不得食豆腐，而以此代也。案：啜菽者，熬豆也。《禮·檀弓》：「啜菽飲水盡其歡。」《儀禮》注：「王公熬豆而食曰啜菽。」案：今㸑豆是。菽糜者，豆粥也。《夏小正》：「五月：菽糜」，傳「是食短閔而記之。」（德州盧氏曰：短閔，一作矩關，或云當作豆鬻。案：粥，《説文》作鬻。）《後漢書·馮異傳》：「光武至饒陽蕪蔞亭，異上豆粥。」《晉書·石崇傳》：「崇爲客作豆粥，咄嗟便辦。」案：豆粥亦可雜諸豆爲之，今通名豆湯，尤能解暑，故《小正》：「五月，菽糜」也。經典無豆腐之文。今之豆腐蓋起於淮南。《萬畢術》標題云：「淮南王弄術成豆腐。豆腐一名黎祁。」明陳仁錫《潛確類書》載：「晦庵《次劉秀野蔬食豆腐韻》：『種豆豆苗稀，力竭心已腐。早知淮南術，安坐獲泉布。』」李時珍《本艸》：「《延壽書》云：有人食豆腐遇毒，醫不能治，作腐家言萊菔入湯中，則腐不成，遂以萊菔下藥而愈。」案：萊服，蘆菔也，今名蘿蔔。又「醫經」言，蘿蔔制麪毒，亦詳《本艸綱目》。大抵暑月恐有人汗，尤宜慎之。造豆腐乳法：豆腐漉去漿水盡，大方破爲小方，凡腐一觔予鹽三兩，帶溼四面蘸鹽，放盂內逾半日再蘸，以盡爲度。去鹽水就日微曬，皮略結，取置器中，每腐一層，屑椒灑諸上，予酒徧浸之，以麪醬泥封訖，曬百日或六十日後即可食，仍封其器，毋令味洩。暑月造易敗，八月後可爲。

飧

夕食也。《周禮·宰夫》注鄭司農說。《說文》：飧，餔也。餔，日加申時食也。〔一〇〕案：《吕氏春秋》：「旦至食，食至日昳，昳至餔，餔至下晡，下晡至日夕。」然則餔猶未至夕也。《說文》以飧爲餔，頗爲非是。觀飧字从食从夕，日入後三商爲夕，惟鄭司農說爲得之。《釋名》：「飧，散也。投水於中自解散也。」《玉篇》：「水和飯也。」張鷟《朝野僉載》：「山東人謂温飯爲飧。」素門切。案：今東齊人夕食以水和飯謂之飧飯，飧讀爲餐，七安切。不如張鷟所說也。攷《爾雅》、《釋文》，餐有飧音。《爾雅·釋言》：「粲，餐也。」《釋文》：餐音飧。」《集韻》餐與飧同。則知東齊所讀乃古音矣。案：東齊多古音，此其一也。饑書兩切，《説文》：「晝食也，或作鴫。」今人以午飯爲饑飯。俗作「晌」，非。日下昃而食謂之昳饑。昳讀若「鐵」。又，早食，《周南》曰「朝食」。《成二年》。《楚辭》言「朝飢」。朝作「調」。《左傳》曰「朝食」。《天問篇》。今東齊人日恆三飯，蓋從古而然也。《論語》「不時不食」鄭注：「不時，非朝夕日中時。」康成，吾鄉人，故道吾鄉俗云爾。

𩟄　《説文》：「𩟄也。𩟄，小食也。」趙宧光《長箋》：「正飯之後有小飯，如茶點之類。北方謂之小食，飯之餘也。」案：今謂之小飯，其賓筵謂之導飯。案：點心起於此。今南北通謂日間小食曰點心。《唐史》：「鄭傪夫人云：我未及餐，爾且可點心。」〔一二〕田汝成《委巷叢談》。

餱　《説文》：「乾食也。《周書》曰：峙乃餱糧。」「鮎，相謁食麥也。」「餥，餱也。陳楚之間，相謁食麥飯曰餥，楚人相謁食麥曰飵，秦人謂相謁食麥曰䭇𩜕。」一本《方言·注》。又云：今關西人呼食欲飽爲䭇𩜕。徐鍇曰：「相謁相見後設麥飯以爲常禮，如今人之相見飲茶也。」案：《吳書》云：「袁術士衆絶粮，問廚下，尚有麥屑三十斛。時盛暑，欲得蜜漿，又無蜜。坐櫺床上歎息。」《魏志·袁術傳注》。是古時以麥屑爲餱糧，加蜜漿濡食之，至今猶然。今東齊人食鬻麨熬大麥爲之。俗云「焦麨」。亦食大麥粥。又鬻穤米以水沃之，謂之鬻米或鬻粟；麨以湯沃之，謂之茶湯，皆餱之遺法也。又關東人相謁食鬻粟；口北人相謁食鬻黍。《詩》曰：「民之失德，乾餱以愆。」言相謁而不設食，便爲愆尤也。今關東、口北人，言粟黍忘設，主人忤客。附䭀法：「蘇頌曰：『陶隱居《登真隱訣》：青精䭀法，謂以藥草蜜溲曝之也。』陳藏器曰：『烏飯法，取南天燭莖葉擣法浸穤米，九烝九曝，米粒緊小如珠，囊之可適遠方。』李時珍曰：『此道家服食法，今釋氏四月八日造以供佛，入柿葉、楊桐葉助色。』」詳《本艸綱目》。《通雅》：「南天燭，俗所謂天竹也，即烏飯樹。」

附救荒濟饑法：《本艸綱目》：「黄山谷救荒法，黑豆、貫衆各一升，煮熟去衆曬乾，每日空心啖五七粒，食百木枝葉皆有味可飽也。」《王氏農書》云：「辟穀之方，見於石刻，水旱蟲荒，國家代有，甚則懷金立鵠，易子炊骸。爲民父母者，不可不知此法也。昔晉惠帝永寧二年，黄門侍郎劉景先表奏：臣遇太白山隱氏，傳濟饑辟穀仙方，臣家大小七十餘口，更不食別物，若不如斯，臣一家甘受刑戮。其方用大豆五斗，淘浄烝三偏去皮，用大麻子三斗，浸一宿，亦烝三偏令口開，取仁各擣爲末，和擣作團如拳大，入甑内烝，從戌至子時止，寅時出甑，午時曬乾爲末，乾服之，以飽爲度，不得食一切物。第一頓得七日不饑，第二頓得四十九日不饑，第三頓得三百日不饑，第四頓得二千四百日不饑，更不必服，永不饑也。不問老少，但依法服食，令人强壯，容貌紅白，永不憔悴。口渴即研大麻子湯飲之，轉更滋潤臟腑。若要重喫物，用葵子三合，研末煎湯冷服，取下藥如金色，任喫諸物，並無所損。前知隨州朱頌，教民用之有驗，序其首尾，勒石於漢陽大別山太平興國寺。」

餅 《説文》：「麪餈也。」餈，稻餅也。《釋名》：「餅，并也，溲麪使合并也。」案：古之爲餅，屑米麥麪溲之，或熯或烝。《周禮·籩人》注，詳《餻》下。烝者，發酵爲之。酵，酒酵也。以酒母起麪曰發。酵，音教。蕭子顯《齊書》：「永明九年正月，詔太廟四時祭薦宣皇帝，起麪餅」注：發酵也。唐韋巨源《食譜》有婆羅門輕高麪。」《正字通》：「輕高麪，今俗籠烝饅頭發酵浮起者也。金天歷元年有額外課，其十八日酵。泰和四年定糟酵錢。《遼、元·志》有酵課。」皆今之烝餅也。熯者，水調麪，不須發酵。攤極薄於鏊器上煎之，翻手而成，謂之煎餅。亦有發酵爲餅，中裹餹餡，上著胡麻，謂之胡餅。《世説》：「王羲之踞牀，方啖胡餅。」「唐玄宗幸蜀，日中未食，楊國忠自市胡餅以獻」注云：「即今之烝餅，以胡麻著之也。」今謂之燒餅，是皆熯之而成也。漢魏以來，餅食當家，故趙岐賣餅北海市中。鍾繇稱《公羊傳》爲賣餅家。蓋漢魏賣餅人皆有口號，或爲炫鬻之詞，如詅羹然也。爲餅切而煮之，曰湯餅。《世説新語》：「何平叔美姿儀，魏明帝疑其傅粉。正夏日，與熱湯𩚵，汗出，色轉皎然。」亦曰水引餅。《齊書·何戢傳》：「太祖好水引餅，戢令婦女躬執事以進。」案：即今水麪，亦曰湯麪。韋巨源《食譜》：「建康七妙，餅可映字，麪可穿結帶。蓋言餅貴明薄，麪貴細韌也。」以蕎麪爲之者，曰河洛。吕種玉《言鯖》：「山東以蕎麥作麪食，曰『河洛』。向不辨其何字，唐明皇以鹿血煎酪賜安禄山，曰『熱洛河』，似本此。」以麥麪烝圜之而高者，曰饅頭。《事物紀原》：「諸葛亮南征，將渡瀘水，土俗殺人首祭神，亮令以羊豕代，取麪畫人頭祭之，饅頭名始此。又南唐有子母饅頭。」一曰波波，或曰磨磨。《集韻》：「䭔羅，餚食也。今北人呼爲波波，南人呼爲磨磨。」案：此説非也。磨磨，南北通名耳。今唯東齊人曰波波。其畢羅，又非也，説見下。坎其中而餡之者，曰饆饠。《玉篇》：「饠，餅屬。中有餡。」《資暇集》：「蕃中畢氏、羅氏好食此味，因名畢羅，後人加食旁爲饆饠」。《酉陽雜俎》：「有人夢入畢羅店，及醒，店子曰：郎君與客食畢羅二斤，何不計直而去也？〔段成式《支諾皋》同。〕店子又曰：初怪客前畢羅悉完，疑其嫌置蒜也。」案：此則畢羅置蒜，其爲有餡可知，《玉篇》得之。或曰包子。《燕翼詒謀録》：「仁宗誕日，賜羣臣包子」，即饅頭別名。今俗屑麪發酵，或有餡，或無餡，烝食者謂之饅頭。案：今名無餡曰饅頭，有餡曰肉饅頭。唐侯思止食籠餅，必令縮葱加肉，號縮葱侍郎，即今肉饅頭也。案：縮葱加肉尚非佳作，以饅頭内猶見葱可憎也。《香祖筆記》二言：「李滄溟食饅頭，欲有葱味而不見葱，唯蔡姬者所造乃食。其法，先用葱不切入餡，而留饅頭上一竅，候其熟即拔去葱，而以麪塞其竅。此謝在杭《文海披沙》所載，即所謂『蔡姬典盡舊羅裙』也。」其別謂之餤。戴侗《六書故》：「今以薄餅卷肉，切而薦之曰餤。」《正字通》：「唐賜進士有紅綾餤，南唐有玲瓏餤、駐蹿餤、鷺鷥餤，皆餅也。」案：此即肉饅頭之别，唯卷而切之爲異，今世有卷餤者。餤，讀若「箋」。綻頭者，謂之稍麥。此名於古無攷，今京師賣者謂之稍麥。《正字通》：「饅開首者曰橐駝臍，吳下呼餣膪，讀若噏詐，言熟食之肥也。長曰繭，斜曰桃。」案：此物疑即稍麥。稍麥之狀如安石榴，其首綻開，中裹肉餡，外皮甚薄，稍謂稍稍也，言用麥麪少。如彈丸者謂之牢丸。《酉陽雜俎》有「籠上牢丸，湯中牢丸」，蘇子瞻詩用爲「牢九」，誤矣。或謂之餛飩。《玉篇》：「餛飩也。」〔一二〕《正字通》：「今餛飩，即餃餌別名，俗屑米麪爲末，空中裹餡，類彈丸，形大小不一，籠烝啖之。《食物志》：『餛飩，或作餫飩，餫飩象其圜形。』《南粤志》：『閩人十月一日作京飩祀祖告冬。』」案：今餛飩皆下湯煮。段成式《食品》所謂湯中牢丸，韋巨源《食譜》所謂「餛飩湯可注硯」是也。又《方言》：「餅謂之飥（音乇）或謂之餦餛（長渾兩音）。」《玉篇》：「餺飥，餅屬。」或謂餛飥，與餛飩疑字形相亂。其説非也。餺飥，或作「不托」。《五代史·李茂貞傳》：「昭宗云：朕與宫人一日食粥，一日食不托。」（唐韓偓《金鑾密記》同）。歐陽修《歸田録》：「唐人謂湯餅爲不托。」《猗覺寮雜記》：「北人食麪名餺飥。然則是物非餛飩明矣。」亦謂之餃餌。《正字通》：「今餛飩即餃餌別名，水餃餌即段成式《食品》湯中牢丸，或謂之粉角，北人讀如矯，因呼餃餌譌爲餃兒。」案：今京師曰「角子」，讀如「矯」也。餹餡者，謂之餹糙。《言鯖》：「宇文護殺周主，置毒餹糙中。餹糙即丸餅也，即今元宵子之類。《正字通》：「今俗餃餌，屑米麪和飴爲之，乾溼小大不一。」案：糙、鎚同音堆。《玉篇》：「蜀人呼烝餅爲鎚。」李彟《饞語詩》：「拈鎚舐指不知休。」酥作者謂之酥餅。今造酥餅法：烝白麪爲裏，熱猪脂二椀，温敹湯一椀（俱茶椀爲度），涼火酒一盞（以酒鍾爲度），同熟麪調訖，臨用乃加生白麪爲表，其麪俱無算，中裹餹餡、玫瑰、華橘餅、胡桃仁之屬，方圜大小隨所爲，以熬器文火煿食之，白如雪而香美。陶隱居稱醍醐作餅甚甘肥，即此物也。薄脃，疑即束皙賦之「薄持」，造法略同酥餅，俱熟麪無表裏，中無餡，以圜器爲模壓成，如象碁子狀，亦煿食之，其形薄而脃輭，故名薄脃。案：二物俱酥作爲佳，其無酥則以豬脂代。凡餅之名類，不可殫究，又古今殊制，方俗異稱。至於舊書雅記，其可知者略具此矣。《晉書》束皙《餅賦》：

「三春之初，寒氣既除，温不至熱，於時享宴，則饅頭宜設。炎律方回，純陽布暢，此時爲餅，莫如薄壯。苟氏《四時列饌傳》謂之「薄夜」。案：《餅賦》又云：「饅頭、薄持。」商風既厲，大火西移，肴饌尚温，則起溲可施。徐暢《祭記》：「五月麥熟薦新，作起溲白餅。」玄冬猛寒，清晨之會，充虚、解戰，湯餅爲最。案：餅或爲餱。《正字通》：「湯餱，薄餅以湯沃之，宜冬食。見晉束皙賦。餱，音兑。」其可以通冬達夏四時咸宜者，唯『牢丸』乎！爾乃火盛湯涌，猛氣蒸作。麪彌離於指端，手縈迴而交錯。籠無迸肉，餅無流麪。姝媮冽敕，薄而不綻。弱如春綿，白若秋練。氣勃鬱以揚布，香飛散而遠徧。

糉　角黍也。晉周處《風土記》：「以菰裹黏米。」案：今以蘆葉裹稬米，東齊人亦裹黍米。宗懔《荆楚歲時記》：「夏至節日食糉。」二書並不言爲屈原。梁吴均《續齊諧記》始言五月五日作糉投水。云：「屈原五月五日投汨羅，楚人此日以竹筒貯米，投水祭之。漢建武中，長沙區曲見一士人自云三閭大夫，謂曲曰：『聞君當見祭，若以楝葉塞筒上，以彩絲纏之，此二物蛟龍所憚。』今五月五日作粽并帶楝葉五色絲，遺風也。」其説非也。假有其事，周處、宗懔既是楚人，寧得不知而待吴均始説邪！劉向《新序》：「今以百金與團黍以示兒子，兒子必取團黍矣。」案：團黍未審何物，豈角黍之類與？又角黍，古以竹筒貯黍，《荆楚歲時記》、周處謂爲角黍。人並以新竹爲筒，糉練葉插五彩繫臂謂長命縷。案：此則練葉繫彩，其義非爲屈原。而今以蘆葉裹米，造爲三角，故名角，一名裹烝。《言鯖》：《南史·宋明帝志》：〔一三〕「慕節儉，大官嘗進裹烝，上曰：我食此不盡，可四破之，餘充晚食。」裹烝者，以餹和穤米入香藥松子等物，以竹籜裹而蒸食之，即今之角黍也。

粔籹　《楚辭·招魂》「粔籹蜜餌」王逸注：「言以蜜和米麪熬煎作粔籹。」杜甫詩：「粔籹作人情。」洪興祖注：「吴謂之膏環」，亦曰寒具。《齊民要術》：「粔籹名環餅，象環釧形。」《廣雅》謂之「粰𥻨」，干寶謂之「𪍑𪎊」。音「連𡡐」。干寶《周禮》注：「祭用𪍑𪎊。晉人呼爲環餅，又曰寒具。」今通名「饊子」。劉禹錫《寒具詩》：「纖手搓來玉數尋，碧油煎出嫩黄深，夜來春睡濃于酒，壓扁佳人纏臂金。」《劉賓客嘉話録》：「以寒具爲捻頭。」《雲溪友議》：「李日新《題仙娥驛》詩：『商山食店太悠悠，陳黯餢飳古捻頭』，即捻頭也。」案：今人作饊子，正與二詩合。晉桓玄不設寒具，爲其油污爾。而宋小説以寒具爲寒食之具，謂宜禁烟用。云即閩人所謂煎餔，以穤粉和麪油煎沃，以餹食之，不濯手則能污物具，可留月餘。宜禁烟用也。案：今油煠餻與此同，穤米及黍米皆可爲。非也。《周禮·籩人》鄭司農云：「朝事謂清朝未食，先進寒具口實之籩。」此則寒具，如今點心。清晨所進名曰寒具，謂不須熱食爾。韋巨源《食譜》：「寒具嚼著驚動十里人」，則取其義可知矣。其類又有麪筒、麪環之屬。麪筒者，雕鏤如玲瓏竹筒，或糾如兩股繩而中空虛如起泡。麪環者，亦糾之如三股繩，皆和餹油煎，俗呼麻餹、麻華也。蜜餌者，《楚辭》

注：「擣黍作餌」，今以餹和麪油煎蜜漬，謂之蜜濺是也。造蜜濺法：餹稀一酒盞，清水八分，謂熟麪爲之，香油煎熬，以蜜醃漬曰蜜濺也。

餻

《方言》：「餌謂之餻，或謂之餈，或謂之䊢，音鈴。或謂之餣，央怯反。或謂之䬧。音元。」《玉篇》：「餌，餅也，餻也。糕，糜也。」〔一四〕案：《劉賓客嘉話録》謂六經未見有餻字。云：「明日是重陽，欲押一餻字，尋思六經竟未見有餻字，不敢爲之。」是不然，考《周禮·籩人》「羞籩之實，糗餌、粉餈」注：「此二物皆粉稻米、黍米所爲也。合烝曰餌，餅之曰餈。糗者，擣粉熬大豆，爲餌餈之黏著，以粉之耳。餌言糗，餈言粉，互相足。」鄭司農云：「糗，熬大豆與米也。粉，豆屑也。」《説文》：「糗，熬米麥也。鬻或作餌，粉餅也。徐鍇曰：《釋名》：烝燥屑餅之曰餈。」《釋名》：「餈，漬也。烝燥屑，使相潤漬餅之也。」〔一五〕非也。粉米、烝屑皆餌也，非餈也。許慎曰：「餈，稻餅。」謂炊米爛乃擣之，不爲粉也。粉餈，以豆爲粉糝餈上也。餌則先屑米爲粉，然後溲之。餈之言滋也。餌之言堅潔若玉珥也。案：鄭意餌、餈二物皆糗粉所成，故言互相足。徐意米屑溲而蒸之爲餌。稻米熟擣之，豆粉糝其上不烝爲餈。此義即本鄭注「合蒸曰餌，餅之曰餈」也。蓋餈，如今之緑豆餻、糯片餻之屬，熟豆米擣爲粉，加餹爲之，不用烝也。餌，如今之糯米、黍米餻，屑米粉合而烝之，加以棗豆之味也。疏云：「今餈餻之名出於此。」《玉篇》：「餈，餻也。」案：《禮·内則》「糗餌粉酏」，酏或讀爲餈。陳澔注。《方言》：餻即「餈、餌」。《説文》：「餈，稻餅；餌，粉餅。」蓋餅即餻爾。六經有餻明稬、黍者，皆烝之。豆者，餠之不蒸。又有棗餻、櫨餻之屬，其造爲之法，皆因於古也。韋巨源《食譜》有花餻。云：「皇建僧舍旁有餻坊，主人由此入貲爲員外官，蓋顯德中也，都人呼花餻員外。」

矣。今之爲餻者，粉稬、黍米或豆屑和餹爲之，其豆曰豆餻，稬曰稬餻，黍曰黏餻。

錫

《説文》：「錫，飴和饊者也。案：《説文》錫从食，昜聲。〔一五〕則當讀爲昜若盈矣。今从《唐韻》徐盈切非。飴，米櫱煎也。饊，熬稻粻程也。」《本艸》：「飴即軟餹。凡粳粟、火麻、白米皆堪作，惟稬米作者入藥。」《方言》：「飴謂之餃，音該。餹謂之餹，音髓。注：「以豆屑雜錫也。」錫謂之餦餭。」注：「即乾飴也。」《楚辭·招魂》：「有餦餭些。」注：「餦餭，錫也。」案：此皆錫也。《方言》又云錫謂之餹。注：「江東皆言餹，音唐。」凡飴謂之錫。案：錫，徒郎切。《説文》錫从昜，《廣雅》錫从昜，蓋本《方言》義同字異，其音亦别。《玉篇》字作餳而音爲餹，則非矣。戴東原《方言疏證》謂此字應从《説文》，固爲有見，然《廣雅》以來，錫、錫既判爲二，恐亦未可執一也。莫若兩存之。《釋名》：「錫，洋也。煮米消爛，洋洋然也。」《急就篇》：「梨、柿、相、桃、待露霜，棗、杏、瓜、棣、饊、飴、錫。」案：此皆錫也。《詩、周頌》「有瞽」箋：「簫，編小竹；管，如今賣錫者所吹也。」《周禮·小師》注同。《釋文》既云：錫，夕清反，蜜也。又音唐，蓋混「錫」、「錫」爲一音。《劉賓客嘉話録》謂「六經唯此注中有錫字」，是矣。云「詩用僻字，須有來處。宋考功詩云：馬上逢寒食，春來不見錫。因讀《毛詩·鄭箋》説『簫』處云云。」馬永卿《嬾真子》二云：「唐人欲作寒食詩，欲押餳字，以無出處，遂不用，殊不知出於六經及《楚辭》也云云。」案：南人煎餹用甘蔗，北人煎餹用米蘖。甘蔗者，餹霜也。王灼《餹霜譜》：「唐大曆閒，有僧號鄒和尚者，跨白驢登繖山結茅以居。一日，驢犯山下黄氏蔗田，黄請償於鄒，鄒曰：汝未知窨蔗爲餹霜，利當十倍。試之果信。」案：餹霜名石蜜，見《齊民要術》，其造餹之場曰餹廍也。米蘖者，今法煮黍米爲粥，和生大麥芽攪漉，取汁煎之，濡者爲餹稀，乾者爲餹條。稻米亦可爲，故《説文》云米蘖煎。又云：熬稻粻程也。餅者曰餹餅。《玉篇》：「餹餅，餌也。」《集韻》：「兗豫謂之餹餅。」寞絲餹曰繭餹。《齊民要術》：「繭餹，寞絲餹也。」案：今酥餹。乾飴雜豆屑爲之者曰餚。《方言》「餼謂之餚」注：「以豆屑雜餳也。」今或雜豆粉、黍麪造之，胡麻黏著其上，兒童尤喜啖之。俗呼芝麻餹。又賣餳者，漢時吹竹，今則擊銅。馮衍云：販餹之妾。《後漢書·馮衍傳》注：「衍與婦弟任武達書云：『販餹之妾，不忍其態。』」然則，漢時賣餳竟有使婦人者也。

校記

〔一〕《漢書·食貨志下》「夫鹽」下無「爲」字。

〔二〕《説文解字注》十四篇下《酉部·酒》「所造」下有「起」字。

〔三〕《漢書》卷九十六《大宛傳》「藏酒」下有「至」字，「久者」下有「至」字。

〔四〕《論語·鄉黨》，十三經注疏本：「沽酒市脯不食。」「酟」作「沽」。此據《漢書·食貨志下》作「酟」。

〔五〕原書避清高宗弘曆名諱，改「弘」爲「宏」。今回改。

〔六〕《禮記·雜記下》：「功衰，食菜果，飲水漿，無鹽酪。不能食食，鹽酪可也。」

〔七〕孫詒讓《周禮正義》卷九《天官·酒正》注「酢」作「酨」。

〔八〕疏：蟹胥，蟹醬也，同上卷九孫詒讓《疏》作：「青州之蟹胥者，《釋文》引《字林》云：『胥，蟹醬也。』」

〔九〕《周禮·天官·醢人》「醢人掌四豆之實」鄭玄注：「凡菹醢皆以氣味相成，其狀未聞。」

〔一〇〕《説文解字注》五篇下，經韻樓版作「餔，申時食也。」段玉裁注曰：「各本『申時』上有『日加』二字，今依《廣韵》、《類篇》、《韵會》正。」

〔一一〕《證俗文》家刻本「爾」下空一格，表明闕一字。今據南唐劉崇遠《金華子》下卷補「且」字。《金華子》云：「鄭傪（按：讀如餐）爲江淮留後，……其妻少弟至妝閣問其姊起居。姊方治妝未畢，家人備夫人晨饌於側。姊顧謂其弟曰：『我未及湌，爾可且點心。』」

〔一二〕《宋本玉篇》上《食部》：「餛，户昆切。餛飩。」「飩，徒昆切，餛飩也。」

〔一三〕按：事見《南史》卷五《齊明帝紀》，又見《南齊書·明帝紀·永泰元年》。原書「齊」誤作「宋」。

〔一四〕宋本《玉篇》上《食部》：「餌，如至切。食也，餅也，餻也。」「餻，古刀切。餻糜。」

〔一五〕《説文解字注》五篇下《食部》，經韻樓版作「餳」，云：「從食，昜聲。」段玉裁注：「餳糖一字，不當從易。至於《集韻》始以餳入『唐韻』，餳入『清韻』，畫分二字，使人真贋不分，其誤更甚。」

第二

冃　《説文》：「小兒蠻夷頭衣也，〔一〕从冂，二其飾也。」《釋名》作帽，云「冒也」。《玉篇》作㡌，云「小兒頭衣也」。徐鍇曰：「今作帽，帽名猶冠，義取蒙覆其首，本纚也。古者冠無帽，冠下有纚，以繒爲之。案：纚同纚。《内則》云：「纚、笄、總。」《釋名》：「纚，以韜髮者也。」《儀禮·士冠禮》：「緇纚，廣終幅，長六尺。」注云：「今之幘梁也。」《漢書·江充傳》「冠禪纚步摇」注云：「纚，織絲爲之，即今方目紗是也。」《後漢·輿服志》「法冠高五寸，以纚爲展筩」注云：「纚，今之纚。」《通俗文》：「幘裹曰纚。」《天禄識餘》：「網巾之製，出自明初，時有髮束中圓、四方、平頂之謡。或曰：『楊維禎製此戴之，以見太祖。』後人因之帽於冠，或裁纚爲帽，自乘輿宴居下至庶人無爵者皆服之。江左時野人已著帽，人士亦往往而見，但無頂圈矣。後乃高其屋云。」《隋書·禮儀志》：「帽自天子下及庶人通冠之，以白紗者名高頂帽，又有繒皁雜紗爲之，高屋下裙，蓋無定準。」《唐書·車服志》：「烏紗帽者，視事及燕見賓客之服也。」又通作冒，《史記》「冒絮」見下。

幘　《方言》：「覆結謂之幘巾，或謂之承露，或謂之覆鬏。注云：「今結籠是也。」《急就篇》注：「幘者，韜髮之巾，所以整嫧髮也。」蔡邕《獨斷》：「幘，古者卑賤執事不冠者之所服

「佩巾本以拭物，後人著之於頭。」《急就篇》注：「巾者，一幅之巾，所以裹頭也。」《釋名》：「巾，謹也。二十成人，士冠庶人巾，當自謹修於四教也。」案：《方言》謂之「幘巾」，是「幘」亦通名爲「巾」。至王莽，内加巾，故言：『王莽禿，幘施屋。』」《後漢·輿服志》：「古者有冠無幘，秦加武將首飾爲絳袙，以表貴賤，其後稍稍作顏題。漢興，續其顏，卻摞之，施巾連題，卻覆之，今喪幘是其制也。名之曰幘。幘者，賾也，頭首嚴賾也。至孝文乃高顏題，續之爲耳，崇其巾爲屋，合後施收，上下羣臣貴賤皆服之。文者長耳，武者短耳。尚書幘收，方三寸，名曰納言。未冠童子幘無屋。」《後漢書》注：「半頭幘，即空頂幘也，其上無屋。」《隋書·禮儀志》：「文者長耳，謂之介幘；武者短耳，謂之平上幘。」

幞

《説文》：「帊也。」《玉篇》：「巾幞。」《唐書·車服志》：「幞頭起於後周，便武事者也。」《廣韻》：「幞頭，周武帝所製，裁幅巾，出四脚，以幞頭，乃名焉。」《二儀實録》：「古以皁羅三尺裹頭，號頭巾，三代皆冠，列品。黔首以皁絹裹髮。至周武帝，依古三尺裁爲幞頭。唐馬周交解爲之。」《朱子語類》：「唐人幞頭，初止以紗爲之，後以紗輭，砍木作一山子在前襯起。」案：今朝鮮人紗帽狀類此。沈括《筆談》：「梁高祖始布漆於紗，施鐵爲脚。」案：鐵爲匡，蒙以紗。《宋史·輿服志》：「幞頭，一名折上巾，起自後周，然止以輭帛垂脚。隋始以桐木爲之，唐始以羅代繒，惟帝服則腳上曲，案：如荷雙瓣。人臣下垂。案：如蟬斂翼。《唐·車服志》：「開元間始易以羅。」五代漸變平直。國朝之制，君臣通服平腳。案：今朝鮮紗帽平腳，蓋本宋制。乘輿或服上焉，其初以籐織，艸巾子爲裏，紗爲表，而塗以漆。後惟以漆爲堅，去其籐裏，前爲一折平施，兩腳以鐵爲之。案：朝鮮人亦有不去籐裏者，更有一種帽如草笠而高，烏紗爲表，籐爲裏。

皃

皃，弁也，攀也，所以攀持髮也。《說文》：「冕也。周曰皃，殷曰冔，夏曰收，象形。」籀文作𥄉，或作𠕁，今作弁。《玉篇》：「弁名出于槃，槃，大也，言所以自光大也。」《釋名》：「弁如兩手相合抃時也。」《儀禮·士冠禮》注：「以爵韋爲之謂之爵弁，以鹿皮爲之謂之皮弁，以韎爲之謂之韋弁。」〔二〕制如冕，無旒。案：《說文》以弁爲冕，其實非也。冕有上覆謂之延，弁則無延，故無旒。其形高四寸，狀如覆盃，其邸長七寸，前頭高廣，後尾卑鋭，如爵形也。今西域回回帽正如此。蓋古爵弁之象也。《後漢書·東夷傳》：「高句驪著折風，形如弁。」〔三〕程沙隨曰：「皮弁視朝，明目達聰。若黈纊塞耳，前旒蔽明，乃祀天，大裘而冕，專誠絜也。」

帢

《埤蒼》：「帽也。」《廣韻》：「帢，乞洽切，弁缺四隅。」《集韻》：「帢，士服也。」《類篇》：「或作帢、帢、㡇。」《魏志·太祖紀》注：「漢末公卿，多委王服，以幅巾爲雅，是以袁紹之徒，雖爲將帥，皆著縑巾。魏太祖擬古皮弁，裁縑帛以爲帢，合簡易隨時之義，〔四〕以色別其貴賤，可謂軍容，非國容也。《潛確類書》引《傅子》文與此同；又曰：「未有岐。荀文若巾之行觸樹枝行岐，〔五〕

因而弗改。」案：今小帽裁四片，若六片合縫之，如皮弁然，以爲帽襯，俗名「西瓜皮」，謂其形之似也。回回帽亦有此種，裁白縑爲之。《日知録》二十八卷引《豫章漫鈔》曰：「今人所戴小帽，以六瓣合縫，下綴以簷如筩，閣憲副閎爲予言，亦太祖所製，若曰『六合一統』云爾。」又引《太康縣志》曰：「弘治時市井少年帽尖長，俗云邊鼓帽。」

氊帽　《朝野僉載》：「趙公長孫無忌，以烏羊毛爲渾脱氊帽，天下慕之。其帽爲趙公渾脱，後坐事長流嶺南，渾脱之言於是效焉。案：今士庶皆戴之。

氊笠　《二儀實録》：「羌人首服，以羊毛爲之，謂之氊帽，即今氊笠。秦漢競服之，後以席爲骨而鞔之，謂之席帽。」案：今氊笠不用席鞔。

臺笠　《小雅》「臺笠緇撮」箋云：「臺，夫須也。」即莎艸。以夫須皮爲笠，所以禦暑雨。《郊特牲》：「野夫黄冠，艸服也。」又曰：「艸笠而至，尊野服也。」今人艸笠，以席若蒲若麥藍皆可爲之，野夫常戴；「彼都人士」，服者鮮焉。

褦襶　《潛確類書》：「即今暑月所戴涼笠，以青繒綴其襘而蔽日者也。」案：此有説，見後卷。

幧頭　《説文》：「幧，斂髮也。」《方言》：「絡頭，帞頭也。自關而西秦晉之郊曰絡頭，南楚江湘之間曰帞頭，自河以北趙魏之間曰幧頭，或謂之帑，郭注：「音績，亦千。」或謂之幨，於怯反。其偏者謂之鬢帶，「今之偏疊幧頭也。」或謂之㲝帶。」「㲝亦結也。」古樂府《陌上桑》：「少年見羅敷，脱帽著幧頭。」《儀禮·喪服》注：「以麻自項中而前交於額上，卻繞紒如著幓頭焉。」《士喪禮》注亦云「幓頭」，蓋皆幧字之譌也。《釋名》：「綃頭，綃鈔也。鈔，髮使上從也，或曰帞頭。」〔六〕《後漢書·向詡傳》：「好被髮著絳綃頭」注云：「綃當作幧，又譌作帩。」《晉書·五行志》：「太平中，〔七〕人不復著帩頭。」《漢書·周勃傳》：「太后目冒絮提文帝。」應劭曰：「陌頟絮也。」晉灼曰：「《巴蜀異物志》謂頭上巾爲冒絮。」師古曰：「冒，覆也，案：冒、帽通。老人所以覆其頭。」案：此則巴蜀名幧頭爲冒絮也。又案：《釋名》：「齊人謂之㡌」，今則東齊通名首帊，亦曰首帕，以皁羅爲之。齊人覆結上餘半垂後，因以爲飾。東齊之人但繞結，則已不復垂後也。

綼巾

《説文》：「綼，帛蒼艾色。」《詩》曰：「縞衣綼巾」，未嫁女所服，一曰不借綼。綼或作綦。案：綼巾形狀未聞，今之未嫁女，依俗不著頭巾。婦人頭巾之制，如平頂幘，上不爲屋，前廣後殺，繫於結後，不卻繞前也。或繫翠帶，形如書帶，草葉以翠貼其上，因名。因以耀首，豈古之遺象歟？

冠子

周櫟園《閩小記》：「婦人戴㚇髻天下同，然獨福州、興化，既嫁仍如未嫁處子，絶不戴㚇髻，有則亦爲簪首飾之具，見舅姑之後，即藏去矣。」案：「㚇」、「髻」，皆俗字也，髻，古作結，亦作紒。今之鬏髻，金銀爲之，即名冠子。《古今注》：「冠子，秦始皇之制也，令三妃、九嬪當暑戴芙蓉冠子，以碧羅爲之，插五色通艸蘇朵子，案：即今通艸華勝。宮人戴黄羅髻蟬冠子，五華朵子。隋帝令宮人戴通天百葉冠子，插瑟瑟鈿朵，皆垂珠翠。案《杜陽雜編》：「唐敬宗時，浙東貢舞女戴輕金冠，云：可高一尺，秤之，重二三分爾。以金絲結之，爲鸞鶴狀。仍飾以五彩細珠，玲瓏相續。」《明皇雜記》：「唐持盈公主玉葉冠，希世之寶。」明洪武十八年乙丑，頒命婦翠雲冠制於天下。即今鳳冠。

面衣　疑即今俗所謂袱子也。《晉書·惠帝紀》：「尚書高光進面衣。」案《西京雜記》：「趙飛燕爲皇后，女弟昭儀上襚三十五條，有金華紫羅面衣。」是漢時已有之。陳仁錫《潛確類書》云：「前後全用紫羅爲幅，下垂雜他色爲四帶垂於背，爲女子遠行乘馬之用，亦曰面帽。」

圍帽　又曰：「古者女子出門，必擁蔽其面。後世宮人騎馬，多著羃䍦，全身障之，猶是古意。又首有圍帽，謂之席帽，垂絲網之，施以珠翠。至煬帝淫侈，欲見女子之容，詔去席帽，戴皁羅巾幗，女人未笄之冠。而以席帽禦雨。云唐永徽中，皆用帷帽，施裙到頸，漸爲淺露。開元宮人，馬上著胡帽，靚妝露面，古制蕩盡矣。」

領巾　《方言》「帍裱，謂之被巾」注云：「婦人領巾也。」案：今京師，婦人領繫白絹巾，長垂數尺餘，即其遺象。

繡領　今婦人爲領，裁八九片，合縫，刺黹繡文，施於頸上，披敷兩邊，俗號雲肩。

次衣　《方言》「褮袼，謂之褔」案：今本作「緊袼」，誤，從《類篇》改正。注云：「即小兒次衣也。」《說文》：「褔，編枲衣也，蓋織枲爲之。褔謂之裺。褔，褔領也。」褔、裺，蓋其別名。案：次衣，今俗謂之圍觜，亦曰褩水兜，其狀如繡領。裁帛六、七片，合縫，施于頸上，其端綴紐，小兒流次，轉溼移乾。

袍　《爾雅·釋言》：「襺也。」《禮·玉藻》：「纊爲襺，緼爲袍。」《喪大記》「袍必有表」注云：「褻衣」。案古以袍爲褻，著爲裏衣，即今襖之屬也。不開骻，故《玉篇》云：「袍，襖也。」韓愈詩「破襖請來綻」。古字無襖，唯見《玉篇》。《宋書·孔琳之傳》：「至於袍、襖、裲襠，必俟戰陣。」是袍、襖異。又《徐湛之傳》：「高祖微時，貧陋過甚，嘗自新洲伐荻，有納布衫襖等衣，皆敬皇后手自作。」按：納布衫襖，謂納紩布以爲衫襖也。襖字始見於此。又唐宣宗嘗語大臣曰：「玄宗時，內府錦襖二，飾以金雀，一自御，一與貴妃。今則卿等家家有之矣。」《方言》「褒明謂之袍」注引《廣雅》云：「褒明，長襦也。」《釋名》：「袍，丈夫著，下至跗者也。袍，苞也。苞，內衣也。婦人以絳作衣裳，上下連四起施緣，亦曰袍，義亦然也。」案：古丈夫、婦人皆著袍。《後漢書·輿服志》：「袍

者，或曰周公抱成王宴居，故施袍。」〔八〕

衫　《篇海》：「小襦也，一曰單襦。」《釋名》：「衫，芟也。衫末無袖端也。」〔九〕案：袖短故曰無袖端也。束晳《近遊賦》云：「脅汗衫以當熱。」又衣之通稱。《唐書·車服志》：「士人以枲紵襴衫爲上服。案：《類篇》：「衣與裳連曰襴。」《玉篇》：「襴，衫也。」馬周請加襴袖褾襈。《綱目集覽》：「馬周以三代布深衣，因於其下著襴及裾，名曰襴衫，以爲上士之服。」褾，《類篇》：「袖端也，或作⿰衤少裱。」《玉篇》：「衣袂也」。襈，《類篇》：「緣也」。《釋名》：「襈，撰也。青絳爲之緣也。」開骻者，名缺骻衫。《潛確類書》：「缺骻衫，庶人服之，即今四骻衫也。」案：四骻衫，即今四片瓦也。前後左右皆劃開不合縫，俗謂之外褂，古人無此字。又有從戎缺骻之服。」《唐書》：「高祖武德元年詔，諸衛將軍每至十月一日，皆服缺骻襖子。」案：即今缺襟袍。

⿰衤斗袚　《方言》：「無袂之衣謂之⿰衤青。」《玉篇》：「⿰衤斗，衫袖也。」《說文》：「袚，蠻夷服也。」《玉篇》：「或作襏。」案：襏襫，農家以禦雨，即今蓑衣。⿰衤斗袚者，狀如袍而無襟袖，披之以禦雨雪，今禮部會試，有散⿰衤斗袚官四員。俗謂之⿰衤斗朋。

半臂　襜褕也。《玉篇》：「襜褕，直裾也。」《漢書·雋不疑傳》「有一男子，衣黃襜褕」師古注：「襜褕，直裾襌衣也。」《方言》：「襜褕，其短者謂之裋褕。」郭注：「裋，音豎。」《荀子·大略篇》「衣則豎褐不完」楊倞注云：「豎褐，僮豎之褐，亦短褐也。」《史記·秦始皇本紀》「夫寒者，利裋褐」徐廣曰：「一作短小襦也。」蓋其制長短隨人，無定準也。短者自要以上，長者乃與衫齊，其短袖侈袂則一耳。《潛確類書》引《二儀實録》：「隋大業中，內官多服半臂餘，即長袖也。唐高祖減其袖謂之半臂，今背子也。江淮之間或曰綽子，士人競服，隋始制之也。今俗名搭護，又名背心，亦曰褙子，即今披風也。」《後漢·光武帝紀》「衣諸于繡镼」注云：「《前書音義》曰：『諸于，大掖衣也，如婦人之袿衣。』字書無镼字，《續漢書》作䘿，並音其物反。《方言》：『襜褕，其短者，自關而西謂之裗䘿。』郭注云：『俗名䘿掖。』據此，則是諸于上加繡䘿，如今之半臂也。」〔一〇〕又《魏志·楊阜傳》：「阜嘗見明帝著帽，被縹綾半袖，問帝曰：『此於禮何法服也？』」〔一一〕半袖，即半臂。是則漢魏以來已有此製矣。間亦有無袖者，俗名背心。而《日知録》引《説文》：「無袂衣謂之䙦。」「趙宧光曰：『半臂衣也』，其説非也。半臂是有袂，非無袂矣。」又曰：「武士謂之蔽甲，方俗謂之披襖。小者曰背子。」又引「洪武二十六年三月，禁官民步卒人等服對襟衣，惟騎馬許服，以便於乘馬故也。今之罩甲，即對襟衣」。案：對襟衣便於騎馬，今俗謂之馬褂。其罩甲之制，狀類一同，而其邊有緣，中有題識，武士之服也。《説文》：「卒衣有題識者。」《戒庵漫筆》云：「罩甲之制，正德間創自武宗，近日士大夫有服者」，唐人《妝樓記》：「房太尉家法，不著半臂。」

裲襠　《類篇》：「衣名。」《釋名》：「裲襠，其一當胸，其一當背也。」據此，蓋亦缺胯衫之類。古詩：「襌衫繡裲襠」。《西京雜記》：「趙飛燕女弟遺飛燕金錯繡襠。」《宋書·柳元景傳》：「安都怒甚，乃脱兜鍪，解所帶鎧，唯著絳納兩當。」

帔　《玉篇》：在肩背也。《釋名》：「帔，披也，披之肩背，不及下也。」案：此如今之披肩。《正字通》以爲褙字省作背。非也。

霞帔　《南史·任昉傳》：「昉子西華，冬月著葛帔練帬。」案：如此今之霞帔。丈夫通服，其説未聞。《潛確類書》引《二儀實録》：「三代無帔説，秦有披帛，以縑帛爲之，漢即以羅，晉永嘉中制縫暈帔子，〔一二〕是披帛始於秦、帔始於晉也。唐令三妃以下通服之，士庶女子在室搭披帛，出適披帔子，以別出處之義。宋代帔有三等，霞帔非恩賜不得服，爲婦人之命服，而直帔通於民間也。」

帶　《説文》：「紳也。男子鞶帶，婦人帶絲，象繫佩之形。佩必有巾，从巾。」〔一三〕《釋名》：「帶，蔕也，著於衣，如物之繫蔕也。」《方言》：「厲謂之帶。」《小雅》：「垂帶如厲。」《内則》注。《春秋桓二年左傳》既云「帶、裳、幅、舄」，又言「鞶、厲、游、纓」。攷經傳古書，帶之與厲，明是二物。自《毛傳》、《小爾雅》以帶之垂者爲厲，後儒沿之而誤，由是知有帶，不知有厲矣。

佩 《魏志·王粲傳》注引摯虞《決疑要注》曰：「漢末喪亂，絶無玉佩。魏侍中王粲識舊佩，始復作之。今之玉佩，受法於粲也。」

帬 《説文》：「下裳也，或作裠。」又云：「常，下帬也。或作裳。」《釋名》：「裙，羣也，連接裾幅也。裳，障也，所以自障蔽也。」《方言》：「帬，陳魏之間謂之帔，郭音披。自關而東或謂之襬。」音碑。今關西語然也。又云：「繞衿謂之帬。」俗人呼接下，江東通言下裳。案：衿、領古通用。案：《説文》：「帴，帬也，一曰帗也，一曰婦人脅衣。」古者，童子不衣裘裳，今世惟婦人有裳，其小兒亦有者，爲其不褌也。

衩 《廣雅》：「䘿、袺、衽謂之襀衩。」衩，楚懈切。《通鑑》：「唐僖宗乾符元年，王凝、崔彦昭同舉進士，凝先及第，嘗衩衣見彦昭。」李商隱詩：「芙蓉作裙衩。」又曰：「裊衩芙蓉小。」案：裙衩連言，明是同類，衩衣見客，即知爲婦人之服也。今呼女流裊衩。或書作釵，俗人不識字耳。

幝 《説文》：「幒，幝也。幒，或作帎。幝，幒也。幝，或作褌。」案：帎，亦或作衳。《方言》：「褌，陳、楚、江、淮之間謂之衳。」亦作松。《博雅》：「衳、䙄，褌也。」《玉篇》：

「小褌也。」《類篇》：「衽、松，小兒衣也，出《字林》。」《釋名》：「褌，貫也。貫，兩脚上繫腰中也。」《玉篇》：「褻衣。」《急就篇》注：「袴合襠謂之褌，最親身者也。」案：袴與褌大體相同，惟襠則異。有襠者爲褌，無襠者爲袴也。《本艸》：「褌襠解毒箭，並女勞復。」然《博雅》又云：「褌無襠者謂之𧝓。是則褌亦有無襠者。今世惟童子褌無襠，其餘皆有也。」《漢書·司馬相如傳》：「身自著犢鼻褌。」師古曰：「即今之松也，形似犢鼻，故以名云。」其説非也。案：鼻，當爲褉。《方言》：「無裥之袴謂之褉。」注云：「袴無踦者，即今犢鼻褌也。裥亦襱，字異耳。」《玉篇》：「犢褉，以全三尺布作，形如牛鼻，相如所著也。」此則犢鼻之形，如褌而無踦，取便操作。今人有踦之褌，亦有卷其踦至股上者，蓋效犢鼻之爲也。此亦一説。但《廣雅》云：「幝，褉幝也。」以褉褌爲袴之名。《漢書》作「鼻褌」，蓋古字假借通用，而説者便謂形如牛鼻，此因文生訓耳，恐未必然。其以犢名褌者，蓋如牛衣之例。《漢書·兩王傳》：〔一四〕「章疾病，無被，卧牛衣中。」師古曰：「牛衣，編亂麻爲之，即今俗呼爲龍具者。」如此，則牛衣、犢褉正堪作對，並是貧人儉陋之製，相如著此，正欲故顯其貧，以恥王孫耳。當從《方言》、《廣雅》作褉爲是。所以稱犢褉者，犢言其小耳，蓋形制短小，僅堪蔽膝。《急就篇》云：「褌衣蔽膝布母縛。」《説文》：「薉貉中女子無袴，以帛爲脛室，〔一五〕用絮補核，名曰縛衣，狀如襜。」襜，蓋即犢褌之類也。後世褌著綿絮，由此興焉。

中帬　蓋褌之異名。《漢書·萬石傳》：「取親中帬、厠牏，身自澣洒。」晉灼曰：「今世謂反門小袖衫爲候牏。」師古曰：「中帬，若今言中衣也。厠牏者，近身之小衫，若今汗衫也。」蘇林曰：「牏，音投。賈逵解《周官》云：『牏，行清也。』」孟康曰：「厠，行清；牏，中受糞函者也。東南人謂鑿木空中如曹謂之牏。」〔一六〕案：牏字从片，判木也。《説文》：「牏，築墻短版。」蓋以短版施諸厠上，即名厠牏也。師古從晉灼，而不取孟康之説，考之文義，似未爲得。

袴　《説文》：「脛衣也。」「褰，袴也。《春秋傳》曰：『徵褰與襦。』」昭二十五年《左傳》注云「褰，袴。」疏引《内則》云：「童子不衣襦袴」，以可褰行，故以褰爲袴。〔一七〕襱，袴踦也。《急就篇》注：「袴之兩股曰襱。」或作襩。繑，袴紐也。」《釋名》：「袴，跨也，兩股各跨别也。」《方言》：「袴，齊魯之閒謂之襹，郭注：「《傳》曰：『徵襹與襦。』音騫。」或謂之襱。「今俗呼袴踦爲襱，音鮦魚。」關西謂之袴。大袴謂之倒頓，「今雹袴也。」小袴謂之校衧，「今䙏袴也。皎了兩音。」楚通語也」。案：袴，又名襗。《説文》：「襗，袴也。」《詩·秦風》「與子同襗」箋云：「襗，褻衣，近污垢是也。」案：《毛詩》作「澤」。以韋爲之謂之䵗。《説文》：「䵗，羽獵韋袴，或作褻。《虞書》曰：『鳥獸褻毛。』」《左氏成十六年傳》「有韎韋之跗注」杜注：「韎，赤色。跗注，戎服，若袴而屬於跗，與袴連。」案：跗注著足而屬於袴，如今靴子鞋之製，取其裝束勁急而防失墜也。然則跗注即袴之類歟。又有袴褶。音習。《吳志》裴松之注：吕範「釋韝，著袴褶，執鞭，詣闕下」。〔一八〕《晉書·輿服志》：「袴褶之制，未詳所起。」又曰：「弓弩隊各五十人，黑袴褶。」《類篇》「袴褶騎服」，蓋亦袴、跗注之類，皆戎服也。窮袴者，見《漢書·外戚傳》云：「雖宮人使令皆爲窮袴，〔一九〕多其帶服。」服虔曰：「窮袴有前後當，不得交通也。」師古曰：「窮袴，即今之緄襠袴也。緄，音下昆反。」《南齊書》：「永明中，高麗使至，服窮袴，冠拒風，曰此古之遺像也。」溺袴者，《漢書·周仁傳》：「常衣弊補衣溺袴，期爲不潔清。」〔二〇〕師古曰：「溺讀曰尿。尿袴者，爲小袴，以藉其尿。」案：小袴，豈即衱衧之屬，今未詳也。又，袴與褌別，古人皆先著褌，而後施袴於外。《魏略》：「韓宣以當受杖，豫脱袴纏褌面縛。」《北齊書·外戚·爾朱文暢傳》云：「任胄令仲禮藏刀於袴中。」則知褌外有袴也。《史記·趙世家》：「夫人置兒袴中。」又知古者婦人亦著袴也。或謂古雖名袴，但不縫口。非也。即如是，何以得置兒其中邪。袴取急束，於戎裝爲便，故《宋書·劉穆之傳》：「壞布裳爲袴，往見高祖。」袴難涉水，故《淮南·原道訓》云：「九疑之南，短綣不袴，以便涉游。」《説文》云：「蕿貉中女子無袴。」而今東南蠻有女子無褌者，惟有裳而已。又有爲褌而褌無絮者，冬月漸寒，以次遞加，至有著十餘褌者，故《漢書·廉范傳》：遷蜀郡太守，百姓歌曰：「廉叔度，來何暮？不禁火，民夜作。作，協音則護反。平生無襦今五袴。」〔二一〕蓋當時蜀郡即著五袴，此歌所云，皆實録也。而西北之人，至有不著一袴者。崔寔《政論》曰：「僕前爲五原太守，土俗不知緝績，冬積艸，伏卧其中，若見吏，以草纏身，令人酸鼻。」《後漢書》本傳。〔二二〕《日知録》：「今大同人多是如此，婦人出艸則穿紙袴，真所謂倮蟲者也。」案：桂陽人舊不知爲屨，與此相類。《水經·耒水》注引《東觀漢記》曰：「茨充，字子何，爲桂陽太守。民惰懶，少麤屨，足多剖裂，茨教作屨。今江南知織屨，皆充之教也。」

韈

《説文》：「足衣也。」徐鉉曰：「今俗作韤」非是。《釋名》：「襪，末也，在脚末也。」《左氏哀二十五年傳》「諸師聲子韈而登席」杜注：「古者，見君解韈。」《日知録》二十八卷：「既解韈，則露其邪幅，而人得見之，《采菽》之詩所以爲咏。今之郝民往往行縢而不韈者，古人之遺像也。吴賀邵爲人美容止，坐常著襪，原注：始从衣字。案：《釋名》已從衣字，非始於此。希見其足。則漢魏之世，不襪而見足者多矣。」案：《韓非·外儲説》：「文王韈繫解，因自結。」《漢書·張釋之傳》：「王生曰：『吾韈解』，釋之跪而結之。」〔二三〕是知漢以來，臣見君便已著韈矣，非始於賀邵也。炙轂子曰：〔二四〕「三代謂之角襪，前後兩隻相成，中心繫帶子。魏文帝吴妃始以綾羅裁縫爲之。」案：如今之襪也。韈或作袜。《宋書·禮志》：「五袜各一量。」又云：「袜布三尺。」袜即韈字耳。

羅襪　女子襪也。曹植《洛神賦》：「淩波微步，羅襪生塵。」唐楊貴妃錦勒襪，今名膝袴。《言鯖》：「秦檜死，高祖告楊郡王曰：『朕今日始免膝褲中帶匕首矣。』宋時，男子之襪亦稱膝褲，今婦人稱之，男子無稱膝褲者矣。」杜牧之《襪詩》：「細尺裁量減四分，纖纖玉筍裹輕雲。五陵年少欺他醉，笑把花前出畫裙。」

行縢　脛纏也。《詩·小雅》「邪幅在下」箋云：「邪幅，如今行縢也。偪束其脛，自足至膝，故曰在下。」疏云：「名行縢者，言行而緘束之。」案：邪幅或單作「幅」，《左氏·桓二年傳》：「帶裳幅舄」。亦作「偪」，《禮·内則》「偪屨著綦」注云：「偪，行縢。」《釋名》：「偪，所以自偪束，今謂之行滕。言以裹脚，可以跳騰輕便也。」亦或單作「縢」，《戰國策》：「蘇秦羸縢履蹻」。其文字通名皆作行縢。《吳志》：吕蒙「爲兵作絳衣行縢」。《舊唐書》：「德宗入駱谷，值霖雨，道塗險滑，東川節度使李叔明之子昇，及郭子儀之子曙、令狐彰之子建等六人，恐有姦人危乘輿，相與齧臂爲盟，著行縢、釘鞵，更鞚上馬以至梁州。」〔三五〕是則古人單著行縢之驗。今邨民有單著行縢而後韈者，亦有不韈而著行縢者，皆古之遺象也。

行纏　女子纏足也。案：以下並見《潛確類書》。《七林·美》咏美人足飾曰：「文綦彩緤，屑褕投襪羅縢。」原注：「緤，足衣；縢，足纏。」六朝樂府《雙行纏》詞云：「新羅綉行纏，足趺如春妍。

他人不言好，獨我知可憐。」〔二六〕案：齊東昏侯以金貼地，令潘妃行其上，曰步步生金蓮華。女子弓足，蓋起於此，古未聞焉。姚鷟《尺牘》：「馬嵬老嫗拾得太真襪以致富，其女名玉飛，得雀頭履一隻，真珠飾口，以薄檀爲苴，僅三寸。玉飛奉爲至寶，不輕示人。則纏足必在貴妃之先。足下所記女子纏足起於李後主窅娘新月狀，似未深攷矣。」《道山新聞》：「李後主宮嬪窅娘，纖麗善舞。後主作金蓮，高六尺，飾以寶物，細帶纓絡蓮中，作品色瑞蓮。令窅娘以帛纏足，令纖小屈上作新月狀，素襪舞蓮中，回旋有淩雲之態。」案：李後主即尋東昏覆轍耳。女子纏足固非起於此時，而楊慎據《雜事祕辛》謂始於後漢，亦非也。是書即慎僞造，蓋不足據。謂起於六朝者近是。《花間集》云：「慢移弓底繡羅鞵。」唐人詩云：「六寸膚圓光緻緻。」皆弓足詩也。弓足者，言纏足中斷彎如弓形。

履

《說文》：「足所依也。从尸，从彳从夊，舟，象履形。〔二七〕案：履以載足，亦以覆足。因爲行戒，故从舟，似兼會意。一曰尸聲。古文履从頁从足，作䪆。」《世本》：「黄帝臣於則造履。」《釋名》：「履，〔二八〕飾足以爲禮也。」《爾雅·釋言》：「履，禮也。」《潛確類書》：「漢履，婦人員頭，男子方頭。晉太康後，婦人皆方頭。」《方言》：「絲作者謂之履。」〔二九〕又曰：「履其通語也。。」謂之屨者，《說文》「履也。」蓋亦通名耳。《方言》：「自關而西謂之屨，麻作者謂之不借。」〔三〇〕《釋名》：「不借，言賤易有，宜各自蓄之，不假借人也。齊人云搏腊。搏腊猶把鲊，麤貌也。」今人以艸爲屨，即不借之遺也。又曰：「麤者謂之屨，東北朝鮮洌水之間謂之鞮角。原注：「鞮音印。」又注：「今漆履有齒者。」案：《急就篇》作「卬角」。南楚江沔之間，總謂之麤。沔水今在襄陽。西南梁益之間，或謂之𡳐。他回反，字或作𡳐，音同。或謂之䋞。」下瓦反，一音畫。案：此皆博履之異名耳。舄者，案：《說文》舄，䧿也。蓋䧿畏濕，故曰乾䧿。以木置履下，乾腊不畏泥濕也。《周官》「屨人」注：「複下曰舄，襌下曰屨。」《方言》：「中有木者謂之複舄。自關而東複履。其庳者謂之鞔下。」「鞔音婉。」《釋名》作「晚下」，是也。今人削木爲履底，京師婦人好高底履，有至七八寸者。蒙之以布，所謂複舄者也。屐者，木屐也。《說文》：「屩也。屩，屐也。」今邨民稱䩨屩居勺切，古之遺語也。《釋名》：「屩，蹻也，出行著之，屩屩輕便，因以爲名也。」「屐，榰也。爲去聲爲兩足榰以踐泥也。」〔三二〕《齊書》：「舊爲屐者，齒皆達楄上，名曰露卯。」《晉書》：「阮孚性好屐，或有詣阮，正自蠟屐。」而謝靈運登山常著木屐，上則去前齒，下則去後齒，蓋屐有兩齒。蠟之欲其光澤禦濕也。案：屐有不爲齒者。《晉書·宣帝紀》「懿使軍士二千人著軟材平底木屐前行，然後馬步俱進」是也。《異苑》：「介子推抱木燒死，晉文伐以制屐。」則屐起於春秋時矣。案：屐或作跂。《莊子·天地》篇：「跂屩爲服。」躧者，《說文》：「舞履也，或作𩌦。」案《玉篇》：「屣，履也，或作蹝。」《漢書·地理志》「彈弦跕躧」注云：「躧、屣同謂小履無跟者。」《雋不疑傳》「躧履相迎」注云：「履不著跟曰躧。」案：今俗所謂趿鞵者，即躧履也。躧、趿，聲轉耳。所以苴履者謂之屧。《說文》：「屧，履中薦也。」徐鍇曰：「履中替也。」案：吳王宮中有響屧廊，或作𪐖。所以帖履者謂之𩋍。《説文》：「𩋍，履後帖也。」〔三二〕《急就篇》「履舄鞜裒絨緞紃」注云：「履跟之帖也。」其空謂之鞔。《説文》：「鞔，履空也。」徐鍇曰：「履空，猶言履殼也。」其偶謂之緉。《説文》：「緉，履兩枚也。一曰絞也。」《方言》：「緉、緛，絞也。」原注：「謂履中絞也，音校。」《詩·齊風》：「葛屨五兩。」兩、緉古通用。

鞵

《説文》：「生革鞮也。〔三三〕鞮，革履也。」《釋名》：「鞵，解也。著時，縮其上如履然，解其上則舒解也。」《玉篇》：「鞜，鞮也。」揚雄《長楊賦》：「革鞜不穿。」師古曰：「鞜，革履也。」《方言》：「襌者謂之鞮。」郭注：「今韋鞮也。」案：襌謂襌下，與舄異。《釋名》：「齊人謂韋屨曰屝。」案：屝亦屨之通名。《方言》：「徐兖之郊謂之屝。」《左氏僖四年傳》：「共其資糧屝屨。」《説文》：「鞎，履也。从韋叚聲。」蓋亦鞮屬也。《周官·宗伯》「鞮鞻氏」注云：「鞻，讀如屨。鞮屨，四夷舞者所屝也。」呂忱曰：「鞮，革履也。鞻者，粉鞻。」案：此皆鞵之異名也。」《玉篇》：「鞵同鞋，革鞮也。革底麻枲。」《淮南·齊俗訓》：「不亟於爲文句疏短之鞵。」今人以爲履之通名，失其義矣。小兒著者謂之鞁。《説文》：「鞁，小兒履也。」《釋名》：「鞁，韋履深頭者之名也。鞁，襲也。以其深襲覆足也。」小兒屨又謂之紂。《説文》：「紂，枲履也。」《廣韻》以爲「小兒皮屨」。《急就篇》注云：「圜頭掩上之屨也」。案：「今邨民以皮爲屨，其頭正圜，深掩前上，艸薦於中，俗謂之紂，聲轉爲膀。《周官·屨人》「皮屨」，其狀疑或類此，但其下有絇繶爲飾耳。蓋古者王公通著之，故《慎子·君人》篇：「有虞氏之誅，以後紂當刖。」《日知録》二十八卷：〔三四〕「《内邱縣志》曰：『萬曆初，庶民穿腃靸，儒生穿雙臉鞋，非鄉先生首戴忠靖冠者，不得穿廂邊雲頭履。至近日，而門快、輿皁無非雲履。』原注：雲履，俗呼朝鞋。」

鞾 亦鞮属也。《釋名》：「跨也。兩足各一跨騎也。」《廣韻》：「鞾，鞋鞾。〔三五〕趙武靈王所服，亦作靴。」《集韻》又作䩮。《玉篇》：「靴，靸也，亦履也。」「屐同靴。」《隋書·禮儀志》：「惟褶服以靴。靴，履也。取便於事，施於戎服。又曰長靿靴，畋獵豫遊則服之。」《玉篇》：「靿，靴靿也。」《集韻》：「曲也，俗謂靴。⿰革雍曰靿。」⿰革雍音邕。鞾，靿也，或作⿱雍毛。《潛確類書》：「鞾，趙武靈王常服之，其制短靿。至馬周改制長靿，加之以氈及絛，得著入殿省敷奏，取便乘騎也」。案：古鞾靿短，今之靿子⿱奚衣其狀類⿱奚衣而施短靿及絛，即古鞾之遺象也。《廣韻》：「吳人靴靿曰鞥，」音翁。是則靿又名鞥也。鞢韄者，《廣韻》：「韄，履也。」《釋名》：「鞢韄，鞾之缺前壅者，胡中所名也。鞢韄猶速獨，足直前之言也。」案：鞢韄見《急就篇》。又有鞈䩖，音甲沙。《集韻》：「䩖或作靿。」《玉篇》：「鞈，紗履。」《博雅》：「鞈䩖，鞾也。」

被　《説文》：「寢衣也，長一身有半。」蓋引《論語》文。案：今人爲被，長於身尺許耳。後人慮短，不及先民心長也。《釋名》：「被，被也，被覆人也。」〔三六〕傳玄《被銘》：「被雖温，無忘人之寒，無厚於己，無薄於人。」凡被四邊有緣謂之池，或曰被頭。别施帛爲池，一曰被識。《禮，喪大記》注：「紞以組類爲之，綴之領側，若今被識矣。」案：被識，若今衣上小帶。古時被間蓋亦施帶，至漢猶然。《禮·内則》：「縣衾，篋枕。」衾獨稱縣，其爲有帶可知。晉左思詩：「衣被皆重池。」宋庠詩：「春寒到被池。」則知衣被皆有帶有池。衣之池則純緣是矣。見《禮記》。又凡物緣邊皆謂之池。《喪大記》：「魚躍拂池」，則棺上飾亦名池也。米芾《書史》：「隋唐藏書卷首帖綾謂之玉池」，是亦被池之義也。被横謂之褡。《廣韻》：「横褡，小被也。」

襁緥　《説文》云：「襁，負兒衣」；「緥，小兒衣也。」緥，俗作褓，非。裴松之注《魏志·涼茂傳》引《博物記》曰：「襁，織縷爲之，廣八寸，長尺二，以約小兒於背上，負之而行。」案：緥，即小兒被也。孟康注《漢書》，以緥爲小兒被是也。小兒被亦謂之褅。《詩》釋文云：齊人名小兒被曰褅。韓詩云：「載衣之褅。」

茵　《説文》：「車重席。司馬相如説作鞇。」《禮·少儀》茵注云：「茵，著蓐也。」《漢書·丙吉傳》「此不過污丞相車茵耳」注云：「茵，蓐也。」《爾雅·釋器》「蓐謂之茲」注云：「《公羊傳》『屬負茲。』茲者，蓐席也。」《左氏·成十六年傳》：「蓐食申禱。」案：蓐亦茵耳。茵，本車薦，夜即以爲卧席。或於中著艸，故《少儀》注云：「著，蓐也。」凡畜獸薦艸亦曰蓐。《周禮·圉師》「春除蓐、釁廄、始牧」注云：「蓐，馬茲也。馬既出而除之。」《爾雅·釋獸》「家所寢橧」注云：「橧，其所卧蓐是也。茵，通作裀；蓐，通作褥。」《釋名》：「褥，辱也。人所坐褻辱也。」《詩·秦風》疏云：「茵者，車上之褥。」《後漢書·王暢傳》：「暢常布衣皮褥。」《晉書·劉寔傳》：「嘗詣石崇家，見有絳紋帳，案：蚊帳始見於此。裀褥甚麗。」《唐書·百官志》：「守宫令席壽三年，氈壽五年，褥壽七年。」

枕

《説文》：卧所薦首者。《釋名》：「枕，檢也，所以檢項也。」案：古者枕以木爲，故字从木。《周易·坎》六三：「檢且枕。」鄭注：「木在手曰檢，在首曰枕。」枕函謂之篋，《禮·内則》：「篋，枕。」枕巾謂之帊，《説文》：「帊，枕巾也。」潁，警枕也。《禮·少儀》注。案：吳越錢鏐、宋司馬光皆以圜木爲警枕。隱囊亦枕類也。案：今之拐枕。六朝人作隱囊，柔輭可倚。王維詩：「不學城東遊俠兒，隱囊紗帽坐彈棊。」

囊

帒也。《玉篇》作袋。《説文》：「囊，橐也。橐，囊也。」《説文》：「縢，囊也。幃，囊也。」《楚辭》：「蘇糞壤以充幃兮。」《禮·内則》：「施鞶袠。注：「鞶，小囊也。」皆佩容臭。」注：「容臭，香物也。以纓佩之。」案：香囊起於此。照袋者，囊類也。即昭文袋。《言鯖》：「照袋以烏皮爲之，四方有蓋，中貯紙筆等，五代世人多用之。今譌爲鈔袋。蓋明人用鈔以此貯之耳。」紫荷囊者，今朝服披領也。《晉書·輿服志》：「八座尚書荷紫，以生紫爲袷，綴之外服，加於肩上。」又《宋書》、《齊·志》皆謂紫袷囊，俗呼曰紫荷。《隋·志》：「朝服綴紫荷録，令左僕射左荷，右僕射尚書右荷。」案：荷音賀，取負荷之義。今荷包本此。《梁史》：「周捨問劉杳：『尚書郎官著紫荷囊，何所出？』杳曰：『《張安世傳》謂持橐簪筆，橐囊也。〔三七〕近臣簪筆以待顧問。』」案：《宋書·禮志五》説紫荷或云漢代以盛奏事，負荷以行。未詳也。

布

《説文》：「枲織也。」《釋名》：「布，布也，布列衆縷爲經，以緯横成之也。又太古衣皮，女工之事始於是，施布其法度，使民盡用之也。」案：古布以麻爲之。《禮運》：「治其麻絲，以爲布帛。」《小爾雅》：「麻紵葛曰布。」《説文》：「緆，細布也。緆或作𦆼。」明以麻爲之也。《吕氏春秋》：「戎人見暴布者而問之曰：何以爲之莽莽也。指麻而示之，怒曰：孰之壤壤也，可以爲之莽莽也。」案：戎人衣皮，故不識布。自六朝以來，始以棉花爲布。《本艸》：「木棉有艸木二種。今南中有木棉，其北土皆艸棉耳。」木棉名班枝花。樹大盈抱，花紅似山茶，而蕊黄，花片極厚，嶺南甚多。《宋書·良吏·杜慧度傳》：「林邑乞降，輸生口、大象、金銀、古貝等。古貝，即棉也。」《南史·高昌國傳》：「有艸實如繭，中絲爲細纑，名曰白疊。」杜甫詩：「光明白氎巾」，即此。案：疊亦作氎，白亦作帛。《後漢書·南蠻傳》「知染采文繡罽毲帛疊」注云：「《外國傳》曰：諸薄國女子織作白疊花布。然疊字或从毛，似非棉爲之者。白疊，又名榻。」《史記·貨殖傳》：「榻布皮革千石。」《漢書音義》：「榻布，白疊也。」案：榻布，《漢書》作荅布，蓋即今褡連布，師古注以爲「麤厚之布」，是也。孟康以荅布爲白疊，恐非。取以爲布，甚軟白。《演繁露·唐環王傳》：「棉，古貝艸也。緝其華爲布，麤曰貝，精曰氎。」張勃《吳録》：「交趾安定縣有木棉樹，高丈餘。」《通鑑》：「梁武帝送木棉皁帳。」史照釋文：「木棉江南多有之，以春二三月下種，既生，一月三薅，至秋生黄華結實，及熟時其皮四裂，其中綻出如綿。」案：今草棉正如此。案：史照釋文又云：「土人以鐵鋌碾去其核，取如綿者，以竹爲小弓，長尺四五寸許，牽弦以彈綿，令其匀細，卷爲筒，就車紡之，自然抽緒如繅絲狀，織以爲布。」〔案：今彈綿花弓長五六尺。〕然則今之木棉自交趾來，艸棉自高昌來也。又左思《蜀都賦》：「布有橦華。」張揖曰：「橦華柔脆，可績爲布，出永昌，蓋木棉之類也。迄今二棉遺種，衣被萬方，視絲麻之利蓋溥焉。至若殊方絶國，布有異名。」《説文》：「幏，南郡蠻夷賨布也。絣，氐人殊縷布也。縙，蜀細布也。」又云：「紕，氐人纀也。」纀，西胡毳布也。」案：即今紕纀。《逸周書·王會解》云：「正西以紕纀爲獻也。」案：《漢書·文翁、張騫傳》俱載蜀布。服虔曰：「布，細布是也。」又《文選·蜀都賦》「黄潤比筒」注云：「細布也。」司馬相如《凡將》云：「黄潤纖美，宜制襌。」《越絶書》：「白越，細布也。」《廣州記》：「蠻夷不蠶，剥古緑藤績以爲布。」《記》曰：「衣服在躬，而不知其名爲罔。」布者，女工之始，故原其所起，用免晉帝不識稻之羞焉。

紬　《説文》：「大絲繒也。」「繒，帛也。帛，繒也。」《春官·典命》注：「帛如今璧色繒也。」〔三八〕《釋名》：「紬，抽也。絲端出細緒也。」《急就篇》注：「抽引粗繭緒，紡而織之曰紬。」案：紬類實繁。《説文》：「紨，布也。一曰粗紬。」「緦，十五升布也；一曰兩麻一絲布也。」案：今俗名緦布爲紡絲紬，蓋其質半布半紬也。

段　《説文》：「㲉，或作緞，履跟帖也。」今俗書爲紬緞字，誤矣。又張衡詩：「美人贈我錦繡段。」《宋書·范曄傳》：「義康餉熙先銅匕、銅鑷、袍段棊奩等物。」《説文》：「段，椎物也。」一曰分段也，帛二曰緉，分而未丽曰匹，既丽曰段。亦無紬鍛義。

絹　《説文》：「繒如麥稍。」《釋名》：「絹，絙也。其絲絙厚而疏也。」絙同堅。〔三九〕《博雅》：「繁縹、鮮支，縠絹也。」案：鮮支，綃也。《説文》：「綃，生絲也。」《急就篇》注：「綃，生白繒。似縑而疏者。一名鮮支縠。」《説文》：「細縛也。」詳見下。其厚者謂之縑。《説文》：「縑，並絲繒也。」《漢書·外戚傳》注：「縑即今之絹也」。《釋名》：「縑，兼也。其絲細緻，數兼於布絹也。」

其薄者謂之紗，古字作沙。《周官·內司服》注：「素沙者，今之白縳也，六服皆袍制，以白縳爲裏，使之張顯。今世有沙縠者，名出於此。」《釋文》：「縳，《聲類》以爲今作絹字。《説文》云：鮮色也。（四〇）案《説文》絹、縳本二字，《釋文》合爲一。《玉篇》：「紗，縠也。」《漢書·江充傳》：「充衣紗縠禪衣。」師古曰：「紗縠，紡絲而織之也。《急就篇》注：「亦云已紡而成謂之紗。」輕者爲紗，縐者爲縠。」《説文》：「縠，細縳也。」《釋名》：「縠，粟也。其文足足而踧，視之如粟也。又謂沙縠，亦取踧踧如沙也。」《後漢書·章帝紀》「詔齊省冰紈、方空縠」注：「縠，紗也。」（四一）是則，紗、縠並絹屬，特其輕薄者耳。其白而生者謂之縞。縞，不練者也。《説文》：「縞，鮮色也。」（四二）《小爾雅》：「繒之精者曰縞。」《禮·玉藻》疏云：「縞是生絹。」《漢書·地理志》注：「縞，鮮支也，即今所謂素者也。」素者，《説文》作「素，白緻繒也。」《九經字樣》隸省作素。《小爾雅》：「縞之粗者曰素。」《急就篇》注：「素謂絹之精白者。」紈者，《説文》：「素也。」《急就篇》注：「紈，即素之輕者。」《釋名》：「紈，煥也。細澤有光煥煥然也。」《文選》古詩：「被服紈與素。」李善注：「范子曰：白紈素出齊。」《漢書·元帝紀》：「罷齊三服官。」李斐曰：「齊國舊有三服之官：獻冠幘縰爲首服，紈素爲冬服，輕綃爲夏服，凡三。」師古曰：「縰與纚同，即今之方目紗也，紈素，今之絹也，輕綃，今之輕紗也。」

綾

《説文》：「東齊謂布帛之細曰綾。」《方言》：「綾，文也。」《釋名》：「綾，凌也，其文望繒綾，不平貌，蓋綾文不平。繒綾之如冰凌之理也。」案：王延壽《魯靈光殿賦》「崱繒綾而龍鱗」注：「繒綾，不平貌，蓋綾文不平。繒綾猶言嶒崚也。」《玉篇》：「綾，文繒也，其細者謂之綺。」《説文》：「綺，文繒也。」《釋名》：「綺，攲也，其文攲邪，不順經緯之縱横也。」《漢書·高帝紀》：「賈人無得衣錦繡綺縠絺紵罽。」師古曰：「綺，文繒，即今之細綾也。」〔四三〕米芾《書史》「隋唐藏書皆金題錦贉」注云：「贉，卷首帖綾又謂之玉池。有球路錦贉、樓臺錦贉、㩳蒱錦贉。」楊慎《墐户録》：「古裝裱卷軸引首後以綾黏者曰贉，唐人謂之玉池。」

校記

〔一〕《説文解字注》七篇下《臼部》「小兒」下有「及」字。

〔二〕《釋名》王先謙《疏證補》撰集本《釋首飾》「韎」下有「韋」字，應據補。

〔三〕《後漢書》卷八十五《高句驪傳》：「大加、主簿皆着幘，如冠幘之無後；其小加著折風，形如弁。」

〔四〕《三國志·魏志·武帝紀》注引《傅子》文。「公卿」爲「王公」，「合簡易隨時之義」爲《三國志·注》正文，宜改爲大字；「合」下有「于」字，應據補。

〔五〕「行觸樹枝行岐」，「行岐」之「行」，明陳仁錫著《潛確類書》明刊本卷八十八「服御部·縑巾」條作「成」，應據以訂正。

〔六〕《釋名》第四卷《釋首飾第十五》「或曰」之「曰」作「謂之」。

〔七〕平，《晉書》卷二十七《五行傳上》作「元」。

〔八〕《後漢書》卷三十《輿服志下》「袍者」之上句爲：「服衣，深衣制，有袍，隨五時色。」

〔九〕《釋名·釋衣服》「衫末」之「衫」作「芟」。畢沅注曰：「蓋短袖無袪之衣，故曰芟末無袖端」。應據正。

〔一〇〕《後漢書·光武紀上》此注中之「並」字當删。

〔一一〕《三國志·魏書·楊阜傳》「著帽」作「著繡褶」，「問」上有「阜」字。

〔一二〕宋高承《事物紀原》「縫」作「絳」。

〔一三〕《説文解字注》七篇下《巾部·帶》「从巾」作「从重巾」。

〔一四〕《漢書》卷七十六《王章傳》。

〔一五〕「無袴」之「袴」，《説文》、《釋名》均作「絝」。「室」，應據《説文解字注》十三篇上《糸部·縛》作「空」。段氏注曰：「空、腔，古今字。」「帛爲脛腔，褚以絮而裹之，若今江東婦女之卷胖，胖音如『滂』去聲。是名縛衣，亦曰母縛。」

〔一六〕《漢書》卷四十六《萬石君石奮傳》及注。

〔一七〕《左傳·昭公二十五年》疏云：「《内則》云：『童子不衣襦袴』，是衣有袴也。可以褰行，故以褰爲袴。」按《禮記·内則》：「十年，出就外傅，居宿於外，學書計，衣不帛襦袴。」

〔一八〕《三國志》卷五十六《吴書·吕範傳》裴松之注引《江表傳》：「〔吕〕範出，更釋褠，著袴褶，執鞭，詣閤下啓事，自稱領都督，〔孫〕策乃授傳，委以衆事。」

〔一九〕《漢書》卷九十七上《外戚傳上》注：「〔顔〕師古曰：『使令，所使之人也。』。」

〔二〇〕同上卷四十六《周仁傳》「期爲不清潔」，顔師古注：「故爲不絜清之事而弊敗其衣服也。」

〔二一〕《廉范傳》在《後漢書》卷三十一，故應在「漢書」上補「後」字。又據《廉范傳》注在「協」下應補「韻」字。

〔二二〕按中華書局點校本《後漢書》卷五十二《崔寔傳》所引《政論》一文中無此段文字，而在《政論》後之傳文中云：「出爲五原太守。五原土宜麻枲，而俗不知織績。民冬月無衣，積細草而卧其中，見吏則衣草而出。寔至官，斥賣儲峙，爲作紡績、織紝、練緼之具以教之，民得以免寒苦。」

〔二三〕《漢書》卷五十《張釋之傳》：「王生老人，曰：『吾韤解』，顧謂釋之：『爲我結韤！』釋之跪而結之。」

〔二四〕炙轂子，唐朝王叡之號。王叡，元和後詩人，見《全唐詩》卷五百五。此「炙轂子」，待詳。

〔二五〕引文出處不是「《舊唐書》」，應是《資治通鑑》。見中華書局點校本《資治通鑑》第十六册卷二百三十二《唐紀》四十八。

〔二六〕見《樂府詩集》卷四十九《古今樂録》。

〔二七〕《説文解字注》八篇下《履部·履》「从尸」下有「服履者也」；「舟」上有「从」字。

〔二八〕《釋名》卷五《釋衣服》「履」下有「禮也」二字。

〔二九〕《方言》卷四「絲作」下有「之」字。

〔三〇〕《釋名·釋衣服》「麻作」下有「之」字。

〔三一〕《釋名·釋衣服·屐》「兩足」之「兩」作「雨」，應據正。詳見《釋名》畢沅注。

〔三二〕《説文》注：「帖，帛書署也。引伸爲今俗語邦帖之字。」

〔三三〕同上三篇下《革部·鞻》：「鞻，生革鞮也。」段注：「生革，各本作『革生』。」應據改。

〔三四〕據《日知録》，「二十卷」應爲「二十八卷」，今據正。

〔三五〕「鞋韡」二字誤倒。應據《廣韻·八戈·韡》校正。

〔三六〕《釋名》卷五《釋衣服》「被覆」之上有「所以」二字。應據補。

〔三七〕按今本《漢書》卷五十九《張安世傳》無「持槖簪筆」之文，而見之於卷六十九《趙充國傳》。原文是：「〔趙〕卬家將軍以爲安世本持槖簪筆，事孝武帝數十年。」

〔三八〕原書作「《〔周禮〕·春官·典命》注」。應作《儀禮·聘禮》「束帛加琮」注；又鄭注「帛如今」作「帛今之」。

〔三九〕三，《釋名》卷四畢沅所校作「絙」。

〔四〇〕色，《説文解字注》作「巵」。段注：「各本作『鮮色』，今正。」

〔四一〕《後漢書》卷三《章帝紀》「詔齊」下有「相」字。又李賢注曰：「方空者，沙薄如空也。或曰空，孔也，即今之方目紗也。」

〔四二〕《説文解字注》十三篇上《糸部·縞》「鮮色」之「色」作「巵」。段注：「各本作『鮮色』，今正。許謂『縞』即『鮮支』。」

〔四三〕《漢書》點校本卷一下《高帝紀》「縠」下有「絺」字，「繒」下有「也」字。

第　三

釜　《説文》：「鬴，鍑屬，或作釜。」又曰：「鍑，釜大口者」；〔一〕「䰝，鬵屬」；「鬵，大釜也。一曰鼎大上小下若甑曰鬵。」《方言》：「甑，自關而東謂之甗，郭注：「音言。」或謂之鬵，「音岑，涼州呼鉹。」案：《爾雅·釋器》「鬵，鉹也」注同。或謂之酢餾」。「屋霤。」案：酢餾，疑銼鑹聲轉耳。《説文》：「銼，鍑也；鑹，銼鑹也。」《博雅》：「鍋錥謂之銼鑹。」《廣韻》：「蜀呼鈷鏻。」《纂文》曰：「秦人以鈷鏻爲銼鑹」（《太平御覽》七百五十七卷）。案：鏻，或作鉧，柳宗元有《永州鈷鉧潭記》。范成大《驂鸞録》：「鈷鉧，熨斗也，潭之形似之。」然今温器有火鈷者，外以錫鑞爲匡，中央斡以銅火筩，熾炭其中以温食；其形正圜，蓋鍑屬，與今熨斗異也。《嶺表録異》云：「廣州陶家皆作土鍋鑊，燒熱以土油之，其潔浄則愈于鐵器，尤宜煮藥。一斗者纔直十錢，愛護者，或得數日，斯亦濟貧之物。」杜甫詩「土銼冷疎煙」注：「銼，音挫。蜀人呼釜爲銼。」攷《説文》：「秦名土釜曰𩰲。从鬲午聲，讀若過。」今世通名釜曰𩰲，不獨秦矣。其曰土釜，蓋燒瓦爲之，若今之沙𩰲然也。俗人見有鐵爲𩰲者，遂書字作鍋。不知鍋是車釭，又盛膏器，皆見《方言》，「車釭，齊燕海岱之間謂之鍋。自關而西，盛膏者乃謂之鍋。」《説文》作楇。非釜之名，依字當書爲鬲。又《禮·内則》「敦牟卮匜」注：「牟，讀曰堥。」《釋文》：「齊人呼土釜爲牟。」案：今之沙鬲，多象兜牟之形。兜弁，首鎧也。蓋牟爲土釜之名，首鎧似其形故爾。

鐺　釜屬。楚庚切。《通俗文》：「鬴有足曰鐺。」《緯略》：「三足温酒器也。唐薛大鼎、賈敦頤、鄭德本，號鐺腳御史。」案：鐺有三足兩耳，《宋史·太祖紀》：「鼎鐺猶有耳。」其足庳，而耳居蓋上，腹庳如足，與鼎異也。字本作鎗。《六書故》：「三足鬴也，俗作鐺。」案：作鐺亦通。《正韻》：「酒器。南齊竟陵王子良，遺何點以徐景山酒鎗，古借用倉。」案，借倉未聞。

礳　《説文》：「石磑也。磑，礳也。古者公輸班作磑。」案：礳，俗省作磨，《正字通》：「俗謂磑曰磨，以磑合兩石中，琢縱横齒，能旋轉碎物成屑也。」《水經注·沮水》：「又東南逕驢城西、磨城東。《傳》云：子胥造驢、磨二城，以攻麥邑。」是則磑礳必起於春秋之時矣。今世磑礳，用人用驢，各從其便，日屑麥可數斗。晉王戎有水磑，其制當如水碓，斯又捷於人、驢者也。礳下其麫曰隫，簸出其粗曰扇，皆古語然也。《急就篇》：「碓磑扇隫舂簸颺。」《方言》：「磑或謂之䃂。」郭注：「即磨也，錯碓反。」

碾　俗作碾，所以轢物器也。以石爲輪，似礟礡一作䃅礡形，而圍徑稍大，斲木輨其兩頭而轉之，以報粟去皮。不知起於何時，蓋在磑礱以後矣。

碓　《説文》：「舂也。舂，擣粟也。从臼，持杵臨臼上。午，杵省也。古者雝父初作舂。」桓譚《新論》：「宓犧制臼杵之利，後世加巧，借身踐碓，而利十倍。」案：《説文》「齊謂舂曰𦥯」，讀若膊，蓋舂字从臼，自古舂皆用手，而桓譚獨曰踐碓者，今京師碓房植兩木如架，横施一木，其端綴杵舂，人以足踏之，俗曰踏碓，其功捷於用手，此即所謂借身踐碓，則知其制起於前漢之時矣。又有水碓者，《通俗文》「水碓曰轓車」注云：「今俗依水涯，壅上流設水車，轉輪與碓身交激，使自舂，即其遺制。」又，杜預作連機碓，孔融《肉形論》云：「賢者所制或踰聖人，水碓之巧勝於斷木掘地，是其利又十倍於踐碓也。」碓梢謂之機，《方言》：「碓機，郭注：「碓梢也。」陳、魏、宋、楚，自關而東，謂之梴。音延。」案：梴，長木也，碓機蓋即綴杵之長木板。黄庭堅《題王黄州墨跡》：「掘地與斷木，智不如機舂。聖人懷餘巧，故爲萬物宗。」案：是詩意本《孔融論》，《困學紀聞》十八卷詳之。

維車　今之紡車也。《説文》：「維，箸絲於筟車也。筟，筳也。筳，維絲筦也。筦，筟也。」案：今之筟，其絲維用葦筦，棉維或剔秫藍爲之。紡車之制，蓋起於中古，其壓車謂之專。《説文》：「專，紡專。」《詩》曰：「載弄之瓦」，《傳》：「瓦，紡塼也。」《釋文》：「塼，本又作專」是也。其車索謂之縪。《考工記》「玉人之事，天子圭中必」注云：「必，讀如鹿車縪之縪」是也。《後漢書·崔寔傳》，詣雁門、廣武迎織師，使巧手作機乃紡，以教民織。寔爲五原太發，〔三〕是邊郡紡織之始也。《方言》：「維車，郭注：維，蘇對反。趙魏之間謂之轣轆車，東齊海岱之間謂之道軌。」案：轣轆，《廣雅》作歷鹿，道軌謂之鹿車。案：「鹿車，小車也。《風俗通》云：「鹿車窄小，裁容一鹿。」《後漢書·列女傳》桓少君「與宣共挽鹿車歸鄉里」是也。與此鹿車異。《玉篇》：「維車，亦名䡅車，亦名軌車。」案：道軌之名，道者，導引也。今俗紡維訖，又覆施於筟車，名曰道綫，亦曰道維，即道軌之義也。轣轆，又通作縷鹿，《後漢書·輿服志》注引《獨斷》曰：「其狀若婦人縷鹿。」薛綜曰：「下輪大，上輪小。」

土炕　《日知録》：「北人以土爲牀，而空其下以發火，謂之炕，古書不載。《詩·瓠葉》傳「炕火曰炙」正義曰：炕，舉也，謂以物貫之而舉於水上以炙之。（案：《說文》「炕，乾也。」）《左傳》：宋寺人柳『熾炭于位。將至，則去之』。《新序》：『宛春謂衛靈公曰：「君衣狐裘，坐熊席，陬隅有竈。」』《漢書·蘇武傳》『鑿地爲坎，置熅火』，是蓋近之，而非炕也。庾信《小園賦》：「管寧藜牀，雖穿而可坐；嵇康鍛竈，既煗而堪眠。」《舊唐書·東夷高麗傳》：『冬月皆作長坑，下然熅火以取煗。』此即今之土炕也，但作坑字。」（案：坑，俗字。《說文》作「阬，閬也」。）

煖房　《日知録》：「《水經·鮑丘水》注云：『土垠縣案：縣在今永平西南。有觀雞寺，寺内起大堂甚高，廣可容千僧。下悉結石爲之，上加塗墍。基内疏通，枝經脈散。基側室外，四處爨火，炎勢内流，一堂盡温。』此今人煖房之制，形容盡之矣。」案：北方又有地炕，鑿地爲坎，然柴其中，滿室如春，名曰地炕，其實煖房耳。

土室　猶土窯然。蓋陶復陶穴之遺也。今蒲州，即古豳地，其人尚依土窟穴巖畔以居，行客眺山半出煙火，即知有居人也。《尚書大傳》：「子夏曰：退而巖居河濟之間，深山之中，作壤室。」案：子夏居西河，其壤室即土窟耳。《鹽鐵論》四卷曰：「邊民無桑麻之利，仰中國絲絮而後衣之，夏不釋複，冬不離窟，父子夫婦内藏於專室土圜之中。」案：高誘《淮南·本經訓》注云：「專，特小室也。」又《漢書·匈奴傳》「各居其邊爲甌脱」服虔曰：「甌脱，作土室以伺也。」師古曰：「境上候望之處，若今之伏宿處也。」〔三〕案：《史記》注「韋昭曰『界上屯守處。』《纂文》曰『甌脱，土穴也』」。又：精廬，授經之舍也，見《後漢書》。《困學紀聞》十三卷云：「精廬，見《姜肱傳》，乃講授之地，即《劉淑、包咸、檀敷傳》所謂精舍也。《文選》任彦升《表》用精廬，李善注引王阜事，五臣謂寺觀，謬矣。」

牀　《説文》：「安身之坐者。从木，爿聲。徐鍇曰：《左傳》，薳子馮詐病，闕地下冰而牀焉，至於恭坐，則席也，故从爿，爿則牀之省，象人衺身有所倚著。」案：爿不是字，故徐楚金言《説文》無爿字。至於《玉篇》、《類篇》、《篇海》並無爿部。《釋名》：「人所坐卧曰牀。牀，裝也，所以自裝載也。」《廣雅》：「棲謂之牀。」案：趙岐《孟子》注：「棲，牀也。」《通俗文》：「八尺曰牀」。案：《周易》有「剥牀」，牀蓋起於中古。蓋牀本坐卧之具，其制有方長之異，八尺者卧具也，可以棲宿，故謂之棲也。至於坐具之牀，僅取容膝，形有方者，爲便移動。《禮·内則》云「少者執牀與坐」，牀既言執，明非重器，又言與坐，非卧具明矣。其編繩者，謂之繩牀，案：今人編棕施藤，爲方孔，是其遺制。或謂之胡牀，案：今人呼坐具爲杌牀，非也，蓋南人讀胡聲如吴，因斯致誤。又謂之筐牀。《莊子·齊物論》篇云：「與王同筐牀」。《釋文》引「司馬彪云：『筐牀，安牀也。』崔譔云：『筐，方也。』一云正牀也。」」坐具其橢長者，或謂之凳。《字林》：「凳，牀屬，或作橙。」《正韻》：「丁鄧切，音鐙，几屬。」《晉書·王獻之傳》：「魏時淩雲殿榜未題，匠人誤釘不可下，使韋仲將懸橙書之，比訖，鬚髮盡白。是魏晉以來名橙也。後有倚者，或謂之椅，《正韻》：「隱綺切，音倚，俗呼坐橙爲椅子。」是則近代以來始名椅也。卧具則牀其通名耳，而《方言》「牀，齊魯之間謂之簀，郭注：牀，版也，音迮。陳楚之間或謂之笫，音滓，又音姊。〔案：《爾雅·釋器》：簀謂之笫，蓋是牀薦下竹薄之名耳，便以名牀，失其義矣。〕其杠，北燕朝鮮之間謂之樹，自關而西，秦晉之間謂之杠，〔案：今東齊呼杠聲如邦。〕南楚之間謂之趙，趙當作桃，聲之轉也。中國亦呼杠爲桃牀，皆通語也。〔案：桃當作兆〕，《廣雅》：「簀、笫、樹，兆杠也。」〕東齊海岱之間謂之䈕。音詵。其上版，衛之北郊、趙魏之間謂之牒，簡牒。或曰牖。履屬。案：「此注未詳，牖音鞭，今人亦呼牀牖也。」牀其檐長者謂之榻。《釋名》云：「長狹而卑曰榻，言其榻然近地也。」《後漢書·徐穉傳》：「蕃在郡不接賓客，惟穉來，特設一榻。」是榻起於漢以來也。案：《潛確類書》引《事物紀原》：「神農作牀席薦褥枕被，少昊作簀，堯作毯，伊尹製承塵，周公作簟。此皆臆説，未敢適從。凡茲篇所述，必稽諸經史，近而有徵者著焉。」

几

《説文》：「踞几也，徐鍇曰：人所凴坐也。象形。《周禮》五几：「玉几、雕几、彤几、鬃几、素几。」《西京雜記》：「漢制，天子玉几，冬加綈錦其上，謂之綈几，凡公侯皆竹木几，冬則細𦃃爲橐以凴之。」《玉篇》：「几，案也，亦作机。」《周易·渙》九二「渙奔其机」，《左氏昭五年傳》「設机而不倚」，是也。漢李尤《几銘·序》「黄帝軒轅作几」，則几起於上古。案：几有俎形，似先有俎而後爲几，《方言》：「俎，几也。西南蜀漢之郊曰杫。郭注：音賜。其檐長者謂之桯。」《方言》：「榻前几，江沔之間曰桯。」今江東呼爲承，桯音刑。案：今俗呼「香几」，蓋因桯聲而轉也。桯，又音汀，今俗呼「條几」，或呼「天几」，並因此聲而轉。趙魏之間謂之椸。音易。几其高者謂之虡，即笥虡也，音巨。《廣雅》虡作虞，椸作㡰。斯皆几之異名耳。几又謂之卓。俗作棹，非也。楊億《談苑》：「咸平景德中，主家造檀香倚卓。」又謂之案，《説文》：「案，几屬。徐鍇曰：案，所凭也。」《周官·掌次》：「王大旅上帝，則張氈案，朝日，祀五帝，設重帟重案。」又食器亦謂之案，《考工記》「夫人享諸侯案十有二寸」注云：「玉案十有二列也。」宋曾鞏《耳目志》：「孟光舉桉同案。齊眉，俗直謂几案耳。吕少衛云桉乃古椀字，故舉與眉齊。張衡《四愁詩》：『何以報之青玉案』，謂青玉椀也。據此，則《考工記》『案十有二寸』，亦作此解爲當。」愚謂此解非也，即是几案，言舉無妨，《禮·内則》云「御者舉几」，即與舉案無異，且今之食案，施於牀榻，其制狹小，局腳而庳，舉之無難。至於桉之與椀，古字難通，《急就篇》「橢杅盤案杯問椀」，案、椀並稱。《方言》：「案，陳楚宋魏之間謂之槁，自關東西謂之案。」又曰：「盂，河濟之間謂之盌盞。」盌字从皿不从木，即知案非是椀矣。《方言》下句，「椀謂之盂」。

鑪

《説文》：「方鑪也。」徐鉉曰：「今俗作爐，非是。」《廣韻》：「鑪，火牀。」《韻會》曰：「火函」。《左氏定三年傳》邾莊公「廢于鑪炭」，《周官·宫人》「共鑪炭」，是鑪蓋起於周也。《説文》作「方鑪」，豈古鑪皆方歟？後世則方圜隨意，無定式也。惟鍛鐵鑪作方，亦有中施火牀，加蓋其上，其類甚夥。焚香器亦謂之鑪。如金猊、寶鼎、寶鴨、金鳧之類。晉東宫舊事，太子服用，則有博山香鑪。吕大臨《考古圖》，鑪象海中博山，下有盤貯湯，使潤氣蒸香，象海之回環。其旁施柄者曰鵲尾，陶貞白有金鵲尾香鑪。旁有系者曰提鑪，亦曰手鑪，《採蘭雜志》：「馮小憐有手鑪曰辟邪，足鑪曰鳧藻，皆以飾得名。」其巧者，又有被中香鑪，《西京雜記》：「長安巧工丁緩作卧褥香鑪，一名被中香鑪，爲機環轉運四周，而鑪體常平，可置之於被褥，故以爲名。」案：《古文苑》司馬相如《美人賦》云：「金鉔熏香」，注：「香毬也。」蓋即卧褥香鑪之類。鉔音帀。別有熏衣者，曰竹火籠，亦曰篝。《説文》：「篝，笿也，可熏衣，宋楚謂竹篝牆以居也。」〔四〕《方言》：「篝，郭注：薰籠也。陳、楚、宋、魏之間謂之牆居。」《廣雅》：「篝，籠也。」《史記·陳涉傳》注：「篝火，以籠覆火也。」案：今之襄、鄧、閩、粤尤多此器。《西京雜記》：「漢制薰籠，天子以象牙爲之，籠上皆散華文，後宫則五色綾文。」《記事珠》：「光武后陰麗華有金虬屈膝倒鳳銜華簫局。簫局，古薰籠也。」

盧

《説文》：「飯器也。」《類篇》：「賣酒區也。」《漢書·食貨志》：「令官作酒，以二千五百石爲均，〔五〕率開一盧以賣。」如淳曰：「酒家開肆待客，設酒鑪，故以鑪名肆。」臣瓚曰：「盧，酒瓮也。言開一瓮酒也。趙廣漢入丞相府破盧瓮。」師古曰：「二説皆非也。盧者，賣酒之區也，以其一邊高，形如鍛家盧，故取名耳，非即謂火盧及酒瓮也。此言售五十釀爲準，豈一瓮乎？廣漢所破盧及罌盧，亦謂所居罌瓮之處耳。」《司馬相如傳》：「盡賣車騎，買酒舍，令文君當盧。」郭璞曰：「盧，酒盧。」師古曰：「賣酒之處累土爲盧以居酒瓮，四邊隆起，其一面高，形如鍛鑪，故名盧耳。而俗之學者，皆謂當盧爲對温酒火盧，失其義矣。」亦通作鑪。《史記·司馬相如傳》作「當鑪」。注：「韋昭曰：『鑪，酒肆也。以土爲墮，邊高似鑪。』」案：此顔師古注所本。又通作罏。《晉書·阮籍傳》作「當罏」或作「壚」，《王戎傳》作「酒壚」。案：盧，《説文》本从虍、从由。俗从田作盧，非。竊疑其字從由，又是飯器，必當象形，蓋口底鴻而中要殺，如今盋椀之形也。盧既細要，故《爾雅》細要峰曰蒲盧。《解頤新語》「瓠細要者曰蒲盧，蜂細要者亦曰蒲盧」是也。瓠本細要，壺亦細要，故《詩》「斷瓠」作「斷壺」。瓠甗亦作胡盧。又圜轉木其中間細謂之鹿盧，《禮·喪大記》注：「以紼繞碑間之鹿盧，輓棺而下之。」又《爾雅》「邊要棗」注：「今謂之鹿盧棗。」又劍名，《宋書·禮志》「劍不得鹿盧形」注：「古劍首以玉作鹿盧，謂之鹿盧劍。」凡此皆象盧之形、名盧之義也。

鐙

《説文》：「錠也。」徐鉉曰：「錠中置燭，故謂之鐙，今俗别作燈，非是。」錠，鐙也。」《廣韻》：「豆有足曰錠，無足曰鐙。」《博古圖·漢虹燭錠銘》云：「王氏銅，虹燭錠。」《楚辭·招魂》：「蘭膏明燭，華鐙錯些。」王逸注：「言鐙錠盡雕琢錯鏤，飾以禽獸，有英華也。」《西京雜記》：「元夕，然九華鐙于南山上，照見百里。」又曰：「咸陽宫有青玉五枝鐙，高七尺五寸，作蟠螭以口銜鐙。鐙然，鱗甲皆動，炳若列星。」案《説文》：「豆，古食肉器也，从口，象形。」《爾雅·釋器》：「瓦豆謂之登。」今之爲鐙，蓋象豆形，陶瓦所成，居然瓦豆。《儀禮·公食大夫禮》「實于鐙」

注：「瓦豆謂之鐙。」《後漢·禮儀志》「瓦鐙一」。是鐙與登古通用，亦以其形本同也。又知鐙雖从金，古人直以瓦爲之耳。《禮·祭統》「夫人薦豆執校，執醴授之執鐙」注：「校，豆中央直者也。鐙，豆下跗也。《釋文》：「校，校户反，又户教反，柄也。鐙，音登，又丁鄧反。」《廣韻》：「鞍鐙。」《集韻》：「馬鞁具。」《正字通》：「馬鞍兩旁足所踏也。」據此，則鐙又豆足之名。《廣韻》「豆有足曰錠，無足曰鐙」，非也。但鐙本取名實象瓦豆，非因豆跗而得名也。其鐙心謂之主。《説文》：「主，鐙中火主也。」徐鉉曰：「今俗别作炷，非是。」《玉篇》作炷，云燈炷也。《讀曲歌》：「然燈不下炷，有油那得明。」其鐙臺謂之鐵蹲，《北里志》：「犯令者擊一鐵蹲。鐵蹲，鐙臺也。其有架者謂之檠，韓愈有《短檠歌》，謂鐙架也。」案：《廣韻》：「釭，鐙也」；謝朓詩：「但願置樽酒，蘭釭當夜明。」二者並誤。釭是車轂中空者，金釭非鐙，詩人誤用；《廣韻》沿之，謬矣。班固《西都賦》：「金釭銜璧，是爲列錢。」《漢書·趙皇后傳》「壁帶往往爲黄金釭」注：「壁帶，壁之横木露出如帶者也，於壁帶之中往往以金爲釭，若車釭之形也。」晉灼曰：「以金環飾之也。釭，音工；流俗音杠，非也。」《開元天寶遺事》：「申王以檀木刻童子執畫燭，名曰燭奴，即燈檠也。」

燭

《説文》：「庭燎，火燭也。」案：庭燎與燭異，《周官·司烜》注：「玄謂墳，大也。案：後鄭不從先鄭，故訓墳燭爲大燭。樹於門外曰大燭，於門内曰庭燎，皆所以照衆爲明。」此則燎也，燭也，以所在異名，然其實則一耳。故《燕禮》云「甸人執大燭於庭」，是則庭亦言燭，義得兼通，故《説文》云「庭燎，火燭也」。案：《詩·庭燎》箋作「大燭」。此作火燭，疑誤。古者燭以麻爲之，《説文》：「熜，然麻蒸也。」蒸，折麻中榦也，字或作烝。〔六〕案：《詩》曰「以薪以蒸」。菆，麻蒸也，菆與藮同，藮，麻藍也。《楚辭·七諫》：「菎蕗雜於藮蒸」，是皆析麻藍取火，爲其易然。今之取鐙削麻若粦，放古爲之也，《秋官·司烜氏》「凡邦之大事，共墳燭庭燎」注：「故書墳爲蕡。鄭司農云：『蕡燭，麻燭也。』」即知古燭用麻矣。又《歲時雜記》：「除夕作蕡燭，以麻粈濃油如庭燎，律有元日油粈之文，今粈盆是也。」《月令通攷》：「除日送舊神，焚松柴，謂之粈盆。」案：粈，音所臻切，粉滓也，粈盆豈非蕡燭之遺歟！或用木爲之，蓋取松節多脂者，析以然火。又《玉篇》：「樺木皮可以爲燭。《説文》作「樗」或作「檴」，「讀若華」。云：「木也。以其皮裹松脂。」是則松脂樺木皮裹之，而然以爲燭，故曰樺燭，通作華。《漢書·司馬相如傳》師古注：「華即今之皮貼弓者也。」其爲燭，或樹於庭，或人執之，故《司烜》注：「樹於門外曰大燭，於門内曰庭燎。」又《庭燎》詩疏：「庭燎者，樹之於庭，燎之爲明，是燭之大者，故云『庭燎，大燭也』。」大者既樹，則小者須人執之，《禮·檀弓》：「童子隅坐而執燭。」《少儀》「執燭抱燋」注云：「未爇曰燋。」《儀禮·燕禮》注：「燭燋也。」《説文》：「燋，所以然持火也。」《周禮》曰：「明火爇燋也。」案：《春官·菙氏》：「掌共燋契」注：「《士喪禮》曰：『楚焞置於燋，在龜東。』楚焞，即契所用灼龜故也。燋謂炬，其存火。」疏云：「言楚焞者，謂荆爲楚。」是則人所執燭，或以荆爲之，故《司烜》疏云：「若人所執者，用荆燋爲之」，是也。至於以松爲者，則《庭燎》詩疏：「天子庭燎用百，古制未得而聞，要以物百枚，並而纏束之，今則用松葦竹灌以脂膏也。」《司烜》疏：「庭燎所作，依慕容所爲，以葦爲中心，以布纏之，飴蜜灌之，若今蠟燭。百者，或以百根一處設之，或百處設之。」據孔、賈所言，或灌以脂膏，或澆以飴蜜，雖與今人作蠟燭無異，然其實即是苣耳。《説文》：「苣，束葦燒。」徐鉉曰：「今俗别作炬，非是。」《史記·田單傳》：「牛尾炬火光明炫耀。」《禮·郊特牲》「庭燎之百由齊桓公始」疏：「皇氏云：作百炬列於庭也；或云百炬共一束也。」《宋書·張暢傳》〔附《張邵傳》後〕「義恭又進炬燭十挺」，疑十挺即十束耳。苣一名爝，《莊子·逍遥游》：「日月出矣，而爝火不息。」《説文》：「爝，苣火祓也。」吕不韋曰：『湯得伊尹，爝以爟火，釁以犧豭。』」是知爝即苣，苣即庭燎，庭燎即燭，並以葦竹作束，灌以蜜膏，如今世火把之形，不與蠟燭同也。其蠟燭造法，《本艸·蟲·白蠟》李時珍曰：「蠟樹四時不彫，五月開白華，成叢結實，其蟲大如蟣蝨，延緣樹枝，食汁吐涎，剥取其渣，煉化成蠟。又蜜蠟生於蜜中。又水蠟樹，葉微似榆及甜櫧樹，皆可放蟲産蠟。」用葦一根，纏以棉杖爲心，融蠟爲液，徐徐灌之，迨其堅定，有似蒲槌之形。又有桕燭，桕，音舅。烏桕，木名，本作爲烏桕，《唐本艸》作「烏臼」。陳藏器曰：「葉可染皁，子壓爲油，塗頭令白變黑，爲燈極明，又名鵶舅。」唐陸龜蒙《掇野疏》

詩：「行歇每依鵶舅影，挑頻時見鼠姑心。」造法與蠟燭同。至若北方市肆，灌以羊膏，其燭最下。然其灌時，亦加蠟皮，巧手爲之，質既堅栗，又耐久，與蠟燭無異焉。蠟燭之制，蓋起於六朝。《晉書·石崇傳》：「崇奢靡，以蠟代薪。」案：此即蠟燭之萌芽。《南史·王僧虔傳》：「少時以燭淚澆成蠟鳳凰。」傅玄《燭銘》：「煌煌丹燭，焰焰飛光。取則龍景，擬象扶桑。照彼玄夜，炳若朝陽。」由斯以降，燭類實繁。《杜陽雜編》：「同昌公主有香蠟燭，燭長方二寸，上被五色文，爇之竟夕不盡，郁烈之氣，聞於百步，煙出則上成樓閣臺殿之狀，或云蠟燭有蜃脂故也。」《丹鉛餘録》：「宋官燭香煙成五彩樓閣龍鳳文者，疑是蜃脂所成，斯實燭類之異也。」其本謂之跋。《曲禮》云：「燭不見跋。」注：「跋，本也，燭盡則去之，嫌若𤇯多有厭倦。」疏云：「本，把處也，古者未有蠟燭，唯呼火炬爲燭也。火炬照夜易盡，盡則藏所然殘本，恒如然未盡也。」其𤇯謂之堲，《弟子職》，《管子》篇名，《禮·檀弓》「夏后氏堲周」注引之。曰：「左手執燭，右手折堲。」堲即燭頭𤇯也。《檀弓》釋文。案《説文》：「𤇯，火餘也。」徐鉉曰：「今俗别作燼，非是。」又謂之灺，《説文》：「灺，燭𤇯也。」

炭

《説文》：「燒木餘也。」《禮·月令》：「艸木黄落，乃伐薪爲炭。」案：炭者性定耐溼，入土不腐，故古者候氣之法，必懸炭也。《後漢書·律歷志》：「權土炭，放陰陽。〔七〕日冬至陽氣應，則景長極，黃鍾通，土炭輕而衡仰。日夏至陰氣應，則景短極，蕤賓通，土炭重而衡低。」《淮南·天文訓》：「水勝，故夏至溼；火勝，故冬至燥。燥故炭輕，溼故炭重。」梁簡文帝詩：「月暈蘆灰缺，秋還懸炭枯。」炭束謂之𤈦。《説文》：「𤈦〔八〕，束炭也，从火，差省聲，讀若齹。」其輕脃而浮者謂之烰，通作浮。陳無己典酒務官，託買浮炭是也。俗作麩。《本艸》：「煎藥焙火宜用麩。」白居易詩：「日暮半鑪麩炭火。」其産地而堅如石者，〔九〕謂之石炭。石炭自上世以來有之，古用以書，謂之石墨。案：《太平御覽》六百四卷引陸雲《與兄機書》曰：「一日上三臺，曹公藏石墨數十萬斤，云消此燒復可用。然不知兄頗見之不？令送二丸。」《太公金匱·硯之銘》曰：「石墨相著而黑，蓋古未有松煙造墨，故以石墨書也。」《日知録》：「今人謂石炭爲墨。案《水經注》：『冰井臺，井深十五丈，藏冰及石墨焉。石墨可書，又然之難盡，亦謂之石炭。』」〔詳見《水經·濁漳水·注》。又《㶟水·注》云：「火山有石炭，火之熱同樵炭也。」〕是知石炭石墨一物也，有精粗爾。《史記·外戚世家》「竇少君爲其主入山作炭」，《後漢書·黨錮傳》「夏馥入林慮山中，親突煙炭」，皆此物也。北人凡入聲字，皆轉爲平，故呼墨爲煤，而俗竟作煤，非也。《玉篇》：「煤，炱煤也。」《韻會》：「煤，炱灰集屋者。」案：《説文》：「炱，灰，炱煤也。」《呂氏春秋》：「顔回對曰：『嚮者煤炱入甑中，棄食不祥，回攫而飯之。』」高誘曰：「煤炱，煙塵之煤也。」《素問》「黑如炲者死」注：「炲，謂炲煤也。」唐張祜詩：「古牆丹雘盡，深棟墨煤生。」李商隱詩：「敵國軍營漂木柹，前朝神廟鏁煙煤。」案：柹，《説文》：「削木札樸也。」《後漢書·方術·楊方傳》：「風吹札柹。」〔一〇〕温庭筠詩：「煙煤朝奠處，風雨夜歸時。」是煤乃梁上煙煤之名，非石炭也。崔銑《彰德志》作㶼。《志》曰：「安陽縣龍山出石炭，入穴取之無窮，取深數百丈，必先見水，水盡，然後炭可取也。炭有數品，其堅者謂之石，輭者謂之㶼。氣愈臭者，然之愈難盡。水可以煎礬，終不若晉絳者云。」《玉篇》、《廣韻》並無㶼字。案：崔《志》作㶼，亦非也。《集韻》：「㶼，許亥切，音海，熜也。」諸字書亦無以㶼爲石炭者，此與煤字皆俗作也。石炭，今所在多有，其穴中皆出水，至於氣臭惡者，必不可然，然之熏人致死，惟飲冷水或萊菔汁可活耳，前人少有識此者，獨史籍一二見而已。案：《蘇長公集》有《石炭行》。《後漢書·郡國志》「豫章郡建城」下引《豫章記》曰：「縣有葛鄉，有石炭二頃，可然以爨。」案：石炭，大塊，椎破即可燒，亦有擣碎燒者。徐陵《春情》詩：「奇香分細霧，石炭擣輕紈。」案：《潛確類書》載此詩作張正見。注云：石炭，「發香煤也。蓋擣石炭爲末，以輕紈篩之，欲其細也。」《歸田録》：「清泉香餅，人以一篋貽歐公。清泉，地名。香餅，石炭也，用以焚香，一餅之火可終日不滅。」案：今之石炭，亦可爲餅燒之，或加黄土和焉。案：《水經·河水》注引《釋氏西域記》曰：「屈茨〔即龜兹〕北二百里有山，夜則火光，晝日但烟，人取此山石炭，冶此山鐵，恒充三十六國用。」《本艸》李時珍曰：「石炭即爲烏金石，《拾遺記》言焦石如炭，《嶺表録》言康州有焦石穴，即此也。」《孝經援神契》曰：『王者德至山陵，則出墨丹。』《水經》言『石炭可書，然之難盡，煙氣中人。』《酉陽雜俎》：『無勞縣出石墨，爨之彌年不消。』《夷堅志》：『彰德南郭邨井中產石墨。宜陽縣有石墨山。汧陽縣有石墨洞。燕之西山，楚之荆州、興國州，江西之廬山、袁州、豐城、贛州，皆產石炭，可以炊爨。並此石也。土人皆鑿山爲穴，横入十餘丈取之。有大塊如石而光者，有疎散如炭末者，俱作硫黄氣，以酒噴之則解。昔人言夷陵黑土爲劫灰者，即此疎散者也。』

壺

《説文》：「昆吾圜器也，象形，从大，象其蓋也。」徐鍇曰：「昆吾，桀臣，作瓦器。」案：此則壺起於昆吾，以瓦作之。又本圜器，至乎周時，乃有方圜之異。《儀禮·燕禮》「兩方壺，兩圜壺」，卿大夫用方，直方爲義也；士旅食用圜，順命爲宜也。古者壺尊異用，而《周官·司尊彝》「其朝獻用兩著尊，注：「著尊者，著略尊也。」案：詩人多言鑿落。韓愈聯句：「酡顏傾鑿落。」白居易詩：「銀含鑿落盞。」姜夔詩：「剪燭屢呼金鑿落。」又白居易詞：「銀不落，從君勸。」又《北史》：「祖珽盜神武金叵羅。」李白詩：「葡萄酒，金叵羅。」疑「著略」轉爲「鑿落」，又轉爲「不落」，又轉爲「叵羅」也。其饋獻用兩壺尊」，注：「壺者，以壺爲尊，《春秋傳》曰尊以魯壺。」昭十五年。案：《歸藏》曰：「尊于兩壺兩㮁」，是皆以壺爲尊也。六尊爲罇，《説鈴》載《天禄識餘》：「罇尊，酒器也，六尊爲罇。」壺象瓠形，其字亦通。《詩·豳風》「八月斷壺」，《鶡冠子·學問》篇

「一壺千金」，是皆以瓠爲壺也。壺，蘆，瓜屬，俗作葫。其瓦作者，謂之經程。《韓詩外傳》：「齊桓公置酒，後者飲一經程。」《侯鯖録》：「陶人爲器，有酒經焉。以盛酒，似瓦壺之製，小頸環口修腹，受一斗。晉安人餉人以酒，書云：酒一經，或二經至五經。他境人不達其義，聞五經至，束帶迎於門，乃知是酒五缾爲五經也。」案：古之酒缾，即如今之酒海，上有蓋。其皮革作者，謂之鴟夷。揚雄《酒箴》：「自用如此，不如鴟夷。」師古曰：「鴟夷，革囊以盛酒，即今鴟夷幐也。」案：《史記·伍子胥傳》「盛以鴟夷革」注云：「取馬革爲榼形也。」鴟夷滑稽，腹如大壺。師古曰：「滑稽，圜轉縱捨無窮之狀。滑音骨，稽音雞。」鴟夷，蓋即今之皮榼也。以爲行壺，馬上提挈，常令酒煖。滑稽，蓋其口出酒圜轉之聲也。案：今俗讀滑稽謁爲滑突。木作者謂之榼。《説文》：「榑，圜榼也。榼，酒器也。」徐鍇曰：「榼之爲言盍也，盍本作盇，覆也。」《左氏成十六年傳》：「行人執榼承飲，造於子重。」蓋亦馬上可提挈之器，故軍中以攝飲焉。《淮南·氾論訓》：「霤水足以溢壺榼，而江河不能實漏卮。」壺榼並稱，是知榼亦壺類也。壺又謂之鍾。《説文》：「鍾，酒器也。」《孔叢子·儒服》篇：「堯舜千鍾，孔子百觚，子路嗑嗑，尚飲百榼。」《正字通》：「鍾，壺屬，漢大官銅鍾即壺也。」俗謂酒卮爲鍾。《晉書·崔洪傳》：「洪性儉，屏遠珠玉。汝南王亮以琉璃鍾行酒，洪不執。」壺其旁有系者謂之偏提。《拾遺記》：「唐元和間，酌酒用注子，其形若罃而蓋觜柄具。太和後，仇士良惡其名同鄭注，乃去柄安系，若瓶而小，名曰偏提。」罃，甖同，長頸瓶。案：此即今之酒注子也，一旁安系，故曰偏提，亦有中間安系者。《言鯖》云：「即今酒鼈。」

瓻《説文》：「酒器。」蓋缾類也。《集韻》：「畜瓻，瓶也。一曰盛酒器，古以借書。」《韻會》：「大者一石，小者五斗。」《聞見録》：「俗語借書與人爲一癡，還書爲一癡。嘗疑借書還書理也，何癡之云？後見王樂道與錢穆四書云：『《出師頌》最絶妙，古語「借書一瓻，還書一瓻」。乃知今人譌以瓻爲癡也。』」通作鴟，黄庭堅詩：「時送一鴟開鎖眉。」案：作鴟者，似取鴟夷之義。

盌《説文》：「小盂也。」；「甇，小盂也。」徐鉉曰：「今俗別作椀，非是。」案：《集韻》：「或作埦。」案：《考工記》：「有虞氏上陶，殷人上梓。」太古之盌，蓋以瓦爲，故字从瓦，後世彌文，易之以木，今世尚有木盌是也。且椀之爲字，亦非俗作，《方言》二文「盌」「椀」並存，即知古來造盌，瓦木兼施矣。案：《玉篇》：「椀，小盂也。」《世説》：「晉王導舉琉璃椀曰：此椀腹空，何謂寶器？」《北史·盧叔彪傳》：「魏收訪盧叔彪，食但有粟，飡葵菜，木椀盛之。」《方言》五卷云：「盂，郭注：音于。宋、楚、魏之間或謂之盌。烏管反。盌謂之盂，或謂之銚鋭。謡音。盌謂之櫂，盂謂之柯。轉相釋者，廣異語也。案：《荀子·正論》篇「故魯人以榶，衛人用柯，齊人用一革」楊倞注云：「未詳。或曰《方言》云『盌謂之榶，盂謂之柯。』」今《方言》無榶字，

《廣雅》盌作椀，亦有櫂無榶，或所見本異。海岱、東齊、北燕之間或謂之𥁰」音卷。案：《玉篇》作盖。是盌名櫂柯，其字从木，疑即以木爲之也。十三卷云：「盂謂之櫨。子殄反。河、濟之間謂之盦盞，案：安殘二音，郭注偶闕。椀謂之盦，盂謂之銚銳。謡音。案：此句疑衍文。木謂之梋抉。」椀亦盂屬，江東名盂爲凱，亦曰甌也。蠲玦兩音。是以木作盌，名曰梋抉也。木盌之制，非始於後世明矣。又《方言》：「盂或謂之𥁰。」案：𥁰與盖、棬並通，《玉篇》：「棬，屈木盂也。」《孟子》書猶以杞柳爲桮棬。又《說文》：「盂，飯器也。」案新附字云：「盋，器。盂屬。从皿，犮聲，或从金从木。」程大昌《演繁露》：「盂，食器，若盋而大，今之所謂盋盂也。」《唐韻》同鉢。《六書正譌》別作鉢，非。亦通作杅，《公羊·宣十二年傳》「杅不穿，皮不蠹，則不出於四方」何休注：「杅，飲水器。」是皆以木作者也。盋亦盂也，今之盋狀如盆，常用者以瓦作之，其文者乃以瓷作之矣。盌，常用者以瓷作之，其質者乃以瓦作之耳。《漢書·東方朔傳》：「置守宮盂下。」師古曰：「盂，食器也，若盋而大，今之所謂盋盂也。」然自漢以來，奢靡相競，有以玉作者，《南史·沈炯傳》「茂陵玉盌遂出人間。」或以銀作者，《吳志·甘寧傳》「孫權特賜米酒衆殽，寧先以銀盌酌酒，自飲兩盌」是也。又《說文》：「甌，小盆也。」《方言》：「其小者謂之升甌。」《正韻》：「今俗謂盌，深者爲甌。」案：此亦非始於今俗也。郭璞《方言》注「江東名盂爲凱，亦曰甌」，是則名盌爲甌，已見於東晉時矣。亦有金作之者，《唐書·崔琳傳》：「初明皇每命相，皆先書其名。一日書琳等名案上，會太子入，覆以金甌。」則此豈非銀盌之儔乎？今俗呼茗盌爲茶釦，蓋即茶甌耳。案：釦音寇。《唐小説》有茶甌聽，《因話録》：「察院諸聽，兵察常主院中茶，茶必市蜀中佳者，貯於陶器，以防暑溼，御史躬自緘啓，故謂之茶甌聽。」本是陶器，今則沿其名爲茶盌矣。盌，其象兜鍪者曰盔，案：俗呼首鎧曰盔。《玉篇》「盔，鉢也。」蓋是盎盂之屬，今之賓筵用薦羹殽，或列爲五，故俗號五盔盌云。其作盌之模曰脱，《唐書》：「武后引見存撫使所舉人，無問賢愚，悉皆擢用，時人爲之語曰：『補闕連車載，拾遺平斗量，欋椎當作推。侍御史，盌脱或作脱腕，謪。校書郎。』」舊注：「齊魯謂四齒杷爲欋。脱，盌之形模，言箇箇相似也。」蘇軾詩：「盌脱本無模，匱藏終自集。」

桮　《説文》：「匵也。籀文作𠥜。」「匵，小桮也。或作櫝。」案：桮，省作杯，俗作盃。蓋以木作飲酒器也。《方言》：「盃、郭注：音雅。椷、封緘。盞、酒醆。溫、薄淹反。問、呼雅反。㯢、又章反。盪，音摩。桮也。秦晉之郊謂之盃、所謂伯盃者也。案：盃通作雅。《東觀漢記》「今日歲首請上雅壽」注：「雅，酒問也，別作盃。」《典論》：「劉表有酒器三，大曰伯雅，受七升；次仲雅，受五升；次季雅，受三升。」于志寧詩：「俱裁七步詠，共傾三雅杯。」案：能飲此酒不醉，故曰雅量，本此。自關而東，趙魏之間，曰椷，或曰盞，最小杯也。案：《説文》本作醆，重文作盞。《顔氏家訓·書證》篇：「吴人呼盞爲竹簡反，故木傍作展以代盞字。」或曰溫，其大者謂之問，吴越之間曰㯢，齊右平原以東，或謂之盬，桮其通語也。」案：孔穎達曰：《周禮》有玉敦，今之杯盂也。《禮·玉藻》「母沒而杯圈不能飲焉，口澤之氣存焉爾」注云：「圈，屈木所爲，謂卮、匜之屬。」案：圈、棬通。《漢書·朱博傳》：「案上不過三桮。」《梁簡文集》：「車渠屢酌，鸚鵡驟傾」。舊注：「車渠、鸚鵡皆謂酒杯。俗傳車渠爲杯，注酒滿過一分，不溢。」案：《博雅》：「硨磲，石，次玉，通作車渠。」《玄中記》：「車渠出天竺國。」《南州異物志》：「鸚鵡，螺狀，如覆杯，頭如鳥頭，向其腹視，似鸚鵡，故以爲名。」桮，其以瓠作者，謂之𧆸。《方言》：「𧆸，瓠勺也，音麗。〔案：𧆸蠡同。〕陳、楚、宋、魏之間或謂之簞，或謂之櫼。今江東通呼勺爲櫼，音義。案：櫼或作樻，通作犧，亦作𣘻，又通作獻。《漢書·王莽傳》：「建華蓋，立斗獻。」師古：「音犧。斗魁及杓末，如勺之形。」《說文》：「杓，科柄也。徐鉉曰：今俗以爲桮杓之杓，所以抒挹也。」《史記·項羽傳》：「沛公不勝桮杓。」杓，市若切，同勺。是則謂之櫼者，櫼杓也，謂開瓠之長柄者爲杓以飲也。或謂之瓢。」案：《楚辭·九歎》「瓟𧆸蠹於筐簏」王逸注：「瓟，瓠也；𧆸，瓢也。」《周禮·鬯人》：「禜門用瓢齎。」《廣雅》：「𧆸作蠡。」梁陸倕《蠡杯銘》：「用過羽杯，珍愈渠盌，實同蠡測，形均撲滿。」以金作者，謂之金叵羅，《北齊書·祖珽傳》：「神武宴僚屬，於坐失金叵羅，竇太后令飲酒者皆脱帽，於珽髻上得之」是也。其盛桮之器謂之笿，《說文》「桮，笿也。」《方言》作「桮落。盛桮器籠也。陳、楚、宋、衛之間謂之桮落，又謂之豆筥，自關東西謂之桮落。案：《廣雅》作「豆篆，杯落也。」篆與筥、落與笿，並古字通用。落，《廣雅》云：「居也。

栝落，所以居栝。」凡飲酒不盡而得罰者，謂之白，白蓋罰爵也。《説苑》：「魏文侯與大夫飲，使公乘不仁爲觴政，曰：『飲不釂者，浮以大白！』（一一）於是公乘不仁舉白浮君也。」班固《漢書·叙傳》：「及趙、李諸侍中皆引滿舉白。」服虔曰：「舉滿栝，有餘白瀝者，罰之也。」孟康曰：「舉白，見驗飲酒盡不也。」師古曰：「謂引取滿觴而飲，飲訖，舉觴告白盡不也。一説，白者，罰爵之名也。飲有不盡者，則以此爵罰之。」案：師古後注從《説苑》，是也。

槃 《説文》：「承槃也。古文作鎜，籀文作盤。」槭，槃也。《方言》：「承槃曰槭。」案：承槃，漢制也。《周官·司尊彝》「皆有舟」鄭司農云：「舟，尊下臺，若今時承槃。」疏云：「漢時酒尊下槃，象周時尊下有舟，故舉以爲況。」是則承槃漢時所制也。今代酒醆下槃，無象舟者，而茗盌下作承槃，有頗類舟形者，疑古槃遺象如此也。其浴器亦曰槃，《禮·内則》：「少者奉槃，長者奉水，請沃盥。」《喪大記》：「沐以瓦盤。」《大學》：「湯之盤銘。」皆沐浴之槃也。而食器用槃，乃始於春秋之世，《周官·掌舍》「若合諸侯，則共珠槃玉敦」注云：「古者以槃盛皿，以敦盛食。」是知古之槃猶未以盛食也。惟《左氏僖二十三年傳》「乃饋盤飧，置壁焉」；《史記·滑稽傳》「杯盤狼藉」；《吕氏春秋》「功名著於盤盂」，此盛食用盤之始。今則開筵招客，珍羞滿案，無非列盤，兼論名數、瓷色、銅聲，窮極華妙，是亦世奢示儉之秋也。槃又通作柈。《墨子·帝堯》篇：「書名竹帛，琢戒杅柈。」杜甫《十月一日詩》：「焦餹幸一柈。」《字典》：「柈，宋曰托子，今曰托盤。」其形制小而以薦殽核者謂之壘。《北齊書·祖珽傳》：「遂藏銅壘二面，廚人請搜諸客，果於珽懷中得之」是也。案：俗作㯷，尉遲樞《南楚新聞·薛昭緯詩》：「一㯷氈羹數十根，破盤中更有紅鱗。」段成式《異疾志》載「和州劉録事食鱠數㯷」，又云「置茶甌中，以㯷覆之」。其有足者謂之檠。音競。韻書：「檠子，壘名。」《類篇》：「有足，所以几物，即隔子也。」《漢書·地理志》：「朝鮮，其田民飲食以籩豆，師古曰：「以竹曰籩，以木曰豆，若今之檠也。」都邑頗放效吏及内郡賈人，往往以杯器食。」師古曰：「都邑之人頗用杯器者，效吏及賈人也。」案：杯器食者，《史記·項羽傳》「一杯羹」師古曰：「今之側杯有兩耳者是也。」〔一二〕案：師古注是唐時食器，下猶有檠子，今不復見，獨冬時宴客，火碗下有銅錫器如鼓架者以皮盌，似食器用檠之制也，其壘子有木爲者，平面如臺，槃無足，亦可盛食，並堪皮器。

箸

《説文》：「飯攲也。」「匕，相與比叙也，从反人，匕亦所以用比取飯，一名柶。」《禮》「有柶」，柶，匕也。《易·震卦》：「不喪匕鬯。」《詩·小雅》：「有捄棘匕。」《三國志·劉先主傳》：「先主方食，失匕箸。」又匕首。《通俗文》：「劍屬，其頭類匕，短而便用，故曰匕首。」劉向《説苑》：「尺八短劍，頭似匕」是也。案：匕通作朼，《儀禮·士喪禮》「乃朼載。」又通作枇。《禮·雜記》注「喪祭用桑，吉祭用棘，所以出牲體而載之俎者」是也。匕謂之匙。《方言》郭注：「音祇。」《説文》：「匙，匕也。」《玉篇》：「匕，匙也。」案：古匕蓋以寸木爲之，故《本艸》劑藥用方寸匕，而《禮經》飯黍亦舍箸用匕。蔡襄《茶録》「茶匙要擊拂有力」是也。今人呼小勺長柄者爲匙，其舀取羹者爲羹匙，古謂之羹魁，《説文》「𠤷似羹魁，柄中有道，可以注水」是也。匕圜長如蘆管者謂之箸。案：《嶺表録》：「南海岸邊沙中生沙箸，一名越王竹，相傳越王棄餘算而生。若細荻，高尺餘，春吐苗，箕心茗骨，青而且勁，南海人愛其色，以爲酒籌。凡欲採者，須輕步向前拔之，聞行聲，遽縮入沙中，不可得。」《禮·曲禮》「飯黍毋以箸」疏云：「飯黍無用箸，當用匕。」《少牢》云：「廩人溉匕與敦。」〔一三〕注云：「匕所以匕黍稷也。」《漢書·張良傳》：「臣請借前箸以籌之」，則知古人籌畫用箸也。《周勃傳》：「召條侯食，獨置大胾無切肉，又不置箸。」案：《史記》作櫡。《史記》注，箸即筯也。蓋筯與箸同。《廣東新語》蛋人謂筯曰梯。案：蛋人即蛋户也，字當作蜑。筯，又蟲名。《神異經》：「南海有水蟲，名曰筯，蚌蛤之類也，其小蟹大如榆莢，筯開甲食，則蟹亦出食，筯合甲，蟹亦還入，爲筯取食以終始，生死不相離。」案：筯即鮚䱜腹蟹之類也。案：箸蓋興於中古，韓非曰：「紂爲象箸而箕子悕。」似紂以前便已有箸，紂特用象齒爲之，箕子所以歎也。箸謂之梜，又謂之梜提。《禮·曲禮》「羹之有菜者用梜，其無菜者不用梜」注云：「梜猶箸也。今人或謂箸爲梜提。」是則梜提漢時箸名也。案：亦謂之提。《漢書·食貨志》「朱提銀」注：「北方人名匕曰提，提音時。」案：《地理志》犍爲郡「朱提」下蘇林曰：「朱音銖，提音時，北方人名匕曰匙。」又謂之畱犁。《漢書·匈奴傳》：「單于以徑路刀金畱犁撓酒。」應劭曰：「徑路，匈奴寶刀也。金，契金也。㽘犂，飯匕也。撓，和也。契金著酒中撓攪飲之。」師古曰：「契，刻。撓，攪也。」所以盛箸者，今謂之籠，案：東齊語也。古謂之筩。《方言》：「箸筩，郭注：「盛朼箸籫也。」陳、楚、宋、魏之間謂之筲，鞭鞘。案：《説文》作箾。陳㽘謂飯帚曰箾，一曰飯器，容五升，一曰宋、魏謂箸筩爲箾。或謂之籯。《漢書》曰：「遺子黄金滿籯。」音盈也。案：《漢書·韋賢傳》注如淳曰：「籯受三四斗，今陳留俗有此器。」師古曰：「《説文》『籯，笭也。』筐籠之屬。」自關而西謂之桶檧，今俗亦通呼小籠爲桶檧，音籠冠。檧，蘇勇反，或作筩。又謂之籫。《急就篇》：「橢」顔注：音團。榼椑案：《博雅》榼謂之椑。槶匕箸籫」顔師古注：「籫，盛匕箸之籠，一名笄。」《廣雅》：「籫，箸筩也。」

杷

《説文》：「收麥器」。《方言》：「杷，郭注：「無齒爲朳。」案：朳當作捌。宋魏之間謂之渠挐，今江東名亦然。諸豬反。案：《玉篇》作「渠櫡」，渠疑渠字之譌。」或謂之渠疏。語轉耳。」《戰國策》：「秦頓弱，曰，商人無杷銚柱耨之勢，而有積粟之實。」《急就篇》「種樹收斂賦税租，穮顔本作捃。穫秉把插案：字當作臿。捌杷」顔注：「無齒爲捌，有齒爲杷，皆所以推引聚禾穀也。」陸龜蒙《耒耜經》：「耕而後有爬。舊注：去聲。案：爬杷通。韓愈《進學解》：「爬羅剔抉。」又《月蝕》詩：「爬沙脚手鈍。」渠疏之義也。散墢去芟者焉，爬而後有礰砉格。案：礰亦音歷。磟碡焉，有磟碡音鹿毒。案：《正字通》：「石輥也，平田器，亦作磟碡，通作碌碡。」焉。自爬至礰礋皆有齒，磟碡觚棱而已。咸以木爲之，堅而重者良。」案：今磟碡則以石爲之，而杷猶以木爲之，或以竹，又或以鐵。有四齒者謂之欋。《釋名》：「齊魯謂四齒杷曰欋，其兩齒者謂之桂叉。」《說文》：「桂叉可以劃麥，河内用之」是也。今謂之叉，故東齊農諺曰：「叉捌掃帚。」其無齒捌，今謂之木杴。《玉篇》：「杴，鍬屬。」

缿

《說文》：「受錢器也，古以瓦，今以竹。」案：以瓦者，今俗曰「悶胡盧」；以竹者，市肆曰「錢筩」矣。《漢書·趙廣漢傳》「教吏爲缿筩。」蘇林曰：「缿，音項。如缾，可受投書。」孟康曰：「筩，竹筩也。如今官受密事筩也。」師古曰：「缿，若今盛錢臧缾。爲小孔可入而不可出，或缿或筩，皆爲此制，而用受書令投其中也。」案：缿、筩本皆盛錢之器，廣漢欲開人告密，故令此器投書爾。缿，又從金作銗，《義縱傳》：「投銗購告言姦。」注：「銗，所以受投書也。」〔一四〕案：作銗非也，傳寫誤爾。缿謂之撲滿，鄒長倩《遺公孫宏書》：「撲滿者，以土爲器，以蓄錢具，其有入竅而無出竅，滿則撲之。土粗物也，錢重貨也，入而不出，積而不散，故撲之。士有聚斂而不能散者，將有撲滿之敗，可不誡歟！故贈君撲滿一枚。」是則缿蓋古人誡器也。

犂

《説文》：「耕也。」「耕，犂也。」《玉篇》：「犂，耕具也。」《廣韻》：「墾田器。」《山海經》曰：「后稷之孫叔均所作。」案：《山海經》：「稷之孫曰叔均，是始作牛耕。」《魏略》曰：「皇甫隆爲燉煌太守，教民作樓犂。」案：樓疑耬字之譌，説見下。《管子·乘馬》篇：「丈夫二犂，童五尺一犂。」案：古者人耕，二犂爲一耦。宋淳化五年，武允成獻踏犂一具，不用牛，以人力運。案：踏犂其狀未聞。案：古者犂謂之相，《説文》：「相，臿也。一曰徙土輂，齊人語也。」徐鉉曰：「今俗作耜。」或曰梩。」《方言》：「臿，燕之東北、朝鮮洌水之間謂之斛。郭注：「湯料反，此亦鍫聲轉也。」案：《爾雅》斛謂之疀。郭注：「皆古鍬鍤字。」是鍬鍤即同鍫臿。宋、魏之間謂之鏵，案：鏵，《説文》作芣，云「兩刃臿也。又作釫。」（一五）或謂之鍏。音韋。江、淮、南楚之間謂之臿，案《釋名》：「鍤，插地起土也，或曰銷，或曰鏵，其板曰葉。」沅、湘之間謂之畚，趙、魏之間謂之喿。字亦作鍫也。案：《玉篇》：「喿，今作鍬。」東齊謂之梩。」音駭，江東又呼鍫刃爲鐅。普蔑反。其相頭金石者以木，《易·繫辭》傳「斲木爲相」是也。後世以鐵，《孟子》書「以鐵耕」是也。古謂之枱，《説文》：「枱，耒耑也。或作鈶，籀文作辝。」或謂之錢，即淺切。又謂之銚。《説文》：「錢，銚也，古田器。」《詩》曰：庤乃錢鎛。」《詩》傳：「鎛，鎒也。」《釋名》：「鉏類也。」亦謂之鐅，《説文》：「鐅，河内謂臿頭金也。」郭璞《方言注》：「江東又呼鍫刃爲鐅也。」或謂之⿰金危。《說文》：「⿰金危，臿屬。」案：《漢書·揚雄傳》注：「買⿰金危，鶻鵃別名，春中鳴則農事興，故名買⿰金危，又名布穀，蓋聞其聲則思買⿰金危臿以布穀也。」後世謂之鑱，《說文》：「鑱，鋭也。」《廣韻》：「鑱，吳人云犁鐵。」杜甫《寓同谷縣歌》：「長鑱長鑱白木柄，我生託子以爲命。」《說文》：「瑁，諸侯執圭朝天子，天子執玉以冒之，似犁冠。」徐鍇曰：「犁冠，即犁鑱也。」今字書作犁錧，音義同。《爾雅·釋樂》疏：「錧，田器也，自江南呼犁刀爲錧。」案：今東齊呼欋下鐵葉爲犁，犁下鐵刺土者爲鑱，與徐鍇、邢昺所見異也。犁，其大者謂之鈐鐠，《說文》：「鈐鐠，大犁也。一曰類相。」古者相廣五寸，《周官·匠人》爲溝洫，相廣五寸，二相爲耦，一耦之伐，廣尺，深尺，謂之甽。」注云：「古者相，一金兩人並發之，其壟中曰甽，甽上曰伐，伐之言發也。甽，畎也。今之相，岐頭兩金，象古之耦也。」疏云：「相謂耒頭金，金廣五寸。耒面謂之庛，庛亦當廣五寸。云二相爲耦者，二人各執一相也。云今之相岐頭者，至後漢用牛耕種，故有岐頭兩腳相，今時猶然也，但以牛種用二相，則畎下布種與古異也。」今則犁鑱皆廣一尺也。犁上曲木謂之耒，《說文》：「耒，手耕曲木也，從木推丰，古者垂作耒相，以振民也。」案：《說文》蓋據《世本》。《古史考》：神農作耒。《易·繫辭傳》：「揉木爲耒。」《急就篇》：「疆畔畷陌耒犁鉏，耒下曲木謂之庛。」庛，受鑱者也。《考工記》：「車人爲耒，庛長尺有一寸，中直者三尺有三寸，上句者二尺有二寸。鄭司農云：「耒謂耕耒。庛讀爲『其顙有疵』之疵，謂耒下岐。」玄謂：「庛，讀爲棘刺之刺。

刺，耒下前曲接相。」疏云：「庛者，耒之面。」但耒狀若今之曲枚柄也。面長尺有一寸。云『中直者』，謂手執處爲句，故謂庛上句下爲『中直者三尺有三寸』也。『句』者，謂人手執之處，『二尺有二寸』也。云『刺，耒下前曲接相』者，相謂耒頭金，故云『下前曲接相』者也。

耙　《類篇》：「必駕切，犂屬。」《農政全書》：「耙制有方耙，有八字耙，如犂，亦用牛駕，但橫闊多齒，犂後用之。蓋犂以起土，惟深爲功；耙以破塊，惟細爲功。耙之後又用耖用耮，俗作䎱。」案：《廣韻》：「耖，重耕田也。」《農政全書》：「耖如耙，其齒更長，所以耖土益細。」《集韻》：「耮，郎到切，摩田器。」

耬　《玉篇》：「犂也。」《正字通》：「下種具。一曰耬車，狀如三足犂，中置耬斗藏種，以牛駕之，一人執耬且行且搖，種乃隨下。崔寔云：『漢趙過教民耕殖，其法三犂共一牛，一人將之，下種挽耬皆取備焉，日種一頃。』此即耬車也，見《齊民要術》。」《集韻》：「耕畦謂之耬。」案：今俗亦名此爲耬也。播種謂之[耒曼]。謨官切。《博雅》：「[耒曼]，種也。」以灰種謂之[耒奄][耒責]。《博雅》：「[耒奄][耒責]，種也。」《廣韻》：「[耒奄]，于業切；[耒責]，音賾，灰中種也。」以器摩田謂之櫌，《說文》：「櫌，摩田器。」《論語》曰：「櫌而不輟。」《注》：「櫌，覆種也。」案：俗作耰，非是。徐鍇曰：「摩田器，布種後以此器摩之，使土開發處復合，覆種也。」案：《淮南·氾論訓》：「民勞而利薄，後世爲之耒相櫌鉏。」注云：「櫌，椓塊椎也。三輔謂之儓，所以覆種也。」所以去艸謂之鉏，《說文》：

「鉏，立薅所用也。」「槈，薅器也。或作鎒。」俗作耨。「耝，除苗閒穢也。或作薅。」俗作耘。又謂之鎛。《詩·周頌》傳：「鎛，鎒也。」是則鎛亦鉏也。案：《説文》「鎛，田器。《詩》曰：庤乃錢鎛。」《釋名》：「鎛，鉏類也。」刈器謂之鎌。鎌，廉也，本《釋名》。或作鐮。又謂之刈鉤，或謂之鉊音昭。鍋。音果。見《方言》。擊禾器謂之枷。「枷，柫也。」本《説文》。又謂之橇殳，或謂之度。見《方言》，郭注：「今江東呼打爲度音，量度也。」

旝　機石也。《説文》：「旝，建大木，置石其上，發以機，以追敵也。」惠棟曰：「追，古文槌。見《左傳補注》。」《春秋傳》曰：『旝動而鼓。』《詩》曰：『其旝如林。』」案：後世用礮始於此，古謂之石，《左傳補注》引賈逵曰：「旝，發石，一曰飛石。」《左氏成二年傳》：「齊高固入晉師，桀石以投人。」杜注：「桀，擔也。」非也。《説文》：「桀，磔也。」蓋謂磔裂其石，發以投人，訓爲負擔，失其義矣。《漢書·甘延壽傳》：「投石絶等倫。」張晏曰：「《范蠡兵法》飛石重十二斤。案：潘岳《閒居賦》注作「飛石重十二斤」爲機發，行二百步。延壽有力，能以手投之。」《魏略》曰：「諸葛亮起衝車，郝昭以繩連石磨壓之，衝車折。」是漢魏以來仍名爲石，不謂之礮。惟《文選》潘岳《閒居賦》云「礮石雷駭」，注云：「礮石，今之抛石也。」皆匹孝切。蓋礮始見於此。亦謂之藺石，《鼂錯傳》「具藺石」。服虔曰：「藺石，可投人石也。」

如淳曰：「藺石，城上雷石也。」《唐書·李密傳》：「以機發石，爲攻城械，號『將軍礮』。」通作拋。《後漢書·袁紹傳》：「曹操發石車擊袁紹，軍中呼霹靂車。」注云：「即今拋車，又通作奅。」韓愈《征蜀聯句》：「投奅鬧碚礐。」注云：「奅聲如石崩也。」蓋古字書無礮，故拋、奅假借通用，而礮字獨見於《文選》、《唐書》。案：俗作砲。《集韻》作礮，並非是。今之用礮變爲火器，銅鐵爲身，藥鉛爲子，施火放之，其機神速倍於投石者也。大者或載以車，寵以將軍之號；其小者施檠子以人手舉放，案：今世謂之鳥鎗。皆火器也。爆竹亦其類。案：爆竹，古以竹節燒之，今卷紙爲筩，實藥其中，以火施放，其響匉訇，至於除夕，萬户雷鳴矣。故蘇轍《除日詩》：「念同去鄉里，此節已三失。楚人重歲時，爆竹鳴磔磔。」〔叶音陟。〕蓋即今之爆竹歟！

鐎

《說文》：「鐎斗也。」《周官·鬱人》注：「以煑之鐎中，停於祭前。」《漢書·李廣傳》：「不擊刀斗自衛。」孟康曰：「刀斗，以銅作鐎，受一斗。晝炊飯食，夜擊持行，故名曰刀斗。〔一六〕今在滎陽庫中也。」案：刀，俗作刁，今姓有刁者，古無此字。蘇林曰：「形如銷，無緣。」師古曰：「温器也。銷音火玄反。即銚也。今俗或呼銅銚。音姚。」案《說文》：「銷，小盆也。」一曰無足鐺。「銚，温器也。」此則鐎器之形如小盆而無緣，以銅爲之，其用於軍中謂之刁斗，晝炊夜擊，案：《博古圖》，漢熊足鐎斗，有流有柄，三足；龍首鐎斗，有耳有柄有流，皆銅爲之。然與軍中鐎斗異也。後世軍營擊銅鑼，豈有因於古歟。古字無鑼，自後魏宣武以後，有銅鈸沙羅。沙羅即鈔鑼，蓋鑼始見於此。《廣韻》：「鈔鑼，器也。」《六書故》：「今之金聲用於軍旅者，亦以爲盥盆。」《正字通》：「築銅爲之，形如盆，大者聲揚，小者聲殺，《樂書》有銅鑼。」是則軍中用鑼，蓋起於宋以後也。《正字通》：「《宋志》駕前皆捧斮鑼，《元志》作水罐鏩鑼。《南宋市肆記》亦言酒器沙鑼。蓋水盆以金銀爲之，如今之銅面盆。沙、斮、鏩皆〔與〕鈔音相近。一說鈔譌作斮、鏩，今馬上急遞所擊者，似鑼而小，俗呼篩鑼，即鈔鑼也。」

鈸　《玉篇》：「鈴也。」《集韻》：「鈴屬。」案：古字無鈸，蓋起於鐃。《說文》：「鐃，小鉦也。軍法：卒長執鐃。鉦，鐃也，似鈴，柄中上下通。」《周官·封人》注：「鐃如鈴，無舌有柄，執而鳴之，以止擊鼓」〔一七〕是也。至漢尚有鐃歌，迨後魏而有銅鈸矣。《韻會》「《樂書》銅鈸，南齊穆士素所造，其圜數寸；大者出於扶南、高昌、疎勒之國，其圜數尺。隱起如浮漚，以韋貫之，相擊以和樂。唐燕樂法曲，有銅鈸相和之樂。」《正字通》：「亦謂之銅盤，司馬承禎製。玄真道曲、大羅天曲有鐃鈸，蓋其小者，今亦用之以節樂，或謂之草子，或謂之鋪鈸。」

笳　《說文》：「吹鞭也。」《晉書》「先蠶儀」注：「車駕住吹小笳，發吹大笳，笳即笳也。」應劭《鹵簿圖》有騎執笳。其始以笳管，後皆以銅作器，其聲如觱栗。《史記·樂書》：「胡笳似觱栗而無孔，後世鹵簿用之，伯陽避入西戎所作，卷蘆葉吹之也。」《韻會小補》：「大胡笳十八拍，號沈家聲。小胡笳十九拍，號祝家聲。」夏侯湛《笳賦》：「南閭兮拊掌，北園兮鳴笳。鳴笳兮協節，分唱兮相和。」案：笳，通作箛。《北堂書鈔》：「箛亦作笳。」《宋書·樂志一》：「箛，李伯陽入西戎所造，即箛也。」又通作葭。晉有鳴葭，其字本作葭，後乃作箛耳。始以蘆若竹爲之，自唐以後，乃以銅造焉。《通雅》：「唐之銅角即其遺也。仗有大鼓長鳴，長鳴今之號筩也，口圓而長如竹筩，一尺五寸，又有小柄，空管從筩中抽出吹之。」案：此即今之喇叭也，叭讀若霸。戚繼光《新書·號令篇》有「喇叭，軍中吹器，俗名號筩也。」今之笳有以角爲者，亦起於唐，《樂府雜録·鼓吹部》即有鹵簿、鉦、鼓及角樂用弦鼗笳簫。又即用哀笳，以羊角爲管蘆爲頭也。至乎今世，但有吹角不用蘆頭，異於唐焉。其聲悲哀，故曰哀笳，然鼓角亦施於軍中爲宜矣。篍者，箛之小者也。篍音蕉。吹之以勸役。《急就篇》：「箛篍起居課後先。」案：篍，《廣韻》又音悄。竹簫，洛陽亭長所吹也，今則兒童皆喜歡吹之，其管或蘆若竹若土器，吹之皆有聲，若乃衢巷游童盡能。觱栗，卷蘆爲管，貫以沙壺之口，其聲悲烈，抗激清越，過於邊笳。《樂府雜録》：「觱篥，大龜茲國樂也，亦曰悲栗。」《篇海》：「以竹爲管，以蘆爲首，狀類胡笳而九竅，所法者角音而已，其聲悲篥，一名悲篥，一名笳管，篥亦作栗。」案：今世所作，直爲笳形，但有一竅，其以銅爲笳，乃有數竅，與《篇海》異也。《説文》：

「觱，羌人所吹角屠觱，以驚馬也。」是則羌人吹角，其聲屠觱，今以蘆管寫之，謂之觱栗，其云吹以驚馬，蓋軍中所用矣。

箑　《說文》：「扇也，或作篓。」《世本》：「武王始作箑。」《帝王世紀》：「武王出遊，見暍人擁而扇之。」案：《宋書·符瑞志》：「帝堯時，廚中自生肉，其薄如箑，搖動則風生，食物寒而不臭，名曰箑脯。」據此，扇已起於堯矣。《古今注》：「舜廣開視聽，求賢人自輔，作五明扇。」此箑之始也。《方言》：「扇，自關而東謂之箑。」郭注：「今江東亦通名扇爲箑，音篓。」自關而西謂之扇。」古之造扇，蓋屈竹爲匡，裂紈爲面，其形正圜，謂之團扇。《宋人四六》云：「綈袍贈范叔，猶有故人之情；紈扇遺買臣，終致上客之引。」朱買臣爲會稽太守，懷綬匿迹，人未知也，所交錢勃見其暴露，乃勞之曰：「得無罷乎！」遺以紈扇。買臣至郡，引爲上客。漢班姬所歌，是其遺象，而《張敞傳》「便面拊馬」，亦其類也。師古曰：「便面所以障面，蓋扇之類也；不欲見人，以此自障面，則得其便，故曰便面，亦曰屏面。今之沙門所持竹扇，上袤平而下圜，即古之便面也。」案：今朝鮮官吏騎馬，自以團扇障面，蓋其遺象。羽扇者，鶴鷺之羽編次所成，取其清涼，蓋起於翣。《說文》：「翣，棺羽飾也。天子八，諸侯六，大夫四，士二。」《檀弓》「飾棺牆，置翣」注：「翣以布衣木如襌與。」疏云：「鄭注《喪大記》云：『漢禮，翣，以木爲筐，廣三尺，高二尺四寸，方兩角，高衣以白布，畫雲氣，柄長五尺。』」云如襌與者，襌如，〔一八〕漢時之扇。案：漢翣用布，其古翣自以羽。《小爾雅》：「大扇謂之翣。」《儀禮·既夕禮》

「燕器，杖、笠、翣」注云：「翣，扇也。」案：《禮·明堂位》「周之璧翣」，似非即扇，見本注。蓋翣與箑同。《左氏襄二十五年傳》「四翣」疏引《方言》：「自關而東謂扇爲翣」，是則箑通作翣也。其栟櫚葉作者，曰蒲葵。《玉篇》：「椶櫚，一名蒲葵。」《晉書》：「謝安有盛名，鄉人有罷中宿縣者，還詣安，安問其歸資，答曰：『嶺南凋敝，唯有五萬蒲葵扇，又以非時爲滯貨。』安乃取其中者捉之，於是京師士庶競慕而執焉，價增數倍。」注云：「蒲葵，椶櫚也。」今之此扇，賈販尤多，亦有編蒲爲者，即名蒲扇，此皆象古團扇之形矣。又有障扇者，《古今注》：「障扇，長柄扇也，漢世多豪俠，象雉尾而製長扇也。」案：杜甫詩：「雲移雉尾開宮扇。」方麯者，《北齊書·楊愔傳》「以方麯障面。」《北齊書·楊愔傳》：「有選人魯漫漢，自言猥賤，獨不見識。愔曰：『卿前在元子思坊，騎秃尾草驢，經見我不下，以方麯障面，我何不識卿！』漫漢驚服。」案：《説文》：「曲，蠶薄也。」《漢書·周勃傳》：「織薄曲爲業。」《方言》：「薄謂之苗，或謂之麯。」是此書麯字所本，其云方麯障面，蓋竹織方扇耳。取屏障爲義，即便面之倫也。摺疊扇者，以紙爲之。陳仁錫《潛確類書》云：「古時唯有團扇，觀前人題詠及圖畫中可見。摺疊扇始於國朝，永樂中因朝鮮進，上喜其卷舒之便，命工如式爲之，亦謂之撒扇，蓋收則摺疊，用則撒舒也。」案：摺疊扇一名聚頭扇，一名聚骨扇，金劉祁《歸潛志》有《章宗聚骨扇詞》，則中國之摺疊扇不始於明初也。

燕脂　口脂也。《釋名》云：「脣脂以丹作之，象脣赤也。」案：今人以丹和脂作之，點脣者與燕脂別一物。又曰：「脂，砥也，著面柔滑如砥石也。」《正字通》：「燕脂以紅藍華汁凝脂爲之，燕國所出，後人用爲口脂。」《二儀實録》：「燕脂起自紂。唐僖昭時，都下競事妝唇，婦女以此分妍否。其點注之工，名字差繁，其略有燕脂、暈品、石榴嬌、大紅春、小紅春之類。」案：燕支，山名，非燕國也。徐陵《玉臺新詠·叙》：「南都石黛，最發雙娥；北地燕支，偏開兩臉。」習鑿齒《與燕王書》曰：「山下有紅藍，足下先知不？北方人採取其華染緋、黄，挼取其上英鮮者作烟支，婦人採將用爲顔色。吾少時，再三過見烟支，今日始見紅藍，後當足致其種。匈奴名妻作閼氏，今可音烟支。《漢書·匈奴傳》『後有愛閼氏生少子。』師古曰：『閼氏，匈奴皇后號也。』想足下先亦不作此讀《漢書》也。」《古今注》：「燕支，中國人謂之紅藍。」案：今中土名曰紅華，即此物，乃知北地就名燕支也。又段公路《北户録·山華燕脂》：「山華叢生，端州山崦間多有之。其葉類藍，其華似蓼。正月開華，土人取含苞者賣之，用爲燕脂粉，或時染帛，其紅不下紅藍。」是則南土又一燕脂也。或作䞓赦。《類篇》：「䞓赦，婦人面飾也。」《正韻》作「胭脂」或作「燕脂」，並非。《妝樓記》：「斜紅燒臉，蓋古妝也。」梁簡文帝詩：「分妝間淺靨，燒臉傳斜紅。」其注於額上謂之的。楊慎曰：「的音灼，婦人以點飾額也。」《史記·五宗世家》「程姬有所避」注云：「的，以丹注面，婦人有月事，妨於進御，難於自言，故點的以見。」

《説文》引《漢律》「見姅變，不得侍祠。」「姅，婦人污也。」案：的通作勺。《釋名》：「以丹注面曰勺。勺，灼也，謂有月事者注面灼然爲識。」是勺與的同也。王粲《神女賦》：「施華的兮結羽儀。」案：的，《説文》作旳，明也，从日，勺聲。是當音灼。今音丁歷切，而又書作的，聲義並失。《説文》亦無「的」字。《音學五書》「的」字在入聲，則當入「藥」，音都略切。轉去聲，則當入「嘯」，音都料切。後人誤音爲滴，轉上聲爲「底」。又於額間塗黄曰黄額，唐詩：「學畫鴉黄半未成。」王安石詩：「漢宫嬌額半塗黄。」舊注謂額間小黄靨也，漢唐宫中皆然。

粉

《説文》：「傅面者也。」「糉，粉也。」是粉一名糉也。古者屑米爲粉。《釋名》：「粉，分也，研米使分散也。」或豆爲粉。《周禮·籩人》「修籩之實，糗餌、粉餈」注云：「豆屑也。」蓋如今之豆粉。《韻會》：「古傅面亦用米粉，又染之爲紅粉，後乃燒鉛爲粉。」案：粉曰鉛華，爲此也。《墨子》書：「禹造粉。」《博物志》：「紂燒鉛成胡粉。」《吕氏春秋》高誘注亦曰「紂作胡粉」。其謂之胡者，《釋名》云：「胡粉，胡餬也，脂和以塗面也。」案：粉曰脂粉，爲此也。崔瑗《七依》曰：〔一九〕「加以脂粉，潤以滋澤。」故今之施粉和冰脂塗掌爲此也。造粉之法，古用燒鉛，近世用酒罨化，其術尤巧。《本艸》李時珍曰：「今金陵、杭州、韶州、辰州皆造之，俗呼吴越者爲官粉，韶州者爲韶粉，辰州者爲辰粉也。而辰粉尤真，其色帶青。」案：造辰粉法，須火化，用醋及豆粉、蛤粉，具詳《本艸》。范成大《桂海虞衡志》言，桂林所作造鉛粉最有名，謂之桂粉，以黑鉛著糟甕中罨化之。何孟春《餘冬録》云：「嵩陽産鉛，居民多造胡粉。其法：鉛塊懸酒缸内，封閉四十九日，開之則化爲粉矣。化不白者，炒爲黄丹。黄丹滓爲蜜陀僧。三物收利甚博。《參同契》云：「胡粉投炭中，色壞還爲鉛。」《抱朴子·内篇》：「愚人不信黄丹、胡粉是化鉛所作。」其鉛氣有毒，工人必食肥豬犬肉、飲酒及鐵漿以厭之。枵腹，中其毒，輒病至死，長幼爲毒熏蒸，多痿黄癱攣而死。《物類相感志》：「韶粉蒸之不白，以蘿蔔瓮子蒸之則白。」案：《古今注》：「蕭史與秦穆公錬飛雪丹，第一轉與弄玉塗之，今之水銀膩粉是也。」李時珍曰：「神仙家拆鉛字爲金公。攷《本艸》金公變化最多，一變而成胡粉，再變而成黄丹，三變而成蜜陀僧，四變而爲白霜。」案：白霜即鉛霜，李時珍言鉛霜乃鉛汞之氣感英華所結，道家謂之神符白雪。然則弄玉所塗豈是歟？非常所用，故無取焉。《飛燕外傳》：「趙后傅露華百英粉。」盛粉之器謂之筩，《急就篇》：「芬薰脂紛膏澤筩。」又謂之盝，《唐書·李德裕傳》：「敬宗詔浙西貢脂盝，妝具盝。」蓋櫝匣小者之名也。《宋史·輿服志》：「皇帝承天受命之寶納於小盝。」《集韻》：「與簏通。」今俗謂之粉盒。《類篇》：「盒，盤屬。」《廣韻》：「盤，覆也。」案：今俗通名器之有蓋者曰盒。

黱　《説文》：「畫眉也。」《玉篇》：「深青也。」《篇海》引《通俗文》：「染青石謂之點黱，今省作黛。」案：戴侗作《六書故》曾見唐本《説文》，黱字注云「或作代」，然則黱省作黛，亦有本也。《釋名》又以代訓黛。《釋名》：「黛，代也。滅眉毛去之，以此畫代其處也。」古者黛本黑色，蓋即以墨爲之。《楚辭·大招》「紛白黛黑」王逸注：「黛畫眉鬢，黑而光浄。」《本艸别録》：「黑石脂，一名石墨，一名石涅。李時珍曰：此乃石脂之黑者，亦可爲墨書字畫眉，舐之黏舌，與石炭不同，南人謂之畫眉石是也。」後世黛用青色，不純以黑。《西京雜記》：「卓文君眉色如望遠山。」其非純黑可知。後漢明帝宫人拂青黛蛾眉，青黛者似空青而色深，石屬也。如石青之類。故徐陵《玉臺新詠·叙》：「南都石黛，最發雙蛾。」《南部煙華記》：「煬帝宫中爭畫長蛾眉，司宫吏日給螺子黛五斛，號蛾子緑。」韓愈《送李愿歸盤谷叙》「紛白黛緑」，是知唐眉猶用螺黛也。今世畫眉仍復黑色，皆燒柳枝爲之，《玉篇》云：「鬖，亡賢切，燒煙畫眉。」是必古有此法也。或取錘金烏紙湮研塗畫，止須對鏡可作。而《漢書·張敞傳》：「爲婦畫眉，長安中傳張京兆眉憮。」孟康曰：「憮音詡，北方人謂媚好爲詡畜。」蘇林曰：「憮音嫵。」師古曰：「蘇音是。」案：憮嫵古通用。是敞材輕無威儀，非實事也。前世有禁畫眉者。《通鑑》：「周天元帝禁天下下婦女施粉黛，皆黄眉黑妝。」《採蘭雜志》：「膏神曰鳫娘，黛神曰天軼，粉神曰子占，脂神曰與贅，首飾神曰妙好，衣服神曰厭多。」

櫛

《説文》：「梳比之總名也。」徐鍇曰：「櫛之言積也。《詩·周頌》其比如櫛。」「梳，理髮也。」徐鍇曰：「梳之言導也。」《禮·内則》「櫛縰笄總」，櫛亦理髮也。古或以木或以象，《禮·玉藻》「櫛用樿櫛。〔《説文》：「樿，木也，可以爲櫛。」〕髪晞用象櫛。」注云：「晞，乾也。」案：髪乾，故以象櫛，取其滑。梳者興於上皇。《二儀實録》：「赫胥氏造梳，以木爲之，二十四齒，取疏通之義。」《釋名》：「梳，言其齒疏也。枇，言其細相比也。」案：枇比通。《廣雅》：「比，櫛也。」《倉頡篇》：「靡者爲比，粗者爲疏。」今亦謂之梳。《急就篇》：「鏡、籢、疏、比各異工。」顔注：「籢，盛鏡之器，若今鏡匣也。」案：《列女傳》：「置鏡籢中。」通作匳。《廣韻》：「匳，盛香器。」又作奩。《後漢書·皇后紀》：「帝視太后鏡奩中物。」今俗以嫁女之具曰粧奩。《言鯖》：「匳粧，盛首飾之器也。」今譌爲簡粧。顔師古注：「櫛之大而粗，所以理鬢者謂之疏，言其齒稀疏也。案：古音轉注，梳又音束，妝梳也。劉禹錫《歷陽書事》詩：「容顔本南國，妝梳學西京。」小而細，所以去蟣蝨者謂之比，言其齒密比也。皆因其體以立名。」案：比疏或作比余。《史記·匈奴傳》「漢文帝遺單于比余」，《漢書》作比疎。師古曰：「辮髪之飭也，以金爲之。比音頻寐反，疎字或作余。」比或作鎞。《玉篇》：「釵也。」杜甫詩：「耳聾須畫字，短髪不勝鎞。」俗作篦。《説文》新附字：「篦，導也，今俗謂之篦。」《廣韻》：「眉篦。」案：導者簪也。南齊高祖性儉約，見主衣中有玉導，曰：留此是興長敝源，命擊碎之。是知篦乃簪導之名。俗人因見比有竹爲者，遂書比爲篦矣。《天禄識餘》云：「簪導字出《隋書》。」《釋名》曰：「簪，建也，所以建冠於髪也。導，所以櫟鬢髪使入巾櫛之裏也。」〔二〇〕導，古者男女皆用之。《禮》云：「笄、總、拂髦。」《詩》云：「象之揥也。」拂髦、象揥，今之篦子。晉明帝《與諸葛恢書》云：「今送犀導小物耳，然是情發於中而寄於物。」

環

《説文》新附字：「釧，臂環也。」《玉篇》：「釵，釧。」何晏《與謝尚書》：「珍玉名釧，因物寄情。」庾信《竹杖賦》：「玉關寄書，章臺留釧。」《墨莊漫録》：「唐文宗問辛臣金條脱何物，辛臣未對。文宗曰：古詩『輕衫穩條脱』，即今臂釧也。」《北夢瑣言》：「宣宗嘗有『金步摇』未能對，温庭筠以『玉條脱』對之，帝賞焉。玉條脱出《華陽真誥》。」繁欽《定情詩》：「何以致繾綣？綰臂雙金鐶；何以叙契闊？繞臂金跳脱。」案：一作跳脱，一作跳達，並傳寫之譌。案：釧字所興，未知其審。孔子佩象環五寸，非係臂也，惟《急就篇》「係臂琅玕虎魄龍」，似是臂環，而猶未名爲釧，故曹植《美女傳》：「攘袖見素手，皓腕約金環。」王粲《閒居賦》：「願爲環以約腕。」則知雖東漢之末，仍名釧爲環矣。《説文》有「釧」，蓋非古歟。而《廣韻》「釧」字引《續漢書》云：「孫程十九人立順帝，各賜金釧指環。」是釧字已起於東漢時矣。又如金釵之字，亦古所無，《説文》新附字：「釵，笄屬。本只作叉，此字後人所加。」《玉篇》：「釵，婦人岐笄也，蓋釵頭本象笄形而末脚特作燕尾，故曰岐笄，即如今時洋叉之制矣。」案：古皆名笄，至漢時始有簪名，《士冠禮》云：「皮弁笄。」鄭注云：「笄，今之簪。」則知漢始有簪也。司馬相如《美人賦》：「玉釵挂臣冠。」秦嘉《與婦徐淑書》：「今致寶釵一雙，價直千金，可以耀首。」徐答曰：「未奉光儀，則寶釵不設。」曹植《美人篇》：「頭上金爵釵。」繁欽

《定情詩》：「何以慰別離？耳後瑇瑁釵。」叶音鴟。依古字並當作叉，而今皆書作釵，亦未爲得也。攷《毛詩·疏》：《大雅·旱麓》篇。「欲買赭不？謂竈下有黃土；問買釵不？謂山中自有楛。」赭，叶音杜。釵，叶音楚。陸璣《草木疏》：「楛，其形似荆而赤，莖似蓍，上黨人織以爲斗筥箱器，又屈以爲釵，故上黨人調曰：問婦人欲買赭不，謂竈下有黃土；問買釵不，謂山中自有楛。」夫以楛爲釵，即如以蓍爲簪，見《韓詩外傳》「亡其蓍簪」。古安得有叉旁加金之字乎？又鈿字亦古所無。《說文》新附字：「鈿，金華也。」案：今有螺鈿，蓋以翡翠丹粉燒成之。

指環 今戒指也，蓋自古有之。《毛詩·静女·傳》：「古者后夫人必有女史彤管之法，史不記過，其罪殺之。后妃羣妾，以禮御於君所，女史書其日月，授之以環以進退之。生子月辰，則以金環退之。當御者以銀環進之，著于左手。既御，著于右手。事無大小，記以成法。」《五經要義》同，見《潛確類書》。《漢舊儀》：「宫人御幸，賜銀指環，令數環計月也。」案：此則古法，至漢猶存。所以知必是指環者，以其言著於手，明知非臂環矣。《西京雜記》：「戚姬以百鍊金彄口平聲。照見指上骨，惡之，以賜侍兒。」《妝樓記》：「何充妓於後閤以翡翠指環換刺繡筆。充知，乃令蒼頭急以蜻蜓帽贖之。」案：指臂有環，既以爲飾，又金玉堅剛 取鎮重筋骨之義，故指環臂環皆有取焉。

翦　《説文》：「齊斷也。〔二〕劑，齊也。」《爾雅·釋言》：「劑、翦，齊也。」《魯頌·閟宮·傳》：「翦，齊也。」箋：「翦，斷也。」郭璞注：「南方人呼翦刀爲劑刀。」案：《説文》作翦，云：「羽生也。一曰采羽。」是知經傳言翦之文依字並當作剬。剬，訓齊斷，劑又訓齊，故江南呼剬刀爲劑刀也。《釋名》云：「翦刀，翦，進也，所翦稍進前也。」是即郭注所説者也。亦謂之蜀刀，蜀人作之尤善也。《漢書·酷吏·楊僕傳》：「欲請蜀刀，問〔君〕賈幾何？對曰：率數百。」又謂之布刀，《循吏·文翁傳》：「買刀布蜀物，齎計吏以遺博士。」如淳曰：「金馬書刀，今賜計吏是也。作馬形於刀環内，以金鏤之。」晉灼曰：「刀，書刀；布，布刀也。舊時蜀郡工官作金馬書刀者，似佩刀形，金錯其拊。布刀，謂婦人割裂財裁同布刀也。」師古曰：「刀，凡蜀刀有環者也。布，蜀布細密者也。〔案：《張騫傳》：「見邛竹杖、蜀布。」服虔曰：「布，細布」是也。〕二者蜀人作之皆善，故齎以爲貨，無限於書刀、布刀也。案：如晉二説，師古雖不從，然可見蜀人自有布刀也。《急就篇》：「帗幣囊橐不直錢。」注：幣本作幓。《説文》：「幓，殘帛也。帗，幓裂也。」是殘裂布帛必有布刀也。杜甫詩：「寒衣處處催刀尺。」杜嘗爲蜀人，故當解道蜀刀。又詩曰：「焉得并州快翦刀。」則知并州亦善此刀也。剪，俗字也。翦通作鬋，《漢書·嚴助傳》：「鬋髮文身之民。」或作鬋，《漢書·韋賢傳》「鬋茅作堂」注：「鬋與剪同。」又作揃。《史記·蒙恬傳》：「周公自揃其爪，沈於河。」《急就篇》：「沐浴揃搣寡合同。」翦刀亦曰鉸刀。《釋名》有鉸刀。又云「矢指也，關西曰釭，釭鉸也，言有交刃也。」案：《類篇》：「鉸，以金飾器也。」顔延之《赭白馬賦》：「寶鉸星纏」注云：「鉸，裝飾也。」蓋言以金爲釘鉸，燦爛如星爾。《廣韻》：「鉸，刀。」《六書故》：「交刃刀也，利以翦。」李賀《五粒小松歌》：「緑波浸葉滿濃光，細束龍髯鉸刀翦。」注云：「束龍髯，形容松葉之齊如刀翦截也。鉸即今婦功縫人所用者，俗呼翦刀。」案：翦亦皆當作剃，今通呼翦刀所斷爲鉸也。

籋　《説文》：「箝也。从竹，爾聲。」徐鉉曰：「爾非聲，未詳。」案：籋今讀尼輒切，古讀爾音，與昵同。何謂「非聲」？「箝，籋也。」又：「燕，玄鳥也，籋口布翄枝尾。」蓋燕口鋭下豐上，如籋之形，故謂之籋，因知古籋即如燕口之形也。今籋皆橢長而平下，或鋭下作鉤吻矣。自漢以後，籋通作鑷，《釋名》：「鑷，攝也。攝，取髮也。」案：作鑷始於此。《宋書·范蔚宗傳》：「法静還義康，餉熙先銅匕銅鑷。」《雲仙雜記》：「王僧虔晚年惡白髮，一日對客，左右進銅鑷，僧虔曰：却老先生至矣，庶幾乎！」《諧噱録》同。案：鑷是首飾之名。《後漢書·輿服志》：「簪以瑇瑁爲擿，長一尺，端爲華勝，上爲鳳凰爵，以翡翠爲毛羽，下有白珠，垂黄金鑷。」崔瑗《叙銘》：「三珠璜叙，鑷髮鑽鎣。」《集韻》或作鑈，《類篇》亦作鉺，並非。

籥　《説文》：「書僮竹笘也。」「笘，折竹箠也。潁川人名小兒所書寫爲笘。」「箑，籥也。」《博雅》：「觚也。」蓋籥析竹片爲之，是小兒學書之簡，書一簡爲一箑，猶今世書一篇爲一箑也，或通作葉。案：籥與侖龠並通，《説文》各别爲字。《詩·衛風》「左手執籥」，《説文》作侖，云「如笛六孔」。《書·金縢》「啓籥見書。」《説文》作「闟」，云「闟下牡也」。《方言》作「鑰」，云「户鑰，自關而西謂之鑰」。書於方木謂之柧，《説文》：「柧，棱也。棱，柧也。」通作觚。《説文·叙》「七曰殳書」徐鍇注：「殳體八觚，隨其勢而書之。」案：知殳體八觚者，《説文》「殳以積竹八觚」也。陸機《文賦》「或操觚以率爾」注云：「觚，木之方者，古人用之以書，猶今之簡也。」案：今小兒學書，或削竹簡，或爲木版。木版者俗曰水牌，書畢則拭之。其巾以方布，古謂之幡。《説文》：「帣，幡也。幡，書兒拭觚布也。」徐鍇曰：「觚八棱木，於上學書，已，以布拭之，今俗呼幡布，《内則》所謂帉帨是也。」案《説文》：「楚謂大巾曰帉。帥，佩巾也。或作帨。」又音稅。今俗通謂之手巾。

枇杷　樂器也。《釋名》：「枇杷，馬上所鼓。」《風俗通》作「批把」。云：「近世樂家所作，以手批把，因以爲名。長尺五寸，象三才五行；四弦象四時。」〔二三〕《集韻》：「推手前曰批，引手後曰把。俗作琵琶。」《唐書》：「自下逆鼓曰琵，自上順鼓曰琶。」近代樂家所作，不知所起。傅玄《琵琶叙》云：「漢送烏孫公主，念其道遠思慕故國，使知音者於馬上作之。」案：段安節《樂府雜録》謂即烏孫公主造，與此異。《古今樂録》：「琵琶出於弦鞉，杜摯以爲興之秦末，蓋古長城役，百姓弦鞉而鼓之。」其撥謂之捩，《廣韻·十二霽》云：「捩，琵琶撥也。」《容齋隨筆》：「白樂天以琵字作入聲讀。如云：『四弦不似琵琶聲，亂瀉真珠細撼鈴。』又：『忽聞水上琵琶聲，主人忘歸客不發。』皆入聲也。」案：不但此也，其《枇杷》詩：「深山老去惜年華，況對東溪野枇杷。」是枇杷果之枇，亦作入聲讀也。琶又叶音婆，其《小庭有月》詩「菱角執笙簧，谷兒掞琵琶。紅綃信手舞，紫綃隨意歌」是也。枇杷，果名，見《上林賦》注。案：琵琶又或作鞞婆，見《搜神記》。案：琶古音婆，其字遂作鞞婆，而《搜神記》以爲琵琶名與義無取也。

寠數 疑當爲檳𥁕。《類篇》：「檳，郡羽切。」《唐韻》：「𥁕，相庾切。」《說文》：「負戴器也。」《漢書·東方朔傳》：「是寠數也」蘇林曰：「寠音貧寠之寠，數音數錢之數。寠數，鉤灌，四股鉤也。」師古曰：「寠數，戴器也，以盆盛物戴於頭者，則以寠數薦之，今賣白團餅人所用者是也。寄生者，芝菌之類，淋潦之日，著樹而生，形有周圜象寠數者，今關中俗亦呼爲寄生。非爲蔦之寄生寓木宛童有枝葉者也。故朔云『著樹爲寄生，盆下爲寠數』，明其常在盆下。今讀書者不曉其意，謂射覆之物覆在盆下，輒改前『覆守宮盂下』爲盆字，失之遠矣。《楊惲傳》〔云〕：『鼠不容穴，銜寠數也。』盆下之物有飲食氣，故鼠銜之，四股鐵鉤，非所銜也。」案：顏注甚是，再以《說文》證之，即是檳𥁕。《說文》檳與匴同，小栝也。檳𥁕者，今人結艸爲器，其狀如環，大小若盌，以薦土銼，賣餅餤人；亦以薦盆，或戴於首，恆負於肩。案：今時寠數，亦有結艸周圜若覆餅者，大者乃如僧家蒲團，用以薦器，狀類寄生。顏氏所云，殆非虛矣。寄生著樹，非其自榮，此器爲薦，非能獨用，故東方滑稽，不説寄生，乃言寠藪，此即朔謂「臣與爲隱耳，非以寄生象寠藪」也。至於蘇林所説鉤灌四股，即非鐵鉤。陸機《詩疏》：「羊桃枝弱，引蔓草上。今人以爲汲灌，重而善没，不如楊柳。」是知柳條藤蔓，並資汲灌，今世郵民，樹皮糾纏，猶存古意，雖非寠藪，亦其倫也。若乃寄生芝菌，《爾雅·釋艸》厥名蘧蔬，郭景純言音同氍毹。然則蘧蔬之讀當如氍毹，氍毹之音又若寠藪。寠藪之聲轉爲莍葽，《爾雅·釋木》「椒樧醜莍」注云：「莍葽子聚生成房貌。」《釋文》云：「莍，一音巨六反，葽，又所于反」，是莍葽讀若轂疏矣。展轉推詳，顔公所注，殆似遠有依據，非夫憑臆而談者也。參之《史記·滑稽傳》云：「甌寠滿篝」，正義曰：「甌寠謂高地狹小之區，得滿篝籠也。」案：甌即是盆，寠即寠藪，甌寠之言明其狹小，蓋是古語，東方所述實本淳于，雖復滑稽，諒非無據者爾。《釋名》云：「寠藪猶局縮，皆小意也。」

瓷

《説文》：「瓦器」也。案：《説文》：「瓦，土器已燒之總名。」《史記·龜筴傳》「桀爲瓦室」注云：「《世本》曰：『昆吾作陶。』」《呂氏春秋》高誘注亦云：「桀作瓦。」蓋是昆吾爲桀作也。《類篇》：「陶器堅緻者。」案：今之瓷器，漢時未有，故《説文》但云瓦器，蓋是摶埴之精緻者，如今世所存漢未央、魏銅雀瓦耳。方之今瓷，譬猶頑土也。宋葉寘《筆衡》：「陶器始舜時，三代迄秦漢，所謂甓器是也。近世不貴金玉而貴銅瓷，遂有祕色窯器，乃錢氏有國日，越州燒進，臣庶不得用，故云祕色。《老學庵筆記·二》云：「耀州出青瓷器，謂之越器，似以其類餘姚縣祕色也，然極麄樸不佳，惟食肆以其耐久，多用之。」然陸龜蒙詩：『九秋風露越窯開，奪得千峯翠色來；如向中宵承沆瀣，共嵇中散鬬遺桮』，則越窯又非始錢氏。」案：《晉書》曰：「戴安道少時，取雞卵汁溲白瓦屑作鄭玄碑文手刻字，文既綺藻，器亦妙絶。」又案：白瓦屑即白瓷屑也。又晉潘岳《笙賦》：「傾縹瓷以酌醽醁。」《説文》：「縹，青白色。」是則縹瓷即今之青白瓷器，蓋自晉時已有矣。而《文選》司馬相如《長門賦》「緻錯石之瓴甓兮，象瑇瑁之文章」注云：「錯石，雜衆石也，言累衆石令之密緻以爲瓴甓，采色間雜，象瑇瑁之文章也。」《爾雅》郭璞注：「今江東呼甓爲甗甎。」據此説，即如今世造琉璃甎瓦。《穆天子傳》：「天子東征，有采石之山，升山取采石，鑄以成器。」則鑄石爲琉璃，蓋自周已有之。案：《玉篇》作瑠璃，《博雅》作琉璃珠也。《古詩爲焦仲卿妻作》：「移我琉璃榻，出置前窗下。」又或作流離，《漢書·西域傳》注，師古曰：「大秦出赤、白、黑、黄、青、緑、縹、紺、〔紅、紫〕十種流離。此自然之物，今所用皆銷治石汁，加以衆藥，灌而爲之。」始於元魏，月氏人商販至京，採礦鑄之。《韻会》：「玻璃亦西國寶。此云水玉千年冰化。亦書作頗黎。」案：今之造瓷器，即與造琉璃無異，但中間石汁爲胎，然後加瓷色或圖畫之。是則瓷器疑漢時已有之，而它書别無可據，蓋此賦是後人僞作，非相如所著，今瓷實非漢所有爾。至於近代，乃有哥窯、定窯之選矣。《老學庵筆記·二》云：「故都時，定器不入禁中，惟用汝器，以定器有芒也。」今世豪家富室，貴於古瓷，鑑色察形，即知久近，土皴石駁，實若鼎彝。乃至一盌之直，價諭百金，《香祖筆記·七》云：「常見一貴人買得柴窰盌一枚，其色正碧，流光四照，價餘百金。」魯以贋往，齊復求真。烏虖！茂陵玉盌，遂出人間，晉殿銅駝，會藏荆棘，又况於瓦釜雷鳴，壽非金石者哉！

金薄　通作箔。《廣韻》：「箔簾也。」錘金爲薄葉片，紙夾之，輕輭欲飛，以涶噴之始定，謂之金薄。案：又一種冶錫作者，名爲金銀箔，今人裁剪爲楮錢，燒之還得錫也。不知起於何時，始見於《南齊書·武帝紀》「禁不得以金銀爲箔」，蓋必起於六朝也。而《三國·吳志·劉繇傳》：「笮融大起浮圖祠，以銅爲人，黄金塗身。」似即今人以金貼佛身及面，故金箔謂之佛面金也。蓋漢魏以後，俗尚華奢，金漸騰貴，故南齊武帝始爲金箔之禁。《宋史·真宗紀》：「大中祥符元年二月丙午，申明不許以金銀爲箔之制。」《仁宗紀》：「康定元年八月戊戌，禁以金箔飾佛像。」《哲宗紀》：「元祐二年九月丁卯，禁私造金箔。」《元史·仁宗紀》：「至大四年三月辛卯，禁民間製金箔銷金織金。」案：《宋史·劉庠傳》：「仁宗外家李珣犯銷金法，庠奏言：『法行當自貴近始』，從之。」《金史·世宗紀》：「大定七年七月戊申，禁服用金絲，其織賣者皆抵罪。」《艸木子》曰：「金一爲箔，無復再還元矣。是故六朝以來，代皆設禁，猶不能止。」而《唐書·敬宗紀》：「詔度支進銅三千觔、金箔即箔字十萬，翻修清思院新殿及昇陽殿圖障。」又《吳志·何姬傳》注引《江表傳》：孫皓「使尚方以金作華燧、步搖、假髻以千數。令宫人著以相撲，朝成夕敗，輒出更作。」今則蘭若佛祠，煇煌金碧，而豪家婦女鈿頭釵脚，無非金華，名爲鍍金。《廣韻》：「鍍金，飾物也。」案：古字無鍍，當書作塗。惟此二事，縻費黄金更無限極，沿習成風，遂不能禁。昔宋太宗問學士杜鎬曰：「兩漢賜予，多用黄金，而後代遂爲難得之貨，何也？」對曰：「當時佛事未興，故金價甚賤。」《明太祖實録》言：「上出黄金一錠示近臣曰，此表箋袱盤龍金也，令宫人洗滌銷鎔得之。而泰定間，乃於雲南立造賣金箔規措所矣。」顧氏《日知録》：「幼時見萬歷中赤金止七八换，崇禎中十换，原注：「天啓中，權奄用事，百官獻媚者皆進金卮，金價漸貴。」江左至十三换矣。投珠抵璧之風，將何時而見歟。」案：前此二十年，金至二十换。嘉慶紀元禁止辦貢，金價爲減。今日蓋十二三换矣。又《日知録》引「遼張孝傑爲北府宰相，食貨無厭，嘗曰無百萬兩黄金不足爲宰相家」，以爲勳貴侈靡用過乎物之故，信然。愚讀顧氏書，至於前代金箔之禁，爲之慨然。

縻金　縻，爛也。放金箔盂盇中，以水沃之，凡數過椎頭，研磨須極細，仍注水盡出其黑者，加膠傅瓷盌上，臨用復以上清膠水取下之，謂之縻金。縻通作泥。此法不知所起，攷《金史·海陵本紀》：「宫殿之飾徧傅黄金，而後間以五采金屑，飛空如落雪。」案：此疑即靡金所起。

《元史·世祖本紀》：「建大聖壽萬安寺，佛像及窗壁，皆金飾之，凡費金五百四十兩有奇，水銀二百四十觔。」又言，「繕寫金字藏經，凡靡金三千二百四十四兩。」《吳澄傳》言，「粉黄金爲泥，寫浮屠藏經。」明《泰定帝紀》：「泰定二年七月庚午，以國用不足，罷書金字藏經。」時於雲南立造賣金箔規措所。

釬　《廣韻》：「釬，金銀器令相著。」《集韻》：「固金鐵藥。」釬音翰。《正字通》：「釬藥以硼砂合銅爲之，用胡桐汁合銀，堅如石，今玉石刀柄之類，釬藥加銀一分其中，永不脱。」案：《漢書·西域傳》：車師國「多胡桐白艸」。孟康曰：「白艸，艸之白者。胡桐似桑而多曲」。師古曰：「白艸似莠而細，無芒，其乾熟時正白色，牛馬所嗜也。胡桐亦似桐，不類桑也。蟲食其樹而沫出下流者，俗名胡桐淚，言似眼淚也，可以汗金銀也，今工匠皆用之。流俗語譌呼淚爲律。」又案：汗釬通。

鍼　《説文》：「所以縫也。」臣鉉等曰：「今俗作針。非是。」鉥，綦鍼也。《管子·海王》篇「一女必有一鍼一鉥」注云：「鉥，長鍼也。」鍤，郭衣鍼也。」案：即綴衣鍼也。案：鍼通作箴。《禮·内則》：「紉箴請補綴。」古者「縫人」謂之執鍼。《左氏成二年傳》：「楚侵及陽橋，孟孫請往賂之，以執斲、執鍼、織紝，皆百人。」案：執鍼，即今衣工也。石鍼者，所以刺病也。《漢書·藝文志》：「《醫經》」「箴石湯火所施」注云：「箴，所以刺病也。石謂砭石，即石箴也。」《山海經》：「高氏之山，其上多玉，其下多箴石」注云：「可以爲砥針治癰腫者。」案：刺癰腫必須石箴，今不可得，或以瓷鋒代之。或謂之鑱石。《史記·扁鵲傳》「鑱石橋引」《索隱》曰：「鑱，仕咸反，謂石鍼也。橋引，謂按摩之法，夭橋引身，如熊顧鳥伸也。」〔二三〕《黄帝素問》曰：「鍼頭如芒，氣出如筐。」《後漢書·陳忠傳》：「隄潰蟻孔，氣泄鍼芒。」蓋本於此。

烽燧 《説文》：「逢火燧，候表也。邊有警則舉火。」「𤏡，塞上亭，守逢火者，篆文省作燧。」案：今又通省作烽燧。所謂塞上亭者，今之墩臺上有屋是也。古者爲斥候以望烽燧。《漢書·賈誼傳》：「斥候望烽燧不得卧。」文穎曰：「邊方備胡寇，作高土櫓，櫓上作桔皋，桔皋頭兜零，以薪艸置其中，常低之，有寇即火然舉之以相告，曰烽。又多積薪，寇至即然之，以望其煙，曰燧。」張晏曰：「晝舉烽，夜燔燧也。」師古曰：「張説誤也。晝則燔燧，夜則舉烽。」《司馬相如傳·諭巴蜀檄》：「聞烽舉燧燔。」孟康曰：「烽如覆米簍，懸著契皋頭，有寇則舉之。燧，積薪，有寇則燔然之也。」或謂之權火，《郊祀志》：「常以十月上宿郊見，通權火。」張晏曰：「權火，烽火也，狀若井挈皋矣。其法類稱，故謂之權火。欲令光明遠照，通於祀所也。漢祀五時於雍，五十里一烽火。」如淳曰：「權，舉也。」師古曰：「凡祭祀通舉火者，或以天子不親至祠所而望拜，或以衆祠各處，欲其一時薦饗，宜知早晏，故以火爲之節度也。」亦謂之狼煙。《匈奴傳》：「役無罪之人，快心於狼望之北哉？」師古曰：「匈奴中地名也。」胡三省曰：「邊人謂舉烽燧爲狼火，狼望謂狼煙候望之地也。」案：俗説烽用狼糞爲之者，煙氣直上，風吹不滅故也。

櫜籥 冶鼓火器也。老子《道德經》：「天地之間，其猶櫜籥乎！」注云：「櫜者外之櫝，所以受籥也。籥者内之管，所以鼓橐也。」《淮南·本經訓》：「鼓橐，吹埵以消銅鐵。」高誘注云：「鼓，擊也。橐，冶爐排橐也。埵，銅橐口鐵筒，入火中吹火者。埵音朵。」今案：埵即吹筒也；排橐，《後漢書》注謂之排。案：排橐即鞴也，今仍用之，與風匣用同而制異。

羊車　《考工記·車人職》曰：「羊車二柯有三分柯之一。」鄭注云：「羊，善也。善車，若今定張車。較長七尺。賈疏云：「後鄭雖舉漢法以曉人，漢世去今久遠，亦未知定張車何所用，但知宫内所用，故差小，謂之羊車也。」《晉書》：「武帝掖庭並寵者，衆莫知所適，乘羊車恣其所之。宫人乃取竹葉插户鹽汁灑地，以引帝車。」案：《釋名》云：「羊車，羊，祥也；祥，善也。善飾之車，今犢車是也。」合之《考工記》注，則知羊車特車之小者耳，非是以羊駕車。而《釋名》又一條云：「羸車羊車，各以所駕名之也。」是則羊車即謂以羊駕車，與前説又異。故知《晉書》「竹葉鹽汁」，史書亦有不盡失實者也。今京師人以羸車爲貴，至於驢馬所駕謂之羊車，並行街衢，避由狹路，不容同軌，又與《釋名》異矣。案：雞栖車，見《日知録》「杜詩」注。

輿轎　《漢書·嚴助傳》：「輿轎而隃領。」服虔曰：「轎音橋梁，謂隘道輿車也。」案：如今登山所乘轎子。臣瓚曰：「今竹輿車也，江表作竹輿以行是也。」師古曰：「此直言以轎過領耳。隃與踰同。」案：此即肩輿，一曰擔輿，今俗通謂之轎，讀如傲倖。

兹其　鉏也。《周禮·柞氏》注云：〔二四〕「萌之者，以兹其斫其生者。」《釋文》：「兹其音基。

茲其，鉏也。」疏云：「漢時茲其，即今之鋤也。」案：或書作「鎡基」，非也。《説文》鎡乃𨫸字重文。

焠兒 田汝成《委巷叢談》：「杭人削松木爲小片，其薄如紙，鎔硫黄塗其鋭，名曰發燭，亦曰焠兒，用以發火。史載周建德六年，齊后妃貧者，以發燭爲業，豈即杭人所製歟！」陶穀《清異録》云：「夜有急，苦於作燈之緩，披杉染硫黄遇火即餤，呼爲引光奴，今遂有貨者，易名火寸。」《天禄識餘》案：「寸焠聲相近，字之譌也，然引光奴之名爲雅。」案：今俗名促鐙，疑促爲焠，聲之誤也，北方人貨者，𦼮藍爲之，尤易得。

火鎌 不知所起，古有金燧取火於日，木燧鑽火於木，《禮·内則》注。金燧亦曰夫遂，又曰陽遂。《周禮·司烜》注。案：金木二燧，蓋皆鐵爲之，其木燧即今木鑽，而金燧其狀未聞。《春秋繁露·郊語》篇云：「頸金取火，頸本作頳。」然則頳金蓋即金燧歟。案：今之火鏡、火球，皆燒器也，易取火。今之火鎌鎌同如鉤鎌之形，釘革手持以爲固，擊石出火以爲利。不日而然，無風而吹，捷於用燧者也。唐韓愈《石鼓歌》云：「牧童敲火牛礪角。」似言今之火石，而不言敲火之物。唯宋王得臣《登蓮華峯記》《説郛》誤載。柳公權《舊聞記》中《名山概記》正其譌。云：「既上，當爍火爲信。玄沖發笈，取一藥缶并火金懷之而去。再一旬而及峯頂，廣約百畝，中有池，亦數畝，菡萏方盛。池側有破鐵舟，觸之則碎。周覽已，乃取火金敲之，揉枯荄以承之，大木亦有朽仆於地者，拉其枝榦爇火焉。」案：此言火金即火鐮矣。今人擣艾葉爲茸，承以敲石取火，所謂「揉枯荄以承之」是也。

擊壤　古時兒童戲具，非土壤也。周處《風土記》：「以木爲之，前廣後鋭，長尺三寸，其形如履。先側一壤於地，遥於三十四步，以手中壤擊之，中者爲上。」案：即飛塼戲也。《集韻》：「堶，徒禾切，飛塼戲也。」宋世寒食有飛堶之戲，梅堯臣《禁煙詩》「窈窕踏歌相把袂，輕浮賭勝各飛堶。」是也。案：亦曰「拋堶」。今名爲打瓦，實則投石。其石方長大小不一，先立一石於十步之外，手石擲擊，或以足蹴踢發機命中，蓋本古人投石之藝，因以角力，兒童此戲捷於木爲者也。又有木橛之戲，謂之打椿讀爲竹懷切。木爲短橛，平置於地，手木擊撞，令飛躍階上，以爲得儁，奔頭刺尾，各臻其勝。唯兹二者，郕里兒童尤爲競尚矣。案：崔駰《西巡頌表》曰：「唐虞之世，樵夫牧豎擊轅中韶，感於和也。」《班固集》：「擊轅相杵，亦足樂也。」曹植書：「擊轅之歌，有應風雅。」是知擊壤、擊轅並唐虞時事矣。

廁籌　《言鯖》：「胡應麟《甲乙剩言》曰：『有客謂予曰，嘗客安平，其俗，如廁男女皆用瓦礫代紙，殊爲嘔噦。』」安平，晉、唐皆爲博陵縣。案：如廁用紙，不聞所始，古多用廁籌。北齊文宣王如廁，令楊愔執廁籌，是帝王之尊用廁籌也。齊東昏佞佛，爲僧削廁籌，於面上試之；三藏律部宣律師上廁法用廁籌，是比丘之浄用廁籌也。今山寺僧人用廁籌者，十八九用過仍濯而再用之。今西北宣大及兩川諸郡，俱用瓦礫，并無廁籌者。

便器　《説文》：「椷匵，褻器也。」賈逵《周官解》：「椷，虎子也。」古之受大小溲者，皆以虎子呼之。《西京雜記》：「漢朝以玉爲虎子，以爲便器，使侍中執之行幸以從。」案：漢朝侍中多以士人爲之，孔光以名士侍中親執唾壺，此猶可也，謂執便器以從，恐不可信。《汲黯傳》：「大將軍青侍中，上踞廁視之〔如淳曰：廁溷也。〔二五〕〕已謂非宜，況使親執褻器邪。案：廁謂之圊；《説文》：「廁，清也。」徐鍇曰：「廁古謂之清者，言污穢常當清除也。」《玉篇》：「圊，溷也，雜也。」〔二六〕《釋名》：「廁，言人雜在上非一也。或曰溷，言溷濁也。或曰圊，至穢之處宜常修治使潔清也。」《説文》：「匽，廁也。」路廁謂之匽；《周禮·宮人》「爲其井匽」鄭司農云：「匽，路廁也。」廁版謂之牏；《漢書·萬石傳》「廁牏」，蘇林曰：「牏音投。賈逵解《周官》云『牏，行清也。』」孟康曰：「廁，行清；牏，中受糞函者也。」廁鬼曰項天竺一曰笙也。段成式《諾臯記》。

顛不刺　《言鯖》：「《西廂記》『顛不刺見了萬千』，箋釋者以顛不刺爲美女，非也。萬歷初，張江陵當國，將南京太祖所藏寶玩盡取上京，中有顛不刺寶石一塊，重七分，老米色，若照日只見石光，所以爲寶也。今人不知。」

雌黄　《言鯖》：「今謂譏議人曰雌黄，非也。古人寫書用黄紙，故以雌黄滅誤，以其相類也。

顔之推曰：「讀天下書未徧，不可妄下雌黄。」謂不得以己意擅改書中之字，如金銀車之類是也。西晉王衍善談論，錯舉經籍，輒隨口改易，聽者不覺，故謂之口中雌黄，亦以其改易字句如口中塗滅更定，非以其譏議也。余案：古人寫書，亦不純用黄紙，至於雌黄滅誤，雖施於白紙上，其色輕淡若有若無，良爲妙也。又案：《顔氏家訓·勉學》篇云：「校定書籍，亦何容易，自揚雄、劉向方稱此職爾。觀天下書未徧，不得妄下雌黄。」《書證》篇云：「《漢書》田肯賀上，江南本皆作宵字，沛國劉顯子臻讀班史呼爲田肯，梁元帝嘗問之，答曰：『此無義可求，但臣家舊本，以雌黄改宵爲肯』，元帝無以難之。」觀此二文，可知古人校書以雌黄滅誤，改而塗之，此言不虚爾。

墨

墨所以書也。古者用石，後用松煙。《太平御覽》六百五卷引范子計然曰：「墨出三輔，上價石百六十，中三十，下十。」韋仲將《筆墨方》曰：「合墨法，好醇煙擣訖，以細絹篩於缸中，篩去草芥若細紗，以細絹篩塵埃，此物至輕微，不宜露篩，慮失飛去，不可不慎。墨一斤，以好膠五兩浸梣皮汁中。梣，江南樊雞木皮也，〔三七〕其皮入水緑色，解膠，又益墨色，可下雞子白去黄五枚，亦以真珠一兩、麝香一兩，皆別治細篩，都合調下鐵臼中，寧剛不宜澤，案：此謂不宜水多太溼也。擣三萬杵，杵多益善。合墨不得過二月九日，温時敗臭，寒則難乾，湩溶見風日碎破，重不得過二兩。」案：此即松煙法也，後乃用桐油，而松煙漸微，故録而存之。舊傳《墨譜》、《墨苑》、《墨經》之類，皆桐油法，而明初沈繼孫《墨法集要》，其書遂盛行於世。

抽替　《珩璜新論》：宋臨江孔平仲毅父纂。「俗呼抽替。《南史·后妃傳上》：殷淑儀，孝武帝之貴妃也，有寵而薨。帝思見之，遂爲通替棺，欲見輒引替覩屍。」

麻擣　《珩璜新論》：「俗以和泥灰爲麻擣。出《唐六典》：京兆歲送麥稍三萬圍、麥䴸二百車、麻擣三萬斤。」案：麻擣者，須用擣爛以和泥灰也。麥稍，《説文》：「麥莖也。」麥䴸，《玉篇》：「麥殼破碎者。」今麥糠也。皆可和泥泥牆屋。

校記

〔一〕釜大口者，《説文解字注》作「如釜而大口者」。

〔二〕「發」，《後漢書》卷五十二《崔寔傳》作「守」。

〔三〕處，《漢書》卷九十四上《匈奴傳上·注》作「舍」。

〔四〕《説文》段注「牆」下無「以」字。

〔五〕《漢書》卷二十四下《食貨志下》「爲」下有「一」字。

〔六〕《説文》「折」作「析」、「蒸」作「烝」。

〔七〕放，《後漢書·律曆志上》作「效」。

〔八〕羡，《説文》十篇上《火部》作「羨」。

〔九〕而字疑衍；或有誤脱。

〔一〇〕方，《後漢書》卷八十二上《方術列傳上》作「由」。又「風吹札柿」，《後漢書》作「風吹削哺」，李賢注云：「『哺』當作『柿』，音孚廢反。《顔氏家訓》曰：『削則札也。』今俗或作『脯』，或作爲『反哺』之『哺』，非也。」

〔一一〕《説苑》四部備要本下有「文侯飲而不盡釂」。

〔一二〕顔師古《注》，在《漢書》卷三十一《項籍傳》。

〔一三〕《儀禮·少牢饋食禮》十三經注疏本作「廩人摡甑甗匕與敦于廩爨」。按：「溉」通「摡」。

〔一四〕義縱傳，應作「《漢書》《酷吏·王温舒傳》。」

〔一五〕刀、釬，《説文解字注》六篇上《木部·茉》作「刃」、「釫」。

〔一六〕三刀、故，《漢書》卷五十四《李廣傳》作「刁」、「夜」。

〔一七〕封，《周禮注疏》卷十二《地官司徒·鼓人》作「鼓」。

〔一八〕如，《禮記正義》卷七《檀弓上》注作「與」。

〔一九〕瑗《後漢書》卷五十二《崔駰列傳》作「駰」。

〔二〇〕《釋名疏證補》影印本卷四《釋首飾》作：「簪，以兓連冠於髮也。又枝也，因形名之也。導，所以導櫟鬢髮使入巾幘之裏也。或曰：櫟鬢，以事名之也。」

〔二一〕《説文解字注》四篇上《羽部》：「翦，羽生也。」段注：「翦者，前也。前者，斷齊也。」

〔二二〕《釋名》卷七《釋樂器·枇杷》畢沅注校補作「近世樂家所作，不知誰也。……長三尺五寸，法天地人五行；四弦象四時。」

〔二三〕《史記》卷一百五《扁鵲列傳》「橋」下無「引」字，「謂」下有「爲」字。

〔二四〕柞氏，《周禮注疏》卷三十七作「薙氏」。

〔二五〕《史記》卷一百二十《汲黯傳》「上踞廁視之」《集解》引如淳曰：「廁音側，謂牀邊，踞牀視之。一云溷廁也。廁，牀邊側。」

〔二六〕按《宋本玉篇》北京中國書店一九八三年影印張氏澤存堂本五一七頁□部圊：「且盈切。圊圂也。」「也」下無「雜也」二字。郝氏所據，當係另一宋本。

〔二七〕《說文解字注》六篇上《木部》「柭」字段注「木」下無「皮」字。

第四

祖　孫我者爲祖，父之父也。祖曰祖君，《孔叢子·居衛》云：「宋圍，子思既免，曰：文王困於牖里作《周易》；祖君屈於陳蔡作《春秋》。」谿曾祖而上通謂之祖，或謂之先君，孔安國《尚書·叙》曰：「先君孔子。」《正義》曰：「《孔子世家》云，『安國是孔子十一世孫，而上尊先祖，故曰先君。』」《吕氏春秋》：「孔子起曰：今者夢見先君，食潔而後饋。」又謂之先子，《孟子》書，曾西稱曾子曰先子，則祖之稱也。亦謂之先古。《禮·祭義》「以事天地、山川、社稷、先古」注曰：「先古，先祖。」大父曰王父，《爾雅·釋親》。或曰太公，《史記·齊世家》：「吾太公望子久矣。」或曰公，《吕氏春秋》：「孔子弟子從遠方來者，孔子荷杖而問之曰：子之公不有恙乎？次及父母，次及兄弟妻子」是也。或曰家公，亦曰家祖。《顔氏家訓·風操》篇云：「昔侯霸之子孫稱其祖父曰家公，潘尼稱其祖曰家祖，陳思王稱其父爲家父，母爲家母。古人之所行，今人之所笑也。」蜀人謂之波，范成大《吴船録》：「蜀中稱尊者爲波，祖及外祖皆曰波。」波，皤也。宋祁曰：「波當作皤。」

妣　媲於祖也。谿母而上通謂之妣，亦謂之先妣，《周禮·大司樂》「以享先妣」注云：「先妣，姜嫄也。」或曰太嫛，太公太嫛，豫章人語也。《説文》：「嫛，奢也。徐鉉曰：俗作婆。」《博雅》：老媪也。亦曰嫛嫛，今東齊語。嫛亦皤也。

父「矩也。」《説文》。「南楚謂之父，或謂之父老。《方言》。案：《史記·馮唐傳》：「文帝輦過，問唐曰：『父老何自爲郎？』」又曰：「父知之乎？」」周、晉、秦、隴謂之公，或謂之翁。」《方言》。《史記·項羽紀》：「吾翁即若翁。」《列子·黄帝》篇：「家公執席。」《漢書·張良傳》：「幾敗迺公事。」案：公亦翁也，今呼人父曰尊翁。《日知録》二十卷：「《戰國策》『陳軫將之魏，其子陳應止其公之行。』《史記·留侯世家》：『吾惟豎子固不足遣，乃公自行耳。』（一）此皆謂父爲公云云。」或謂之爹，《玉篇》：「屠可切，父也。又陟斜切。」或謂之爸，《玉篇》：「蒲可切，父也。」《正字通》：「夷語稱老者爲八八或巴巴，後人因加父作爸字。蜀謂老爲波，宋景文謂波當作皤，黄山谷貶涪，號涪皤。」案：亦號涪翁。吴人語也，《集韻》：「爸音霸，吴人呼父曰爸。」又謂之奢，《玉篇》：「父也。」《廣韻》：「正奢切，吴人呼父曰奢。」亦謂之爺，《玉篇》：「以遮切，俗呼父爲爺。」古本《木蘭詩》：「軍書三十卷，卷卷有爺名。」通謂之爹，《南史·梁始興王憺傳》：「詔徵還朝，人歌曰：『始興王，人之爹。赴人急，如水火，何時復來哺乳我荆土？』」方言謂父爲爹，故云。《廣韻》云：「爹，北方呼父」，與《南史》不合。韓愈《祭女挐女文》：阿爹，阿八。案：《廣韻》：「爹，屠可切。」此音與《南史》合。又陟邪切，羌人呼父也，此音亦與北方不合，今北方人讀爹爲丁耶切。又謂之阿多，《唐書·德宗紀》云：「貞元六年，回紇可汗謝其次相曰：『惟仰食於阿多。』」案：此則荒俗呼父爲阿多也。其别謂之哥，《日知録》二十四卷：「唐時人呼父爲哥。」《舊唐書·王琚傳》：『玄宗泣曰：四哥仁孝同氣，惟有太平。』睿宗行四故也。玄宗子《棣王琰傳》：『惟三哥辨其罪。』玄宗行三故也。有父之親，有君之尊，而稱之爲四哥、三哥，亦可謂名之不正也已。」又曰：「玄宗《與寧王憲書》稱大哥，則唐時宫中稱父稱兄皆曰哥。」案：呼父曰哥亦若呼母曰姐。或謂之郎。《日知録》：「北朝人呼父爲郎。《北史·節義傳》：李憲爲汲固長育至十餘歲，恒呼固夫婦爲郎婆。」閩人謂之郎罷，《青箱雜記》。真臘人呼巴駞，《真臘風土記》。此皆異方殊俗，不相知之言也，至於舊書雅記，語不失方，其義可得而言。父生曰嚴君，《周易·家人·彖傳》。殁曰先君，案：《吕氏春秋》：「孔子稱今者夢見先君」，即未知先君是祖是父。尊者曰府君。《日知録》二十卷：「陸雲作祖父誄曰『故散騎常侍陸府君』。張說作其父《贈丹州刺史先府君墓誌》，每稱必曰『君』。」又二十四卷：「府君者，漢時太守之稱。《三國志》：『孫堅襲荆州刺史王叡，叡見堅，驚曰：兵自求賞，孫府君何以在其中？孫策進軍豫章，華歆爲太守，葛巾迎策，策謂歆曰：府君年德名望，遠近所歸。』」

母

「牧也。」《説文》。「江淮之間謂之媞，蜀謂之姐。」《説文》。案：閩人亦呼母爲姐，其古文作她，一作毑，或作媎。又姐有紫音，《漢書·馮奉世傳》「隴西羌彡姐旁種反」注云：「姐音紫，西羌尚有彡姐之姓。」〔二〕又慈野切，音担，蕩姐亦羌屬，揚雄《諫書》：「籍蕩姐之場。」〔三〕淮南謂之社，《説文》。案：《淮南·説山訓》：『東家母死，其子哭之不哀。西家子見之，歸謂其母曰：社何愛，速死吾必悲哭社。』注云：「江淮謂母爲社。」「南楚瀑洭之間謂之媓。」《方言》。楚人曰嬭。《廣韻》：「奴蟹切，乳也。」或作姒，古文作囡。又奴禮切，音禰。《博雅》：「母也。」齊人曰㜷，音迷。李賀稱母曰阿㜷。吳人曰媒，又曰㜸。《集韻》：「彌計切。吳俗呼母曰㜸。」真臘曰米，《真臘風土記》：「呼母爲米。」此皆方音不同，其文自母而變也。案：嬭、㜷、媒、㜸、米之字，皆是母之轉聲。或謂之孃，俗呼父曰爺，亦作耶；母曰娘，亦作孃。《木蘭詩》：「不聞耶孃喚女聲，但聞黃河流水鳴濺濺。」杜甫《兵車行》：「耶孃妻子走相送，塵埃不見咸陽橋。」案：《説文》：「孃，肥大也。」有穰、囊兩音，今俗肥而無力呼曰孃也。《宋史·韓琦傳》：「宮中稱郭后爲大娘、劉妃爲小娘。」亦謂之嫣，《廣韻》：「莫補切。」《博雅》：「母也。一曰牝馬。」案：俗讀若馬，平聲，今東齊人稱母曰嫣嫣，或轉爲嬷嬷，音忙果切，俗字也。又謂之姊姊，北齊太子稱生母爲姊姊，至宋則呼嫡母爲大姊姊。妻之於嫡母亦然，宋高宗母韋后稱徽宗后爲大姊姊。語見《后妃本傳》。案：蜀人呼母爲姐姐，有姊音，姊亦當有姐音，是姊姊即姐姐也。今妾子亦呼其母爲姐。又羌人呼母爲媎，即姐也。姥、媪、負、嫗，通語也。姥與母姆並同媪，母之別稱。《史記·趙世家》：「媪之愛燕后。」又地神曰媪，張晏曰：「坤爲母，故稱媪。」見《漢書·郊祀歌》。《高帝紀》：「常從王媪、武負貰酒。」如淳曰：「俗謂老大母爲阿負。」師古曰：「劉向《列女傳》云『魏曲沃負者，魏大夫如耳之母也』。此則古語謂老母爲負耳。」又《周勃傳》：「亞夫爲河内守時，許負相之。」應劭曰：「許負河内温人，老嫗也。」案：《三國·蜀志·劉焉、璋〔傳〕·評》裴松之注：「今東人呼母爲負。」《説文》：「嫗，母也。」《漢書·嚴延年傳》：「延年兄弟五人，皆大官，母號萬石嫗。」案：萬石嫗義同萬石君。

兄　況也。《白虎通》。兄況父法，故大江以南北呼兄爲況。案：兄、況，古通用。《漢書·尹翁歸傳》：「尹翁歸，字子兄。」師古曰：「兄讀曰況。」又漢樊毅《華嶽廟碑》「君善必書，兄乃盛德」注云：「兄與況同。」又荒也。荒，大也，故青徐人稱兄曰荒。《釋名》。案：《詩·魏風》：「陟彼岡兮，瞻望兄兮。」兄音荒。《通雅》謂兄爲況，本於荒音。又案：《顔氏家訓·音辭》篇引《通俗文》曰：「入室求曰搜，反爲『兄侯』。然則兄當音『所榮反』。此古語之不可用者。」「周人謂兄曰罤。」《説文》。江東人亦曰罤，《爾雅·釋親》作「晜」，云：「晜，兄也。」郭璞注：「今江東人通言晜，又通作昆。」《玉篇》：「兄，昆也。」荆揚之鄙謂之膞。膞，兄也。《方言》。案：今嬰兒語不了，呼兄曰膞，膞是正音也，語了者反笑之，教之曰哥哥，非正音也。桂林之中謂之䯏。《方言》郭注：皆「音義所未詳」。鮮卑語曰阿干，《通鑑》。哥通語也。唐時稱兄曰哥。玄宗《與寧王憲書》稱大哥，又有《同玉真公主過大哥園池》詩。

弟　「第也，相次第而生也。」《釋名》。案：第弟通，《説文》：「弟，束韋之次弟也。」無第字。又「悌也，心順行篤也。」《白虎通》。案：悌弟通。《廣雅》：「弟，順也。言順於兄。」無悌字。兄曰先生，弟曰後生。《爾雅·釋親》：「男子先生爲兄，後生爲弟。」兄稱弟曰家弟，亦曰舍弟。魏文帝《與鍾繇書》：「是以令舍弟子建，因荀仲茂時從容喻鄙旨。」《言鯖》：「古人亦有自稱其弟爲令弟者。」

姊妹　女兄弟也。姊姊謂之姐姐，《釋名》：「姊，積也。猶日始出，積時多而明也。」案：姐亦音紫。或謂之娋，亦謂之孟，《方言》：「娋，孟，姊也。」郭注：「《外傳》曰：『孟啖我』是也。今江東山越間呼姊聲如市，此因字誤遂俗也。娋，音義未詳。」案：娋音稍。《博雅》：「孟，姊也。」戴東原《方言疏證》云：「《廣韻》曰嫢，齊人呼姊也。娋、嫢字通，可以補郭注之闕。」又謂之嬭，《廣韻》，兒氏切，音尒。楚人曰嬃。《説文》：「女字也。《楚詞》曰：『女嬃之嬋媛。』賈侍中説楚人謂姊爲嬃。」案：吕嬃，漢高后女弟，樊噲妻，封臨光侯。妹亦曰媦。《説文》：「楚人謂女弟曰媦。《公羊傳》曰：楚王之妻媦。」案：媦音胃。聲轉也。

姑姊妹　「父之姊妹」也。「姑，故也，言於已爲久故之人也。」《釋名》。父之姊爲姑姊。《左氏襄二十一年傳》：「季武子以公姑姊妻之。」孔疏引劉炫云：「此姑姊是襄公父之姊。」妹爲姑妹，孔疏又引《列女傳》：「梁有節姑妹，入火而救兄子。是父之妹爲姑妹。」通爲諸姑。《詩·邶風》：「問我諸姑。」姑謂兄弟之女曰姪。姪，迭也，更迭進御也。《公羊莊十九年傳》：「諸侯娶一國，則二國往媵之，以姪娣從。姪者何？兄之子也。娣者何？弟也。」案：亦曰姪子。《公羊成二年傳》：「蕭同姪子者。」謂兄弟之子亦曰姪。《左氏僖十五年傳》：「姪其從姑。」杜預注：「謂我姪者，我謂之姑。謂子圉質秦。」王應麟《困學紀聞》八卷：「《白虎通》引《親屬記》即《爾雅·釋親》也。《通典》顔延之曰：伯叔有父名，則兄弟之子不得稱姪；從母有母名，則姊妹之子不可言甥。且甥姪唯施於姑舅耳。雷次宗曰：姪字有女，明不及伯叔。甥字有男，見不及從母。劉共父刊《二程先生集》，改姪爲猶子。朱文公謂古人固不謂兄弟之子爲姪，亦無云猶子者，但云兄之子、弟之子，然從俗稱姪，亦無害於義理也。」原注閻若璩案：「《顏氏家訓》云：『《爾雅》、《喪服經》、《左傳》，姪名雖通男女，並是對姑之稱。晉世已來，始呼叔姪。』余謂《吕氏春秋》『黎丘部有奇鬼焉，喜效人之子姪昆弟之狀』，先秦已稱兄之子、弟之子爲姪，見於此。」姪謂之孫，《言鯖》：「今人呼其姪曰孫亦有本，烏程男子孫常、弟烈分居，各得田半頃。烈死，歲飢，常以米粟給其妻子，及田熟，輒追計值，没取其田。烈兒長大，訟之督郵。掾史議曰：烈兒遭飢，賴常升合長大成人，而更争訟，非順孫也。見《漢書》。」兄弟之子謂姑曰家姑。《顏氏家訓·風操》篇云：「《蔡邕書集》呼其姑女爲家姑家姊。」

舅姑　夫之父母也。《禮·内則》：「婦事舅姑如事父母。」案：今俗便稱舅姑爲爹孃，非禮也。「舅，久也。久，老稱也。姑，故也。」《釋名》。案：《儀禮·士昏禮》注：「古文舅皆作咎。」尊如父而非父者，舅也。親如母而非母者，姑也。《白虎通》。舅姑亦曰翁姑，案：舅曰阿翁。《唐書》：「代宗曰：『不癡不聾，不作阿翁。』」姑曰阿姑。《顏氏家訓》：「絡索阿姑餐。」或曰尊章，關中曰鍾。《漢書·景十三王傳》「背尊章」，師古曰：「尊章，猶言舅姑也。今關中俗婦呼舅姑爲鍾，鍾者，章聲之轉也。」〔五〕舅或謂之章，又謂之伀。〔六〕《釋名》：「俗或謂舅曰章，又曰伀。」案：伀與鍾字異音同，章通作嫜。杜甫《新婚别》：「妾身未分明，何以拜姑嫜？」秦人謂之公，《漢書·賈誼傳》：「抱哺其子與公併倨。」《顏氏家訓·書證》篇：「北間風俗，婦呼舅爲大人公。」案：公通作妐。《吕氏春秋·遇合》篇云：「姑妐知之曰，爲我婦而有外心，不可畜。」又案：今東齊亦稱舅姑爲公公婆婆。宋人謂之君公。《淮南·氾論訓》云：「宋人有嫁子者，告其子曰：『嫁未必成也，有如出不可不私藏，私藏而富，其於以復嫁易。』其子聽父之計，竊而藏之。君公知其盗也，逐而去之。」案：《釋親》有君舅君姑之名。君公義本此。姑謂之威，《説文》：「威，姑也。」《漢律》曰：「婦告威姑。」案：威，畏也，古威、畏通用。婦謂之息。案：俗作媳，稱媳婦，非也。《禮·檀弓》：「細人之愛人以姑息」注云：「息猶安也，言容取安也。」〔七〕《呂氏春秋·觀世》篇云：「辟遠箕子，爰近姑與息。」《尸子》曰：「紂棄黎老之言，用姑息之語。」注云：「姑，婦女也；息，小兒也。」愚案：息謂婦也。姑與息對言，即謂姑與婦爾。《春秋傳》云：「婦者有姑辭也。」〔八〕《賈誼傳》云：「婦姑不相説，則反脣而相稽。」皆姑與婦對言。至於《檀弓》、《尸子》、《呂覽》並以姑與息連文，其義一也。姑息之愛，蓋謂婦人之仁，鄭注非是。乃若「棄黎老之言，用姑息之語」，即是謂紂惟婦言是用，《尸子》之注，亦未得矣。又《東觀漢記》「此蓋我子息也」，《戰國策》「老臣賤息舒祺」，此皆謂子曰息。蓋息以生長爲義，子之與婦，義得兼施。證以今俗媳婦之語，則知稱婦曰息，自周秦之世已然。

嫂婦　兄弟之妻也。《爾雅·釋親》：「女子謂兄之妻爲嫂，弟之妻爲婦。」郭注：「猶今言新婦是也。」《儀禮·喪服傳》「謂弟之妻婦者，是嫂亦可謂之母乎？」鄭注：「謂弟之妻爲婦者，卑遠之，故謂之婦。嫂者，尊嚴之稱，嫂猶叟也，叟，老人稱也，是爲序男女之別爾。」賈疏：「兄弟妻既無母婦之名，今名爲嫂婦者，假作此號，使遠於淫亂。」長嫂曰丘嫂，亦曰巨嫂。《漢書·楚元王傳》：「過其丘嫂食。」張晏曰：「丘，大也，長嫂稱也。」師古曰：「《史記》丘字作巨。丘、巨皆大也。」婦曰新婦。晉人帖。案：晉王羲之書嫂作⿰女更。案：今郝民稱弟婦爲弟妹，甚謬。

娣姒　兄弟之妻相名也。《爾雅·釋親》。《釋名》：「少婦謂長婦曰姒。言其先來，己所當法似也。長婦謂少婦曰娣。娣，弟也，己後來也。」〔九〕關中曰先後，吴楚曰妯娌，《漢書·郊祀志》：「見神於先後宛若。」孟康曰：「兄弟妻相謂先後，宛若，字也。」師古曰：「先音蘇見反，後音胡搆反。古謂之娣姒，今關中俗呼爲先後，吴楚俗呼之爲妯娌，音軸里。」《釋名》：「先後以來，先後言之也。」〔一〇〕關西亦曰築娌，《方言》：「築娌，匹也。」郭注：「今關西兄弟婦相呼爲築娌。」案：築妯通。《廣韻》作妯，《集韻》作⿰女育，與妯同。「娌偶也。」《方言》。娣婦或曰稚婦。《爾雅·釋親》。姒婦或言稙婦，青徐謂之稙長，《釋名》：「青徐人謂長婦曰稙長，禾苗先生者曰稙，取名於此也。」荆豫謂之熟，《釋名》：「荆豫人謂長婦曰熟。熟，祝也；祝始也。」或均謂之姒，賈逵、鄭康成皆云：「兄弟之妻相謂爲姒。」案：對文稱娣姒，散文則統稱姒。姒通語也。《左氏成十一年傳》：「聲伯之母不聘。穆姜曰：『吾不以妾爲姒。』」杜注：「聲伯之母，叔肸之妻。昆弟之妻相謂姒。穆姜，宣公夫人。宣公、叔肸，同母昆弟。」又《昭二十八年傳》：「長叔姒生男。」據叔向嫂謂叔向妻，杜注與前注同，是皆呼夫弟之妻爲姒。方俗語異，姒曰姆姆，娣曰嬸嬸，雖非雅記，亦出成文。吕祖謙《紫薇雜記》：「吕氏母母受嬸房婢拜，嬸見母母房婢拜即答。」今俗兄婦呼弟妻爲嬸嬸，弟妻呼兄嫂爲姆姆，即母母也。其於猶子也，姆亦姆之，嬸亦嬸之。親疏有叙，如其倫焉爾。案：俗呼叔母曰嬸，伯母曰姆，親疏皆以此準焉。

女公女叔　謂夫之姊妹也《爾雅·釋親》：「夫之姊爲女公，夫之女弟爲女妹。」郭注：「今謂之女妹是也。」案：公通作妐。《禮·昏義》「和於室人」鄭注：「室人謂女妐女叔諸婦也。」據此注，女妐即《爾雅》女公，其女叔即《爾雅》女妹。是知女妹，《爾雅》古本正作女叔，今本蓋因郭注「女妹」，傳寫致譌，賴有《昏義·注》可以正之。女叔謂之小姑。《新婦詩》：「未諳姑食性，先遣小姑嘗。」案：女公，今俗謂之大姑，非也。小姑者，言新婦畏之如姑爾。以義推之，雖女公亦當曰小姑。謂「夫之兄爲兄公。」《爾雅·釋親》。《釋名》：「夫之兄曰公。公，君也，君尊稱也。」或曰兄鍾，郭注：「兄公今俗呼兄鍾，語之轉耳。」亦曰兄章，《釋名》：「兄公，俗間曰兄章。章，灼也。章灼，敬奉之也。」案：章者，鍾聲之轉耳。已見上文。又曰兄忪。《釋名》：「又曰兄忪，是已所敬，〔一二〕見之怔忪，自肅齊也。俗或謂舅曰章，又曰忪，亦如之也。」案：忪亦鍾耳，已見上文。謂「夫之弟爲叔」，《爾雅·釋親》。《釋名》：「叔，少也，幼者稱也。叔亦俶也，見嫂俶然却退也。」案：叔當作尗，《說文》菽之小也。是尗即小義。今俗稱叔謂小叔，於義舛矣。或曰季子，《戰國策》：「蘇秦嫂曰，『以季子位高而多金。』」亦曰小郎。《晉書·列女傳》：「謝道韞爲小郎解圍。」

婚姻　夫婦也。婦家曰婚，婿家曰姻。《說文》。婚姻謂之異姓。《周禮·司儀》「時揖異姓」鄭注：「異姓昏姻也。衛將軍文子曰：獨居思仁，公言言義，其聞《詩》也，一日三復『白圭之玷』，是南宮韜之行也。

夫子信其仁，以爲異姓，謂妻之也。」案：注文本《大戴禮·衛將軍文子》篇。婦謂之妻子，《日知録》二十四卷：「今人謂妻爲妻子，此不典之言，然亦有所自。《韓非子》：『鄭縣人卜子，使其妻爲袴，其妻問曰：今袴何如？夫曰：象吾故袴，妻子因毁新令如故袴。』杜子美詩：『結髮爲妻子，席不暖君牀。』」案：妻曰妻子，猶夫曰夫子，卿妻曰内子，女曰女子。古人以子爲丈夫之美稱，女亦然也。《漢書·游俠·樓護傳》「護身與吕公、妻與吕嫗同食」下云：「妻子頗厭吕公」，又云：「流涕責其妻子。」是即謂妻爲妻子也。或謂之細君，《漢書·東方朔傳》：「歸遺細君。」師古曰：「細君，朔妻之名。一説，細，小也，朔自比於諸侯，謂其妻曰小君。」案：注後説當是。亦曰鄉里，會稽人曰家里，《南史·張彪傳》「我不忍令鄉里落它處。」姚寬曰：「猶會稽人言家里。」案：今東齊亦謂妻爲家里。其曰鄉里，據沈約《山陰柳家女》詩：「還家問鄉里，詎堪持作夫。」則鄉里亦會稽人語也。秦晉謂之家，《左氏僖十五年傳》：「逃歸其國，而棄其家。」杜注：「家謂子圉婦懷嬴。」孔疏：「夫謂妻曰家。」河南謂之㛂，《集韻》：「河南謂婦曰㛂，音區遇切。」羌人謂之㛐，《集韻》：「羌人謂婦曰㛐，音撥。」西域謂之婆利耶。梵言，婆利言婦。其下妻曰嬬也，小婦通名也。《説文》：「嬬一曰下妻。」《博雅》：「妻謂之嬬，亦曰妾名。」案：嬬通作須。《易·歸妹》六三：「歸妹以須。」吴澄曰：「荀陸作嬬，又音襦。」《漢書·外戚傳》：「鳳知其小婦弟張美人已嘗適人。」師古曰：「小婦，妾也。」（一二）妻或謂壻曰郎。《晉書·列女傳》「謝道韞曰：天壤之間，乃有王郎。」壻稱妻通謂之嫛。《太玄經》君子利用取嫛「謹于嫛執，初貞後寧」注云：「女謂之嫛，嫛同妃。執同逑。」

案：《説文》：「妃，匹也。」又音配，古通用。夫妒婦曰媢，婦妒夫曰妒。《説文》。案：古語亦或通也。王充《論衡》妒夫媢婦。《史記·五宗世家》：「憲王病甚」，「王后以妒媢不常侍病」是也。《山海經》：「亶爰之山，有獸，曰類，自爲牝牡，食者不妒。」又鶬鶊爲膳，可療妒，梁武帝蓋用之。厚賫娉財曰賣婚。《史通》：「山東士人尚閥閲，嫁娶必多取資，人謂之賣婚。」貧贅婦家爲贅壻，《漢書·賈誼傳》：秦人「家貧子壯則出贅」。《史記·滑稽傳》：「淳于髡齊之贅婿。」又曰贅子。《漢書·嚴助傳》「賣爵贅子」師古注曰：「贅，質也。一説，云贅子者，謂令子出就婦家爲贅婿耳。贅婿解在《賈誼傳》。」贅婿之婦家或曰坐山招夫。案：今俗人有坐山招夫語，初不知所起，及讀《吴越春秋》句踐以寡婦淫泆，過犯皆輸山上。士有憂思者，令游山上，以喜其意。蓋是俗語所本，然非美談也。凡無夫無妻通謂之寡。《小爾雅》。《漢書·司馬相如傳》：「有女文君新寡。」《左氏襄二十七年傳》：「齊崔杼生成，及彊，而寡。」《日知録》三十二卷引《焦氏易林》：「久鰥無偶，思配織女，求其非望，自令寡處。」寡夫曰煢，寡婦曰嫠。《小爾雅》。案：《小爾雅》作「寡婦曰釐」。蓋釐、嫠古通用。嫠謂之嬬，音雛。王瑗《清河王誄》「惠于嬬孀。」〔一三〕案：《説文》：「嬬，婦人妊身也。」引《周書》曰：「至于嬬婦」，蓋别一義。寡夫謂之丘壻。《漢書·楚元王傳》「丘嫂」注：「孟康曰：西方謂亡女壻曰丘壻。丘，空也。」男女不以禮交曰姘，案：今俗有此語。《説文》：「姘，除也。」《倉頡篇》：「男女私合曰姘。」《漢律》：「齊民與妻婢姦曰姘。」又：「齋與女交，罰金四兩，曰姘。」女婬謂之姣，《廣韻》：「姣，胡茅切，音肴，婬也。」《左氏襄九年傳》：「穆姜曰：『棄位而姣，不可謂貞。』」案：姣音肴，是；一曰如字讀，非也。今俗駡女婬曰姣俏。男婬謂之嫖。案：俗謂婬邪曰嫖，讀若瓢。《漢書·景十三王傳·廣川王》：「《望鄉歌》背尊章，嫖以忽。」〔一四〕據此則女婬亦曰嫖也。《說文》：「嫖，輕也。」妓女者倡也，俗作娼，非。倡，女樂也。《萬物原始》：「洪涯妓，三皇時人，倡家託始。一曰：古未有妓，至漢武帝始置營妓，以待軍士之無妻室者。見《漢武外史》。」案：齊桓公女市女閭七百，妓蓋始此也。倡家謂游壻曰嫺嫪，《字典》「音顧澇。嫺嫪，戀惜也。」韓愈詩：「感物增戀嫪。」亦曰嫪毒。音藹。《史記·吕不韋傳》：「求大陰嫪毒爲舍人。〔一五〕《索隱》曰：「世駡淫曰嫪毒。一曰：嫪，姓也。」閩人謂妓女爲媌。《方言》郭注：「今關西人〔亦〕呼好爲媌。」

子女　男子子、女子子也。古者男女通稱子。案：女稱子者，《論語》「以其子妻之」。小者曰赤子，《漢書·賈誼傳》注師古曰：「赤子，言其新生未有眉髮，其色赤。」一曰吾子，《管子·海王》篇：「吾子食鹽二升少半」注：「吾子謂小男小女也。」《讀書通》：「童通作吾。」《正字通》：「古本《管子》作童。」亦曰嬰兒，《禮·雜記下》云：「中路嬰兒失其母焉」注云：「嬰猶鷖彌也。」案：鷖蓋小兒啼聲。《說文》作「嫛婗」。《釋名》：「人始生曰嫛婗。嫛是也。言是人也。婗其啼聲。」〔一六〕又作嫛倪。《孟子音義》：「倪謂繄倪，小兒也。」或曰嬰孩。《釋名》：「人始生曰嬰兒。胷前曰嬰，抱之嬰前乳養之，故曰嬰。」一曰女曰嬰，男曰孩。案：《說文》：「嬰，頸飾也。」蓋女以爲飾，若今之項環，作鎖形也。《荀子·富國》篇：「處女嬰寶珠。」是女子雖成人猶以爲飾焉。孩者，《說文》作「咳，小兒笑也」，古人作孩。又嬰，《集韻》：「音映。關中謂孩子曰嬰。」吴人謂之孲犽，《集韻》：「吴人謂赤子曰孲犽，音鴉牙。」關中謂之麆子，《集韻》：「麆，牀魚切，音鉏。」《玉篇》：『麆子。』一曰關中謂小兒爲麆子，取此義。亦謂之阿嬌，《輟耕録》：「段繼昌好飲，以錢遺之者，盡送酒家，名酒曰黄嬌。蓋關中以兒女爲阿嬌，故況之。」案：《漢武故事》：「若得阿嬌，當以金屋貯之。」後世皆以阿嬌爲女名，非也，此即兒女之通稱，正用關中語也。今世稱嬌兒嬌女。豚犬，其通名也。《國語》：越王勾踐令：「生丈夫，二壺酒、一犬；生女子，二壺酒、一豚。」案：後世稱兒曰豚犬，本於此也。但豚犬之名，義兼男女。世俗相沿，單施於男稱，不及女，於義非矣。《漢書》司馬相如少時「名犬子」，師古曰：「父母愛之，不欲稱斥，故爲此名。」然則古人名子皆有法義，呼爲豚犬，慈愛攸存，謙言鄙賤，義亦舛也。又案：男女之老者，謂之諸君。《管子·海王》篇「今吾非籍之諸君吾子」注：「諸君謂老男老女也，六十已上爲老男，五十已上爲老女也。」産乳謂之孳，《説文》：「孳，汲汲生也。」亦謂之㝃，《説文》：「㝃，生子免身也。」案：坐蓐曰分㝃。雙産，陳楚之間謂之釐孳，《方言》郭注：「音兹。」《玉篇》作孷孖，云雙生也。秦晉之間謂之僆子，《方言》郭注：「音輦。」《玉篇》：「雞鴨成僆。」案：今謂幼少者曰小僆僆。《爾雅》「雞屬，未成雞，僆。」郭氏彼注：「江東呼雞少者曰僆。」自關而東趙魏之間謂之孿生。《説文》：「孿，一乳兩子也。」《廣韻》：「𡥧同孿。」女謂之嫁子。言往適人。案：《越語》句踐令：「生三人，公與之母；生二人，公與之餼。」今制生子三人以上官與米布也。崽者子也，崽音枲，聲之轉也。案：崽，《廣韻》音腮，《正韻》音灑，當從《玉篇》音宰，《水經注》「滾水」下云：「孌童丱女，弱年崽子。」湘沅之間謂之崽，案：今東齊言是子赤曰者崽兒，讀如厮。東齊謂之子，聲如宰。案：今東齊呼小兒曰崽子，如郭音宰。閩人謂之囝。《集韻》：「囝音蹇。」《正字通》：「閩音讀若宰。」《青箱雜記》：「唐取閩子爲宦官。顧況有《哀囝》詩，又有《囝别郎罷、郎罷别囝》詩以寓諷。郎罷，閩人呼父也。」父稱子曰學生。《言鯖》：「宋陳省華對客，子堯叟、堯佐、堯咨列侍，客不安。省華曰：『學生列侍，常也。』王祚見客，子溥年三十二拜相，朝服而立。客求去，祚曰：『學生勞賢者，起避耶？』盛德古風，可想見也。」子受姓者也，姓者人所生也。《説文》：「姓，人所生也。古之神聖，母感天而生子，故稱天子。從女生。生亦聲。《春秋傳》曰：『天子因生以賜姓。』」〔一七〕鄭曉曰：「姓字從女生，上古八大姓，姜、姬、嬀、姒、嬴、姞、姚、妘，皆從女。子謂之姓，《左氏昭四年傳》：「〔所宿〕庚宗之婦人獻以雉。問其姓，對曰：『余子長矣，能奉雉而從我矣。』」《淮南·道應訓》云：「秦穆公謂伯樂曰，子姓有可使求馬者乎？」高誘注云：「子姓謂伯樂子。」孫謂之姓，《詩·周南》：「振振公姓」，謂公孫也，上對公子，下推公族，謂孫明矣。又謂之子姓，猶言子孫也。《楚語》：「率其子姓，〔一八〕從其時享。」或謂之家孫。《顔氏家訓·風操》篇云：「《班固書集》亦云家孫。」女者，如也。如，往也，《爾雅·釋詁》。往嫁於人。《釋詁》：「嫁，往也。」吴人謂女曰娪，《集韻》音魚。「青徐州呼女曰娪。」娪，忤也。女始生，人意不喜，忤忤然也。」〔一九〕《釋名》。案：娪音誤。《廣韻》又音吾。《埤倉》：美女也。今京師謂女曰妞，亦作妞，音紐。呼爲妞妞，若大曰大妞，次曰二妞，又次曰三妞。又案：妞，古文好字，《説文》引《商書》曰：「無有作玫。」《方言》：「秦晉之間，美色或謂之好。」西域謂之阿摩。梵言阿摩，此言女。

外祖父母 外孫謂之也。外孫，女子子之子也。《爾雅·釋親》。《儀禮》「緦麻三月」章「外孫」賈疏云：「以女出外適而生，故云外孫。」始冠而見於外祖謂之朝。《春秋·僖五年》：「杞伯姬來，朝其子。」何休注：「禮，外孫初冠，有朝外祖之道。」案：初冠則朝，以成人禮見也，又明女子子之有子也。今世不待成人而亟見之，來無令譽，去無留行，故里語曰：「外孫狗，望家走。」外祖謂之波，范成大《吳船録》：「蜀中稱外祖曰波。」已見前。外祖母謂之嫽嫽。《字典》音老，北方人呼外祖母爲嫽嫽，或呼外公外婆。《顔氏家訓·風操》篇云：「河北士人皆呼外祖父母爲家公家母，江南田里間亦言之。以家代外，非吾所識。」

舅甥 舅者，「母之晜弟」也。甥者，「謂我舅者，吾謂之甥也。」《爾雅·釋親》。《釋名》：「舅謂姊妹之子曰甥，甥亦生也，出配他男而生，故其制字男旁作生也。」舅曰舅氏。案：舅曰「舅氏」，母曰「母氏」，並見《詩經》。所以獨母舅稱氏者，以母與舅皆他氏故也。其父兄姊妹即不言氏矣。東齊曰舅舅。讀如麀麀。案：舅有麀音。《漢書·叙傳》：「遭成之逸，政自諸舅。陽平作威，誅加卿宰。」宰，獎里切。又《易林》云：「潔身白齒，衰老復起，多孫衆子，宜利姑舅。」又案：《儀禮·士昏禮》注：「古文舅皆作咎。」《穆天子傳》「咎氏」郭璞注云：「咎猶舅也。」案：《左傳》亦有咎犯，《大學》作「舅犯」也。舅之妻曰妗。《集韻》：「巨禁切，音矜。俗謂舅母曰妗。」舅謂之舅父。《史記·惠景間侯者年表》云：「孝文元年，清都侯駟鈞以齊哀王舅父侯，周陽侯趙兼以淮南厲王舅父侯。」《索隱》曰：「舅父即舅，猶姨曰姨母也。」案：舅無父名，即舅之妻安得有母號。今世稱舅母者，失其義也。甥謂之出，《爾雅·釋親》郭注、《公羊傳》曰：「蓋舅出。」《釋名》：「姊妹之子曰出。出，嫁於異姓而生之也。」出之子爲離孫，《爾雅·釋親》。《釋名》：「出之子曰離孫，言遠離也。」或謂之彌甥，《左氏哀二十三年傳》：「以肥之得備彌甥。」杜注：「彌，遠也。康子父之舅氏，故稱彌甥。」案：彌甥、離孫，蓋即一聲之轉。亦謂之從孫甥。《左氏哀二十五年傳》：「太叔疾之從孫甥也。」杜注：「姊妹之孫爲從孫甥，與孫同列。」案：今世謂之重外甥，或曰甥孫。從舅謂之堂舅也。《爾雅·釋親》：「母之從父晜弟爲從舅。」《開元禮》謂之堂舅。案：今世同堂稱堂，始於此。

從母　母之姊妹也。案：母之姊妹有母名，母之晜弟獨無父名者，以女子與女子尤親愛故也。其曰從母，言從母而得此稱，猶宗族之有從父也。從母謂之姨母，《左氏襄二十三年傳》：「穆姜之姨子也。」杜注：「穆姜姨母之子，與穆姜爲姨兄弟。」孔疏：「據父言之謂之姨，據母言之當謂之從母，但子效父言亦呼爲姨。」案：從母不得稱姨，即如猶子不得言姪。説已見前。但據穆姜所説，是古來便有此稱。又據《釋名》「母之姊妹曰姨」，則知漢世稱姨也，其加稱姨母，蓋始於魏晉之時。觀杜注《左傳》，可見今世謂之姨孃。其子謂之姨子，《左氏傳》。《爾雅·釋親》：「從母之男子爲從母晜弟，其女子子爲從母姊妹。」案：今俗稱兩姨兄弟、兩姨姊妹。二子相謂爲表，《朝野僉載》：「狄仁傑爲相，候問盧氏堂姨。仁傑曰：『表弟有何願？』盧曰：『老姨止一子，不欲令事女主。』」案：此今世所謂外表兄弟也，然中表外表之名，恐亦不始於唐。二母通謂爲甥。案：謂甥，非也。然自六朝以前，蓋已稱甥，故宋顔延之、雷次宗輩，據俗而議之矣。説已見前。母之從姊妹曰堂姨。《朝野僉載》。

外舅外姑

妻之父母也。《爾雅·釋親》。亦謂之舅姑，《禮·坊記》：「壻親迎，見於舅姑，舅姑承子以授壻。」鄭注：「舅姑，妻之父母也。」《蜀志·先主傳》云：「獻帝舅車騎將軍董承。」裴松之注云：「董承，漢靈帝母董太后之姪，於獻帝爲丈人。蓋古無丈人之名，故謂之舅也。」案：加言「外」者，所以別於舅姑之正稱；不言「外」者，所以明夫婦匹敵之義也。或謂之爹，《方言》：「南楚瀑洭之間，謂婦妣曰母爹，稱婦考曰父爹。」郭注：「爹音多。古者通以考妣爲生存之稱。」案：爹又音提，又典可切，音彈，又音是侈。又謂之泰山。《酉陽雜俎》：「明皇封禪泰山，張説爲封禪使。説女婿鄭鎰本九品官，舊例封禪後自三公以下皆遷轉一級，惟鄭鎰因説驟遷五品兼賜緋服。因大酺次，玄宗見鎰官位騰躍，怪而問之，鎰無詞以對。黄旛綽曰：此泰山之力也。」案：自爾以後，名稱實繁，或呼嶽翁，或稱岳丈，或號丈人者，泰山有丈人峯也。或稱岳父岳母謂之父母者，亦猶南楚稱父爹母爹也。惟呼岳母爲泰水是里人不典之言。又丈人之稱，其來已遠，蓋自六朝已然。觀裴松之《三國志》注，可見既號丈人，因呼丈母，此亦有例。《顔氏家訓·風操》篇云：「中外丈人之婦，猥俗呼爲丈母。」又云：「君嘗問周宏讓曰：『父母中外姊妹，何以稱之？』周曰：『亦呼爲丈人。自古未見丈人之稱施於婦人也。』」女壻謂之甥，《爾雅·釋親》「外舅、外姑」郭注：「謂我舅者，我謂之甥。然則亦宜呼婿爲甥。《孟子》曰：『帝館甥于貳室』是也。」案：不獨宜稱甥，若名以義起，正當稱外甥。蓋外甥對外舅而言也。今人對舅稱外甥，是并外其舅，可謂謬矣。亦謂之倩。《方言》：「東齊間，壻謂之倩。」郭注：「言可借倩也，今俗呼女婿爲卒便是也。」案：倩讀清，去聲。《史記·倉公傳》「黄氏諸倩」《集解》：「徐廣曰：倩者女婿也。」贅壻謂之贅子，《漢書·嚴助傳》：「民待賣爵贅子以接衣食。」師古以贅子爲贅壻，解在《賈誼傳》。〔二〇〕《史記·滑稽傳》注《索隱》曰：「贅壻，女之夫比於子，如人疣贅，是餘剩物也。」案：贅壻比於子，今俗子壻之稱蓋本如此，世謂「養老女壻」是也。至於女適男家，惟孝翁姑，今人循俗，自同出贅，稱爲子壻，因而妻之父母被以父母之號，名實兩失，謂之傎者也。亦謂之子壻。《漢書·張耳傳》：「趙王旦暮自上食，體甚卑，有子壻禮。」案：此亦沿六國之餘習，以贅壻自居，故稱子壻耳，非必常人皆然。亞壻謂之僚壻，《爾雅·釋親》：「兩壻相謂爲亞。」郭注：「《詩》曰：『瑣瑣姻亞。』今江東人呼同門爲僚壻。」《釋名》：「又曰友壻」。即僚壻也。案：友壻又見《漢書·嚴助傳》。馬永卿《嬾真子·二》云：「江北人呼連袂，又呼連襟。」案：今亦曰連襟，又曰連喬，蓋取《三國·吳志》大喬小喬之語。壻於公曰公壻，《左氏文八年傳》：「晉侯使解揚歸匡戚之田于衛，且復致公壻池之封。」杜注：「公壻，晉君壻，池其名。」〔二一〕壻於帝曰帝壻，《後漢書·馬援傳》：「梁伯孫帝壻」也。亡女壻曰丘壻也。已見前。凡婚姻相謂曰有連。《漢書·南粤王趙佗傳》：「及蒼梧秦王有連。」孟康曰：「連，親婚也。」案：又曰連婚。《漢書·王商傳》：「大將軍鳳連婚楊彤。」〔二二〕謂妻之昆弟爲舅。案：今俗有大舅、小舅之稱，蓋是父效子言，非正名也。謂人舅者，人謂之甥，亦謂之外甥。《釋名》：「妻之昆弟曰外甥，其姊妹女也。來歸己内爲妻，故其男爲外姓之甥。甥者生也。他姓子本生於外，不得如其女來在己内也。」舅姑之子、姊妹之夫與妻之昆弟皆甥也。《爾雅·釋親》郭注：「四人體敵，故更相爲甥，甥、生也。今人相呼蓋依此。」案：相呼依此謂生也，據郭所言，則知東晉時此四人猶皆相呼爲生也。今人書刺平輩稱生，後輩稱晚生，義蓋起於此。至若舅姑之子，相謂爲表兄弟；妻之昆弟、姊妹之夫，並相呼爲兄弟，此則今昔殊稱，方俗語異，事不師古者也。然其妻之昆弟便稱内兄内弟，此實非也。《儀禮·喪服》：「緦麻三月者，姑之子。」鄭注：「外兄弟也。」又云：「舅之子。」鄭注：「内兄弟也。」是則内外之稱施於舅姑，不宜加於妻之昆弟，明矣。二父相謂曰親家。《輟耕録》：「凡男女締姻者，兩家相謂曰親家。此二字見《唐書·蕭嵩傳》。又盧綸作《王駙馬花燭詩》：『人主人臣是親家』，則此稱蓋起於唐矣。」今北方讀親字去聲，然如盧綸詩，知唐人已讀去聲也。又案：《左傳·桓二年》《釋文》親有平去二音。牟默人曰：「案《後漢書》注引《汝南記》云：『華仲妻至親家李氏堂上。』此自漢時有親家矣。」

天子　天地之子，天下之父也。《白虎通》：「王者父天母地，曰天子。」《説文》：「姓，人所生也。古之神聖，[二三]母感天而生子，故稱天子。」《春秋傳》曰：「天子，因生以賜姓。」案：因生賜姓，若黄帝生於姬水姓姬，炎帝生於姜水姜姓也。謂之鉅公。《漢書·郊祀志》：「吾欲見鉅公。」鄭氏曰：「天子也。」張晏曰：「天子爲天下父，故曰鉅公也。」師古曰：「鉅，大也。」案：父一曰公。已見前。或謂之天公，《後漢書·南匈奴傳·論》：「棄蔑天公」注云：「天公謂天子也。」亦謂之大家，蔡邕《獨斷》：「天子無外，以天下爲家。」案：漢魏以來，宫中呼官家爲大家。又謂之官家，案：五帝官天下，三王家天下，兼三五之德，故曰官家。《珩璜新論》云：「謂天下爲官家，蕭梁時已有此語。《梁簡文諸子傳》：建平王大毬見武帝禮佛，謂母曰：『官家尚爾，兒安敢辭。』」或謂之縣官，《史記·絳侯世家》「盜買縣官器」注云：「縣官謂天子也。王者官天下，故曰縣官也。」《漢書·霍光傳》：「縣官非我家將軍不得至是。」如淳曰：「縣官謂天子」也。案：縣，赤縣也。《史記·秦始皇本紀》「大矣哉！宇縣之中」注云：「縣，赤縣。」《廣韻》：「縣，古作寰。」又謂之宅家，《困學紀聞》十八卷唐子西《内前行》云：「宅家喜得調元手。」唐時宫中謂天子爲宅家。《通鑑》：「韓建發兵圍十六宅，諸王呼曰：『宅家救兒。』劉季述等至思政殿，皇后趨至拜曰：『軍容勿驚宅家。』」其臣庶通稱爲陛下，《日知録》二十四卷：「賈誼《新書》：『天子卑號稱陛下。』蔡邕《獨斷》：『陛，階也，所由升堂也。天子必有近臣執兵陳於陛側，以戒不虞。謂之陛下者，羣臣與天子言，不敢指斥天子，故呼在陛下者而告之，因卑達尊之義也。上書亦如之。及羣臣士庶相與言曰殿下、閤下、執事之屬，皆此類也。』據此，則陛下猶言執事，後人相沿，遂以爲至尊之稱。許善心以陳臣入隋，宇文述言其《祭陳叔寶文》稱陛下，召問，善心言：『陛下者，本是呼執事之人，與尊號不同。』事乃得釋。然後世非天子亦不敢用。」或稱足下者，六國及秦時語。《日知録》：「今人但見《史記》秦閻樂數二世稱足下，遂以爲相輕之辭，不知乃戰國時人主之稱也。如蘇代《遺燕昭王書》、樂毅《報燕惠王書》、蘇厲《與趙惠文王書》

皆稱足下。又如蘇秦謂燕易王、范睢見秦昭王、蘇代謂齊湣王、齊人謂齊湣王、孟嘗君舍人謂衛君、張丐謂魯君、趙郝對趙孝成王、酈生説沛公、張良獻項王，亦皆稱足下。《漢書·文帝紀》：「『丞相臣平、太尉臣勃、大將軍臣武、御史大夫臣蒼、宗正臣郢、朱虚侯臣章、東牟侯臣興居、典客臣揭再拜言大王足下。』」案：《西陽雜俎》云：「秦漢以來，於天子言陛下，於皇太子言殿下，將言麾下，使者言節下、轂下，二千石長史言閤下，父母言膝下，同類相於言足下。」及别國方言也。《日知録》：「《宋書·西南夷傳》載諸國表文，訶羅陀國稱聖王足下，又稱天子足下。阿羅單國稱大吉天子足下。闍婆婆達國稱宋國大王大吉天子足下。天竺迦毗黎國稱大王足下。《粱書·諸夷傳》表文，盤盤國稱常勝天子足下。干陁利國稱天子足下。狼修牙國稱大吉天子足下。婆利國稱聖王足下。」天子之妃曰后，《禮·曲禮》鄭注：「后之言後也。」案：《曲禮》「天子有后」疏云：「后，後也。言其後於天子，亦以廣後胤也。」《白虎通》：「后，君也。天下尊之，故謂之后。」亦曰皇后，《風俗通》：「商以前皆曰妃，周始立后，正嫡曰王后，秦漢曰皇后，漢祖母稱太皇太后，母稱皇太后。」或曰孃孃。蘇軾《龍川雜志》：「仁宗謂劉氏爲大孃孃，楊氏爲小孃孃。」案：後世臣庶稱母后曰孃孃，始於此也。天子之子曰元子，《書·顧命》：「用敬保元子釗。」或曰孟侯。《尚書大傳》：「天子太子年十八曰孟侯。」鄭注：「孟，迎也。」又曰：「孟侯者，於四方諸侯來朝迎於郊者，問其所不知也，門□人民之好惡，土地所生美珍怪異，山川之所有無，及父在時皆知之。」鄭注：「十八嚮□太學爲成人，博問庶事也。」〔二四〕《困學紀聞》二卷：「唐《册太子文》云：盡謙恭於齒胄，審方俗於迎郊。」臣庶通稱曰殿下。《西陽雜俎》。已見前。其嫡室曰妃。案：皇太子納妃，魏晉皆有故事。諸王妃曰福晉。見《會典》。皇太子之姊妹曰主，《日知録》二十四卷：「主者次於君之號。蘇林解《漢書》『公主』云：婦人稱主。引《晉語》『主孟啗我』。」案：《左氏昭三年傳》「賜之内主」，亦是婦人稱主也。亦曰公主。案：此始於秦漢。《漢書·高帝紀》注如淳曰：「《公羊傳》曰『天子嫁女於諸侯，必使諸侯同姓者主之』，故謂之公主。」諸王之女曰翁主，亦曰王主，《漢書·高帝紀》注師古曰：「天子不親主婚，故謂之公主。諸王即自主婚，故其女曰翁主。翁者，父也，言父主其婚也。亦曰王主，言王自主其婚也。」《漢書·文三王傳》：「我好翁主，欲得之。」亦曰郡主，郡主爲宗姬也。《漢書》注師古曰：「姬本周姓，其女貴於列國之女，所以婦人美號皆稱姬。」劉安世曰：「政和中，大臣不學，以郡主爲宗姬，姬周姓，漢初取爲嬪嬙之號，已可笑；今乃以嬪嬙名其女，尤非。」案《廣韻》：姬姓之姬，音基；婦人美稱，則音怡。是雖同字，其實異音。姬又音居，《列子·黄帝》篇：「姬！將告女」注云：「姬作居。」〔二五〕

臣僕　臣牽也。《説文》。或曰下官，《天禄識餘》下卷：「梁武帝改稱臣爲下官。」案：李善注《江淹詣建平王上書》引沈約書曰：「郡縣爲封國者，内史並於國主稱臣。去任便止。世祖孝建中始改此制爲下官。」〔二六〕僕，紀綱也。《左氏僖二十四年傳》：「秦伯送衛於晉三千人，實紀綱之僕。」僕謂之奴，方俗謂水不流曰奴。奴之於主，身有係而不能去，如水不流也。《水經注》：「四面有水曰雍，不流曰奴。」古者奴婢皆罪人，《説文》：「奴婢，古之罪人也。」《周禮》曰：「其奴，男子入于罪隸，女子入于舂藳。」

案：古男女皆曰奴，故奴字從女。奴謂之童，《説文》：「男有罪曰奴，奴曰童，女曰妾。」亦曰家僮，《史記·貨殖傳》：「僮七百人，皆有手技。」〔二七〕《漢書·衛青傳》注：「僮者，婢妾之總稱。」《張安世傳》：「卓王孫家僮八百人。」〔二八〕案：僮，《説文》云：「未冠也。」今人以童爲未冠，僮爲家奴，偏其反而。蓋自《史》、《漢》已然。或曰家奴，亦曰家丁，范成大《桂海虞衡志》：「世世隸屬謂之家奴，亦曰家丁。」案：今通語耳，不獨蠻人語然。又曰私人，《詩·大雅》：「王命傅御，遷其私人。」私，小也，凡物小者謂之私。《方言》。私人謂之小底，《晉公談録》：「皇城使劉承規在太祖朝爲黄門小底。」案：《宋史》有内班小底，《遼史》有承應小底，蓋是凡供役使者之通稱。今人書作小的，誤矣，字書亦無的字。亦謂之小廝，《玉篇》：「廝，使也，賤也。」《公羊宣十二年傳》：「廝役扈養。」注云：「艾草爲防者曰廝。」亦作厮。《史記·蘇秦傳》：「廝徒十萬。」《張耳傳》：「廝養卒。」又作㒋，《玉篇》作㒋，通作斯。《易·旅卦》「旅瑣瑣，斯其所取災。」又謂之蒼頭廬兒。《漢書》。宰相蒼頭曰宜禄，《天禄識餘》：「丁晉公喜占驗機祥，多所忌諱。時有無賴于慶，欲往依之，謀於一落第老儒。老儒曰：『汝欲往，須更姓名，改于爲丁，名宜禄。後得志，毋相忘。』晉公見其名果大喜，收之門下，不旬月而入相。此人遂被優寵，雖大僚節使，倚藉關説，不踰年而宜禄家鉅萬矣。至今相傳，不解所謂。適檢沈休文《宋書》，宰相蒼頭呼爲『宜禄』，乃知晉公喜之有故也。」一謂之力，陶潛《與子書》：「遣此力助汝薪水之勞。」或謂之門生。門生，即門下人也，《日知録》二十四卷：「《南史》所稱門生，今之門下人也。《宋書·徐湛之傳》：『門生千餘人，皆三吳富人之子，姿質端妍，衣服鮮麗，每出入行游，塗巷盈滿，泥雨日悉以後車載之。』《謝靈運傳》：『奴僮既衆，義故門生數百。』《南齊書·劉懷珍傳》：『懷珍北州舊姓，門附殷積，啓上門生千人充宿衛，孝武大驚。』其人所執者奔走僕隸之役云云。又曰：「其初至皆入錢爲之。《宋書·顔竣傳》：『多假資禮解爲門生，充朝滿野，殆將千計。』《梁書·顔協傳》：『有門生始來事協，知其廉潔，不敢厚餉，止送錢二千，協怒，杖之二十。』《南史·姚察傳》『有門生送南布一端，花練一疋，察厲聲驅出』，是也，故《顔氏家訓》亦以門生僮僕並稱。而《宋書·顧琛傳》：『尚書寺門有制，八座以下門生隨入者各有差，不得雜以人士。』其冗賤可知矣。梁傳昭不蓄私門生，蓋所以矯時人之弊乎。」案：前明之季，勢家驕縱，編户有避差徭逃罪犯者，懷挈重資，投身門下，依艸附木，縱横閭閻，莫敢誰何。或起家致富，及將令子孫應試，仍須脱籍，復入重資，謂之贖身，主家婪索，乃有典妻鬻子蕩産破家者。讀《南史》諸傳，爲之廢書三歎。亦謂之白從。《南齊書·謝超宗傳》「白從王永先」，又曰「門生王永先」。《日知録》云：「謂之白從，以其異於在官之人。」其門者曰門人。《公羊襄公二十九年》「閽弑吴子餘祭」《傳》：「閽者何？門人也。」韓非云：「門人捐水而夷射誅。」宁者曰宁人。《爾雅·釋宫》：「門屏之間謂之著。」通作宁，秦穆公學於宁人是也。馬者曰温厚，亦曰娠，《方言》：「燕齊之間養馬者謂之娠。」郭注：「今之温厚也。」案：娠，後槽也。西域謂之馱索迦。梵言馱索迦，華言奴。案：今京師人謂之撲特勒。凡奴呼主謂之郎，《日知録》二十四卷：「郎者，奴僕稱其主人之辭。唐張易之、昌宗有寵，武承嗣、三思、懿宗、宗楚客、晉卿等，候其門庭，争執鞭轡，呼易之爲五郎，昌宗爲六郎。鄭杲謂宋璟曰：『中丞奈何卿五郎？』璟曰：『以官言之正當爲卿，足下非張卿家奴，何郎之有？』安禄山德李林甫，呼十郎。王鉷謂王鉷爲七郎。李輔國用事，中貴人不敢呼其官，但呼五郎。程元振，軍中呼爲十郎。陳少游謁中官董秀，稱七郎，是也。其名起自秦漢郎官云云。《世説》：『桓石虔小字鎮惡，年十七八未被舉，而僮僕已呼爲鎮惡郎云云。』自唐以後，僮僕呼主人通謂之郎，今則輿臺廝養無不稱之矣。」或謂之郎主，《通鑑》注：「門生家奴呼其主爲郎，今俗猶謂之郎主。」北地稱主人家，《説文》：「私，禾也。北道名禾主人曰私主人。」案：今東齊佃户稱禾主人曰「主人家」。凡傭保奴隸皆以是稱焉。南方曰主人翁。《陳書·沈洙傳》：「建康令沈孝軌門生陳三兒牒稱主人翁。」案：主人翁之名起於《史記·范雎傳》。又《漢書·東方朔傳》：「上曰：『願謁主人翁。』」蓋賣珠兒董偃爲公主近幸，故戲謂之。

婢妾

女奴也。《説文》：「婢，女之卑者也。妾，有罪女子給事之得接於君者。」《春秋》云：「女爲人妾。」妾不聘也。案：《左氏僖十七年傳》：「男爲人臣，女爲人妾，故名男曰圉，女曰妾。」杜注：「圉，養馬者。不聘曰妾。」一謂之媄，《説文》：「媄，女隸也。」案：通作奚。《周禮》：「酒正奚四人。」〔二九〕又謂之贅子，《漢書·嚴助傳》：「民待賣爵贅子以接衣食。」如淳曰：「淮南俗賣子與人作奴婢，名爲贅子，三年不能贖，遂爲奴婢。」案：贅，質也。今時貧民以男子質錢，踰期不贖，遂没入之，謂之當婢子是也。或謂之宦女，《左氏僖十七年傳》：「妾爲宦女焉。」杜注：「宦，事秦爲妾。」《周禮·酒人》「女酒」注：「古者從坐男女，没入縣官爲奴。其少才知以爲奚。今之侍史官婢，或曰奚宦女。」亦謂之上清，司馬光《考異》引柳珵《上清傳》：「寶參知敗，屬上清定爲宫婢。一曰上清或婢本名。」《正字通》：「當時通稱婢爲上清。」妮子，其通名也。《六書故》：「今人呼婢爲妮。」案：妮音尼。凡男女隨嫁曰媵僮，《急就篇》：「妻婦聘嫁齎媵僮，奴婢私隷枕牀杠。」案：枕牀杠者，言此奴婢尤加親信，夜枕牀杠而瞑，主人亦不嫌忌之。其媵僮，「男而壻婢謂之臧，女而婦奴謂之獲。」《方言》。臧獲者配房也。案：今俗有此語，言配合成一房也。即如《漢書》「房宫對食」之比。「官婢女廝謂之振。」《方言》郭注：「女廝，婦人給使者，亦名娠。」案：《左氏昭三年傳》：「晏嬰請繼室于晉，曰：君若辱使董振擇之。」振即女廝之名，言令使臣督率女廝選擇之。杜注訓振爲整，蓋失之矣。無家女行賃炊爨賤於妾者謂之陽，《易·説卦傳》「爲妾、爲陽」鄭注。又謂之阿陽，《爾雅·釋詁》郭注：「今巴濮之人自呼阿陽。」陽猶姎也。《説文》：「姎，女人自稱我也。」陽其老者謂之媿。《集韻》：「音克，老女卑賤謂之媿。」牙嫛謂之姏嫛，《晉書·武十三王傳》：「姏姆尼僧，尤爲親暱。」《字彙》：「婦之老者能以甘言悦人，故從甘，俗呼姏婆是也。」《集韻》：「姏，謨甘切，音䨲。」案：今俗語讀姏聲如賣。女師，娿也。《説文》：「娿，女師也。杜林説，加教於女也。」娿音阿。娿謂之傅姆，《公羊·襄三十年傳》：「婦人夜出，不見傅母不下堂。傅至矣，母未至也，逮乎火而死。」何休注：「禮后夫人，必有傅母，所以輔正其行，衛其身也。選老大夫爲傅，選老大夫妻爲母。」案：《釋文》：「母本又作姆。」又案：傅母皆婦人爲之。何休《注》以傅爲男子，非矣。《詩·葛覃》孔《疏》引《南山》箋云：「姜與姪娣及傅姆同處，襄公不宜往雙之，則傅亦婦人也。何休云：『選老大夫爲傅，選老大夫妻爲母。』禮重男女之别，大夫不宜教女子，大夫之妻當從夫氏，不當隨女而適人，事無所出，其言非也。」傳亦曰師氏，《詩·周南》「言告師氏」毛《傳》：「師，女師也。古者女師教以婦德、婦言、婦容、婦功。祖廟未毁，教于公宫三月；祖廟既毁，教于宗室。」姆亦曰乳母。《儀禮·昏禮》「姆纚笄綃衣在其右」鄭注：「姆，婦人五十無子，出而不復嫁，能以婦道教人者，若今時乳母矣。」案：乳母今謂之嬭嬢，鄭據漢時呼姆爲乳母。其實姆兼師保之任，比傅恩義尤重。故《左氏襄三十年傳》「宋伯姬卒，待姆也」杜注：「姆，女師。」《公羊傳》「傅至，母未至，逮乎火而死。」而《昏禮》言姆在其右，不言傅在其左，是姆之恩義重於傅也。姆既五十無子之婦，隨女在夫家，其傅亦當如是，故宋伯姬待傅姆並至也。既隨女在夫家，必當是婦人，而何休云大夫爲傅者，蓋據《左氏僖五年傳》「大夫井伯以媵秦穆姬」，是知媵臣有大夫隨女在夫家，即傳亦爾也。何休又知選老大夫爲之者，蓋據《漢書·夏侯勝傳》「白令勝用《尚書》授太后，遷長信少府。」勝時年已老，後又爲太傅，以是知之也。此二事皆不足據。且大夫已老，即適四方，當乘安車，不宜以媵女或備師傅而隨女家也。又老大夫妻亦當在夫室，不合隨女出嫁，此於禮皆非也。故鄭不從之。至傅姆既隨女家，又本身無子，便當女家養其暮年，死則爲之制服。傅姆之壻謂之傅父。《漢書·張騫傳》：「子昆莫新生，傅父布就翎侯抱亡置艸中。」服虔曰：「傅父如傅母也。」其非傅姆，而代人乳子者，復曰乳母，乳母者，食母也。《禮·内則》「大夫之子有食母」鄭注：「選於傅御之中，《喪服》所謂『乳母』也。」案：乳，湩也。《内則》有「三母」，惟食母恩義更重，故鄭注：「士妻大夫之妾，食國君之子三年，出歸其家。」是則其選尤重也。至如三母即不必然，故《内則》云：「擇於諸母與可者，必求其寬裕、慈惠、温良、恭敬、慎而寡言者，使爲子師。其次爲慈母，其次爲保母。」孔《疏》引《喪服·小功》章，謂此三母獨諸侯不服之，則大夫服食母明矣。食母謂之㲉，《玉篇》：「㲉，奴斗切，嬭異名。又古候切，取乳也。」《集韻》：「同㝅，乳子也。又音寇。」或謂之㛹，《廣韻》、《集韻》並「普没切，音悖，乳母字。」通謂之嬭，《集韻》：「嬭，女蟹切，音㿕，乳也，或作妳。」案：《廣韻》又「奴禮切，音禰」。《博雅》：「嬭，楚人呼母也，故今俗呼乳母曰嬭母，或曰嬭孃，皆讀如乃，蓋禰之轉聲耳。嬭，古文作𡥁。或謂之嬭嫛。《日知録》十四卷：「《舊唐書》哀帝天祐二年九月，内出宣旨：『嬭婆楊氏可賜號昭儀。嬭婆王氏可封郡夫人。第二嬭婆王氏，先帝已封郡夫人，今準楊氏例改封。』中書門下奏曰：『臣聞周制宫職夫人只列三人，漢室後宫之號十有四位。元帝特置昭儀，位視丞相，爵比諸侯王。至於列妾，縱稱夫人，亦無裂士割郡之號。以胡組、郭徵卿保養宣帝之功，子孫但受厚賞，而無封爵。後漢順帝封阿母宋氏爲山陽君，則致漢陽地震；安帝封乳母王聖爲野王君，亦致地震京師。晉室中興，乳母阿蘇有保元帝之功，賜號保聖君，初無爵邑，但擇美名。至高齊陸令萱以乾阿嬭授封郡君，尋亂制度。中宗神龍元年封乳母于氏爲平恩郡夫人，景龍四年封尚食高氏爲蓨國夫人，封爵之失始自於此。後睿宗下詔封玄宗乳母蔣氏爲吴國夫人、莫氏爲燕國夫人。歷載以來，寖爲訛弊。伏以陛下重興寶運，再闡丕圖，奉高祖太宗舊章，行往代賢君故事。今則宣授乳母爲郡夫人，竊意四海九州之内，有功勞安社稷者，得不對室家而慙於所命之爵乎？臣等參詳嬭婆楊氏、王氏，雖居溼推燥，並彰保養之勤，而胙土分茅，且異疏封之例。況昭儀内侍燕寢，位列宫嬪；夫人則亞列妃嬙，供奉左右。豈可以嬪御之號，增榮於阿保？揆之典禮，良有乖違。其楊氏望賜號安聖君。王氏望賜號福聖君。第二王氏望賜號康聖君。』從之。〔參用《册府元龜》。〕當國命贅旒、權臣問鼎之日，而執議若此。有明自永樂中，封乳母馮氏爲保聖賢順夫人，〔《實録》：永樂七年三年戊辰遣官祭乳母保聖賢順夫人馮氏。〕列宗因之，遂爲成例。而奉聖夫人客氏遂與魏忠賢表裏擅權，甚於漢之王聖矣。」嬭嫛之壻謂之嬭公，案：今時通語也。又謂之阿爹。《通鑑》：「竇懷貞再娶韋后乳媪爲妻，奏請輒自署皇后阿爹不慚。」《唐書·本傳》：「人或謂之國爹。世謂媪壻曰阿爹。」阿爹之妻謂之阿母，《史記·范雎傳》：「不離阿保之手」，又《倉公傳》「故濟北王阿母」注：「服虔云：乳母也。」案：《後漢書·順帝紀·贊》「保阿傳土」注：「保，安也；阿，倚也。言可依倚以取安，傅姆之類也。傳土謂阿母山陽君宋娥更相貨賂，求贈邑土也。」又謂之母。《越語》：「生三人，公與之母。」案：此則乳母即曰母。乃若魯宫臧氏以子易公，《公羊昭三十一年傳》「臧氏之母，養公者也，君幼則宜有養者，大夫之妾、士之妻則未知臧氏之母者曷爲者也？養公者必以其子入養。」何休注：「不離人母，子因以娱公也。」「臧氏之母聞有賊，以其子易公，抱公以逃」何休注：「以身死公則可；以其子易公，非事夫之義。然而於王法當賞，以活公爲重也。」魏國乳母以身集矢，《韓詩外傳》：「秦攻魏，破之，少子亡而不得。令魏國曰：『有得公子者賜金千斤，匿者罪至十族。』公子乳母與俱亡。人謂乳母曰：『得公子者賞甚重，乳母當知公子處而言之。』乳母應之曰：『我不知其處。雖知之，死則死，不可以言也。爲人養子，不能隱而言之，是畔上畏死。吾不能生而使公子獨死矣。』遂與公子俱逃澤中。秦軍見而射之，乳母以身蔽之，著十二矢，遂不令中公子。秦王聞之，饗以太宰。」此人皆名垂繡褓，義擅黄襹，宋明帝寢疾，召褚淵入見，流涕曰：「吾近危篤，故召卿著黄襹耳。」注：「宋主欲褚淵佐太子如乳母之哺養小兒也。」並流芳聲於阿保，扇清譽於慈良者也。

徒隸　官府之役也。《周禮》曰胥徒。卒謂之褚，《方言》：「楚東海之間，亭父謂之亭公。卒謂之弩父。」郭注：「亭公，亭民。弩父，主擔幔弩導幨，因名云。」「或謂之褚」郭注：「言衣赤也。褚音赭。」案：《説文》：「褚，卒也。」「卒，隸人給事者爲卒。」卒衣有題識者，蓋衣以青色，而緣邊及前後當心處皆赤色，中書卒字爲題識，衣此者今曰民壯，一曰壯丁。精者謂之精手，又謂之快手。《日知録》二十四卷：「快手之名，起自《宋書·王鎮惡傳》：東從舊將猶有六隊千餘人，西將及能細直吏快手復有兩千餘人。《建平王景素傳》：左右勇士數十人並荆楚快手。《黄回傳》：募江西楚人得快射手八百。《南史》作快手。亦有稱精手者，沈約《自叙》：收集得兩千精手。《南史·齊高帝紀》：王藴將數百精手帶甲赴粲〔袁粲〕。《梁書·武帝紀》：航南大路悉配精手利器，尚十餘萬人。」案：《宋書·殷炎傳》：「簡選千百精手。」其部伍謂之火伍，或謂之火長。《日知録》：「今人謂兵爲户長，亦曰火長。崔豹《古今注》：『伍伯，一伍之伯也。五人爲伍，〔三〇〕五長爲伯，故稱伍伯。』一曰户伯。漢制，兵五人一户竈，置一伯，故曰户伯，亦曰火伯，以爲一竈之主也。《通典》：『五人爲列，二列爲火，五火爲隊。』《唐書·兵志》：『五十人爲隊，隊有正，十人爲火，火有長。』又云：『十人爲火，五火爲團。』則直謂之火矣。《宋書·孝義傳·卜天與》：『少爲隊將，十人同火。』《木蘭詩》：『出門看火伴。』柳子厚《段太尉逸事狀》：『叱左右〔三一〕皆解甲，散還火伍中。』或作夥，誤。」案：火聚則勢盛，散則勢微，故同伴曰火。此語蓋起於春秋之時，《司馬法》「人人正正辭辭火火」注云：言一火與一火，猶「人人殊」之人人也，即俗謂火伴，是火字所起。精健者謂之樓羅。《日知録》：「《唐書·回紇傳》：『加册可汗爲「登里頡咄登密施含俱録英義建功毗伽可汗」，「含俱録」，華言「婁羅」也。』蓋聰明才敏之意。《酉陽雜俎》引梁元帝《風人辭》云：『城頭網雀，樓羅人著。』《南齊書》顧歡論云：『蹲夷之儀，婁羅之辯。』《北史·王昕傳》：『嘗有鮮卑聚語，崔昂戲問昕曰：「頗解此不？」昕曰：「樓羅，樓羅，實自難解。時唱染千，似道我輩。」』〔三二〕《五代史·劉銖傳》：『諸君可謂樓羅兒矣。』〔今本作僂儸。《鶴林玉露》：僂儸，俗言猾也。〕《宋史》：『張思均起行伍，征伐稍有功，質狀小而精悍，太宗嘗稱其樓羅，自是人目爲「小樓羅」焉。』」其騶從呵殿者曰軍牢。牢，僚也。僚之言勞也。《左氏昭七年傳》：「隸臣僚，僚臣僕。」孔疏引服虔曰：「僚，勞也，共勞事也。」《焦氏筆乘》：「僚即古牢字。」案：軍牢猶軍勞也，今世衣黑色，戴渾脱笠，染作赤黑，列鹵薄中，蓋古黑衣之屬也。行杖者曰伍伯。《後漢書·文苑·禰衡傳》：「令五百將出，欲加箠」注云：「五百猶今之問事也。」《宦者曹節傳》「越騎營五百妻有美色」注云：「韋昭《辨釋名》曰：『五百字本爲「伍佰」。伍，當也。佰，道也。使之導引當道佰中以驅除也。』」案：今俗呼行杖人爲五百也。」亦見《蜀志·劉琰傳》。按：《傳》「呼卒五百撾胡」是也。《北夢瑣言》：「唐畢相諴，家本寒微。其渭陽爲太湖縣伍伯。〔原注：伍伯，即今號雜職行杖者。〕相國恥之，俾罷此役，爲除一官，累遣致意，竟不承命。特除選人楊載宰此邑。參辭日，特於私第延坐與語，期爲落籍，津送入京。楊令到任，具達台旨。伍伯曰：『某下賤，豈有外甥爲宰相邪！』楊令堅勉之。乃曰：『某每歲公税，享六十緡事例錢。〔原注：蓋如今之工食。〕苟無敗闕，終身優渥。不審相令欲爲致何官職？』楊令具以聞，相國歎賞，亦然其説，竟不奪其志也。」〔三三〕《日知録》：「以伍伯之役而歲六十緡，宜乎臺皁之微，皆知自重，乃信《漢書》言趙廣漢奏請令長安游徼獄吏秩百石，其後百石吏皆差自重，不敢枉法妄繫留人，誠清吏之本務。」案：今行杖者呼門皁，亦古黑衣之屬。《周禮·司服職》鄭注云：「今時伍伯緹衣。」然則漢時伍伯猶緹衣也。常參侍從者曰傔人。《類篇》：「傔，侍從也。」《唐書·封常清傳》：「奏傔從三十人。」《通雅》：「唐制大使副使皆有傔人。河西節度使崔希逸襲破吐蕃於青海，會希逸傔人孫誨入奏事。」《正字通》：「傔，即今承差也。」案：傔人職似參謀，非承差也。《集韻》：「傔，詰念切，音歉。」户門者曰門子，户，止也，《左氏宣十二年傳》：「屈蕩户之。」杜注：「止也。」《漢書·王嘉傳》「坐户殿門失闌免」注云：「掌守殿門，止不當入者而失闌入之。」《日知録》：「門子者，守門之人。《舊唐書·李德裕傳》『吐蕃潛將婦人嫁與此州門子』是也。〔原注：王智興爲徐州門子。〕今之門子，乃是南朝時所謂縣僮。《梁書·沈瑀傳》：『爲餘姚令，縣南有豪族數百家，子弟縱横，遞相庇蔭，厚自封殖，百姓甚患之。瑀召其老者爲石頭倉監，少者補縣僮。』《唐志》：『二品以下有白直執衣，皆中男爲之。』」通謂之白衣，庶人在官者之通名也。《日知録》：「《漢書·兩龔傳》『聞之白衣』，師古曰：『白衣，給官府趨走賤人，若今諸司亭長、掌固之屬。』蘇伯玉妻《盤中詩》：『吏人婦，會夫希，出門望，見白衣，謂當是，而更非。』《續晉陽秋》：『陶潛九月九日無酒，於宅邊菊叢中坐，望見白衣人，乃王宏送酒』，是也。人主左右亦有白衣。《南史·恩倖傳》：『宋孝武選白衣左右百八十人。』《魏書·恩倖傳》：『趙修給事東宮，爲白衣左右。茹皓充高祖白衣左右。』」《清波雜志》言「前此仕族子弟未受官者皆白衣，今非跨馬及弔慰不敢用」。又謂之黑衣，古以爲侍衛之名。《史記·趙世家》：「願得補黑衣之缺，以衛王宮。」《漢書·谷永傳》：「擢之皂衣之吏。」其依託名號爲褒美之詞者，吏員謂之外郎。《日知録》：「今人以吏員爲外郎。」案：《史記·秦始皇紀》「近官三郎」《索隱》曰：「三郎謂中郎、外郎、散郎。」《通典》：「漢中郎將分掌三署，郎有議郎、中郎、侍郎、郎中，凡四等，皆無員，多至千人，掌門户，出充車騎，其散郎謂之外郎，今以稱吏員，乃世俗相褒之辭。」醫工謂之郎中，《日知録》：「南人呼醫爲郎中。」或謂之大夫，《日知録》：「北人呼醫爲大夫。」案：《漢書》注以巫醫賈人爲非良家子，而後世褒以郎中、大夫之名，不知始於何時。又謂之衙推。《日知録》：「陸游《老學菴筆記》：北人謂醫爲衙推。」《舊唐書·鄭注傳》：『以藥術，依李愬署爲節度衙推。』《北夢瑣言》：『莊宗好俳優。宫中暇日，自負蓍囊藥篋，令繼岌破帽相隨，以后父劉叟以醫卜爲業。后方晝寢，繼岌造其卧内，自稱劉衙推訪女。』」〔三四〕卜相謂之巡官。《日知録》：「巡官，唐五代郡僚之名。或以巡游賣術，故有此稱，亦莫詳其所始也。」又引《舊唐書·音樂志》：「隋末河内有人貌惡而嗜酒，常自號郎中。」鑷工謂之待詔。《日知録》。案：亦北人謂之也。木工、金工、石工之屬謂之司務。《日知録》。案：今俗呼爲師父，蓋司務之訛爾。《日知録》以爲此屬

「其名蓋起於宋時」，亦未知何所據也。又引「洪武二十六年十二月丙戌，命禮部申禁軍民人等，不得用太孫、太師、太保、待詔、大官、郎中等字爲名稱。」案：黄省曾《吴風録》：「自張仕誠走卒廝養皆授官爵，至今稱呼椎油作麪傭夫爲博士，剃工爲待詔，家人奴僕爲郎中，吏人爲相公。」廚夫謂之鐐子。《正字通》：「宋仁宗遊後苑，還宫索漿急，宫嬪曰：『大家何不於外宣索而受渴？』曰：『吾屢顧不見鐐子，恐問之則所司有得罪者。』」楊慎曰：「鐐子，庖人之别稱。」牟默人曰：「鐐者茶鐺也，韻書以爲有孔爐，今猶謂之鐐壺是矣。安得以爲廚子之名哉？且庖人既不司茶，而天子宴游時時顧望廚子，尤非事情也。」凡駡庸賤謂之田儓，《方言》：「儓、䑋，〔郭注：音臺、㚒。〕農夫之醜稱也。南楚凡駡庸賤謂之田儓。」郭注：「㑄儓，駑鈍貌。或曰僕臣儓，亦至賤之號也。」案：㑄音僰。《左氏昭七年傳》：「僕臣臺。」臺與儓同。田儓者，如李昭德駡婁師德曰田舍夫。駡商人謂之辟，《方言》：「或謂之辟。辟，商人醜稱也。」郭注：「辟辟，便黠貌也。音擘。」駡庸謂之倯，郭注：「倯猶保倯也。今隴右人名孄爲倯，相容反。」案：孄即古嬾字，亦作孏庸，即慵字爾。又謂之倸倯。《方言》：「倸倯，駡也。」郭注：「羸小可憎之名也。倸音卭竹。」案：今駡庸賤曰倯儴。禮者，自卑而尊人。雖負販者必有尊，而況富貴者也。《禮·曲禮》。其爲推敬之詞者，謂之王孫，《漢書·韓信傳》：漂母曰：「吾哀王孫而進食。」蘇林曰：「王孫如言公子也。」或謂之公子。《文選·張衡〈西京賦〉》「有憑虚公子者」，李善注引《博物志》曰：「王孫、公子，皆古人相推敬之辭。」案：左思《蜀都賦》：「有西蜀公子者言於東吴王孫。」貴者稱大夫，《漢書·高帝紀》「令諸大夫」師古曰：

「大夫，客之貴者總稱耳。」其自卑之詞，或曰臣，或曰僕。《漢書·高帝紀》：「呂公曰：臣少好相人。」張晏曰：「古人相與語，多自稱臣，自卑下之道也，若今人相與言自稱僕也。」《文選·班固〈西都賦〉》李周翰注：「臣者男子之賤稱，古人謙退，皆稱之。」《日知録》二十四卷：「漢初人對人多稱臣，乃戰國之餘習。至天下已定，稍有差等。文景以後，則此風漸衰。而賈誼《新書》有尊天子避嫌疑不敢稱臣之説。《王子侯表》：『有利侯釘坐《遺淮南王書》稱臣棄市。』《功臣侯表》：『安平侯鄂但坐與淮南王女陵通，遺淮南王書稱臣盡力，棄市。〔三五〕平棘侯薛穰坐受淮南王賂稱臣，在赦前，免。』〔免侯爵。〕皆在元狩元年，而《嚴助傳》天子令助諭意淮南王，一則曰『臣助』，再則曰『臣助』，史因而書之，未嘗以爲罪。則知釘等三人所坐者交通之罪，而自此之後，廷臣之於諸侯王遂不復有稱臣者爾。」又《日知録》二十四卷：「趙璘《因話録》曰：『古者三公開閤，郡守比古之侯伯，亦有閤，故世俗書題有閤下之稱。〔《漢書·王尊傳》：「直符史詣閤下，從太守受其事。」〕前輩呼刺史太守亦曰節下，與宰相大僚書，往往稱執事，言閤下之執事人耳。劉子玄爲史官，與監修宰相書稱足下。韓文公與使主張僕射書稱執事，即其例也云云。』近日官至使府、御史及畿令，悉呼閤下。今則一例閤下，上下無別云云。」或曰走，司馬遷《報任少卿書》「太史公牛馬走」注云：「走猶僕也。」班固《答賓戲》：「走亦不任廁技於彼列。」案：《漢書·叙傳》走作「僕」。亦或曰民，《日知録》二十四卷：「晉時有自稱民者。《世説》：『陸太尉對王丞相曰：公長民短。』」皆平輩也。其對父之齒，自稱曰賤子，《漢書·游俠·樓護傳》：「成都侯商子邑爲大司空，貴重，商故人皆敬事邑，唯護自安如舊節，邑亦父事之，不敢有闕。時請召賓客，邑居樽下，稱『賤子上壽。』」師古曰：「言以父禮事。」父執稱之曰小友，唐張九齡事。稱父之執曰丈人。呂種玉《言鯖》：「唐時稱父執及朋友之父曰丈人，因稱母曰丈母，今以岳父母爲丈人丈母沿此。」案：唐宋人稱行輩尊者曰幾丈，《長編》：「富鄭公稱范文正公曰范十二丈。」配姓而稱曰某丈。婦人自稱曰妾人。《文選》司馬相如《長門賦》云：「妾人竊自悲兮。」注引《管子》：「婦對桓公曰：『妾人聞之，非有内憂，必有外患。』」雇賃謂之傭保。《司馬相如傳》。酒家傭謂之酒保。《鶡冠子·世兵》篇云：「伊尹酒保，太公屠牛，管子作革，百里奚官奴。」

校記

〔一〕「乃」，《史記》卷五十五《留侯世家》作「而」。

〔二〕《漢書》卷七十九《馮奉世傳》「西羌」上有「今」字，「彡姐之」三字作「此」字。

〔三〕《諫不許單于朝書》，見《古文辭類篹》卷十五。

〔四〕據《左傳·襄公十二年》「無女而有姑妹，及姑妹」孔《疏》校正。

〔五〕《漢書》卷五十三《景十三王傳》無「姑」字。

〔六〕忪，《釋名疏證補·釋親屬》作「伀」。

〔七〕據《禮記正義》卷六《檀弓上》注「言」下有「苟」字。

〔八〕《公羊傳·僖公二十五年》作：「其言婦何？有姑之辭也。」

〔九〕《釋名疏證補》卷三《釋親屬》「長婦」條王先謙補注：「此主長婦謂之者，言己後來也。疑本作『後己來也』。文誤倒耳。」

〔一〇〕同上作：「或曰：先後以來，先後弟之也。」注引王啟原曰：「『弟之也』，《吕本》作『言之也』」。王先謙曰：「弟之，謂次弟之也。《吕本》非。」

〔一一〕應作「言是己所敬忌，見之怔忪。」畢沅注曰：「今本脱『言』字、『忌』字，據《一切經音義》引增。」

〔一二〕外戚傳，《漢書》卷九十八作「元后傳」，「鳳」上有「又」字。

〔一三〕王瑗，《説文解字》十二篇下《女部·嫪》段注作「崔瑗」。

〔一四〕鄉，《漢書》卷五十三作「卿」。

〔一五〕《史記》卷八十五作「求大陰人嫪毐以爲舍人」。

〔一六〕《釋名疏證補》卷三《釋長幼》作「人始生曰嬰兒，或曰嫛倪」。

〔一七〕《説文解字注》十二篇下《女部》「聖」下有「人」字。

〔一八〕《國語》天聖明道本卷十八《楚語下》「率」作「帥」。

〔一九〕《釋名疏證補》卷三《釋長幼》「青徐州」下無「呼女」二字，「始生」下有「時」字。

〔二〇〕《漢書》卷六十四上《嚴助傳》「民待賣爵贅子以接衣食」顏師古曰：「贅，質也。一説，云贅子者，謂令子出就婦家爲贅壻耳。贅壻解在《賈誼傳》。」

〔二一〕《左傳·文公八年》「晉侯使解揚」杜預注：「公壻池，晉君女壻。」

〔二二〕《漢書》卷八十二《王商傳》：「初，大將軍鳳連昏楊肜爲琅邪太守。」如淳曰：「連昏者，婚家之婚親也。」

〔二三〕《説文解字注》十二篇下《女部》「姓」字條作「古之神聖人」。

〔二四〕《清經解續編》卷三百五十四《尚書大傳輯校三·〈略説〉》「問□」應作「問」，「響□」應作「響入」，「好惡」之上應有「所」字。

〔二五〕《列子》卷第二《黄帝》篇楊伯峻集釋本引晉張湛注：「姬，居也。」又引《釋文》云：「姬音居。」

〔二六〕《昭明文選》卷九，掃葉山房本作「内史相刋於國主稱臣」。

〔二七〕《漢書》卷五十九《張安世傳》中華書局點校本作「家童七百人，皆有手技作事。」

〔二八〕同上卷一百二十九《貨殖列傳》：「富至僮千人。」《索隱》曰：「《漢書》及《相如列傳》並云『八百人』也。」

〔二九〕「酒正」，《周禮注疏》卷十七作「守祧」。

〔三〇〕爲，《古今注》漢魏叢書本作「曰」。

〔三一〕《柳河東集》卷二作「顧叱左右曰」。

〔三二〕千，《北史》卷二十四《王昕傳》作「干」。

〔三三〕宋劉光憲撰《北夢瑣言》卷四，中華書局一九六〇年版「令」作「公」。

〔三四〕以，同上卷十八作「似」。

〔三五〕《漢書》卷十七《高惠高后文功臣表》。「陵」作「安」，又「遺」下無「淮南王」三字。

第五

正月　《史記·歷書》：「夏正以正月，殷正以十二月，周正以十一月。蓋三王之正若循環。」然《後漢書·章帝紀》：「『王』者，重三正，慎三微」注云：「三正天、地、人之正。」〔一〕案：《周禮》有正月正歲之異。《大宰》云：「正月之吉」，鄭注：「正月周之正月，吉謂朔日。」〔二〕《小宰》云：「正歲」，鄭注：「正歲，謂夏之正月。得四時之正，以出教令者，審也。」案：《大司徒》「正月之吉」注，亦云「周正月朔日」，「正歲」注亦云「夏正月朔日」，《凌人》正歲注亦同。又《州長》既以「正月之吉，讀法」，又以「正歲，讀法如初」。注云：「引此四時之正重申之。」〔三〕《日知録》五卷云：「即此是古人三正並用之驗。《逸周書·周月解》曰：『亦越我周，改正以垂三統。〔四〕至於敬授民時，巡狩烝享，猶自夏焉。』正謂此也。」《豳詩·七月》一篇之中，凡言月者皆夏正，凡言日者皆周正。「一之日觱發，二之日栗烈」，「三之日于耜」，傳曰：「一之日周正月，二之日殷正月，三之日夏正月。」又引《北史》李業興對梁武帝曰：「雖三正不同，言時節者皆據夏時正月，《周禮》仲春二月會男女之無夫家者，雖自周書月亦夏時，堯之日月亦當如此。」自注云：「近有楚人刱爲堯建子舜建丑之説者，據此闢之，遂無以難。」四月亦曰正月，《詩·小雅》「正月繁霜」鄭箋：「夏之四月，建巳之月。」孔疏云：「謂之正月者，以乾用事，正純陽之月。」又《左氏莊二十五年傳》：「唯正月之朔，慝未作。」杜注：「正月，夏之四月，周之六月，謂正陽之月。」又《昭十七年》注：「謂建巳正陽之月也。」《釋文》並云「正音政。」又《廣韻》、《集韻》並「音征」。《春秋》「春王正月」，《公羊》、《穀梁傳》注音征，或如字。今多讀征。又朝覲曰朝正：《左氏文三年傳》「昔諸侯朝正於王」亦讀平聲。〔五〕杜甫詩：「不見朝正使。」案：正，古音政，秦始皇諱政，是後讀正月爲征，今時語猶然。《春秋經》皆用周正，而《左傳》多用夏正，紀事據策書之文也。《日知録》四卷有說。《詩》皆用夏正，而《十月之交》獨用周正，則其義難曉。《困學紀聞》三卷：「鄭箋謂周之十月，夏之八月。故歷家每因之。孫莘老解《春秋》，用鄭說，謂八月秋之分，日食秋分。而詩人醜之，安得曰分至不爲災也。」閻若璩案：「嘗以歷上推周幽王六年乙丑歲，十月建酉，朔日辛卯，辰時，正得日食。非惟虞鄺，即唐道士傅仁均、僧一行，亦步得是日日食。乃知康成精於歷學，《本傳》稱其始通《三統歷》，注有《乾象歷》，抑歎經解有不可盡拘以理者，此類是也。」孔穎達疏：「漢世通儒，未有以歷考此辛卯日食者，不知康成考之。」方作箋云：「東州名儒，豈欺我哉！」又九月爲三秋。《詩·王風》：「一日不見，如三秋兮。」案：麥秋四月也。《禮·月令》：「孟夏，麥秋至。」又《廣韻》：「藻竹秋，三月也。蘭秋，七月也。」四時爲四秋，《管子·輕重乙》篇：「歲有四秋，而分有四時，故曰農事且作，請以什伍農夫賦耜鐵，此謂春之秋。大夏且至，絲纊之所作，此謂夏之秋，大秋成，五穀之所會，此謂秋之秋。大冬營室中女事，紡績緝縷之所作，此謂冬之秋。」

歲始　三始即三朝也。歲始曰獻歲。《楚辭·招魂》「獻歲發春」王逸注：「獻，進」也。歲始來進，春氣奮揚也。《史記·天官書》臘之明日曰初歲，〔六〕《四民月令》亦曰小歲。〔七〕又《東京夢華録》：「除夕夜，士庶之家，圍爐團坐，達旦不寐，謂之守歲。」《風土記》：「除夜祭先竣事，長幼聚飲祝頌而散，謂之分歲。」案：除夕作粆盆賁燭，已見「燭」條。蘇軾《饋歲》詩序：「蜀中值歲晚問遺，謂之饋歲。酒食相邀爲別歲。」案：今東齊以除夕分守歲錢，酒肉問遺爲餞歲，宗族相過爲辭歲。攺歲除之名，蓋起於《詩》，《唐風》「歲聿云莫」，「日月其除」。而《豳風》云「曰爲改歲」，改即除矣。其《月令》言，大割祠於公社及門閭。臘先祖五祀。勞農以休息之。」則今世祭先祠神所由昉也。至於外國之俗，《漢書·匈奴傳》：「歲正月，諸長小會于庭，祠。五月，大會龍城，祭其先、天地、鬼神。秋，馬肥，大會蹛林，課校人畜計。」服虔曰：「蹛音帶，匈奴秋社八月中皆會祭處也。」師古曰：「蹛者，繞林木而祭也。鮮卑之俗，自古相傳，秋天之祭，無林木者尚豎柳枝，衆騎馳繞三周迺止。此其遺法。計者，人畜之數。」是蓋以五月爲歲首也。《後漢書·高句驪傳》：「以十月祭天大會，名曰『東盟』。其國東有大穴，號襚神，亦以十月迎而祭之。」是則以十月爲歲首也。《三韓傳》：「馬韓常以五月田竟祭鬼神，晝夜酒會，羣聚歌舞，舞輒數十人相隨蹋地爲節。十月農功畢，亦復如之。諸國邑各以一人主祭天神，號爲『天君』。又立蘇塗。」《魏志》曰：「諸國各有别邑，爲蘇塗，諸亡逃至其中，皆不還之。蘇塗之義，有似浮屠。」是以五月或十月爲歲首也。《烏桓傳》：「見鳥獸孕乳，以别四節。」案：他書載，有國無歷書，不辨四時，唯見艸白知爲一歲，即此類也。朱希真詩：「我今何異桃源人，落葉爲秋花作春。」蓋本唐人詩云：「山中無歷日，寒盡不知年。」是不知有歲首者也。案：或説口北之俗，以正月旦聚哭於衢，七月爲歲首也。

耗磨日　《月令廣義》：「每年正月十六日，俗謂之耗磨日。」張説《耗日飲》詩：「上月今朝減，流傳耗磨辰。但令不事事，同醉俗中人。」案：今俗以此日男女出游於野，謂之走百病。《天禄識餘》下卷：「江東俗號正月二十八日爲天穿日，以煎餅置屋上，謂之補天穿。唐時云：『一枚煎餅補天穿。』」

上巳　《韓詩章句》：「鄭國之俗，三月上巳，之溱洧兩水之上，執蘭招魂續魄，祓除不祥。」〔八〕《日知録》三十二卷：「季春之月，辰爲建，巳爲除。故用三月上巳，祓除不祥。古人謂病愈爲巳，亦此意也。」《後漢書·周舉傳》：「三月上巳，大將軍梁商大會賓客，讌於雒水。」《袁紹傳》：「三月上巳，大會賓從於薄落津。」又《晉東晳傳》論三月三日之義引《逸詩》云：「羽觴隨波。」《宋書·禮志》：「自魏以後但用三日，不以巳也。」唐張説《三月三日》詩「暮春三月日重三。」《曲水侍宴》詩「三月重三日。」是即今之三月三日，非古之上巳矣。然亦有不全用三日者，王漁洋《隴蜀餘聞》載周櫟園侍郎有詩云：「花寒今十日，酒冷古重陽。」唐文宗開成元年，歸融爲京兆尹，是時兩公主出降，有司供張事繁；又迫上巳曲江賜宴，請改日。上曰：「去年重陽取九月十九日，不失重陽之意。今以十三日作上巳，周詩蓋用此事，而語特工。」然則上巳非必三月三日，唐文宗之事，可謂通而近於古矣。以此推之，魏晉以後蓋亦如此，非若今日之拘也。案：曾點以莫春浴沂，永和以癸丑修禊，古來方俗，最號嘉辰。非唯士女秉蕑，溱洧贈藥；桃花水下，芳風藻川，羽觴隨流爾。又，巳：《説文》、《釋名》並訓「巳也」。蓋巳之一字，有似、以兩音，皆見於《雅》《頌》。《周頌》「於穆不已」，孟仲子讀於穆不似，《小雅》「似續妣祖」，鄭箋：「似續如『巳午』之巳。」〔九〕據此，似亦讀巳，巳亦讀似，並出古音，誰非誰是，《韻補》諸書乃謂古讀巳不讀似，第未深攷爾。《增韻》：「今俗以有鈎挑者爲終巳字，無鈎挑者爲辰巳字」，是蓋未知其義也。

寒食　起於漢魏。魏武帝令曰：「聞太原、上黨、西河、鴈門，冬至後百五日，皆絶火寒食，云爲介子推。且北方沍寒之地，老少羸弱，將有不堪之患。令到，人不得寒食。若犯者，家長半歲刑，主吏百日刑，令長奪一月俸。」「後魏高祖太和二十年二月癸丑，詔介山之邑，聽爲寒食，自餘禁斷。」《册府元龜》：「龍星木之精也，春見東方，心爲火之盛，故爲之禁火。俗傳介子推以此日被焚禁火。」《路史·燧人改火論》略云：「心者天之大火，而辰戌者火之二墓。是以季春心昏見於辰而出火，季秋心昏見於戌而納之。卯爲心之明堂，至是而火大壯。

是以仲春禁火，戒其盛也。」《周官》每歲仲春，命司烜氏「以木鐸脩火禁于國中」。「爲季春將出火」。而「司爟掌行火之政令，四時變國火，以救時疾。季春出火，季秋内火，民咸從之。時則施火令。凡國失火，野焚萊，則隨之以刑罰」。夫然，故天地順，而四時成，氣不愆伏，國無疵癘，而民以寧。又案：《日知録》五卷：「古人用火，必取之於木，而復有四時五行之變。《素問》黄帝言：壯火散氣，少火生氣，季春出火，貴其新者，少火之義也。今人一切取之於石，其性猛烈而不宜人，疾疢之多，年壽之減，有自來矣。」「鄭以三月鑄刑書，而士文伯以爲必災六月，而鄭火蓋火未出而作，火宜不免也。今之所謂寒食一百五者，熟食斷煙，謂之龍忌，蓋本乎此。而周舉之書，魏武之令，與夫《汝南先賢傳》、陸翽《鄴中記》等，皆以爲介子推。謂子推以三月三日燔死，而後世爲之禁火，吁，何妄邪！是何異於言子胥溺死，而海神爲之朝夕者乎？《日知録》二十五卷引此論，注云：「予初賦潮，知此妄記，而或者謂昔人言潮無出子胥前者云云。子胥漂於吳江，適有祠廟當潮頭，不知丹徒南恩等潮且復爲誰潮邪？」予觀左氏、史遷之書，曷嘗有子推被焚之事。《日知録》二十五卷《介子推》下云：「立枯之説始自屈原，〔《九章·惜往日》〕燔死之説始自《莊子》，〔《盜跖》篇。〕今當以左氏爲據，割股燔山，理之所無，皆不可信。」〔割股亦見《盜跖》篇。〕況以清明寒食初靡定日，而《琴操》所記子推之死，乃五月五，非三日也。」《日知録》二十五卷注云：「古人以三月上巳祓禊，以清明前三日寒食，初無定日。後世既已一之，而又指爲三月之三，妄矣。《周舉傳》云：『每冬中輒一月寒食。』以子推焚骸，神靈不樂舉火。然則介子又將以冬中亡矣，非可信也。」又云：「方石勒之居鄴也，於是不禁寒食，而建德殿震及端門，襄國西門雹起，西河介山大如雞子，平地三尺，洿下丈餘，人禽死以萬數，千里摧折，秋稼蕩然。案：余鄉舊有子推院，故禁煙之俗，郇民尤盛。耆老相傳：斷火不嚴，輒有雨雹之應。其説本於此。夫五行之變如是，而不知者亦以爲爲子推也。雖然魏晉之俗尤所重者，辰爲商星，實祀大火，而汾晉參墟，參辰錯行不昆和所致。」案：《日知録》二十五卷：「并州妬女爲介子推之妹，則見於李諲之詩。金元好問《承天鎮懸泉》詩注曰：『平定土俗傳介子推被焚，其妹介山氏恥兄要君，積薪自焚，號曰妬女祠。』《唐書》：高宗調露元年九月，幸并州，道出妬女祠。其碑大歷中判官李諲撰，辭旨殊謬，至有『百日積薪，一日燒之』之語。鄉社至今以百五日積薪而焚之，謂之祭妬女云云。」

上墓　上冢之禮，蓋起於周，伊川野祭，載記《春秋》。〔一〇〕《水經·洛水·注》引《皇覽》曰：「周靈王葬於河南城西南周山上，其冢，人祠之不絶。」是則墓祭所由乎？其寒食及九月上墓，則皆始於唐。《日知録》十五卷載：「開元二十年，敕寒食上墓，宜編入五禮，永爲恒式。胡三省曰：『唐開元敕寒食上墓，禮經無文。近代相傳，寖以成俗，宜許上墓同拜埽禮。蓋但許士庶之家行之，而人君無此禮也。《五代會要》言後唐莊宗每年寒食出祭，謂之「破散」，其後襲而行之。歐陽公《五代史》所謂「寒食野祭而焚紙錢」，即謂此也。』」案：今世上墓，非必寒食。東齊之俗，清明三日皆可行之，或有至一月内者，亦如寒食一月斷煙也。《困學紀聞》十四卷：「歐陽子謂五代禮壞，寒食野祭而焚紙錢。案紙錢始於開元二十六年，王璵爲祠祭使，祈禱或焚紙錢，類巫覡。非自五代始也。古不墓祭，漢明帝之後有上陵之禮。蔡邕議以爲禮有煩而不可省者。《舊唐書》開元二十年，寒食上墓，編入五禮，永爲常式。寒食野祭，蓋起於此。朱文公謂漢祭河，用寓龍寓馬，以木爲之，已是紙錢之漸。唐范傳正謂惟顔魯公、張司業家，祭不用紙錢。本朝錢鄧州〔若璩案：鄧州乃錢若水。〕不燒楮鏹，吕南公爲文頌之。」案：紙錢亦謂之寓錢。《天禄識餘》引唐臨《冥報録》云：「鑿紙爲錢，以供鬼神，自唐以來始有之，謂之寓錢。言其寄形象於紙。」又載：「天寶二年八月制曰：『禋祀者，所以展誠敬之心；薦新者，所以申霜露之思。自流火屆期，商風改律，載深追遠，感物增懷。且《詩》著授衣，令存休澣。在於臣子，猶及恩私。恭事園陵，未標典式。自今以後，每至九月一日，薦衣於寢陵。〔一一〕貽範千載，庶展孝思。且仲夏端午，事無典實，傳之淺俗，遂乃移風。況乎以孝道人，因親設教，感游衣於漢紀，《叔孫通傳》：「爲原廟渭北，衣冠月出游之。」師古曰：「從高帝陵寢出，衣冠游於高廟，每月一爲之。」成獻報於禮文。宣示庶寮，令知朕意。』今關中之俗，有所謂送寒衣者，其遺教也。」原注：「今俗乃用十月一日。」案：九月上墓，爲送寒衣。又春露秋霜，載深追感，故宜三九之月。今用十月一日，失其旨矣。然推原其義，似緣《禮》有十月烝祭之文。又絶國殊俗，恒以十月賽神。昔辛有適伊川，見被髮祭於野者。是知蹛林焚紙，並起遐荒。自魏晉以還，部落雜居，變移華俗。迄唐末五年，函夏殊風。寒食出祭，名爲破散，既起於後唐，疑十月上墓之文，亦始於其間也。又齊俗或以七月十五拜墓，今長清及他旁邑皆然。

端午　世人以五月五日爲端午，此有説也。《説文》：「午，牾也。五月陰氣午逆陽，冒地而出。」徐鍇曰：「五月陽極陰生，仵者正衝之也。」案：午，又交也，一縱一横曰旁午，是則端，正也；午，交也。言是月陰陽交争雜沓也，世人反以端午爲佳節，何邪？又案：《史記·孟嘗君傳》：「田嬰賤妾有子名文，以五月五日生。嬰告其母曰：『勿舉也。』其母竊舉生之。及長，嬰怒曰：『五月子者，長與户齊，將不利其父母。』」又見《南史·王鎮惡傳》。是古人以五月五日爲忌也。乃推此而言，不拘何月，凡是五日便名端午，於古未見，唯《册府元龜》載：「開元十七年，丞相源乾曜、張説等上表，有曰：『月惟中秋，日在端午。請以八月五日爲千秋節。』」又《續世説》：「齊映爲江西觀察使，因德宗誕日端午獻銀餅，高八尺。則凡月之五日皆可稱端午也。然其義實不可通，史書中亦唯此二見。」

重九　世之九月九日爲重九，登高飲菊花酒，始起於晉。費長房教桓景。《陶潛集》：「余家居，愛重九之名。」蘇軾《與李公擇書》：「秋色佳哉，想有以爲樂。人生惟寒食、重九，慎不可虚擲。四時之變，無如此節者。」案：九，究也，陽數窮於九。《説文》：「九，陽之變也，象其屈曲究盡之形。」是月陰始盛，秋物成，爲其嫌於無陽，故稱重陽焉。

三元　正月十五爲上元，七月十五爲中元，十月十五爲下元，此起於道家。《日知録》三十卷：「《册府元龜》載唐開元二十二年十月敕曰：『道家三元，誠有科誡，朕嘗精意禱亦久矣。而初未蒙福，念不在兹。今月十四日、十五日是下元齋日，都内人應有屠殺，〔一二〕令河南尹李適之句當總與贖取，其百司諸廚日有肉料，亦責數奏來；並百姓間，是日竝停宰殺、漁獵等兼肉料食。自今以後，兩都及天下諸州，每年正月、七月、十月元日，起十三至十五，兼宜禁斷。』」又《舊唐書·武宗紀》：『會昌四年春正月乙酉朔敕：齋月斷屠，出於釋氏；國家創業，猶近梁隋。卿相大臣，或沿兹弊。鼓刀者既獲厚利，糾察者潛受請求。正以萬物生植之初，宜斷三日。列聖忌斷一日，仍準開元二十二年敕，三元日各斷三日，餘月不禁。』」原注：「今人所謂三官齋用此。」又引「《後漢書·南匈奴傳》：『匈奴俗，歲有三龍祠，常以正月、五月、九月戊日祭天神』。此與三長月同。」〔一三〕案：《前漢·匈奴傳》「日用戊己」，〔一四〕與此同。

正五九月　《日知録》三十卷載：「唐朝新格，以正、五、九月爲忌月。今人相沿，以爲不宜上任。考《唐書》武德二年正月甲子詔：自今正月、五月、九月，不得行刑，禁屠殺。案：原注載詔辭。又載白居易《在杭州》詩曰：「仲夏齋戒月，三旬斷腥羶。」《雲麓漫鈔》曰：『《釋氏智論》云：天帝釋以大寶鏡照四大神洲，每月一移，察人善惡，正、五、九月照南瞻部洲。唐太宗崇其教，太宗當作高祖。故正、五、九月不食葷，百官不支羊錢，其後因此遂不上官。』《菽園雜記》謂『新官上任，應祭告神祇，必須宰殺，故忌之也』。愚案：正、五、九月不上任，自是五行家言，不緣屠宰，其傳已久，亦不始於唐時。晉穆帝將納后，羣臣皆以九月爲忌，見《禮志下》，則自晉世已然。《南齊書·張融傳》：『攝祠（部）、倉部二曹。倉曹以正月俗人所忌，太倉爲可開不？融議不宜拘束小忌。』《北齊書·宋景業傳》：顯祖將受魏禪，『或曰：「陰陽書五月不可入官，犯之終於其位。」景業曰：「王爲天子，無復下期，豈得不終於其位（乎）！」顯祖大悦。』《南史·王鎮惡傳》：「鎮惡以五月五日生，其祖猛曰，昔孟嘗君以惡月生而相齊。」是以五月爲惡月。又考《左傳》，鄭厲公復公父定叔之位，『使以十月入。曰：「良月也，就盈數焉。」』而顏師古注《漢書》『李廣數奇』，以爲『命隻不耦』。《段會宗傳》「亦足以復鴈門之踦」應劭曰：「踦，隻也。會宗從沛郡下爲鴈門，又坐法免，爲踦隻不耦也。」《霍去病傳》：「諸宿將常留落不耦。」是則以雙月爲良，隻月爲忌，喜耦憎奇，古人已有之矣。《後漢書·桓譚傳》言「卜數隻耦之類」，蓋古已有此術。《遼史》：「正旦日，上於窗間擲米團，得隻數，爲不利。」又引《册府元龜》：『德宗貞元十五年九月乙巳詔，自今二月一日、九月九日，每節前開屠一日。』中和、重陽二節。唐人正、五、九月齋戒，不禁閏月。白居易有《閏九月九日獨飲》詩云：『自從九月持齋戒，不醉重陽十五年。』是閏九月可以飲酒也。」

建除　《日知録》三十卷：「建除之名自斗而起，始見於《太公六韜》，云：開牙門當背建向破。〔二五〕《越絶書》：『黄帝之元，執辰破巳』；霸王之氣，見於地户。』《淮南子·天文訓》：『寅爲建，卯爲除，辰爲滿，巳爲平，午爲定，未爲執，申爲破，酉爲危，戌爲成，亥爲收，子爲開，丑爲閉。』《漢書·王莽傳》：十一月壬子直建，戊辰直定，〔二六〕蓋是戰國後語。《史記·日者傳》有建除家。」解縉《封事》言：「治歷明時，授民作事，但伸播種之宜，何用建除之謬。方向煞神，事甚無謂；孤虚宜忌，亦且不經。東行西行之論，天德月德之書，臣料唐虞之歷，必無此等之文。所宜著者，日月之行，星辰之次，仰觀俯察，事合逆順，七政之齊，正此類也。」《録》又云：「《淮南子》五行子生母曰義，母生子曰保，子母相得曰專，母勝子曰制，子勝母曰困。《抱朴子》引《靈寶經》謂支干上生下曰寶，下生上曰義，上克下曰制，下克上曰伐，上下同曰專。以保爲寶，以困爲伐，今歷家承用之。」

十二辰　自「攝提格」至「赤奮若」是也。《爾雅·釋天》。後世分一日爲十二時，而以十二辰名配之，於古未有也。《日知録》二十卷云：「《洪範》言歲月日不言時。《周禮》『馮相氏掌十有二歲、十有二月、十有二辰、十日、二十有八星之位』，不言時。屈子自序其生年月日，不及時。吕才《禄命書》亦止言年月日，不及時。」原注：「李虚中以人生年月日所直支干，推人禍福生死，百不失一，初不用時也。自宋而後，乃并其時參合之，謂之『八字』。見謝肇淛《五雜俎》。」自漢以下，歷法漸密，於是以一日分爲十二時，蓋不知始於何人，而至今遵用不廢。又云：「《左氏昭五年傳》：卜楚丘曰，日之數十，故有十時，而杜元凱注，則以爲十二時。雖不立十二支之目，然其曰夜半者，即今之所謂子也；雞鳴者，丑也；平旦者，寅也；日出者，卯也；食時者，辰也；隅中者，巳也；日中者，午也；日昳者，未也；晡時者，申也；日入者，酉也；黄昏者，戌也；人定者，亥也。一日分爲十二，始見於此。考之《史記·天官書》曰：『旦至食，食至日昳，日昳至餔，餔至下餔，下餔至日入。』《素問·藏氣法時論》有『曰夜半，曰平旦，曰日出，曰日中，曰日昳，曰下餔。』王冰注，以日昳爲土王，下餔爲金王。又有曰四季者，注云：土王是今人所謂丑、辰、未、戌四時也。《吴越春秋》有曰『時加日出』、『時加雞鳴』、『時加日昳』、『時加禺中』。則此十二名古有之矣。」案：既以十二辰配時，又以十二禽配辰，亦自古有之也。《詩·小雅》以午日差馬，〔一七〕是午爲馬也。又讖言「典午」者即是「司馬」。《禮·月令》「季冬，出土牛」，是丑爲牛。《説文》云：「古文亥爲豕。」又云：「巳爲蛇」也。《後漢書·鄭玄傳》「今年歲在辰，來年歲在巳」注引劉晝曰「辰爲龍，巳爲蛇，歲在龍蛇賢人嗟，玄以讖合之」，知命當終。是讖書復有説此者也。《困學紀聞》九卷：「朱文公嘗問蔡季通十二相屬起於何時，首見何書。又謂以二十八宿之象言之，唯龍與牛合，而他皆不類。至於虎當在西，而反居寅；雞爲鳥屬，而反居酉，又舛之甚者。《韓文考異》：『《毛穎傳》「封卯地謂十二物」，〔一八〕未見所從來。愚按：『吉日庚午，既差我馬』，午爲馬之證也。『季冬，出土牛』，丑爲牛之證也。蔡邕《月令論》云：『十二辰之會五時所食者，〔一九〕必家人所畜丑牛、未羊、戌犬、酉雞、亥豕而已，其餘虎以下非食也。』《月令正義》云：『雞爲木、羊爲火、牛爲土、犬爲金、豕爲水，但陰陽取象多塗，故午爲馬、酉爲雞，不可一定也。』十二物見《論衡·物勢篇》。〔若璩案：獨不及辰之禽龍。〔二〇〕《説文》亦謂『巳爲蛇，象形。』〕其十二時之目，「唯《曆書》云：『雞三號，卒明。撫十二節，卒於丑。』而下文却云：『朔旦冬至，正北。』又云：『正北』，『正西』，『正南』，『正東』。〔二一〕不直言子酉午卯。《漢書·五行志》言『日加辰巳』，又言『時加未』。《翼奉傳》言『日加申』，又言『時加卯』。〔二二〕《王莽傳》：『天文郎桉栻於前，日時加某，莽旋席隨斗柄而坐。』而《吳越春秋》亦云：今日甲子，時加於巳。〔二三〕《周髀經》亦有『加卯』、『加酉』之言。若紀事之文，無用此者。」《南齊書·天文志》始有『子時』、『丑時』、『亥時』。《北齊書·南陽王綽傳》有『景時』、『午時』。『景時』者，『丙時』也。

五夜　五分其夜，爲甲、乙、丙、丁、戊也，起於漢以來。《日知録》二十卷引《周禮》「司寤氏掌夜時」注：「夜時，謂夜晚早，若今甲乙至戊。」《顔氏家訓》：「或問一夜何故五更？答曰：漢魏以來，謂爲甲夜、乙夜、丙夜、丁夜、戊夜，亦云一更、二更、三更、四更、五更，皆以五爲節。所以然者，假令正月建寅，斗柄夕則指寅，曉則指午矣。自寅至午凡歷五辰。冬夏之月，雖復長短參差，然辰間遼闊，盈不至六，縮不至四，進退常在五者之間。更，歷也經也，故曰五更爾。」〔二四〕《漢書·西域傳》：「杜欽曰，斥候士，五分夜擊刁斗自守。」《天文志》：「本始元年四月壬戌甲夜」，「地節元年正月戊午乙夜，六月戊戌甲夜」，《三國志·曹爽傳》「自甲夜至五鼓，爽乃投刀于地」，〔二五〕《晉書·趙王倫傳》「期四月三日丙夜一籌，以鼓聲爲應」是也。五分其夜而不詳，於是有言漏上幾刻者。《五行志》：「晨漏未盡三刻，有兩月重見。」又云：「漏上四刻半，乃頗有光。」《禮儀志》：「夜漏未盡七刻，鐘鳴，受賀。」《東方朔傳》：「微行以夜漏上十刻迺出。」《王尊傳》：「漏上十四刻行臨到。」《外戚傳》：「晝漏上十刻而崩。」又云：「夜漏上五刻，持兒與舜，會東交掖門。」自《南、北史》以上皆然。故《素問》曰：「一日一夜五分之。」《隋·志》曰：「晝有朝，有禺，有中，有晡，有夕，夜有甲，乙，丙，丁，戊。」

月忌　《天禄識餘》下卷云：「俗以初五、十四、二十三爲月忌。蓋三日乃河圖數之中宫五數耳。五爲君象，故民庶不敢用。」

甲寅無子　《漢書·律歷志》：「六甲，辰有五子」，「唯甲寅無子」。

窈九　《天禄識餘》引謝肇淛《五雜俎》：「閩中以正月二十九日爲窈九，謂是日天氣常窈晦然也。家家以糖棗之屬作糜餔之。」余案：京師人以正月十九爲燕九，似與窈九之義相緣而起，非燕地之謂也。

校記

〔一〕《後漢書》卷三《肅宗章帝紀》作「《春秋》於春每月書『王』者，重三正，慎三微也。」

〔二〕《周禮·天官冢宰·大宰》「正月之吉，始和布治于邦國都鄙」鄭玄注：「正月之吉，周正月朔日也。」孫詒讓《周禮正義》卷三：「正月，周之正月。吉謂朔日。」

〔三〕《周禮注疏》卷十二《地官司徒·州長》「讀」下有「教」字；同上鄭玄《注》「引」字作「因」。

〔四〕《逸周書》卷六《周月解》四部備要本作「若天時大變，亦一代之事。亦越我周王，致伐于商，改正異械，以垂三統。」又「巡狩烝享」，同上《周月解》「烝」作「祭」，孔晁注曰：「前編祭作蒸。」

〔五〕三，《春秋左傳正義》卷十八作「四」。

〔六〕《史記》卷二十七《天官書》作「臘明日，人衆卒歲，一會飲食，發陽氣，故曰『初歲』。」

〔七〕《太平御覽》卷二十三漢崔寔《四民月令》：「臘明日爲小歲，進酒尊長，修刺賀軍師。」

〔八〕「執蘭」至「不祥」，《日知録》卷三十二《月半》條原注引《韓詩》作「招魂續魄，秉蘭草祓不祥」。

〔九〕續，《毛詩正義》卷十一之二《小雅·斯干》「似續妣祖」鄭玄箋作「讀」。

〔一〇〕應作《左傳·僖公二十二年》。

〔一一〕寢陵，《日知録》卷十五《墓祭》作「陵寢」。

〔一二〕屠殺，《日知録》卷三十《正五九月》作「屠宰」。

〔一三〕「長」，《日知録》卷三十作「隻」。

〔一四〕《漢書》卷九十四上《匈奴傳上》作「日上戊己」。

〔一五〕《百子全書》本《六韜》無「開牙門當背建向破」一語。待詳。

〔一六〕《漢書》卷九十九上《王莽傳上》：「十一月壬子，直建冬至」顔師古注：「壬子之日冬至，而其日當建。」又：「以戊辰直定，御王冠，即真天子位，定有天下之號曰新」顔師古注：「於建除之次，其日當定。」

〔一七〕《詩·小雅·吉日》：「吉日庚午，既差我馬。」

〔一八〕韓愈《毛穎傳》作「因封於卯地，死爲十二神」。

〔一九〕《日知録》卷九《歷數》章「十二辰之會」，清翁元圻注曰：「案：蔡邕《月令問答》『會』作『禽』，當從之。」

〔二〇〕同上「十二物見《論衡·物勢》篇」清黄岡萬氏《集證》補注：「《論衡·言毒》篇：『辰爲龍，巳爲蛇。』」

〔二一〕《史記》卷二十六《曆書》「雞」上有「時」字、「十二」下有「月」字。

〔二二〕《漢書》卷七十五《翼奉傳》「時加」之下有「於」字。

〔二三〕《吴越春秋·夫差内傳第五》叢書集成初編本作「今日壬午，時加南方。命屬上天，不得逃亡。

非但自哀，誠傷吴王。」此書又有「今年三月甲戌，時加雞鳴」，「今十有二月己巳之日，時加禺中」之言。

〔二四〕引自《顔氏家訓》卷六《書證》篇，文字略有删動。

〔二五〕《三國志》卷九《曹爽傳》裴松之注引《魏略》作「中夜至五鼓，爽乃投刀于地」。

第　六

識丁　《唐書·張宏靖傳》：「汝輩挽兩石弓，不如識一丁字。」案：《續世説》：「一丁作一个，因篆文个與丁相似，傳寫譌作丁。」案：凡物皆稱个，人亦曰个。《左氏昭三年傳》：「齊公孫竈卒。晏子曰：『又弱一个焉。』」通作「介」。《書·秦誓》「若有一介臣」，〔一〕《大學》作「一个臣」。《左氏襄八年傳》「一介行李」，《昭二十八年傳》「君亦不使一个，辱在寡人」，即「一介」也。古字通。

宇宙　《説文》：「宇，屋邊也。」案：邊即檐。《淮南·覽冥訓》高誘注：「宙，棟梁也。」案：《説文》：「宙，舟輿所極覆也。」似未明。蓋宇宙字俱从宀，本是宫室之象，天覆地載，有似穹廬，因稱天地間曰宇宙。《淮南·覽冥訓》「燕雀佼之，以爲不能與之争於宇宙之間」，是正解也。至《齊俗訓》「往古來今」謂之宙，「四方上下」謂之宇，是旁訓，非正義矣。

先生　有道術之稱。《韓詩外傳》六卷：「古之知道者曰先生，〔二〕何也？猶言先醒也。不聞道術之人，則冥於得失，不知亂之所由，眊眊乎其猶醉也。」有尊老之稱，《儀禮·士冠禮》「遂以摯見於鄉大夫、鄉先生」鄭注：「鄉先生，鄉中老人，爲卿大夫致仕者」。《史記·五帝紀》「薦紳先生難言之」。有嚴師之稱。韓愈《進學解》「諸生弟子事先生，〔三〕於兹有年矣。」有父兄之稱，《論語》「有酒食先生饌」，馬融注：「先生謂父兄。」案：父兄稱先生，則子弟稱後生。《詩·商頌》「以保我後生」朱注：「後生謂後嗣子孫也。」亦有但稱生者，（《史記·酈生傳》）高祖謂酈食其以萬户封生。師古曰：「生猶言先生。」〔四〕案：文穎曰：諸生也。〔五〕恐非，高帝固稱酈生爲先生矣。又《賈生傳》文帝云：「吾久不見賈生。」《項籍紀·贊》：「余聞之，董生皆以生爲先生也。」〔六〕又有但稱先者，《漢書·晁錯傳》「上招賢良，公卿言鄧先」師古曰：「鄧先，猶云鄧先生也。」案：「一曰，先者其名也」，恐非。上文並稱「鄧公」，蓋失其名。

儒

《韓詩外傳》五卷：「儒者，儒也。儒之言無也。」〔七〕案《説文》：「無，篆文作𣞤。豐也。或説規模字。」是則無即模字。故《外傳》又云：「不易之術也。千舉萬變，其道不窮，六經是也。」是儒爲人倫楷模之名也。《楊子·法言》：「通天地人曰儒。」《論語》「女爲君子儒」，是謂儒之上品。《説文》：「儒，柔也，術士之稱。」案：以儒爲柔，是直文弱書生之號爾，故《隸釋·魯峻、孟郁、郭仲奇碑》儒並作「偄」。《説文》：「偄，弱也。」《唐韻》：「奴亂切。」《周禮·大宰職》：「四曰儒，以道得民。」道謂道藝也。案：《周官》「書其德行道藝」鄭注：「德謂賢，道謂能。」〔八〕是道德有別。有道術之士，如《詩》之九能，案：《鄘風·定之方中》傳。是謂儒之中品。《方言》十二卷云：「儒輸，愚也。」案：《説文》作：「孺，一曰輸也。輸尚小也。」〔九〕呻其佔畢，憒不憒，悱不悱，叩其兩端，曾靡反以三隅。昔者魯哀公訴儒，漢高帝嫚儒，罵之曰豎儒，亦目之曰腐儒，是謂儒之下品。伊古以來，儒者有此三品，至於誦六藝，文姦言，詩書發冢，利禄熏心，身被惡名而不辭，是乃儒中之蟊賊，衣冠之梟獍。《論語》曰：「無爲小人儒。」烏虖！此亦舜與蹠之分也。危乎哉！危乎哉！

束脩

《後漢書》言束脩非一，《鄧皇后紀》「故能束脩，不觸羅網」注：「言能自約束脩整也。」《鄭均傳》：「束脩安貧，恭儉節整。」《馮衍傳》：「珪璧其行，束脩其心。」《劉般傳》「束脩至行，爲諸侯師」注：「束脩謂謹束脩潔也。」此皆一意。又《伏湛傳》「自行束脩，訖無毀玷」注：「自行束脩謂年十五以上。」《延篤傳》「吾自束脩已來」注：「束脩謂束帶脩飾。鄭玄注《論語》曰『謂年十五已上』也。」此二注别一意。《鹽鐵論》四卷：「大夫曰：余結髮束脩」，下云：「年十三幸得宿衛。」是與《後漢》注同義。案：《論語》之義蓋同《後漢》注，而孔注「言人能奉禮，自行束脩以上」，蓋以束脩爲十脡脯也。《疏》云：「書傳言束脩者多矣，皆謂十脡脯也。《檀弓》曰：『古之大夫，束脩之問不出竟。』《少儀》曰：『其以乘壺酒束脩一犬賜人。』《穀梁傳》曰：『束脩之問，不行竟中。』是知古者持束脩以爲禮。然此是禮之薄者，其厚則有玉帛之屬，故云『以上』以包之也。」古人相見，雖則有贄，榛、栗、棗、脩，女贄實，然《左氏莊二十四年傳》，其弟子謁師以何爲禮，未之前聞也。

市朝　《日知録》七卷：「若撻之於市朝，即《書》所言若撻于市。古者朝無撻人之事，市則有之。《周禮·司市》：『市刑，小刑憲罰，中刑徇罰，大刑扑罰。』又曰：『胥執鞭度而巡其前，掌其坐作出入之禁令』，『凡有罪者，撻戮而罰之』是也。《禮記·檀弓》：『遇諸市朝，不反兵而鬬。』兵器，非可入朝之物。《奔喪》：『哭辟市朝。』奔喪亦但過市，無過朝之事也。其謂之市朝者，《史記·孟嘗君傳》：『日莫之後，過市朝者掉臂不顧。』《索隱》曰：『言市之行列有如朝位，故曰市朝。古人能以衆整如此。《司市》「以次叙分地而經市」注：「叙，肆行列也。」後代則朝列之參差，有反不如市肆者矣。』」

秋繩　《周禮·薙氏》「掌殺艸秋繩而芟之」鄭注：「含實曰繩，芟其繩則實不成孰。」《釋文》：「繩音孕，以證反。」案：繩並當作蠅，或作䗅，古文孕字，蓋以形近而譌。《管子·五行》篇「䗅婦不銷棄」注云：「孕也。」楊子《太玄經》沈首云「鵰鷹高翔，沈其腹，好蠅惡粥」注云：「蠅懷粥出也。貪利之人高志穢行，好懷利而惡出。」是則蠅即「孕」字也。案：繩與孕音義俱别，鄭注及陸氏《釋文》並無説，則知唐以前本尚未譌。

終葵　《考工記》「大圭長三尺，杼上，終葵首」鄭注：「終葵，椎也。」《説文》：「椎，擊也。齊謂之終葵。」馬融《廣成頌》：「翬揮同終葵，揚關斧。」案：終葵，《博雅》作「柊楑」，《爾雅》作「蔠葵」，《釋艸》云：「蔠葵蘩露。」郭注：「承露也。」蓋蔠葵蔓生，其葉如杏葉而圜，有似椎形故也。又作「中馗」，亦《釋艸》云：「中馗，菌。」郭注：「地蕈也，似蓋。」蓋菌初出土有椎頭之象焉，是皆因其形似而名也。或有生人命名制字，亦有取焉。其字或作「鍾馗」，亦作「鍾葵。」案：「馗」、「葵」仍《釋艸》之文，其「柊」、「中」則改焉，從其音而變其字，以鍾爲吉祥故也。蓋古人以椎擊鬼，取毆逐凶邪之義，故爲此名以相厭耳。《日知録》三十二卷：「今人於户上畫鍾馗像，云唐時人能捕鬼者，玄宗嘗夢見之，事載沈存中《補筆談》，未必然也。《日知録》三十二卷注云：「《五代史·吴越世家》：『歲除，畫工獻鍾馗擊鬼圖。』」《魏書》：『堯暄本名鍾葵，字辟邪。』則古人固以鍾葵爲辟邪之物矣。又有淮南王佗子名鍾葵，有楊鍾葵、丘鍾葵、李鍾葵、慕容鍾葵、喬鍾葵、《日知録》三十二卷注云：「《北史·庶人諒傳》作喬鍾馗。又《恩倖傳》末有宫鍾馗。馗字兩見。而《楊義臣傳》仍作喬鍾葵。」段鍾葵，于勁字鍾葵，張白澤本字鍾葵。《唐書》有王武俊將張鍾葵。《通鑑》作終蔡。則以此爲名者甚多，豈以其形似而名之，抑取辟邪之義與？《左氏定四年傳》，『分康叔以殷民七族』有『終葵氏』，是又不可知其立名之意也。」案：顧氏此説命名之義甚詳備，惟形似之説尚有闕漏，故愚以《爾雅》補焉。案：古人命名，雖葵、馗兼用，但作葵者多，亦以葵爲吉也，然皆本之《考工記》、《爾雅》。

行李　古者行人謂之行李，本當作行理。理，治也，作李者，古字假借通用。又案：孛，古文

「使」字，與「李」字形相近，或「行岑」譌爲「行李」，轉爲「行理」，亦未可知。而經傳無「岑」，先儒亦不言是誤，疑未敢信也。《左氏僖三十年傳》「行李之往來」，《襄八年傳》「亦不使一介行李」，皆作「李」。《昭十三年傳》「行理之命」杜注：「使人也。」《周語》「行理以節逆之」賈逵曰：「理，吏也。案：《漢書·百官公卿表》「長吏少吏」，師古曰：「吏，理也。」小行人也。」皆作「理」。而《周禮·小行人》孔晁注：復作「李」。《日知録》三十二卷：「唐時謂官府導從之人亦曰行李。《舊唐書·温造傳》：左拾遺舒元褒言：元和長慶中，中丞行李不過半坊，今乃遠至兩坊，謂之『籠街喝道』。敕曰：『憲官之職，在指佞觸邪，不在行李。』豈其不敢稱鹵簿而別爲是名邪？」案：今俗治行裝亦曰行李，斯則謬矣，蓋循其名而不責其實者。

騎馬　古者馬以駕車，不單騎。而《詩》云：「古公亶父，來朝走馬」，蓋即單騎之始。董逌曰：顧野王作「來朝趣馬」。然趣亦趍也，疾也。案：《詩·大雅》「左右趣之」《傳》曰：「趣，趍也。」《箋》曰：「左右之諸臣皆促疾於事。」又與趨通，音促。《禮·月令》「趣民收斂」，《周禮·縣正》「趣其稼事而賞罰之」，《釋文》並云：「趣本又作趨，音促。」《漢書·張良傳》「趣刻印」，又曰「趣銷印」。師古並云：「趣，讀曰促。」故程大昌《雍録》：「古皆乘車，今曰走馬，恐此時或已變乘爲騎，蓋避翟之遽，不暇駕車。」《日知録》二十九卷：「《左氏昭公二十九年傳》：『左師展將以公乘馬而歸。』《正義》曰：『古者服牛乘馬，馬以駕車，不單騎也。至六國之時，始有單騎，蘇秦所云「車千乘，騎萬匹」是也。』《曲禮》云『前有車騎』者，《禮記》，漢世書耳，經典無騎字也。劉炫謂：此左師展將以公乘馬而歸，欲共公單騎而歸。此騎馬之漸也。」原注：「《周禮·大司馬》「師帥執提」注：「提謂馬上鼓，有曲木提持鼓立馬髦上者，故謂之提。」《正義》曰：「先鄭蓋據當時已有單騎，舉以況周，其實周時皆乘車無輕騎法也。」王應麟謂《六韜》言騎戰，其書當出於周末。又引《公羊傳》齊侯唁公以鞍爲几，《公羊》亦周末之書也。案：《天禄識餘》云：「三代兩漢用馬車，魏晉至梁陳用牛車，唐人注：妃后非乘馬即步輦，自郊祀外不乘車也。」《録》又云：「騎射所以便山谷也，胡服所以便騎射也。是以公子成之徒諫胡服而不諫騎射，意騎射之法必有先武靈而用之者矣。」

食指　嚏鹽指也。案：今俗聲轉爲指人指。《左氏宣四年傳》：「子公之食指動。」杜注：『第二指也。』孔疏：「《大射禮》云：『右巨指鉤弦。』鄭玄云：『右巨指，右手大擘也。』又曰：『設決，朱極三。』鄭玄云：『極猶放也。所以韜指利放弦也。以朱韋爲之。三者，食指、將指、無名指。』案：亦曰名指。小指短不用。』」案：亦曰季指，《儀禮·少牢禮》「挂於季指。」然則五指之名曰巨指、食指、將指、無名指、小指也。《定十四年傳》「闔閭傷將指，〔一〇〕取其一屨」注云：「其足大指見斬，遂失屨。」謂大指爲將指者，將者言其將領諸指也。案：《説文》：「拇，將指也。」《易·咸卦》「咸其拇」疏云：「足大指也。」今俗呼手指亦爲拇，非也。足之用力，大指爲多。手之取物，中指最長。故足以大指爲將指，手以中指爲將指。其食指者，食所偏用。服虔云：「俗所謂嚏盬指也。」案：嚏，作答切，音帀，啖也。盬體散重，難以用挾，古人用盬，蓋用指拈取，爲其易得且利便也，今時人猶然。案：《莊子·駢拇》篇「駢拇枝指，出乎性哉」注云：「駢拇，足拇連二指也。」案：枝指謂歧指。《公羊文十四年傳》：「子以其指，則接菑也四，矡且也六。」蓋特借手指以喻宜立之數之多寡，是亦《莊子》寓言爾。而何休注：『言俱不得天之正性』，斯則謬矣。果若所言，是接菑之指駢，矡且之指枝也。古者按摩手節爲折枝，《孟子》趙岐注：「折枝，按摩折手節解罷枝也。」《禮·内則》「疾痛苛癢，而敬抑搔之」鄭注：「抑，按。搔，摩也。」《漢書·藝文志》：「《黄帝岐伯按摩》十卷。」蓋老人㑂𠈇《方言》：「㱻，𠈇，㑂也。」㑂同倦，𠈇同𠈇也。易得欠伸，須人抑按解彼疲乏爾，曲折手節作聲爲筋節。案：今俗謂拔節，語譌爲拔則。《說文》：「筋，手足指節鳴也，或作肑。」《唐韻》：「北角切。」

譆譆　《左氏襄三十年傳》：「或叫于宋太廟，曰：譆譆出出。鳥鳴于亳社，如曰譆譆。」案：譆譆，即火火也。《說文》作「誒」，云：「誒，然也。」案：《通雅》曰：「當作嘻嘻咄咄，皆狀鬼神之聲。」此說謬也。今時俗語爲慎火之辭，曰火火出出，讀出若侈，此皆正聲，何必改其字作嘻嘻咄咄也。《說文》云：「火，燬也。」《釋名》云：「火，化也，消化物也。亦言毁也，物入中皆毁壞也。」《詩·周南》「王室如燬。」《釋文》：「燬，字書作焜。案：《說文》：「焜，火也。」引「《詩》曰：

《方言》十卷「『王室如焜』」或曰楚人名曰煤，齊人曰燬，吳人曰焜，此方俗譌語也。」案：「煤，郭注：「呼隗反。」火也。」楚轉語也，猶齊言焜。郭音毁。火也。是則煤、焜、燬三字音同，並是方俗讀火之音。《釋文》以爲譌語，非也。《詩·豳風》「七月流火，音毁。八月萑葦」，即知古人讀火爲燬矣。案：此正讀，以爲叶音者非。又《廣東通志》：「古人一年四時改火，今瓊州西鄉音謂一年爲一火，火音微，東鄉人謂一年爲喜，或謂之化。」化乃喜之變音，更參以《方言》、《釋名》之説，則知古音讀火爲毁，毁轉爲化，化轉爲喜，喜又爲譆。《詩》云「七月流火，九月授衣」，即讀火爲譆也。然則譆譆即火火，可無疑矣。《唐韻》正謂「火，古音毁，轉聲則爲喜，故灰字从火得聲。」案：《説文》「灰」字有義無聲，蓋許氏偶忘之，《唐韻》正此言，可以補其闕。

東箱

《玉篇》：「箱，案：俗作廂。東西序也。」案：《爾雅·釋宫》：「東西牆謂之序。」《爾雅·釋宫》：「室有東西箱曰廟。」郭注：「夾室前堂。」案：《大戴禮·諸侯遷廟》篇云：「君就東箱，西面；祝就西箱，東面。」是廟有東西箱也。「無東西箱有室曰寢。」郭注：「但有大寢。」《儀禮·公食大夫禮》：「賓升，公揖退于箱。」鄭注《覲禮》：「相翔待事之處。」案：廟所以有箱者，以廟中清穆，特設東西箱，令治事者會於此，故曰待事之處也。東西箱亦謂之東堂西堂，鄭注《覲禮》記云「東箱，東夾之前。」又注《特牲饋食禮》云「西堂，西夾之前。」賈疏云「即西箱也。」蓋古者有箱皆在於廟，洎乎後世，宮寢之側咸有箱焉。《史記·周昌傳》：「呂后側耳於東箱聽。」注云：「殿東堂也。」《索隱》曰：「正寢之東西室，皆號曰箱，言似箱篋之形。」《漢書·晁錯傳》：「錯趨避東箱。甚恨。」《東方朔傳》：「起，之東箱自引董君。」《急就篇》云：「墼壘廥廄庫東箱。」所以傳記之文多言東箱者。《爾雅·釋宮》：「東北隅謂之宧。」《説文》：「宧，養也。室之東北隅，食所居。」蓋古人庖廚食閣皆在室東北隅，以迎養氣。故《釋名》云：「宧，養也。東北陽氣始出，布養物也。」是知室東北隅即東箱之地，庖廚所居，故今時猶有東廚之目。而竇太主「起，之東箱自引董君」，下文遂云「館陶公主胞人臣偃」，師古曰「胞與庖同」，是則庖廚即在東箱，故今人相承，猶謂之東廚爾。至於習俗沿譌以東西廡，《説文》：「廡，堂下周屋。」而稱爲東西箱，斯則不典之言，非通人之論矣。

秦人　《漢書·匈奴傳》：「與秦人守之。」師古曰：「秦時有人亡入匈奴者，今其子孫尚號秦人」，非也。《西域傳》：「馳言『秦人，我丐若馬』。」師古曰：「謂中國人爲秦人，習故言也。」《大宛傳》「新得秦人知穿井」，〔一〕豈復是秦時亡入者乎？余案：秦人猶漢人也，在漢時謂之秦人，亦猶今世謂之漢人爾，師古注「謂中國人爲秦人，習故言也」，其説是矣。至於桃源中人，其始亦避秦者，「問今是何世，乃不知有漢，無論魏、晉。」斯則真仙人爾。又地名新秦者，《漢書·食貨志》：「迺徙貧民於關以西，及充朔方以南新秦中。」應劭曰：「秦始皇遣蒙恬攘卻匈奴，得其河南造陽之北千里地甚好，於是爲築城郭，徙民充之，名曰新秦。四方雜錯，奢儉不同，今俗名新富貴者爲『新秦』，由是名也。」

仟伯　田間道也。《文選》注古諺曰：「越仟度伯，互爲主客。」案：俗作阡陌，非是。《漢書·食貨志》：「壞井田，開仟伯。」師古曰：「仟伯，田間之道也。南北曰仟，東西曰伯。伯音莫白反。」又云：「衆庶街巷有馬，仟伯之間成羣。」師古曰：「謂田中之仟伯也。」又墓道亦曰仟。《游俠·原涉傳》：「初，武帝時，京兆尹曹氏葬茂陵，民謂其道爲京兆仟。涉慕之，迺買地開道，立表署曰南陽仟，人不肯從，謂之原氏仟。」案：今時刻石表墓曰某氏仟，本此。又田界亦曰佰。《匡衡傳》「南以閩佰爲界」注云：「佰者，田東西界。」案：仟又與䜳通，《文選》詩「遠樹曖阡阡」，李善注作「仟仟」。《説文》䜳，望山谷䜳䜳青也。《博雅》：䜳，道也。《玉篇》或作阡。案：《困學紀聞》十六卷載「朱文公《開阡陌辯》引《風俗通》云：『南北曰阡，東西曰陌。』又云：『河南以東西爲阡，南北爲陌。』二説不同，今以《遂人》田畝、夫、家之數考之，當以後説爲正。蓋陌之爲言百也，遂洫從而涇涂亦從，則遂間百畝，洫間百夫，而涇涂爲陌矣。阡之爲言千也，溝澮横而畛道亦横，則溝間千畝，澮間千夫，而畛道爲阡矣。阡陌之名，由此而得」。

任佰　《説文》：「佰，相什伯也。」《漢書·食貨志》：「亡農夫之苦，有仟伯之得。」師古曰：「仟謂千錢，伯謂百錢也。伯音莫白反。今俗猶謂百錢爲一伯。」案：今時俗猶然。沈存中《筆談》：「百錢謂之陌者，借陌字用之，其實只是佰字，案：《説文》：百，十十也，數十十爲一百，百白也，十百爲一貫，貫章也。如什與伍耳。」仟伯字皆从人，今俗书作阡陌，而皆从阜，非也。指田之阡陌，當从阜，《漢·志》或从「人」，蓋古字通用。案：漢人書通無阡陌字，其有者俗作耳，非本書。愚案：今人數錢有足佰短佰之異，足佰者官用，謂之大制錢，民間私使通用短陌，謂之短底錢。案：一曰九八錢者，每一佰除去二文，一貫除去二十文也。蓋起於漢以來。《漢書·武帝紀》：「元狩四年，初算緡錢。」李斐曰：「緡，絲也，以貫錢也。一貫千錢，出算二十也。」又臣瓚曰：《茂陵書》諸賈人末作貰貸，置居邑儲積諸物，及商以取利者，雖無市籍，各以其物自占，率緡錢二千而一算。此緡錢是儲錢也。故隨其用所施，施於吏重者，其算亦多也。」師古曰：「謂有儲積錢者，計其緡貫而稅之。李説爲是。」此即短佰錢所由起，然猶稅於民者爾。至若民間私用，貧者或相貰貸，爲人行息大抵亦準千錢二十之數。案：此所謂二分行息。其後民間習行日久，凡是行錢，輒於一貫之中先除二十文，以取簡便，其非稱貸亦一施之，於是短佰錢偏天下矣。降及魏晉，茲風未改，故《抱朴子》曰「取人長錢，還人短陌」，案：自此以後，史書皆作陌。是知晉世猶然也。洎六朝以還，其算遞減，又復風俗輕薄，變本加厲，故《隋書·食貨志》：案：此下皆《日知録》十一卷所引。「梁大同後，自破嶺以東，錢以八十爲百，名曰東錢；江郢以上，七十爲百，名曰西錢；京師以九十爲百，名曰長錢。中大同元年，乃詔通用足陌。《梁書·武帝紀》：『中大同元年七月丙寅詔曰：「朝四暮三，衆狙皆喜；名實未虧，而喜怒爲用。頃聞外間多用九陌錢，陌減則物貴，陌足則物賤。至於遠方，日更滋甚。豈直國有異政，乃至家有殊俗。徒亂王制，無益民財。自今可通用足陌錢。令書行後百日爲期；若猶有犯，男子謫運，女子質作，並三年。」詔下而人不從，錢陌益少。至於末年，遂以三十五爲百。」唐憲宗元和中，京師用錢，每貫頭除二十文，案：今時或貫末除二十文，謂爲底子錢。底，下也。穆宗長慶元年，以所在用錢墊陌不一，敕内外公私給用錢，宜每貫一例除墊八十，以九百二十文成貫。至昭宗末，京師以八百五十爲貫，每陌纔八十五。河南府以八十爲陌。《舊唐書·哀帝紀》：「天祐二年四月丙辰敕：『河南府自今市肆交易，並以八十五文爲陌，不得更有改移。』」漢隱帝時，王章爲三司使，聚斂刻急，舊制錢出入皆以八十爲陌。章始令入者八十，出者七十七，謂之『省陌』。案：《五代史·王章傳》：「緡錢出入皆以八十爲陌，章減其出者陌三。」案：《鶴林玉露》四云：「今官府於七十七之中，又除頭子錢五文有奇，則愈削於章矣。」《宋史》言：「宋初，凡輸官者亦用八十或八十五爲百，諸州私用則各隨其俗，至有以四十八爲百者。案：今關東有以二十五爲百者。太平興國中，詔所在以七十七爲百。」案：《歸田録》二云：「用錢之法，自五代以來，以七十七爲百，謂之省陌，今市井交易又尅其五，謂之『依除』。咸平五年，陳恕知貢舉，所解七十二人，御試又落其半，而及第者三十八人，京師爲語曰：『南省解一百依除，殿前放五十省陌。』」《金史》言：「大定中，民間以八十爲陌，謂之短錢；官用足陌，謂之長錢；大名男子斡魯補者上言，謂官司所用錢皆當以八十爲陌，遂爲定制。」衰季之朝，與亂同事，大抵如此。今京師錢以三十爲陌，亦宜楚止。案：此蓋據明季而言。今京師錢以九十八爲陌，方之前代，獨爲得正云。

鋪

《韻會》：「賈肆也。」案：鋪，陳也，設也。賈肆所以陳列貨物，故曰鋪。讀去聲，《廣韻·十一暮》有「鋪」字可證。俗作舖。《資暇集》：「市肆中筐筥等，鱗次其物以粥者，曰星貨鋪，言羅列繁密如星。今呼星火鋪，非。」案：今俗名雜貨鋪。案：《虞書》：「懋遷有無化居。」化即貨也，古字通用，《史記·仲尼弟子傳》：「與時轉貨貲。」索隱曰：「《家語》『貨』作『化』。」居即鋪也。買賤鬻貴，其貨不堅緻者曰行，《唐書·韓琬傳》「器不行窳」，《音義》云：「不牢曰行，苦惡曰窳。」案：今市人謂貨物之下者爲行貨，本此。獨專其利謂之辜，《漢書·王莽傳》：「辜而榷之。」師古曰：「辜榷謂獨專其利，而令他人犯者得罪辜也。」〔一二〕案：今俗謂獨取利曰辜，或曰大包辜，顏《注》罪辜之説，非也。亦謂之榷，《武帝紀》：「天漢三年，初榷酒酤。」如淳曰：「榷音較。」韋昭曰：「以木渡水曰榷。謂禁民酤釀，獨官開置，如道路設木爲榷，獨取利也。」師古曰：「榷者，步渡橋，《爾雅》謂之石杠，今之略彴是也。」其列肆之精廬曰區謳舍，《食貨志》：「商販賈人坐肆列里區謳舍。」如淳曰：「居處所在爲區。謳舍，今之客舍也。」其貯貨之處曰邸店，崔豹《古今注》：「店，置也。所以置貨鬻物也。」徐勉《誡子書》：「或欲創闢田園，或勸興立邸店。」貨貯而轉鬻之謂之發，《貨殖傳》：「發貯鬻財曹、魯之間。」師古曰：「多有積貯，趣時而發。鬻，賣之也。」案：今俗發賣貨物名曰發行，蓋起於此。行音户朗反。發，《史記》作廢。其計簿謂之帳，《武帝紀》：元封五年。「受郡國計。」師古曰：「計，若今之諸州計帳也。」案：韓愈《寄崔立之》詩「當如合分支」注云：「今時人謂析産符契爲分支帳。」又：帳俗作賬，非是。帳者張也，故開肆謂之開張，亦謂之利市。《戒菴漫筆》：「唐子畏有一巨册，自録所作文，簿面題曰『利市』。」案：利市出《易·説卦傳》，今市肆帳簿多題此二字。凡列市籍各以其業自占，而人旌其善以名其家者，聞古之有傳人「翦張禁，酒趙放」，《漢書·王尊傳》注晉灼曰：「翦張禁，酒趙放，此二人作翦、作酒之家。」案：翦當作箭。《游俠傳》又云「箭張回、酒市趙君都」，蓋一舉其名，一舉其字，是以不同。「丹王君房，豉樊少翁、王孫大卿」，《貨殖傳》師古曰：「王君房賣丹，樊少翁及王孫大卿賣豉。」案：此《傳》下文，又有「翁伯販脂，張氏賣醬，質氏洒削、濁氏胃脯，張里馬醫」之屬。其見於今，「鑷子張，梭布劉，檳榔陸」，名亦噪於京師者也。案：今京師人解道其名。

乾没　《史記·酷吏傳》：張湯「始爲小吏，乾没。」徐廣曰：「乾没，隨勢沈浮也。」服虔曰：「乾没，射成敗也。」如淳曰：豫居物以待之，「得利爲乾，失利爲没。」《漢書》師古注：「乾音干。」案：没，盡也，今東齊人謂無爲没，亦曰没有，如淳説蓋本此。《正義》曰：「乾没謂無潤澤而取他人也。」

案：如今人言無賴者曰「白手拿魚」。案：《説文》「没，沈也。」〔一三〕又貪也。《晉語》「不没爲後」，《史記·春申君傳》「没利於前而易患於後」，是則乾謂居陸，没謂沈水。今人謂沈溺於利曰下水。乾没者，陽爲標高潔己，而陰實沈没於利，觀此《傳》，上言湯「舞知以御人」，下言「收接天下名士」，則是欲明湯爲姦利之意爾。案：《史記》乾没義如此。後人用乾没二字，大抵是儌幸取利之意，與《史記》稍異。如《抱朴子》云：「忘髮膚之明戒，尋乾没於難冀。」《晉書·樂志下·明君篇》云：「昧死射乾没，覺露則滅族。」《三國志·傅嘏傳》「豈敢寄命洪流，以徼乾没」裴松之注云：「有所徼射，不計乾燥之與沈没而爲之也。」《晉書·潘岳傳》：「其母數誚之曰：『爾當知足，而乾没不已乎？』」《馮紞傳》：「充女之爲皇太子妃也，紞有力焉。及妃之將廢，紞、勖乾没救請，故得不廢。」《張駿傳》：「從事劉慶諫曰：『霸王不以喜怒興師，不以乾没取勝。』」《盧循傳》：「姊夫徐道覆素有膽決，知劉裕已還，欲乾没一戰。」《魏書·宋維傳》：「維見⿰女迷元⿰女迷寵勢日隆，便至乾没。」《北史·王劭傳·贊》：「爲河朔清流，而乾没榮利。」《梁書·止足傳·序》：「其進也，光寵夷易，故愚夫之所乾没。」案：諸言乾没，皆儌幸之意。乾没猶干摩，謂相逼近也，俗以事干人者謂之相干摩，〔見《後漢書·董卓傳》注。〕然則乾没疑亦當時方言爾。

阿堵

《晉書·王衍傳》：「口未嘗言錢。婦郭欲試之，令婢以錢繞牀，使不得行。衍晨起見錢，謂婢曰：『舉阿堵物却！』」案：阿堵蓋當時方言，猶言若個爾，非專謂錢也。故《世説·巧藝》篇顧長康曰：「傳神寫照，正在阿堵中。」謂眼也。《文學》篇：「殷中軍見佛經云：理亦應阿堵上。」《雅量》篇注：謂經也。「謝安目衛士謂温曰：明公何有壁間著阿堵輩？」〔一四〕謂兵也。益知此語爲晉代方言，今人讀堵爲覩音，則失之矣。

寧馨　《晉書·王衍傳》：「何物老嫗，生寧馨兒！」《南史》：「宋王太后疾篤，使呼廢帝。帝曰：『病人閒多鬼，那可往！』太后謂侍者：『取刀來剖我腹，那得生寧馨兒！』」案：《宋書·廢帝紀》「寧馨兒」上有「如此」二字，失之。寧馨蓋晉宋方言，猶言如此爾，非專謂兒也。世皆以佳兒爲寧馨，非也。如張謂詩：「家無阿堵物，門有寧馨兒。」劉禹錫《贈日本僧》詩：「爲問中華學道者，幾人猛省得寧馨。」蘇軾《平山堂詩》：「六朝文物餘丘壟，空使姦雄笑寧馨。」皆以爲佳兒，謬矣。《通雅》：「寧馨，寧馨，此呼語辭，今讀能亨，亦云那向。」案：馨，《玉篇》：「呼丁切，聲也。」寧馨宜作馨，古字多假借耳。今讀若涅。杭寧字有平去二音，觀此三詩可見。南唐陳貺孤貧，力學有詩名，元宗聞而召之，獻《景陽宮懷古詩》，官之不受，賜粟帛，還山五十方娶，有慶之者曰：「處士新婚燕爾，樂乎？」答曰：「僕少處山谷，莫預世事，不知衣裾下有寧馨事。」然則寧馨不專謂「兒」，明矣。寧馨或言爾馨、如馨，或單言馨，並語辭也。《集韻》：「馨，虛映切，音譻，晉人以爲語助。」案：馨亦有平、去二音，其單言馨爲語助者，則音譻。《世説新語》：「桓宣武語人曰，顧看兩王掾，輒翣如生母狗馨。」《文學》篇。劉真長語桓温曰：「使君如馨地寧可鬭戰求勝。」《方正》篇王丞相云：「與何次道語，唯舉手指地曰正自爾馨。」《品藻》篇。劉尹目殷中軍云：「田舍兒强學人作爾馨語。」《忿狷》篇。王仲祖，每覽鏡自照曰：「王文開那生如馨兒。」《容止》篇注引《語林》。然則馨爲語辭，明矣。

鶻崙 今人言物完具謂之囫圇，此不成字。寇萊公澶淵之役，畢士安有相公交取鶻崙官家之説，則當時已有此語，借作鶻崙，猶言渾淪也。畢士安語見羅大經《鶴林玉露》。

籠東 宇文泰與侯景戰河上，馬逸墜地，李穆見之，以策抶泰之背曰：「籠東軍士，汝曹主何在？而尚留此！」追者不疑其爲貴人，與之馬與俱還。今案：籠東蓋當時方言，或鶻突無分曉之意。又籠東與郎當聲相轉，今人以遲緩不及事謂之郎當，義亦相近。《玉露·四》引籠東。

馬流 今俗謂不務本業而飄蕩者曰馬流。韓愈《送廣帥》詩：「衙時龍户集，上日馬人來。」注：「即馬流也，一作馬留。」《唐書·環王傳》：「西屠夷，蓋馬援還留不去者，才十户，隋末孳衍至三百，皆姓馬，俗以其寓，故號馬留人，與林邑分唐南境。」《方隅勝略》謂馬人散處南海，謂之馬流。

古日古月 《抱樸子》曰：「俗士多云今日不及古日之熱，今月不及古月之朗。」李白詩有《古朗月行》。又《把酒問月》云：「今人不見古時月，今月曾經照古人。」並本此。是日月有古今之異，今世俗人亦有斯語。乾隆□年，夏至節後，赫日炎歊，〔一五〕殆如《淮南》書云「流金銷石」爾。時邃館深堂牆壁皆熱，居人水榭涼亭交扉揮汗，終不能解也。野老咸云：或説今年日低下數丈，近於古之日也。或又説：古日熱如今年日也。蓋皆《抱朴子》所稱俗士者。案：《列子》書：「孔子東遊，見兩小兒鬬辯。一兒曰：日初出滄滄涼涼；及其中時如探湯。」今之日，雖熱尚未至如探湯，豈所謂今日不及古日之熱邪。

大盡小盡　月大建小建，今曰大盡小盡。宋朱希真避地廣中，作《小盡行》云：「藤州三月作小盡，梧州三月作大盡。哀哉官歷今不頒，憶昔升平淚成陣。」下云：「我今何異桃源人，落葉爲秋花作春。但恨未能與世隔，時聞喪亂空傷神。」唐李益《問路侍御六月大小》云：「野性迷堯歷，松窗有道經。故人爲柱史，爲我數階蓂。」《困學紀聞》十八卷閻百詩注引之。此蓋不知大盡小盡也。案：詩則知唐頒官歷，蓋有不盡頒者矣。又詩云：「山中無歷日，寒盡不知年。」則并不知改歲者也。然山中隱逸，野處如麋鹿，固無足怪。讀朱希真「官歷不頒」之句，亂離風景，令人酸鼻。今時則以歲十月，都中大小官俱頒歷書，凡遊堯天舜日中者，蓋幾忘升平之樂也。

上澣下澣　《言鯖》：「今人紀月，上旬、中旬、下旬，稱上澣、中澣、下澣。此起於漢、唐。侍從官每十日假一日，休沐浣衣，三旬之中三浣，故以此名。澣同浣。」

三商　《天禄識餘》：「《周禮》：『漏下三商爲昏。』〔一六〕商音滴。蘇易簡文：『三商而眠，高舂而起。』」案：此説非也。《儀禮·士昏禮》注「日入三商爲昏」疏：「馬氏云：日未出日没後，皆二刻半；云三商者，據整數言也。」《詩·齊風·東方未明》疏引《尚書緯》謂刻爲商。《集韻》：「商，刻也。」今云作「商」，誤矣。《廣韻》：「商音的，本也。」所引《周禮》亦誤。案：《司寤氏》注：「日入三刻爲昏，不盡三刻爲明。」古謂刻爲商。然則三刻即三商，而不可謂三商矣。古又謂昏爲昔，《春秋》：「莊七年夏四月辛卯昔。」《穀梁傳》：「日入至星出謂之昔。」《博雅》：「昔，夜也。」《左氏哀四年傳》：「爲一昔之期。」《莊子·天運》篇：「則通昔不寐矣。」

六更　古有五更，更皆五點。唐李郢詩，「二十五聲秋點長」是也。今有六更，或言起於宋初，云宋祖建隆庚申受禪，後聞陳希夷「只怕五更頭」之言，命宫中轉六更方嚴鼓鳴鐘，其應在宋有天下凡五歷庚申也。《言鯖》：「至宋世有國祚長短之數，寒在五更頭之讖，於是宫漏及州縣更鼓，皆以五更三點爲止，去其後二點，并去初更前二點以配之，今世更漏相沿用之，未有復用二十五點者。」非也。唐李賀詩「宫門掌事報六更」，則唐時宫中已然，蓋特爲此以警宵衣箴昧旦之意爾。《南史》：「求衣昧旦，昃食高舂。」

軌徹　經傳言軌徹俗作轍。多矣，讀者誤謂是一，蓋本《説文》云「軌，車徹也」，因斯致謬。

不知《考工記·匠人》「經涂九軌」鄭注：「軌謂轍廣」，非軌即轍也。《韻會》云：「輪有高下廣狹，皆定於軌。輪中之軌既同，則轍迹亦同，因謂車轍亦曰軌，其實軌乃轊頭也。《説文》：『軎，或作轊，車軸耑也。』自《説文》訓義未明，後人沿之，遂專以車轍名軌，失其義矣。唯邢昺《孝經·叙》疏云：『兩轍之間曰軌，車所轢曰轍。』此爲確詁云。」愚案：軌又與軓相亂。《説文》：「軓，車軾前也。」《禮·少儀》「祭左右軌范，乃飲」注云：「《周禮·大馭》『祭兩軹，祭軓，乃飲。』軓與軹於車同謂轊頭也。軓與范聲同，謂軾前也。」案：《説文》：「軹，車輪小穿也。轊，車軸耑也。」二者是一，故《考工記》注：「鄭司農云：『軹，轊也。』又云：『軹，小穿也。』玄謂軹，轂末也。」然則軹、轊一物而二名，並是轂末軸耑之處。《少儀》之「軌」字誤，當爲「軹」也，「范」當爲「軓」。據鄭此注甚明，而《詩·邶風》「濟盈不濡軌」《毛傳》：「由輈以上爲軌」，誤也。《説文》：「輈，轅也。」由輈以上乃是軾前，其名曰軓，而今《毛詩》作軌，非其義也，蓋軌軓形近相亂，古本《毛詩》必是作軓，抑或作軹。故《毛傳》云爾，讀者胥失之。案：《詩》、《釋文》及孔《疏》頗明，而未知今本《毛詩》軌字之誤。《韻會》以軌爲「轊頭」，又沿毛氏誤本而以「軓」爲「軌」也。

胡盧　笑也。《後漢書·應劭傳》：「掩口盧胡而笑。」注引《闕子》亦曰：「俛而掩口盧胡而笑曰：『此燕石也』。」案：大笑曰呵呵。《集韻》引《博雅》云：「呵呵，笑也。」又聲轉爲赫赫。《朝野僉載》：「正月三白，田公笑赫赫。」一作胡盧，《孔叢子·抗志》篇：「衛君胡盧大笑曰。」〔一七〕蓋胡盧，笑在喉間聲。今時俗語猶謂咽喉作聲曰胡盧也。胡盧疑即胡嚨字，聲轉爲胡盧耳。胡嚨又即喉嚨字，古人讀喉爲胡也。《漢書·息夫躬傳》師古曰：「咽，喉嚨」，即今人言胡嚨耳。亦或作嚨胡，《後漢書》「請爲諸君鼓嚨胡」是也。案：《説文》：「胡，牛頷垂也。」《釋名》：「胡，互也，在咽下垂，能斂互物也。」《詩》曰：「狼跋其胡。」狼之老者，頷下垂胡，故又以爲壽考之稱。《詩》曰「胡考之寧。」傳曰：「雖及胡耇。」《釋名》：「胡耇，咽皮如雞胡也。」《逸周書·謚法解》：「彌年壽考曰胡」，「保民耆艾曰胡」。而晉有王胡之字修齡。

無慮

《禮·禮運》「非意之也」，鄭注：「意，心所無慮也」；孔疏：「無慮，即慮無也」，案：「慮無」二字見《左氏宣十一年傳》。杜注云：「慮事，無慮計功。」孔疏云：「無則慮之，訖則計功也。」《十二年傳》杜注：「備慮有無也。」孔疏：「明爲思慮其所無之事，使知而爲之備也。」非也。「慮無」與「無慮」異。《漢書·食貨志》「天下大氐無慮皆鑄金錢矣」師古曰：「舉凡之辭，言不待計慮而知其大凡也」，〔一八〕非也。大氐即是舉凡之辭，與大凡同。《日知録》二十七卷解曰：「無慮猶云無算，言多也」，非也。無算與無慮異。嘗攷《漢書》及《禮運》鄭注之言，蓋無慮，漢人方言也。無讀曰模，乃是古音，古曰無慮，今曰模量，實一聲之轉，其義同也。高誘《淮南·俶真訓》注云：「揚搉、無慮，大數名也。」是無慮之爲模量，高注與康成義相發也。

案：慮無聲轉爲盧牟。《淮南·要略》云：「原道者，盧牟六合。」高誘注云：「盧牟猶規模也。」又慮、録，古通用。《唐書·百官志》：「大理寺掌折獄、祥刑。凡繫囚五日一慮。」《漢書·雋不疑傳》「每行縣録囚徒還」師古曰：「録囚，今云慮囚，本録聲之去者耳。近俗不曉其意，訛爲思慮之慮，失其源矣。」觀師古此注，則知無慮之解亦由譌爲思慮，故失之爾。又「慮囚」慮字，今時讀作平聲。

規磨　《天禄識餘》云：「《文子》曰：『水雖平，必有波；衡雖正，必有差。』《韓子》曰：『規有磨而水有波，我欲更之，無奈之何。』《荀子》曰：『是規磨之説也。』注：『規磨之説，猶差錯之説也。規者正圓之器，磨久則偏盡而不圓。』《韓子》之言，必合荀注而後明。」案：規磨今亦有此語，讀若稽模，蓋謂説之無憑者也。

主臣　《漢書·王陵傳》：「平謝曰：『主臣！』」案：《馮唐傳》亦有是語。文穎曰：「惶恐之辭也，猶今言死罪也。」案：孟康曰：「主臣，羣臣也，若今言人主。」師古不取此注，良是。晉灼曰：「主，擊也。臣，服也。言其擊服，惶恐之辭。」師古曰：「文、晉二説是也。」《通雅》：「發語敬謝之辭，猶主在上臣在下，自然敬恐也。」案：此説似从孟康。案：主臣之言，蓋秦漢方言也，其義未詳，姑述舊説如此，亦未知是不也。又《公羊傳·襄公二十七年》「昧雉彼視」之言，蓋亦當時方語，今人未曉。

誰何《日知録》三十二卷：「《詩》：『室人交徧摧我』，《韓詩》作誰。《玉篇》作『誰，丁回切，讁也』。《六韜》：『令我壘上誰何不絶。』〔一九〕《史記·賈誼〈過秦論〉》：『陳利兵而誰何。』誰、讁同；何、呵同。〔原注〕：《韓非子》：「王出而何之。」《賈誼傳》：「其在大譴大何之域者。」案：《賈誼傳》注師古曰：「問之爲誰也。」《漢書·五行志》：『主公車大誰卒』注：『主問非常之人，云姓名是誰何也。』案：師古注本文：「大誰本以誰何稱，因用名官，有大誰長。卒者，長所領士卒也。」〔二〇〕案：《宋書·禮志·五》云：「大誰士，皁科單衣，樊噲冠」，是大誰有士卒之證。此解未當。《焦氏易林》：『當年少寡，獨與孤處，雞鳴犬吠，無敢誰者。』〔二一〕《説苑》：『民知十己，則尚與之争。曰：不如吾也；百己，則疵其過；千己，則誰而不信。』揚雄《衛尉箴》：『二世妄宿，敗於望夷；閻樂矯搜，戟者不誰。』案：誰並當音丁回切。誰，《説文》云「何也」，〔二二〕是則誰即誰何矣。又《史記·衛綰傳》：『歲餘不譙呵綰。』《漢書》作『不孰何綰』，難曉，疑『譙』譌爲『誰』，『誰』又轉爲『孰』也。案：《史記》注：「譙呵，責讓也。譙音誰，呵音何。」《韻會》：「誰亦作譙」，是則「譙呵」即「誰何」也。《漢書》作「孰何」。李奇曰：「孰，誰也。何，呵也。」是則「孰何」亦「誰何」也。孰、誰古通用，《莊子·列禦寇》：「莫覺莫悟，何相孰也」，是「誰」通作「孰」。又通作「疇」，《虞書》曰「疇若」，即「孰若」也；《詩·陳風》云：「誰昔」，《毛傳》：猶言疇昔。郭璞注

《爾雅·釋訓》，以誰爲發語辭，非也。是則譙、誰、孰、疇四字，古並通用。顧氏疑「譙」譌爲「誰」，「誰」又轉「孰」，斯言蓋失之矣。又，《周禮·射人》『不敬者苛罰之』注：『苛謂詰問之。』案：此『苛』亦『呵』字。」案：苛、呵古通用。《周禮·比長》注：「鄉中無授，出鄉無節，過所則呵問。」《史記·李廣傳》：「霸陵尉醉，呵止廣。」亦通作「苛」，《漢書·王莽傳》：「掖門僕射苛問。」

金吾　《漢書·百官公卿表》：「中尉，秦官，武帝太初元年更名執金吾。」師古曰：「金吾，鳥名也，主辟不祥。天子出行，職主先導，以禦非常，故執此鳥之象，以名官。」案：《曲禮》有「載青旌」「鳴鳶」「飛鴻」之文，此金吾鳥，厥狀未聞。《後漢書·百官志》：「執金吾，掌宫外城司非常水火之事。〔一三〕月三繞行宫外，及主兵器。吾猶禦也。」應劭曰：「執金革以禦非常。」案：此官，今之九門提督。其職掌與《漢志》略同。案《集韻》：「金吾，棒名。」《古今注》：「金吾，車輻，棒也。漢官執金吾，吾止也，執金革禦非常也。以銅爲之，黄金塗兩末，謂之金吾。御史大夫、司隸校尉亦得執焉。」案：三説不同，《古今注》從應劭也，金吾棒俗人譌稱金股棒，謬也，然其制則不殊。唐制，上元夜通宵不禁，故詩曰：「金吾不禁夜。」

稗官　見《漢書·藝文志》及如淳注，詳矣。今世街巷彈詞唱曲，其主會斂錢之人謂之稗官，不得其人則且止不説。

佳俠　《漢書·外戚傳·〈悼李夫人賦〉》「佳俠函光」孟康曰：「佳俠，猶佳麗。」又，《禮樂志》·〈郊祀歌〉》「俠嘉夜，茝蘭芳」如淳曰：「佳、俠，皆美人之稱也。嘉夜，芳草也。」案：師古曰：「俠與挾同，言懷挾芳草也。茝即今白芷。」此説是。案：如淳之説即本之《外戚傳》，但俠字似無佳麗之義，所未能詳。案：俠，古與挾、夾並通。《説文》：「佳，善也。」「俠，俜也。」「俜，使也。」又曰：「袾，好佳也。」引《詩》「靜女其袾」。然則「好佳」疑即「俠佳」之異文歟。又：「姝，好也。姝，亦云「好也」。引《詩》「靜女其姝」，亦「袾」「姝」異文。揚雄《反騷》：「閨中容競綽約兮，〔二四〕相態以麗佳。」至於俠字，古人詩文中更無以爲佳麗者。

書信　書者札也。古詩「中有尺素書」，《左傳》「寓書」於「韓宣子」是也。信者，古謂使人曰信，信之爲言訊也，遣使者通問訊。《史記·韓世家》「陳軫説楚王發信臣，多其車，重其幣」；《漢書·司馬相如〈論巴蜀檄〉》「故遣信使，曉諭百姓」是也。其稱書爲信者，始於梁武帝《賜到溉連珠》曰：「研磨墨以騰文筆，飛豪以書信。」自後遂有書信之名，其實非也。《日知録》三十二卷：「《東觀餘論》引晉武帝、王右軍、陶隱居帖及《謝宣城傳》，謂凡言信者皆謂使人。楊用修又引古樂府『有信數寄書，無信長相憶』爲證，良是。案：《天禄識餘》載『晉武帝炎《報帖》末云：『故遣信還。』《南史》：『晨起出陌頭，屬與信會。』黄諧云：『公至山下，又遣一信見告。』《謝宣城傳》云：『荆州信去倚待。』陶隱居云：『明旦信還，仍過取反虞。』《永興帖》云：『事已信人口具。』王右軍《十七帖》，有云『往得其書，信遂不取答。』謂昔嘗得其來書，而信人竟不取回書耳。世俗讀『往得其書信』爲一句，『遂不取答』爲一句，誤矣。古樂府云：『有信數寄書，無信心相憶，莫作瓶墜井，一去無消息。』包佶詩：『去札頻逢信，迴帆早挂空。』二詩尤可證。」然此語起於東漢以下。案：似起於戰國以來。楊太尉夫人袁氏《答曹公卞夫人書》云：『輒付往信。』《古詩爲焦仲卿妻作》：『自可斷來信，徐徐更謂之。』魏杜摯《贈毌丘儉詩》：『聞有韓衆藥，信來給一丸。』以使人爲信，始見於此。若古人所謂信者乃符驗之別名」云云。「《周禮·掌節》注：『節猶信也。行者所執之信。』此如今人言印信、信牌之信，不得謂爲使人也。」案：符契曰信，《漢書·平帝紀》注云：「漢律諸乘傳者持尺五寸木傳信，兩行書繒帛、分持其一，出入關合之乃得過，或用木爲之。」〔二五〕

耗

《日知録》三十二卷：「今人以音問爲耗，案：耗，《説文》本作秏，稻屬。起自《後漢書·章德竇皇后紀》『家既廢壞，數呼相工問息耗』，注引薛氏《韓詩章句》曰：『耗，惡也。息耗，猶言善惡也。』」案《漢書·董仲舒傳》「察天下之息耗」注云：「息，生也。耗，虚也。」一云：息耗，善惡也。

歲年

《日知録》三十二卷：「《周禮·大史》注：『中數曰歲，朔數曰年。』自今年冬至，至明年冬至，歲也。自今年正月朔，至明年正月朔，年也。」天之行謂之歲，人之行謂之年。今人多謂年爲歲。又曰：「古人但言年幾何，不言歲也，自太史公始變之。《秦始皇本紀》曰：年十三歲。」又曰：「今人以歲初之日而增年，古人以歲盡之日而後增之。《史記·倉公傳》：『臣意年盡三年，年三十九歲也。』」案：古人以歲盡增年。蓋舉成數，又明歷年不虛也，今人書年例書實年，是知虛年者故多矣，亦可以覘世變也。古人歲盡增年，然則《左氏僖二十三年傳》，季隗曰「我二十五年矣」，蓋時年已二十六也。《襄三十年傳》：「絳縣人，有與疑年，使之年。師曠曰：七十三年矣。」時年已七十四也。《襄三十一年傳》：「於是昭公十九年矣。」時年已二十也，以其年二十已列成人，故譏之曰「猶有童心」也。若年實十九，是尚在成童，無爲云爾矣。

老復丁 《困學紀聞》八卷：「《急就篇》『長樂無極老復丁』，顔氏解爲『蠲其子孫之役』，非也。即《參同契》所謂『老翁復丁壯』。朱文公詩：『自慶樽前老復丁』，《黄庭經》亦有此三字。」愚案：此説良是。凡人二十以上爲丁，三十爲壯，六十爲老。《日知録》三十二卷：「唐高祖武德六年詔曰，人始生爲黄，四歲爲小，十六爲中，二十一爲丁，六十爲老。玄宗天寶三載十二月癸丑詔曰：『比者成童之歲，即挂輕徭；既冠之年，便當正役。憫其勞苦，用軫於懷。自今宜以十八已上爲中男，二十三已上成丁。』杜子美《新安吏》詩：『府帖昨夜下，次選中男行』，是十八以上皆發之也。然史文多有言丁、中者，舉丁、中可以該黄、小矣。《遼史·耶律學古傳》：『多張旗幟，褌丁黄爲疑兵』，蓋中小皆褌用之，而史文代以黄字。

黄者四歲以下，何可襍之兵間邪？」案：丁，實也。《説文》：「夏時萬物皆丁實。」故人少年曰妙年，杜甫詩：「明公獨妙年。」成丁曰丁年，《文選·李陵答蘇武書》：「丁年奉使。」白衣謂之白丁，《北史·李敏傳》：「周宣帝謂樂平公主曰：『敏何官？』對曰：『一白丁耳。』」案：白丁，一曰白徒，猶白身也。《管子·乘馬》篇：「白徒三十人奉車兩。」一曰白民。《魏書·食貨志》：「莊帝班入粟之制，白民輸五百石，聽依第出身。」租户謂之租丁。《唐書·食貨志》：「租、庸、調之法，以人丁爲本。又授田十畝，歲輸粟二斛，謂之租丁。」案：人丁即民丁，唐諱民字。又圃人爲畦丁，杜甫詩：「畦丁負籠至。」園客爲園丁，《橘録》：「金橘高不及尺許，結實繁多，園丁種之以鬻於市。」刈草者爲蘆丁，《宋史·唐璘傳》：「團結漁業茶鹽舟夫蘆丁，悉備燎舟之具。」採珠者爲蛋丁，《宋史·高宗紀》：「罷廉州貢珠，縱蛋丁自便。」溪洞蠻爲峒丁，又《高宗紀》：「團教峒丁槍杖手。」又曰山丁，《宋史·何異傳》：「募山丁捕首亂者。」一曰畬丁也。《元史·博爾忽傳》：「畬丁溪子。」

石敢當　《急就篇》：「石敢當。」顔師古注：「人名，敢當，所向無敵也。」案：今人巷頭屋角，輒刊書「石敢當」字，自古相傳云，以敵煞也。蓋假勇士之名，以寓厭禳之義爾。或書「泰山」二字冠之，未知其審。

龍鍾　竹名也。張衡《南都》及馬融《長笛賦》並作「籦籠」。韓愈詩：「東野不得官，白首誇龍鍾。」《丹鉛録》：「龍鍾似竹，摇曳不自持也。」杜弼《爲侯景檄梁文》：「龍鍾稚子。」《蘇氏演義》：「龍鍾謂不翹舉如藍鬖拉搭之類。或作隴種。」《荀子·議兵篇》「隴種東籠而退耳」注云：「其義未詳，蓋皆摧敗披靡之貌。《新序》七卷亦言「隴種而退」。〔二六〕《舊唐書·竇軌傳》：「高祖謂軌曰：『公之入蜀，車騎、驃騎從者二十人，爲公所斬略盡，我隴種車騎，未足給公。』」《埤蒼》又作「蹖踵」，盧仝詩亦作「蹖踵」。《指南》「作儱偅」。字雖各别，音義則同。又《荀子》「東籠」注云：「與涷瀧同，霑溼貌。」或作「籠東」。《北史·李穆傳》：「芒山之戰，周文帝馬中流失，驚逸墜地，穆下馬以策擊周文背，罵曰，籠涷軍士，爾曹主何在，爾獨住此。」然則「籠東」猶「隴種」，皆言兵敗披靡也。或謂：隴種，遺失貌，如隴之種物。恐非。又垂涕貌，《琴操》：「退怨歌空山，欷歔涕龍鍾。」案：涕龍鍾，猶言淚闌干，蓋亦披散之貌也，並古人語。

賭博　賭者博簺也。《説文》：「行棊相塞謂之簺。」簺先代反。博當作簙，《説文》：「局戲也，六箸、十二棊」也。古者烏胄作簙棊。博棊，徐鍇曰：「棊者方正之名，古通謂博弈之子爲棊。」《説文》：「弈，圍棊也。」案：《博物志》曰：「堯造圍棊，丹朱善之。」《楚辭》謂之象棊，以象牙爲棊也。劉向《説苑》：「雍周謂孟嘗君曰，足下燕居鬭象棊，亦戰鬭之事乎？」《楚辭·招魂》：「菎蔽象棊，王逸注：菎，玉〔二七〕；蔽，簙，箸以玉飾之也。或言菎蕗，今之箭囊也。案：箘古作菎，《方言》：「簙謂之蔽，或謂之箘，或謂之箭裹。」郭注：「簙箸一名箭。」《廣雅》云：「或謂之簙毒。」有六簙此三。」投六箸行六棊，故謂之六簙也。案：《論語》「博弈，猶賢」，而《家語》云「君子不博」，爲其兼行惡道故也。用是知賢而非賢也。博者，摴蒲戲也。《日知録》二十八卷：「《晉中興書》載陶士行言，摴蒱，老子入胡所作，外國戲耳。」古曰握槊，今曰雙陸。雙陸，六貳也。握槊，博簺也，一曰棊槊，棊爲子，槊爲局，即今雙陸。韓愈《示兒》詩：「酒食罷無事，棊槊以自誤。」李肇《國史補》：「今之博戲，有長行最盛。其具有局有子，子黑黄各十二，〔二八〕擲采之骰有二，其法生於握槊，變於雙陸。後人新意，長行出焉。又有小雙陸、圍透、大點、小點、遊談、鳳翼之名，然無如長行也。」《荀子·大略篇》「六貳之博」楊倞注：「即六博也。」今之博局，亦二六相對也。「所以投簙謂之枰，或謂之廣平。所以行棊謂之局，或謂之曲道。」《方言。》其博而贏者謂之進，《漢書·游俠傳》：「陳遵祖父遂，宣帝微時與有故，相隨博弈，數負進。及宣帝即位，用遂，稍遷至太原太守，迺賜遂璽書曰：『制詔太原太守：官尊禄厚，可以償博進矣。妻君寧時在旁，知狀。』遂於是辭謝，因曰：『事在元平元年赦令前。』其見厚如此。」師古注：「進者，會禮之財也，謂博所賭也。一説進，勝也，帝博而勝，故遂有所負。史皇孫名進而此詔不諱之，蓋史家追書故有其字耳。」案：進、賮古通用，《説文》：賮，會禮也。然則詔書當作賮，皇孫名進，於禮，嫌名不諱也。案：《高帝紀》「蕭何爲主吏，主進」師古曰：「進者，會禮之財也。字本作賮，又作贐，音皆同耳。古字假借，故轉而爲進。」然則《陳遵傳》之進，當爲賮字無疑矣。負者謂之負也。案：可以償博進矣，荀悦《漢紀》作博負。骰子者簙齒也，骰之爲言投也，《集韻》：「骰音頭。」《類篇》：「博齒。」《集韻》「又音古。」古以木，〔二九〕謂之五白，又曰五木，《楚辭·招魂》「呼五白些」王逸注：「五白者簙齒也，呼五白以助投也。」今以骨爲之，温庭筠詩：「玲瓏骰子安紅豆。」一名穴骼。《言鯖》：「方千里《骰子選格序》云：『開成三年春，予自海上北行，次洞庭之陽，有風甚急，繫船野浦下三日，遇二三子號進士者，以穴骼雙雙爲戲，更投局上以數多少爲進身職官之差，數豐貴而約賤云云。』大凡得失不係賢不肖，但卜其偶不偶耳，蓋即今俗之陞官圖也。丁謂作參政，或勸楊文公往賀，文公謂曰：『骰子選耳，何足道哉！』」是古已有此戲。骰子名穴骼，甚佳。其勝采謂之梟。梟者，幺也。《楚辭·招魂》「成梟而牟，呼五白些」王逸注：「倍勝爲牟。」晉《謝艾傳》曰：「梟者邀也，六博得邀者勝。《楚辭》『成梟爲牟，呼五白』。梟二爲珉采，牟勝也，勝梟必五白。」案：骰子謂一爲幺，梟當爲⿰扌梟，《玉篇》云：「⿰扌梟，居言切，樗蒲彩是也。」墨子謂之盧，盧者六也。《晉書·劉毅傳》：「挼喝五木成盧。」案：五子皆爲黑也，最勝采。雉者亦勝采也。堂印者重四，四者緋也。劉賓客《嘉話録》：「飲酒家謂重四爲堂印。」案：唐玄宗與貴妃博，將負，呼轉四，得勝，因賜緋。其算謂之馬，馬謂之鉒，《淮南·説林訓》：「以瓦鉒者全，以金鉒者跋，以玉鉒者發。」注云：「鉒者提馬，雒家謂之跋。」案：《博雅》：「鉒，署置也，通作注。」《莊子·達生》篇：「以黄金注者殙。」提馬，今賭家謂之地馬，即提馬也。算首謂之囊家，積算而取其零者謂之乞頭。《國史補》：「及博徒用之，於是强各爭勝謂之撩零，假借分畫謂之囊家，囊家什一而取謂之乞頭。」案：囊

「都下有道人坐相國寺，賣諸禁方，緘題其一曰，賣《賭錢不輸方》。少年有博者，以千金得之，歸發視其方曰：『但止乞頭。』道人亦鬻術矣，戲語得千金，然亦未嘗欺少年也。」《骰子咒》曰「伊帝彌帝彌揭羅帝」。誦至萬徧，六子皆隨呼而轉也。紀大宗伯《槐西雜志》云：「《酉陽雜俎》載《骰子咒》，試之或驗或不驗。余謂此猶誦驢字治病耳，大抵精神所聚，氣機應之，飛機所感，〔三〇〕鬼神通之，所謂至誠則金石爲開也。」或曰：骰子，頭也。頭謂之瓊。古有五塞，今六塞矣。案：今賭家或稱五子一色，六子一色，其字當作塞。《說文》「行棊相塞謂之簺」是也。又案：古之骰曰五白，即五子也；今則有六子。而晉《劉毅傳》猶言五木，則知魏晉以來尚皆五子，唯《酉陽雜俎》始稱六子，然則六子起於隋唐間歟？案：今之擲骰古曰投瓊，似以玉爲之。呂種玉《言鯖》：「宋太祖後宫有倒擲戲者，以玉作橄欖狀，六觚而刻一、二、三、四、五、六，推旋於玉盆中，久而方倒，中其數者爲勝，似即今之骰子。」案：此則骰子有用玉者矣。但今之骰子不作橄欖狀耳。《博經》曰：「用十二棊，六棊白，六棊黑。所擲頭謂之瓊。瓊有五采，刻爲一畫者謂之塞，案：塞即幺也。刻爲兩畫者謂之白，案：白即二。刻爲三畫者謂之黑，案：今亦黑三。一邊不刻者五塞之間謂之五塞。」《後漢書·梁冀傳》注引鮑宏《博經》。案：《顔氏家訓·雜藝》篇云：「古者大博則六箸，〔三一〕小博則二焭。」二焭義無攷，《廣韻》云：「博掞子一名投子。」然則瓊、焭、掞，疑古字通歟？格五者簺也，亦博類也。《漢書·吾丘壽王傳》：「以善格五召待詔。」蘇林曰：

「博之類，不用箭，但行梟散。」孟康曰：「格音各。行伍相各，故言各。」劉德曰：「格五，棊行。《簺法》曰：塞白乘五，至五格不得行，故云格五。」師古曰：「即今戲之簺也。音先代反。」《梁冀傳》注引鮑宏《簺經》曰：「簺有四采，塞、白、乘、五是也。至五即格，不得行，故謂之格五。」《言鯖》引《夢溪筆談》：「蹙融或謂之蹙戎，《漢書》謂之格五。止用五棊，共行一道，亦有能否。徐德中善移，遂至無敵。其法已常欲有餘裕，而致敵人於險。〔三二〕雖知其術止如是，然卒莫能勝之。」今之兒童，以黑白棊各五，共行中道，一移一步，遇敵則跳越，以先抵敵境者爲勝，疑即格五邪？彈棊者，博餘也。格五之采四，自五木而變也。彈棊之子六，由十二棊而減也。《梁冀傳》：「能挽滿、彈棊。」《藝經》曰：「彈棊，兩人對局，白黑棊各六枚，先列棊相當，更先彈也。其局以石爲之。」案：魏文帝善以巾角彈棊。意錢者攤錢也，攤錢謂之摴，《漢書》：安丘侯張拾、邔（其己反）侯黃遂、樊侯蔡辟方並「坐搏摴，免爲城旦。」師古曰：「搏或作博，六博也；摴，意錢之屬也。」《貨殖傳》：「掘冢博摴，犯姦成富。」《後漢書·梁冀傳》：「意錢之戲。」何承天《纂文》：「一曰詭億，一曰射意，一曰射數，一曰持掩，即今攤錢也。」〔三三〕王符《潛夫論》「或以遊博持掩爲事」注云：「博，博六也；掩，意錢也。」案：意錢者，今人攤六錢掌中，擲之以觀其成不也，以六字六縵爲最勝采，謂之得成。三字三縵爲分，謂之半成。用錢六文，故謂之六博。或用錢八文，亦謂之八博也。《漢書》「搏摴」，从手爲正，其搏或作博，乃古字通用，要非簙簺之博，蓋搏摴並是攤錢之戲。謂之意錢者，攤時以意射成敗也。今博徒之工者，乃至百不失一矣。杜甫詩：「白晝攤錢高浪中。」葉子戲者，紙裁爲葉格，揭以爲戲也，案：葉上圖畫爲格，多至百餘葉，用手拈揭分曹鬬勝，今俗謂之鬬牌。不知起於何時。而唐咸通中，懿宗朝。「韋氏諸家，好爲葉子戲。夜則公主同昌公主以咸通九年出降。以紅琉璃盤盛夜光珠，令僧祁捧立堂中，而光明如晝。」蘇鶚《杜陽雜編》。葉子之名蓋起於此。南唐李後主妃周氏編金葉子格。北宋錢僖公家有葉子揭格之戲，而《遼史》穆宗應歷十九年正月甲午，案：今人鬬牌尤喜正月。與羣臣爲葉格戲。《日知録》二十八卷：「案應歷十九年爲宋太祖之開寶二年，是契丹先有此戲，不知其所自來。」吕種玉《言鯖》：「今之葉子戲，消夜圖，相傳宋太祖命後宮習之以消夜。」案：此則宋祖已嘗爲之，不獨契丹也，而正史不載。嘗讀《歸田録》一條云：「葉子之制似今策子，凡文字備檢，用以葉子寫之。骰子格本備檢用，故亦以葉子寫之，因以爲名爾。唐世士人宴聚盛行葉子格，五代國初猶然，後漸廢不傳，今其格世或有之而無人知者，惟楊大年好之，又取葉子彩名紅鶴皁鶴者，别演爲鶴格。余少時亦有此二格，後失其本，今絶無知者。」據歐陽公言，則知宋初尚有此戲，後乃失傳，然《録》却稱骰子格，又似今之馬弔矣，以馬弔用骰子也。俗人或謂葉子起於張叔夜，非也。案：今世葉格或寫宋江等形貌，蓋是鑄鼎圖姦之義，而流俗未曉，輒云張叔夜討宋江特造此戲，欲令軍中不寐，此妄語耳。叔夜以前便有葉子，不知復爲誰造，且葉上寫貌並依施耐菴《水滸傳》名目，《傳》稱一百八人，而史止言三十六人，此豈叔夜所知邪？馬弔者，葉子類也。起於馬湘蘭，盛行於前明，天啟中有新舊諸《譜》，士流競慕效之。案：此戲是葉子中稍文者，其爲賭則一也。二端既立，實善移人。王公士庶，無所用乃心，謂爲坐隱，厥名攤蒲。《玉篇》云：「攤，他丹切。攤蒲，賭錢也。」自兹以還，風流競尚。至五至屠沽厮隸，在在擲錢；王仁裕《開元天寶遺事》：「内庭嬪妃，每至春時，各於禁中結伴，三人至五人，擲金錢爲戲，蓋孤悶無所遣也。」桂館蘭堂，家家張扇。案：今市井謂鬭牌爲張扇也。衣冠入局，目爲通流；或謝不能，衆爭嗤鄙。有如韋昭所論：窮日盡明，繼以脂燭，人事曠而不修，賓旅闕而不接，案：賭場雖見賓客，曾不離席，號爲「三分臺閣氣」。吁！可怪也。昔李悝《法經》，博戲借假，次於盗律。今律犯賭，職官褫革，軍民杖徒。乃有耽惑沈迷，留連昏曉，囊空羞澀，避債無臺。甚而鬻妻賣子，罪同破家。烏虖！誰爲作俑者，可謂不仁哉！然有寧受而甘心，而終不覺悟者，又何説也！

打降　俗謂手搏械鬭爲打降。降，下也，打之使降服也。方語不同，字音遂變，或讀爲打架，蓋降聲之轉也。一讀爲打將，去聲。亦降之謡語耳。《爾雅·釋天》：「螮蝀，虹也。」《釋文》：「虹，郭音講。陳國武古巷反。俗亦呼爲青絳。」是知虹有絳音。今東齊人呼虹若「醬」，即絳聲之謡，又呼相打爲「打將」，去聲。亦即絳聲之誤耳。案：打，《唐韻》：「都挺切，音頂。」今讀德馬切，答上聲，唯江南人讀若「頂」耳。降，《唐韻正》：「古音洪。」凡降下之降與降服之降，俱讀爲平聲，故自漢以上之文，無讀爲去聲者。又《唐韻》：「降，古巷切，音絳。」案：降讀去聲，自《玉篇》始，今皆讀去聲矣。

典當　俗以衣物質錢謂之爲當，蓋自東漢已然。《後漢書·劉虞傳》「虞所賚賞典當胡夷，瓚復鈔奪之」注云：「當音丁浪反。」亦謂之爲典。杜甫詩：「朝回日日典春衣。」《言鯖》：「典質庫，今人作庫。質錢取利，至爲鄙惡。」案：此庫，唐以前唯僧寺爲之，謂之長生庫。梁甄彬嘗以束苧就長沙寺庫質錢。後贖苧，於苧中得金五兩，還之。則此事已久矣。

藏弆　《廣韻》：「弆，藏也。」通作去。《魏志·華陀傳》云：「去藥，以待不祥。」裴松之注云：「古語以藏爲去。」《漢書·蘇武傳》：「掘野鼠去中實而食之。」蘇林曰：「取鼠所去屮實而食之。」師古曰：「中，古草字。去謂藏之也。」《游俠·陳遵傳》：「性善書，與人尺牘，主皆藏去以爲榮。」師古曰：「去亦藏也，音丘吕反，又音舉。」案：《漢書》作「去」，是也，弆字蓋後人所加，但《漢書》藏並作「臧」，其藏字亦後人所改也。《東方朔傳》：「拔劍割肉而去之。」（三四）案：去亦藏也，師古無注，蓋缺。又《左傳》云「去樂卒事」，又《昭十九年傳》云「紡焉以度而去之」，皆是。

蹋鞠　《説文》：鞠，案：鞠，「居六」、「求六」二切。蹋鞠也，或作毱。《戰國策》云：「六博蹹鞠。」案：《史記·蘇秦傳》「集解」説「蹋鞠」引劉向《别録》云云。《揚子法言》：「捖革爲鞠。」《漢書·霍去病傳》「去病尚穿域蹋鞠也。」服虔曰：「穿地作鞠室也。」師古曰：「鞠，以皮爲之，實以毛，蹵蹋而戲也。」《廣韻》：「蹋鞠以革爲之，今通謂之毬子。」《後漢書·梁冀傳》「蹴鞠」，劉向《别録》曰：「蹴鞠者，傳言黄帝所作，或曰起戰國之時。蹴鞠兵埶也，所以練武士知有材也。」〔三五〕《漢·藝文志》兵技巧十三家有《蹵鞠》二十五篇。《史記·霍去病傳》正義曰：「案：《蹵鞠書》有《域説篇》，即今之打毬也。」《三倉》郭璞注云：「毛丸可蹋戲者曰鞠，起戰國時，程武士知其材力。」《初學記》：「鞠即毬字，今蹴鞠曰戲毬，古用毛糾結爲之，今用皮，以胞爲裏，嘘氣閉而蹴之；或以韋爲之，實以柔物，謂之毬子。鞠亦作踘。又蹴踘之處曰毬場，勝者所得謂之毬采。」案：古曰蹋鞠，漢以前。後世曰打毬，魏晉以後。《荆楚歲時記》：「寒食爲打毬、鞦韆、藏鉤之戲。」其采名白打。《蹴踘譜》：「每人兩踼名打二曳，開大踼名白打。」韋莊詩：「内官初賜清明火，上相間分白打錢。」打亦蹋也。蹋以足，今始有以手打者，亦曰打毬。案：今之毬子，亦皮韋爲之，蹋以足也。乃有邨巷兒童捼莎木棉爲裏，其表仍用棉線糾結，以手拍打爲戲，俛仰回旋，隨身周流，抗墜應節，信可觀也。至其能者，輕擒便捷，百不失一，方之宜僚弄丸，未多讓焉。古之蹴鞠，殆不足言。其足蹋者，鳥毳爲質，以足踼之，名曰踼毬。案：毱，《玉篇》與鞠同，「巨六切。」今俗讀巨健切，蓋語譌聲轉耳。其毱輕飄，須三四人入局對踼，承乘比應，宛轉回翔，方之打毬，殆稱雙妙。至於期門武士，尤喜爲之也。踼毬即蹋鞠，蹋鞠即打毬，斯皆古今異音、語聲譌轉而然也。

投鉤　《後漢書·儒林傳甄宇》注引《東觀記》曰：「建武中，每臘，詔書賜博士一羊。羊有大小肥瘦。時博士祭酒議欲殺羊分肉，又欲投鉤，宇復恥之。宇因先自取其最瘦者，由是不復有争訟。後召會，問『瘦羊博士』所在，京師因以號之。」案：投鉤不知起於何時，《荀子·君道篇》：「探籌投鉤」，蓋起於六國以前矣。投鉤疑即藏鉤，亦作藏彄。《荆楚歲時記》「歲前又爲藏彄之戲」引周處《風土記》曰：「醇以告蜡，竭恭敬於明祀，乃有藏彄。臘日之後，叟嫗各隨其儕爲藏彄，分二曹以校勝負。」辛氏《三秦記》以爲鉤弋夫人所起，周處、成公綏並作「彄」字，《藝經》庾闡則作「鉤」字，其事同也。俗云，此戲令人生離，有禁忌之家則廢而不修。案：甄宇所耻蓋不爲此，然令人生離，實亦非美，故宇弗爲耳。又據《歲時記》臘後藏鉤，蓋賜羊必在臘後，因當時有藏鉤之戲，故博士祭酒欲從俗爲，而宇耻之，是則藏鉤臘後，自漢世已然矣。或曰鉤即鬮也。《正韻》鉤與鬮同，鬮音鳩。《説文》：「鬮，鬭取也。」《玉篇》：「手取也。」案：今通謂之拈鬮。今之俗人皆喜拈鬮。至於分財析爨，事同握粟，此乃瘦羊博士之所耻也。探籌者，闇記其籌，手探取之，蓋如今之掣籤也。掣籤，起於明代孫丕揚，其亦俗士之見歟。今之吏部銓選，非此爲不公矣。《日知録》八卷：「于慎行《筆塵》言，太宰富平孫公丕揚，患中人請託，難於從違。大選外官，立爲掣籤之法，一時宫中相傳，以爲至公，下逮閭巷，翕然稱誦，而不知其非體也。古人見除吏條格，卻而不視，以爲一吏足矣。柰何衡鑑之地，自處於一吏之職而無所秉成，亦已陋矣。至於人才長短，各有所宜；資格高下，各有所便；地方繁簡，各有所合；道里遠近，各有所準，乃一付之於籤，是掩鏡可以索照，而折衡可以坐揣也，從古以來，不聞此法。」

牢廩　今人給廩餼謂之供牢，食雇工作錢謂之食牢金，此古語也。《漢書·食貨志》言：「願募民自給費，因官器作鬻鹽，官與牢盆。」蘇林曰：「牢，價直也。今世人言顧手牢。」案：顧與雇同。如淳曰：「牢，廩食也。古者名廩爲牢。盆，鬻鹽盆也。」師古曰：「鬻，古煮字也。」《後漢書·董卓傳》：「牢直不畢，稟賜斷絶。」《劉虞傳》：「牢稟逋懸，皆畔還本國。」章懷注並引《前書音義》。是知牢乃古語，牢之爲言勞也，因勞而得食，故凡工錢、兵餉通謂之牢矣。

牢搜　《後漢書·董卓傳》：「縱放兵士，突其廬舍，淫略婦女，剽虜資物，謂之『搜牢』。」章懷注：「言牢固者皆搜索取之也。一曰牢，漉也。二字皆從去聲，今俗有此言。」案：後説是也，牢漉、牢搜，今俗並有斯語，蓋牢有牢籠之義。馬融《廣成頌》「皋牢陵山」注云：「皋牢猶牢籠也。」《孫卿子》曰：「皋牢天下而制之，若制子孫也。」

斗辟　今俗謂山徑險絶處爲斗辟，亦是古語也。《漢書·匈奴傳》：「漢亦棄上谷之斗辟縣造陽地以予胡。」孟康曰：「縣斗辟曲近胡。」師古曰：「斗，絶也。縣之斗曲入匈奴界者，其中造陽地也。辟讀曰僻。」又云：「匈奴有斗入漢地，直張掖郡。」師古曰：「斗，絶也。直，當也。」《郊祀志》云：「盛山斗入海。」師古曰：「斗，絶也。」《日知録》二十七卷云：「斗謂斜曲入之如斗柄然，古人語也。」案：今讀書人不曉斗字之義，妄造陡字，如云陡然、陡絶，斯皆非也。

屏營　《吴語》：「屏營徬徨於山林之中。」《廣雅》：「屏營，怔忪也。」案：後世表箋言激切屏營，本此。屏音并，《正字通》作上聲。周章猶屏營也，《六書音義》：「周章，怔營貌，又懼貌，亦作慞。」案：今之文字以周章爲進退無主之貌，於義亦通。蓋皆古方俗之語也。

鴟吻　《太平御覽》一百八十八卷引《唐會要》曰：「漢柏梁殿災後，巫曰海中有虯，尾似鴟，激浪即降雨，遂作其像於屋，以厭火祥，時人或謂吻，非也。」案：龍有九種，鴟吻其一也。龍是水族，故以厭火災，今宫殿上作龍形張吻者是也。一作叱吻，非是。又，殿庭四隅皆作螭頭，疑亦取此。案：一名鴟尾，《嘉話録》：「王右軍《告誓文》：『開元初年，江寧縣瓦官寺修講堂，匠人於鴟尾内竹筒中得之。』」是也。《顔氏家訓·書證》篇：「或問曰：『《東宫舊事》，何以呼鴟尾爲祠尾？』答曰：『張敞者吴人，吴人呼祠祀爲鴟祀，故以祠代鴟字。』」案：《御覽》又引《晉中興書》曰：「泰元十年，鸛巢太極殿東鴟尾。」「宋武大明元年五月戊子，嘉禾一株五莖，生清暑殿鴟吻。」

褦襶　《類篇》：「褦襶不曉事。」案：褦襶音耐戴，今俗語音來戴。《篇海》：「謂當暑人樂袒裸，而固盛服請見也。」魏程曉詩：「今世褦襶子，觸熱到人家。」案：今俗所謂褦襶者，爲其不俏醋也。褒衣大袖不合時尚，亦爲褦襶。

起居注　《困學紀聞》十卷：「案：《漢禁中起居注》，即《西京雜記》所謂葛洪家有《漢武帝禁中起居注》一卷、《漢武故事》二卷。《通典》云，漢武帝有《禁中起居注》，馬后撰《明帝起居注》。則漢起居，似在宫中，爲女史之任。荀悦《申鑒》曰：「先帝故事，有《起居注》，動静之節必書焉。」若璩案：「《隋·經籍志》謂《穆天子傳》體制與今《起居》正同，蓋周時内史所記，王命之副也。」案：《唐書》：「太宗欲觀《起居注》，褚遂良曰：『史官書人君言動，備紀善惡，庶幾人君不敢爲非，未聞自取而觀之也。』」

古天子即位策書

《韓詩外傳》十卷：「傳曰：言爲王之不易也。大命之至，其太宗、太史、太祝，斯素服執策，北面而弔乎天子曰：『大命既至矣，如之何憂之長也！』授天子策一矣，曰：『敬享以祭，永主天命，畏之無疆，厥躬無敢寧。』授天子策二矣，曰：『敬之！夙夜伊祝，厥躬無怠。萬民望之。』授天子策三矣，曰：『天子南面授於帝位，〔三六〕以治爲憂，未以位爲樂也。』《詩》曰：『天難忱斯，不易惟王。』」案：此蓋古天子即位史書策命之詞，必古禮經之遺文，而《傳》述之者也。一敬天，二勤民，三憂治，是知天子受策亦三命爲節。《記》曰：「天子之子士也，〔三七〕天下無生而貴者也。此其義也。」又，八卷載《魯策》命孔子之詞云：「受命者必以其祖命之。孔子爲魯司寇，命之曰：『宋公之子弗甫有孫，〔三八〕魯孔丘，命爾爲司寇。』孔子曰：『弗甫敦及厥辟將不堪。』公曰：『不妄。』」

戒碑

《説鈴》載《天禄識餘》下卷：「宋太宗立郡國戒碑『爾俸爾禄，民膏民脂，下民易虐，上天難欺』，乃景焕《野人閒語》書中語也。又云摘蜀王孟昶之文。歐陽《集古録》：『戒碑起唐明皇，特不見其詞耳。』又云：『宋高宗頒，是黄庭堅書。』」

土牛　《困學紀聞》二十卷：「土牛之法，以歲之幹色爲首，支色爲身，納音色爲腹，以立春日幹色爲角耳尾，支色爲脛，納音色爲蹄。景祐元年，以《土牛經》四篇頒天下，丁度爲序。」

碑額　《天禄識餘》：「前世扁額，必先挂而後書，碑石必先立而後刻。魏凌雲臺至高，韋誕書牓，即日皓首。此先挂之證也。唐吐突承璀欲立石紀功德，李絳上言請罷之。帝悟，命百牛倒石。此先立之證也。今皆先書矣。」

墓誌銘　《宋書·建平王宏傳》：「大明二年薨，上痛悼甚至，自爲墓誌銘並序。」《困學紀聞》十三卷：「葉少藴云，齊武帝欲爲裴后立石誌墓中，王儉以爲非古。或以爲宋元嘉中，顔延之爲王球作誌，墓有銘，自宋始。唐封演援宋得《司馬越女冢銘》，《南史·賈希鏡傳》：「古冢，有銘云：『青州世子，東海女郎。』帝問希鏡，對曰：『此是晉司馬越女，嫁苟晞兒。』」（三九）案：《宋書·禮志二》：「漢以後，天下送死奢靡，多作石室、石獸、碑銘等物。建安十年，魏武帝以天下雕弊，下令不得厚葬，又禁立碑。魏高貴鄉公甘露二年，大將軍參軍太原王倫卒，倫兄俊作《表德論》，以述倫遺美，云：『祇畏王典，不得爲銘，乃撰録行事，就刊於墓之陰云爾。』此則碑禁尚嚴也。此後復弛替。晉武帝咸寧四年，又詔曰：『此石獸碑表，既私褒美，興長虚僞，傷財害人，莫大如此，一禁斷之。其犯者雖會赦令，皆當毁壞。』至元帝大興元年，有司奏：『故驃騎府主簿故恩營葬舊君顧榮，求立碑。』詔特聽立。自是後，禁又漸頽。大臣長吏，人皆私立。義熙中，尚書祠部郎中裴松之又議禁斷，於是至今。」松之《表》見《本傳》。隋得《王戎墓銘》，《見聞記》：「東都殖業坊十字街有王戎墓，隋時釀酒家穿其旁作窖得銘，有『晉司徒尚書令安豐侯王君』數百字。」爲自晉始。亦非是。今世有崔子玉書《張衡墓銘》，《水經注·淯水》：「又徑西鄂縣南，水北有張平子墓，東側有碑，〔四〇〕文字悉是古文，篆額是崔瑗之辭。盛弘之、郭仲産並云，夏侯孝若爲郡，薄其文，復刊碑陰爲銘。然碑陰二銘，乃是崔子玉及陳翕耳，而非孝若。悉是隸字，二首並存。又言墓次有二碑，今唯見一碑，或是余夏徑驛途，疲而莫究矣。」案：《集古録》載「碑銘刻石爲二本，一在南陽，一在向城。」《金石録》載「碑，晉南陽相夏侯湛撰」。然則《水經注》謂復刊碑陰爲銘，信不虚矣。則墓有銘，自東漢有之。案：《中州金石攷》載，「《河南府志》有《漢丞相長史朱買臣墓誌銘》」，則非始於東漢矣。周益公謂銘墓三代有之，唐開元四年，偃師耕者得比干墓銅槃。《一統志》云：「篆文奇古。明周思宸《銅盤銘辨》載其釋文云：『左林右泉，後岡前道，萬世之靈，於焉是寳。』」〔四一〕《金石史·銅盤銘》似非三代語，詳《中州金石攷》。東漢誌墓，初猶用甎，久方刻石。」案：《中州金石攷》載《河南府司録張堯夫墓甎銘》云，以其葬之速也，不能刻石，是則後世亦有用甎者。案：《史記·蜚廉石棺銘》曰，「帝令處父不與殷亂，賜爾石棺以華氏。」《秦本紀》：「是時蜚廉爲紂石北方〔四二」，還，無所報，爲壇霍太山而報，得石棺，死，遂葬於霍太山。」《莊子·衛靈公石槨銘》曰：「不馮其子，靈公奪而埋之。」《則陽》篇：「靈公死，〔四三〕卜葬於故墓不吉，卜葬於沙丘而吉。掘之數仞，得石槨焉，洗而視之，有銘焉。」然則三代有墓銘審矣。古者銘墓不著撰人姓名，《餘冬序録》：歐陽永叔爲師魯作墓銘，《與尹材書》曰：「刻石時首尾更不要留官銜、題目及撰人、書人、刻字人等姓名，晉以前皆不著撰人姓名，此古人有深意，久遠自知，篆蓋祇著『尹君師魯』四字。」後世有一人製誌一人爲銘者，《萬陽閒話》：「墓石有一人製序一人製銘者，如尹師魯序張堯夫墓，而歐陽爲之銘。」或言古銘誌用單字，非也。《言鯖》云：「今書銘旌墓誌用單字，亦出於古。臨淄人發古冢得銅棺，前秘外隱，起字云：『齊太公六代孫胡公之棺也。』」案：《水經注》：殷大夫比干冢前有石銘，題隸云：『殷大夫比干之墓』，則用單字，《隸續》僅有『殷比干墓』四字，比《水經》闕其三，則非必單字矣。《廣川書跋》：「《南朝王戎墓銘》凡數百言，其首書『晉司徒尚書令安豐元公之銘』。」則誌銘何必單字哉？今凡墓必有誌銘，而誌銘始亡。明唐順之《答王導巖書》：「僕居閑，偶想起宇宙間有一二事，人人見慣而絶是可笑者，其屠沽細人，有一椀飯喫，其死後則必有一篇墓誌；其達官貴人與中科第人，稍有名目在世間者，其死後必有一部詩文刻集，如生而飯食死而棺槨之不可缺。此事非特三代以上所無，雖唐漢以前亦絶無此事。」

蜜章　《言鯖》云：「蜜章二字見《晉書·山濤傳》，唐宋以來文士多用之。劉禹錫《爲杜司徒追贈表》云：『紫書忽降於九天，重蜜加榮於後夜。』《李國長神道碑》云：『煌煌蜜章。』孫奭《謚議》云：『蜜章加等，增飾下泉。』則蜜章二字例皆用於贈典，或謂贈典既不刻印而以蠟爲之，蜜即蠟也，今蠟炬謂之蜜炬，見《周禮·萯燭》注。案：《注》無此文。〔四四〕愚考古今贈典皆用寶，並非蠟刻。寶不用油而用蜜，今進士榜中用寶俱以蜜。又官府文書有用水硃而不用油者，案：今之奏摺皆用水硃不用油。則蜜章實以蜜代油，未見以蠟爲之。前人未有注蜜章者，故爲辨之。」案《山濤傳》：「策賜司徒蜜印。」《陶侃傳》：「追贈大司馬，假蜜章。」晉臣中更無此比，蓋以功德卓越，榮賜特加，非常典也。謂之蜜者，削蜜蠟爲印章，欲放古人制明器之意。《宋書·禮志二》載：「晉武帝泰始四年，文明王皇后崩，將合葬，開崇陽陵。使太尉司馬望奉祭，進皇帝蜜璽綬於便房神坐。魏氏金璽，此又儉矣。」然則蜜璽放依金璽，至於蜜章又規蜜璽而作之。漢制諸王璽以黄金，非臣下之節也。又案《言鯖》説『蜜章以蜜代油』，其實非也。蜜還是蠟，《水經·淄水注》説石刻「刀劍之蹤逼真，以蜜模寫，知人功所制。」今詳以蜜模寫，正謂以蠟模搨其迹也。又《樹提伽經》云：「庶人燃脂，諸侯燃蜜，天子燃漆。」亦謂熔蠟爲炬，今世則以白蠟代之矣。

白簡　彈章也。《天禄識餘》：「古彈文白紙爲重，黄紙爲輕，故云『臣輒用白簡以聞』，今御史白簡即其事。」今之章奏俱用白紙，不獨御史也。但各官本俱用印，唯御史不用印，故曰白簡。劄子者，奏章也。《言鯖》云：「唐人奏事，非表非狀，謂之榜子，亦曰録子，宋人謂之劄子，即今之摺子是也。案：劄，以鍼刺也。摺，疊也。凡爲奏章，先摺疊訖，以鍼劄定裁之，欲其整齊。飲章者，今匿名文書也。」《後漢書·蔡邕傳》注：「飲猶隱卻告人姓名，無可對問。章者，今之表也。《邕集》曰：『曉是。吏遂飲章爲文書。』」

副封　《漢書》：魏相奏「去副封以防壅蔽」。副封謂副本也。以所上事一本與尚書，謂之副封。

謄録　唐試士，始有鎖院之制，而無糊名。宋仁宗時，始有糊名考校之律，然尚有識認字畫之弊。其後，袁州人李彝賓請别加謄録，因著爲令。

策題　《困學紀聞》十五卷：「唐及國初，策題甚簡，蓋舉子寫題於試卷故也。慶曆後，不復寫題，寖失之繁，今有數千言者，問乎其不足疑。」若璩案：「《蔣之奇傳》：『英宗時，舉賢良方正，及對策，失書問目。報罷。』謂慶曆後云云者，恐誤。」案：今制策題限三百餘字，可謂繁簡適中矣。然亦疑乎其不必問也。古者以經義射策，具有家法，《後漢書·徐防傳》云：「『臣以爲博士及甲乙策試，宜從其家章句，開五十難以試之。解釋多者爲上第，引文明者爲高説；若不依先師，義有相伐，皆正以爲非。《五經》各取上第六人，《論語》不宜射策。』詔書下公卿，皆從防言。」李賢注引「《東觀記》防上疏曰：『試《論語》本文章句，但通度，勿以射策。冀令學者務本，有所一心』云云。」防疏言「試《論語》章句勿射策」，即如今之試經義首用《論語》也。但古之經義有同射策，至明初猶沿其遺制。今之經義，始於宋熙寧中，王安石所立之法，命吕惠卿、王雱等爲之。」《宋史》：「神宗熙寧四年，罷詩賦及明經諸科，以經義、論、策試進士。」命中書撰大義式頒行。陳後山《談叢》言：「荆公經義行，舉子專誦王氏章句，而不解義。荆公悔之，曰：『本欲變學究爲秀才，不謂變秀才爲學究也。』」趙鼎言：「安石設虚無之學，敗壞人才。」陳公輔亦謂「安石使學者不治《春秋》，不讀《史》、《漢》，而習其所爲《三經新義》，皆穿鑿破碎無用之空言也。」詳《日知録》十六卷。《金史》：「明昌元年，令舉人程文所用故事，可自注出處。」案：此法亦難爲不讀書人。元制有四書疑、本經疑，明初有四書義，《明太祖實録》：「洪武三年八月，京師及各行省開鄉試，初場『四書疑』問『本經義』及『四書義』各一道。本年開科，以《大學》『古之欲明明德於天下者』二節、《孟子》「道在邇而求諸遠」一節，合爲一題，問二書所言平天下大指同異。案：今經解題式如此。皆用宋時之法也。然天順以前，經義之文不過敷演傳注，或對或散，初無定式，成化以後，純用對偶，謂之八股，非宋經義之式也。又，今時中式專重初場，亦爲非宜。《宋史》：「孝宗淳熙十一年，太常博士倪思言『舉人輕視史學，請諭春官凡課試命題襍出諸史，無所拘忌，考覈之際，稍以論策爲重，毋止以初場定去留』，從之。史言薛昂爲大司成，寡學術，士子有用《史記》西漢語，輒黜之；在哲宗時，嘗請罷史學，哲宗斥爲俗佞。」案：近日有御史請正文體，以爲《説文》不得入經義；又中式止論頭場，不必兼重後場。上皆不從也。

制科題

《天禄識餘》：「宋制科題，有『堯舜禹湯所舉如何』，乃漢時宫中謁者趙堯舉春，李舜舉夏，兒湯舉秋，貢禹舉冬，各職天子所服也。又『湯周福祚』，乃張湯、杜周也。當時士子皆以唐虞三代爲對。」案：「中謁者趙堯舉春」四語，見《漢書·魏相傳》。又，宋初袁州解額以十三人爲率，仁宗時郎中查拱之知郡日，因秋試進士，以「黃花如散金」爲詩題，蓋取《文選》詩「青條若總翠，黃花如散金」也，學子多以秋景賦之，惟六人不失詩意，由是止解六人，後遂爲額。時人嘲之曰：「誤認黃花作菊花。」

諱正　《蜀都雜鈔》明陸深著：「『正』字以『一止』爲文，前代多諱之。如齊文宣之子殷字『正』，道歎曰：『吾兒其替乎！』後果不終。案：審如所言。屈子名「正」，則所以終於懷沙。法孝直名「正」，所以年止四十五邪。梁武陵王，改元曰『天正』，識者以爲一年而敗，此亂亡之事，或出偶然。攷之帝王建元，自漢武始，兩漢之世無以『正』紀年者，至魏齊王芳改元曰『正始』，高貴鄉公曰『正元』，竟俱不祥。金煬王有『正元』、『正龍』之號，金哀宗亡國之年亦曰『正大』，元順帝終於『至正』，豈盡偶然邪？後世臨文亦稍避，所謂宰相須用讀書人也。」

祝由　《天禄識餘》：「《禮記》祭有祈焉，有報焉，有由辟焉。辟讀爲弭，謂弭災兵遠罪疾也。由用也，於辟言由者，以非祭之常禮，或有因而用之也。案《素問》，古之病者，祝由而已。今醫院十三科，終於祝由科，由亦用也。《素問》云祝由者，倒言之。《郊特牲》云由辟者，順言之也。」

鉤盾弄　《漢書·昭帝紀》：「上耕于鉤盾弄田。」應劭曰：「時帝年九歲，未能親耕帝耤，鉤盾，宦者近署，故往試耕爲戲弄也。」臣瓚曰：「《西京故事》弄田在未央宫中。」師古曰：「弄田爲宴游之田，天子所戲弄耳，非爲昭帝年幼創有此名。」案：師古説非也，弄巷也，宫中别道，如永巷之類。《南齊書》：「蕭諶引兵入閤，齊主昭業。追廢爲鬱林王。拔劍自刺不入，輿接而出，行至西弄弒之。」《通鑑正誤》：「西弄，今案丁度《集韻》弄，厦也，亦作庰，今人謂小巷及過道屋爲弄，疑即江左相傳之語也。」明錢希言《戲瑕》案：「《隋書》，南寧有小勃弄、大勃弄。又，洞庭山有風弄，嚴陵瀨，有風七里，無風七十里，土人謂之瀧，或譌爲籠。余以爲皆非，當從此弄字。」是知弄，宫中巷也。鉤盾者即句闌也，盾，闌楯也。《古今注》：「漢顧成廟設扶老句闌。」段國《河洲記》：「吐谷渾於河上作橋，謂之河厲，長一百五十步，句闌甚嚴飭。」案：句闌之名始此。蓋宫巷有田，旁設鉤盾爲禁籞，因名鉤盾弄田，天子親耕以習知稼穡，蓋漢制然也。《顔氏家訓·教子》篇云：「鉤盾獻早李。」則知鉤盾弄不獨有田，亦有果蓏之屬，並古之制矣。而注家以爲戲弄宴游之田，失之遠矣。弄與衖通。《説文》：「䢼，里中道。篆文作巷，今作巷。」《楚辭》「家衖」即「家巷」也。《篇海》引《三蒼》云：「衖，宫中别道也，又作閧，揚子所謂一閧之市是也。」《天禄識餘》引元《經世大典》所云「火衖」，注即音弄。段注《説文》云：「十七史言弄者皆即巷字，語言之異也，今江蘇俗尚云弄。」

缺城角　《通鑑》：「晉孝武帝太元九年，初，新平人新平今之邠州。殺其郡將，秦王堅缺其城角以恥之，新平民望深以爲病，《晉書·苻堅載記下》，「缺」下有「禁錮」，「新平人」句「民」作「酋」，「病」作「慙」。欲立忠義以雪之。」案：缺城角者，蓋城有四隅去其一角也。古者宫城同制，故《考工記·匠人》注云：「宫隅、城隅，謂角浮思也。」案：浮思謂闕上小樓，居城四角。缺城角者，蓋去其一角，並闕上樓俱廢之，後世謂之撤城角也。

鬀頭　古人鬄翦鬢眉，《禮經》有其文。史游《急就章》云：「沐浴揃搣寡合同。」案：揃搣，蓋謂鬄拔眉髮，去其不整齊者耳，未有鬀去頭髮者也。《説文》云：「鬄，鬀髮也；鬀，鬄髮也。大人曰髡，小兒曰鬀，盡及身毛曰鬄。」是則古之小兒有鬀頭髮者，大人未始有也。《太平御覽》九百五十一卷引《東觀漢記》曰：「馬援擊陽縣山賊，上書曰：『除其竹木，譬如嬰兒頭多蟣蝨而剃之，案：剃，俗鬀字。蕩蕩然蟣蝨無所復依。』書奏，上大悦，因出小黄門頭有蝨者皆剃之。」

落拓　落魄二字，見《漢書·酈食其傳》注引鄭氏曰：「魄音薄。」應劭曰：「志行衰惡之貌也。」師古曰：「落魄，失業無次也。鄭音是。」余案：落魄即如今人言落寞也，又言落拓，亦即拓落。《揚雄傳下》《解嘲》云：「何爲官之拓落也？」師古曰：「拓落，不耦也。拓音託。」是知拓落猶落拓矣。又作落度，度音鐸。《三國·蜀志·楊儀傳》：「語費禕曰：『往者丞相亡没之際，吾若舉軍以就魏氏，處世寧當落度如此邪！令人追悔不可復及。』」落度即落拓，音聲相近。又轉爲潦倒，嵇康《絶交書》：「潦倒麤疎。」案：語謂舉止跌宕而不自檢攝者爲潦倒，故康書云爾。《北魏書·崔瞻傳》：魏「天保以後，重吏事，謂容止蘊藉者爲潦倒。瞻終不改焉。」〔四五〕亦近落拓之義也。

跨竈　跨竈之語未聞所出，書者以字作竈，乃爲説曰：竈是馬蹄近踠之名，蓋言子能跨越父前也。《天禄識餘》：「《海客日談》曰：馬前蹄之上有兩空處，名竈門。馬之良者，後蹄印地之痕，反在前蹄印地之前，故名跨竈，言後步趲過前步也。人解跨竈之子，謂竈上有釜，釜字上父字，跨竈者越父也，殆爲强説。」但事不經見，無以言焉，而蘇子瞻詩用撞破煙樓，《言鯖》：「子勝於父謂之跨竈，出《書言故事》，蓋竈上有釜故也。東坡與人書云：『令嗣瑰瑋奇特，奮鞭一躍，當撞破煙樓。』」是又以竈爲爨具，失之遠矣。今攷《逸周書·糴匡》篇云：「皁畜約制。」孔晁注：「皁，廐別名。畜則馬。約制不常秣也。」然則跨竈之字，本當爲皁，俗人書竈作皂，因而致誤。皁是廐名，馬有國馬駑馬，其廐固有等差，跨皁之言，疑本於此。舊説云云，明知無據矣。

添斟　《珩璜新論》：「俗言添斟，定斗反。以水投酒謂之斟水。馬融《笛賦》曰：『聖哲斟益。』」注：『斟猶增益也。』」案：李善注作「斟猶演也，佗斗切」。

句投　《珩璜新論》：「俗言句投。馬融《笛賦》：『觀法於節奏，察度於句投。』徒鬭反。注：『句投猶章句也。』」案：李善注：「《説文》曰，逗止也。投與逗古字通，音豆。投，句之所止也。」案：李音非是，投音投之去聲，今語猶然，唯其字作句讀則非耳，讀亦音豆矣。

課馬　《珩璜新論》：「俗呼牝馬爲課馬，出《唐六典》，凡牝四游五課，羊則當年而課之，課謂歲課駒犢。」

漏鐘　《珩璜新論》：「今之更點擊鉦，《唐六典》皆『擊鐘』也。太史門有典鐘二百八十人，掌漏鐘。」

抹𢶍　《玉篇》云：「抹𢶍，滅也。」案：此本吕忱《字林》，説在下。或作末㮞，《左氏昭十四年傳》云：「三數叔魚之惡，不爲末減，曰義也夫，可謂直矣。」杜注：「末，薄也。減，輕也。」正義曰：「三度數叔魚之惡，不爲薄輕，言皆重厚，極言之也。服虔讀減爲咸，下屬爲句。不爲末者，不爲末㮞、隱蔽之也。咸曰義也，言人皆曰叔向是義。妄也。」臧氏琳《經義雜記·六》云：「《家語正論》載此事，亦作『三數叔魚之罪不爲末』，注云：『末，薄。』曰義也夫作『或曰義』，注云：『或，《左傳》作咸。則王肅《家語》句讀與服氏合，其所見《左傳》作『咸』不作『減』，亦與服本同。杜氏改『咸』爲『減』而屬之上句，失之臆見也。」又云：「不爲末，王、杜皆如字，服云不爲末粲，是讀末爲抹，《集韻》引《字林》云：『抹摋，滅也』，知古但作末粲矣。」余案：末粲古止作末殺。《漢書·谷永傳》云：『末殺災異。』注師古曰：『末殺，掃滅也。』案：滅當作滅。《釋名》《釋姿容》篇云：「摩莎猶末殺也，手上下之言也。」是皆當爲末殺之證。

跳出 近代章奏及應制詩文，於朝廷詔勅等字，俱別行擡頭，蓋起於魏晉以來。《左氏襄二十五年傳》云：「會于夷儀之歲，齊人城郟。其五月，秦晉爲成，晉韓起如秦涖盟，秦伯車如晉涖盟，成而不結。」杜注：「《傳》爲後年修成，起本當繼前年之末，而特跳此者，《傳》寫失之。」案：古本錯簡在二十六年之首，故杜云然。今俗本却在二十五年之末，臧氏《經義雜記·八》論之，是矣。正義曰：「《說文》云：『跳，躍也。』謂足絶地而高舉也。《魏晉儀注》：『寫章表，別起行頭者謂之跳出。』故杜以跳言之。」

閃爍 解云：不定貌也。言多反覆，則曰詞語閃爍；動多輕躁，亦曰舉止閃爍。傳習相沿，莫知所出。偶讀班姬《女誡》，其第五云：「動静輕脱，視聽陜輸。」注云：「陜輸，不定貌。」趙壹《刺世疾邪賦》云：「榮納由於閃榆。」注云：「閃榆，傾佞之貌。榆音輸。」始知閃榆即陜輸，又即閃爍，皆音轉字變，實則一義耳。章懷注望文生訓，殊不思賦云「榮納」「閃榆」，亦言用人不定官不擇賢耳，故賦又云「孰知辨其蚩妍」也。

契闊　今人書札，動言契闊，不求甚解，似以契闊爲疎闊之言，即實非也。契闊見《詩》，《毛傳》云：「契闊，勤苦也。」親故友朋叙説勤苦，用相慰勞。《毛傳》「契闊勤苦」，以聲爲義，以爲疎闊之言則謬矣。《後漢書·獨行·范冉傳》云：「行路倉卒，非陳契闊之所，可共前亭宿息，以叙分隔。」詳其辭意，先陳契闊，後叙分隔。今時朋舊相逢，握手先道行路辛苦，及至坐定，然後叙説闊别之情，書意如是，俗情又然，契闊之義，居可知矣。

校記

〔一〕若，《尚書正義》卷二十《秦誓》作「如」。《禮記·大學》引《秦誓》作「若」。

〔二〕許維遹《韓詩外傳集釋》卷六第十一章「古之」下有「謂」字。

〔三〕《韓昌黎集》卷十二「弟子」上無「諸生」。

〔四〕《史記·酈生傳》應作《漢書·高帝紀上》。《漢書》原文是：「漢王如滎陽，謂酈食其曰：『緩頰往説魏王豹，能下之，以魏地萬户封生。』」師古曰：「生猶言先生。他皆類此。」

〔五〕《漢書·高帝紀上》「轅生説漢王曰」注文穎曰：「轅，姓；生，謂諸生。」

〔六〕《史》、《漢》項紀、項傳中無此贊語。

〔七〕《韓詩外傳集釋》卷五第十四章「儒之」下有「爲」字。
〔八〕按：「〔以時〕書其德行道藝」爲《周禮·地官司徒·司諫職》文。此處所引鄭注，係據《地官司徒·鄉大夫職》鄭玄注「賢者，有德行者；能者，有道藝者。」
〔九〕一曰輸也。輸尚小也。《説文解字注·子部》「孺」，段注作「一曰輸孺也。輸孺尚小也。」
〔一〇〕閭，《左傳·定公十四年傳》作「廬」。
〔一一〕「大宛傳」，此引文在《漢書》卷六十一《李廣利傳》中。惟今本《漢書·李廣利傳》「秦人」作「漢人」。
〔一二〕兩「榷」字，《漢書》卷九十九下《王莽傳下》皆作「擢」。擢通「榷」。
〔一三〕沈，《説文解字》段注作「湛」。
〔一四〕按：《證俗文》家刻本此處「雅量篇注」與「謂經也」誤倒。「謂經也」三字應屬上，解釋所引《世説新語·文學》篇語。「雅量篇注」四字應屬下，指下引「謝安」至「阿堵輩」十八字見于《世説新語·雅量》篇「桓公伏甲設饌」條梁劉孝標《注》。應據上海古籍出版社影印清思賢講舍本《世説新語》卷中之上與引文之上下文意改正。
〔一五〕敲，原家刻本誤作「敲」，炎敲亦作「炎熇」，暑熱。見歐陽修《憎蚊》詩。敲音囂。
〔一六〕鄭玄作《儀禮·士昏禮·目録》云：「日入三商爲昏。」
〔一七〕「胡盧大笑」，百子全書本《孔叢子·抗志第十》作「乃胡盧笑曰」。

〔一八〕《漢書》卷二十四下師古注爲：「氏讀如抵。抵，歸也。大歸猶言大凡也。無慮亦謂大率無小計慮耳。」

〔一九〕纍，《日知録》及《百子全書》本《六韜第三十八》作「壘」。

〔二〇〕《漢書》卷二十七下之上《五行志下之上》注「是誰」下無「何」字；「卒者」上脱「今此」二字。

〔二一〕《百子全書》本《焦氏易林》卷一《大過之第二十八·泰》「誰」作「難」。

〔二二〕《説文解字注》三篇上《言部》：「誰，誰何也。」段玉裁注：「三字爲句。各本少誰字，誤删之也。」

〔二三〕城，《後漢書·百官志四》作「戒」。

〔二四〕綽約，《漢書》卷八十七上《揚雄傳上》作「淖約」。師古曰：「淖約，善容止也。」按：淖通「綽」。

〔二五〕「注云」二字，應據《漢書》卷十二《平帝紀》如淳《注》提至「漢律」二字之上。又注文文字與今本《漢書》不全同。

〔二六〕七，《百子全書》本《新序》作「三」。

〔二七〕玉，《楚辭補注》作「一作琨玉名」。

〔二八〕《唐國史補》卷下作「子黑黄各十五」。

〔二九〕「以木」之下疑脱「爲之」二字。

〔三〇〕飛機，疑爲「氣機」之誤。

〔三一〕《百子全書》本《顔氏家訓》「者」作「爲」。

〔三二〕《新校夢溪筆談》卷十八作「其法以己常欲有餘裕，而致敵於險」。

〔三三〕《後漢書》卷三十四《梁冀傳》「意錢之戲」注引何承天《纂文》曰：「詭億一曰射意，一曰射數，即攤錢也。」

〔三四〕同上卷六十五《東方朔傳》「拔」作「以」。

〔三五〕《後漢書·梁冀傳》作「蹋鞠兵執也，所以講武知有材也。」

〔三六〕授於帝位、天難忱斯，《韓詩外傳集釋》卷十作「受於帝位」、「天難訦斯」。

〔三七〕《禮記正義》卷二十六《郊特牲》作「天子之元子士也」。

〔三八〕《韓詩外傳》卷八作「宋公之子弗甫何孫」。

〔三九〕《南史》卷二十七《賈希鏡傳》「古冢」上有「青州人發」四字，在「銘」上删「有」字，改「荀」爲「苟」。

〔四〇〕《水經注》商務印書館國學基本叢書本卷三十一《淯水》「鄂縣」下，「東側有碑」一句作「墓之東側，墳有平子碑」。

〔四一〕《金石史·周武王欕銅盤銘》昭代叢書十二函二十九卷，「靈」作「寧」，「於」作「兹」。

〔四二〕《集解》：「徐廣曰：『皇甫謐云作石椁於北方。』」《索隱》：「『石』下無字，則不成文，意亦無所見，必是《史記》本脱。皇甫謐尚得其説。」

〔四三〕《莊子·雜篇·則陽第二十五》「靈公死」句作「夫靈公也死」。又「靈公奪而埋之」，「埋」作「里」，舊注：「一本作『奪而埋之』。」

〔四四〕《周禮·秋官司寇·司烜氏》「共墳燭庭燎」疏：「庭燎所作，依慕容所爲，以葦爲中心，以布纏之，飴蜜灌之，若今蠟燭。」又：注云「故書墳爲蕡者，墳、蕡聲類同。」

〔四五〕「北魏書」應作《北史·崔瞻傳》；又「不改」下有「焉」字。

第七

黄金曰斤　《漢書·食貨志》："太公爲周立九府圜法，李奇曰："圜即錢也。圜一寸，而重九兩。"黄金方寸，而重一斤。案：周一斤，今四兩許。秦兼天下，幣爲二等：黄金以溢爲名，上幣。孟康曰："二十兩爲溢。"師古曰："改周一斤之制，更以溢爲金之名數也。高祖初賜張良金百溢，此尚秦制也。上幣者，二等之中黄金爲上而錢爲下也。"《張良傳》"賜良金百溢"服虔曰："二十兩曰溢。"師古曰："秦以溢名金，若漢之論斤也。"《禮·喪大記》注："二十兩曰溢，於粟米之法，一溢爲米一升二十四分升之一。"《孟子》趙注："二十兩爲溢。"疏曰："《國語》『二十四兩爲鎰』，《禮》云『朝一溢米』，注亦云『二十四兩』。今注誤。"案：金以溢名，非始於秦。《孟子》已言七十鎰、五十鎰，蓋起於六國前矣。又"璞玉萬鎰"，玉亦名溢；"朝一溢米"，米亦名溢，奚啻名金也。漢興，黄金一斤。"師古曰："復周之制，更以斤名也〔一〕。"又曰："黄金重一斤，直錢萬。"《公羊·隱五年傳》"百金之魚"注云："百金猶百萬也。古者以金重一斤，若今萬錢矣。"案：何休注言古者如此，則非漢制矣，蓋自周已然。

銀曰流　《食貨志》："朱提銀重八兩爲一流，直一千五百八十。"師古曰："朱提，縣名，屬犍爲，出善銀。朱音殊。提音上支反。"它銀一流直千。是爲銀貨二品。"案：古者，金三品。此言流者，流亦品也。

玉曰全　《説文》：「仝，完也。篆文从玉，純玉曰全。」「古文作㒰。」《考工記·玉人》：「天子用全。」鄭司農云：「全純色也。」《盈不足術》曰：「玉方寸，重七兩。石方寸，重六兩。」《考工記·玉人》注「玉多則重，石多則輕」疏引《盈不足術》。案：雙玉曰瑴，五瑴曰區。《爾雅·釋器》注。又雙玉爲瑴，半瑴爲隻。《西山經·玉山》注。又《穆天子傳》「載玉萬隻以歸」郭注云云。二玉爲一工。《淮南·道應訓》云：「玄玉百工。」高誘注云：「二玉爲一工也。」

珠曰琲　左思《吳都賦》「珠琲闌干」注云：「琲，貫也。珠十貫爲一琲。」《説文》新附字：「琲，珠五百枚也。」《唐韻》：「普乃切」案：一貫五十枚，十貫五百枚也。陸佃《埤雅》云：「龍珠在頷，蛇珠在口，魚珠在眼，鮫珠在皮，鼈珠在足，蛛珠在腹，皆不及蚌珠。」沈懷遠《南越志》：「珠有九品。」

貝曰朋　《食貨志》：「元龜岠冉長尺二寸，孟康曰：「冉，龜甲緣也。岠，至也。度背兩邊緣尺二寸也。」直二千一百六十，爲大貝十朋。」蘇林曰：「兩貝爲朋。朋直二百一十六，元龜十朋，故二千一百六十也。」《説文》：「貝，海介蟲也。居陸名猋。（《爾雅》作贆。）在水名蜬，象形。古者貨貝而寶龜，周而有泉，至秦廢貝行錢。」《相貝經》：「朱仲受之於琴高，以遺會稽太守嚴助。」案《稗史》：「滇人謂貝八十枚爲一卅。」音颯。《説文》：「三十并也。」今作卅，直爲三十字。《唐書·南蠻傳》：「南詔以貝十六枚爲一覓。」

錦曰兩　《左氏·昭二十六年傳》：「幣錦二兩。」注云：「二丈爲一端，二端爲一兩，所謂匹也。二兩二匹。」案：《小爾雅》倍端謂之兩，倍兩謂之匹。如此，則兩四丈，匹八丈，與杜異也。《説文》：「錦，襄色織文也。」〔二〕徐鍇曰：「襄，雜色也。漢魏郡有縣，能織錦綺，因名襄邑。」《閔二年傳》：「重錦三十兩。」注云：「以二丈雙行，故曰兩。三十兩，三十匹也。」案杜注：「重錦，錦之熟細者。」疏引服虔云：「重，牢也。」

布帛曰幅　《左氏·襄二十八年傳》：「夫富，如布帛之有幅焉。」《説文》：「幅，布帛廣也。」《急就篇》注：「四丈曰匹，兩邊具曰幅。」案：幅，邊幅也。《漢書·食貨志》：「布帛廣二尺二寸爲幅，長四丈爲匹。」案：一説布幅廣二尺二寸，帛廣二尺四寸。案：布八十縷爲升。《禮·雜記》：「朝服十五升。」《困學紀聞》五卷：「鄭謂『升當作登。登，成也』。吳仁傑曰：『今織具曰筬，以成之多少，爲布之精粗，大率四十齒爲一成，而兩縷共一齒，正合康成之説。』」自注云：「衰三升，其粗者。緇布冠三十升，其細者。」五尺爲墨，倍墨爲丈。《小爾雅》。《周語》：「不過墨丈尋常之間。」《小爾雅》：「四尺謂之仞。倍仞謂之尋，尋舒兩肱也。倍尋謂之常。」案：今東齊謂布二十四尺爲一小墨，三十六尺爲一大墨，語蓋本此。其謂之墨也，織布至二十四尺、三十六尺輒以墨表識其處，因謂之墨也。《漢律》曰：「綺絲數謂之絩，布謂之總，綬組謂之首。」《説文》「絩」字下引此。

地曰弓　《度地論》：「二尺爲一肘，四肘爲一弓，三百弓爲一里，三百六十步爲一里，即三百弓也。」案：弓八尺也，今量地步弓，弓六尺，步三尺也。《西域記》：「鼓小者聞五百弓。」注云：「五百弓，二里半也。」《儀禮·鄉射禮》「侯道五十弓」疏云：「六尺爲步，弓之古制六尺，與步相應。而云弓者，侯之所取數，宜於射器也。」《周禮·司裘》注：「凡侯道，虎九十弓，熊七十弓，豹麋五十弓。」案：後世量地曰弓，蓋始於此。

畝曰步　《司馬法》：「六尺爲步，步百爲畝。」《小爾雅》：「跬，一舉足也。倍跬謂之步。」《方言》：「半步爲跬。」《説文》作趌，云「半步也。」《荀子·勸學篇》作蹞，云「不積蹞步，無以至千里。」楊倞注：「半步曰蹞，蹞與跬同。」《漢書·息夫躬傳》又作窺，云「未有能窺左足」。蘇林曰：「窺音跬。」師古曰：「跬，半步也，言一舉足也。」《白虎通》：「人踐三尺法天地人，再舉足步備陰陽也。」〔三〕《周禮·射人》：「以貍步張三侯。」鄭司農云：「貍步，謂一舉足爲步，〔四〕於今爲半步。」《禮·王制》：「古者以周尺八尺爲步，今以周尺六尺四寸爲步。古者百畝，當今東田百四十六畝三十步。古者百里，當今百二十一里六十步四尺二寸二分。」注云：周尺之數未詳聞也。案：《禮》制，周猶以十寸爲尺。蓋六國時多變亂法度，或言周尺八寸，則步更爲八八六十四寸。以此計之，古者百畝當今百五十六畝二十五步，古者百里當今百二十五里。舊説秦孝公制二百四十步爲畝。宋程頤曰：「古者百畝，止當今之四十畝，今之百畝，當古之二百五十畝。」《日知録》三十二卷：「《穀梁傳》：古者三百步爲里，今以三百六十步爲里，而尺又大於古四之一，今之六十二里，遂當古之百里云云。」是則荀子所謂日中而趨百里者，不過六十餘里，而千里之馬亦日馳五六百里耳。《王制》「古者百里，當今百二十一里六十步四尺二寸二分」，殆未然。案：二百四十步爲畝，此中制也。而今有大畝小畝之異。《日知録》十卷所云：「有以三百六十步爲畝者，有以七百二十步爲畝者。《大名府志》：有以一千二百步爲一畝者，其步弓有以五尺爲步，有以六尺、七尺、八尺爲步，此之謂工不信度者也。」又曰晌。案：晌，六畝也。今户部則例驍騎校分例官地四晌，領催名下官地一晌。

或曰雙。《正字通》：「温庭筠詩：『招客先開四十雙。』王弇州注云：『雙，五畝也。四十雙，二百畝也。』或曰《唐書·南詔傳》『官給田四十雙，爲二百畝。』又《雲南雜志》：『俗耕田三人使二牛，前牽中壓後驅，犁一日爲一雙。』又陶九成《輟耕録》謂『一雙爲四畝，佛地以二畝爲一雙』。蓋各從其方俗而名之，非有成數也。」

禄曰石　《韓非子》云：「王因收吏璽，自三百石已上皆效之子之。」《史記·燕世家》同。案：此則以石制禄非始於漢。《日知録》十一卷謂「漢承秦制，始以石爲名」。此言是矣。今人以十斗爲石，本於此。而俗讀石爲鍛音，斯則非也。百二十斤爲石，本是權名，而漢制自二千石以至百石，三公號萬石。制禄之數當言斗斛，而並言石者，蓋是以權代量也。然以權代量非始於漢。《史記·白圭傳》：「穀長石斗。」《淳于髡傳》：「一斗亦醉，一石亦醉。」穀與酒當言斗，而皆言石。是則以十斗爲石，蓋自周末已然也。葉夢得《巖下放言》謂「以斛爲石，不知起何時，自漢以來始見之」，不知已見於周時矣。《日知録》又引「謝肇淛謂古者爵容一升，十爵爲斗，百爵爲石。以《考工記》『一獻三酬』之説準之，良然。昔人未詳此義。」案：今北方市肆有大斗小斗之異。其斗不言升而言椀，有四十椀者爲小斗，八十椀者爲中斗，百二十椀者爲大斗。漢制百二十斤爲石，是則今之一大斗當古之一石，一椀當一斤矣。古權量比於今，皆三而當一。杜佑《通典》：「六朝：量，三升當今一升；稱，三兩當今一兩；尺，一尺二寸當今一尺。」《日知録》十一卷云：「三代以來，權量之制自隋文帝一變云云」，「是知古之權量比之於今，大抵皆三而當一也。《史記·孔子世家》：『孔子居魯，奉粟六萬。』索隱曰：『當是六萬斗。』正義曰：『六萬小斗，當今二千石也。』此唐人所言三而當一之驗。〔五〕蓋自三代以後，取民無制，權量之屬，每代遞增。至魏孝文太和十九年，詔改長尺大㪷，依周禮制度頒之天下。隋煬帝大業三年四月壬辰，改度量權衡，並依古式。雖有此制，竟不能復古。至唐時，猶有大斗、小斗、大兩、小兩之名，而後代則不復言矣。」又曰：「《山堂考索》：斛之爲制，方尺而深尺。《班志》乃云其中容十斗，蓋古用之斗小。」又曰：「歐陽公《集古録》有谷口銅甬。始元四年左馮翊造，其銘曰：谷口銅甬容十斗，重四十斤，以今權量校之，容三斗，重十五斤。斗則三而有餘，斤則三而不足。吕氏《考古圖》：漢好畤官廚鼎刻曰重九斤一兩，今重三斤六兩，今六兩當漢之一斤，又曰軹家釜三斗弱〔銘重十斤九銖〕。軹家甑三斗一升〔銘重四斤二十銖〕。當漢之一石，大抵是三而當一也。」又曰：「《唐書》：武德四年，鑄開通元寶，徑八分重二銖四絫。〔絫或作參〕。積十錢重一兩。得輕重大小之中。所謂二銖四絫者，今一錢之重也，後人以其繁而難曉，故代以錢字。」又曰：「古以二十四銖爲兩，五銖錢十枚，計重二兩二銖，今稱得十枚當今之一兩弱。又《漢書·王莽傳》言：『天鳳元年，改作貨布，長二寸五分，廣一寸，首長八分有奇，廣八分，其圜好，徑二分半；足枝長八分，間廣二分；其文右曰「貨」，左曰「布」，重二十五銖。』〔六〕頃富平民掊地得貨布一罌，所謂長二寸五分者，今鈔尺之一寸六分有奇；廣一寸者，今之六分有半；八分者，今之五分；而二十五銖者，今稱得百分兩之四十二〔俗云四錢二分〕。是則今代之大於古者，量爲最，權次之，度又次之矣。《晉書·摯虞傳》：『將作大匠陳勰，掘地得古尺，尚書奏今尺長於古尺，宜以古爲正。潘岳以爲習用已久，不宜復改。虞駮云云以爲宜如所奏。』」又曰：「《漢書·貨殖傳》『黍千大斗』師古曰：『大斗者，異於量米粟之斗也。是漢時已有大斗，但用之量麄貨耳。』」又曰：「《唐六典》：『凡度十分爲寸，十寸爲尺，一尺二寸爲大尺，十尺爲丈。凡量十合爲升，十升爲斗，三斗爲大斗，十斗爲斛。凡權衡二十四銖爲兩，三兩爲大兩，十六兩爲斤。案：唐時權量是古今小大並行，太史、太常、太醫用古，他有司皆用今，久則其今者通行而古者廢矣。《通典》云：貞觀中，張文收鑄銅斛、稱、尺，以今常用度量校之，尺當六之五，衡量皆三之一。』」又曰：「宋沈括《筆談》曰：『予受詔考鐘律及鑄渾儀球，秦漢以來，度量計六斗，當今之一斗七升九合。秤三斤，當今十三兩。是宋時權量又大於唐也。』」又曰：「《元史》言，至元二十年，頒行宋文思院小口斛，又言世祖取江南，命輸米者止用宋斗斛，以宋一石當今七斗故也。是則元之斗斛又大於宋也。」

歷曰步 律歷書名五星爲五步。《說文》歲字下。《左傳·文元年》疏：「日月轉運於天，猶如人之行步，故推歷謂之步歷。」《後漢書·楊厚傳》：「就同郡鄭伯山受河洛書及天文推步之術。」陸機《演連珠》：「儀天步晷，而修短可量。」《左氏·僖五年傳》「日南至」疏云：「步歷之始，以朔旦冬至爲首，歷之上元，其年是十一月朔旦冬至，十九年閏月盡〔七〕，復得十一月朔旦冬至，故以十九年爲一章，積章成部，積部成紀，治歷者以此章部爲法，以知氣朔。」案《説文》：「樂竟爲一章，从音从十。十，數之終也。」步歷以十九年爲一章，蓋此意也。《詩·小雅》：「天步艱難」，故天運曰天步。星曰部。《史記·曆書》「分其天步」，注云：「分部二十八宿爲距度」也。〔八〕五行曰五部。《漢書·律歷志》「起五部」注云：「五部（謂），金、木、水、火、土也。」

人曰頭　王延壽《魯靈光殿賦》：「上紀開闢遂古之初，五龍比翼，人皇九頭。」《春秋元命包》十紀，其一曰九頭紀，即人皇氏，人皇兄弟九人故也。唐段公路《北户録》「奴爲頭」，自注云：「簡文帝書言，安城王餉胡子一頭。」又曰口。《孟子》曰「數口之家」。《漢書·宣帝紀》：「膠東相成勞來不怠，流民自占八萬餘口。」《李陵傳》「捕得生口，言李陵教單于爲兵。」或曰个。《左氏·昭三年传》：「又弱一个焉。」《礼·大学》：「若有一个臣。」

馬曰蹏　《漢書·貨殖傳》：「陸地牧馬二百蹏。」孟康曰：「五十匹也。」師古曰：「蹏，古蹄字。」又曰蹏噭。《貨殖傳》：「馬蹏噭千。」師古曰：「噭，口也。蹏與口共千，則爲馬二百也。噭，音江釣反，又音口釣反。」亦曰匹。《周禮·夏官》注：「四匹爲乘。」《史記·貨殖傳》注引《風俗通》：「馬稱匹者，俗説云相馬及君子與人相匹，故云匹。或説馬夜行日照前四丈，故云一匹。或説度馬縱横適得一匹。」《藝文類聚》：「馬光景一疋長，故曰疋。」〔《正譌》：「馬影四丈亦借用匹，别用疋。」〕案：《家語》：「馬之形，一匹練也，故馬曰匹。」又案：人曰匹者，《左氏·桓十年傳》「匹夫無罪」注云：「庶人夫妻相匹，其名既定，雖單亦匹，故通謂匹夫，匹婦。」此則馬雖稱匹，與人異也。《史記》注非是。

牛羊曰足 《貨殖傳》：「牛千足」、「千足羊」。師古曰：「凡言千足者，二百五十頭也。」案：《禮·曲禮》「牛曰一元大武」注云：「元，頭也。武，迹也。」此則武亦足也。又牛亦可曰頭矣。牛亦曰蹏角。《貨殖傳》：「牛千蹏角。」孟康曰：「百六十七頭也。馬貴而牛賤，以此爲率也。」師古曰：「百六十七頭牛，則爲蹏與角凡一千二也。言千者，舉成數也。」羊彘皆曰足，亦曰雙。《貨殖傳》：「澤中千足彘」、「羊彘千雙」。師古曰：「彘即豕。」

魚曰斗 《梁·科律》：「生魚若干斗。」《北户録》。《松陵倡和詩》：「一斗霜鱗换濁醪。」案：「吴中市魚以斗計。」亦曰石。《貨殖傳》：「水居千石魚波。」師古曰：「波，讀曰陂。言有大陂養魚，一歲收千石魚也。」案：本傳又曰「鮐鮆千斤」。師古曰：「鮐，海魚也。鮆，刀魚也，飲而不食者。鮐，音胎，又音菭。鮆，音薺，又音才爾反。」又曰「鮿鮑千鈞」。師古曰：「鮿，膊魚也，即今不著鹽而乾者也。鮑，今之鮑魚也。鮿音輒，膊音普各反。鮑音於業反。鄭康成以爲鮑於煏室乾之，非也。煏室乾之，即鮿耳。若今巴荆人所呼鰎魚者是也，音居偃反。秦始皇載鮑亂臭，則是鮑魚耳。而煏室乾者，本不臭也。煏音蒲北反。」

竹曰个 《貨殖傳》：「竹竿萬个。」孟康曰：「个者，一个兩个。」師古曰：「个讀曰箇，箇，枚也。」矢亦曰箇。《荀子·議兵篇》：「負矢五十箇。」《方言》：「箇，枚也。」郭注：「爲枚數也。」

木曰章　《貨殖傳》：「木千章」、「山居千章之萩。」孟康曰：「萩任方章者，千枚也。」師古曰：「大材曰章，解在《百官公卿表》。萩即楸樹字也。」《百官表》：「東閣主章」、「令丞」。〔九〕師古曰：「主章，掌大材也。」木散植曰樹。《貨殖傳》：「安邑千樹棗；燕、秦千樹栗；蜀、漢、江陵千樹橘；淮北滎南河濟之間千樹萩。」案：散植者非必一處，故特以樹計。畦種曰畝。《貨殖傳》：「陳、夏千畝桼。」師古曰：「陳，陳縣也，夏，夏縣也，皆屬淮陽。種桼樹而取其汁。夏，音蝦。」「齊、魯千畝桑麻；渭川千畝竹」；「若千畝卮、茜」。孟康曰：「茜艸、卮子，可用染也。」師古曰：「茜，千見反。」「千畦薑韭，此其人皆與千户侯等。」案：畦種者，有如樹穀，故總以畝計。柴曰橦。《類篇》：「木一截也。唐式柴方三尺五寸曰一橦。」橦，音鐘。

果曰石　《貨殖傳》：「棗、栗千石者三之。」師古曰：「三千石。」「檳榔曰口，胡桃曰子。」《北户録》：「陸陲謝安成王賜檳榔一千口，并胡桃一千子。」果又曰鍾。《貨殖傳》「它果采千鍾。」〔一〇〕

禾曰稯　《周禮·掌客》注：「禾，稾實并刈者也。」《聘禮》曰：「四秉曰筥，十筥曰稯，十稯曰秅。」稯猶束也。禾之秉，手把耳；筥讀爲棟梠之梠，謂一穧也。秅麻爲『秅秭麻答』之秅。」〔一一〕疏曰：「詩云：『此有不斂穧。』穧即鋪也。時有『秅秭麻答』之言，故讀從之。秅是束之總名。如《詩》云『萬億及秭』，秭亦數之總號，答是鋪名，刈麻者數把共爲一鋪。言此者，見秅爲束之總號之意也。」《聘禮》注：「秉謂刈禾盈手之秉。」《釋文》：「秅，丁故反，或宅加反。稯本又作緵，子工反，李又音總，穧，才計反。」案：今時俗語麥曰秅。宅加切。麻曰荅。或讀平聲。女稻曰鋪。案：鋪與𥟍、𥟍蓋通。高粱曰菒。《説文》：小束也，讀若繭。麻亦曰菒。《齊民要術》：「麻，勃如灰便刈，菒欲小，𥟍欲薄。」案：𥟍、秿同音鋪。稻亦曰筥。《儀禮·聘禮記》注：「筥，穧名也。若今萊陽之間刈稻聚把有名爲筥者。」稻穰曰稈。《博雅》：「稻穰謂之稈。」《説文》：「稈，禾莖也。」引《春秋傳》「或投一秉稈」。今《左氏·昭二十七年傳》作「或取一秉秆。」麥藍曰穰，黍曰穰。古語云：「畜瓠之家不燒穰，種瓜之家不焚黍。」案：穰謂黍穰也。此皆刈禾稾秸之通名矣。吴人謂秧稻曰稧。音系，又借作禊。王羲之《蘭亭帖》：「修稧事也。」秧，音頰。《博雅》：「秧，穧也。」長沙謂禾四把曰稯。或作稯，音葼。

鹽豉曰合 《貨殖傳》：「蘖麴、鹽豉千合。」師古曰：「麴蘖以斤石稱之，輕重齊則爲合。鹽豉則斗斛量之，多少等亦爲合。合者，相配偶之言耳。今西楚荆沔之俗，賣鹽豉者，鹽豉各一升則各爲裹而相隨焉，此則合也。説者不曉，迺讀爲升合之合，失之遠矣。」醯醬曰瓨。《貨殖傳》：「醯醬千瓨。」師古曰：「瓨，長頸甖也，受十升。瓨，音胡雙反。」案：劉歆曰：「覆醬瓿。」《方言》：「瓿甊，甖（一二）。漿曰儋。《貨殖傳》：「漿千儋。」孟康曰：「儋，甖也。」師古曰：「儋，人儋之也。一儋兩甖。儋音丁濫反。」《方言》：「罃，齊之東北海岱之間謂之甔。」郭注：「所謂家無甔石之儲者也。音儋荷，字或作儋。」

餅曰屈 段公路《北户録》：「廣州南當米餅，合生熟粉爲之，白薄而軟。案：劉孝威《謝官賜交州米餅四百屈》，詳其言，屈豈今之數乎？」案：屈似言其形薄輭可屈伸也，未必是數。

饌曰頭　《北户録》：「晋元帝謝賜功德浄饌一頭，又謝齎功德食一頭。」案：頭者，首也。饌食言頭，蓋如詩文言首之義。果食亦曰頭。《北户録》：「又劉孝威《謝賜果食一頭》。」案：果食鮮新，故曰頭也。如今人薦果曰頭熟，獻魚曰頭水。

茗曰夾　《北户録》：「《梁·科律》：『薄茗千夾。』」案《説文》：「夾，持也。」蓋以紙箬夾持之。又曰薄。《北户録》：「温貢茗二百尺薄。」案：六朝造茗，蓋摶爲薄餅用紙夾裹之，故曰薄，或曰夾，皆言少之爲貴也。至其多者，則曰斤。晋温嶠上表貢茶千斤、茗三百斤是也。及至後世，茗或曰團。蔡君謨爲歐陽修書《集古目録序》刻石：「歐以大小龍團茶爲潤筆。」今雲南普洱茶即是團也。

蠟曰餅　《北户録》：「麝香如干子，蠟如干粷，齊建武四年事。」案：麝以臍香，擘如棗栗核，故以形言之曰子，蠟融液乃成粷，故言粷矣。

禽曰雙　《周禮·掌客》：「乘禽日九十雙。」注云：「乘禽，乘行羣處之禽，謂雉鴈之屬，於禮以雙爲數。」《説文》：「隻，鳥一枚也。一隹曰隻，二隹曰雙。」亦曰乘。《方言》：「飛鳥曰雙，鴈曰乘。」揚雄《解嘲》：「乘鴈集不爲之多，雙鳧飛不爲之少。」案：乘鴈，四鴈也。《禮·少儀》：「其以乘壺酒」注云：「乘壺，四壺也。」是凡物四數皆得言乘矣。案：今世短書尺牘，禽曰翼，魚曰尾，豬曰口，羊曰腔矣。

錢曰貫　《貨殖傳》：「子貸金錢千貫。」案：子貸，謂稱貸取息也。息即子。或曰緡。《漢書·武帝紀》：「元狩四年，初算緡錢。」李斐曰：「緡，絲也，以貫錢也。一貫千錢，出算二十也。」或曰繦。《漢書·食貨志》：「臧繦千萬。」李奇曰：「繦，落也。」孟康曰：「繦，錢貫也。」《管子》曰『凶歲羅，釜十繦』。」案：貫，章也；繦，屬也。繦，《廣韻》：「俗作鏹。」千曰仟，百曰佰。案：佰，音陌，仟佰已見前卷。百，白也。千，十百也。二百曰皕。《説文》：「皕，二百也。讀若祕。」

筆曰牀　《北户録》：「南朝呼筆四管爲一牀。」梁簡文帝答書云：『乍置筆牀。』」《樹萱録》：「或云：筆牀即筆架。」案：此説是也。今人爲筆牀架筆亦曰四管爲一牀也。或曰枝。《北户録》：「梁簡文帝答書又云：寫書筆一枝一萬字。」或曰雙。《北户録》：「《搜神記》：益州西神祠祈禱者持一雙筆。」亦曰管。《禮·内則》「右佩玦、捍、管」注云：「管，筆彄也。」《梁史·元帝紀》：「元帝筆有三品，忠孝全者以金管書之，行精粹者以銀管書之，文辭華麗者以斑竹管書之。」至乃筆之異者，番禺青羊豪。案：自此以下皆載《北户録》。「韶州雞毛筆，亦有圓如錐，方如鑿，可鈔寫細字者。溪源鴨毛筆，以山雞毛、雀雉毛間之，五色可愛。有豐狐之豪，《傅子》云：「漢末筆。」虎僕之毛，《博物志》：「似豹毛，可爲筆。」蚼蛉鼠毛，《廣志》：「可以爲筆。」鼠鬢，均州出。羖攊羊毛，邛州取掖族毛。麝毛、貍毛，鄭慶云：「貍毛筆。」鹿毛、馬毛、羊鬢，陶隱居燒丹封鼎際用羊鬢筆。胎髮，姬元以小兒髮爲筆柱。鄭慶云：

「蕭祭酒常用之。」龍筋《拾遺記》。爲之，然未若兔豪。」

墨曰螺　《北户録》：「陸云以兄送墨二螺。」案：螺蓋以其形似。或曰丸。又曰：「《梁·科律》御墨一量十二丸。」《蘇軾集》記「海南作墨，得佳墨大小五百丸，入漆者幾百丸」。案：曰丸、曰螺，皆作圜形也。唐李廷珪墨有劍脊，圓餅，面多龍紋。或曰枚。又曰：「蔡質《漢官儀》曰：尚書令僕丞郎月賜隃麋大墨一枚、小墨一枚。」案：曰枚者，蓋作橢形也。亦猶墨言笏矣。凡造墨形式隨人，要以松烟爲上。魏晉間，以黍燒烟和松煤爲之。唐初，高麗歲貢松烟墨。宋熙寧間，張遇供御墨始用油烟入麝，謂之龍劑。李堅《墨評》：「古有李廷珪墨爲第一，張遇墨次之，兖州陳朗墨又次之。」李廷珪，易水人。唐末到歙州，以其地多松，因留居以墨名家。宋嘉祐中，仁宗以賜近臣，曰新安香墨。亦曰挺。《蘇軾集》：「余蓄墨數百挺。」案：挺，直也。

紙曰番　《北户録》：「紙爲番。」案：番，當音翻。翻，數也，遞也。《漢書·武帝紀》：「賢良直宿更番然。」〔一三〕更番，今讀音波。或曰枚。晉虞預表曰：「祕府有布紙三萬餘枚，請付著作史寫《起居注》。」段成式《與温庭筠詩序》云：「予在九江，出意造雲藍紙，既乏左伯之法，全無張永之功，輒分送五十枚。」《潛確類書》：「南朝以紙爲枚，爲番，爲幅。」又云：「蔡倫後有左伯善造紙。左伯，字子邑。」《宋書》：「張永善隸書，多巧思，紙及墨皆自營造。」或曰幅。《南方艸木狀》：「蜜香紙以蜜香樹皮作之，微褐色，有紋如魚子，極香而堅韌，水漬之不潰爛。太康五年，大秦國獻三萬幅，帝以萬幅賜杜預，令寫所撰《春秋釋例》及《經傳集解》以進。」案：《天禄識餘》云：「蜜香，疑今之蜜蒙花也。其皮可作紙。今粤東多此紙，但以爲包裹及裝書面頁之用，鮮以寫書。其色紋正同。」梁簡文帝啓：「謹奉紅箋二十幅。」《蜀志》：「王衍以霞光箋五百幅賜金堂令張蠙。」又有百韻箋，幅長可寫百韻，學士箋短於百韻，薛濤箋短可書四韻。亦曰張。《東宮舊事》：「皇太子初拜，給赤紙、縹紅麻紙、敕紙各百張。」案：張，計物之數也。《左氏·昭十三年傳》：「子産以幄幕九張行。」若乃古之名紙有側理紙。《拾遺記》：「張華《博物志》成，晉武帝賜側理紙，南人以海苔爲之，其理縱横邪側，故以爲名。漢人言『陟釐』與『側理』音相亂耳。」蠶繭紙。《世説》：「紙似繭而澤也。王右軍書《蘭亭記》用之。」案：今高麗紙以綿繭造者。硬黄紙。唐人以黄柏染之，取其辟蠹，其質如漿，光澤瑩滑，用以書經。祕閣所藏二王書，皆唐人臨倣，紙皆用硬黄。澄心堂紙。南唐李後主造，細薄光潤，爲一時之甲，相傳《淳化帖》皆此紙所搨。宋諸公寫字及李伯時畫，多用此紙。麥光紙。杜甫詩：「麥光鋪几浄無瑕。」案：《潛確類書》：「浙中有麥麯紙、稻稈紙。東陽魚卵。《墨藪》：「東陽魚卵，虚柔浄滑。」《書訣》：「紙取東陽魚卵，墨取廬阜松煙。」《國史補》：「紙之妙者，蜀有魚子箋。」江寧銀光。《丹陽記》：「江寧縣有紙官署，齊高帝造紙之所也。嘗造凝光紙賜王僧虔。一云銀光。剡溪玉版。蘇軾詩「溪石琢馬肝，剡藤開玉版」注云：「剡溪古藤甚多，造紙極美，以其光滑，故名玉版。」又有赫蹏書。《漢書·外戚·趙皇后傳》「赫蹏書」，孟康曰：「蹏猶地也。染紙素令赤而書之，若今黄紙也。」鄧展曰：「赫，音『兄弟鬩墻』之『鬩』。」應劭曰：「赫蹏，薄小紙也。」晉灼曰：「今謂薄小物爲閱蹏。鄧音、應説，是也。」師古曰：「今書本赫字或作擊。」案：赫蹏，《西京雜記》作「薄蹏」。又《玉篇》：「匾匾，薄也。」《方言》：「物之薄者曰匾匾。」〔一四〕是則蹏、匾音義同。烏孫欄也。《國史補》：「宋亳間有紙織成界道，謂之烏孫欄。」蘇易《簡紙譜》：「蜀人以麻、閩人以嫩竹、北人以桑皮、剡溪以藤、海人以苔、浙人以麥麲稻稈、吴人以繭、楚人以楮爲紙。」又云：「凡燒藥以墨塗紙裹藥，最能拒火。」

書曰影　《南史》：「蕭思話書羊欣之影，風流逼好」。六朝以臨帖爲影。《北史》：「趙文深少學楷隸，雅有鍾、王之則。周明帝令至江陵寺影覆寺碑。」〔一五〕案：臨帖爲影，亦如寫真曰照。後梁爲北魏影國，謂附庸也。

文曰筆　《南史》：「謝玄暉善爲詩，任彦升工於筆。」六朝謂文爲筆。賦曰詩。《文選》班固《兩都賦叙》：「或曰賦者，古詩之流也。」騷曰賦。《漢書·藝文志》：「屈原賦二十五篇。」

衣曰裁　《北户録》：「陸倕謝安成王楚越衣二裁，沈約有謝葛衫裁也。」案：越、葛皆織艸爲布名也。左思《吴都賦》「蕉葛升越」注云：「蕉葛，葛之細者。升越，越之細者。」又曰襲。《通鑑》「趙烈侯賜公仲連衣二襲」注云：「上下皆具曰襲。」亦曰稱。《禮·喪大記》「袍必有表不禪，衣必有裳，謂之一稱」注云：「袍，褻衣，必有以表之乃成稱也。」案：衣單複具曰稱，昌證切。袈裟曰緣。《北户録》：「簡文帝云：『蒙惠袈裟一緣。』」

跨步曰百　《左氏·僖二十七年傳》：「距躍三百、曲踊三百。」〔一六〕杜注：「距躍，超越也。曲踊，跳踊也。百猶勱也。」《釋文》：「百音陌，勱音邁。」案：《說文》：「𡰪〔苦瓦切〕，跨步也。」今人一足引前、一足曳後謂之一百，即本《左傳》之言。《說文》所謂跨步也，又今人履石渡水將近彼岸跨步而過亦曰一百。魏犨傷胸勉力爲三百也。《水經》「渭水東過武功縣北」注云：「俗云武功太白，去天三百。」是亦百讀爲陌之證。工作曰手。《貨殖傳》：「童手指千。」孟康曰：「童，奴婢也。古者無空手游口，皆有作務，作務須手指，故曰手指，以別馬牛蹏角也。」師古曰：「手指謂有巧伎者，指千則人百。」案：今時計算工作不問若干人，惟問幾把手，本於此也。

校記

〔一〕也，《漢書》卷二十四下《食貨志下》注作「金」。

〔二〕色，經韵樓板《說文解字注》七篇下作「邑」。

〔三〕《白虎通》百子全書本無此文。

〔四〕《周禮注疏》卷三十《夏官司馬·射人》作「謂一舉足爲一步」。

〔五〕此，《日知録集釋》四部備要本卷十一作「比」。

〔六〕《日知録》此段引文見《資治通鑑》卷三十七《漢紀·王莽天鳳元年》。

〔七〕閏月，《春秋左傳正義》卷十二《僖公五年傳·疏》作「閏餘」。

〔八〕步，《史記》卷二十六《曆書》作「部」。

〔九〕《漢書》卷十九上《百官公卿表上》「閣」作「園」。

〔一〇〕《漢書》卷九十一《貨殖傳》「鍾」作「種」。

〔一一〕秖麻，《周禮注疏》卷三十八作「秖讀」。

〔一二〕周祖謨校《方言校箋及通檢》「䍥」下有「也」字。

〔一三〕今本《漢書》卷六《武帝紀》無此文。

〔一四〕《方言校箋及通檢》無此文。此處引文見《康熙字典》子集下。

〔一五〕寺，《北史》卷八十二《趙文深傳》作「書」。

〔一六〕七，《春秋左傳正義》卷十六作「八」，即爲「《左氏僖二十八年傳》」。

第八

璽　《説文》：「璽，王者印也。所以主土，从土，爾聲。籀文从王作璽。」《釋名》：「璽，徙也。封物使可轉徙而不可發也。」古者尊卑共有璽。蔡邕《獨斷》。天子稱璽。《春秋運斗樞》曰：「舜爲天子，黄龍負璽。」案：《五代史》：「臣曰：國以玉璽爲傳授神器，遂古無聞。」非矣。諸侯亦曰璽。《戰國策》：「欲璽者，段干子也。」《玉篇》：「璽，天子諸侯印也。」大夫又曰璽。《左氏·襄二十九年傳》「公在楚，季武子使公冶問，璽書追而與之」疏云：「此諸侯大夫印稱璽也。」凡官府印信通曰璽。《周禮·司市》「凡通貨賄，以璽節出入之」注云：「璽節、印章，如今斗檢封矣。」又《掌節》「貨賄用璽節」注云：「今之印章也。」又《職金》：「楬而璽之。」案：《世本》：「魯昭公始作璽」，謬矣。秦漢以後唯至尊以爲稱。衛宏曰：「秦以來天子爲璽，又獨以玉爲之，臣下莫敢用。」秦璽則一，而漢有六。《困學紀聞》二十卷：「李微之曰：秦璽者，李斯之魚蟲篆也，其圍四寸，至漢謂之傳國璽，迄於獻帝所實用者，秦璽也。歷代皆用其名。永嘉之亂，没于劉石。永和之世，復歸江左者，晉璽也。太元之末，得自西燕，更涉六朝，至於隋代者，慕容燕璽也。（隋謂之神璽）。劉裕北伐，得之關中，歷晉暨陳，復爲隋有者，姚秦璽也。開運之亂，没于耶律，女真獲之以爲大寶者，石晉璽也。蓋在當時，皆誤以爲秦璽，而秦璽之亡則已久矣。」蔡邕《獨斷》：「皇帝六璽。」《後漢·輿服志》注引《漢舊儀》曰：「璽皆白玉螭虎鈕，文曰『皇帝行璽』、『皇帝之璽』、『皇帝信璽』、『天子行璽』、『天子之璽』、『天子信璽』，凡六璽。皇帝行璽，凡封之璽賜諸侯王書；信璽，發兵徵大臣；天子行璽，策拜外國，事天地鬼神。」其文曰「受命于天，既壽永昌。」漢時璽也。「昊天之命，皇帝壽昌」。秦舊璽也。案：《北齊書·辛術傳》：「移鎮廣陵，獲傳國璽送鄴，文宣以璽告於太廟。此璽即秦所制云云。」「受天之命，皇帝壽昌。」徐廣曰：「傳國璽文也。」《吴書》曰：「漢室之亂，天子北詣河上，六璽不自隨，掌璽者投井中。孫堅北討董卓，頓軍城南，官署有井，每旦有五色氣從井出，堅使人浚得傳國璽，其文曰『受命天子，既壽永昌』，方圜四寸，上有紐，文槃五龍，瑨七寸管，龍上一角缺。」《獻帝起居注》曰：「時六璽不自隨，及還，於閣上得。」《晉陽秋》曰：「冉閔（石勒臣）大將軍蔣幹以傳國璽付河南太守戴施，施獻之，百僚皆賀，璽光照洞澈，上蟠螭文隱起，書曰『昊天之命，皇帝壽昌』，秦舊璽也。」《晉書·穆帝紀》：「永和八年，冉閔子智以鄴降，督護戴施獲其傳國璽，送之，文曰『受天之命，皇帝壽昌。』百僚畢賀。」案：此即晉璽没於劉石者。其璽封之者曰泥，《西京雜記》：「中書以武都紫泥爲璽室，加緑綈其上。」濡之者曰塗，《吕覽》：「若璽之於塗也，抑之以方則方，抑之以圜則圜。」舊説，今之紫粉，古謂之芝泥，今之錦砂，古謂之丹蔯，皆濡印染籀之具也。又説，印色古方用蓖麻油或用前棚油，皆未爲佳。近傳用穿山甲油，取其不滲，試之良妙。唐始改璽爲寶。案《易·繫辭傳》：「聖人之大寶曰位。」《正字通》：「舊制乘輿六璽，唐改爲寶。初，太宗刻受命元璽，以白玉爲螭，首文曰『皇天景命，有德者昌』。武后改諸璽皆爲寶。中宗即位復爲璽。開元六年復爲寶。初改璽書爲寶書，再改傳國寶爲承天大寶。」《困學紀聞》二十卷：「受寶之禮始於元符，再行於嘉定。皇帝恭膺天命之寶，至道三年，真宗即位製之。其後凡嗣位則更製。乾興元年，仁宗即位，嘉祐八年，英宗即位。」至周又作二寶。《珩璜新論》云：「傳國璽，秦始皇始取藍田玉刻而爲之，面文曰『受命於天，既壽永昌』，璽上隱起爲盤龍，文曰『受天之命，皇帝壽昌』，方四寸，鈕鉤五龍盤。秦滅傳漢，歷王莽，爲元后投之於地，遂一角缺。後傳至石季龍，季龍磨其隱起之文，又刻其旁爲文曰『天命石氏』。開皇二年改爲受命璽。至後唐，廢帝王從珂携以自焚，石晉再作受命寶曰『受天明命，惟德永昌』。契丹又盜而取之，至周郭威更以玉作二寶，其一以『皇帝承天受命之寶』爲文，其一以『皇帝神寶』爲文，馮道書之。今所用乃威所作寶也。」繇斯以後皆曰寶，寶者，保也。天位爲大寶，敬守天位，斯爲保其寶也。王侯以下通曰印。印者，信也。《漢書·百官公卿表》：「諸侯王，高帝初置，金璽盭綬。」《漢舊儀》云：「諸侯王黄金璽，橐佗鈕，文曰璽，謂刻云某王之璽。」案：此亦漢初則然，後皆改曰印。徐廣曰：「太子及諸王金印，龜鈕，纁朱綬。」表云：「相國、丞相、太尉皆金印紫綬，御史大夫銀印青綬。」凡吏秩比二千石以上皆銀印青綬。《漢舊儀》云：「銀印皆龜鈕，其文曰章，謂刻曰某官之章也。」比二百石以上皆銅印黄綬。《漢舊儀》云：「六百石、四百石至二百石以上皆銅印鼻鈕，文曰印。謂鈕但作鼻，不爲蟲獸之形，而刻文云某官之印。」案：前明，則親王金寶，一、二品銀印，餘皆銅印。或曰章。章者，明也。案：《漢舊儀》：「銀印，其文曰章；銅印，文曰印。」是印、章在漢世有別，今則通曰印。其印章以五字者蓋有之矣。《漢書·郊祀志》：「官吏印章以五字。」《武帝紀》：「太初元年，色上黄，數用五。」張晏曰：「漢據土德，土數五，故用五，謂印文也。若丞相曰『丞相之印章』，諸卿及守相印文不足五字者，以『之』足之。」印文稱六合者，抑有大焉。唐尉遲樞《南楚新聞》：「肅宗在靈武時鑄印徵兵，文曰『六合大同印』。」祭尊非姓，字怪，乃何官？《困學紀聞》八卷：「滈水李氏云：古印有文曰祭尊，非姓名，乃古之鄉官也。《説苑》載鄉官，又有祭正，亦猶祭酒也。」案：桂未谷《繆篆分韻》有「宜士祭尊、單人祭尊、東單人祭尊、南孟祭尊、千歲單祭尊」，印又有「東昌祭尊、萬歲祭尊、外里祭尊」。定武是家丞，如何堪佩。《後漢書·光武帝紀》「更始元年，立劉聖公爲天子」注引《東觀記》曰：「時無印，得定武侯家丞印，佩之入朝。」若乃成皋異文。《後漢書·馬援傳》注引《東觀記》曰：「援上書：『臣所假伏波將軍印，書「伏」字，「犬」外嚮。成皋令印，「皋」字爲「白」下「羊」；丞印「四」下「羊」；尉印「白」下「人」，「人」下「羊」。即一縣長吏，印文不同，恐天下不正者多。符印所以爲信也，所宜齊同。』薦曉古文字者，事下大司空正郡國印章。奏可。」同戈名驛。《日知録》二十一卷：「太原府徐溝縣有同戈驛，其名本取洞渦水。《舊唐書·昭宗紀》：『天復元年四月，氏叔琮營於洞渦驛。』《五代史·唐本紀》同。後人減筆借書『同戈』字，而今鑄印遂作『同戈』。以減借之字登於印文，又不但馬文淵所言成皋印點畫之謬而已。」亂名改制，宜加是正者也。《水經·汾水》「南過平陽縣東」注云：「永嘉三年，劉淵徙平陽，於汾水得白玉印，方四寸，高二寸〔一〕，龍鈕，其文曰『有新寶之印』，王莽所造也。淵以爲天授，改永鳳二年爲河瑞元年。」鵲印文曰忠孝侯，梁相張顥事見《蜀志·向朗傳》注與《博物志》。《魏志·明帝紀》注。《魏志·夏侯尚、玄傳》云：「中領軍高陽許允徙爲鎮北將軍，假節督河北諸軍事，未發，以放散官物，收付廷尉，徙樂浪，道死。」〔一〕《魏略》曰：「允字士宗。」〔二〕裴松之注引《魏氏春秋》曰：允善相印，將拜，以印不善，使更刻之，如此者三。允曰：「印雖始成而已被辱。」問送印者，果懷之而墜於廁。《相印書》曰：「相印法本出陳長文，長文以語韋仲將，印工楊利從仲將受法，以語許士宗。利以法術占吉凶，十可中八九。仲將問長文『從誰得法』？長文曰：『本出漢世，有《相印》、《相笏經》，又有《鷹經》、《牛經》、《馬經》。印工宗養以法語程申伯，是故有一十二家相法傳于世。』」

詔　《說文》：「告也。」《廣雅》：「書也。」《爾雅·釋詁》：「詔，導也。」郭注：「教導之也。」古者上下通曰詔。《韻會》：「詔者，上下通用之義。」官長曰詔。《左氏·成二年傳》「欒伯曰：燮之詔也，書何力之有焉」杜注：「詔，告也。」臣下亦曰詔。《周禮·大宰》「以八柄詔王馭羣臣」鄭注：「詔，告也，助也。」凡匹庶以言教皆詔。《莊子·盗跖》篇「爲人父者，必能詔其子」注云：「詔，教也。」秦漢以下唯天子以爲稱。《漢書·周勃傳》：「軍中聞將軍之命，〔三〕不聞天子詔。」秦有二品曰制、曰詔是也。《史記·秦始皇紀》：「二十六年，秦并天下。丞相王綰、御史大夫馮劫、廷尉李斯等議命爲『制』，令爲

『詔』。」《文心雕龍》：「昔軒轅、唐虞，同稱爲命。其在三代，事兼誥誓。降及七國，並稱曰令。秦并天下，改命曰制。」案：《史記》制、詔並始於秦，劉勰獨言制，非也。漢有四品：曰策書，曰制書，曰詔書，曰敕書是也。蔡邕《獨斷》：「天子之言曰制、詔。其命令，一曰策書，二曰制書，三曰詔書，四曰戒書。」策書，策者，簡也，以命諸侯王三公。制書，帝者制度之命也。其文曰制詔三公，赦令、贖令之屬是也。詔書者，詔，誥也，有三品，其文曰告某官，官如故事；是爲詔書。戒書，戒敕刺史、太守及三邊營官，被敕文曰有詔敕某官；是爲戒敕也。世皆名此爲策書，失之遠矣。《文心雕龍》：「敕戒州部，詔誥百官，制施赦命，策封王侯。」詔書古謂之簡。《詩·小雅》：「畏此簡書。」漢謂之版。《後漢書·竇武傳》：「曹節召尚書官屬，使作詔版。」其版長尺一，《後漢書·李雲傳》云：「尺一拜用不經御省。」注云：「尺一之版謂詔策也。見《漢官儀》。」《陳蕃傳》云：「尺一選舉」，注云：「版長尺一，以寫詔書。」所謂尺一，牘者也。《漢書·匈奴傳》：「漢遺單于書，以尺一牘。中行説令單于以尺二寸牘，及印封皆令廣長大。」案：《文心雕龍》云：「張儀檄楚，書以尺二。」是則單于尺二寸牘，亦有因於古也，蓋用檄體。至唐而用麻，亦有二品，黄麻、白麻是也。《翰林志》：「唐中書用黄白二麻爲綸命，其後翰林專掌白麻，中書獨用黄麻。」《潛確類書》：「敕舊用白紙，唐高宗上元間，以制敕施行，既爲永式，用白紙多蠹，遂改用黄麻。除拜將相制書用黄麻，其或學士制書，不自中書出，故獨用白麻紙也。」杜工部詩：「黄麻似六經。」原注：「以黄蘗染紙取其辟蠹。白麻，白藤紙也。」始漢武帝作誥以命諸王，《漢書·武帝紀》：「元狩六年，初作誥。」服虔曰：「誥敕王，如《尚書》諸誥也。」李斐曰：「今敕封拜諸侯王策文亦是也。見《武五子傳》。」然不常用。及宋而曰誥，迨至前明，亦有二品，曰誥、曰敕是也。《正字通》：「漢武初作誥，然不以命官。唐稱制不稱誥。宋始以誥命庶官，明命官用敕不用誥。三載考績，則用誥以褒美。洪武十七年，奏定有封爵者給誥，如一品之制。二十六年，定一品至五品皆授以誥命，六品至七品皆授以敕命。」案：宋、明之誥敕即告身也。《潛確類書》：「唐時文武官皆給告身，以符而印其上，謂之告身。其文曰尚書吏部告身之印。武官則受之於兵部，宰相告身用金花五色綾。至宋則用織成花綾，以品次有差。宋敕俱草書，後用三省長官僉押尚書印，然後御寶，當時每授官則有之。至明朝考最始給與，唯御寶加於年月之上。」蔡邕《獨斷》：「羣臣書通於天子者凡有四品：曰章，曰奏，曰表，曰駮議是也。」凡批答章奏曰諾。《南史·江夏王鋒傳》：「鋒五歲，齊高帝使學鳳尾諾，一學即工。」潘遠《紀聞譚》：「諸侯箋奏皆批曰諾。諾字有尾若鳳也。」案：諾字無尾而言鳳尾者，蓋畫諾乃用草書，故有尾。又案：《後漢書·黨錮傳》：「汝南太守范孟博，南陽宗資主畫諾。」是知官府亦曰諾也。《困學紀聞》十四卷：「《唐六典》：『太子令書畫諾，本朝至道初改爲準，此東宮畫諾也。』陸龜蒙《說鳳尾諾》云：『東宮曰令，諸王曰教，其事行則曰諾，猶天子肯臣下之奏曰可也。晉元帝爲琅邪王批鳳尾諾，南齊江夏王學鳳尾諾，則諸王帝畫諾矣。』《後漢書》云：『南陽宗資主畫諾，梁江州刺史陳伯之，目不識書，得文牒辭訟，惟作大諾。』則郡守刺史亦畫諾矣。」諾猶可也。案：秦漢皆稱制曰可，即如六朝言諾。諸侯王諭下曰教。蔡邕《獨斷》：「諸侯言曰教。」教猶令也。《正字通》：「教者，諭告之詞，其義與令同也。」軍中露布曰檄。魏武帝《述志令》：「露布天下。」《文章緣起》：「漢露布，賈宏爲馬超伐曹操所作。」《封氏聞見記》亦謂之「露版」，魏武奏事云：「有警急輒露版插羽」是也。《文心雕龍》：「暨乎戰國，始稱爲檄。檄者，皦也，宣露於外，皦然明白也。張儀檄楚，書以尺二。明白之文，或稱露布，播諸視聽也。」案：《説文》：「檄，尺二書也。」蓋以木簡爲書，長尺二寸，非獨用於軍中，以至官府徵召皆取用焉。《漢書·申屠嘉傳》「爲檄召通」是也。又有警急即加雞羽。《史記·高帝紀》：「以羽檄徵天下兵」是也。〔三〕公府文書曰移。官曹公府不相臨，敬則爲移書箋表之類也。《漢書·公孫弘傳》「弘乃移病免歸」注云：「移書言病。」《後漢書·光武紀》：「於是致僚屬，作文移」注云：「文書移於屬縣。」〔四〕《文心雕龍》：「移者，易也。檄移爲用，事兼文武。」表明書記曰箋。《説文》：「箋，表識書也。」《廣雅》：「箋，云也；又書也。」《玉篇》：「表也，通作牋。」〔五〕《後漢書·黄香傳》：「所著賦、牋、奏、書、凡五篇。」〔六〕書，其通語也。案：古者章奏亦曰書。書，長尺，《漢書·韓信傳》：「奉咫尺之書。」師古曰：「八寸曰咫。咫尺者，言其簡牘或長咫，或長尺，喻輕率也。」今俗言尺書，或言尺牘，蓋其遺語耳。」案：漢遺單于書尺一牘，蓋用詔版作書也。匈奴非漢臣，故報以尺二寸牘耳。至於平行書札，不過長尺。《韓信傳》所言，蓋其常度。師古以爲輕率，非也。凡八行，行七字。《後漢書·竇融傳》「章字伯向。少好學，有文章，與馬融、崔瑗同好，更相推薦」。注引《融集·與竇伯向書》曰：「孟陵奴來，賜書，見手跡，歡喜何量，見於面也。書雖兩紙，紙八行，行七字」。案：今世書紙多作八行，蓋本於此。

簡　簡謂之畢。《爾雅·釋器》疏云：「簡，竹簡也。古未有紙，載文於簡，謂之簡札。一名畢。」《說文》：「簡，牒也。」《釋名》：「簡，間也。編之篇篇有間也。」案：古簡用竹，無竹之鄉乃用木。策謂之簡。《禮·王制》「太史典禮，執簡記」，注云：「簡記，策書也。」案：簡、策一耳。《孟子》：「於《武成》，取二三策」，策即簡也。或曰大謂之策，小謂之簡。杜預《春秋·敘》：「大事書之於策，小事簡牘而已。」策之長短靡定，各有所施。案：《論衡·正說篇》云：「《論語》者，以八寸爲尺紀之，約省懷持之便也。以其遺非經傳文，紀識恐忘，故但以八寸尺，不二尺四寸也。」又《儀禮》疏引鄭作《論語序》云：「《易》、《詩》、《書》、《禮》、《樂》、《春秋》，策皆尺二寸。宋本作二尺四寸。《孝經》謙半之。《論語》八寸策者，三分居一，又謙焉。」據此，則策之長短各異，其容字多少隨其經也。《聘禮記》云：「百名以上書於策，不及百名書於方。」鄭注云：「名，書文也，今謂之字；策，簡也；方，板也。」簡則二尺四寸。閻百詩《古文尚書疏證》。其於用也，簡爲多焉。古以寫書，亦以造律。閻云：「曹褒寫禮制，周磐寫《堯典》，皆二尺四寸簡也。唯《杜周傳》孟康注則云，『以三尺竹簡書法律。』《南史·王僧虔傳》『有發楚王冢得竹簡書，廣數分，長二尺』，爲不同耳。又案：《鹽鐵論》云：『二尺四寸之律，古今一也。』《論衡·宣漢篇》亦云：『唐、虞、夏、殷，同載在二尺四寸。儒者推讀，朝夕講習。』然則二尺四寸固簡之定制，杜周、朱博俱舉大數，謂之三尺耳。」其於文也，少可八字，案《左氏·襄二十五年傳》「南史氏執簡以往」，服虔注曰：「古文篆書一簡八字。」多三十字，閻云：「鄭注《尚書》係三十字。」案：惠定宇《儀禮攷》同。餘二十二字或二十五字。案：《漢書·藝文志》：「劉向以中古文校歐陽、大小夏侯三家經文，《酒誥》脱簡一，《召誥》脱簡二，〔七〕率簡二十五字者，脱亦二十五字，簡二十二字者，脱亦二十二字，文字異者七百有餘，脱字數十。」案《後漢書·劉陶傳》：「陶明《尚書》、《春秋》，爲之訓詁。推三家《尚書》及古文，是正文字三百餘事，〔八〕名曰《中文尚書》。」所謂中文，蓋參用古文今文之中用。其劉向之中古文未知於孔安國古文若何。金鶚曰：「簡策長短之度，説者不一。蔡邕《獨斷》云：『策者，簡也。其制，長二尺，短者半之。』孔沖遠《春秋·疏》云：『鄭玄注《論語序》以《鈎命決》云：〔九〕「《春秋》二尺四寸書之，《孝經》一尺二寸書之。」《士聘禮》賈疏：『鄭作《論語序》云：《易》、《書》、《詩》、《禮》、《樂》、《春秋》，策者尺二寸，《孝經》謙半之。《論語》八寸策者，三分居一，又謙焉。』賈、孔之言，長短大異。竊謂孔疏是也。《論語》簡容八字，誠不以富，亦衹以異錯簡可證。服虔注《左氏》云：『古文篆書，一簡八字』，又一證也。《論語》策八寸容八字，六經策二尺四寸者容二十餘字，大約一寸容一字也。」此簡之大率也。至於掊地椎埋，多得古簡之文，而記載或闕尺度，靡得而詳。附著篇末，庶發幽光，兼俾懷古者無恨湮没焉。

周末石刻文八十字。蘇頲《隴上記》：「周末有發冢得方玉石，上刻八十字。當時莫識，遂藏書府。至秦時，李斯識八字，云『上天作命，皇辟迭王』。至漢時，叔孫通識二字。」案：此未知何代，詳其文義，似秦時刻石文。孔篆吳札墓文。《淳化帖·魯仲尼書》云：「烏延□□□有吳君子之墓呼。」《困學紀聞》八卷：「張燕公《謝碑額表》云：『孔篆吳札之墳，秦存展季之壠。』言孔子篆者，始見於此。」汲冢竹簡書，科斗文。《劉賓客嘉話録》：「汲冢書，蓋魏安釐王時，衛郡汲縣耕人於古冢中得之。竹簡漆書，科斗文字，雜寫經史。與今本校驗，多有同異。耕人姓不。」原注：「不字呼作彪，其名曰淮。出《春秋後序》、《文選》中注。」案：《困學紀聞》八卷：「《金石録》：『《汲縣太公碑》云：晉太康二年，得竹策之書，其紀年曰：「康王六年，齊太公望卒。」參考年數，蓋壽一百一十餘歲。』今按《書·顧命》云：『齊侯呂伋。』則成王之末，伋已嗣太公爲齊侯矣。」顯節陵中策。《後漢書·禮儀志》注：「晉時有人嵩高山下得竹簡一枚，上有兩行科斗書，之臺中外傳以相示，莫有知者。司空張華以問博士束皙。皙曰：『此明帝顯節陵中策也。』檢校果然。是知策用此書也。」案：《志》云：司徒太史令奉謚哀策。此書即是哀策之文。東漢討羌檄。《困學紀聞》八卷：「宣和中，陝右人發地，得木簡於甕，字皆章艸。檄云：『永初二年，六月丁未朔，廿日丙寅。』朱文公《答吳斗南書》，謂東漢討羌檄，日辰與《通鑑》長歷不同，蓋指此也。今考《通鑑》目録，漢安帝永初二年，六月乙未朔。《後漢紀》五月有丙寅，七月有戊辰。恐當以長歷爲正。」王右軍《告誓文》。《嘉話録》：「王右軍《告誓文》，今之所傳，即其稾本，不具年月日朔。其真本云『唯永和十年三月癸卯朔九日辛亥』，而書亦是真小文。開元初年閏月，江寧縣瓦官寺，修講堂，匠人於鴟尾内竹筒中得之，與一沙門。至八年，縣丞李延業求得之，上岐王。岐王以獻帝，便留不出。或云後卻借岐王，十二年，王家失火，圖書悉爲煨燼，此書亦見焚。」願發秦昭王、呂不韋冢視詩書。《困學紀聞》八卷：「《皇覽·家墓記》曰：『漢明帝時，公卿大夫諸儒八十餘人，論五經誤失。符節令宋元上言：「秦昭王與呂不韋好書，皆以書葬。王至尊，不韋久貴，冢皆以黄腸題湊，處地高燥未壞。臣願發昭王、不韋冢，視未燒詩書。』」愚謂儒以詩禮發冢，莊子譏假經以文奸者爾。乃欲發冢以求詩書，漢儒之陋至此。」原注：若璩案：「嘗持論此舉未行，秦漢後，遂不獲見《六經》全文，爲終古之恨，頗爲世人所怪。」

書

「著也。」《説文》。「如也。」《説文·叙》。「古曰名，今曰字。」《周禮》「外史掌達書名於四方」注云：「古曰名，今曰字。」《儀禮·聘禮》注云：「名，書文也，今謂之字。」《大戴禮記·四代》篇：「發志爲言，發言定名。」春秋以上曰文，《日知録》二十一卷：「春秋以上言文，不言字。如《左傳》『於文止戈爲武』，〔一〇〕『故文反正爲乏』，『於文皿蟲爲蠱』，及《論語》『史闕文』，《中庸》『書同文』之類，並不言字。」秦漢以下曰字。又云：「以文爲字，乃始於《史記》。秦始皇《琅邪臺刻石》曰：『同書文字。』」《説文·叙》云：「依類象形謂之文，形聲相益謂之字。文者物象之本，字者孳乳而生。」《孝經援神契》亦有此語。又《三國志》注：「孫亮時，有山陰朱育依體像類，造作異字千名以上。」案：《三國志》注，是字與名通也。又《梁書·周興嗣及蕭子範傳》，並有《千字文》之製。《舊唐書·經籍志》：「《千字文》一卷，蕭子範撰；又一卷，周興嗣撰。」又《隋書·文苑傳》：「秦王俊令潘徽爲《萬字文》。」〔詳見《日知録》二十一卷〕。是字與文通也。篆書謂之文，隸書謂之字。《説文·叙》：「此十四篇，五百四十部，九千三百五十三文。解説凡十三萬三千四百四十一字。」是篆書謂之文，隸書謂之字也。然張揖《上〈博雅〉表》：「凡萬八千一百五十文。」唐玄度《九經字様·叙》：「凡七十六部，四百二十一文。」二者皆隸書，則又通謂之文矣。著於竹帛曰書。《説文·敘》。書者，如也。字者，孳也。文者，點畫交錯成文也。《説文》：「文，錯畫也。」文、字合而爲言。《釋名》：「言，宣也。宣彼此之意也。」古者一字爲一言，《戰國策》：「臣請三言而已矣。益一言，臣請烹。曰：海大魚。」案《論語》：「有一言而可以終身行之者乎？子曰：其恕乎！」亦以一字爲一言。《漢書·東方朔傳》：「凡臣朔固已誦四十四萬言。」亦謂四十四萬字。一句亦謂一言。《左氏·定四年傳》：「趙簡子曰：夫子語我九言。」《論語》：「一言以蔽之。」又云：「六言六蔽。」案《困學紀聞》六卷：「古以一句爲一言，今以一字爲一言。如五言、六言、七言詩之類。」以此爲非，不知《論語》已有兩例。閻百詩辯之是矣。秦漢以來謂之句。句者，局也。《詩·關雎》疏：「句，古謂之言。秦漢以來，衆儒各爲訓詁，乃有句稱。句必聯字而言，句者，局也。聯字分疆，所以局言者也。」句半而絶之謂之讀，《周禮·宮正》：「春秋以木鐸修火，禁凡邦之事蹕。」鄭司農讀火絶之，云：「禁凡邦之事蹕。」《釋文》：「讀，戚如字，徐音豆。」疏云：「先鄭讀火絶之，則火字向上爲句也。其『禁』自與『凡邦之事蹕』共爲一句。」《增韻》：「句讀，凡經書，成文語絶處謂之句；語未絶而點分之，以便誦詠謂之讀。今祕省校書式，凡句絶，則點於字之旁，讀分，則微點於字之中間。」案：讀，《集韻》、《韻會》並音豆，《韻會》又通作『投』。馬融《長笛賦》：「察度於句投。」李善注引《説文》曰：「逗，止也。投與逗古字通，音豆。投，句之所止也。」案：此則讀與逗通，逗又與投通，而投字亦音豆矣。然今東齊人俗語云句投者，投，即如本字音頭，不音豆也。疑音頭者是。亦謂之投。見上。句者，鉤也，詞終鉤絶之也。投者，酘也，詞未終而微絶之，俟再酘也。《集韻》：「酘，酒再釀。」《抱朴子·金丹卷》：「猶一酘之酒，不可以方九醞之醇耳。」句竟謂之章，《説文》：「樂曲盡爲竟。樂竟爲一章。」章竟謂之篇。《説文》：「篇，書也。」案：《毛詩》：「周南之國十一篇，三十六章，百五十九句。召南之國十四篇，四十章，百七十七句。」篇、章、句之義蓋如此。章未竟而句竟者，點之爲斷。《左氏·襄二十八年傳》：「賦詩斷章。」案：校書者，句終則點之，名爲點句。句竟而章未竟者，涂之爲乙。《史記·東方朔傳》：「朔初上書，人主從上方讀之，止，輒乙其處，讀三月乃盡。」（二）案：乙者，讀書以筆志其止處也。又唐試士式：塗幾字，乙幾字。抹去謂字曰塗，字有遺脱，句其旁而增之曰乙，義亦通也。古之造書，凡有三人焉。長名曰梵，其書右行；次曰佉盧，其書左行；少者蒼頡，其書下行。《法苑珠林》。《困學紀聞》八卷引夾漈《六書略》云：「梵書左旋，其勢向右，華書右旋，其勢向左。」案《漢書·西域傳》：「安息國，書革，旁行爲書記。」服虔曰：「横行爲書記也。」師古曰：「今西方胡國及南方林邑之徒，書皆横行，不直下也。」蒼頡亦曰皇頡，姓侯，剛氏也。案：三蒼者，《困學紀聞》八卷引「《隋志》以《蒼頡》、《訓纂》、《滂喜》爲《三蒼》。《説文繫傳》以《蒼頡》、《爰歷》、《博學》爲《三蒼》，并《訓纂》爲四篇」。若璩案：「《三蒼》之名，以《隋·經籍志》爲定。蓋趙高所作《爰歷篇》、胡母敬所作《博學篇》，并於李斯《蒼頡篇》已久，而不復可别識矣。《訓纂》，揚雄作。《滂喜》，賈魴作。」

篆籒變而爲八分，八分破而爲隸書，隸書散而爲行艸。《困學紀聞》八卷：「周越《書苑》云：『郭忠恕以爲小篆散而八分生，八分破而隸書出，隸書悖而行書作，行書狂而艸書聖。以此知隸書乃今真書。趙明誠謂誤以八分爲隸自歐陽公始。」自注：「庾肩吾云：『隸書，今之正書。』張懷瓘云：『隸書云者，程邈造，字皆真正，亦曰真書。』《千文》云：『杜藁鍾隸。』《王羲之傳》：『尤善隸書。』」唐李綽《尚書故實》：「八分書起於漢時王次仲。次仲有道術，詔徵聘於車中，化爲大鳥飛去，墜三翮於山谷間。今有大翮山、小翮山，在常山郡界。」案：八分者，《書苑》云：「蔡琰言，割程隸八分取二分，割李篆二分取八分，於是爲八分書。」任玠亦云：「八分酌乎篆、隸之間。」秦有八體，《說文·叙》：「秦書有八體：一曰大篆，二曰小篆，三曰刻符，四曰蟲書，五曰摹印，六曰署書，七曰殳書，八曰隸書。」漢有六書。《漢書·藝文志》：「六體者，古文、奇字、篆書、隸書、繆書、蟲書。」《說文》：「時有六書：一曰古文，孔子壁中書也。二曰奇字，即古文而異者也。三曰篆書，即小篆，秦始皇帝使下杜人程邈所作也。四曰佐書，即秦隸書。五曰繆篆，所以摹印也。六曰鳥蟲書，所以書幡信也。」延及於唐，雖厥體有五，而僅用其三。《唐六典》云：「校書郎、正字所掌字體有五：一古文，二大篆，皆不用。三小篆，印璽、旗旛用之。四八分，石經、碑刻用之。五隸書，典籍、表奏、公私文疏用之。」隸學兢爽，而古文遂弱焉。《困學紀聞》八卷：「董彦遠有《古文集類·叙》云：『孔安國以隸古易科斗，故漢人不識古字。開元又廢漢隸，易以今文，故唐人不識隸古。』」自注云：「今案《書序》『爲隸古定』，《正義》謂就古文體而從隸以定之。雖隸而猶古。蓋存古則可慕，爲隸則可識，非謂隸書爲隸古也。」艸書者，蓋萌牙于西京，《說文》：「漢興有艸書。」徐鍇曰：

「案書傳，多云張芝作艸，又云齊相杜操作。據《説文》，則張芝之前已有矣。案張懷瓘《書斷》云：『章艸者，漢黄門令史游所作。』」此又一説。《日知録》二十一卷：「褚先生補《史記·三王世家》曰：『至其次序分絶，文字之上下，簡之參差長短，皆有意，人莫之能知。謹論次其真艸詔書，編於左方。』是則褚先生親見簡策之文，而孝武時詔，即已用艸書也。」轉盛於東漢。《日知録》：「《魏志·劉廙傳》：『轉五官將文學。文帝器之，令廙通艸書。』則漢魏之間，箋啟之文有用艸書者矣。《晉書·郗鑒傳》：『帝以鑒有器望，萬機動静輒問之，乃詔特艸上表疏，以從簡易。』故艸書之可通於章奏者，謂之章艸。」又云：「《淳化帖》有漢章帝書百餘字，皆周興嗣《千字文》中語。《東觀餘論》曰：『此書非章帝，然亦前代人作，但録書者集成《千字》中語耳。』黄魯直跋《章艸千字文》曰：『章艸，言可以通章奏耳，非章帝書也。』所謂章艸者也，良繇俗尚簡惰，人趣約易。然彼愨士端人，賤其輕簡。槧書艸書，黝黈點黵，衛恒《書勢》。梁武帝《書評》：「黝黈點黵，言狀如連珠，絶而不離。」案：皆艸書勢也。黝，《集韻》：「乃玷切，音淰。」亦復不作爾。《日知録》二十一卷：「北齊趙仲，將學涉羣書，善艸隸，雖與弟書，字皆楷正。云：『艸不可不解，若施之於人，似相輕易；若與當家中卑幼，又恐其疑。是以必須隸筆。』唐席豫，性謹，雖與子弟書疏及吏曹簿領，未嘗艸書。謂人曰：『不敬他人，是自不敬也。』柳仲郢，手鈔九經、三史，下及魏晉南北諸史，皆楷小精真，無行字。宋劉安世，終身不作艸字，書尺牘未嘗使人代。張觀，平生書，必爲楷字，無一行艸，類其爲人。古人之謹重如此。《舊唐書》：『王君廓爲幽州都督，入朝。李玄道爲長史，附書與其從甥房玄齡。君廓私發之，不識艸字，疑其謀己，懼而奔叛，玄道坐流巂州。』艸書之釁，乃至是邪！」

韻書者，起於形聲，《說文·敘》：「六書，三曰形聲。形聲者，以事爲名，取譬相成，江河是也。」案：形聲即諧聲。成於依永。《虞書》：「歌永言，聲依永，律和聲。」鳥鳴布穀，《爾雅》：「鳲鳩，鴶鵴。」郭注：「今之布穀也。」案：布穀，《方言》謂之「結誥」，又謂之『擊穀』，郭注又呼爲「穫穀」，《爾雅》作「鳲鳩，鴶鵴」。《詩·毛傳》作「鳲鳩」、「秸鞠」，《月令》鄭注作「鳩，搏穀」，《說文》又作「秸䳺」。蓋皆以鳥鳴之聲傳寫爲名。鳴聲隨方音而變，聞者各異，故名無一同者。《夏小正》：「五月，鴂則鳴。」《傳》云：「鴂者，百鷯也。鳴者，相命也。其不辜之時也。」愚案：不辜，蓋鳥鳴之聲，命人不負此也。蟲吟絡緯。案：蟋蟀，一名絡緯。蓋其聲似絡車，因名焉。音之興也，理自然耳。故知「聲有飛沈，響有雙疊」。二語見《文心雕龍》。《晉書·謝莊傳》：「王元謨問莊，何者爲雙聲，何者爲疊韻？答曰：元護爲雙聲，磝碻爲疊韻。」黃氏曰：「疊韻，二字同在一韻。雙聲，二字同一字母。」是爲天籟，非本人聲者也。案：天籟，見《莊子》。《文心雕龍》：「音律所始，本於人聲者也。」漢魏以前，言音不言韻。《說文》無韻字。徐鉉引裴光遠云：「韻，古與均同。」案：《唐書·楊收傳》：「夫旋宮以七聲爲均。」均，言韻也。古無韻字，猶言一韻聲也。韻，《集韻》或作韵。晉宋以後，韻盛而音微。《說文·新附字》：「韻，和也。」

《玉篇》：「聲音和曰韻。」《文心雕龍》：「異音相從謂之和，同聲相應謂之韻。」《晉書·律歷志》：「凡音聲之體，務在和韻。益則加倍，損則减半。」陸機《文賦》：「收百世之闕文，采千載之遺韻。」案：後人言韻始見於此。繇斯以降，聲病實繁，而音樂有乖，或廢不講焉。鄭康成導清源於前，閻百詩曰：《儀禮·士昏禮記》注：「用昕使者，用昏壻也。壻，悉計反，从士从胥。俗作婿，女之夫。」〔一二〕鄭作反語，有此一條。案：此注可疑。《釋文》既闕，賈疏又復無説。或是後人傳寫，誤將何處釋文竄入於此。而陸德明、賈公彦皆所未見也。又案：經中非注文竄入者，又見於《周禮·保氏》「九數」鄭司農云：「今有重差，夕桀、句股。」《釋文》：「夕桀音的，此二字非鄭注。」《困學紀聞》四卷案：「《少儀》正義引鄭司農云：『今有重差，句股。』馬融、干寶等更云：『今有夕桀，各爲二篇，未知所出。』則『夕桀』二字後人附益，非鄭注信矣。」孫叔然步芳塵於後。《困學紀聞》八卷引《釋文序録》云：「古人音書，止爲譬況之説，孫炎始爲反語。」《攷古編》謂周顒始有翻切，非也。」原注：「若璩案：音書止爲譬況三句，出《顔氏家訓》。」五聲出于五行，《困學紀聞》又云：「横渠張子曰：『商、角、徵、羽，皆有主，出於脣、齒、喉、舌。獨宫聲全出於口，以兼五聲也。』又米元章云：『五聲之音，出於五行自然之理。沈隱侯只知四聲，求其宫聲不得，乃分平聲爲二。』」又引鶴山魏氏云：「《唐韻》於『二十八删』、『二十九山』之後，繼以『三十先』、『三十一僊』。今平聲分上下，以『一先』『二僊』爲下平之首，不知『先』字蓋自『真』字而來。愚考徐景安《樂書》，凡宫爲上平，商爲下平，角爲入，徵爲上，羽爲去。則唐時平聲已分上下矣。」案：沈約已分平聲爲二。但自梁及唐，次第已異，由唐迄今，删併尤多。《困學紀聞》注：「若璩案：『曾親見吳彩鸞所書《唐韻》次第，較鶴山亦不合。』」七音生於二變。又引夾漈鄭氏曰：「聲爲經，音爲緯。平、上、去、入，四聲也。其體縱，故爲經。宫、商、角、徵、羽、半徵、半商，七音也。其體横，故爲緯。」案：七音二變，詳《國語》注。「商徵響高，宫羽聲下。抗喉矯舌之差，攢脣激齒之異，廉肉相準，皎然可分。」《文心雕龍》。前世作者亦云備矣。案：韻書之最古者莫如魏李登《聲類》。晉吕静倣其法作《韻集》，齊周顒始著《四聲切韻》，梁沈約有《四聲》一卷，隋秦王俊有《韻纂》，陸法言有《切韻》五卷。至唐孫愐《唐韻》出而諸書皆廢。宋景德祥符中，陳彭年等重修《廣韻》，丁度有《集韻》，金韓道昭有《五音集韻》，元黄公紹有《韻會舉要》，明洪武中，宋濂等修《正韻》。此韻書之大略也。《困學紀聞》八卷：「後魏江式曰：『晉吕静倣李登《聲類》之法，作《韻集》五卷，宫、商、龣、徵、羽，各爲一篇。則韻分爲五，始於吕静，非自沈約始也。約答陸厥曰：宫商之聲有五，文字之别累萬，以累萬之繁，配五聲之約，高下低昂，非思力所學。』」洎梵學入中國，其術精密。沈存中《筆談》。三十六字母，若網在綱，秩爾有條。《困學紀聞》八卷：「七音三十六字母，出於西域，豈所謂學在四夷者歟？司馬公以三十六字母，總三百八十四聲，（一三）爲二十圖。夾漈謂梵人長於音，所得從聞入；華人長於文，所得從見入。華則一音該一字，梵則一字或貫數音。」自注云：「鳩摩罗什曰：天竺國俗，甚重文制，其宫商體韻，以入管弦爲善。凡覲國王，必有贊德，佛經中偈、頌，皆其式也。」豈非「聲得鹽梅，響滑榆槿，割棄支離，宫商難隱者哉。《文心雕龍》。

經　法也。《周禮·大宰》「以經邦國」注。徑也。《楚詞》王逸注。如徑路，無所不通，可常用也。《釋名》。案：經，又常也，《釋名》是矣。或言五經。《白虎通·五經》篇：「經所以有五何？經，常也，有五常之道，故曰五經。五經何謂？《易》、《尚書》、《詩》、《禮》、《春秋》也。」案：《白虎通》五經有二説：一言《樂經》，一言《春秋》，其説並通。或言六經。《困學紀聞》八卷：「六經始見於《莊子·天運》篇：『孔子曰：治《詩》、《書》、《禮》、《樂》、《易》、《春秋》六經。』」或言六藝。又云：「以《禮》、《樂》、《詩》、《書》、《易》、《春秋》爲六藝，始見於太史公《滑稽列傳》：『孔子曰：六藝於治一也。』」又云：「《漢書·藝文志》云：『六藝之文，《樂》以和神，仁之表也；《詩》以正言，義之用也；《禮》以明體，故無訓；《書》以廣聽，知之術也；《春秋》以斷事，信之符也。五者蓋五常之道，相須而備，而《易》爲之原。』《白虎通》云：『有五常之道，故曰五經。《樂》仁，《書》義，《禮》禮，《易》智，《詩》信也。』二説不同。然五經兼五常之道，不可分也。」或言七經。又云：「後漢趙典，學孔子七經，蜀秦宓，謂文翁遺相如東受七經。」或言九經。又云：「《釋文·叙録》：『《易》、《書》、《詩》、《周禮》、《儀禮》、《禮記》、《春秋》、《孝經》、《論語》。』」《唐·谷那律傳》「九經庫」，始有九經之名。或言十經者，五經五緯也。《南史·周續之傳》。或言十二經者，六經六緯也。《莊子·天道》篇：「於是繙十二經以説老聃。」或言十三經者，九經之内，《春秋》則三《傳》，加以《孟子》、《爾雅》也。閻百詩案：「《孟子題辭》：『孝文皇帝欲廣游學之路，《論語》、《孝經》、《孟子》、《爾雅》，皆置博士。後罷傳記博士，獨立五經而已。』朱子謂此事在《漢書》無考。余謂劉歆《移太常博士書》云：『孝文皇帝，《尚書》初出屋壁，《詩》始萌牙，天下衆書往往頗出，皆諸子傳説，猶廣立於學官，爲置博士。』非歧説之所本乎？第史文不備耳。」案：十三經之名雖不見於古，然據趙氏《孟子題辭》，即近世十三經所由名也。嘗爲之説曰：五經該五常之道，言五經者是也。案：證以《論語》，稱「假年學《易》」。「《書》云：孝乎惟孝」、「雅言：《詩》、《書》執禮。」「興於詩，立於禮，成於樂。」又「韓宣子見《易》象與魯《春秋》而曰：周禮盡在魯。」則《春秋》亦古經之名，《白虎通》蓋得其實。六經非藝文之末，言六藝者，非也。案：《禮記·經解》並舉《詩》、《書》、《樂》、《易》、《禮》、《春秋》之教而題曰《經解》，則知自周以前皆曰六經，漢儒始言六藝，而亦或言五經。《漢書·藝文志》：「古之學者耕且養，三年而通一藝，三十而五經立」是也。又案：《急就篇》云：「宦學諷《詩》、《孝經》、《論》，《春秋》、《尚書》、《律令》文，治《禮》掌故砥礪身。」此舉六經，與《藝文志》又不同。或言四經者，各有見也。《困學紀聞》八卷：「邵子定以《易》、《書》、《詩》、《春秋》爲四經，猶春夏秋冬、皇帝王伯。」或兼六緯者，傳猶經也。案：經非傳無以明，經緯相爲表裏，故《莊子》即以六經六緯爲十二經。「寧言周孔誤，莫道服鄭非」，《詩·疏》述六朝語。墨守者也。「遵師爲非義，意説爲得理」，《漢書》徐防言：「今不依章句，妄生穿鑿，以遵師爲非義，意説爲得理。輕侮道術，寖以成俗。」盜名者也。非盜非墨，斯通儒者也。案：通儒不可殫名，求之古人，如夏侯勝所譏：建，章句小儒，破碎大道，然其人乃是通儒。夫經焚於秦而《易》獨存，經出於漢而《樂》獨亡。閻百詩述吳文正語。漢興，文帝始置一經博士。《困學紀聞》八卷：「後漢翟酺曰：文帝始置一〔若璩案：今本作五，此云一，於事雖合，於文則改。〕經博士，攷之漢史，文帝時申公、韓嬰，皆以《詩》爲博士，五經列於學官者，唯《詩》而已。景帝以轅固爲博士，而餘經未立。」武帝初立五經博士。又云：「武帝建元五年春，初置五經博士。」《儒林傳·贊》曰：「武帝立五經博士，《書》唯有歐陽，《禮》后，《易》楊，《春秋》公羊而已。」立五經而獨舉其四，蓋《詩》已立於文帝時，今并《詩》爲五也。於後，諸經猶頗以次並列學官，雖與世盛衰，而經學卒以大顯。延及於唐，猶墨守也。案：唐人諸經義疏可見。迨其後，盜名字者固多矣。《日知録》二卷「豐熙僞尚書」下引陸務觀曰：「唐及國初學者，不敢議孔安國、鄭康成，況聖人乎？自慶歷後，諸儒發明經旨，非前人所及。然排《繫辭》，毁《周禮》，疑《孟子》，譏《書》之《胤征》、《顧命》，不難於議經，況傳注乎！趙汝談至謂《洪範》非箕子之作。」學經不明，不如歸耕。夏侯勝語。今之學者，苟欲經義復明，其必轉盜爲墨而可歟？案：且當學唐儒。唐之試士，大經二，小經四。又云：「《易》、《尚書》、《春秋公羊傳》、《穀梁傳》爲小經。」又云：「通二經者，大經、小經各一，若中經二。通三經者，大經、中經、小經各一。通五經者，大經皆通，餘經各一。」斯蓋帖括之習，明經之陋，盜竊之餘也。《困學紀聞》五卷「禮記」下「若璩案：壬子夏，讀唐司業李元瓘上言：『明經所習，務在出身，咸以《禮記》文少，人皆競讀。』《禮記》在唐試士爲大經，何以文反少？今讀《唐書·選舉志》，不覺洞然曰：唐制，通五經固讀大經，即凡通二經、三經，亦必讀一大經。《禮記》大經，僅九萬餘字，《左氏傳》一十九萬餘字，誰肯舍九萬餘字之經而誦習十九萬餘字者乎？參以同時楊瑒奏：今之明經，習《左氏》者十無二、三。正合所謂《禮記》文少者，較特少於《左氏傳》耳，〔一四〕爲之快絶，附識於此。」何足語於通經者哉。自漢迄宋，刊定經文爲石經凡七。《困學紀聞》八卷：「石經有七：漢熹平則蔡邕，魏正始則邯鄲淳，晉裴頠，唐開成，中唐玄度，後蜀孫逢吉等，本朝嘉祐中楊南仲等，中興高廟御書。〔自注：後蜀石經於高祖、太宗諱，皆缺畫，唐之澤深矣。〕」自鏤版行而石經廢。宋孔平仲，《珩璜新論》云：「昔時文字未有印板，多是寫本。《齊宗室傳》：『衡陽王鈞嘗手自寫五經，〔一五〕置於巾箱中』，『巾箱五經』自此始也。至後唐明宗長興三年，宰相馮道、李愚請令判國子監田敏校正《九經》，刻版印賣，朝廷從之。是雖在亂世，九經傳播甚廣。至周廣順中，蜀母昭裔又請刻印版九經，於是蜀中文字復盛。」《天禄識餘》云：「唐以前，凡書籍皆寫本，未有模印之法。五代時，馮道始奏請官鏤版印行。宋淳化中，復以《史記》、《前、後漢》付有司摹印，自是録本漸多。然隋文帝開皇十三年十二月八日，敕廢像遺經，悉令雕撰。則印書之制，又在馮瀛王先矣。」九經凡四十七萬八千八百七十四字。王崇簡《冬夜箋記》：「歐陽永叔言：《孝經》一千九百三字，《論語》一萬一千七百五字，《孟子》三萬四千六百八十五字，《周易》二萬四千一百七字，《尚書》二萬五千七百字，《詩》三萬九千二百三十四字，《禮》九萬九千一十字，《周禮》四萬五千八百六字，《春秋左傳》一十九萬六千八百四字。準以中人之資，日讀三百字，不過四年半可畢。稍頓者，減中人之半，亦九年可畢。昔友人宋文玉少司空爲給諫時，曾於《十三經》分爲段落，日讀幾行，一年除歲時曠日，以一人計之，自十三讀起，至十八、九歲可讀畢。惜其邑經兵燹，遺書無復存者矣。」

書卷　自簡牘亡滅而書於帛，帛亦絹也，絹須軸藏，故名卷軸。至卷軸又復難行，而變爲册葉矣。《歸田録》二云：「唐人藏書，皆作卷軸。其後有葉子，其制似今策子。案：今俗作册頁。凡文字有備檢用者，卷軸難數卷舒，故以葉子寫之。如吳彩鸞《唐韻》、李郃《彩選》之類是也。」案：今道釋藏經，雖從版印，仍用册葉之制，獨爲近古。

校記

〔一〕《水經注》卷六《汾水》作「高二寸二分」。

〔二〕《漢書》卷四十《周亞夫傳》「命」作「令」。

〔三〕史記，應作《漢書》，文在卷一下《高帝紀下》。

〔四〕致，《後漢書》卷一上《光武帝紀上》作「置」。

〔五〕《玉篇》作「箋，表識書也。與牋同。」

〔六〕《後漢書》卷八十上《文苑傳上》「凡」上有「令」字。

〔七〕詔，《漢書》卷三十《藝文志》作「誥」。

〔八〕三百，《後漢書》卷五十七《劉陶傳》作「七百」。

〔九〕鈞，《春秋左傳正義》卷一《春秋·序》「大事書之於策，小事簡牘而已」孔疏作「鉤」。

〔一〇〕《左傳·宣公十三年》「於」作「夫」。

〔一一〕《史記》卷一百二十六《滑稽·東方朔傳》作「讀之二月乃盡」。

〔一二〕今本《儀禮注疏》卷六《士昏禮》此注只有「用昕使者，用昏壻也」八字，無反語。

〔一三〕《困學紀聞》八卷「總」下有「爲」字。

〔一四〕較特，《翁注困學紀聞》卷五作「特較」。

〔一五〕《珩璜新論》卷四，叢書集成初編本「手自寫」作「自手細寫」。

第九

寺

寺者，官府之名也。《漢書·元帝紀》注師古曰：「凡府廷所在皆謂之寺。」《釋名》：「寺，嗣也。官治事者，相嗣續於其内也。」〔一〕〔案：寺，音嗣。〕三代以上，奄宦謂之寺。寺者，侍也。《詩·秦風》：「寺人之令。」《毛傳》：「内小臣也。」《周禮》：「寺人掌王之内人。」鄭注：「寺之言侍也，取親近侍御之義。」〔二〕秦漢以後，官舍謂之寺。寺者，司也。《日知録》二十八卷：「自秦以宦者任外廷之職，而官舍通謂之寺。」《説文》：「寺，廷也，有法度者也。」此亦是漢時解耳。《風俗通》曰：「寺，司也。」九卿皆曰寺。《唐書·百官表》：「漢以太常、光禄勳、衛尉、太僕、廷尉、大鴻臚、宗正、司農、少府爲九卿。後魏以來，卿名雖仍舊，而所涖之局謂之寺，因名九寺。」《日知録》又云：「又御史府亦謂之御史大夫寺。」縣治亦曰寺。《後漢書·安帝紀》：「皇太后幸雒陽寺及若盧獄，録囚徒。」注云：「寺，官舍也。」《張湛傳》：「告歸平陵，望寺門而步。」注云：「寺門即平陵縣門也。」《樂恢傳》：「父爲縣吏，得罪於令，恢年十一，常俛伏寺門。」《吴志·淩統傳》亦云：「過本縣，步入寺門。」其羣官總治之處曰省，專治之處曰寺。《唐書·楊收傳》：「漢制，總羣官而聽曰省，分務而專治曰寺。諸官府所止皆曰寺。」〔案：省詳下。〕浮屠之居亦曰寺。《石林燕語》：「漢以來，九卿官府皆名曰寺。鴻臚其一也，本以待四裔賓客。明帝時，攝摩騰、竺法蘭自西域以白馬負經至，舍於鴻臚寺。既死，尸不壞，因留寺中。後遂以爲浮屠之居，即雒中白馬寺也。僧居稱寺本此。」

省「視也。」《説文》。「察也。」《爾雅·釋詁》。禁中謂之省，《漢書·昭帝紀》：「帝姊長公主，共養省中。」蔡邕云：「本爲禁中，避元后父名，改曰省中。」師古曰：「省，察也。言入此中者當察視，〔三〕不可妄也。」官司亦謂之省。《唐書·百官志》：「官司之别，曰省，曰臺。如尚書、黄門、中書、秘書、殿中、内侍六省是也。」案：漢制與唐異者，總羣官而聽曰省，其餘曰寺是也。在外謂之行省，《日知録》二十八卷：「十三布政使司，今人謂之十三省者，沿元之舊而誤稱之也。元時爲行中書省者十一：曰遼陽等處，曰鎮東，曰陝西等處，曰四川等處，曰河南、江北等處，曰雲南等處，曰浙江等處，曰江西等處，曰湖廣等處，曰甘肅等處，曰嶺北等處。國初，沿元制立行中書省。洪武七年，以京畿、應天等府直隸六部，改行中書省爲布政使司。今當稱十三布政司，不當稱省。」在州謂之部。《集韻》：「部，總也，統也。」《漢書·地理志》：「置刺史，部十三州。」案：凡州所統亦謂之部，十三州爲十三部也。闞駰《十三州志》：「諺云，仕宦不偶值冀部。」案：部，叶音否。六卿謂之六部。《廣韻》：「部，署也。」六卿之署曰六部。案：六部初名六曹。《通典》「隋初尚書有六曹」是也。唐初六部，亦止列尚書省、都堂之左右爲分司。《通典》：「隋煬帝又改吏部爲選部郎，禮部爲儀曹郎，兵部爲兵曹郎，刑部爲憲曹郎，工部爲起曹郎，以異六侍郎之名。廢諸司員外郎。」

押字　押署也。案：今人謂之畫押。古謂之署，《玉篇》：「署，書檢也。」案：古人自書名謂之署。《戰國策》：「孟嘗君問門下諸客：能爲文收責於薛者乎？馮煖署曰：能。」是知署已起於戰國時矣。亦謂之押。《日知録》二十八卷：「《韓非子》言『田嬰令官具押券斗石參升之計』，則戰國時亦有之。」後世或謂之署，又云：「《集古録》有五代時帝王將相等《署字》一卷。所謂署字者，皆艸書其名，今俗謂之畫押。《南齊書》：『太祖在領軍府，令紀僧真學上手迹下名，答報書疏，皆付僧真。上觀之，笑曰：我亦不復能別也。』『何敬容署名，敬字則大作苟，小作文；容字大爲父。陸倕戲曰：公家苟既奇大，父亦不小。』《北史》：『斛律金不識文字，本名敦，苦其難署，改名爲金。從其便易，猶以爲難。司馬子如教爲金字作屋況之，其字乃就。』《北齊書》：『庫狄干不知書，署名爲干字，逆上畫之，時人謂之穿錐。又有武將王周，署名先爲吉，而後成其外。』《唐書》：『董昌下制詔，自署名。』」或謂之押。又云：「今俗謂之畫押，不知始於何代。岳珂《古冢盆杆記》言：『得晉永寧元年甓，有匠者姓名，下有文如押字。』則晉已有之。然不可考。《魏書》：『崔玄伯尤善行押之書，特盡精巧而不見遺迹。』黄伯思謂『魏晉以來法書，梁御府所藏皆是朱异、唐懷克、沈熾文、姚懷珍等題名于首尾紙縫間，故或謂之押縫，或謂之押尾。後人花押蓋沿于此』。又云：『唐人及國初前輩，與人書牘或只用押字，與名用之無異。上表章亦或爾。近世遂施押字於檄移，不知南北諸史言押字者如此之多。』原注：《癸辛雜識》：『古人押字謂之花押印。是用名字稍花之，如韋陟五雲體是也。』」案：《香祖筆記》十一引《石林燕語》云：「王安石作押，先横一畫，左引脚中爲一圈，圈多不圓，時謂押歹字。」

據此，則花押是用名字無疑矣。《筆記》又言：「前輩有集古名臣花押爲一書者，唐謂之《花書》。」官府謂之押印，《癸辛雜識》。《潛確類書》：「告身、宋敕俱艸書。後用三省長官僉押尚書印。」唐李肇《國史補》：「宰相判四方之事有都堂，處分有司有堂帖，下次押名曰花押。」〔四〕案：六朝章奏亦皆押字。《日知録》：「《陳書》：『蕭引善隸書，高宗嘗披奏事，指引署名，曰：「此字筆勢翩翩，似鳥之欲飛。」』」亦謂之花字。《日知録》又云：「《北齊幼主紀》：〔五〕『開府千餘，儀同無數。領軍一時二十，連判文書，各作花字。〔原注：《北史》：各作依字。〕〔六〕不具姓名，莫知誰也。』」案：今公府文書於官銜下不書名字，但作花押，蓋本於此。制詔謂之押詔，又云：「《唐書》：董昌僭位，下制詔皆自署名。或曰：『帝王無押詔。』昌曰：『不親署，何由知我爲天子。』」又云：「《三國志·少帝紀》注：『《世説》及《魏氏春秋》並云：姜維寇隴右，時安東將軍司馬文王鎮許昌，徵還擊維，至京師，帝御平樂觀以臨軍過。中領軍許允與左右小臣謀，因文王辭，殺之，勒其衆以退大將軍。已書詔於前。文王入，帝方食粟，優人雲午等唱曰：「青頭雞，青頭雞。」青頭雞者，鴨也。帝懼不敢發。』案：鴨者，勸帝押詔書耳。是則以親署爲押已見于三國時矣。」亦謂之畫敕。又云：「南北朝謂之畫敕。」

邸報　邸，舍也。《説文》：「邸，屬國舍也。」案：今寫報處曰報房，行報處曰提塘也。報，告也。《漢書·吳王傳》：「無文書，口報。」〔七〕案：文報始見於此。自漢以前謂之赴，《爾雅·釋詁》：「赴，至也。」疏云：「趨而至也。」《説文》：「赴，趨也。」徐鉉曰：「《春秋傳》『赴告』用此字，今俗作訃，非是。」《左氏隱三年傳》：「赴以庚戌。」案：赴趨也者，加疾也。今俗，送文報者名曰捷足是也。又，赴、報古通用。《禮·喪服小記》「報葬者報虞」注云：「報讀爲赴，急疾之義。」〔八〕漢謂之報，案：《漢書》中多矣。《吳王傳》「無文書，口報」是其一。唐謂之雜報，《日知録》二十八卷，「唐《孫樵集》中有《讀開元雜報》一篇。」《困學紀聞》十四卷：「孝宗問周益公云：唐孫樵讀《開元録》，雜報數事内，有宣政門宰相與百僚廷諍，十刻罷。偏檢新、舊唐史及諸書，並不載益公奏。《太平御覽》總目内有《開元録》一書。祖宗朝此本尚存，近世偶不傳耳。容臣博加詢訪。」宋謂之邸報，又云：「《宋史·劉奉世傳》：『先是進奏院每五日具定本報狀，上樞密院。然後傳之四方。而邸吏輒先期報下，或矯爲家書，以入郵置。奉世乞革定本，去實封，但以通函騰報。從之。』《吕溱傳》：『儂智高寇嶺南，詔奏邸毋得輒報。溱言：一方有警，使諸道聞之，共得爲備。今欲人不知，何也？』《曹輔傳》：『政和後，帝多微行，始，民間猶未知。及蔡京謝表，有「輕車小輦，七賜臨幸」，自是邸報聞四方。』邸報字見於史書蓋始於此。」亦謂之朝報。案：王安石詆《春秋》爲斷爛朝報。

服制　期功奔喪，《日知録》十五卷：「《記》曰：『奔喪者自齊衰以下』，是古人於期功之喪無有不奔者。《太祖實録》：『洪武二十三年閏四月甲戌，除期年奔喪之制云云。』此出於一時權宜之政，沿習以來，至三百年。遂以不奔喪守制爲禮法之當然，而倍死忘哀多見於搢紳之士矣。」去官持服。又云：「古人於期功之喪皆棄官持服。《通典》：『安帝初，長吏多避事棄官。乃令：自非父母服不得去職。』攷之於書，如韋義以兄順喪去官；楊仁以兄喪去官；譙玄以弟服去官；戴封以伯父喪去官；馬融遭兄子喪自劾歸；陳實以期喪去官；賈逵以祖父喪去官。晉泰始中，楊旌有伯母服未除而應孝廉舉博士，韓光議以宜貶。又言，天水太守王孔碩舉楊少仲爲孝廉，有期之喪而行，甚致清議。」又，「緦喪不得赴舉。宋天禧三年，郭稹冒緦喪赴舉，爲同輩所訟，殿三舉。今制，非三年之喪皆得赴舉。故士彌躁進，而風俗之厚不如昔人遠矣。」兄弟憂，又，「《風俗通》云：『范滂父，字叔矩，博士徵，以兄憂不行。』《劉衡碑》云：『爲渤海王郎中令，以兄琅邪相憂，即日輕舉圉令。』《趙君碑》云：『司徒楊公辟，以兄憂不至。』則兄喪亦謂之憂也。《曹全碑》云：『遷右扶風槐里令，遭同産弟憂棄官。』則弟喪亦謂之憂也。」從父兄憂，又，「《度尚碑》云：『除上虞長，以從父憂去官。』《楊著碑》云：『遷高陽令，遭從兄沛相憂，篤義忘寵，飄然輕舉。』則從父、從兄喪亦謂之憂也。」姊憂。「《陳重傳》云：『舉尤異，當遷爲會稽太守，遭姊憂去官。』則姊喪亦謂之憂也。古人凡喪皆謂之憂，其父母喪則謂之丁大憂。見《北史·李彪傳》。」妹喪去官，「《王純碑》云：『拜郎，失妹，歸寧，遂釋印紱。』晉陶淵明作《歸去來辭·自叙》曰：『尋程氏妹喪於武林，情在駿奔，自免去職。』則已嫁之妹猶去官以奔其喪也。」妻喪去官，「後漢末，時人多不行妻服。荀爽引據大義，正之經典，雖不悉變，亦頗有改者。而潘岳《悼亡》詩曰：『亹亹期月周，戚戚彌相愍。』又曰：『投心遵朝命，揮涕强就車。』是則期喪既周然後就官之證。今代之人，躁於得官，輕於持服，令晉人見之，猶當恥於爲伍，況三代聖賢之列乎？」子喪去官，晉《稽紹傳》：「拜徐州刺史，以長子喪去職。」則子之喪亦可以去官也。師喪去官。漢人有以師喪去官者，如延篤、孔昱〔《後漢書》、劉焉《蜀志》〕，並見於史。而荀淑之卒，李膺時爲尚書，自表師喪，則朝廷固已許之矣。其亦「子貢築室於場」、「二三子羣居則絰」之遺意也與？漢文帝短喪，《史記》、《漢書》。案：《日知録》有辯。《困學紀聞》十四卷：「常衮與禮官議禮，爲君斬衰三年，漢文帝權制三十六日，我太宗遺詔亦三十六日。羣臣不忍既葬而除，略盡四月。高宗如漢故事，玄宗以來始變天子喪爲二十七日。」自注云：「世多以短喪議漢文帝，而不知二十七日之制，自玄宗始也。」唐太宗增服。《日知録》五卷「唐人增改服制」：「嫂叔無服，太宗令服小功；曾祖父母舊服三月，增爲五月；嫡子婦大功，增爲期；衆子婦小功，增爲大功；舅服緦，增爲小功。〔《新唐書》〕父在爲母服期，高宗增爲三年。婦爲夫之姨舅無服，玄宗令從夫服。又增舅母緦麻，堂姨、舅袒免。而宏文館直學士王元感遂欲增三年之喪爲三十六月。〔《舊唐書·張柬之傳》〕何休注《公羊傳》言，魯文公亂聖人制，欲服喪三十六月。〕皆務飾其文，欲厚於聖王之制。而人心彌澆，風化彌薄。不探其本而妄爲之增益，亦未見其名之有過於三王也。」三年喪與古異者三事。又云：「今人三年之喪有過於古人者三事。王肅據《禮記·三年問》「二十五月而畢」、《檀弓》「祥而縞，是月禫，徙月樂」之文，謂爲二十五月。〔故漢人喪服之制謂之五五。〕鄭玄據《服問》「中月而禫」之文，〔九〕謂爲二十七月。〔注云：「中月，間一月也。」〕〔一〇〕二説各有所據，今從鄭氏之説。三年之喪必二十七月。〔原注：宋武帝永初元年，改晉所用王肅祥禫二十六月儀，依鄭玄二十七月而後除。〕其過於古人一也。《儀禮·喪服》篇曰：「疏衰裳、齊牡麻絰、冠布纓、削杖、布帶、疏屨，期者，」父在爲母。傳曰：「何以期也？屈也。至尊在，不敢伸其私尊也。」《禮記·雜記下》篇曰：「期之喪，十一月而練，十三月而祥，十五月而禫。」

注云：「此謂父在爲母也。」《喪大記》曰：「期終喪不食肉，不飲酒。父在爲母、爲妻。」又曰：「期，居廬，終喪不御於内者，父在，爲母、爲妻。」今從武后之制亦服三年之服。〔高宗上元元年，天后上表，請父在爲母服齊衰三年。從之。玄宗開元七年敕依《喪服》傳文。二十年，蕭嵩改修五禮，復請依上元敕，父在，爲母齊衰三年。從之。〕其過於古人二也。《喪服》篇又曰：「不杖、麻屨者，婦爲舅姑。」傳曰：「何以期也？從服也。」《檀弓上》篇曰：「南宮縚之妻之姑之喪，夫子誨之髽。」《正義》謂「以其爲期之喪而殺於斬衰之服」。《喪服小記》曰：「婦人爲夫與長子稽顙，其餘則否。」今從後唐之制，婦爲舅姑亦服三年。〔何孟春《餘冬序録》引唐李涪論曰：『婦爲舅姑十五月而禫，禫後，門庭尚素，婦服青縑衣以俟夫之終喪云云。』〕其過於古人三也。皆後儒所不敢議。非但因循國制，亦畏宰我短喪之譏。若乃日月雖多而哀戚之情不至焉，則不如古人遠矣！」

撎拜　「撎，舉手下手也。」《説文》。案：下手，不至地也，至地則爲拜。拜，手至地也。案：《説文》作「首至地」，疑手字之譌。揚雄説「拜从兩手下」是也。〔一一〕厀地曰跪。《釋名》：「跪，危也。兩厀隱地，體危倪也。」〔一二〕案：古以厀坐，禮所謂坐，皆是跪也。蟹有八足，全似跪形，故名八跪。《説文》以跪爲拜，恐非。小跪曰啟，《爾雅·釋言》：「啟，跪也。」《詩·小雅》：「不遑啟處。」《毛傳》用《爾雅》。長跪曰跽。《説文》：「跽，長跪也。」《釋名》：「跽，忌也。見所敬忌不敢自安也。」案：古人席地而坐，平時兩厀隱地，其體短矮，見所尊敬，引身而起，下體矧長，故曰長跪。首至手曰拜手，拜手者，空首也。《周禮·大祝·辨九𢷎》：「三曰空首。」注云：「空首，拜頭至手，所謂拜手也。」案：空首，拜不跪。今時送賓至大門外，主人俛首拱手俟賓升輿，即所謂空首也。空首者，言首不至地。一拜謂之奇，九㨶，「七曰奇㨶。」鄭大夫云：「奇拜謂一拜也。」玄謂「一拜答臣下。」案：今時賓主相見亦皆一拜。再拜謂之褒。「八曰褒拜。」鄭大夫云：「褒讀爲報，報拜，再拜是也。」鄭司農云：「褒拜，今時持節拜是也。」玄謂「再拜，拜神與尸」。案：今時於所尊敬，辭不爲禮，亦須再拜，答其殷勤。漢時持節拜，今未詳聞，康成亦不從也。揖而不拜謂之肅。「九曰肅㨶。」鄭司農云：「肅拜但俯下手，今時撎是也。介者不拜，故曰爲事，故敢肅使者。」案：《左氏成十六年傳》：「三肅使者而退。」是知肅拜施於軍中也。孔疏案：成二年，鞌之戰獲齊侯，「晉郤克投戟，逡巡再拜稽首。」軍中得拜者，《公羊》之義。將軍不介冑，故得有拜法是也。肅，其禮之殺者也。䭫首者，禮之至隆也，首至地曰䭫首。「一曰䭫首。」注云：「稽首，拜頭至地也。」案：䭫，《説文》：「下首也。」即今所謂叩頭。叩頭必先拜，然後䭫首，故曰拜手䭫首。《日知録》二十八卷引《明朝會典》曰：「後一拜叩頭成禮，此古之遺意也。」小委地曰頓首。「二曰頓首。」注云：「頓首，拜頭叩地也。」案：叩地者，頭纔及地即引起也。䭫者，至地猶有稽留也。二者，輕重之别。頓首施於敵體，疏云：「頓首者，平敵自相拜之拜。」案：晉穆嬴抱太子頓首於趙宣子，魯季平子頓首於叔孫，漢李陵《報蘇武書》稱頓首，皆是自敵以下。稽首施於至尊，疏云：「稽首，拜中至重，臣拜君之拜。」《禮·郊特牲》：「拜，服也。稽首，服之甚也。」又曰：「大夫之臣不稽首，非尊家臣，以避君也。」《左氏襄三年傳》：「盟于長樗，公稽首。知武子曰：天子在，而君辱稽首，寡君懼矣！」《哀十七年傳》：「盟于蒙，齊侯稽首，公拜。齊人怒。孟武伯曰：非天子，寡君無所稽首。」以是知䭫首，拜之至重也。《日知録》二十八卷：「今表文皆云稽首頓首。蔡邕《獨斷》：『漢承秦法，羣臣上書，皆言昧死言。王莽盜位，慕古法，去昧死曰稽首。光武因而不改。朝臣曰稽首頓首，非朝臣曰『稽首再拜。』」䭫顙施於凶喪。「五曰吉揖，六曰凶揖。」注云：「吉拜，拜而後稽顙，謂齊衰、不杖以下者。凶拜，稽顙而後行，謂三年服者。」《日知録》又云：「荀子言『平衡曰拜，下衡曰稽首，至地曰稽顙』，似未然。古唯喪禮始用稽顙，蓋以頭觸地，其與稽首，乃有容無容之别。」膜拜者，舉兩手拜也。《穆天子傳》：「膜拜而受。」案：膜拜，舉兩手伏地而拜。蓋如今僧家合掌伏拜之狀。雅拜者，屈一膝拜也。「七曰奇揖。」杜子春云：「奇，讀爲奇偶之奇，謂先屈一膝，今雅拜是也。」案：漢時雅拜，今世謂之打千。《晉書》：「潘岳見郭槐，望塵雅拜。」即今之打千請安也。攷《後漢書·東夷傳》，「高句驪跪拜曳一脚」，與杜子春之説合。然則此拜蓋古之遺法歟？振動拜者，抃手拜也。「四曰振動。」鄭大夫云：「動讀爲董，書亦或爲董。振董，以兩手相擊也。」《釋文》云：「今倭人拜以兩手相擊，如鄭大夫之説，蓋古之遺法。」案：康成不從鄭大夫之説，謂：「振動，戰栗變動之拜。《書》曰：『王動色變。』」疏云：「《書》見今文《大誓》。」愚謂先鄭之説，後鄭雖不從，但據陸氏《釋文》，古拜有此遺法。是當兩存，以廣説《經》之助。又案：《楚辭·天問》注：「手拍曰抃。」〔一三〕今時巫嫗家有抃舞拜也。又，《顔氏家訓·風操》篇云：「南人賓至不迎，相見捧手而不揖，送客下席而已。」今案：捧手而不揖，即今人見賓拱手是也。又有賓主交手謂之拉手者。婦人拜者，肅拜也。《禮·少儀》：「婦人吉事，雖有君賜，肅拜。

爲尸坐，則不手拜，肅拜；爲喪主，則不手拜。」注云：「肅拜，拜低頭也。手拜，手至地也。婦人以肅拜爲正，凶事乃手拜耳；爲喪主不手拜者，爲夫與長子當稽顙也〔案：《喪服小記》文〕。其餘亦手拜而已。或曰：喪爲主，則不手拜，肅拜也。」案：或説是也。經文言，婦人拜無問吉事凶事，皆肅拜爲正也。《困學紀聞》四卷：「或謂『自唐武氏始尊婦人，不令拜伏，誤矣。』此辯良是。然其論肅拜云，『漢時婦人之拜不過如此』，似未盡也。《少儀》所記是。古來婦人拜皆如此，奚獨漢也。閻百詩引劉熙《釋名》云『拜於婦人爲扶，自抽扶而上下也』，〔一四〕證漢婦人之拜，亦似偶忘《少儀》之文並可通證。自古及今，婦人皆作如此拜也。又引朱子曰：『古者婦人首飾盛多，如副笄、六珈之類，自難以俛伏地上，此解爲正確。』然據《禮》文，婦人於凶事亦肅拜。凶事固去飾矣，若然，婦人之不手拜，似亦未必盡因首飾也。」《困學紀聞》又引「周天元令婦人拜天臺，作男子拜」，此則時俗所爲，非常然也。扱地拜者，手拜也，婦人拜之至重者也，非昏禮之拜無有也。《儀禮·士昏禮》：「婦拜扱地。」注云：「扱地，手至地也。婦人扱地猶男子稽首。」案疏云：「以手至地謂之扱地，則首不至手，又與男子空首不同。」婦人有四拜者，非古也，蓋自唐以下也。《日知録》二十八卷：「唐李涪《刊誤》曰：夫郊天祭地，止於再拜，其禮至重，尚不可加。今代婦謁姑章，其拜必四。詳其所自，初則再拜，次則跪獻；衣服文史，承其筐篚，則跪而受之。常於此際授受多誤，故四拜相屬耳。」又引「《戰國策》：蘇秦路過雒陽，嫂蛇行匍伏四拜，自跪而謝，此四拜之始。蓋因謝罪而加拜，非禮之常也。《黄庭經》十讀四拜朝太上，亦是加拜」。案：今人四拜之禮爲四叩頭也。一拜一叩頭，其數凡四，故謂之四拜。《日知録》又引「《前明會典》：四拜者，百官見東宫親王之禮，見其父母亦行四拜禮』。然古人臣於君亦止再拜，《孟子》所謂「再拜稽首而受」是也，未嘗有四拜。今則臣於君行三跪九叩頭之禮，亦於古未聞。男子之三拜者，非古也，蓋自後周始也。《周書·宣帝紀》：「詔諸應拜者皆以三拜成禮。」三拜九頓首者，亡國之大夫有行之者矣。《日知録》又云：「九頓首出《春秋傳》。然申包胥原是三頓首，未嘗九也。杜注：《無衣》三章，章三頓首，每頓首必三。此亡國之餘情至迫切而變其平日之禮者也。韓之戰，秦獲晉侯，晉大夫三拜稽首。古但有再拜稽首，無三拜也。申包胥之九頓首；晉大夫之三拜也；《楚語》『湫舉遇蔡聲子，降三拜，納其乘馬』，亦亡人之禮也。」案：《左傳》又云：「歌《鹿鳴》之三，三拜。」此又是三篇三頓首，故爲三拜也。可知三拜非禮之常，皆有爲爲之耳。拜之有百也，將以明賓主之多禮也，未見有行之者也。又云：「百拜，字出《樂記》。古人之拜，如今之鞠躬。故通計一席之間，賓主交拜近至於百。注云：『壹獻，士飲酒之禮，百拜以喻多』是也。徐伯魯曰：案《鄉飲酒》，禮無百拜，此特甚言之耳。」而頓首百拜，何爲登乎咫尺之書？又云：「今人上父母書用百拜，亦爲無理。洪武三年，上諭中書省臣曰：今人書劄，多稱頓首再拜百拜，皆非實禮，其定爲儀式，令人遵守。於是禮部定儀：凡致書於尊者，稱『端肅奉書』，答則稱『端肅奉復』。敵己者稱『奉書奉復』。上之於下，稱『書寄』、『書答』。卑幼與尊長，則曰『家書敬復』，尊長與卑幼，則曰『書付某人』。」凡書牘頓首，文也。案：漢人書疏止言「頓首」，後世彌文，晉人帖遂言「頓首頓首」。叩頭，質也。案：劉歆與揚雄書及雄答書，並云「叩頭叩頭」。《廬山遠公集》盧循與遠書云：「范陽盧子先叩首。」惶恐，敬也。《晉帖》謝安書，六月廿日具記道：「民安惶恐言。」案：稱民者，謙言，猶僕耳，唯晉人有此。如衛瓘書，亦稱「州民衛瓘」。死罪，謙也。東晉哀帝書：「丕死罪死罪。」王羲之書：「羲之死罪。」頓首再拜者，敬也。晉王洽書：「洽頓首言。」又云：「王洽再拜。」誠惶頓首死罪者，臣也。《説文·叙》許沖上書稱：「誠惶誠恐，頓首頓首，死罪死罪。」晉王廙表：「臣廙誠惶頓首頓首，死罪死罪。」敢言之者，下也。《後漢書·朱儁傳》：「乃奏記於儁曰：『徐州刺史陶謙、前揚州刺史周乾、琅邪相陰德、東海相劉馗、彭城相汲廉、北海相孔融、沛相袁忠、太山太守應劭、汝南太守徐璆、前九江太守服虔、博士鄭玄等，敢言之行車騎將軍河南尹莫府』。」注引蔡質《典職儀》曰：「諸州刺史上郡并列卿府，言『敢言之』。」報白呈啓者，告也。《漢書·匡衡傳》注：張晏曰：「世所傳衡與貢禹書，上言『衡敬報』，下言『匡鼎白』。」案：王羲之帖或言「羲之報」、「羲之白。」張華書言：「張華呈。」唐柳公權《與弟貼》云：「誠懸呈。」陳陳逵書云：「悚息謹啟。」又，齊王僧虔云：「臣僧虔啟。」末云：「謹啟。」對君稱啟，它無其例。和南，拜也。《翻譯名義〔集〕》：「合掌作禮曰和南。」案：衛夫人書：「衛稽首和南。」末云：「弟子李氏衛和南。」宋王曇首書：「王曇首和南。」梁王筠書：「王筠和南。」唐褚遂良書：「孤子褚遂良頓首和南。」䠒蹔，跪也。《方言》：「東齊海岱北燕之郊，跪謂之䠒蹔。」注云：「今東郡人亦呼長跽爲䠒蹔。」案：《玉篇》：「䠒蹔，拜也。」音長務。

律例

「律，常也，法也。」《爾雅·釋詁》。《漢書·律歷志》：「律，法也，莫不取法焉。」律，蓋起於皋陶。《急就篇》：「臯陶造獄法律存。誅罰詐僞劾罪人。廷尉、正監承古先，總領煩亂決疑文。」古或謂之律，《管子·七臣七主》篇：「律者，所以定分止争也。」《左氏桓二年傳》：「百官於是乎畏懼而不敢犯紀律。」〔一五〕《釋名》：「律，累也。累人心使不得放肆也。」案：軍法亦曰律。《易·師卦》：「師出以律。」或謂之法，《周禮·冢宰》：「乃縣治象之灋於象魏。」《左傳》：楚文王作《僕區》之法。魏李悝著《法經》，又名之爲律。蓋法、律通也。《説文》：「灋，刑也。平之如水。從水。廌所以觸不直者。」〔一六〕或謂之令。《屈原傳》「使平爲憲令，上官欲奪其藁艸」是也。〔一七〕憲，法也。《周禮·司市》：「大刑憲罰。」〔一八〕謂之令者，如《令甲》、《令乙》、《宫衛令》、《樓船令》、《金帛令》、《光禄挈令》，皆《漢律》篇名也。秦漢以來通謂之律。李悝《六篇》，《晉書·刑法志》：「秦漢舊律起自李悝。悝著《網捕》二篇，《雜律》一篇，又以其律具其加減，是故所著六篇而已。」蕭何《九章》。《漢書·刑法志》：「蕭何攟摭秦法，取其宜於時者，作律九章。」案：高帝初，約法三章。於時，何未造律。凡律之例有八，以、準、皆、各、其、及、即、若，若《春秋》之凡。《困學紀聞》十三卷：「律章句。馬鄭諸儒十有餘家，魏明帝詔但用鄭氏章句。范蜀公曰：律之例有八：以、準、皆、各、其、及、即、若，若《春秋》之凡。宋莒公曰：應從而違，堪供而闕，此六經之亞文也。」若璩案：「朱子解曰：謂子不從父不義之命，及力所不能養者，古人皆不以不孝坐之。義當從而不從，力可供而不供，然後坐以不孝之罪。」例者，比也。《説文》。古字作列，列亦音例。《日知録》八卷：「古無例字，只作列。《禮記·間傳》『罪多而刑五，喪多而服五，上附下附，列也』

注：『列，等比也。』〔一九〕《釋文》：『徐邈音例。即後人例字。』」案：五經中無例字，唯《左傳·叙》云「發凡以言例」。例，古謂之比，《王制》：「疑獄，汜與衆共之；衆疑，赦之。必察小大之比以成之。」注云：「已行故事曰比。」案：漢之公府有《辭訟比》，尚書有《決事比》。比之爲言猶今之例也。今謂之例。《日知録》又云：「至《漢書·何武傳》曰『欲除吏，先爲科例以防請托』，《杜欽傳》曰『不爲陛下廣持平例』，《王莽傳》曰『太傅平晏從吏過例』，始加『人』作例。」案：例字蓋後人所加，始見於《漢書·傳》。聖賢秉義行權，《書·吕刑》：「輕重諸罰有權。」《禮·王制》：「凡聽五刑之訟，必原父子之親，立君臣之義以權之。」注云：「權，平也。」案：《易·繫辭》：「井，以辨義；巽，以行權。」聖賢權義於心，故無所用例也。胥吏藏姦於例。《日知録》又云：「寇萊公爲相，章聖嘗語兩府，欲擇一人爲馬步軍指揮使。公方議其事，吏有以文籍進者。公問：『何書？』對曰：『例簿也。』公曰：『朝廷欲用一衙官，尚須檢例邪？安用我輩？壞國政者，正由此爾！』司馬温公與吕惠卿論新法於上前。温公曰：『三司使掌天下財，不才而黜之可也，不可使兩府侵其事。今爲制置三司條例司，何也？』宰相以道佐人主，安用例，苟用例，則胥史足矣。今爲看詳中書條例司，何也？』惠卿不能對。」案：《韓詩外傳》五卷：「據法守職，而不敢爲非者，人吏也。」然此猶古之良吏耳！今之吏之敢爲非者，乃正在於據法守職者也。烏虖！例簿是也。例行而法破，法廢而例繁矣。《日知録》又云：「淳熙元年，參知政事龔茂良言：法者，公天下而爲之者也。例者，因人而立以壞天下之公者也。昔之患在於用例破法，今之患在於因例立法，自例行而法廢矣。故諺稱吏部爲『例

部』。是則銓政之害，在宋時即已患之，而今日尤甚。所以然者，法可知而例不可知，吏胥得操其兩可之權以市於下，世世相傳，遂至以朝廷之力不能拔而去之。甚哉，例之爲害也，又豈獨吏部然哉！」案：六部皆例部也。凡發一議，造一謀，必求一故事，相比其例。或輕重殊科，即吏得上下其手，姦利興矣。然而例又不可去也。惟當事者清白乃心，而巧吏無所施其蠹矣。是良有司之責也。《漢書·刑法志》云：「其後姦猾巧法，轉相比況，禁罔寖密。律令凡三百五十九章，大辟四百九條，千八百八十二事，死罪決事比萬三千四百七十二事。」〔師古曰：「比，以例相比況也。」〕文書盈於几閣，典者不能徧睹。是以郡國承用者駁，或罪同而論異。姦吏因緣爲市，所欲活則傅生議，所欲陷則予死比，議者咸冤傷之。」案：老子云：「法令滋章，盜賊多有。」故例益繁而法益廢，自古及今，未有不然者也。觀《漢志》之言，孝武帝可以鑒矣。

爰書

《漢書·張湯傳》：「劾鼠掠治，傳爰書，訊鞫論報。師古曰：「傳謂傳逮，若今之追送赴對也。〔二〇〕爰，換也，以文書代換其口辭也。訊，考問也。鞫，窮也，謂窮覈之也。論報，謂上論之而獲報也。」並取鼠與肉，具獄磔堂下。父見之，視文辭如老獄吏，大驚，遂使書獄。」如淳曰：「決獄之書，謂律令也。」劉奉世曰：「若云傳逮，則不當先言掠治矣。傳者，傳因辭也。爰書者，蓋趙高作《爰歷》教學隸書時，獄吏書體皆用此，故呼爲爰書也。遂使書獄，謂案牘耳，非律令也。」案：劉説是也。爰書即刑書，蓋趙高所造。《漢書·賈誼傳》：「使趙高傅胡亥而教之獄。」高善治獄，以教胡亥，故應有書。又，《爰歷篇》内有論獄者，因號爰書也。古者治獄必有刑書，《書·呂刑》云「明啟刑書胥占」是也。或書於竹，謂之竹刑，或鑄於鼎，謂之刑鼎，胥是物也。趙高所作謂之爰者，《説文》「爰，引也」，《爾雅·釋詁》「爰，于也」，于即引聲之詞，蓋鞫獄者援引故事以相比況，故獄書謂之爰書也。

簿書文字　律、如云案律。例、如云察例。准、《說文》作準，平也。經典並作準，唯《莊子·天道》篇云：「平中准，大匠取法焉。」吕忱《字林》准與準同，不言准是俗作。蓋此字起於魏晉以來，公府文書字作省筆，相承用之。故向秀注《莊子》、吕忱作《字林》，並皆承用，不言是俗。向、吕皆晉人也，漢代尚無此字，故《史記·平準書》仍作準。又案《逸周書·寶典》篇云「准德以義」，已作「准」字，蓋本亦作「準」，孔晁沿俗从省，故作准耳。晁亦晉人也。駮、不准也。此字自漢以來用之。《漢書·刑法志》：「文書盈於几閣，典者不能徧睹。是以郡國承用者駮。」注云：「不曉其指，用意不同也。」愚案：惟其不曉意指，是以駮，令改議也。自是以後，公府文移始有駮正。而唐宋以還，朝庭章奏不合事理，別議改正，亦謂之駮。給事中掌封駮司是也。論列是非，折辯羣議，亦謂之駮。柳宗元《駮復讎議》，夏侯銛《駮安定公主合葬議》是也。王球《貽謀録》：「給事中掌封駮司，不可一日無。淳化四年，推考廢職始於唐末，乃命魏庠、柴成務同知給事中云云。真宗咸平四年，吏部侍郎知封駮事陳恕乞鑄印，命取門下印。」案：駮通作駁。《九經字樣》分駁、駮爲二者，非。仰、以尊命卑曰仰。今公府文移上行下用仰字，蓋本六朝也。《北齊書·孝昭皇帝紀》云：「詔定三恪，禮儀體式亦仰議之。」用仰字始此。案：仰有去聲，其義亦別。《集韻》：「仰，魚向切。恃也，侯也，資也。」《戰國策》：「東周之民可令一仰西周。」注云：「有望於上則仰。」《史記·平準書》：「衣食仰給縣官。」〔二二〕該、《說文》：「該，軍中約也。」今文書云該州該縣，或云該管地方，疑即古軍中約誓之語也。《正字通》：「俗借爲該當之稱，猶言宜也。凡事應如此曰該。」查、如云查照、查得之類，字當爲察。蓋徒隸作字，凡書畫多者，往往假借以取簡便，此其一也。這、指事物而言。如云這件事、這箇物，依字當作「者」。這，《集韻》：「音彦。」《玉篇》：「迎也。」《正字通》云：「《周禮》有掌訝，主迎訝。古作這。」毛晃曰：「凡稱『此箇』爲『者箇』，俗多改用『這』字。這乃迎也。」件、《説文》：「件，分也。从人从牛。牛，大物，故可分。」又曰：「牛，件也，件，事理也。」徐鍇曰：「件，若言物一件二件也。」案：今簿書稱若干件，雖州郡亦可稱件。《舊唐書·武宗紀》：「會昌二年，中書奏：『赴選官多京債，〔二三〕到任填還，致其貪求，罔不由此。今年三銓，於前件州府（河東鳳翔、鄜坊、邠寧等道）得官者，許連狀相保，户部各備兩月加給料錢，至支時折下。所冀初官到任，不帶息債，衣食稍足，可責清廉。』從之。」案：州府稱件，惟見於此，京債之名亦始於此，今則甚矣。項、猶件也。今簿書有之，未見所出。綜、如云文卷若干綜，依字當作宗。《日知録》十二卷（「財用」下第四條）載天啟上諭云「已上七宗」是也。調、官有調有選，調有更易之意，猶琴瑟更張乃調也。《漢書·張釋之傳》：「十年不得調。」《袁盎傳》：「調爲隴西都尉。」此今日調官字所本。如淳《注》訓調爲選，非也。選、調義别。選，「《世説》注引山濤《啓事》曰：吏部郎史曜出缺處當選。」案《日知録》八卷：「員缺之名，自晉時已有之。《晉書·王藴傳》：遷尚書吏部郎，每一官缺，求者十輩。」通作闕。唐趙憬《審官六議》有「人少闕多，人多闕少」之語。而崔湜以中書侍郎知吏部選事，至逆用三年員闕。壹、貳、參、肆、伍、陸、柒、捌、玖、拾，官府文書紀數之字作此，説見

《别字》篇。實在開除，《周禮·司稼》注云：「斂灋者，豐年從正，凶荒則損，若今十傷二三，實除減半。」疏云：「鄭舉漢灋以況義。十傷二三者，謂漢時十分之内傷二分三分，餘有七分八分在。實除減半者，謂就七分八分中爲實在，仍減去半不税，於半内税之。」案：《後漢紀》云：「永元五年詔：今年郡國秋稼爲旱蝗所傷，其什四以上勿收田租，有不滿者以實除之。」注云：「所損不滿四者，以見損除也。然則不滿四者，謂十傷二三也。十四以上勿收田租，則不在斂灋之内矣。」關防，《明太祖實録》：「洪武二十年，上謂刑部尚書唐鐸、工部侍郎秦逵、都察院左都御史詹徽等曰：朕初於文籍設關防印記者，本以絶欺蔽、防奸僞，特一時權宜爾。果正人君子，焉用是爲？自今六科有關防印記，俱銷之。仍移文諸司，使知朕意。」案《日知録》九卷載「《隋唐酷吏傳》：〔二三〕庫狄士文爲貝州刺史，凡有出入，皆封署其門，僮僕無敢出外。此今日居官通例，而史以爲異事，豈非當日法制雖嚴，而關防未若今之密乎？」曉示，出《童恢傳》。《困學》十九卷〔三四〕。告示。《荀子》、《困學》十九卷。今之告示，古作視。〔〕《鹿鳴》詩云：「視民不恌。」鄭箋云：「視，古示字。」〔〕《春秋》文十六年書「四不視朔」，《論語》言「告朔」。蓋既告於廟，親視條教，而遂班一示於民，故或曰告，或曰視。必於朔者，曰吉辰良以授民時，昭其敬也。然則告示之字古作告視明矣。唐虞畫象，其詳蔑聞，周有象魏，月吉布令，挾日而斂。蓋必書於版簡，故可懸斂也。秦漢以來，鄉亭題壁，多致闕誤，浸湮古意。洎於後漢，改書木版，懸象復興。《風俗通》云：「光武中興以來，《五曹詔書》，題鄉亭壁，歲補正，多有闕謬。永建中，兖州刺史過翔箋撰卷别，改着版上，一勞而久逸。」以上《風俗通》，以下惠定宇《左傳補注》，見《哀三年》「命藏象魏」句下。漢之五曹，猶周之六官。又，漢時教令皆奏可施行，尚書掌之，故謂之《五曹詔書》。亦見《應劭傳》。

校記

〔一〕《釋名疏證補》卷五《釋宫室》「治」上無「官」字。

〔二〕此引文經注不相符。據《周禮注疏》卷一《天官冢宰》應作「《周禮·天官冢宰·治官之屬》：『寺人，王之正内五人。』鄭注：『寺之言侍也。』賈疏：『云寺之言侍者，欲取親近侍御之義。此奄人也。』」

〔三〕者，《漢書》卷七《昭帝紀》注作「皆」。

〔四〕《唐國史補》卷下作「宰相判四方之事有堂案，處分百司有堂帖，不次押名曰花押」。

〔五〕幼主紀，應作「後主紀」，文在《北史》卷八與《北齊書》卷八《幼主紀》。

〔六〕今本《北齊書》同《北史》，「花」亦作「依」。

〔七〕漢書，應作「史記」，文在《史記》卷一百六《吴王濞列傳》中，下同。

〔八〕《禮記·喪服小記》「報喪者報虞」，注作：「報讀爲『赴疾』之赴」，疏作「赴猶疾急也」。

〔九〕服問，應作「閒傳」，文在《禮記正義》卷五十七中。

〔一〇〕見《儀禮注疏》卷四十三「中月而禫」鄭注。

〔一一〕經韵樓版《説文解字注》十二篇上作「首至手也。」

〔一二〕《釋名疏證補》卷三《釋容姿》作「危陒」。畢沅注曰：「倪，據《一切經音義》引改。」

〔一三〕《楚辭補注·天問》注作「擊手曰抃。」

〔一四〕抽，《釋名疏證補》卷三《釋姿容》作「袖」。《閻按》「抽」字之誤。（《翁注困學紀聞》國學基本叢書本卷四「肅拜」條，閻百川按語引《釋名》「抽」字誤排爲「袖」。）

〔一五〕畏，《春秋左傳正義》卷五作「戒」。

〔一六〕《説文解字》十篇上《廌部》作「所以觸不直者去之」。

〔一七〕《史記》卷八十四《屈原列傳》：「懷王使屈原造爲憲令，屈平屬草稾未定。上官大夫見而欲奪之。」

〔一八〕大，《周禮注疏》卷十四作「小」。

〔一九〕間傳，應作「服問」，文在《禮記正義》卷五十七。

〔二〇〕追送，《漢書》卷五十九《張湯傳》注作「追逮」。

〔二一〕《史記》卷三十《平準書》作「衣食皆仰給縣官」。

〔二二〕聚珍仿宋版《舊唐書》卷十八上《武宗紀》作「赴選官人多京債」。

〔二三〕隋唐，《日知録集釋》卷九「關防」條作「《隋書》」。

〔二四〕困學，應作「《困學紀聞》」，下同。

第十

堯冢有三　一在成陽，《日知録》二十二卷：「《漢書·地理志》：『濟陰成陽有堯冢靈臺。』」案：《後漢·章、安二帝紀》並有「使使者祠唐堯於成陽」之文。《皇覽》云：「堯冢在濟陰成陽。」皇甫謐《帝王世紀》云：「堯葬濟陰成陽西北四十里，是爲穀林。」《水經注》：「成陽西二里有堯陵，陵南一里有堯母慶都陵，於城爲西南，稱曰靈臺。〔後漢《堯母碑》曰：「慶都僊歿，蓋葬於兹，欲人莫知，名曰靈臺。」〕鄉曰崇仁，邑號修義，皆立廟云云。」《北宋史》：「神宗熙寧元年七月己卯，知濮州韓鐸言：『堯陵在雷澤縣東穀林山，陵南有堯母慶都靈臺廟。請敕本州春秋致祭，置守陵五户，免其租，奉洒埽。』從之。」〔成陽在漢爲濟陰屬縣，北齊廢，隋復置爲雷澤縣，唐、宋因之，金復廢。今曹州東北六十里故雷澤城是也。〕而《集古録》有漢堯祠及堯母祠碑。是廟與碑宋時猶在也。又云：「《竹書紀年》則曰：帝堯八十九年作游宫於陶，九十年帝游居於陶，一百年帝陟於陶。」〔太史公曰：堯作游成陽。〕《説文》：「陶，再成邱也。在濟陰有堯城，堯嘗所居，故堯號陶唐氏。」而堯之冢始定于成陽矣。一在鄆州，又云：「開、寶之詔，帝堯之祠乃在鄆州。〔今在東平州東北三十里盧泉山之陽。〕意者，自石晉開運之初，黄河決於曹、濮，堯陵爲水所浸，乃移之高地乎？而後代因之，不復考正矣。」案：鄆，春秋時魯國邑。一在鄄城。又云：「《元史·泰定帝紀》：『泰定二年四月丁酉，濮州鄄城縣言，城西堯冢上有佛寺，請徙之，不報。』」又引「《括地志》曰：『故堯城在濮州鄄城縣東北十五里』。」案：今世祠堯陵於濮州者也。又在臨汾。又云：「《臨汾縣志》曰：『堯陵在城東七十里，俗謂之神林。高一百五十尺，廣二百餘步，旁皆山石，惟此地爲平土。深丈餘，其廟正殿三間，廡十間，山後有河一道，有金泰和二年碑記。竊考舜陟方乃死，其陵在九疑。禹會諸侯於江南，計功而崩，其陵在會稽。惟堯之巡狩，不見經傳，而此其國都之地，則此陵爲堯陵無疑也。』」案《志》所論，似爲近理。但自漢以來，皆云堯葬濟陰成陽，未敢以後人之言爲信。案：堯都平陽而葬濟陰，是不可曉。太史公謂作游成陽，但耄期之年，禪位之後，豈復有巡游之事。而囚堯偃朱，又《竹書》荒唐之說。茫茫數千載，古書之存日少，山陵之處彌多，滿目荒丘，果誰堪徵信乎？《山海經·海外南經·狄山》：「帝堯葬于陽。」注：「《吕氏春秋》曰：『堯葬穀林。』今成陽縣西東阿縣城次鄉中，赭陽縣湘亭南，皆有堯冢。」《墨子》又曰：「堯，北教乎八狄道，死葬蛩山之陰。」此並戰國時人之說也。

文、武、周公墓有二 一在畢。《日知録》二十二卷。「劉向曰：『文、武、周公葬于畢。』《史記·周本紀》：『太史公曰：「畢在鎬東南杜中。」』《皇覽》曰：『文王、武王、周公冢皆在京兆長安鎬聚東杜中。』〔《後漢志》：〔二〕「鎬在上林苑東。孟康曰：長安西南有鎬池。」〕郭璞《山海經注》同。《書序》：『周公薨，成王葬于畢。』傳曰：『不敢臣周公，故使近文武之墓。』《正義》曰：『案《帝王世紀》曰：文武葬于畢，畢在杜南。』《晉書·地道記》亦云：『畢在杜南，與畢陌別。』《史記·周本紀》正義引《括地志》曰：『文王、武王墓在雍州萬年縣西南二十八里畢原上。』此其在渭水之南、杜縣之中甚明。」《雍録》曰：「文都豐，武都鎬，豐、鎬與杜相屬，則《皇覽》謂文王葬于渭南者，其理順也。文王既葬渭南，則周公葬畢必附文墓矣。」一在畢陌。又云：「宋太祖乾德四年十月癸亥詔：『歷代帝王陵寢云云。』惜當日儒臣考之不審，以致傳訛後世。如云，周文王、武王、成王、康王並葬京兆咸陽縣之北十五里，蓋據顔師古《劉向傳·注》『畢陌在長安西北四十里』之誤。〔《地道記》已明言與畢陌别矣。〕案：《册府元龜》：『唐憲宗元和十四年正月詔：以周文王、武王祠在咸陽縣，俾明司修飾。』則似已在渭北矣。案《史記·秦本紀》集解引《皇覽》曰：『秦武王冢在扶風安陵縣西北畢陌中大冢是也。人以爲周文王冢，非也。周文王冢在杜中。』又，《秦始皇本紀》末正義曰：『《括地志》云：秦惠文王陵在雍州咸陽縣西北一十四里。又云：秦悼武王陵在雍州咸陽縣西十里，俗名周武王陵，非也。是昔人已辯之甚明，今祭周之文王、武王，而於秦惠文王、悼武王之墓，不已誣乎！』《雍録》言，『《元和》一志，皆李吉甫爲之，而周公之墓亦遂兩出。一云在萬年縣西南二十八里，一云在咸陽縣北十三里，則是自相殊異。原其誤皆起於畢名之有兩也。』」《水經·渭水》「東過霸陵縣北」注云：「秦名天子冢曰山，漢曰陵，故通曰山陵矣。」《風俗通》曰：「陵者，天生自然者也。今王公墳隴稱陵。」《春秋左傳》曰：「南陵，夏后皋之墓也。」《春秋説題辭》曰：「丘者，墓也，冢者，種也，種墓也。羅倚於山，分尊卑之名者也。」又云：「霸城縣有定陶恭王廟，傅太后陵。元壽元年，傅后崩，合葬渭陵。」潘岳《關中記》：「漢帝后同塋，則爲合葬，不共陵也。諸侯皆如之。恭王廟在霸城西北，廟西北即傅太后陵，不與元帝同塋。渭陵，非謂元帝陵也。蓋在渭水之南，故曰渭陵也。陵與元帝齊者，謂同十二丈也。」又云：「漢武帝茂陵在長安西北八十餘里，陵之西而北一里，即李夫人冢。冢形三成，世謂之荚陵。夫人得幸早卒，上憫念之，以后禮葬，悲思不已，賦詩悼傷。」案：夫人既以后禮葬，而仍不同塋，即與定陶太后、傅昭儀一例。酈注説是。《水經·淄水注》云：「巨淀之右，又有女水注之。水出東安平縣之蛇頭山。《從征記》曰：水西有桓公冢，甚高大。墓方七十餘丈，高四丈。圓墳圍二十餘丈，高七丈餘。一墓方七丈，二墳。晏謨曰：依陵記非葬禮。如承世故，與其母同墓而異墳。伏突所未詳也。〔二〕郭緣生《述征記》曰：齊桓公冢在齊城南二十里，因山爲墳。大冢東有女水。或云齊桓公女冢在其上，故以名水也。」《水經·淄水注》云：齊城「北門外東北二百步，有齊相晏嬰冢宅。《左傳》：晏子之宅近市，景公欲易之，而嬰弗更，爲誡曰：吾生則近市，死豈易志！乃葬故宅。後人名之曰清節里」。

首陽山有五

《困學紀聞》七卷云：「《史記正義》：首陽山有五。顔師古注《漢書》云：『伯夷歌登彼西山，當以隴西爲是。』石曼卿詩曰：『恥生湯武干戈日，寧死唐虞揖遜區。』謂首陽在河東蒲坂，乃舜都也。余嘗攷之《曾子》書，以爲夷齊死於濟、澮之間，其人成名於天下。又云，二子居河、濟之間，則曼卿謂首陽在蒲，爲得其實。」自注云：「澮，水名。《左氏》所謂汾澮。」案：王氏所引《曾子》書，今《大戴禮·曾子制言》中篇文也。唯「其人」作「其仁」，字爲異。案：説首陽者，賈逵、馬融、杜預謂在河東蒲阪，高誘、阮籍、阮瑀謂在河南偃師，《水經注》兩存其説，許慎謂在遼西，曹大家《幽通賦·注》及顔師古《漢書·注》皆謂在隴西，《方輿勝覽》、《史記索隱》主其説，謂在岐山之西。案：余師王古村先生嘗倅蒲郡，言中條之麓，首陽之東，去夷齊廟僅七里，屢望見之。然雷首即襄山，《穆天子傳》謂之河首襄山，蓋以其南枕大河，一名首山，未必即首陽山也。偃師在河南，遼西即孤竹，疑皆非夷齊所到。隴西、岐西疑又太遠。閻百詩《四書釋地》兩存蒲阪、偃師之説，亦非確見。唯《大戴記·曾子制言》篇謂夷齊死於濟、澮之間。則其地當在絳翼。絳翼今屬平陽。莊子《讓王》篇云：夷齊「北至於首陽之山，遂餓而死。」所謂北者，蓋自河而北。知偃師在河南者非矣。近見臨海金誠齋鶚《首陽山攷》，據《唐風·采苓》「采苓首陽之巔」，而斷以山在平陽，爲與《大戴》、《莊子》所言合，然亦不能指其山的在今之絳翼何處也。

葵邱有三　《水經·淄水注》云：「系水出齊城西南，世謂之寒泉也。北逕臨淄城西門北，又西逕葵邱北。」引「《春秋·莊公八年》：『襄公使連稱、管至父戍葵邱。』京相璠曰：齊西五十里有葵邱』。」地是齊地，故有葵邱也。京相璠又疑『葵邱不在齊』，而引『河東汾陰葵邱、山陽西北葵城。』是晉地又有葵邱也。《水經·泗水》：「東過沛縣東。」注云：「黄溝自城南，東逕葵邱下。」引《春秋·僖公九年》：『齊桓公會諸侯於葵邱云云』，即此地也。案：杜預《春秋釋例》曰：「葵邱，宋地。今其地在河南歸德府，舊考城縣界。」是宋地又有葵邱矣。

伯夷叔齊姓名　《困學紀聞》七卷云：「《論語》疏：案《春秋少陽篇》：伯夷姓墨，名允，字公信。伯，長也。夷，謚。叔齊名智，字公達，伯夷之弟，齊亦謚也。《少陽篇》未詳何書。」〔原注：「真宗問陳彭年：墨允、墨智何人？彭年曰：伯夷、叔齊也。上問見何書？曰：《春秋少陽》。

夷齊之父，名初，字子朝。〔二〕胡明仲曰：「《少陽篇》以夷齊爲伯叔之謚，彼已去國，隱居終身，尚誰爲之節惠哉！蓋如伯達、仲忽，亦名而已矣。」案：胡氏之説，亦未必然。柳下惠、陶靖節，皆謚也。彼非遺逸隱居者邪，而有謚也。陳摶謚希夷。〔三〕

周八士姓氏

《困學紀聞》七卷：「周有八士。包氏注云：四乳生八子。其説本董仲舒《春秋繁露》。謂四產得八男，皆君子雄俊。此天所以興周國。《周書·武寤》篇若璩案：當作《和寤解》。「尹氏八士」注云：武王賢臣，《晉語》：「文王詢八虞。」賈逵云：「周八士皆在虞官，以仲舒興周之言攷之，當在文武時。」若璩案：「楊升菴以《周書·克殷解》命南宮忽振鹿臺之財，爲即仲忽。〔四〕命南宮百達遷九鼎即伯達。《君奭》『有若南宮适』，即伯适。則八士者，南宮氏也。」康成注：「成王時人者近之，亦一解。」案：成王時有南宮毛，蓋即八士之宗族。《魏書·靈徵志》：「高祖延興三年，秀容郡婦人一產四男，四產十六男。」《後山叢談》：「鄴城民婦有二十一子，而雙生者七，較八士更多三乳。」

孔子生年月

《困學紀聞》七卷：「《公羊傳》，於襄二十一年，云十有一月庚子，孔子生。《穀梁傳》，於二十年十月，云庚子，孔子生。二十一年，賈逵注：經云，此年仲尼生。昭二十四年，服虔載賈逵語云：仲尼時年三十五，定以孔子爲襄二十一年生也。《孔子世家》云，魯襄公二十二年生。杜注從《史記》。臧榮緒以宣尼生庚子日，陳《五經》拜之。然以年，則《公》、《穀》、《史記》有一年之差。以月，則《公》、《穀》有一月之差，今不可考。」若璩案：

王氏後，宋景濂有《孔子生卒歲月辨》一篇。生主《公》《穀》，歲己酉。卒主《左氏》，歲壬戌。相距七十四年，與歷所傳孔子年七十三者不合。辭雖辨，實不通歷法。近黄太冲以歷上推，斷生於襄公二十二年，建酉之月，二十七日庚子。與羅泌《路史》吻合。余亦推以歷，歎爲定論。」

聖人非相

《尚書大傳·略説》：「堯八眉，舜四瞳子，禹其跳，湯扁，文王四乳。八眉者，如八字者也。其跳者，踦也。鄭注：「其，發聲也。踦，步足不能相過也。」牟氏曰：董子《繁露》：「禹形體長，長足肵，疾行先左，隨以右，勞左佚右也。」案：巫家有禹步，合此二書所言，則禹步可知也。扁者，枯也。」言湯體半小，家扁枯。〔五〕案：注文有誤。《荀子·非相篇》：「禹跳湯偏。」注云：「湯半骪枯。」案：骪蓋體字。言皆不善也。《淮南子》曰：「皋陶痦而爲大理。」《荀子·非相篇》：「皋陶面如削瓜。」〔六〕《困學紀聞》二卷：「皋陶陳謨賡歌，謂之痦可乎？司馬公詩云：「法官由來少和泰，皋陶之面如削瓜。」』然《荀子·非相》之言，亦未必然。」案：痦，蓋如口吃之類，非真不能言也。《説文》：「周公轘僂，或言背僂。」案：《説文》：「僂，尪也。尪，尳，曲脛也。」《荀子·非相》篇：「仲尼面如蒙倛。」楊倞注：「方相也。其首蒙茸，故曰蒙倛。」韓愈曰：「四目方相，兩目爲倛。」案：方相，《周禮》注音放想。《史記·孔子世家》：「孔子生而圩頂，故名丘。」《索隱》曰：「圩，窊也。」《韓詩外傳》九卷：「姑布子卿曰：得堯之顙，舜之目，禹之頸，皋陶之喙。從前視之，盎盎乎似有王者。〔七〕從後視之，高肩弱脊，此惟不及四聖者也。」又曰：「汙面而不惡，葭喙而不藉，遠而望之，羸乎若喪家之狗。」案：汙面者，黑而深也。葭喙者，長厚脣也。臯陶鳥喙，孔子得臯陶之喙，故曰有喙三尺也。見《莊子》。《家語》所載與《外傳》文異。《春秋演孔圖》：「孔子坐如蹲龍，立如牽牛。」案：《春秋演孔圖》，《困學紀聞》十九卷引。是所謂至人不相者也。《史記·蔡澤傳》。若乃顔淵角頟，《文選》注四十六。《論語撰考讖》曰：「顔回有角頟，似月形。淵，水也。月是水精，故名淵。」子貢山庭，又引摘《輔象》曰：「子貢山庭繞口，謂面有三庭，言山在中，鼻高有異相也。」雖非大聖，亦其亞者爾。

弟子門生 《日知録》二十四卷：「《後漢書·賈逵傳》：『皆拜逵所造弟子及門生爲千乘王國郎。』〔八〕是弟子與門生爲二。歐陽公《孔宙碑陰題名跋》曰：『漢世公卿，多自教授，聚徒嘗數百人。其親受業者爲弟子，轉相傳授者爲門生。』今宙碑殘缺，其姓名、邑里僅可見者纔六十二人。其稱弟子者十人，門生者四十三人，故吏者八人，故民者一人。愚謂漢人以受學者爲弟子，其依附名勢者爲門生。《郅壽傳》：『時大將軍竇憲以外戚之寵，威傾天下。憲常使門生齎書詣壽，有所請託。』《楊彪傳》：『黄門令王甫使門生於京兆畍辜榷官財物七千餘萬。』〔九〕憲，外戚。甫，奄人也。安得有傳授之門生乎？」又云：「《南史》所稱門生，今之門下人也。」已見前篇。

夫人城有二　一爲三國朱敘母，一見《漢書·匈奴傳》。「漢軍乘勝追北，至范夫人城。」應劭曰：「本漢將築此城。將亡，其妻率餘衆完保之，因以爲名也。」張晏曰：「范氏能胡詛者。」

寄當歸有二　一爲姜維母，一爲太史慈。《日知録》十三卷：「辛幼安詞：『小艸舊曾呼遠志，故人今有寄當歸。』此非用姜伯約事也。《吳志》：『太史慈，東萊黄人也。』後立功於孫策。『曹公聞其名，遺慈書，以篋封之，發省無所道，但貯當歸。』幼安久宦南朝，未得大用。晚年多有淪落之感，亦廉頗思用趙人之意爾。觀其與陳同甫酒後之言，不可知其心事哉。」

蒼蠅傳赦有二　《困學紀聞》十三卷：「蒼蠅傳赦，《異苑》以爲晉明帝，與《苻堅載記》同。」

杯中蛇影有二　又云：「樂廣客蛇影，與《風俗通》所載杜宣同。」若璩案：「《風俗通義》：『劭祖彬爲汲令，賜主簿杜宣酒，感壁上弩影而致疾。』尤詳於《晉書》。」

古人記月日有異　《困學紀聞》八卷：「古器銘云，十有三月，十有四月，十有九月。云正月乙子，或云丁子。吕與叔《考古圖》謂嗣王踰年未改元，故以月數。乙子即甲子，丁子即丙子。世質人淳，取其同類。不然，殆不可考。曾子固謂古字皆重出，此文作三者，特二字耳。」案：三，古文四字也，似非重文。

古時文字不一　《日知録》二十一卷：「古時文字不一。如漢《汾陰宫鼎》，其蓋銘曰：『汾陰供官銅鼎蓋二十枚。』二十，字作『十十』。鼎銘曰：『汾陰供官銅鼎二十枚。』二十，字作『十』。〔一〇〕其末曰：『第二十三。』二十，字作『廿』。一器之銘三見，而三不同。自唐以後，文字日繁，不得不歸一律。而古書之不復通者多矣。」案：《考工記·輪人》：「四尺者二。十分寸之一謂之枚。」注：「故書『十』與上二合爲『二十』字，杜子春云：當爲『四尺者二，十分寸之一』。」〔一一〕

鬼畏桃　《莊子·逸篇》：「插桃枝於户連灰其下，童子入不畏，而鬼畏之。是鬼智不如童子也。」《困學紀聞》十卷。《淮南子·詮言訓》：「羿死於桃棓。」注云：「棓，大杖，以桃木爲之，以擊殺羿。自是以來，鬼畏桃也。」《日知録》二十七卷。又《説山訓》：「羿死桃部，不給射。」注云：「桃部，地名。案：部即棓字。一人注書，而前後不同若此。」案：齊桓公作桃殳，《韓詩外傳》。漢爲大剛卯，《急就篇》：「射魃辟邪除羣凶。」注云：「射魃謂大剛卯也。以金玉及桃木刻而爲之。一名毅改。其上有銘而旁穿孔，系以彩絲，用繫臂焉。亦所以逐精魅也。」〔一二〕案：桃殳形狀未聞，然《外傳》云以正月作焉，則是大剛卯之類也。大剛卯，見《漢書·王莽傳》。今桃符是其遺。皆以鬼畏桃之故。

壯士不病瘧　《後漢書·景丹傳》：「丹時病。」注云：「《東觀記》曰：丹從上至懷，病瘧，見上在前，瘧發寒慄。上笑曰：『聞壯士不病瘧，今漢大將軍反病瘧邪？』使小黄門扶起，賜醫藥。還歸洛陽，病遂加。」案：《本艸》云：「勞極洒洒如瘧狀。」《素問》云：「洒洒惡寒。」注：「洒並音蘚。」《太平御覽》七百四十三卷引《抱朴子》曰：「獮猴之鬼令人病瘧。」則是瘧鬼蓋鬼中之小者爾。惟其小而易驚，故誦杜子美「手提髑髏血」之句，便可愈病，而沈存中《筆談》稱：「關中故無蟹，或懸諸户上，瘧遂不發也。」漢大將軍不遇沈、杜二醫，便令此病不起，寃哉！又，《顏氏家訓》：「《左氏昭二十年傳》：齊侯痎，遂痁。《說文》：痎，二日一發之瘧。痁，有熱瘧。案：齊侯之病本是間日一發，漸加重，故爲諸侯憂。今北方猶呼痎瘧音皆。世間傳本，多以痎爲疥。杜預無解釋，徐仙民音介，俗儒通云病疥，令人惡寒變成瘧。此臆說也。疥癬小疾，豈有患疥轉作瘧乎？」〔一三〕

萬億及秭

《詩·周頌》傳云：「數萬至萬曰億，數億至億曰秭。」案：是秭多於億也。《說文》：「五稯爲秭。一曰，數億至萬曰秭。」徐曰：「六萬四千斤也。」案：《說文》與《毛傳》不合。稯者，《周禮·掌客》云：「四秉曰筥，十筥曰稯。」是則稯四十秉禾也。五稯纔二百秉，便以爲豐年之頌，其說已非。至「稯」字下云：「布八十縷。」又以稯爲縷數，尤非。故徐鍇正之曰：「此即十筥稯也。」蓋言非八十縷布也。此說是矣。《風俗通》：「千生萬，萬生億，億生兆，兆生京，京生秭，秭生垓，垓生壤，壤生溝，溝生澗，澗生正，正生載，載地不能載也。」案：《山海經》：「五億十選九千八百步。」楊慎云：「選與萬，古音通，遂借其字。」《左傳》：「天子曰兆民，諸侯曰萬民。」兆多於萬，京又多於兆。故漢武帝改内史爲京兆尹。又，《左氏成元年傳》：〔一四〕「《太誓》所謂商兆民離，周十人同者，衆也。」《昭二十四年》引《太誓》曰：「紂有億兆夷人。」垓壤以下，未詳聞也。

十年爲一秩　《容齋隨筆》：「白公詩云：『已開第七秩，飽食仍安眠。』又云：『年開第七秩，屈指幾多人。』是時年六十二，《元日詩》也。」《韻會》：「毛氏曰：『从禾，形也，从失，聲也。本再生稻，刈而重出，後先相繼，故借爲秩敘字。』」案：秩官義本此。

火耕水耨　《漢書·武帝紀》：元鼎二年詔曰：「江南之地，火耕水耨。」應劭曰：「燒艸下水種稻。艸與稻並生，高七八寸，因悉芟去，復下水灌之，艸死，獨稻長，所謂火耕水耨。」案：北人不講火耕法，故收簿。〔一五〕案：番人亦有刀耕者，今泰寧右營所轄一種西番。西番住大渡河北岸，性頗馴良，通漢語，畏兄不畏父母，刀耕火種。案：江南種稻之法，莫巧於秧馬。見蘇東坡説。案：《説鈴》載《天禄識餘》下卷《畬田》云：「上洛郡南六百里屬邑有豐陽上津，皆深山窮谷，不通輙跡。其民刀耕火種。大抵先斫山田，雖懸崖絶嶺，樹木盡朴。〔一六〕俟其乾且燥，乃行火焉。火尚熾，即以種播之。然後釀黍稷，烹雞豚，先約某家某日有事於畬田。雖數百里如期而集，鉏斧隨焉。至則行酒啖炙鼓譟而作，蓋劚而掩其土也。劚畢則生，不復耘矣。援桴者有勉勵督課之語，若歌曲然。見王元之《小畜集》。」

火政不修　《日知録》五卷：「有明火，有國火。明火以陽燧取之於日，司烜氏。近於天也，故卜與祭用之。華氏、大祝、大司寇。國火取之五行之木，司爟。近於人也，故烹飪用之。今治水之官猶夫古也，而火獨缺焉。欲知擇水，而亨不擇火，以祭以養，謂之備物可乎？」《素問》：「黄帝言，壯火散氣，少火生氣。季春出火，貴其新者，少火之義也。」今人一切取之於石，其性猛烈而不宜人，疾疢之多，年壽之减，有自來矣。案：司烜仲春修火禁，蓋爲季春將出火，預以養之，所謂少火也。二十五卷：「《路史·燧人改火論》曰：『昔隋王劭嘗以先王有鑽燧改火之義，於是表請變火。曰：古者《周官》「四時變〔國〕火，以救時疾。」明火不變，則時疾必興，聖人作法，豈徒然哉！在晉時，有人以雒陽火渡江，世世事之，相續不滅，火色變青。〔原注：東晉初，有王離妻李，將河南火渡江，云受於祖母。王有遺書二十卷，臨終戒勿絶火，遂常種之，傳二百年，火色如血，謂之聖火。宋齊之間，李嫗年九十餘，以火治病，多愈。嫗死，人爲葬之，號聖火冢。每陰雨，見火出冢門，今號其處爲聖火巷。《金陵故事》云：「禪衆寺前直南小巷也。」〕昔師曠食飯，云是勞薪所爨。晉平公使視之，果然車輞。今温酒炙肉用石炭火，木炭火，竹火，艸火，麻荄火，氣味各自不同。以此推之，新火、舊火，理應有異。伏願遠遵先聖，於五時取五木以變火，用功甚少，救益方大。夫火惡陳，薪惡勞。晉荀勖進飯，亦知薪勞。而隋文帝所見江寧寺晉長明鐙，亦復青而不熱。傳記有以巴豆木入爨者，爰得洩利。而糞臭之艸炊者，率致味惡。然則火之不改，其不疾者鮮矣。泌以是益知聖人之所以改火修火正四時五變者，豈故爲是煩文害俗得已而不已哉？傳不云乎，違天必有大咎。先漢武帝猶置别火令丞，典司燧事，《漢書》大鴻臚有别火令丞。後世乃廢之邪？』」「東漢《禮儀志》：日夏至，浚井改水。日冬至，鑽燧改火。」《困學紀聞》四卷。改水唯見於此。

水利不講 《日知録》十二卷：「歐陽永叔作《唐書·地理志》，凡一渠之開，一堰之立，無不記之其縣之下，實兼《河渠》一志，亦可謂詳而有體矣。蓋唐時爲令者，猶得以用一方之財，興期月之役。而《志》之所書，大抵在天寶以前者居什之七。豈非太平之世，吏治修而民隱達，故常以百里之官而創千年之利。至於河朔用兵之後，則以催科爲急，而農功水道有不暇講求者歟？然自大歷以至咸通，猶皆書之不絶於册。而今之爲吏，則數十年無聞也已。水日乾而土日積，山澤之氣不通，又焉得而無水旱乎？崇禎時，有輔臣徐光啟作書，特詳於水利之學。而給事中魏呈潤亦言：傳曰：雨者，水氣所化。水利修，亦致雨之術也。夫子之稱禹也曰：『盡力乎溝洫。』而禹自言亦曰：『濬畎澮，距川。』古聖人有天下之大事而不遺乎其小如此。自乾時著於齊人，枯濟徵於王莽。古之通津巨瀆，今日多爲細流。而中原之田，夏旱秋潦，年年告病矣。」又云：「孫叔敖決期思之水而灌雩婁之野，莊知其可以爲令尹也（《淮南子》）。魏襄王與羣臣飲酒，王爲羣臣祝曰：『令吾臣皆如西門豹之爲人臣也。』史起進曰：『魏氏之行田也以百畝，鄴獨二百畝，是田惡也。漳水在其旁，西門豹不知用，是不智也。知而不興，是不仁也。仁智豹未之盡，何足法也。』於是以史起爲鄴令。引漳水溉鄴，以富魏之河内。（《史記》）。案：《後漢書·安帝紀》：「元初二年正月，修理西門豹所分漳水爲支渠，以溉民田。」則指此爲西門豹所開。〕《漢書》：『召信臣爲南陽太守，爲民作水約束，刻石立於田畔，以防分爭。〔《晉書》：「杜預都督荆州諸軍事，修召信臣遺迹，分疆刻石，使有定分，公私同利。」〕此今日分水之制所自始也。』洪武末，遣國子生人才分詣天下郡縣，集吏民乘農隙修治水利。二十八年奏：開天下郡縣塘堰凡四萬九百八十七處，河四千一百六十二處，陂渠堤岸五千四十八處。此聖祖勤民之效。」

黄河原委　黄非本色也。「河出崑崙虚，色白。所渠并千七百一川，色黄。」《爾雅·釋水》。或曰：是白河也。「崑山出五色流水，其白水入中國，名爲河。晉文公投璧于河，而曰有如白水」是也。《困學紀聞》六卷引《河圖》。或稱五河者，泝其始也。《漢書》：司馬相如《大人賦》：「揭度九江越五河。」師古曰：「五河，五色之河也。《仙經》説有紫、碧、絳、青、黄之河。」名九河者，禹其功也。《書·禹貢》。謂之河者，北方通語耳。司馬相如《子虚賦》注：「文穎曰：『南方無河也。冀州凡水大小皆謂之河。』」〔案：亦猶南方凡水曰江矣。〕自禹鑿龍門，灑沈澹災，河定民安，千載無患，及至於周，賜齊人履，西至於河，迺猶與水爭利，填閼八流，而九河始并爲一。《困學紀聞》二卷：「鄭康成注《禹貢·九河》云：『齊桓公塞之，同爲一。』《詩正義》云：『不知所出何書。』愚案：《書》正義引《春秋緯·寶乾圖》云：『移河爲界，在齊吕填閼八流以自廣。』鄭蓋據此文。」閻百詩案：「《尚書中侯》亦云：『齊桓之霸，遏八流以自廣。』」始河下龍門，南抵華陰，東經洛汭，歷大伾，越洚水，趨大陸而北也。播爲九，同爲逆，入于海者，〔一七〕其故道也。周定王五年，河徙。然河水洋洋北流如故。「漢元光中，河決瓠子，東南注鉅野，通于淮泗。武帝自臨，發卒數萬人塞之，築宫其上，名曰宣房，〔一八〕導河北行，復禹舊跡。而梁楚之地復寧，無水災。自漢至唐，河不爲害，幾及千年。《五代史》：晉開運元年五月丙辰，滑州河決，浸汴、曹、濮、單、鄆五州之境，環梁山，合于汶水。與南旺蜀山湖連，瀰漫數百里，河乃自北而東。《宋史》：熙寧八年七月乙丑，河大決於澶州曹村，北流斷絶，河道南徙，東匯于梁山張澤濼，分爲二派。〔《宋史·宦者傳》梁山濼，古鉅野澤。綿亘數百里，濟、鄆數州賴其蒲魚之利。〕一合南清河入於淮，一合北清河入於海，河又自東而南矣。元豐以後，又決而北。議者欲復禹迹，而大臣力主回東之議。降及金、元，其勢日趨於南而不可挽。故今之河非古之河矣。自中牟以下奪汴，徐州以下奪泗，清口以下奪淮，凡三奪而後注於海。今歲久，河身日高，淮泗又不能容矣。廟堂之議，既視其奪者以爲常，司水之臣，又乘其決者以爲利，不獨以害民生，妨國計，而於天地之氣運，未必不有所關也。」《日知録》十二卷。古者，「江、河、淮，濟謂之四瀆。瀆者，獨也，獨入於海。今以一淮而受黄河之全，是合二瀆而爲一也。自宋以前，河自入海，尚能爲並河州郡之害，況今河淮合一，而清口又合汴、泗、沂三水以同歸於淮！〔邱濬《大學衍義補》。〕淮狹而不能容，又高而不利下。則頻歲決於邳、宿以下，以病民而妨運。而邳、宿以下，左右皆有湖陂，河必從而入之。吾見劉貢父所云，别穿一梁山濼者，將在今淮泗之間，而生民魚鼈之憂，殆未已也。」《日知録》十二卷。沙灣未築以前，徐有貞疏言：「外有八百里梁山濼可以爲泄。」論者或曰：「河患有二：曰決，曰溢。決之害間見，而溢之害頻歲有之。使賈魯之三法遂而有成，亦小補耳。且當歲歲爲之，其勞其費，可勝言哉！今欲治之，非大棄數百里之地不可，先作湖陂，以豬漫波。其次，則濱河之處，倣江南圩田之法。案：圩，音于。《史記·孔子世家》索隱曰：「圩，窊也。江淮間水高於田，築隄而扞水曰圩。」多爲溝渠，足以容水。然後浚其淤沙，由之地中，而潤下之性、必東之勢得矣。」陸文裕《續停驂録》。案：陸氏之意，即賈讓之上中二策，而不敢明言其所不取，即其下策也。「然攷之前朝，徐有貞治河，猶疏分水之渠於濮、氾之間，不使之並趨一道。自弘治六年，築黄陵岡以絶其北來之道，而河流總於曹、單之間，乃猶於蘭陽、儀封各開一口而洩之於南。今復塞之，故河之在今日，欲北不得，欲南不得，唯以一道入淮。」《日知録》。「然後水無所容，而横決爲害。賈讓有言：古者立國居民，疆理土地，必遺川澤之分，度水勢所不及。大川無防，小水得入，陂障卑下，以爲汙澤，使秋水多，得有所休息，左右游波，寬緩而不迫。」《漢書·溝洫志》。及漢以後，並水之民，占田河旁，水退之區，並起廬舍。賈讓言：「内黄界中有澤，方數十里，環之有隄，往十餘歲太守以賦民，民今起廬舍其中，此臣親所見者也。」水既迫束於左右而不得休息，《日知録》引《元史·河渠志》，謂「黄河退涸之時，舊水泊汙池，多爲勢家所據。忽遇汎溢，水無所歸，遂致爲害。繇此觀之，非河犯人，人自犯之。予行山東鉅野、壽張諸邑，古時豬水之地，無尺寸不耕，而忘其昔日之爲川浸矣。」然治河之臣，猶復間穿溝渠，分洩水怒，賈讓中策，尚庶幾焉。今自前明以來，數百年間，河在淮、徐，高於往時過半。宿、邳以下，仰首受灌，若使巨浸拍城，豈復能餘三版。崔瑗《河隄謁者箴》：「導非其導，堙非其堙，八野填淤，水高居民。」而曹、濮、單、鄆諸州，河率高出民屋。小有汎激，百姓皆走上山。其蘭陽、儀封一帶，則當南北受水之衝，夏濤秋汎，漂忽靡定，故土俗謂之老耶河。而向來防河之策，唯資土壩合龍。然沙石衝激，絕無成算，但會時期。案：合龍之期，必俟河清爲度。百日作勞，一朝漂没，往往而至於糜費金錢，動盈鉅萬。防河大吏，亦復束手而末如何。正昔人所謂「東南四十三州地，取盡脂膏惟此河」者也。案：《漢志》稱：「負薪塞決河，其時薪柴少，而下淇園之竹以爲揵。」〔如淳曰：「樹竹塞水決之口，稍稍布插按樹之，水稍弱，補令密，謂之揵。以艸塞其衷，乃以土填之。有石，以石爲之。」案：此如今之木樁土籠。〕今之土壩，全用藳秸蘆葦爲絙索引置土石，不如以竹爲揵者重而難於漂没。是以萬家薪芻搜索略盡，而猶汎濫不止，愁吾人也！至於薪不屬兮衛人罪，而又以之破家蕩産矣。烏虖，河公真不仁矣哉！南昌王鎮麒言：「前時，甘公定進以東藩司攝河篆，屢塞屢決，無可爲計。乃募水鬼〔河上人謂善泅亡命者爲水鬼。〕敢深入者偵其虚實。久之，乃獲水怪如皮囊而無口目者數十頭。且言溯流數百步，見若石門，有獸若牛守其下，獰目視人，遂不復敢深入也。甘公始疑不得合龍必是此屬爲擾。爰因相度水勢，移下數里，龍乃合云。」附識於此。

水泉鹽鐵　《唐六典》：天下水泉三億三萬三千五百五十有九。「《漢志》鹽官三十有五。唐有鹽之縣一百五。宋朝鹽所出者十二路，爲池二，爲監七，爲場二十二，爲井六百有九。」《困學紀聞》四卷若璩案：「《玉海》作井八百二十二。」案：四語出《山海經》。《漢志》鐵官十。〔一九〕《鹽鐵論》：「大夫曰：五行，東方木，而丹、章有金銅之山。南方火，而交阯有大海之川。西方金，而蜀、隴有名材之林。北方水，而幽都有積沙之地。此天地所以均有無、通萬物也。」若璩案：「丹謂丹陽，章謂章郡。」《困學紀聞》四卷。

民數盛衰　《困學紀聞》二十卷：「東坡策别均户口曰：當成康刑措之後，其民極盛之時，九州之籍，不過千三萬四千有餘。〔二〇〕案：户口之數，詳見《通考》。夫地以十倍，而民居其一。案：郡縣之數，詳見《初學記》八卷。案：《晉書·地理志》：『民口千三百七十一萬四千九百二。若璩案：《郡國志》引三作二。十三，蓋周之盛也。』〔見《帝王世紀》。〕漢桓永壽二年，户一千六百若璩案：本作十。七萬七千九百六十。至晉武太康元年平吴，户止二百四十五萬九千八百四。』案：漏十字。又案：《魏志·陳羣傳》云：「今喪亂之後，人民至少。比漢文、景之時，不過一大郡。」裴松之注云：「案：《漢書·地理志》云：元始二年，天下户口最盛。汝南郡爲大郡，有三十餘萬户。則文、景之時不能如是多也。案：《晉太康三年地記》，晉户有三百七十萬，吴、蜀户不能居半。以此言之，魏雖始承喪亂，方晉亦當無乃大殊。長文之言，於是爲過。」『隋文開皇中，户八百七十萬。至唐高祖武德初，户止二百餘萬。高宗永徽初，户僅及三百八十萬。玄宗天寶末，户八百九十一萬四千七百九。至肅宗乾元三年，户止一百九十三萬三千一百三十四。』兵禍之慘如此。」若璩案：「孝平元始二年，户千三百二十三萬三千六百一十二，至光武中元二年，户止四百二十七萬千六百三十四。」

財用之數　《困學紀聞》十二卷：「桓譚《新論》：漢百姓賦斂一歲爲四十餘萬萬，吏俸用其半，餘二十萬萬，藏於都内爲禁錢。少府所領園地作務八十三萬萬，以給宫室供養諸賞賜。漢財用之數，大略見此。」

百家姓　陸深《蜀都雜鈔》：蜀人多姓奇，今《百家姓》以爲出於宋朝，故首以「趙錢孫李」，尊國姓也。我朝《千家姓》亦以「朱奉天運」起文，然未見有天姓者。而蜀姓或有出於二家外。自魏晉以來，取才於門閥，故姓氏尤重。唐重八姓，論相於此，至不許與他姓爲婚媾。自八姓而下，凡有三百五十姓。宋嘉祐中，亦有《千姓編》。雁門邵思撰《姓解》，則分爲一百七十門，至有二千五百六十八氏。漢穎川太守聊氏復有《萬姓譜》。古姓之存於今者鮮矣。案：《左氏》因生賜姓，胙土命氏，以字以謚，以官以邑，才五者而已。

市井　《後漢書·循吏傳》：「白首不入市井。」《注》引《春秋井田記》：「人年三十，受田百畝，以食五口。五口爲一户，父母妻子也。公田十畝，廬舍五畝，成田一頃十五畝，八家而九頃二十畝，共爲一井。廬舍在内，貴人也。公田次之，重公也。私田在外，賤私也。井田之義，一曰無洩地氣，二曰無費一家，三曰同風俗，四曰合巧拙，五曰通財貨。因井爲市，交易而退，故稱市井也。案：《注》引《風俗通》曰：「俗説市井者，言至市當有所鬻賣，〔二〕當於井上先濯乃到市也。」此説非是。又，《春秋井田記》，他書未見引用，故録而存之。《世本》：「伯益作井。」《逸周書》：「黄帝作井。」未知誰是。《玉篇》則從《世本》。

校記

〔一〕《後漢·志》，《皇覽》作「《續漢志》」。

〔二〕《水經注》國學基本叢書本卷二十六《淄水》「伏突」之「突」作「琛」。

〔三〕搏，《宋史》卷四百五十七作「摶」。

〔四〕爲，應作「忽」。

〔五〕家，陳壽祺《尚書大傳輯校》卷三作「象」。

〔六〕《荀子集解》卷三《非相》篇作「臯陶之狀，色如削瓜。」

〔七〕許維遹《韓詩外傳集釋》卷九第十八章《注》引趙善詒云：「『有王』不可解。《孔子集語》十一引作『有王者』，甚是。『王』乃『土』之誤刊也。蓋王者有土，似有土者即似王者也。〇維遹案：趙校是也，今據正。」

〔八〕造，《後漢書》卷三十六《賈逵傳》及《日知録集釋》卷二十四作「選」。

〔九〕今本《後漢書》卷五十四《楊彪傳》「京兆」作「郡」。

〔一〇〕十，《日知録集釋》卷二十一作「丰」。

〔一一〕三，同上及《周禮注疏》卷三十九《冬官考工記·輪人》注作「二」。

〔一二〕「精魅」之「魅」，叢書集成初編本《急就篇》卷三作「魅」。

〔一三〕「豈有」句，《顏氏家訓》卷六《書證》篇，叢書集成初編本作「何足可論，寧有患疥轉作瘧乎？」

〔一四〕元，《春秋左傳正義》卷二十五《成公二年傳》作「三」。

〔一五〕簿，疑爲「薄」字之誤。

〔一六〕朴，高士奇《天禄識餘》卷下《畬田》條，古今説部叢書第四册作「仆」。

〔一七〕《書·禹貢》：「又北播爲九河，同爲逆河，入于海。」

〔一八〕房，《日知録集釋》卷十二「河渠」條及《漢書》卷二十九《溝洫志》作「防」。

〔一九〕宋洪邁《容齋隨筆·續筆一·漢郡國諸官》作「《漢志》鐵官三十八」。

〔二〇〕《翁注困學紀聞》卷二十《注》「何云」。「萬」上有「百」字。

〔二一〕《翁注困學紀聞》卷二十注無「當」字。

第十一

真武神　即玄武也。《困學紀聞》二十卷云：「宋祥符中，以避聖祖名，改玄武爲真武。」又云：「唐有代宗，即世宗也；本朝有真宗，即玄宗也。皆因避諱而爲此號。」玄武即龜蛇。《考工記·輈人》云：「龜蛇四斿，以象營室。」注云：「玄武宿與東壁連體而四星。」昔沈仲霄子以誤殺龜蛇而及禍，識者謂是玄武神也。唐于逖《靈應録》。然則在天爲玄武，在地爲龜蛇，一如歲星、太歲之爲靈矣。《周禮·馮相氏》疏云：「太歲在地，與天上歲星相應而行。歲星爲陽，右行於天，歲左行於地。」玄武又即玄冥。《記》云：「冥勤其官而水死。」《禮·祭法》注云：「冥，契六世之孫也，其官玄冥，水官也。」秩在祀典。冥、武聲相近。然則在天爲列星，在河嶽爲英靈，一如傅説箕尾之爲化矣。《莊子·大宗師》云：傅説「乘車維，騎箕尾，而比於列星」。玄冥又爲孟公、孟姥。冥、孟聲相近，此皆語譌聲轉，因隨俗也。唐段公路《北户録》云：「南方逐除夜及將發船，〔一〕皆殺雞擇骨爲卜，卜吉即以肉祠船神，呼爲孟公、孟姥。梁簡文《船神記》云：『船神名馮耳。』案：疑即馮夷。夷、耳聲相近。《五行書》云：『下船三拜，三呼其名，除百忌。又呼爲孟公、孟姥。』劉思真云：『玄冥爲水官，死爲水神，冥、孟聲相似。』又云：『孟公父名憒，母名衣；孟姥父名板，母名履。或云冥父冥姥，因玄冥也。』」案：俗書載真武神以開皇□年生，出家得道。並是俗説，不足辯也。《明史·禮志》：「北極佑聖真君者，靖康初，加號佑聖助順靈應真君。圖志云：『真武爲浄樂王太子，修煉武當山，功成飛昇。奉上帝命鎮北方。被髮跣足，建皁纛玄旗。』此道家附會之説。」

河伯　國名也。《竹書紀年》云：「帝芬夏帝。十六年，洛伯用與河伯馮夷鬭。帝泄十六年，殷侯微上甲微也。以河伯之師伐有易，殺其君綿臣。」是河伯者國名，而馮夷其名也。一名無夷。《穆天子傳》云：「至于陽紆之山，河伯無夷之所都居，注云：「無夷，馮夷也。《山海經》云冰夷。」是惟河宗氏。河宗伯夭逆天子燕然之上。」〔三〕然則河伯之外，又有河宗氏，河宗名伯夭也。案：又有河侯。《真誥》載：「有一人旦旦詣河邊拜河水，如此十年，河侯、河伯遂與相見，予白璧十雙，教以水行不溺法。」注云：「河侯、河伯，故當是兩神邪？」以河伯爲水神，始於《山海經》，云：「中一作從。極之淵深三百仞，惟冰夷恆都焉。冰夷人面，乘兩龍。」郭璞注：「冰夷，馮夷也，即河伯也。」郭璞《江賦》：「冰夷倚浪以傲睨。」《楚辭·九歌》以河伯次東君之後。《遠遊》云：「令海若舞馮夷。」王逸注：「馮夷，水仙人也。《淮南》言，馮夷得道，以潛於大川也。」案：《淮南》言，「馮夷，大丙之御。」注云：「二人古之得道能御陰陽者。」《天問》云：「胡羿射夫河伯，而妻彼洛嬪？」是皆以爲水神之名也。既以爲神，於是造爲荒怪之説。《莊子·大宗師》云：「馮夷得之以游大川。」司馬喜注引《清泠傳》云：「馮夷，華陰潼鄉隄首里人也，服八石，得道爲水仙，是爲河伯。」《龍魚河圖》云：「河伯姓吕名公子，夫人姓馮名夷。」是又以馮夷爲河伯之妻矣。《魏書·高句麗傳》云：「先祖朱蒙。朱蒙母河伯女，爲夫餘王妻。〔三〕朱蒙告水曰：我是日子，河伯外孫。」干寶《搜神記》云：「胡母班爲泰山府君，致書於女壻河伯。」是則河伯又有婦翁，有外孫矣。案：段成式《諾皋記》云：「河伯，人面魚身，《金匱》言名馮循〔一作修〕，《河圖》言姓吕名夷，《淮南子》言馮遲，《抱朴子》曰：八月上庚日溺河。」

湘夫人　《楚辭·九歌》：「湘君」、「湘夫人」。蓋湘水之神有此二名也。或曰一人，或曰二人，不可知。據《九歌》所言，自是二人，要是川瀆神靈，非人所爲也。《山海經》：「洞庭之山，帝之二女居之。」郭璞注云：「天帝之二女而處江爲神。」即《列仙傳》江妃二女也，《九歌》所謂湘夫人，稱「帝子」者是也。初不言舜之二妃。王逸注《楚辭》，始以湘君爲水神，湘夫人爲二妃。《河圖玉版》云：「湘夫人者，帝堯女也。」尤西堂《雜説五》云：「湘陰黄陵廟，劉表所建，以祀舜二妃。今人乃爲王靈官像，以譌傳譌，可發一笑也。」而《列女傳》言二女死於江湘之間，俗謂之湘君。鄭司農亦以舜妃爲湘君，則又以湘君、湘夫人爲一人也。《檀弓》云：「舜葬於蒼梧之野，蓋三妃未之從。」鄭注：「三妃，謂之三夫人，《離騷》所歌湘夫人，舜妃也。」明知舜妃溺死湘江是俗儒之妄説，又據屈子《遠遊》之文，「二女御，《九招》歌」，則是舜妃也；下云「使湘靈鼓瑟」，則是水神也。原謬妄所繇，蓋因誤讀《山海經》「帝之二女」，以爲帝堯之二女耳。然此誤非始於王逸也。《史記》：秦始皇「浮江，至湘山祠。逢大風，幾不得度。而問博士：『湘君何神？』博士對曰：『聞之，堯女，舜之妻，而葬此。』」則自周秦間已有此説矣。良繇經生陋儒，依託賢聖，造作神怪。泣竹隕湘，經義靡載。而流水無情，終古銜恨，吁可怪已！《韓詩章句》載：「漢有游女，謂漢神也。」云「鄭交甫逢二女漢皋臺下，解其佩珠。」然則漢神亦二女。讀《韓詩》者將復謂二女何人邪！

泰山　「岱也。」《説文》。「岱，胎也。」《風俗通》。秩在祀典，古者宗之：《虞書》曰：「至于岱宗柴。」後世帝之；蓋本《易·説卦傳》：「帝出乎震。」又其後也，以主人生死而神之；亦本《説卦傳》「萬物之所成，終而所成始。」迨後而有封號矣。蓋自唐以下。始周之衰，季氏陪臣而臚於岱祀，君子懼焉。彼蓋爲封内山川而乞靈也。秦漢侈功，勒石登封，彼殆因神仙不死而馳志也。主人生死，神而祀之，意者其昉於此乎？其見於史，始於《後漢書·方術傳》：許峻「自云嘗篤病，三年不愈，乃謁泰山請命。」《烏桓傳》云：「使犬護死者神靈歸赤山。赤山在遼東西北數千里，如中國人死者魂神歸岱山也。」注引《博物志》：「泰山，一曰天孫，言爲天帝孫也，主召人魂魄。

東方萬物始成，知人生命之長短。」《三國志·管輅傳》：謂其弟辰曰：「但恐至泰山治鬼，不得治生人，如何！」而古辭《怨歌行》云：「齊度遊四方，各繫泰山録；人間樂未央，忽然歸東嶽。」應璩《百一詩》云：「年命在桑榆，東嶽與我期。」《日知録》三十卷又引陳思《驅車篇》云：「魂神所繫屬，逝者感斯征」；劉楨《贈五官中郎將》詩云：「常恐游岱宗，不復見故人」云云。然則主人生死之説，蓋起於後漢矣。其神創立名號，亦起於漢末。干寶《搜神記》云：「後漢胡母班，嘗至泰山側，爲泰山府君所召，令致書於女壻河伯，云至河中流，扣舟呼青衣，當自有取書者。果得達，復爲河伯致書府君，於是始有泰山府君之號矣。班又爲其亡父求得社公。」《博物志》言「主召人魂魄」，此言不虛哉。又司馬彪記「蔣濟亡兒爲泰山伍佰，太廟西謳士孫阿爲泰山令」。夫泰山既有府君、有令，因有伍佰，而阿以濟故，轉其兒爲録事，則有官府，因有曹掾，復因有請託，不抵不異人間也。段成式《諾臯記》載：「劉翁爲泰山太守，主生死之籍。」《記》又載「張天翁竊劉翁龍駕登天。」有府君，又有太守，或一官，或非一官，不可知，然固是泰山神之貴者耳。劉翁何人，將生人而死爲神者邪？《魏書》言：泰山之子與段暉同遊學，而乘其木馬。《魏書·段承根傳》：「父暉，戲作木馬，與童子，甚悦，謝暉曰：『吾泰山府君子，奉敕遊學，今將歸，損子厚贈。』言訖，乘馬騰空而去。」《記》又言有三郎子、七郎子者，《集異記》：「貞元初，李納病篤，遣押衙王祐禱岱嶽，遥見山上有四五人，衣碧汗衫、半臂，路人止祐下車，言此三郎子、七郎子也。」號曰威雄將軍，曰炳靈公。《文獻通考》：「後唐長興三年，詔以泰山三郎爲威雄將軍。宋大中祥符元年十月，封禪畢，親幸，加封炳靈公。」《志》又稱泰山之女避灌壇令，而不以風雨。《博物志》：「文王夢見一婦人當道而哭曰：我東海泰山神女，嫁爲西海婦，欲東歸，灌壇令當吾道，太公有德，吾不敢以暴風疾雨過也云云。」而其後以碧霞元君特聞，《日知録》二十五卷云：「泰山頂碧霞元君，宋真宗所封，世人多以爲泰山之女云云。」又云：「《列異傳》記蔡支事，又以天帝爲泰山神之外孫云云。」遂傳之至今。

竈神　竈者竆也。《博雅》：「竆謂之竈，其脣謂之陘，其窗謂之突，突下謂之甄。」《玉篇》引《蒼頡》云：「楚人呼竈曰竆。」或曰炎帝於火而死爲竈。《淮南·氾論訓》。或曰火正祝融爲竈神。《荊楚歲時記》引許慎《五經異義》云：「顓頊有子曰黎，爲祝融火正。祝融爲竈神，姓蘇，名吉利，婦姓王，名搏頰。」高誘注《吕氏春秋》云：「祝融即老童之子吴回是也。」又云：「吴國回禄之神託於竈。」或曰竈有髻，《莊子·達生》篇注：「髻音詰，竈神名。」疑不能明也。古者祀於夏，《禮·月令》：「孟夏，其祀竈。」後世祀於臘，説見下。而《禮器》言竈《禮》本作奥。者，老婦之祭也。盛於盆，尊於缾，鄭注云：「奥，當爲爨，字之誤也。或作竈。」蓋祭先炊雍母之屬，故曰老婦；而供盆缾，未聞。祀竈陘正神而敢同於所安，褻之甚也。《説文》「䵷」字解云：「一曰竈上祭名也。」《玉篇》、《廣韻》皆作「䄠」，云「竈上祭」。古禮蓋有其文，方士謬言祠竈能致竈鬼之貌，《漢書·郊祀志》。此妄説也。

見於史者，《後漢書·陰識傳》：「宣帝時，陰子方者，臘日晨炊而竈神形見，子方再拜受慶。家有黄羊，因以祀之。自是已後，暴至巨富，至識三世而遂繁昌，故常以臘日祀竈，而薦黄羊焉。」今之臘日祀竈起於此也。《荆楚歲時記》亦言臘日以豚、酒祭竈神。然史稱子方「至孝有仁恩」，兹乃竈神所以見形而錫祉者歟！賢者之祭，必受其福，豈獨竈神哉！而五行家言，豬肝泥竈，令婦孝，《後漢書》注引《雜五行書》曰：「宜市豬肝泥竈，令婦孝。」案：李時珍《本艸綱目》「伏龍肝」下案：「《廣濟歷》『作竈忌日』云：『伏龍在，不可移作。』則伏龍者，乃竈神也。臨安陳輿言：『砌竈時，納豬肝一具於土，俟其日久，與土爲一，乃用之，始與名符。』蓋本於此。」其信然邪？段成式《諾皋記》始著其威靈云：「常以月晦日上天白人罪狀，《太平御覽》一百八十六卷引《萬畢術》曰：「竈神晦日歸天，白人罪。」大者奪紀，紀三百日，小者奪算，算一百日。案：竈神每月晦日，輒上天言人罪狀云云，此五句出《抱朴子·内篇》。故爲天帝督使，下爲地精，己丑日日出，卯時上天，禺中下行署，此日祭得福。」然則竈神者，白人罪狀而不白人功狀，奪人紀算而不增人福禄，此戒人側身修行之道也。世人乃徒知祈福，而不知避殃，何哉？《雜五行書》云：「竈神名禪，字子郭，衣黄衣，夜被髮從竈中出，知其名呼之，可除凶惡。」此即方士致竈鬼貌之説，其言迂怪不經，而《諾皋記》所言，復與此異，云：「竈神名隗，狀如美女。」案：《莊子·達生》篇：「竈有髻。」《釋文》引司馬彪注云：「髻，竈神著赤衣，狀如美女。」又姓張，名單，字子郭，夫人字卿忌，有六女，皆名察一作祭。洽一作治。一曰竈神名壤子也。」《雜五行書》曰：「作竈法，當辰巳間，隟地取土，先掘去上五寸，以水、美酒一升，合和泥之，以癸亥日修之，此日安竈自如也。作竈法，廣四尺，長五尺，欲安兩釜，長七尺，子孫富貴。作竈餘泥不可泥井，井餘土不可泥竈，大凶。勿以壬癸、庚辛、「反支」、「九空」、「血忌」、破、危、閉、建寅日，皆凶。〔四〕竈君，名襌，字子郭，衣黄衣，披髮，從竈中出，知其名呼之，可得除凶惡，賈市不知其名，見之死。豬肝泥竈，令婦孝。竈君以壬子日死，不用此日治竈。常以五月辰日豬頭祭竈，令人治生萬倍。用人故竈，凶敗。雞毛入竈中致非禍，犬骨入竈出狂子。正月巳五日，〔五〕白雞祠竈宜蠶，五月巳丑卯祠竈吉，四月丁巳日祠竈百倍。」《夢書》曰：「楚見竈者憂求婦嫁女，何以言之？井竈女執使之象。」《藝文類聚》八十卷。

城隍神　今日秩在祀典，於古未聞也。《困學紀聞》二十卷引「《集古録·李陽冰記》云：『城隍神，祀典無之，吳越有爾。』案北齊慕容儼鎮郢城，城中先有神祠，〔六〕俗號城隍神。則唐以前已有之。」閻若璩案：「《隋·五行志》：『梁武陵王紀，祭城隍神，將烹牛，有赤蛇繞牛口。』紀與儼同時。《經籍志》：『鮑至撰《南雍州記》。』記云：『南陽城内見有蕭相國廟，相傳謂爲城隍神。』記文則見《通典》引者。」愚案：「城隍」之字始見於《易》之《泰卦》，而廟祀之典始於六朝，像設之興，盛於宋元，而革於明初，旋復其舊，今日則尤金碧輝煌矣！「《鳳陽縣志》言：『洪武三年，詔下城隍止立神主，稱某府某州某縣城隍之神，前時爵號一皆革去。未幾，又令城隍有泥塑像：在正中者，以水浸之，泥在正中，壁上却畫雲山圖像；在兩廊者，泥在兩廊壁上。』」《日知録》十四卷。案：棲霞令杜明府嵩爲余言：「六合縣杜即縣人。城隍神，傳是漢九江王英布也。明太祖戰鄱陽，神以鬼兵助鏖，軍中夜見上流有雙鐙籠，題九江王，自後朝廷封表，以爲神號，迄今勿改。」余謂《漢書》「英布、六人」，非六合也，疑是俗流附會之譌。而言鄱陽神兵助戰，頗與《北齊書》「江陵神兵」《陸法和傳》：「法和登艦大笑曰：無量兵馬。江陵多神祠，人俗恒所祈禱，自法和軍出，無復一驗，人以爲神皆從行故也。」及唐小説「九江神女」事同。然則城隍塑像，水中雲山畫壁，得非當日欲神其事而不没其功勤之意歟？郢城祈禱城隍神，須臾，衝風欻起，驚濤涌激，漂斷荻蒹。約復以鐵鏁連緝，風浪夜驚，復以斷絶。如此者再三，城人大喜，以爲神助。然則神著靈響，不獨六合、九江禦災捍患矣。

宣聖　像設始於漢之文翁。《日知録》十四卷云：「宋玉《招魂》有『像設君室』之文，〔七〕尸禮廢而像事興，蓋在戰國之時。」又云：「漢文翁成都石室，設孔子坐像，其坐，斂蹠向後，屈膝當前，七十二弟子侍於兩旁。」案：孔子石室設像，又見《水經·巨洋水東北過壽光縣西注》云：「城之西南，水東有孔子石室，故廟堂也。中有孔子像，弟子問經。既無碑志，未詳所立。」又云：「朱子白鹿洞書院，只作禮殿，依開元禮臨祭，設席不立像。」案：開元未嘗不立像。又云：「嘉靖九年，詔革先師孔子封爵塑像，有司依違，多於殿内添砌一牆，置像於中，以塞明詔。」又云：

「宋文恪訥《國子監碑》言：夫子而下，像不土繪，祀以神主，數百年陋習乃革。是則太祖已先定此制，獨未通行天下爾。」案：詔，當在洪武三年。《困學紀聞》十四卷：「了齋陳瓘號。云：顔回配饗先聖，其初但爲立像，至開元中，始與十哲合爲一座。案：《唐志》開元八年詔，十哲爲坐像。」自注引「《集古録》李陽冰《縉雲孔子廟記》云：换夫子之容貌，增侍立者九人。蓋獨顔回配坐，而閔損等九人爲立像。陽冰修廟在肅宗上元二年，其不用開元之詔，何也？」

佛

宋孔平仲《珩璜新論》云：「佛果何如哉？以捨身爲福，則梁武以天子奴之，不免浄居之禍；以莊嚴爲功，則晉之王恭修營佛寺，務在壯麗，其後斬於倪唐；以持誦爲獲報，則周嵩精於事佛，王敦害之，臨刑猶於市誦經，竟死刃下。〔八〕佛果何如哉？佛出於西胡，言語不通，華人譯之成文，謂之經，而晉之諸君子甚好於此，今世所謂經説、性理者，大抵多晉人文章也，謝靈運繙經臺今尚存焉。唐傳亦謂〔九〕「佛入中國，孅兒幻夫摸像莊老，以文飾之。」姚玄崇治令，其説亦甚詳。〔一〇〕《霍去病傳》，破匈奴，獲『休屠祭天金人』注：『祭天以金人爲主，佛徒祠金人也』。師古曰：『今之佛像是也。』其後休屠王太子歸漢，以金人之故，賜姓金氏，即日磾也。據此則前漢時佛像已入中國矣。凡金之佛像，皆祭天之主也，宜乎其盛也，有天助焉爾。後漢明帝夢見金人以爲佛，於是遣使天竺國圖其形像，光武子楚王英始信其術，『爲浮屠齋戒祭祀』，詔還贖縑，『以助伊蒲塞之盛饌』。注：『伊蒲塞即優婆塞也。』

《陶謙傳》：『笮融大起浮屠寺，作黄金塗像，浴佛設飯云云』。」又引「《後漢·襄楷傳》注：『浮屠即佛佗，聲之轉耳。』〔一一〕《史記·大月氏傳》：『身毒國，在大夏東南數千里，其俗土著大與大夏同，而卑溼暑熱』。案：《後漢·西域傳》：『天竺，一名身毒，今浮屠像袒肩赤足，此卑溼暑熱之驗也。』又云：『其民乘象以戰，今浮屠像亦跨象云。』」孔平仲之論如此。余嘗以其説攷之，佛生於晚周，春秋魯莊公七年夏四月辛卯夜，當周莊王之十年。金像起於前漢，塑像始於六朝。唐李綽《尚書故實》云：「佛像本胡夷朴陋，〔一二〕人不生敬，今之藻繪雕刻，自戴顒始也。顒嘗刻一像，自隱帳中，聽人臧否，隨而改之，如是者積十年，厥功方就。」案：金鑄范蠡已起於春秋之世，佛像則起於戴氏爾。佛寺起於漢明帝白馬寺，已見前九卷。六朝以降，迄於隋唐，列刹相望，名類實繁。《困學紀聞》二十卷引「《通鑑考異》云：《會要》：元和二年，薛平奏請賜中條山蘭若額爲大和寺。蓋官賜者爲寺，私造者爲招提、蘭若，杜牧所謂山臺野邑是也。」自注云：《杭州南亭紀》：「武宗去山臺野邑四萬所。」案：《尚書故實》云：「會昌毁寺時，分遣御史檢天下所廢寺，及收録金銀佛像。」案：「袁宏《漢紀》云：浮屠，佛也，西域天竺國有佛道焉。佛者，漢言覺也，將以覺悟羣生也。其教也，以修善慈心爲主，不殺生，專務清浄，其精者爲沙門。沙門，漢言息也。蓋息意者，欲歸於無爲。又以爲人死精神不滅，隨復受形，生時善惡皆有報應，故貴行善道，以煉精神，以至無生而得爲佛也。」《蘇軾集·袁宏論佛説》。此言雖淺近，佛教大略盡於是矣。夫佛以清淨行善爲本，其言因果善惡，皆是切實爲人，將令一切衆生脱離火阬，同登彼岸。而昧者不悟，將謂持齋燒香可抱佛脚，「垂老抱佛脚」，孟東野《讀經》詩也。心地穢濁，福田奚存？乃若富室豪家營求善果，輒復印刊經貝，修建浮圖，遞相誇兢，以爲造無量福。烏虖！吾誰欺乎哉！昔「宋明帝以故第爲湘宫寺，備極壯麗，欲造十級浮圖而不能，乃分爲二，謂巢尚之曰：此是我大功德，用錢不少。通直散騎侍郎虞愿曰：此皆百姓賣兒貼婦錢所爲，佛若有知，當慈悲嗟憫，罪高佛圖，何功德之有！」「梁武帝問達磨曰：朕自即位以來，造寺、寫經、度僧，不可勝紀，有何功德？答曰：並無功德。此但人天小果有漏之因，如影隨形，雖有非實。」「《洛陽伽藍記》云：有比丘惠凝，死去復活，見閻羅王閲一比丘，是靈覺寺寶明，自云出家之前，嘗作隴西太守，造靈覺寺成，棄官入道。閻羅王曰：卿作太守之日，曲理枉法，劫奪民財，假作此寺，非卿之力，何勞説此？付司送入黑門。」《日知録》三十卷引之云：「此雖寓言，乃居官佞佛者之箴砭也。」烏虖！世之作功德而死去能免送入黑門者有幾人哉？《尚書故實》載「某經云：『佛教上屬鬼宿，鬼暗則佛教衰。』」又引「吴先生嘗稱有《靈鬼録》：佛乃一靈鬼耳」。今之鬼宿，非加暗也，今之佛教，似盛而實衰，蓋傳其教者衰也。此扣槃捫燭之説也。女僧亦起於漢代，漢劉峻女出家。又洛陽婦阿潘出家，乃尼之始。何充捨宅安尼，乃尼寺之始。

淫祠《日知録》二十五卷云：「禹崩會稽，故山有禹廟，而《水經·漸江水·注》言：廟有聖姑，《禮樂緯》云：禹治水畢，天賜神女聖姑。」案：《禮樂緯》之説，瀆亂不經，而《宋書·符瑞志》云：「玉女，天賜妾也。」《禮含文嘉》曰：「禹卑宫室，盡力溝洫，百穀用成，神龍女降。」其言神女，即聖姑與？盦山，啓母，《天問》之雜説也，後人附以少姨，以爲啓母之妹，今少室有阿姨神。案：堯廟中有蘇侯坐，《日知録》三十卷《古今神祠》下，引胡三省《通鑑》注曰：「蘇侯神即蘇峻。《南齊書·蘇祖思傳》：〔一三〕爲都昌令，隨青州刺史垣護之入堯廟，廟有蘇侯神偶坐，護之曰：『唐堯聖人，而與蘇侯神共坐，今欲正之，何如？』祖思曰：『使君若清蕩此坐，則是堯廟重去四凶。』繇是諸雜神並除。」舜廟中有武后像，《日知録》二十五卷引「《張南軒集》，言舜廟中有武后像，即日投之江中。」又引「杜氏《通典》：汾陰后土祠爲婦人塐像，〔案：《漢書》郊祀歌：「媪神蕃釐」。故后土爲婦人像〕武太后時移河西梁山神塐像就祠中配焉。開元十一年，有司遷梁山神像於祠外之别室」。案：《國語》：「周之房后，實有爽德，丹朱憑身以儀之，生穆王焉。」武曌平生蠱媚，爲妖爲孽，寡恥宣淫，乃復垂意重瞳，豈知蒼梧祠中，寧有妖狐獻媚處邪！妒女爲介推之妹，《日知録》二十五卷：「金元好問《承天鎮懸泉》詩注云：平定土俗傳介子推被焚，其妹介山氏恥兄要君，積薪自焚，號曰妬女祠〔《唐書》高宗調露元年九月幸并州，道出妬女祠〕。其碑，大曆中判官李諲撰，辭旨殊謬，至有『百日積薪，一日燒之』之語，鄉社至今以百五日積薪而焚之，謂之祭妒女。」卞山爲項羽之神，《宋書·孔季恭傳》：「先是，吴興頻喪太守，云項羽神爲卞山王，居郡聽事，二千石至常避之。季恭居聽事，竟無害也。」小孤山之譌爲小姑，歐陽公《歸田録》。杜拾遺之譌爲十姨，《黄氏日鈔》。伍子胥之譌爲五髭鬚相公，尤西堂《艮齋雜説》五云：「温州土地有杜十姨，即杜拾遺；五髭鬚即伍子胥，土人合爲夫婦云。」唐張公素之譌爲仲素，《日知録》二十二卷：「《大明一統志》，永平府名宦有唐張仲素云云，詳其歷官，即公素也云云。」宋王亘之譌爲王旦，又引「《肇慶府志》：『宋王亘，淳熙中爲博羅令，築隨龍、蘇邨二隄，民賴其利。後知南恩。』《一統志》誤作王旦。今博羅名宦稱宋丞相文正公前博羅令，而不知文正未嘗爲此官。〔《宋史·王旦傳》：「起家大理評事，知平江縣。」〕淳熙，又孝宗年號也。」祀典紛紛，莫能悉數，吾以此類皆是五臺山聖琵琶耳。事見唐孫頠《幻異志》。夫石不能言，或憑焉，妖繇人興其氣燄以取之，千古淫祠，皆作是觀，良無怪也。「後漢邴原嘗行而得遺錢，拾以繫樹枝，此錢既不見取，而繫錢者愈多。問其故，答者謂之神樹。原惡其由己而成淫祀，乃辯之，於是里中遂斂其錢以爲社供。」事見《魏志·邴原傳》。今世淫祀愈多，惜無如原者能辯之耳。《北齊書·魏蘭根傳》：「丁憂居喪，將葬常山郡境，先有董卓祠，祠有柏樹，蘭根以卓凶逆無道，不應遺祠至今，乃發柏爲槨。」昔有人赴都，甫出邨郭，傳杖於地。遊經數年，聞此邨間乃有祠宇，香火甚殷，旁攢茂樹，蔚若叢林。後其人歸家，便謁神祠，因憶昔年植杖之地，於是徧詣邨人，追述往事，相共咨嗟。自爾以後，神便無靈。又有遠遊者，去家里許，適見殤子路旁，戲溺其口，自兹以後，靈異著於此方。先是，此邨有神降夢，宜食兹土，須爲立廟，夢箆協襲，尸祝繁興，其神，乃夢所稱鹹淡公者也。及此人多年遊歸，重經其地，瞻其神容，彷彿殤童耳，豈有神名鹹淡公者哉！案《香祖筆記》三云：「嘗見一書，言今江浙所祀五通邪神，乃明太祖伐陳友諒陣亡士卒，詔令五人一隊，得受香火云云。」而《武林聞見録》又載：「宋時已有五通之説，不自明初始云云」，其爲邪魅昭然矣。吴越之人，信而畏之，理不可解，宜湯潛菴斌碎其土偶，投界湖中也。余謂《聊齋志異》言五通神乃作獸蹄，復與此異也。尤西堂《艮齋雜説》五云：「福州人皆祀孫行者，爲家堂，又立齊天大聖廟，甚壯麗。四五月間，迎旱龍舟，裝飾寶玩，鼓樂喧闐，市人奔走若狂，視其中，坐一獮猴耳。無論《西遊記》爲子虚烏有，即水簾洞豈在閩粤間哉？風俗怪誕如此，而不以淫祠毁，何也？」又云：「事有訛傳而即真者。彭蠡湖中有大孤山，彭澤江中有小孤山，又有彭郎磯、女兒港，皆山水名耳。韓子蒼詩：『大姑已嫁彭郎去，小姑還隨女兒住。』以孤爲姑，直是戲語，而後人遂於山上立大姑、小姑廟云云。」按：此下引一條云：「蔡可宗題小姑廟詩，有狎語，詰朝開船，風發，闔家俱沈，豈非小姑作祟與？然小姑，本無名氏，既有廟貌，則物或憑之矣。此言是也。」《歸田録》二云：「西京龍門山夾伊水，上自端門望之，如雙闕，故謂之闕塞，而山口有廟曰闕口廟。余嘗見其廟，像甚勇，手持一屠刀，尖鋭，按膝而坐。問之，云：此乃豁口大王也。此尤可笑者爾。」《澠水燕談》十云：「蕭槲，字大珍，後梁宗室，爲青州刺史，有惠愛，篤信於民，及死，民爲立祠千乘縣西，相與謚曰信公。嘉祐中，祠宇頹敝，主廟者，賈天恩老伶也。有王乂者，金家蒼頭也，幼苦痛寒，汗不洽體，腰不能行，僂而丐且十年，一旦人灸之，遂愈。天恩教之曰：第云『信公召語，能爲吾修廟，則使爾腰伸。諾之，腰即伸』。於是遠近聞之，奔凑争施錢帛，以新廟貌。踰年，得錢數千緡，功未卒而二人争錢相毆，事稍諠，施者因不復來。」

劉猛將軍　《棲霞邑志》三卷云：「案《周禮·族師》：『春秋祭酺。』酺與步同爲人物災害之神。案《族師》注：「玄謂《校人職》又有冬祭馬步，則未知此世所云，蝝螟之酺與？人鬼之步與？蓋亦爲壇位如雩禜云。」賈《疏》：「漢時有蝝螟之酺神，有人鬼之步神。」宋紹興中，議舉酺祭，蝗蟲爲災則祀之。今之祀劉，亦祭酺之遺制也。神爲南宋劉宰，字平國，金壇人，紹興元年進士，仕至浙東倉司幹官，告歸，隱居三十年，卒謚文清，以正直爲神，驅蝗保穡，而人以猛將軍呼之，誤矣。見《萊郡志》。」案：《禮·郊特牲》蜡祝辭曰：「昆蟲毋作。」注云：「昆蟲，螟蠡之屬爲害者也。」《詩·大田》云：「田祖有神，秉畀炎火。」是則古人祭蜡，爲除昆蟲，昆蟲之神，應歸田祖，後世祀典，必求其人以實之，今之祀劉，蓋亦如此。嘗讀謝應魁《趙州志擬稿·祠祀篇》「劉猛將軍」下引《降靈録》載：「神名承忠，吴川人，元末授指揮，弱冠臨戎，兵不血刃，盜皆鼠竄。適江淮千里飛蝗遍野，揮劍追逐，蝗飛境外。後因鼎革，自沈於河。有司奏請，遂授猛將軍之號。」此言猛將軍詳矣。而所引《降靈録》，未知何等書也。案：《水經·洛水·注》云：「偃師九山，有百蟲將軍顯靈碑云：『將軍姓伊氏，諱益，字隤敳，帝高陽之第二子伯益者也。』」案：張匡學《水經注釋地》云：「《史記·秦本紀》云：『顓頊之裔孫大業，生大費，佐舜調馴鳥獸，是爲柏翳。』《索隱》云：『柏翳即《尚書》之伯益。』《列女傳》云：『皋子五歲而贊禹。』曹大家注云：『皋子者，皋陶之子伯益也。』此碑謂益字隤敳，帝高陽之第二子，與《史記》異。《左傳》所記，隤敳、庭堅並高陽氏之子。杜元凱注云：皋陶字庭堅，則父子同在八愷之中，不應並時而舉也。」夫伯益作虞，鳥獸是若，故其神號百蟲將軍。然則驅蝗保穡是其專職，神應祀百蟲將軍矣。劉猛將軍恐是傳譌。

秋姑

《水南翰記》：「北方老嫗，八九十歲齒落更生者，能於夜出食人嬰兒，名秋姑。秋，讀如篘酒之篘。」案：姑，讀如胡。案：《五音集韻》：「越王巫鮎祠在雲陽，鮎音孤。又小兒病鬼。」茲豈秋姑之類歟？又，「倀鬼者，虎齧人，人死魂不敢他適，輒隸事虎，名曰倀鬼。」《聽雨記談》：「人遇虎，衣帶自解，皆別寘於地，虎見人躶而後食之，皆倀所爲。倀可謂鬼之愚者也。」又《慈幼編》：「有鳥名隱飛，最喜陰雨，夜過落羽人家庭檐，置兒衣中，令兒作痼，必死。故兒生至十歲，洗衣不可夜露。」案：隱飛鳥，蓋無辜鳥也。無辜，即巫鮎，南人謂之姑獲鳥。見李時珍《本艸綱目》。又《異史》載：「鬼車，九頭鳥也，帝鵠，案：二字疑有誤。《書》謂之逆鶬，夫子一見而歌之，小說：周公居東周，惡聞此鳥，命庭氏射之，血其一首，餘猶九首。夫子《鶬歌》曰：逆毛鶬兮，一身九尾長兮。只言九尾，不言九頭。」余案：郭璞《江賦》：「奇鶬九頭。」是鳥有九頭也。族祖山輝爲余言，此鳥南方有之，慶遠人説喜夜飛，人聞其鳴，擊銅驚之，滴血人屋上主有凶。然則此屬皆是爲人、物災害之神者，而《校人》「馬步」亦其一也。夫夏鼎圖姦，不逢不若；《周官》「祭酺」，爲人禦災。古先聖王慮民之意，深且遠矣！

厲壇 州縣皆有厲壇。今城隍神以三時出巡，俗人皆言爲鬼放飯，蓋有因於古也。《明史·禮志》載：「泰厲壇祭無祀鬼神。《春秋傳》曰『鬼有所歸，乃不爲厲』，《左傳·昭七年》。又《成十年》傳：「晉侯夢大厲。」是知鬼無祀者名厲也。此其義也。《祭法》，王祭『泰厲』，諸侯祭『公厲』，大夫祭『族厲』。《士喪禮》『疾病禱於厲』，《鄭注》謂『漢時民間皆秋祠厲』，則此祀達於上下矣。然後世皆不舉行。洪武三年定制，京都祭泰厲，設壇玄武湖中，歲以清明及十月朔日遣官致祭。前期七日，檄京都城隍。祭日，設京省城隍神位於壇上，無祀鬼神等位於壇下之東西，羊三，豕三，飯米三石。王國祭國厲，府州祭郡厲，縣祭邑厲，皆設壇城北，一年二祭如京師。里社則祭鄉厲。後定郡邑厲、鄉厲，皆以清明日、七月十五日、十月朔日。」

梓潼神 神張氏，諱亞子。亞，古與惡通，《尚書大傳》：「王升舟入水，鐘鼓惡，觀臺惡，將舟惡，宗廟惡。」鄭注：「惡，讀爲亞，亞，次也。」《周禮·春官·肆師》注引此文，並作亞字。《語林》載：「漢周亞夫，印文爲惡夫。」即惡子也。晉常璩《華陽國志》：「梓潼有善板祠神，一曰惡子，民歲上雷杵十枚，歲盡不見。云雷取去。蓋祠所從來遠矣。相傳神生於西晉，居劍之七曲山，山在梓潼縣北十五里。或曰：神越巂閒人也。《通考》云：『仕晉戰没，蜀人爲立廟。』《禮·祭法》所謂『以死勤事，則祀之』者歟。」《後秦録》：「初，姚萇遊梓潼嶺，見一神人謂曰：『亟還秦，秦無主，將在君。』萇請其姓氏，曰：『張惡子也。』言訖不見。及稱帝，即其地立張相公廟。」《通考》：「唐玄宗西狩，追命左丞；僖宗入蜀，封濟順王。宋咸平中，王均爲亂，忽有人登梯衝言：『梓潼神遣我來，九月二十日城陷，爾輩悉當夷滅。』賊射之，倏不見。及期，果克城。詔改封英顯王。」唐《孫樵集》有《祭梓潼神君文》，稱其爇火反風。此皆靈異尤著者也。其崇以帝君之尊，冠以文昌之號，則倡自道家，而始於元代。《明史·禮志》：「弘治元年，禮部尚書周洪謨等言，道家謂帝命梓潼掌文昌府事及人間禄籍，故元加號爲帝君，而天下學校亦有祠祀者。景泰中，因京師舊廟闢而新之，歲以二月三日生辰遣祭。」攷《史記·天官書》「斗魁戴匡六星曰文昌宮」。《索隱》引《春秋元命苞》「貴相理文緒」，道家蓋依此而爲説。然《周禮·大宗伯》「祀司中、司命」注：「文昌第五、第四星，或曰中能、上能也。」能，古文台字。《天府》「祭司禄」注：「文昌第六星，或曰下能也。」《周官》所祭，自是天星，梓潼所祀，乃其地之神，空假戴匡之號，虛張司祿之名。據《周禮》注：司中、司命、司祿，乃三台，非文昌也。又以魁星爲之佐。魁，斗魁也。蓋以相近文昌，而展轉附會之。明周洪謨言：「梓潼顯靈於蜀，廟食其地爲宜，文昌六星與之無涉。」此實籍徵之英談，攷古之篤論矣。方今神祠徧天下，天下之文士尤尊奉之，而俗人不知，隨聲逐影，非能察其由來者也。愚攷舊説，擇其言尤雅者著於篇。

火帝神　古言神不必實有其人，《易·説卦傳》「離爲火」是也。後世言神必指其人。《禮·月令》「其帝炎帝，其神祝融」注云：「此赤精之君，火官之臣，自古以來，著德立功者也。炎帝，大庭氏也。祝融，顓頊氏之子曰黎，爲火官。」《周語》：「惠王十五年，内史過曰：昔夏之興也，融降於崇山；其亡也，回祿信於聆遂。」（二五）注云：「融，祝融也。回祿，火神。」《左氏·昭元年傳》：「遷閼伯于商丘，主辰。」案：辰爲大火。今世所祀火神，則未知於此數者爲誰也。《通考》載：「後魏太和十四年詔，先常有水火之神四十餘名。」蓋火神滋多於是矣。瀆祀不經，今無取焉。

雷聲普化天尊　《明史·禮志》：「弘治元年，禮部尚書周洪謨等言：雷聲普化天尊者，道家以爲總司五雷，又以六月二十四日爲天尊示現之日，故歲以是日遣官詣顯靈宮致祭。夫風雲雷雨，南郊合祀，而山川壇復有秋報，則此祭亦當罷免。」

王靈官　《明史·禮志》言：「崇恩真君、隆恩真君者，道家以崇恩姓薩名堅，西蜀人，宋徽宗時嘗從王侍宸、林靈素輩學法有驗。隆恩，則玉樞火府天將王靈官也，又嘗從薩傳符法。永樂中，以道士周恩得能傳靈官法，乃於禁城之西，建天將廟及祖師殿。宣德中，改大德觀，封二真君。成化初，改顯靈宮。每年换袍服，所費不貲。近今祈禱無應，亦當罷免。」詔皆如議行。案：道家之説，名稱實繁，不可殫述，姑識於此，以著其誕而不經也。道士謂有道之士，道人亦謂有道之人，若《莊子·天下》篇「古之道人」、《漢書·京房傳》「道人」是矣。今則以爲符咒法術之稱，非也。道士之名，蓋起於漢。《困學紀聞》二十卷：「《新序》：介子推曰：謁而得位，道士不居也。《元和郡縣志》：樓觀，本周康王大夫尹喜宅也，穆王爲召幽逸之人，置爲道士。《太霄經》以尹喜爲尹軌。又謂平王東遷洛邑，置道士七人。案：《漢·郊祀志》注《漢宫閣疏》云：『神明臺高五十丈，上有九室，常至九天道士百人』，〔一六〕蓋自武帝始也。穆王、平王事不可考。」又言：「北齊文宣敕道士剃髮爲沙門，徽宗令沙門冠簪爲德士。其相反如此。」案：德士即道士。

三官神　《珩璜新論》：「《劉焉傳》：有張陵者謂之米賊，即今俗所謂張天師也。《真誥》有張生白，亦是也。本傳注：張脩爲太平道，張角爲五斗米道，法亦略同。爲人禱病，爲書三通，一上之天，著山上；一埋之地；一沈之水。謂之三官者，《真誥》有『被考於三官者』是也。注云：實無益於療病，小人昏愚，競共事之，後角被誅，脩亦亡。」案：此見《劉焉傳》注引《典論》。

井神　《太平御覽》一百八十九卷引《白澤圖》曰：「井神曰吹簫女子。」

髮神　《御覽》三百七十三卷引《黄庭經》曰：「髮神名蒼華，字太元。」出《黄庭内景經》。

土地神　《池北偶談》二載土地一條云：「今吏部、禮部、翰林院衙門土地祠，皆祀韓文公。明南京吏部土地祠，則祀蹇足定公。」《艮齋雜記》五。

校記

〔一〕《北户録》古今説部叢書本「逐」作「當」。

〔二〕上，《穆天子傳》卷一，百子全書本作「山」。

〔三〕「爲夫餘王妻」一句，《魏書》卷一百《高句麗傳》作：「爲夫餘王閉於室中，爲日所照，引身避之，日影又逐。既而有孕。」

〔四〕據清俞榮寬《諏吉便覽》，有「血支」、「九空」、「血忌」等五行術數用詞，而無「反支」。此處「反支」，或係「血支」之誤。

〔五〕巳五，《藝文類聚》下册八十卷，上海古籍出版社版第一三七五頁作「己丑」，應據正。

〔六〕祠，《翁注困學紀聞》卷二十作「祀」。

〔七〕今本《日知録集解》卷十四「有」上有「始」字。

〔八〕刃，《珩璜新論》卷二，叢書集成初編本作「刀」。

〔九〕傳亦，應作「傅奕」。見同上。

〔一〇〕玄，《舊唐書》卷九十六《姚崇傳》，中華書局聚珍仿宋本作「元」。元崇因何改名爲崇，詳見該傳。

〔一一〕《後漢書》卷三十下《襄楷傳》注作「浮屠即佛陁，但聲轉耳，並謂佛也，解見《楚王英傳》也」。

〔一二〕《尚書故實》卷二十，《唐人説薈》本「朴」作「村」。

〔一三〕蘇，今本《日知録集解》卷三十作「崔」。

〔一四〕《水經注》卷十五《洛水注》「云」上又有「碑」字。

〔一五〕《國語》卷一，天聖明道本「聆」作「聆」，「遂」作「隧」。又注曰：「聆音禽。聆隧，地名也。」

〔一六〕常至，《漢書》卷二十五下《郊祀志下》注作「恒置」。

第十二

蘭蕙 《困學紀聞》十七卷：「夾漈《艸木略》以蘭蕙爲一物，皆今之零陵香也。然《離騷》「滋蘭樹蕙」，《招魂》「轉蕙氾蘭」，是爲二艸，不可合爲一。」若璩案：「蘭茝與蕙各自爲類，黄山谷「一榦一花，而香有餘者蘭；一榦數花，而香不足者蕙」，説亦未必然。」案：蕙乃零陵香耳，蘭與蕙相似而各異。李時珍《本艸綱目》辨之極詳。「芳艸類」本條下云：「蘭艸與澤蘭同類，故陸璣言蘭似澤蘭，但廣而長節。」又云：「其葉似菊，俗名孩兒菊。盛宏之《荆州記》云：都梁有山，下有水清淺，其中生蘭草，因名都梁香也。」朱子《離騷辨證》可稱精覈。略云：「古之蘭似澤蘭，而蕙，即今之零陵香。今之似茅而花有兩種者，不知何時誤也。」案：黄山谷不識蘭蕙，謬以「一榦一花、一榦數花」者當之，此乃蘭花，非蘭艸也。余嘗樹蕙艸，蓋今京師人呼「艾抗」者也，方莖，紫白花，葉如藍而香。

芍藥 司馬相如《凡將篇》，藥名有「艸芍藥」，見唐陸羽《茶經》。陸璣《艸木疏》云：「今藥艸芍藥無香氣，非是也，未審今何艸？」案：今驗藥艸芍藥單葉，果無香氣，其人家庭園植者千葉，則極香，陸氏蓋徒見野生者爾，故未審矣。而《困學紀聞》十七卷「江離」下，引

《詩記》董氏曰：〔二〕「《古今注》謂『芍藥，可離』，《唐本艸》『可離，江離』。」以芍藥爲江離，此則非也，芍藥一名將離，不曰江離也。顔師古曰：「郭璞云：江離似水薺，今無識之者。」

牡丹　唐李綽《尚書故實》：「世言牡丹華近有，蓋以國朝文士集中無牡丹謌詩。案：「天香染衣」未聞邪？張公嘗言，揚子華有畫牡丹處，極分明。子華北齊人，則知牡丹華亦已久矣。」案：此華一名木芍藥，接於椿樹之杪，可令作華，高丈餘。案《鶴林玉露》四云：「牡丹，自唐以前未有聞。至武后時，樵夫採山乃得之，舒元輿爲之賦，李太白爲之詩云云。」

蔄　《續博物志》：「蔄生應月，閏月益一節。」陸璣《艸木疏》：「幽州謂之光旁，爲光如牛角。」案：謂蔄光旁，所未能詳。《清異録》：「北戎蔄止三孔，漢語轉譯其名曰省事三。」案：省事三，蔄名也。

人葠　《本艸》：「一名人銜，其成有階級，故名。」案：宿根在地，來年又自蘆頭抽萌。《説文》：「人葠，藥艸，出上黨。」蘇軾詩：「舊聞人銜芝，生此羊腸嶺。」案：今出遼東曰遼葠，上黨者曰黨葠矣，氣味稍薄。舊説薺苨亂人葠。薺苨，今杏葉葠也。其葉似杏葉，其根蘆，全似葠，食之甘。段成式《支諾皋》言：「常見道者論枸杞、茯苓、人葠、术，形有異，服之獲上壽。」

波稜　《困學紀聞》二十卷：「《唐·西域傳》末禄有軍達、案：今謌謂根大菜，亦謂大根菜，即甜菜也。泥婆羅獻波稜，皆菜名也。」案：唐韋絢《劉賓客嘉話録》：「菜之菠稜，本西國中有，僧將其子來，如苜蓿、蒲陶因張騫而至也。絢曰：豈非頗陵國將來，而語譌爲菠稜邪？」案：波稜名鸚鵡菜，以根紅似鸚鵡觜也。《博聞録》云：「菠菜過月朔乃生，須二十七八間種之，月初即生。」余驗之，似不必然。又案：菜之異者，《南越志》：「猴菜色赤，生石上，南越謂之鹿角。」案：今鹿角菜。蕹菜水生，性冷味甘。冶葛有大毒，以蕹汁滴其苗，當時萎死。世傳魏武能啖冶葛至一尺，云先食此菜也。冶葛，人食之輒死，山羊食其苗即肥而大，亦如鼠食巴豆，其大如㹠，蓋物類有相伏也。晉嵇含《南方艸木狀》。「睡菜，食之好睡，郭子横云：五味艸，食之不使人睡，亦名却睡艸。」唐段公路《北户録》。羞菜，安南國有之，「蔓生水上，甘美可食。人過池中，以手指之曰：女羞否？即時憔悴，有羞色。人去，青如初。」高淡人《天禄識餘》。

茄子　「《酉陽雜俎》云：『茄子一名落蘇。』今吴人正謂之落蘇。或云：『錢王有子跛足，以聲相近，故惡人言茄子。』亦未必然。」《老學庵筆記》二。案：今登萊人通呼爲茄子，音如怯，平聲，亦作缺，平聲。俗謂跛足爲茄子，正讀缺平聲也。茄本求迦切，在《廣韻·八戈》，方俗音轉耳。落蘇，説者言味如酪酥，假借之字也。

茄樹　《香祖筆記》十二云：「予昔奉使廣州，親見萆麻樹、扁豆樹、茄樹；昨閲一書言，西土甘草亦有成大樹者，皆異聞也。」

橄欖　《玉篇》：「橄欖，果木，出交阯。」《南方艸木狀》：「吳時歲貢以賜近侍，本朝自太康後亦如之。」案：此果自漢已入中國。《三輔黄圖》：「漢武帝破南越，得橄欖百餘本。」《北户録》：「《廣志》云：『有大如雞子者，有野生者，高不可梯，但刻其根方數寸許，入鹽於中，子皆落矣。』陳藏器云：『其木主鯸魚毒，此木作檝，撥著鯸魚，皆浮出。』」案：鯸魚即鯸鮐魚，今之河豚也。見左思《吳都賦》。案：鯸應作規。沈括《補筆談》：「浙東人呼河豚爲規魚。〔二〕又有生海中者，腹上有刺，名海規、吹肚魚。」〔三〕李時珍《本艸綱目·橄欖》：「治魚毒骨鯁。〔四〕今人煮河豚、團魚，皆用橄欖，乃知橄欖能治一切魚、鼈之毒也。」《齊東野語》：「橄欖一名青果，一名諫果，一名忠果。」《陵川詩注》：〔五〕「南人謂之格覽。」

檳榔　仁頻果也。司馬相如《上林賦》注：「孟康曰：仁頻，椶也。李善引《仙藥録》曰：檳榔亦名椶，仁頻即檳榔也。」〔六〕《南方艸木狀》云：「味苦澀，以扶留藤、古賁灰並食，則滑美，下氣消穀。出林邑，彼人以爲貴婚族客，〔七〕必先進，若邂逅不設，用相嫌恨。一名賓門藥餞。」《梁書·海南諸夷傳》：「干陀利國在南海洲上，其俗與林邑、扶南略同，出斑布、吉貝、檳榔。檳榔特精好，爲諸國之最。」梁王僧孺有《謝賜干陀利所獻檳榔啓》。案：《本艸圖經》：「尖長而有紫文者名檳，圓而矮者名榔。檳力小，榔力大。陶弘景云：向陽者曰檳榔，向陰者曰大腹子。」案：《本艸綱目》又以圓者爲大腹子。《鶴林玉露》云：「嶺南人以檳榔代茶，且謂可以禦瘴。余始至不能食，久之亦能稍稍，居歲餘，則不可一日無此君矣。故嘗謂檳榔之功有四：一曰醒能使之醉，二曰醉能使之醒，三曰飢能使之飽，四曰飽能使之飢云云，嘗舉似於西堂先生范旂叟，曰：子可謂檳榔舉主矣。然子知其功，未知其德。檳榔賦性疏通而不泄氣，稟味嚴正而有餘甘，有是德故有是功也。」

巴旦杏　《本艸綱目》：一名「八擔杏，《正要》云：「忽鹿麻。」出回回舊地，今關西諸土亦有。其核如梅核，殼薄而仁甘美，點茶食之，味如榛子，西人以充方物。」案：今京師人呼杏爲巴達，即巴旦也。東齊人以杏仁甘美者爲榛杏，蓋味如榛也。案《香祖筆記》云：「《異物彙苑》：巴旦杏出哈烈國。今北方皆有之，京師者實大而甘；山東者實小肉薄，少津液，土人賤之不食，獨其仁甘，可以佐菹。」

銀杏　左思《吳都賦》：「平仲桾櫏，松梓古度。」李善注：「劉成曰：平仲之木，實白如銀，君遷之樹，子如瓠形。古度，樹也，不華而實，子皆從皮中出，大如安石榴，正赤初時，可煮食也。廣州有之。」案：平仲即今銀杏，古度即今無華果。

枸　陸璣《艸木疏》：「子大如指，長數寸，啖之甘美如飴，八九月熟，江南尤美。今官園種之，謂之木蜜。古語云『枳枸案：《說文》作積䅻，後人省積作枳，䅻作枸，《石經》改作椇。來巢』，案：宋玉《風賦》作「枳句來巢」。言其味甘，故飛鳥慕而巢之。本從南方來，能令酒味薄，若以爲屋柱，則一屋之酒皆薄。」案：《禮·曲禮》：「婦人之贄，椇、榛、脯、脩、棗、栗。」《疏》云：「椇，枳也，即今之白石李，形如珊瑚，味甜美。」〔八〕

合昏　《困學紀聞》八卷：「《急救篇》注：牡蒙案：《急就篇》：「牡蒙、甘艸、菀、藜蘆。」一名黄昏，後山詩『黄昏湯』，案：陳無己詩：「探囊一試黄昏湯。」疑即此也。」案：《續博物志》：「王孫一名黄孫，一名黄昏，孫思邈有『黄昏散』，注云：黄昏木，或曰合歡、合昏、夜合華。」此皆非也。觀《急就篇》，牡蒙乃是艸屬，一名黄昏，見《本艸別録》。陳無己「黄昏湯」，孫思邈「黄昏散」，皆是物也。或以黄昏木當之，則非矣。黄昏木自是合昏、夜合、合歡樹爾。一名青棠，崔豹《古今注》：「欲蠲人之忿，則贈以青堂。」〔九〕案：嵇康《養生論》：「合歡蠲忿。」俗名烏穓，語譌爲芙蓉，一名馬纓也。案：馬纓以其形似。

扶老　《困學紀聞》十三卷：「『策扶老以流憩』，謂扶老藤也。見《後漢·蔡順傳》注。案：此當引《前漢·孔光傳》注。案：陸璣《艸木疏》：「椐，樻節中腫，似扶老。」即今靈壽是也。〔一〇〕《漢書·孔光傳》：「賜靈壽杖。」孟康曰：「扶老杖。」師古曰：「木似竹，有枝節，長不過八九尺，圍三四寸，自然有合杖制，不須削治也。」」

蛺蜨樹　段公路《北户録》：「公路南行，歷懸藤峽，維舟飲水，覩巖側有一木五綵，初謂丹青之樹，因命僮僕采之。頃獲一枝，尚綴軟蜨凡二十餘箇：有翠紺縷者，金眼者，丁香眼者，紫斑眼者，黑華者，黄白者，緋脈者，大如蝙蝠者，小如榆莢者。愚因登岸視，乃知木葉化焉。是知蜨生江南，柑橘樹蠹，變爲蛺蜨，烏足之葉爲胡蜨，非虚語也。」案：《列子·天瑞》篇：「烏足之根爲蠐螬，其葉爲胡蝶。」《莊子·至樂》篇：「胡蝶，胥也。」注云：「胡蝶亦名胥。」案：段氏所見樹，豈即烏足者邪？然舊説皆以烏足爲艸名，所未詳也。介休馬柳溪愚爲余言：「冬蟲夏艸者，其根蟲也，其葉艸也。艸枯葉落，撅其根，蠕然蟲也。方春艸長，蹊蟲脊上抽萌，蔚然艸也。」乃知烏足之根爲蠐螬，此言非虚矣。《至樂》篇又云：「化而爲蟲，生於竈下，其狀若脱，其名爲鴝掇。」案：今之竈雞似之，形若蟋蟀而轉白色。牟默人聞燉煌人説：「有艸焉，其根蟲，其葉爲飛蟲。」與馬説異。馬又言：「雪裏蓮似千葉蓮，華生陰谷雪中，其華聞人採之，縮入地，終不可得。」此與南方沙箸同也。見《北户録·越王竹》下。《北户録》又載「《會要》云：大食國西鄰大海，嘗遣人乘船，經八年未極西岸。中有一方石，石上有樹，榦赤葉青，樹生小兒，長六七寸，見人皆笑，動其手腳，若著樹枝。其使摘取一枝，小兒即死。」

白翎雀　巧便能作百鳥語，今人多籠畜之者。《天禄識餘》：「朔漠之地無他禽，惟鴻雁與白翎雀。鴻雁畏寒，秋南春北。白翎雀雖窮冬沍寒，亦不易處，故元世祖作樂，名曰《白翎雀》。」

賓雀　《吕氏春秋》高誘注：「賓爵者，老爵也，棲宿於人堂宇之間，有似賓客，故謂之賓爵。」《古今注》：「雀一名家賓」，〔一二〕本此。案：「鴻雁來」句，「賓爵入大水爲蛤」句，高誘注不誤。若「來賓」斷句，《月令》未見此例。案《説文》：「雀，依人小鳥也。从小隹，讀如爵同。」爵，《説文》作「䨄」。「禮器也，象爵之形。所以飲器象爵者，取其鳴節節足足也。」而《宋·符瑞志》：「鳳凰其鳴，雄曰節節，雌曰足足」，《困學紀聞》八卷引之，謂「爵即鳳凰」，非也。節節足足，今驗之，即爵鳴之聲，爵即雀也。然則書鳥名爲雀，書禮器爲爵，古書多假借，故雀皆爲爵爾。《符瑞志》之言，何其誣邪！

鵬　《説文》：鵬、朋皆古文鳳字。《困學紀聞》二十卷：「宋玉曰：鳥有鳳而魚有鯤。《莊子音義》崔譔云：鵬音鳳。」案：《莊子》書「鯤化爲鵬」，雖本寓言，然攷《臨海異物志》：南海有黄雀魚，六月化爲黄雀，十月入海爲魚，案：今海上人言：九十月間，雀飛入海爲蛤，今驗蛤有黄白如雀文者是也。然未審春夏間蛤復爲雀不？是知魚鳥幻化，固理所不無也。又案：古人説鳳形狀者多矣，獨摯虞《決疑要注》載「太史令蔡衡曰：辛繕隱居華陰，光武徵不至。有大鳥，高五尺，五色備舉而多青，棲繕槐樹。弘農太守以聞，詔問百僚，咸以爲鳳。衡對云。凡象鳳者有五，多赤色者鳳，多青色者鸞，多黄色者鵷，多紫色者鸑，多白色者鵠。此鳥多青，乃鸞，非鳳也。」案：

此說亦未必然。余於嘉慶五年夏，見外方進鸞扇一柄，其色赤黄，有斑文大小如豆，似蛇眼，表裏通瑩，而一羽且數十眼，其羽長六七尺。舊説鸞鳥似雞，《禽經》：「黄鳳謂之焉。」《説文》：「焉鳥黄色，出於江淮。」摯虞所記青爲鳳，恐非也。案：司馬相如《上林賦》：「捎鳳凰，捷鵷雛，揜焦明。」張揖曰：「焦明似鳳，西方之鳥也。」是焦明亦鳳屬，厥狀未聞。

信天公　《困學紀聞》十八卷：「《攻媿》記張武子之語：水禽有名信天公者。案：《晁景迂集》：黄河有信天緣，常開口待魚。」案：《異史》載：「信天翁，鳥名，雲南有之。其鳥食魚而不能捕，俟魚鷹所得偶墜者拾食之。蘭庭瑞詩云：『荷錢荇帶落江空，唼鯉含鯊淺艸中；波上魚鷹貪未飽，何曾餓死信天翁。』」

鷹　陸璣《艸木疏》：「隼，鷂屬也，齊人謂之擊征。或謂之題肩，或謂之雀鷹，春化爲布穀者是也。」案：郭璞注「征鳥」本此，而云「鷹春化爲鳩」，則鳩即布穀也。牟廬坡《夏小正辨疑》言「鷹、鳩不能相化」，説多不載。案：道書言鷹化游絲。鷹者筋多肉少，善能高舉，翔入寥空，卒遇罡風，吹散揚爲游絲也。

畢方　李綽《尚書故實》載：「漢武帝時，嘗有獨足鶴，人皆不知，以爲怪異。東方朔奏曰：此《山海經》所謂畢方鳥也。驗之果然。」案：畢方或曰神名，或曰鳥名。《博雅》：「木神謂之畢方。」張衡《東京賦》：「況魃蜮與畢方。」注云：「畢方，老父神，如鳥兩足一翼者，常銜火在人家作怪災。案：此神未有見者。今人家庭園有見火光者，疑此爲怪也。《山海經》：「章莪之山有鳥焉，其狀如鶴，一足，赤文青質而白喙，名曰畢方。」案：此東方朔所見者，與商羊同。案：《風俗通》：「師曠曰：昔黄帝駕象車，交龍、畢方並轄，蚩尤居前。」是知畢方神名也。

雙雙　《公羊·宣五年傳》注〔一二〕：「雙雙之鳥，一身二首，尾有雌雄，隨便而偶，常不離散，故以喻焉。」案：此鳥即鶼鶼，注不引《爾雅》，何邪？又，韓愈《元和聖德詩》：「駕龍十二，魚魚雅雅。」案：雅即雅烏也，《説文》：「楚烏也。一名鸒，一名卑居。」好羣飛。亦見《爾雅》。

解廌　神羊也。《説文》、《字林》、《九經字樣》並作解廌。《説文》：「解廌，獸也，似山羊，一角，古者決訟，令觸不直。」〔一三〕《廣雅》作「貐貐」，陸作「獬豸」，《司馬相如傳》：「弄解豸。」通作「觟䚦」。《困學紀聞》十八卷：《論山谷詩》下。「《呈吉老縣丞》詩：觟䚦今無種，蒲盧教未形。注云：觟䚦，此兩姓，今無人。」案：姓有觟者，見《後漢書·儒林傳》。案：《太玄·難》「上九」云：「角觟䚦，終以直，其有犯。」二字與解豸同。亦見王充《論衡》，云：見《是應》篇。「一角之羊也。」注誤矣。案：《集韻》或作「獬觟。」

鹿　有兩頭者。雲南郡荼首，其音爲蔡茂，案：荼音蔡，首音茂。是兩頭鹿名也，永昌有之。《博物記》。鹿璚與瓊同者，老鹿年久，角中生玉，名曰鹿璚。《字彙補》。嬰蜺蟲，即鷦螟，巢於蟁睫者。常春生，以夏季藏於鹿耳中，名嬰蜺。《神異經》。案：狗蠅亦冬藏狗耳中，醫方有需用者，於狗耳取之。又說，蝦蟇冬藏桑根下。並可以資博聞。

狼　能作小兒聲，鳴則沸其州，案：州，竅也。或曰諸竅皆沸。《埤雅》：「作聲，諸竅皆沸。」其腸直，焚其矢，煙亦直。《埤雅》：「古之烽火用狼糞，取其煙直而聚，雖風吹之，不斜。」善卜食，是其知也。《埤雅》：「善逐獸。里語曰：狼卜食。狼將遠逐食，必先倒立，以卜所向，故獵師遇狼輒喜。狼之所嚮，獸之所在也。」後漢陽嘉中，《順帝紀》：「陽嘉元年。」「望都、蒲陰今定州也。狼殺女子九十七人。」「爲不祠北岳所致。」注引《東觀記》云：「爲不祠北岳所致。詔曰：『政失厥中，狼災爲應，至乃殘食孤幼。博訪其故，山岳尊靈，固所望秩，而比不奉祠，淫刑放濫，害加孕婦』也。」案：狼大出殺人，民俗訛言狼虎下降，又言狼爲山神之使，本於此也。《困學紀聞》八卷：「句容有盜，改置社稷而盜止。下邳多盜，遷社稷於南山之上，盜亦衰息。見陳後山《談叢》。岳州田鼠害稼，雍明遠曰：迎貓之祭不修也。命祭之，鼠隨以斃。見《范蜀公集》。」靈帝時，羣狼入城中齧人。《後漢書》。

虎　《方言》：「陳、魏、宋、楚之間，或謂之李父，江、淮、南楚之間，謂之李耳。」郭注：「虎食物值耳即止，以觸其諱故。」案：應劭謂：「南郡李翁化爲虎，故呼李耳。然則李翁名耳也。牛哀、封邵、李微皆化虎，何人而虎者之多邪？」唐李肇《國史補》：「裴旻守北平，多虎，旻善射，常一日斃三十有一，有老父曰：此皆彪也，似虎而非，將軍若遇真虎，無能爲也。」下云：「真虎狀小而勢猛云云」。然則人所化者，非虎，乃彪歟？此輩若遇酋耳，則不活矣。酋耳者，不食生物，有虎則殺之。唐張鷟《耳目記》：「周永昌中，涪州多虎暴。有一獸似虎而絶大，逐一虎噬殺之。録奏，檢《瑞圖》，〔一四〕乃酋耳也；不食生物，有虎則殺之。」《逸周書·王會解》：「史林以尊耳。尊耳者，身若虎豹，尾長三尺其身，食虎豹。」〔一五〕案：尊耳疑即酋耳。虎威者，骨也，脅兩旁及尾端有骨如乙，名虎威。見《酉陽雜俎》。《茅亭客話》：「虎有威如乙字，長三寸許，在脅兩旁皮下，取得佩之，臨官而能威衆；無官佩之，無憎疾者。蘇軾詩：『得如虎挾乙。』」《澠水燕談》十云：「舊説虎有威，遇人百步之外，咆哮作聲以威懾人，人或不懼，虎反畏而去。故虎不食醉人。小兒不知懼，則虎畏而不食。蘇子由作《孟德傳》云云。」案：魚乙見《禮記》，魚丁見《爾雅》。虎乙、魚丁可以作對。

騶虞　陸璣《詩疏》：「騶虞即白虎也。黑文，尾長于軀，不食生物，不履生艸，君王有德即見，〔一六〕應信而至者也。」案：一作騶牙。《史記·東方朔傳》：「遠方當來歸義，而騶牙先見。其齒前後若一，齊等無牙，故謂之騶牙。」一作騶吾。《山海經》、《墨子》書並作「騶吾」。王應麟《詩攷》：「騶虞或作騶吾。」見劉芳《詩義疏》。騶吾謂之侄獸，侄音質，《字典》引《大傳》。司馬相如所謂「般般之獸」者也。《漢書》師古注：「般與斑同，從丹青之丹。」

地生羊　「拂林國有羊羔生於土中，然其臍與地連，割之則死。惟人著甲走馬擊鼓駭之，其羔驚鳴而臍絶，便逐艸矣。」案：此羵羊之類。見《家語》。又，唐陸勳《集異志》：「晉元帝時，廬江灊縣何旭家，忽聞地中有犬子聲，掘得一母犬，青黎色，狀甚羸瘦。」又載：「乾符中，洛陽建春門外，因暴雨，有物墜地如羖羊，不食，頃之入地中云云。」至於今骨重羊，還是羊産，非土中生。而世俗謡傳，謂爲骨種羊，以骨種之而生，非也。其羊毳短而細，卷曲如環，其形瘠小，骨豐肉薄，故謂之骨重羊，皮可爲裘及帽檐，出葉爾羌之西布哈拉。

皮樹　《儀禮》注云：「獸名。」張鎰《三禮圖》云：「皮樹，人面獸形。」《困學紀聞》五卷云：「他書未見。」案：《鄉射禮》注：「今文皮樹爲繁豎。」蓋皮古音婆。

猫　李時珍《本艸綱目》：「俗傳牝猫無牡，但以竹箒埽背數次，則孕。或用斗覆猫於竈前，以刷箒頭擊斗，祝竈神而求之亦孕。此與以雞子祝竈而抱雛者相同，俱理之不可推者也。猫有病，以烏藥水灌之，甚良。猫食薄荷則醉。」案：女貓、草馬、草驢，並見《日知録》三十二卷。

魚種　南海諸郡人，至八九月，於池塘間采魚子，著艸上，懸於竈煙上，至二月春雷發時，卻收艸，浸於池塘間，旬日内如蝦蟆子狀，鬻於市，號魚種，育池塘間，一年内可供口腹也。陶朱公《養魚經》曰：「朱公謂威王，治生之法有五，水畜第一。水畜，魚也。」《北户録》。

案：《史記》：「秦始皇八年，河魚大上。」《漢書·食貨志》：「蕭望之奏言：故御史屬徐宮家在東萊，言往年加海租，上言：耿壽昌白，增海租三倍。魚不出。長老皆言武帝時，縣官嘗自漁，海魚不出，後復予民，魚迺出。」然則魚亦靈物哉！《詩序》：「《魚麗》，美萬物盛多。」詩人「星罶」，言「鮮可以飽。」〔一七〕而衆魚之夢，占爲豐年。今海人亦言歲豐魚大上也。

種鼈　《北户録》引《博物志》云：「取鼈剉如棊，擣赤莧汁和令厚以茅包之，六月中投於池內，即成鼈也。」

蟹　有啖蟹遇毒者。海上人言：蟹食鯸鮐子能殺人，非也。年年春時，海豚大上，即如是，殺人多矣，今驗之，殊不爾也。舊説蟹食水莨艸能毒人，《集韻》：「莨音建，水草。蟹有毒，食水莨所爲。」恐是也。「橄欖子制魚、蟹毒。」又，「蘆筍解河豚及諸魚、蟹毒。」《本艸》云。

鼃魚　《漢書·東方朔傳》：「土宜薑芋，水多鼃魚，貧者得以人給家足，無飢寒之患。」〔一八〕師古曰：「鼃即蛙字也，似蝦蟇而小，長脚，蓋人亦取食之。」案：《説文》：「鼃，蝦蟇也。」然《漢書·武帝紀》：「元鼎五年秋，鼃、蝦蟇鬭。」則二物也。師古説是。案：《周禮》，「蟈氏」掌鼃黽之屬。《序官》注：「今御所食蛙也。」《漢書·霍光傳》：「擅減宗廟羔、兔、鼃。」〔一九〕古蓋以爲上味。而韓愈《答柳柳州食蝦蟇詩》：「居然當鼎味，豈不辱釣罩？余雖不下喉，近亦能稍稍。」然未詳其食法。尉遲樞《南楚新聞》載：「百粤人以蝦蟇爲上味，先於釜中置小竿，俟湯沸投入蝦蟇，乃抱竿而熟，謂之抱竿羹。又云：疥皮者最佳，切不可脱去錦襖子。」余案：今關東人言，以科斗入麪，投沸湯中，其味絶美。亦此類也。然韓公詩及尉遲所記，皆是蝦蟇，非鼃也。古人食鼃而已，後世乃食蝦蟇爾。

守宫　《漢書·東方朔傳》注：「守宫，蟲名也。術家云以器養之，食以丹砂，滿七斤，擣治萬杵，以點女人體，終身不滅，若有房室之事，則滅矣。言可以防閑淫逸，故謂之守宫也。」又云：「今俗呼爲辟宫，辟亦禦扞之義。」案：此出《博物志》，注引之，非也。守宫之名見於《爾雅》，推究其義，蓋以此蟲喜緣屋壁以穴以居，出入不離，似爲人守，故曰守宫。至於丹砂點體，乃近房中之術，妄誕不經。且《爾雅》守宫，聖人所著，安容方士迂怪之談！顏監長於小學，其於諸書，别擇尤嚴，《匡衡傳》注，辯《西京雜記》，足見一般。此注竟舍《爾雅》，妄引術家之謬談，是其蔽也。《爾雅》邢疏亦引之，則承師古注而失者。

蝗　《後漢書·馬援傳》注引《東觀記》曰：「棱在廣陵，蝗蟲入江海，化爲魚蝦。」案：棱，援之族孫。《藝文類聚》引《毛詩義疏》曰：「今謂蝗子爲螽，一名蠶螽，兖州人謂之螣。蔡伯喈曰：蝗，螣也，當爲災則生，故水處澤中數百或數十里，一朝蔽地，而食禾粟苗盡復移。雖自有種，其爲災，云是魚子在水中化爲之。」案：蝗、魚二物相化相生。俗説蝗遺種於地，遇水則爲魚，旱則爲蝗。《春秋·桓五年》「大雩，螽」，《漢書·文帝紀》「旱蝗」，〔二〇〕是其驗也。蝗又音横。《演春秋繁露》云：「徽州稻苦蟲害，俗呼横蟲。」又，「蝗入海。今海上人亦有見者。」而唐陸勳《集異志》載：「晉太康中，會稽蟚蜞及蟹皆化爲鼠，食稻爲災。」

沙蝨　《廣雅》：「蝡蜁也。」《萬畢術》謂之蓬活。郭義恭《廣志》：「沙蝨在水中，色赤，大不過蟣，入人皮中殺人。」《抱朴子》云：「沙蝨，水陸皆有之。雨後，人晨暮踐沙，必著人，如毛髮，刺人便入皮裏，可以鍼挑取之，正赤如丹。不挑，入肉，能殺人。」〔二一〕《肘後方》云：「嶺南人初有此，以茅葉或竹葉挑刮去之，仍塗苦苣汁，已深者，鍼挑取蟲子，正如疥蟲也。」李時珍《本艸綱目》案：溪毒、射工毒、沙蝨毒，三者相近，俱似傷寒，故有挑沙、刮沙之法。今俗病風寒者，皆以麻及桃柳枝刮其徧身赤，曰刮沙，蓋始於刮沙病也。初起如傷寒，頭痛，壯熱，嘔惡，手足指末微厥，或腹痛悶亂，須臾殺人者，謂之攪腸沙也。案：《困學紀聞》二十卷：「車永茂安，外甥石季甫見使爲鄮令，案：《漢書·地理志》：「鄮縣屬會稽郡。」茂安與陸士龍書曰：『此縣既有短狐之疾，又有沙蝨害人。』《玉篇》：「蝨，蟲穴也，房中切。」蝨蓋蝨字之譌，注引《玉篇》，尤譌。試問何處無蟲穴，且蟲穴何遽能害人？此必傳寫之譌，王氏未攷《廣志》及《抱朴子》，故致斯謬爾。《抱朴子》又言：「凡遇有此蟲處，行還以火炙身，則蟲隨火去也。」〔二二〕據此則亦可用炙。今北方無沙蝨，而俗有刮沙，或以火罐拔者，即古之灸法也。故著之於篇，以告世之爲醫者。

沙蟲 沙中有蟲，形似鼅鼄，穴沙爲居，其狀如釜而鋭底，潛於其中，游蟲誤墮，因爪取食之，俗名哈喇模。兒童以髮繫蟲爲餌投之，即引出其蟲，謂之釣哈喇模。今驗其形，見人以前足蒙頭作慚赧狀，疑即謝豹所作蟲也。

藻 唐陸勳《集異志》：「漢武帝與羣臣宴未央，方食黍臛，忽聞語云：『老臣尋覓不見。』梁上有一公，長九寸，拄杖僂步。帝問之，公下稽首，不言，自仰視屋，俯視帝脚，忽然不見。問東方朔，朔對曰：『其名爲藻，兼水木之精也。夏巢林，冬潛河。陛下興造宫室，斬伐其居，故來訴耳。仰視屋者，殿名未央也，俯視脚者，脚，足也，願止足於此也。』帝爲此暫止。」

郎君子 唐李珣《海藥本艸》云：「郎君子生南海，有雌雄，狀似杏仁，青碧色。欲驗真假，口内含熱放醋中，雌雄相逐，逡巡便合，即下卵如粟狀者，真也。亦難得之物。」李時珍《本艸》引顧玠《海槎録》云：「相思子狀如螺，中實如石，大如豆，藏篋笥積歲不壞。若置醋中即盤旋不已。此即郎君子也。主治婦人難産，手把之便生，極驗。」案：此物今名相思石，登州海濱多有之，非難得也。李珣所説，得其情狀，其云下卵如粟，今未之見也。云主婦人難産，未詳其理。

硨磲、碧牙西、真珠　硨磲近臭穢則璺裂。碧牙西近燈火，紅色便減。真珠被磕碰及入白衣人家，亦便減色。

校記

〔一〕《翁注困學紀聞》卷十七原注作「《讀詩記》」。

〔二〕《夢溪筆談·補筆談卷三·藥議》此句作「規魚，浙東人所呼」。

〔三〕同上作「又有生海中者，腹上有刺，名海規。吹肚魚，南人通言之，以其腹脹如吹也」。

〔四〕《本草綱目·果部第三十一卷·橄欖》此句作「解鯸鮐魚毒，治魚鯁」。

〔五〕即元郝經《陵川集·橄欖》詩題注。

〔六〕今本《漢書》卷五十七上《司馬相如傳上·上林賦》「仁頻」注爲：「師古曰：『仁頻即賓椳也。頻字或作賓。』」

〔七〕婚，《本草綱目·果部第三十一卷·檳榔》條引《南方草木狀》文句作「勝」。

〔八〕「椇，枳也」三字爲鄭注。

〔九〕《古今注·問答釋義第八》作「則贈之青裳」。按：合歡一名青堂，亦作青棠，又作青裳。

〔一〇〕《毛詩草木鳥獸蟲魚疏》卷上無『今靈壽是也』五字。《翁注困學紀聞》卷十三《策扶老》條引《草木疏》作「即今靈壽杖是也」。

〔一一〕《古今注·鳥獸第四》，百子全書本「家」作「嘉」。

〔一二〕注，《公羊傳注疏》卷十五《宣公五年傳》作「疏」。

〔一三〕經韵樓本《説文解字注》十篇上《廌部》「山羊」作「牛」。

〔一四〕瑞圖，《耳目記·唐開元二年》條，《唐人説薈》本作「《瑞應圖》」。

〔一五〕史，《逸周書》卷七《王會解》，四部備要本作「央」，「尺」字衍。又同書兩「尊」字均作「酋」。

〔一六〕即，《毛詩草木蟲魚疏廣要》下卷之上，叢書集成本作「則」。

〔一七〕星罶：《詩·小雅·苕之華》：「牂羊墳首，三星在罶。人可以食，鮮可以飽。」

〔一八〕今本《漢書》卷六十五《東方朔傳》「患」作「憂」。

〔一九〕今本《漢書》卷六十七《霍光傳》「兔」作「菟」。

〔二〇〕《漢書》卷四《文帝紀》作「大旱蝗」。

〔二一〕引自《抱朴子·内篇卷十七·登涉》，文句有删改。

〔二二〕同上。

第十三

峜　《管子·輕重戊》篇：「虙戲造六峜，行以迎陰陽，作九九之數，以合天道，而天下化之。周人之王，循六峜，行陰陽。」〔一〕王若谷曰：「六峜其猶《周髀》算法乎？」《困學紀聞》二卷：「峜字未詳。」《正字通》云：「諸家峜義未詳，字書皆不載。《委宛編》以六計解之，峜當讀如計，以企有跂音也。」案：閻百詩云：「辛文子號計研，漢碑作峜研」，亦一證。

由　楊慎《丹鉛録》：「由與農通。」《韓詩》「東西耕曰横，南北耕曰由。」案：《韓詩》作「横由其畝」。《吕氏春秋》、《管子》、《歷紀》皆云：「堯使后稷爲大由。」注：「大由，大農也。」案：《管子·立政》篇云：「使五穀桑麻皆安其處，由田之事也。」由田當即農田。《錢譜》神農幣文，「農」作「由」。案：《説文》無由，字作甹。

丣　《困學紀聞》二卷：「《周禮》注引《書》曰：分命和仲，度西，曰栁谷。」虞翻云：「鄭玄所注《尚書》，古篆『丣』字，反以爲『昧』。古大篆『丣』字讀當爲『栁』，古『栁』、『丣』同字」，而以爲昧。裴松之謂「翻言爲然」。又載：魏明帝時，「張掖栁谷口水溢涌，寶石負圖」，即其地也。若據案：「《隋·地理志》「張掖郡張掖縣」注曰：「有大桺谷，今爲甘州衛。」

𠔁 宋景文《筆記》云：「古文卯本桺字，後借爲辰卯之卯，案：李衎跋《筆記》云：「卯，乃古卿字，又音齏，今謂卯本柳字，何邪？」北本別字，後借爲西北之北。虞翻笑鄭玄不識古文，以卯爲昧，訓北曰『北猶別也』。」案：《尚書》「分北三苗。」《鄭注》見《吳志》注。案：卯當爲丣，北當爲𠔁，更笑宋祁不識古文也。𠔁即古文別《説文》作𠛬字，《説文》：𠔁，分也。引《孝經説》曰：故上下有別。案：當作𠔁。然則《虞書》「分北」，鄭本蓋作「分𠔁」，形近而誤。

耐 《禮運》注：「耐，古能字。傳書世異，古字時有存者，則亦有今誤矣。」《樂記》注：耐，古能字也，〔三〕後世變之，此獨存焉。古以能爲三台字。」《説文》：「耐、耏同。」案：古以耐爲能，亦以能爲耐。《漢書·食貨志》：「能風與旱。」《鼂錯傳》：「其性能寒，其性能署。」師古曰：「能，讀曰耐。」則此二字古通用矣。其以爲忍耐字，始於《荀子·仲尼》篇「能耐任之」，注云：「忍也。」案，今俗云「能耐」，本於此。

䄄 《禮·郊特牲》：「所以交於旦明之義也。」注：「旦，當爲神，篆字之誤也。」顧寧人《金石文字記》曰：「神，古碑多作䄄，下從旦。《莊子》『有旦宅而無情死』，《大宗師》篇。亦讀爲神。蓋昔之傳書者，遺其上半，因譌爲旦爾。」

泣　《天禄識餘》云：「《素問》：『脈泣則血虚。』又云：『寒氣入經而稽遲，泣而不行。』又云：『多食鹹則脈凝泣而變色。』泣，音義與澀同。」又，「《神農本艸》：『勞極洒洒如瘧狀。』《素問》：『洒洒惡寒。』注：『洒，並音蘚。』」蓋洗字一作洒，古音蘚，官名有洗馬是也。

案：《説文》：「洗，洒足也，从水，先聲。洒，滌也，从水，西聲。」然西、先古音同爾。又，汶，古岷字，武巾切。晉王羲之書「遊目汶領」，案：又書「登汶領峨眉。」尚不改古。今蜀有汶川縣，即岷江發源處，因水名之。而俗呼作「問川縣」，字學不明，地理亦謬，豈有蜀川可冒魯汶乎？

案：《史記·貨殖傳》：「汶山之下，沃野。」《正義》曰：「汶音岷。」

絫　《日知録》十一卷：「絫或作參。沈存中曰：今蜀部亦以十參爲一銖，參乃古之絫字。」

案：絫音壘，《説文》：「增也，十黍之重也。」《漢書·律曆志》：「權輕重者不失黍絫。」應劭曰：「十黍爲絫，十絫爲銖。」〔三〕又，《吴王濞傳》：「脅肩絫足。」師古曰：「絫，古累字。」班固《叙傳》同。

罝　《玉篇》：「除疫也。與儺同。」案：《説文》：「儺，行有節也。」引「《詩》：佩玉之儺。」《集韻》：「罝，本作難，卻凶惡也。」案：《説文》：「難，鳥也。」案：《説文》，儺、難二字並無除疫之義，唯《禮記》、《月令》《周禮》《方相氏》作難，《論語》作儺，蓋皆古書假借，非正文也。而《説文》有「魌」字，云：「見鬼驚聲，〔四〕案，今俗語驚其物皆曰魌。讀若《詩》『受福不儺』。」《玉篇》：「魌，驚毆疫癘之鬼也。」然則其字正當作魌矣。字書又載古文作䰢，則與𩴆相近，疑皆古文也。《博物志》：漢舊史，儺，立桃人、葦索、滄耳、虎等。《通雅》：「漸耳蓋滄耳也。」又，「儺神凡十二，皆使之追惡凶。」詳見《後漢·禮儀志》。又，《禮·郊特牲》「鄉人禓」注：「禓，彊鬼也。謂時儺索室毆疫逐彊鬼也。禓，或爲獻，或爲儺。」是儺與禓通。今時侲子毆疫，謂爲唱禓歌，本於此也。案：禓，舊音商。然字亦音陽。

𧯠 《說文》：「鋀，酒器也。象器形，或省金。」《廣韻》「音鋀，禮器也。」《轉注古音》：「《石經·毛詩》『酌以大𧯠，以祈黃耇』，今文作星斗之斗，非。《周禮》作豆，蓋此字之譌。」案《考工記·梓人》注：「豆當爲斗。」

秢 《玉篇》：「年也。」案：俗作齡，非。《說文》「新附字」有之。《集韻》：「禾始熟曰秢。」《字彙補》：「漢碑與齡同。」案：漢碑未見秢字，而有作軨者。樊毅《修華嶽碑》云：「垂曜億軨。」婁壽曰：「漢碑齡皆作軨。」愚謂作軨者，唯見此碑及《繁陽令楊君碑》爾。又有作零者，《斥彰長田君斷碑》云：「身歿名立，永載萬零」是也。亦有作齡者，《魯峻碑》云：「永傳啻齡」是也。《文王世子》云：「夢帝與我九齡。」《釋文》云：「齡作軨，本或作齡。」《九經攷異》云：「九齡，《石經》作秢。惠定宇《古義》云：漢《石經·禮記》無攷，未詳何據？」愚謂雖無《禮記》漢《石經》可據，然《經》云：古者謂年齡，齒亦齡也。則齡字斷以秢爲正文，其餘軨、零等，皆假借爾。案：秢、《說文》：「復其時也。」引「《虞書》曰：秢三百有六旬。」秊《説文》：「穀熟也。」引「《春秋傳》曰：大有秊」。之字，皆从禾，與秢同義，齡字不知誰所作也。又，秙，百二十斤也，《説文》：「稻一秙爲粟二十升。禾黍一秙爲粟十六升大半升。」案：十斗爲一秙。省作石。案：今俗音旦，非。秸，禾熟也。《集韻》：「秸，枯沃切。」《方言》：「穀熟曰酷。」七卷。蓋古字通也，皆从禾。又，萬，古矩字，《考工記》注。立，古位字，《周禮》注。「孏，古懶字，《後漢書》注。省作菌，借爲妍媸之妍。《論衡》云：形耍、骨菌、皮媚、色稱。又，骨體蘭麗，皆研字之借也。菌乃孏省柬，蘭又省女，古人用字，意勝於法，例如此。」《天禄識餘》。

禼袜　《山海經》：「袜，其爲物，人身黑首，從目。」郭注：「即魅也。」楊慎曰：「魑魅字，漢碑作禼袜，从示，蓋魑魅亦山神。」案：《玉篇》：「禼音離，福祥也。」是知禼袜蓋假借之字，古文作魑彖。〔五〕

儈怕　《説文》：「儈，安也；《楚辭·哀時命》：「志欿憾而不儈兮。」注同。怕，無爲也。」《集韻》：「儈怕，静也。」通作澹泊。案：《説文》無之。「泊」字注云：「淺水也。」《顔氏家訓·勉學》篇：「泊，古文魄字。」〔六〕《老子》曰：「澹兮其若海。」又曰：「泊兮其未兆。」泊又與薄通。王充《論衡·率性》篇：「氣有厚泊，故性有善惡。」又云：「酒之泊厚，同一麴蘖。人之善惡，同一元氣。」又曰：「人生於陰陽，有渥有泊。玉生於石，有純有駁。」老子《道德經》「薄」作「泊」。《天禄識餘》云。其怕音普駕切者，於古未見，始於韓昌黎《二鳥》詩「鬼神怕嘲咏」。《集韻》：「怕，懼也。」

傀儡 木偶戲也。《列子·殷湯》篇：(七)周穆王時，巧人有偃師者，爲木人，能歌舞。此傀儡之始也。一作魁櫑。「《風俗通》曰：『時京師賓婚嘉會，皆作魁櫑，酒酣之後，續以挽歌。』《魁櫑》，喪家之樂。挽歌，執紼相偶和之者。」《後漢·五行志》注。一作窟礧。「《通典》云：『窟礧子，亦曰傀儡。俗讀匯磊。』」《字典》。案：今俗亦名窟礧子。

儃佪 《説文》作「儃何也」。蓋形近而譌。《楚辭·九章》：「欲儃佪以干傺兮。」注：「儃佪，猶低佪也。」又，睥睨，《説文》作「俾倪」。倪字注：「俾也。」《莊子·馬蹄》篇注：「介音戛，介倪猶睥睨。」又作「埤堄」，女牆也，開箭眼以窺望城下，因名。亦作「僻倪」。《字典》。

秪徊 《日知録》二十七卷：「《孔子世家》：『余秪回留之不能去云』。案：《玉篇·彳部》：秪，除饑切，秪徊猶徘徊也。然則字本當作秪徊，省爲秪回耳。今讀爲高低之低，失之。《楚辭·九章·抽思》『低佪』，低一作俳。」案：古本自作秪，不作俳。愚案：徘徊，《漢書》作裴回，《郊祀歌》：「神裴回。」《燕刺王傳》：「裴回兩渠間兮，君子獨安居。」

佳可 《石鼓文》：「其魚佳可。」《風雅廣逸》注：「『佳可』讀作『惟何』，古省文也。」案：

古書此類非一。《禹貢》「濰淄」，《漢書》作「惟甾」。《地理志》注：「惟字今作濰，甾字或作淄，古字通用也。」案：「濰」字又省作「淮」，今其土人不識字，呼爲江淮之「淮」。《周禮》「望諸」，《史記》爲「明都」，《職方》注：「望諸，明都也，在睢陽。」《史記·夏本紀》：「道菏澤，被明都。」《索隱》曰：「明都音孟豬。孟豬澤在梁國睢陽縣東北。《爾雅》、《左傳》謂之『諸』〔八〕，今文亦爲然，唯《周禮》稱『望諸』，皆此地之一名。」明蓋盟字省文，盟，古孟字也。《夏本紀》：「又東至于盟津。」《索隱》曰：「盟，古孟字。」都，古文作豬，隸作瀦，《夏本紀》：「彭蠡既都。」《索隱》曰：「都，《古文尚書》作『豬』。孔安國云：『水所亭曰豬』，鄭玄云：『南方謂都爲豬。』」是則明都即孟豬矣。

𡗝㐺《左氏·隱元年傳》：「仲子生而有文在其手，曰『爲魯夫人』。」《正義》云：「唐叔亦有文在其手，曰『虞』。」隸書起於秦末，手文必非隸書，石經古文「魯」作「𡗝」，「虞」作「㐺」，手文容或似之。案：《説文》：「㫃，古文旅，古文以爲魯衛之魯。」則旅、魯，古字通也。虞，古文亦作吴。楊慎曰：「吴，古虞字省文。」《漢書·武帝紀》：〔九〕「不虞不驁」，《周頌》作「不吴不敖」。《衛尉衡方碑》：「不虞不揚」，《魯頌》作「不吴不揚。」《石鼓文》有吴人，注曰：「虞人也。」古文吴又作𡗜與𣃀，然則手文或似𡗜、𣃀，亦不可知。又，《閔二年傳》：「有文在其手曰『友』，遂以命之。」友，篆文作𠬛，古文作𠬞也。宋陸務觀言：「張文潛生而有文在其手曰『耒』，故以爲名，而字文潛。」案：耒，篆文作𦓤也。

厶𠫭 《玉篇》：「厶，亡后切，音某。厶，甲也。」《篇海》：「義同某。」陸游《老學庵筆記》：「今人書厶以爲俗。《穀梁·桓二年》『蔡侯、鄭伯會于鄧』范寧注云：『鄧，厶地。』陸德明《釋文》：『不知其國，故云厶地。』」𠫭，《集韻》：「鄰，古作𠫭。」《漢書·叙傳》：「亦𠫭悳而助信。」劉德曰：「𠫭，近也。」師古曰：「𠫭，古鄰字。」案：《尚書大傳》：「八家而爲鄰，三鄰而爲朋。」蓋鄰曰比鄰，至爲親近，故古文作𠫭。而劉德曰，「𠫭，近也」，𠫭與朋同意。又案：厽，力軌切，《説文》：「厽，坺土爲牆壁，象形。」《玉篇》：「厽，七貪切，《尚書》以爲參字。」然則參，古文省作厽也，與厶、𠫭同意。一厶爲某，二厶爲鄰，三厶爲參，所謂「字者，孳乳而浸多」，此類是也。

周田觀 《禮·緇衣》注：「古文『周田觀文王之德』，爲『割申勸寧王之德』，今博士讀爲『厥亂勸寧王之德』，三者皆異，古文似近之。齊次風曰：「鄭不見孔安國之《古文尚書》。其所謂古文者，即二十八篇之古本，其字多異於歐陽、夏侯三家所傳者也。」案：《虞書》「在治忽」，今文作「采政曶」，《史記》作「來始滑」，《漢書》作「七始咏」，見《律曆志》。《史記·夏本紀》集解：「《尚書》『滑』字作『曶』，意忽。鄭玄曰：『曶者，臣見君所秉，書思對命者也。君亦有焉。以出内政教於五官。』」《索隱》曰：「《古文尚書》作『在治忽』，今文作『采政曶』，先儒各隨字解之。今此云『來始滑』，於義無所通。蓋來、采字相近，滑、忽聲相亂，始又與治相似，因誤爲『來始滑』，今依今文音『采政曶』三字。」亦是三者皆異也。又如：「高宗亮陰」，《禮記》作「諒闇」注：「讀爲梁鶕。」《尚書大傳》作「梁闇」，注：「闇讀如鶕，鶕謂廬也。」《漢書·五行志》作「涼陰」，師古曰：「涼，信也。陰，默也。言居哀信默，三年不言也。涼讀曰諒。一説，涼陰謂居喪之廬也。謂三年處於廬中不言。」此類甚多。

校記

〔一〕《管子》卷二十四《輕重戊》，《百子全書》本「行以迎」無「行」字，《正字通》引有「行」字：「循六崟，行陰陽」之「行」，《百子全書》本作「合」。

〔二〕《禮記正義》卷三十九《樂記》「故人不耐無樂」，鄭注作「古書能字也」。

〔三〕《漢書》卷二十五上《律曆志上》注作「十絫爲一銖」。

〔四〕聲，《説文解字注》九篇上《鬼部》作「詞」。

〔五〕《康熙字典·鬼部》：「魅，古文彖。」

〔六〕《顏氏家訓》卷三《勉學》，《叢書集成》本：「吾案《説文》，此字古『魄』字也。泊，淺水貌。」趙曦明、盧文弨注：「段云『酒古魄字』。此語不見於《説文》。今本但云『酒淺水』也。以顏文訂之，《説文》有脱誤，當云『泊淺水貌，从水白聲。酒，古文泊字也。从水百聲。』顏書『魄』字亦誤，當作泊。」

〔七〕《列子·湯問第五》「殷湯」作「湯問」。

〔八〕《爾雅·釋地》「宋有孟諸」，郝氏《義疏》曰：「《左傳》作『孟諸』，與《爾雅》同。」「諸」上脱「孟」字。

〔九〕《漢書·武帝紀》，應作《史記·孝武本紀》。

第十四

奇字

奇字　《説文·叙》：「一曰古文，孔子壁中書也。二曰奇字，即古文而異者也。」案：《説文》所載，如𣎴爲无，人爲儿是。〔一〕《三國志》注：「孫亮時，有山陰朱育，依體像類，造作異字千名以上。」〔二〕《周禮·外史》注：「古曰名，今曰字。」《儀禮·聘禮》注：「名，書文也，今謂之字。」案：漢以來，此類多矣，集奇字。

炅香炔三音「桂」。秦博士桂真避地，制爲諸子姓。《廣韻》：「《後漢太尉陳球碑》：城陽炅横，漢末被誅，有四子，一守墳墓，姓炅；一避難徐州，姓香；一居幽州，姓桂；一居華陽，〔三〕姓炔。此四字皆古惠切。」霏，音彎。茵，音迄。叓，音觥。弜，音賢。𩰕，音莽。昷，音舉。𦮛，音褒。㮚，音擁。《吴録》：孫休詔曰：「禮，名子欲令難犯易避，今爲四男作名字：長子名霏，字茵；次子名叓，字弜；次子名𩰕，字昷；次子名𦮛，字㮚。此都不與世所用者同，故鈔舊文會合作之，取其易避也。」〔四〕案：此八字疑即朱育造者。而，天。埊，地。𤯔，生，人。𡔈，聖。𠁈，君。𢘑，臣。案：𢘑字見《論語》。《釋文》云：「𢘑，古臣字。」（五）圀，國。原亦作囸。埀，季。《唐史》作埀。㉂，日。㉄月。匨，月。〇，星。稐，授。《史籀》原作稐。𠁈，載。𠑺，初。𡕀，證。𤯔，照。案：此皆唐武后所作字。惠定宇《論語古義》云：「唐天后以而、埊、㉂、㉄（又作匨）、〇、𠑺、恧、𠁈、𠁈、埀、壬、（又作缶）、𤯔、𡕀、𢘑、稐、𠑺、圀代天、地、日、月、星、君、臣、載、初、年、正、照、證、聖、授、戴、國等字，以《論語》『恧』字攷之，亦非盡出臆造。『而』本篆書。『埊』字見《管子》、《戰國策》、《鶡冠子》等書。《戰國策》：『宋使者曰：恧（曾、錢本）請授邊城，徐攻而留其日。』《續玉篇》云：『圀，古文國字。義雲章以囸爲國。』」𠲜𠯑。《列子·周穆王》篇：「𠲜𠯑爲右。」注：「𠲜𠯑音泰丙。」《字彙》：「𠯑又音合。《列子》注：『𠲜𠯑即古齊合二字。』」𠔃𠔃。《穆天子傳》：「𠔃𠔃爲右。」案：𠔃𠔃與𠲜𠯑同。唐王起不識即此。囙毢。名臣奏議，司馬光論囙、毢兩號所對策，辭理俱高。《字彙補》：「囙音真，宋時取士編號之字也。毢音厶。」案：編號字，自前明以來，改用《千字文》，而卷面彌封字，今則八旗爲合，監生爲皿，生員爲貝。𠂆、音尼。《三蒼》：「合尼丘之山。」𧮫。音荒。元次山合以謚煬帝廣。弜。《說文長箋》：「古彈字。」非。弓。音義與彈同。見戴侗《六書故》。弓。《真誥》：「同卷。」弓。楊慎《轉注古音》：「音樛，即《說文》糾字，《道經》借爲卷帙之卷。」弓。《廣韻》：「同殳。出《道經》。」𡴑。《字彙補》：「同幻。出《釋典辨正論》」。卍。《天祿識餘》：「《華嚴香義》云：卍本非字，周長壽二年，權製此文，著於天姬。苑師云：此是西域万字，佛胸前吉祥相也。《楞嚴經》云：即時如來從胸卍字涌出寶光，其光晃昱有百千色。」∴。《字彙》：「伊字，如艸書

『下』字。見《涅槃經》。苑咸詩：『三點成伊猶有想，一觀知幻自忘筌。』」朿。《字彙補》：「與『事』同。道藏《洞靈經》：『人舍本而朿末。』」𢇁、𡖃、𢐗、𢋯。洪遵《泉志》載：「梵字錢有此四字，文不可辨。」𡗗。音矮。不長也。閪。音穩。坐於門中，穩也。𡘜。亦音穩。大坐亦穩也。𠆭。音嫋。小兒也。𡗩。音動。人瘦弱也。𡚻。音終。人亡絶也。𡚺。音臘。不能舉足也。𡛁。音大。女大及姊也。𡌅。音磡。山石之巖窟也。閅。音攝。門横關也。案：此十字見范成大《桂海虞衡志·臨桂土字》。龑。《南唐書》：「南漢劉巖改名龑，復改名龑。古無龑，巖取飛龍在天之義，創此名。龑音儼。」𪓘。《奇姓通》：「梁四公𪓘䵷。𪓘音麥。」《字典》案：「《梁四公傳》作𪓘䵷。《轉注古音》『𪓘音頣。』《廣韻》作𪓘䵷，𪓘音瀆。未審孰是，存攷。䵷音湍。」吴孫休自制名字以命其子，武塁、劉龔及囧，皆字書所無，《梁四公記》亦然。《潛虛》以兲爲天，古文也，見《廣韻》，而《集韻》不載。〔以上二條，均見《困學紀聞》八卷。〕

校記

〔一〕依《説文》，應作「儿爲人」。

〔二〕《三國志》卷五十七《虞翻傳》注引《會稽典録》「朱育」，下有「少好奇字，凡所特達」八字。

〔三〕《廣韻·祭第十二》，涵芬樓覆印古逸書仿宋本作「一子避難居徐卅」，下「一」下均有「子」。

〔四〕「一取其易避也」，《三國志·吴書·三嗣王孫休傳》注作「庶易棄避。」

〔五〕《經典釋文·論語·先進第十一》，上海古籍出版社一九八五年版下册「㤰」（按：指「季子然問仲由、冉求可謂大㤰與」之「㤰」）：「古文臣字，本今作臣。」

第十五

别字

别字　《後漢書·儒林·尹敏傳》：「讖書非聖人所作，其中多近鄙别字。」《日知録》十八卷：「近鄙者，猶今俗用之字。别字者，本當爲此字，而誤爲彼字也，今人謂之白字，乃别音之轉。」案：《説文·叙》：「詭更正文，鄉壁虚造不可知之書。」此即所謂别字者也。如《説文》中「某俗从某」是。案：漢以來，所見多矣。集别字。《顔氏家訓·書證》篇云：「《春秋説》以人十四心爲德，《詩説》以二人在天下爲西，〔一〕《漢書》以貨泉爲白水真人，《新論》以金昆爲銀，《三國志》以天上有口爲吴，《晉書》以黄頭小人爲恭，《宋書》以召力爲劭，《參同契》以人負告爲造。如此之例，蓋數術謬語，假借依附，雜以戲笑爾。」

智，知。悦，説。汝，女。避，辟。悌，弟。强，彊。邠，豳。猶，由。以上《孟子字樣》。《日知録》七卷：「九經、《論語》皆以漢石經爲據，故字體未變，《孟子》字多近今，蓋久變於魏晉以下之傳録也。然則石經之功亦不細矣。」罪。《説文》：「秦以辠似皇字，改爲罪。」對。又云：「對，或从士。漢文帝以爲責對而爲言，多非誠對，故去其口，以从士也。」疊。又，「揚雄説，以爲古理官决罪三日，得其宜乃行之，从晶，从宜。亡新以爲疊从三日太盛，改爲三田。」影。原作景，葛洪《字苑》加彡。陣。原作陳，王羲之《小學章》作陣。〔二〕案：影、陣説見《顔氏家訓·書證》篇。駈。原作驅，宋明帝以類禍，改駈。雒。《漢書·地理志》：「雒陽縣屬河南郡。」師古曰：「魚豢云漢火行忌水，故去『洛』『水』而加『隹』。」如魚氏説，則光武以後改爲『雒』字也。」案：《職方氏》：「其川滎雒。」《中山經》：「讙舉之山，雒水出焉。」《春秋》書「雒戎」，《左傳》凡洛皆作雒。蓋《左傳》至後漢始行，故改洛从雒，從時制也。益信魚説之有據。而楊升庵反據以駁其不然，非矣。隋。原作隨。文帝以周、齊奔走不遑寧居，故去辵作隋。案：《説文》：「隋，裂肉也，从陸省。」古音妥。邠。《唐書》言：邠州故作豳，開元十三年，以字類幽，故爲邠。案：邠非俗字，《説文》：邠、豳同。今惟《孟子》書用邠字。吴。《吴志·薛綜傳》：「無口爲天，有口爲吴。」案：此雖借爲諧語，然可見當時已有此字。魏。《説文》作「巍」。徐鉉曰：「今人省山以爲魏國之魏。」案：讖言當塗高，則魏國當亦作巍。然《莊子·天下》篇：「魏然而已。」注：「獨立貌。」則已作魏矣。疑此字起於晉代，故注《莊》者據以改焉。亦如平中準之改爲准也。説見前「簿書文字。」晉、孪。《困學紀聞》二十卷：「巧言爲辯，文子爲學。宋景文云：『此後魏、北齊里俗僞字也。』」若璩案：「見《顔氏家訓》。」斎。《篇海》：「同齋。」案：此疑亦俗字，艸書有之。斌。《説文》作「份」，古文作「彬」。徐鉉曰：「今俗作斌，非是。」案：《玉篇》，斌亦作份、彬，不言是俗。潘岳《藉田賦》：「士女頒斌而咸戾。」注：「頒斌，相雜之貌也。」《日知録》二十一卷：「魏明帝太和初，公卿奏言：夫歌以詠德，舞以象事，於文，文武爲斌，臣等謹製樂舞，名曰章斌之舞。魏去叔重不遠，是古未嘗無斌字也。」案：巧言爲辯，文子爲學，固俗之俗也，文武爲斌，日月爲易，亦雅之俗也。日月爲易，《説文》引虞翻説。斊、亝。《篇海》：斊，俗譽字。亝音齊，等也，中也，疾也。舊説：齊省作斉，亝即斉之譌也。太。《後漢書·黨錮傳》：「郭太字林宗。」注云：「范曄父名泰，故改爲此『太』。鄭公業之名亦同也。」案：鄭太亦在列傳。泰，古文作夳，不作太也。《困學紀聞》二卷：「《泰誓》，古文作《大誓》。孔氏注：『大會以誓衆。』晁氏曰：『開元間，衛包定今文，始作泰。或以交泰爲説，真燕書哉！』《大誓》與《大誥》同，音泰者非。」腑。《玉篇》：「臟腑，本作府。」〔三〕案：古作藏府，通作胕。揚子《太玄》：「肺胕之行」，《正韻》：「《晉書》作肺腑，誤。」又通作附。《漢書·劉向傳》：「臣幸得託肺附。」俗作腑。《史記·惠景間侯者年表》：「諸侯子弟若肺腑。」亹。徐鉉曰：「字書所無，不知所从，無以下筆。《易》云：定天下之亹。亹當作娓。」〔四〕案：《爾雅·釋詁》作亹亹。《釋文》：「亹，字或作亹。」賾。徐鉉曰：「當通用嘖。」案：《周易》，鄭氏作「天下之至嘖而不可亂也」。嘖當爲動，然《説文·叙》亦作「嘖」。古文作「嘖」。棖。《顔氏家訓·書證》篇：「吴人呼盞爲竹簡反，故木旁作棖，以代盞字。」〔五〕桒。《困學紀聞》八卷：「四十八安取于桒。」閔疏：「俗桑字从四十八。」卅。又云：「三十七未足語世。」閔疏：「《秦始皇紀》，《會稽碑》俱四字句，獨『三十有七年』多一字。元申屠駉家藏舊刻『卅有七年』，三十爲卅，速達反。退之自謂識字，故《孔戣志銘》亦云：『孔世卅八』。卅字，世字，俗俱作卅。」乇。《廣韻》：「互，俗作乇。」韓愈贈張籍、張徹詩：「交驚舌乇譮。」柳宗元《夢歸賦》：「乇參差之白黑。」注：「乊即互字。」《中山詩話》云：「古稱駔儈，今謂牙，非也。劉道原云：本稱互郎，主互市，唐人書互爲牙，乊似牙字，因訛爲牙耳。《舊唐書·史思明傳》『互市郎』，《安禄山傳》『互市牙郎』，蓋爲後人添一『牙』字，今《通鑑》亦作『互市牙郎』。」案：經、傳中乊、牙相亂者多。《周禮·牛人》：「凡祭祀共其牛牲之互。」「徐音乊。」《詩·楚茨·傳》：「或陳于互。」孔疏亦引《周禮》文，並誤作牙。《唐韻正》辨之甚詳，此不具載。傘。古無此字，古者簦笠而已。無柄曰笠，有柄曰簦。《説文》：「簦，蓋也。」此傘之始歟。本作繖，通作幰。《史記·五帝紀》：「舜乃以兩笠自扞。」《索隱》引皇甫謐云：「『兩繖』，繖，笠類。」案：史書中繖字始見於此。繖又起於古之縿字。《爾雅》：「纁帛縿。」《説文》：「縿，旌旗之游也。」〔六〕《通雅》：繖本因古之縿。升庵謂傘亦古文。《晉·輿服志》：「功曹吏繖扇騎從。」傘始見於《南史》：「王縉以笠傘覆面。」《魏書·裴延儁傳》：「山胡持白傘、白旛。」案：升庵以傘爲古文，未見所出。傘之屬又有罕。《玉篇》：「旌旗也。」《史記·周本紀》：「百夫荷罕旗以先驅。」注引「蔡邕」《獨斷》曰：『前驅有九流雲罕。』《東京賦》：『雲罕九旒。』」然則罕蓋傘之有旒者，今有旒、無旒通名爲傘矣。訛。《説文》作譌，云：「譌言也。」引「《詩》曰：『民之譌言。』」《周禮·馮相氏》注引《書》：「辯秩南譌。」《史記·五帝紀》：「便程南譌。」〔七〕今《詩》、《書》皆作訛，非也。譌，通作爲。《史記》「南譌」，《索隱》作「南爲」，謂所當爲之事也。又通作「僞」。《漢書·王莽傳》：「每縣則薅，以勸南僞。」師古注：「僞讀曰訛，化也。」案：訛、譌相亂，始於《玉篇》云：「訛與譌同，僞也，謬也，舛也。」其訓譌云：「僞也，化也，動也，又妖言也。」自斯以後，訛，譌不分。然此誤非始於《玉篇》也。《爾雅·釋言》：「訛，化也。」《釋詁》：「訛，動也。」《詩·

小雅》：「或寢或訛。」《傳》：「訛，動也。」《韓詩》作『譌』，覺也。」此皆誤矣。蓋《釋詁》、《釋言》之「訛」，依字並當作「吪」。《説文》：「吪，動也。」引「《詩》曰：『尚寐無吪。』」今《詩》，字仍作「吪」。《傳》云：「吪，動也。」《豳風》：「四國是吪。」《傳》云：「吪，化也。」《詩》内「吪」字，唯此兩處不誤。而《王風》釋文則曰：「吪，本亦作訛。」《豳風》釋文亦曰：「吪，又作訛。」蓋陸德明亦惑此二文，要皆《爾雅》誤之也。然《玉篇》引《詩》「或寢或訛」，字作「吪」，是顧野王所見本尚有作「吪」者也。因知《詩》古本「訛」字必皆書作「吪」矣。傳寫既久，遂據《爾雅》誤文，改「吪」從「訛」，獨有《國風》二文，尚存其舊，而《釋文》又欲亂之，曾不思《爾雅》有「訛」無「吪」，是非習其讀而忘其義者歟。今《爾雅》當加是正者多，此字其一爾。個。《儀禮》注：「俗呼个爲個。」案：「个」字亦假借也。古个、介通，依字當作箇。做。《字彙》：「租去聲。又音佐。」案：今東海文登人讀「作」爲「租」去聲，讀「做」亦如之，蓋「作」字俗爲「做」也。然「作」爲租去聲，古原有此讀。《後漢書·廉范傳》「廉叔度，來何暮？不禁火，民夜作。昔無襦，今五袴。」〔八〕此「作」爲租去聲讀也。其讀爲佐音者，韓愈詩：「非閣復非船，可居兼可過。君去問方橋，方橋如此作。」案：今方音「作」亦讀佐也。你。《通雅》：「爾、汝、而、若，乃一聲之轉。爾又爲尔，尔又作你，俗書作你。」《集韻》：「伲，你本字。」体。俗作四體之體。《集韻》：「盆上聲，劣也。又麤貌，與笨同。」《通雅》：「輀車之夫曰体夫。唐懿宗咸通十二年，葬同昌公主，賜酒、餅、餤四十橐駞，以飤体夫。注：体，蒲本反。体夫，舉柩之夫。」套。《廣韻》：「滔去聲，與㚐同，長大也。」

《集韻》：〔九〕「韜去聲，凡物重沓者爲套。今之沓杯曰套杯。方語：不受人籠絡者，曰不落套，簡略時趨者曰脱套。」姦。《日知録》三十二卷：「《廣韻》：『姦，古顔切，私也，詐也，亦作姧。』今本誤姧作奸，非也。奸音干，犯也。《左氏·僖公七年傳》曰：『君以禮與信屬諸侯，而以姦終之，曰：子父不奸之謂禮。』一傳之中，二字各出而義不同。《釋名》：『姦，奸也，言奸正法也。』以奸釋姦，其爲兩字審矣。又，奸字亦可訓爲干禄之干。《漢書·荆燕吴傳》：『齊人田生以畫奸澤。』《史記》作干。〔愚案：《莊子·天運》篇：「以奸者七十二君。」奸亦音干。〕然則奸但與干通用，而不可以爲姦也。後人於案牘文移中，以姦字畫多，省作奸字，此如繁之爲煩〔案《日知録》□卷有辯〕，衝之爲沖，驛之爲馹，臺之爲台，皆借用之字。」元。又云：「元者，本也。本官曰元官，本籍曰元籍，本來曰元來，唐宋人多此語，後人以『原』字代之，不知何解？原者，再也云云，與本來之義全不相同，或以爲洪武中臣下有稱元任官者，嫌於元朝之官，故改此字。」又云：「古人亦有稱原官者。後漢張衡《應間》『曩滯日官，今又原之』注：『《爾雅》曰：原，再也。衡爲太史令，去官五載，復爲太史令，故曰原之。然則原官乃再官之義也。』」壹。一。古文作弌。貳。二。古文作弍。參。三。古文作弎，又作叁。案：參本星名，借作三。《考工記》：「參分去一。」肆。四。籀文作亖。伍。五。古文作㐅。陸。六。柒。七。當作桼，或作漆。《廣韻》：「柒，俗漆字。」《開山圖》：「長安西有渠，謂之柒渠。」又，木名。《山海經》：「剛山多柒木。」捌。八。案：捌，無齒杷也。見《急就篇》注。玖。九。陳絳曰：「洪容齋《五筆》：九作久，陽數久爲老久義也。玖，黑色玉也，借作九，非。」拾。十。

《稗史》：「壹、貳、參、肆等字，相傳始於明刑部尚書開濟。然宋邊實《崑山志》已有之。蓋錢穀之數，用本字則姦人得以盜改，故易此以關防之耳。案：此亦非始於宋也。洪容齋書：「九之與久，十之與拾，百之與栢亦然。」則是起於宋以前矣。《正字通》以爲：「秦法，凡數目字文單者，取茂密字易之，一作壹、二作貳是也。」然攷秦諸碑，唯一、二、三字改易，其四以下仍用正文，則此制亦非始於秦也。《周禮·天官》：〔一〇〕「公之士壹命。」則「一」已作「壹」。《易·坎卦》：「樽酒簋貳。」注：「一樽之酒，二簋之食。」《禮·曲禮》：「雖貳不辭。」注：「貳謂重殽膳也。」貳、二古又通用。《坊記》：「唯卜之日稱二君。」注：「二當爲貳。」案：《易·釋文》：「『因貳以濟民行』，鄭云：貳當爲弍。」則「二」已作「貳」。《考工記》：「參分去一。」〔一一〕則「三」已作「參」。是則秦碑改易之字，蓋自周時已然也。其四以下無攷。而伍字古亦爲數目字。《說文》：「伍，相參伍也。」《周禮·天官》：「設其參，而傅其伍。」〔一二〕注：「參謂卿三人，伍謂大夫五人。」則「五」已作「伍」。其拾字，依古當用什。《孟子》書：「或相什佰，或相千萬。」《說文》：「佰，相什佰也。」今遂無用什字者。而「百」或書作「佰」，「千」或書作「仟」。《漢書·食貨志》：「仟佰之得。」師古注：「仟謂千錢，佰謂百錢」是也。又，今「萬」字或書作「万」，《廣韻》、《集韻》、《韻會》，万並同萬。器。《玉篇》：「俗器字。」案：「器本工作，故从工。」過於鄙淺。塘。當作唐。《周語》：「陂唐汚庳，以鍾其美。」注：「唐，俗本作塘。」《吕氏春秋·尊師》篇：「治唐圃。」注：「唐，堤以壅水。圃，農圃也。」《晏子·問下》篇亦有「治唐園」之語。《史記·秦紀》：「至錢唐，臨浙江。」《正義》曰：「錢唐，今杭州府。〔一三〕」吃。喫俗字。《新書·耳庳》篇：〔一四〕「越王之窮，至乎吃山艸。」案：古人飲亦言喫。杜甫《送李校書詩》：「對酒不能喫。」云。本「雲」古文，借爲「員」字今文。《困學紀聞》二卷：「周益公謂《文苑英華》賦多用『員來』，非讀《秦誓·正義》，安知今之『云』字，乃『員』之省文。」案：《漢書》韋孟「諫詩」顔師古注引《秦誓》『雖則員然』，古文作員。愚案：云之爲員，非止《秦誓》一見也。《詩·鄭風》：「聊樂我員。」《釋文》：「員，本亦作云。」《商頌》：「景員維河。」箋：「員，古與云通。」〔一五〕《左傳·昭二十年》：「伍員。」《釋文》：「本音云。」案：紛云，《説文》作「紛䢵」。《漢書》省作「紛云」。《司馬相如傳》：「威武紛云。」俗作紛紜。亘。《説文》作「柦」，古文作「亙」。俗从日，譌也。《顔氏家訓》：「亙從二間舟，《詩》云『亙之秬秠』是也。〔一六〕今之隸書轉舟爲日，何法盛《中興書》乃以舟在二間爲舟航字，誤。」

匆。《顔氏家訓》：「書翰稱『勿勿』〔案：王羲之帖：頓乏勿勿〕，不知所由，或妄言此『忽忽』之殘缺者。」及考《説文》，乃知悤遽者稱爲「勿勿」。《東觀餘論》：今俗「勿」中加點作「匆」爲怱遽字，彌失真矣。案：《禮·祭義》：「勿勿乎其欲其饗之也。」注：「猶勉勉也。」杜牧詩：「浮生長勿勿」，此「勿勿」字所本。至於怱遽，當作「悤」。《説文》：「悤，多遽悤悤也。」的。《説文》作「旳」。《隸釋·魯峻碑》：「眏矣的的。」案：的，古音灼。《釋名》：「以丹注面曰勺。勺，灼也。」是的、勺同爲一字，後人讀曰滴，轉上聲爲底，由是的、底二字俗書相亂，如卑賤，稱小的，當作小底，《宋史》「內班小底」、《遼史》「承應小底」之類。又，語助，有的，亦當作「底」。宋人書中，凡語助皆作「底」，並無「的」字。明。田藝衡曰：「古皆從日月作明，漢乃從目作明。《廣韻》、《禮部韻略》俱不收朙字，《正韻》沿《玉篇》、《集韻》之誤，分明、明爲二，非。」案：《莊子·外物》篇：「目徹爲明。」然字不作「眀」。詳《字典》。俐。伶俐。俐字，諸書不載，詳《字典》。恠。《字典》：俗「怪」字。顔真卿學王羲之《東方朔贊》，怪作「恠」，以就楷法，俗因誤从在。汣。王穉登《荆溪疏》：「宜興，古陽羨也，一名荆溪，城外有東西二汣，匯諸溪之流，注太湖菰蘆之藪。」「汣」字字書不載，當作久。土人以九里計程，故名。筞。《顔氏家訓·書證》篇云：「簡策字竹下施朿〔七賜反〕，末代隸書，似杞宋之宋。亦有竹下遂爲夾者，猶如刺史之傍應爲朿，今亦作夾。徐仙民《春秋禮音》遂以「筴」爲正字，以「策」爲音，殊爲顛倒。」宓。又云：「張揖云：虙，今伏羲氏。孟康《漢書》『古文』注亦云：『虙，今伏。』而皇甫謐云：『伏羲，或謂之宓羲。按諸經、史、緯、候，遂無宓羲之號云云。』」勑。宋景文《筆記》云：「今公私文書以勑〔音賚〕爲敕，吏既書畫有體，不復能改。」万。《水經·汝水注》云：「楚盛周衰，控霸南土，欲争强中國，多築列城於北方，以逼華夏，故號此城爲萬城。或作『方』字。〔一七〕唐勒奏『土論』曰：我是楚也，〔一八〕世霸南土，自越以至葉垂，宏境萬里，故號曰萬城也。余按《春秋》，屈完之在召陵，對齊侯曰：『楚國方城以爲城。』杜預曰：『方城，山名也，在葉南。』未詳孰是。」案：注言萬城或作「方」字，方當爲「万」，俗「萬」字正如此作，而酈氏誤會，濫引《春秋》「方城」之文，斯爲謬矣。唐勒論詞可爲佳證。汝。《水經·潁水南過女陽縣北注》云：「縣故城南有汝水枝流，故縣得厥稱矣。闞駰曰：『本汝水别流，其後枯竭，號曰死汝水，故其字無水。』」余案：汝、女，乃方俗之音，故字隨讀改，未必一如闞氏之説，以窮通損字也。

校記

〔一〕西，《顔氏家訓》卷六《書證第十七》，《叢書集成》本作「酉」。

〔二〕同上「唯王義《小學章》，獨阜旁作車」注云：「《隋書·經籍志》：『《小學篇》一卷，晉下邳内史王義撰。』諸本竝作『王羲之』，乃妄人謬改，而《佩觿》及《唐·志》皆從之，失攷之甚。」

〔三〕《宋本玉篇》卷七《肉部·臓》「臓」作「藏」。藏通臓。

〔四〕段玉裁不从徐鉉説，云「奮爲㝃之譌體，㝃爲勉之叚借。」詳見經韵樓版《説文解字注》十二篇下《女部·娓》注。

〔五〕《顔氏家訓·書證》「以」字在「木」字之上。

〔六〕游，《説文解字》十三上《糸部》作「斿」。按：游同「斿」，音留。

〔七〕今本《史記》卷一《五帝紀》「譌」作「爲」。

〔八〕今本《後漢書》卷三十一《廉范傳》「夜」作「安」，「昔無襦，今五袴」作「平生無襦今五絝」。

〔九〕《康熙字典》丑集下《大部·套》「廣韻」作「集韻」，下「集韻」之上有一「又」字。

〔一〇〕天，《周禮注疏》卷二十一《春官宗伯·典命》作「春」。

〔一一〕參分去一，《周禮注疏》卷四十一《考工記·矢人》作「參分其長而殺其一。」

〔一二〕《周禮注疏》卷二《天官冢宰·大宰》「傅其伍」上無「而」字。

〔一三〕「史記·秦紀」作「史記·秦始皇紀」，「杭州府」作「杭卅縣」，據《史記·秦始皇本紀》。

〔一四〕耳庫，賈誼《新書》卷七作《耳痺》。

〔一五〕據《毛詩正義》卷二十之三《商頌·玄鳥》鄭箋及阮元《校勘記》應作「員，古文『云』字」。

〔一六〕《毛詩正義》卷十七之一《大雅·生民》作「恆之秬秠」。《釋文》：「恆，古鄧反。徧也。本又作『亙』。」

〔一七〕《水經·汝水注》「或作方字」下案語：「此四字，亦《注》中之小注。」

〔一八〕同上「我是楚也」下案語：「此語有舛誤。」

第十六

誤字

誤字　昔邢子才喜讀誤書，北齊邢子才有書不甚讎校，嘗謂「誤書思之，更是一適」。蘇子瞻不敢改書，蘇氏書「諸集改字」：「自余少時，見前輩皆不敢改書，故蜀本大字書，皆善本。」依古以來，是類多矣。集誤字。

閏門。《左氏·襄九年傳》：「閏月戊寅。」注：「此年不得有閏月戊寅，疑閏月當爲門五日。」「五」字上與「門」合爲「閏」，則後學者自然轉「日」爲「月」。黯伯。黯音沓，猥茸貌。《玉篇》：「《晉書》有黯伯。《顔氏家訓》：「《晉中興書》：『泰山羊曼，頹縱任俠，飲酒誕節，兖州號黯伯。』」俗間有黯黯語，蓋無所不施、無所不容之意。顧野王《玉篇》誤爲黑旁沓，吾所見數本，並無作「黑」者。重沓是多饒厚積意，從「黑」更無意旨。玎公。《説文》：「玎，玉聲也。齊太公子伋，謚曰玎公。」案：《周書·謚法解》：「述善不克曰丁，述義不悌曰丁。」〔二〕《韻會》引作「述義不勉曰玎。」今《周書》無此文，「丁」又不作「玎」也，蓋誤。雞斯。《禮·問喪》：「親始死，雞斯徒跣」。注：「雞斯當爲筓纚，聲之誤也。」龍卷。《玉藻》注：「龍卷，畫龍於衣，字或作衮。」疏云：「《禮記》本或作『卷』字，其正經《司服》及《覲禮》皆作『衮』字。故鄭注《王制》云：『卷，俗讀，其通則曰衮是也。』」案：《玉藻》「玄端朝日」注：「端當爲冕字之誤也。龍卷之卷不言誤者，以《禮記》中凡衮皆書作卷，故鄭不云是誤，其實皆字誤爾。」巾簂。《困學紀聞》五卷：「《士冠禮》注：今之未冠笄者著卷幘頍，象之所生，滕薛名簂爲頍。〔原注：簂，古内反。《續漢·輿服志》：「簂，簪珥。」〕《集韻》有薗、幗，無簂字。疏云：「卷幘之類。」」《隸釋·武榮碑》云：『闕幘。』」案：《釋名》：「薗，恢也，恢郭覆髮上也。魯人曰頍，齊人曰幌。」《後漢·輿服志》：「公卿列侯夫人紺繒薗。」或作幗。《玉篇》：「幗，帨也，覆髮上也。」《晉書·宣帝紀》：「遺帝巾幗，婦人之飾。」是則巾幗者，婦人之首飾，如今時婦人喪冠然。蓋織麻若艸爲之，故其字从艸爲薗，後世或以布爲之，故其字从巾爲幗。至《儀禮》注，誤从竹爲簂，而《玉篇》因之，或作簂。《後漢·烏桓傳》亦作簂，云：「猶中國有簂步摇。」注云：「字或作幗。」愚謂作「薗」者是，通作「幗」，而作「簂」者誤。故《集韻》不收簂字，良有見也。皙幘。《説文》：「齸，齒相值也。《春秋傳》曰皙齸。」案：定九年《左傳》文，今本譌作幘。注文亦譌，而云：齒上下相值也。賴有此句，可以是正。儒雅。《韓詩外傳》一卷：「今爲儒雅之故，不救溺人可乎？」牟氏曰：「《新序》有此文，儒雅作濡足。」《後漢書·崔駰傳》注、《周黄徐姜傳》注，再引《新序》，亦並作濡足。儒、濡字形相似，雅字古作「疋」，與足相似，是以譌轉也。熾菑。《詩·小雅》：「俶載南畝。」箋：「俶讀爲熾，載讀爲菑。」疏云：「謂耜之熾而入地，以菑殺其艸，故方言入地曰熾，反艸曰菑也。」又，《周頌》：「俶載南畝。」箋云：「俶載當作熾菑。」桃萊。《後漢書·馮衍傳》注：「萊字似棗，文又連桃，後學者輒改萊爲棗，以桃棗易明，桃萊難悟也。」「桃萊難悟，柳卯本同。」牡丹。《日知録》十八卷：「山東人刻《金石録》，於李易安《後序》「紹興二年玄黓歲壯月朔」，不知「壯月」之出於《爾雅》，而改爲「牡丹」。凡萬曆以來所刻之書，多『牡丹』之類也。」日及。《困學紀聞》八卷：「田敏不知『日及』，學之陋也。」若璩案：「木槿花朝開暮落，故名日及。不知日及，改爲『白及』，見《宋史·儒林》敏本傳。海蝱。又，十九卷：「《逸周書·王會解》『東越海蝱』，或誤爲『侮食』，王融《曲水詩序》用之。」舟鮫。《説文》：「籀或作魰。《春秋傳》曰：澤之自籀」案：《左氏·昭二十年傳》：「澤之萑蒲，舟鮫守之。」即舟魰也。魰、鮫、舟、自，皆字形之譌。莊寶琛説。巫乙。《困學紀聞》二十卷：「柳芳論氏族曰：『氏於事則巫乙匠陶。』」案：《風俗通》，乙當作卜。」若璩案：「今《風俗通義》無，則王氏所見猶全本。」元二。《後漢書·鄧騭傳》：「時遭元二之災。」注：「元二即元元也。古書字當再讀者，即於上字之下爲小「二」字，言此字當兩度言之。後人不曉，遂讀爲元二，或同之陽九，或附之百六，良由不悟，致斯乖舛。今岐州《石鼓銘》，凡重言者皆爲『二』字，明驗也。」顔氏《隸辨》云：「楊君《石門頌》中『遭元二西夷虐殘』，《金石録》云：『若讀爲元元，則爲不成文理，《漢》注未必然也。』《隸釋》云：「漢刻如《北海相景君碑》之類，凡重文者，皆以小二字贅其下，案《北海相景君銘》「元二鰥寡」，又「綏元二兮」，此碑書爲大「二」字；又，《孔耽碑》云「遭元二轗軻，人民相食」，若作元元，則下文不應又言人民，《漢》注之非明矣。』」案：高誘《戰國策》注：「元元，善也。」姚察云：「元元者，非一人也。」古者謂人爲善人，因善爲元，故云黎元。顧野王云：「元元猶喁喁，可愛憐貌也。」至於漢碑《北海相景君銘》自是「元元」，其《楊君石門頌》、《孔耽神祠碑》及《鄧隲傳》，皆是「元二」矣。虎六。《顏氏家訓·書證》篇云：「《後漢書》：『酷吏樊曄，爲天水郡守，民歌曰：「寧見乳虎穴，不入冀府寺」。』而江南書本，『穴』皆誤作『六』。夫虎豹穴居，事之較者，所以班超云『不探虎穴，安得虎子』，寧當論其六七乎？」羊四。《東觀漢記》：「馬援上書，成皋令印，皋字爲『白下羊』，丞印『四下羊』，尉印『白下人，人下羊』，即一縣長吏，印文不同云云。」寶力。「《顏氏家訓》：『《穀梁傳》「孟勞者，魯之寶刀也」〔僖元年〕。有姜仲岳，讀刀爲力，謂公子左右姓孟名勞，多力之人，爲國所寶。與吾苦諍。清河郡守邢峙，當世碩儒，助吾證之，赧然而服。』」劊名。《日知録》二十七卷《漢書注》下：「《揚雄傳·解嘲》篇中『欲談者，宛舌而固聲』，固乃同之誤；東方朔『劊名於細君』，名乃炙之誤，有《文選》可證。而必欲訓之爲『固』、爲『名』，此小顏之癖也。」金根。《事文類聚》：「退之子昶，性闇劣，爲集賢校理，史傳有金根車，悉改『根』字作『銀』字。」銀鎖。《顏氏家訓》：「《後漢書》『囚司徒崔烈以鋃鐺鏁』，鋃鐺，大鏁也，世多誤作金銀字。武烈太子亦誤，嘗作詩云：『銀鎖三公卿。』」昌歜。「《日知録》四卷：『僖公三十年，王使周公閱來聘，饗有昌歜、白、黑、形鹽。』注曰：『昌歜，昌蒲葅。』而《釋文》：『歜音在感反。』《正義》曰。『齊有邴歜，魯有公父歜，其音爲觸。《説文》：「歜，盛氣怒也，從欠，蜀聲。」此昌歜之音，相傳爲在感反，不知與彼爲同爲異。』」今攷顧氏《玉篇》，有歖字，徂敢切。昌蒲，俎也，然則《傳》之昌歖，正合此字，而唐人已誤作歜，《廣韻》亦誤作歜。苦鹽。《周禮·鹽人》：「共其苦鹽。」注：「杜子春讀苦爲盬，謂出鹽直用不湅治。」案：《説文》：「盬，河東鹽池，亦作盬。」《左傳》：「郇瑕氏之地，沃饒而近盬。」注：「盬，鹽也，猗氏縣鹽池。」是即《説文》所云也。然則《周禮》當作盬鹽，其字作苦，聲之誤也。又案：《漢書·息夫躬傳》：「器用鹽惡。」鹽當作『苦』，此與《詩》「王事靡盬」，皆聲近而譌也。興雲。《顔氏家訓·書證》篇：「《詩》云：『有渰萋萋，興雲祁祁。』毛《傳》：『渰，陰雲貌。萋萋，雲行貌。祁祁，徐貌。』案：渰已是陰雲，何勞復云『興雲祁祁』邪？雲當爲『雨』，俗寫誤耳。」不雨。《天禄識餘》：「蘇秦『鷸蚌相持』之説，鷸曰：『今日不兩，明日不兩，必有死蚌。』蚌曰：『今日不出，明日不出，必有死鷸。』兩謂鬭口，今人改『兩』作『雨』，非也。」淫泆。《困學紀聞》五卷：「《大學章句》：『咏歎淫液。』刊本誤爲『淫泆』。」壙遼。又，十八卷：「《韋玄成傳》：『五世壙僚。』言五世無官也。《吕成公銘》：『湯烈母云「湯世壙僚，委祉於後」。』而婺本改爲『壙遼』。」不斟。又云：「《方言》：『斟，益也。凡病少愈而加劇，謂之不斟，或謂之何斟。』吕居仁答曾吉父詩：『記我今年病不斟』，蓋用此，而不知者改爲『不禁』。」將彀。《日知録》四卷：「《哀公二十五年》：『若見之，君將彀之。』今本作殼。《廣韻》注曰：『《説文》從口。』」相近。《禮·祭法》：「相近於坎壇。」注：「相近當爲『禳祈』，聲之誤也。」填池。《檀弓》：「主人既祖，填池。」注：「填池當爲『奠徹』，聲之誤也。」廬維。《周禮·職方氏》：「其浸廬維。」注：「廬維當爲『雷雍』，字之誤也。」擾阻。

《大戴禮·武王踐阼》篇：「擾阻以泥之。」案：擾阻二字蓋誤，盧辯無注，今本誤也。鹿鹿。《漢書·蕭何曹參傳·贊》：「當時録録，未有奇節。」師古曰：「録録猶鹿鹿，言在凡庶之中也。」案：鹿鹿，疑本作「䃙䃙」，誤脱去石耳。《篇海》：「䃙，石也。」陸龜蒙《耒耜經》有「磟碡」，一作「䃙碡」。蓋䃙碡平田之器，無圭角廉稜，人之庸猥隨從者似之，故師古謂「在凡庶之中也」。録録通作「碌碌」。《史記·酷吏傳·贊》：「九卿碌碌奉其官。」《論語》注：「碌碌，庸人，一作瑑瑑。」《老子》曰：「不欲瑑瑑如玉，珞珞如石。」注：「瑑瑑喻少，珞珞喻多。」一作『禄禄』。《莊子·漁父》篇：「禄禄而受變于俗。」《釋文》：「禄禄，形貌爲禮也。」〔二〕又作「陸陸」。《後漢書·馬援傳》：「今更共陸陸。」注：「陸陸猶碌碌也。」蠅蠅。《尚書大傳》：「微子將往朝周，過殷之故虚，見麥秀之蔪蔪，禾黍之蠅蠅也。」案：蠅蠅當爲「繩繩」之譌也。《漢書·伍被傳》注：「張晏曰：箕子將朝周，過殷故都，見麥及禾黍，心悲，乃作歌曰：『麥秀之漸漸兮，黍苗之繩繩兮。』」繩繩又作「油油」。《文選》注引《大傳》，作「麥秀漸漸兮，禾黍油油。」案：油油，假借之字，當作「秞秞」。《集韻》：「秞，禾黍盛也。」唐元結《欸歌》：「其生如何兮秞秞。」穰穰。《史記·貨殖傳》：「《天下壤壤，皆爲利往。」案：今俗作「穰穰」，或作「攘攘」，並誤。秩秩。《説文》：「秩，積也。《詩》曰：穦之秩秩。」案：今《詩》無此句，疑誤。壹戎衣。《周書·康誥》：「殪戎殷。」《左氏·宣六年傳》引《周書》同。《禮記·中庸》作「壹戎衣」。注：「衣讀如殷，聲之誤也。」案：「殷」誤爲「衣」，亦當「殪」殘爲「壹」，康成不言，何邪？宋董逌《除正字謝啓》：「書殘武殪。」謂此。八寸策。《北史·徐遵明傳》：

「見鄭玄《論語序》云『書以八寸策』，誤作『八十宗』，因曲爲之説。其僻也皆如此。」蔡蔡叔。《左氏·昭元年傳》：「周公殺管叔而蔡蔡叔。」《釋文》云：「上蔡字音素葛反。《説文》作𣝔，從殺下米。」疏云：「《説文》：『𣝔，散之也。』𣝔爲放散之意，故訓爲放。」案：《書·禹貢》：「二百里蔡。」亦同斯義。蓋經典𣝔字皆誤作蔡，而《孔傳》訓蔡爲法。見《小爾雅》。又，蔡姓與祭通。《史記》蔡澤，古作祭。《左傳》祭仲，《國語》祭公謀父，《後漢書》祭遵，俱作蔡。説見《字典》。案：鄭注《禹貢》云：「蔡之言殺。」又注《尚書大傳》云：「蔡，衰也，衰猶殺也。」《小爾雅》曰：蔡，「法也。」是則「𣝔」字作「蔡」非誤矣。紹周王。《孟子》趙岐注：「願見周王。」案：紹當作「釗」，或作「昭」。《逸周書》：「釗我周王。」梅賾《書》：「昭我周王。」《爾雅·釋詁》：「昭、釗，見也。」是趙注所本。因知《孟子》古本，「紹」蓋作「昭」，今作「紹」者，傳寫之誤，非趙氏所見也。紹，繼也。本《釋詁》。蝦蟇陵。《日知録》二十四卷引《西京雜記》，董仲舒之墓稱下馬陵。李肇《國史補》：「武帝幸宜春苑，每至此陵下馬，時謂之下馬陵。〔案：唐蘇頲《壠上記》：「門人至，皆下馬，謂之馬陵。」〕歲遠譌爲蝦蟇陵也。白樂天《琵琶行》：『家在蝦蟇陵下住。』」光禄澗。《水經·洛水·東過洛陽縣南·注》云：「合水東北流注於公路澗。世俗音譌，號之曰光禄澗，非也。上有袁術固。」寡婦城。《水經·滱水·東過博陵縣南·注》云：「蒲水東流逕夏屋故城，其城東側，因阿仍墉築一城，世謂之寡婦城。」案：《水經·汝水·過潁川郟縣南·注》云：「桓水逕賈復城北，復南擊郾所築也，俗語譌謬，謂之寡婦城，水曰寡婦水。」賈復從光武追銅馬五幡於北平所作也。世俗音轉，故有是名矣。寒號城。《水經·聖水·注》云：「王肅曰：今涿郡方城縣有韓侯城，世謂之寒號城，非也。」千齡洲。《水經·沔水·又東北流又屈東南過武當縣東北·注》云：「縣西北四十里漢水中，有洲名滄浪洲，庾仲雍《漢水記》謂之千齡洲，非也，是世俗語譌，音與字變矣。」樹亭川。《水經·渭水·東過武功縣北·注》云：「雍水又東逕邵亭南，世謂之樹亭川。蓋『邵』、『樹』一聲相近誤爾。亭故邵公之采邑也。」〔三〕洞渦驛。《日知録》二十一卷：「太原府徐溝縣有同戈驛，其名本取洞渦水云云。」《水經》：「洞渦水出沾縣北山，〔四〕西過榆次縣南，又西到晉陽縣南，西入於汾。」酈道元《注》：「劉琨之爲并州也，劉淵引兵邀擊之，〔五〕合戰於洞渦，即是水也。」《宋史·曹彬傳》：「爲前軍都監，戰洞渦河。」《北漢世家》：「李繼勛敗繼恩兵於洞渦河。」〔唯《魏書·地形志》晉陽下云：同過水五水合道，故曰同過。則又作同過，字異。〕後人減筆，借書「同戈」字，而今鑄印，遂作同戈，又不但馬文淵所言成皋印點畫之譌而已。慎陽縣。《漢書·地理志》「汝南郡」下「慎陽」，應劭曰：「慎水出東北，入淮。」師古曰：「慎字本作滇，音真，後誤爲慎耳。今猶有真丘、真陽縣，字並單作真，知其音不改也。闞駰云永平五年失印更刻，遂誤以『水』爲『心』。」案：地記之書，似此尤多。如《戾太子傳》：「以湖閿鄉邪里聚爲戾園。」孟康曰：「閿，古閺字，從門中旻。建安中正作閺。」〔六〕師古曰：「旻，舉目使人也。旻音許蜜反。閿字本從旻，其後轉譌誤，遂作門中受耳。而郭璞乃音汝授反，蓋失理遠耳。」案：《文選·西征賦》亦作閿鄉，注云：「閿音聞。」非也。毛氏河。《困學紀聞》十二卷：「《儒林傳》：『毛莫如少路。』〔若璩案：杜欽、李尋兩《傳》並同。〕宋景文公引蕭該《音義》。案：《風俗通

·姓氏篇》：『混沌氏，太昊之良佐，漢有屯莫如，爲常山太守。』案此莫如，姓非毛，應作屯字，音徒本反。愚案：《溝洫志》云：『自塞宣房後，河復北決於館陶，分爲屯氏河。』師古注：『屯音大門反。』而隋室分析州縣，誤以爲毛氏河，乃置毛州，失之甚矣。〔原案：《隋·地理志》「館陶縣」下云：〔七〕「舊置毛州，大業初州廢。則非隋置。」〕以此證之，則毛、屯之相混久矣。屯之爲氏，於此可攷。《廣韻》云：『《後蜀録》有法部尚書屯度。』〔徒渾切。與蕭該音不同。〕」案：桂未谷《繆篆分均》有屯田丞印，其字作毛。云：「古屯作毛，易與毛混。」又云：「《儒林傳》毛莫如，即《風俗通》所謂屯莫如，轉寫誤爲毛也。」三豕文。《定語》：「卜商反衛，見讀史志者云：晉師伐秦，三豕渡河。子夏曰：非也，己亥耳。讀史志者問諸晉史，果曰己亥。」案：古文己作「己」，亥作「豕」，形近故譌。六幺曲。《琵琶録》：「緑腰即『録要』也。本自樂工進曲，上令録出要者，乃以爲名。後轉呼緑腰，又譌爲『六幺』也。」白居易《琵琶引》：「先爲霓裳後六幺。」索郎酒。《水經注》「河水。又南過蒲板縣西」下云：「民有姓劉名墮者，宿擅工釀，採挹河流，醞成芳酎，懸食同枯枝之年，排於桑洛之辰，故酒得其名矣。然香醑之色，清白若滫漿焉。別調氛氳，不與他同，蘭薰麝越，自成馨逸。方土之貢選，最佳酌矣。自王公庶友，牽拂相招者，每云索郎有顧，思同旅語。索郎，反語爲『桑落』也，更爲籍徵之雋句，中書之英談。」案：索郎或爲桑郎。《韻府羣玉》引《後史補》，舊京人呼桑落酒爲桑郎，蓋語譌爾。杜十姨。杜拾遺之譌。黄姑女。《爾雅·釋天》：「河鼓謂之牽牛。」語譌聲轉，謂爲黄姑。古詩云：「東飛伯勞西飛燕，黄姑織女時相見。」李太詩：「黄姑與織女，相去不盈尺。」是皆以黄姑爲牽牛也。至李後主詩：「迢迢牽牛星，杳在河之陽，粲粲黄姑女，耿耿遥相望。」以黄姑爲織女，尤謬。𥫗非單。《天禄識餘》：「單、𥫗今爲一字，古分兩姓。赫京山《髦記》云：『唐進士有姓𥫗者，主司誤書「單」，乞改正。主司曰：方口尖口何足辨？答曰：台州吴縣作吕州矣！縣可乎？主司無以應。』可知字亦小異矣。」案：《篇海》：「𥫗，時戰切，音善，姓也。」《廣韻》：「單，單襄公之後。」《史記·儒林傳》：「桓生單次。」注：「單音善，單姓，次名。」又，姓亦有讀單復之單者。《廣韻》：「可單氏，後改爲單氏。」亦有讀爲唐干切，音壇者。《集韻》：「鄭有櫟邑大夫單伯，通作檀。」是則𥫗、單二文，作字雖異，爲姓則同。唐進士之姓，未知於三者孰從？然以爲𥫗、單異文，雖稱辯口，未爲識字者也。再攷漢碑《衡方碑》「有𥫗穆箕謨之風」，則作𥫗。至於偏旁，《仲秋下旬碑》「孤嗣禅尧」，《隸釋》云：「以禅爲𥫗。」《韓勑碑》陰「趙國邯鄲」，亦皆從𥫗。而《鄭季宣殘碑》陰，邯鄲復從單。《帝堯碑》「乃共立壇墠」，既從單，而《靈臺碑》「地𤤨石墠」，仍從𥫗。可知二字隸文通用，其施于篆文，則有單無𥫗。《天禄識餘》之言，非篤論也。側不菑。厲鶚序杭大宗《石經攷異》云：「《公羊·昭二十五年》：『齊侯唁公于野井，既哭，以人爲菑。』何休注云：『菑，周埒垣也。今太學辟雍作側字。』《儒林傳》：『休精研六經，世儒無及者，太尉陳蕃辟之，與參政事。蕃敗，乃作《公羊解詁》，覃思不闚門十有七年。』案：蕃誅於靈帝建寧元年，又七年爲熹平四年，始立石經，爾時休詁《公羊》未卒業，則辟雍所作側字，其爲石經隸字無疑。」案：《説文》：「側，旁也，从人則聲。」《韻會》：「菑，側吏切，音廁。」蓋菑有廁音，故《考工記·輪人》注鄭司農云：「菑讀如雜廁之亊。泰山平原所樹立物爲𦵔，聲如葴。博立梟棋亦爲𦵔。」案：𦵔，通作傳。《釋名》云：「事，傳也；傳，立也，青徐人言立曰傳也。」《漢書·蒯通傳》注李奇曰：「東方人以物臿地中爲事。」師古曰：「事音側吏反。字本作傳，《周官·考工記》又作𦵔，音皆同耳。」又通作剚。《管子·輕重》篇：「春有以剚耕，夏有以剚耘。」然則石經之「側」字，準《漢書》，當爲「傳」，準《管子》，當爲『剚』，準《考工記》注，當爲「亊」，疑「亊」字者爲是。亊，古與側通。《莊子·外物》篇「亊足而墊之」，即側足也。此則石經之側，恐當作亊。而《公羊》注作側者，傳寫之誤耳。知然者，側通亊，不通𦵔，於古無可考，其誤明矣。魯爲魚。張鷟云：「魯之與魚，淄澠莫辨。《抱朴子》云：以魚爲魯，以帝爲虎。」焉成馬。《海録碎事》：「古語云：字經三寫，烏、焉成馬。」淮淫別列。《文心雕龍·練字》篇：「《尚書大傳》有『別風淮雨』，〔鄭注：「淮，暴雨之名也。」〕《帝王世紀》云『列風淫雨』。別、列、淮、淫，字似潛移。淫列義當而不奇，淮別理乖而新異。」鷻鷂鳶。《說文》：「鷻，雕也。《詩》曰：匪鷻匪鳶。鳶，鷙鳥也，从鳥，屰聲。」案：屰，魚戟切；罬，五各切。蝆亦五各切。然則屰即罬字之省，加鳥即鶚字也。徐鉉乃以屰非聲爲疑，誤矣。阮芸臺先生曰：「鳶即鶚字，自隸變爲鳶，又省爲鳶，讀「匪鷻匪鳶」詩者，妄以鳶字與天、淵相韻，讀爲以專反，形、聲兩無所據，字之極誤，不可不正者。」徐鼎臣不知此義，以鳶爲从藋，省聲，陋矣。房子官綿。《困學紀聞》二十卷：曹操夫人《與楊彪夫人書》：「送房子官綿百斤。」《古文苑》誤爲官錦，而注者妄解。案：《魏都賦》：「綿纊房子。」《晉陽秋》：「有司奏調房子睢陽綿，武帝不許。」《水經注》：「房子城西出白土，可用濯綿。」芳洲杜若。《筆談》：「謝朓詩：『芳洲生杜若。』有省郎牒下房州求之，州官批牒尾曰：『房州不生杜若，應由謝朓詩誤』云云。」趙肖齊立。劉向《戰國策·叙》：「本字多誤脱爲半字，以趙爲肖，以齊爲立。」夭芳先牛章長。劉向《晏子春秋校録》云：「中書以夭爲芳、又爲備，先爲牛，章爲長，如此類者多，謹頗略椾，皆已定以殺青，書可繕寫。」彭郎小姑。蘇軾詩：「舟中賈客莫謾狂，小姑前年嫁彭郎。」注：「大小孤山，俗轉爲姑，江側彭浪磯，轉爲彭郎，云：彭郎，小姑壻也。小孤山廟像乃一婦人，敕額爲『聖母廟』，豈止俚俗之繆哉！」載弄之麞。張九齡誕子，李林甫作手書慶之曰：「聞有弄麞之喜。」客視之掩口。蘇軾詩：「甚欲去爲湯餅客，只愁錯寫弄麞書。」有杕之杜。李林甫不識杕杜字，謂韋陟曰：「此云杖杜，何也？」陟俯首不敢言。《顔氏家訓·書證》篇云：「《詩》云：『有杕之杜。』《江南本》並木傍施大。而《河北本》皆爲夷狄之狄，此大誤也。」侮食來王。侮食是海童之誤文。見閒分覸。《禮·祭義》：「見以蕭光，見閒以俠甒。」注：「見以、見閒皆當爲『覸』字之誤也。」刺齒合齧。《史記·蔡澤傳》：「吾持粱刺齒肥。」裴駰《集解》：「刺齒二字當作齧。」既旦爲暨。《隸辨·張遷碑》：「爰既且於君。乃『暨』之誤。分既旦爲兩字，又誤旦爲『且』也。」將且作暨。《爾雅·釋言》：「奘，駔也。」《釋文》引《沈旋本》，駔作暨，音同。《樊光、孫炎本》並作將且，而無奘駔。《詩·小雅》「將恐將懼」箋：「將，且也。」是鄭所見本與樊、孫同。圜水是圁水。《漢書·地理志》「西河郡」下「圜陰」注，師古曰：「圜字本作圁，縣在圁水之陰，因以爲名也。王莽改爲方陰，則是當時已誤爲圜字。今有銀州、銀水，即是舊名猶存，但字變耳。」《水經注》：「河水南過圁陽縣東，圁水出上郡白土縣，圁谷逕其縣南，又東逕圁陰縣南流，注於河。圁陰，漢惠帝五年置，《後漢·郡國志》作圜陽。」毌丘非母丘。《廣韻》：「毌音貫，通作貫。《史記·索隱》曰：『貫丘，古國名，今作毌者，字殘缺耳。』《正義》曰：『《括地志》云：故貫城今名濛澤城，在曹州濟陰縣南。』」又，《字彙補》：「《古音略》：『貫高之貫音冠。本毌丘，複姓，後去丘爲毌氏，又作貫氏。魏有毌丘儉，今多呼爲父母之母，非也。」春城迷秦城。《天禄識餘》：「《三輔黄圖》：長安故城，城南爲南斗形，城北爲北斗形，故號斗城。何遜《咸陽詩》云：『城斗疑連漢。』老杜『秦城近斗杓』、『北斗故臨秦』皆用此。而《秦中詩》云：『春城依北斗，郢樹發南枝。』『春』不可對『郢』，且於義無取，當是『秦城』耳。」秋江亂澄江。王阮亭《論詩絶句》：「無因點竄澄江練，笑煞談詩謝茂秦。」注：「謝朓詩『澄江浄如練』，謝蓁改『澄』爲『秋』也。」頭曼真兜欒。《日知録》二十一卷：「《金石録》有《宋公䜌餗鼎銘》云：『案《史記·世家》，宋公無名䜌者，莫知其爲何人。今考《左傳》，宋元公之太子欒嗣位爲景公。《漢書·古今人表》有『宋景公兜欒』，而《史記·宋世家》：『元公卒，子景公頭曼立。』是兜欒之音，譌爲頭曼，而宋公䜌即景公也。」范武假士會。《漢書·古今人表》士會在中上，别有范武子，列上中。師古曰：「據今《春秋説》，范武子即士會也。而此重見，豈别人乎？未詳其説。」陸質羞陸贄。《困學紀聞》二十卷：「近世記録多誤。無垢《心傳録》以王叔文之黨陸質爲陸贄，質即陸淳，非贄也。」宗均非氏宋。《日知録》二十一卷《金石録》下：「宗均之誤爲宋，不必證之碑及《黨錮傳》，即《南蠻傳》，云：『會援病卒，謁者宗均聽悉受降。

爲置吏司，羣蠻遂平。』事與本傳合，而《南蠻傳》作宗，本傳作宋，其誤顯然，注未及正。《黨錮傳》注：『宗資字叔都，南陽安衆人，祖父均，自有傳。』」壬臣是名王。《隸辨》：「《魯峻碑》陰『壬端子行』，案：即『王』字。《穀梁傳·文七年》：『宋公壬臣卒。』《左傳》、《公羊傳》皆作『王臣』。據此碑，王書爲壬，壬臣即王臣，傳寫譌耳。案：襄五年《經》：「楚公子壬夫。」《匡謬正俗》曰：「楚公子王夫字子辛，今之學者，以其字子辛，遂改王夫爲壬夫。」顔監以王夫爲説，謬矣。壬夫是。〔八〕王屮字簡棲。《困學紀聞》二十卷：「王巾字簡棲，作《頭陀寺碑》。《説文通釋》以爲王屮。」先生號角里。李濟翁《資暇録》云：「漢四皓，其一號角里先生。角音禄，今多以覺音呼，誤也。至於讀角爲覺，而角里之音禄者，輒改作角，則益謬矣。又，《東都事略》：『崔偓佺云：刀下用音榷，兩點下用音鹿，一點一撇不成字。』《唐韻》：『角音禄，又音覺。』其實字無二形，偓佺臆説不可从。《佩觿》集《字林》、《韻會》、《正韻》，分角、角爲二，並誤。」案：《禮·喪大記》「君大夫鬊爪實於緑中」注：「緑當爲角，聲之誤也。」是知角古音禄，不獨角里先生之角从此讀也。《資暇録》似猶未曉然於古音者，《字典》引據可謂詳矣。韓王信都。桂未谷《繆篆分均》有信屠賢及信屠廣印云：「案《路史》，虞帝職爲司徒，其後有司徒氏，又轉爲申徒、申屠、申都、信屠，信都。《潛夫論》：『申都者，司徒也。』《史記·留侯世家》：『以良爲韓申徒。』徐廣曰：『即司徒耳。』但語音譌轉，故字亦隨改。又，《韓王信傳》，《索隱》云：『《楚漢春秋》「韓王信都」。』」案：韓王信初爲韓司徒，後譌云申徒，因誤以爲韓王名耳。」案：《韓王信傳》云：「使張良以韓司徒降下韓故地。」徐廣蓋據此爲説也。肅肅鴇羽，集于苞栩。《詩·唐風》。案：《廣雅》：「翻，飛也。」《廣韻》、《集韻》並云：「翻翻，鳥羽聲。」《集韻》：「或作肅。」然則今詩作肅，蓋假借通用，而讀者遂不復知有翻翻字矣。聊識於此。駉駉牡馬，在坰之野。《顔氏家訓·書證》篇：「《詩》云：駉駉牡馬。《江南本》皆作牝牡之牡，《河北》悉爲放牧之牧。〔九〕鄴下博士見難云：『《駉頌》既美僖公牧于坰野之事，何限騲騭乎？』余答云：『案《毛詩》，駉駉，良馬腹幹肥張也。若作放牧之意，通於牝牡，則不容限在良馬獨得駉駉之稱。良馬，諸侯以充朝聘、郊祀，必無騲也。今以《詩·傳》良馬通於牧騲，恐失毛氏意。』」案：今《詩》皆作牧字，从《江南本》也。蓋課其蕃息，則言騋牝；用於朝聘，則言駉牧，言各有當也。《説文》：「駉，牧馬苑也。」引《詩》「在駉之野」。今《詩》作「坰」，與「野」重複，疑傳寫之譌。行李往來，共其乏困。《左氏·僖三十年傳》注：「行李，使人。」疏：《昭十三年傳》：「行理之命。《周語》：『行理以節逆之。』賈逵云：『理，吏也，小行人也。』」李匡乂《資暇集》曰：「岺，古使字。孫奭《書尺》亦云：『古使字从山下人，人下子，作岺，後人轉作李耳。』一説，使人行必有裝，鄭當時之治行，《孟子》之治任，是行李本義爲行理，不必作使字解。」案：行、使義雖可通，古書皆李、理通用，後説是也。繕完葺牆，以待賓客。《左氏·襄三十一年傳》注：「葺，覆也。」《天禄識餘》引此《傳》，又「臧宣伯令修賦繕完。」夫繕、完、葺，三字皆一義，於文爲複，古人修辭體要，必不如是。審思「完」字乃「宇」字之誤，曰「繕宇葺牆」，詞無複，義亦昭矣。唐李祭酒涪云：「爾修賦繕完」，亦當作「宇」，不然，則繕完何物哉！案：《説文》：寏或作院，周垣也。疑《左傳》古本作

「院」，誤脱自旁作「完」爾。繕院葺墻，於義爲長，不當作「宇」字。養以之福。《天禄識餘》：「《漢酸棗令劉熙碑》：『猗與明哲，秉道之樞，養以之福，惟德之隅。』《左傳》古本『養以之福』，今本作『養之以福』，非。」貧而樂道。《論語》：「未若貧而樂道，富而好禮者也。」漢、唐石經皆然。宋高宗寫石經，誤落『道』字，朱子今本因之。紀大宗伯説。書名薈蕞。《天禄識餘》：「鄭虔採集異聞，著書四十餘卷，名曰《薈蕞》。薈，草多貌。蕞，小也。虔自謂著書雖多，皆碎小之事也。後人傳寫，誤爲『會粹』，謂會集其純粹，失之遠矣。唐史亦因之，獨杜工部《八哀》詩云：『《薈蕞》何技癢』，可以爲據。」惠損蹲鴟。錢希言《戲瑕》：「梁權貴讀誤本《蜀都賦》注解：『蹲鴟，芋也。』而爲『羊』字，後有人餉羊肉，答云『損惠蹲鴟』。唐率府兵曹參軍馮光震入集賢院校《文選》，又注蹲鴟爲『今之芋子，即是著毛蘿蔔』。此二事，一出《顔氏家訓》，一出《談賓録》，並足軒渠滿朝，貽笑千古。昆明布舊。《後漢書·西南夷傳》注。案：前書曰：「西自同師以東，北至葉榆，名爲巂昆明。」今流俗諸本並作「布舊昆明」，蓋「巂」字誤分爲「布舊」也。冉駹棘人。《鹽鐵論》八卷云：「氐、棘人、冉駹、巂、唐、昆明之屬。」案：棘人，蓋「僰」字之誤分也。洛陽土軍。《漢書·王子侯表》：「土軍侯郢客。」師古曰：「土軍，西河之縣也。説者以爲洛陽土軍里，非也。」案：《説文》：「壼，土也。洛陽有大壼里。」今師古注脱去大字，而稱土軍里，是亦「布舊昆明」之誤也。又案：《高祖功臣表》有土軍式侯宣義，師古無注。陜州爲峽。陸游《入蜀記》：「晚至峽州，泊至喜亭峽門，在唐爲硤州，後改爲峽，而印文則爲陜州。元豐中，郎官何洵直建言：峽與陜相亂，請改鑄印文從山。事下少府監，而監丞歐陽發言：湖北之陝州從皁從夾〔夾從兩入。案：《說文》：陝，弘農陝也，古虢國王季之子所封也〕，陝西之陝州從皁從夾。〔夾從兩人。案《說文》：「陝，隘也。徐鉉曰，今俗從山，非是。」〕，偏旁不同，本不相亂，恐四方謂少府監官皆不識字。當時朝士之議皆是發，而卒從洵直言改鑄云。末下成末。唐趙璘《因話録》：「千里蓴羹，未下鹽豉。世多以淡煮蓴羹，未用鹽與豉相調和，非也。蓋「末」字誤書爲「未」，「末下」乃地名，此二處產此二物耳。其地屬江干。」《天禄識餘》：「末下，吳地名。北人問陸機曰：羊酪之美，江東何物可並？機云：有千里蓴羹，末下鹽豉耳。注：千里、末下，皆蘇州境，後人訛「末」爲『未』。蘇東坡詩『每懷蓴菜下鹽豉』，及『肯將鹽豉下蓴羹』，皆誤也。」案：《漢書·地理志》：「會稽郡大末。」孟康曰：「大音如闥，即末下也。」齊侯疥。《左氏·昭二十年傳》：「齊侯疥遂痁。」注：「痁，瘧疾。」《顏氏家訓》：「《左傳》『齊侯痎遂痁』，《說文》：『痎，二日一發之瘧。痁，有熱瘧。』案：齊侯之病，本是間日一發，漸加重，故爲諸侯憂。今北方猶呼痎瘧，音皆。世間傳本多以痎爲疥，杜預無解釋，徐仙民音介，俗儒通云病疥，令人惡寒變成瘧。此臆說也。疥癬小疾，豈有患疥轉作瘧乎？」案：《左傳·正義》曰：「後魏李繪聘梁，梁人袁狎說此云：疥當作痎，痎是小瘧，痁是大瘧。蓋齊侯初二日一發，後遂頻日熱發，以此久不差耳。」此說與前說相合，則知顏氏亦有所本。羣公溓。《周易》鄭注：「爲其慊于陽也，故稱龍焉。」慊讀如羣公溓之溓。古書篆作立心，與水相近，讀者失之，故作慊。溓，雜也。案：《公羊·文十三年傳》「羣公廩」注：「周公盛之盛，新穀也。燾者冒也，故上以新也。〔一〇〕周公盛，謂新穀滿其器，魯公燾，謂下，故上新。廩者，連新於陳上，財令半相連耳。」然則廩亦雜也。今文作廩，鄭據古文作漾。集鶡雀。《漢書·黄霸傳》：「鶡雀飛集丞相府。」蘇林曰：「今虎賁所著鶡也。」師古曰：「蘇説非也。此鶡音芬，字或作鳻，此通用耳。鳻雀大而色青，出羌中，非武賁所著也。武賁鶡者，色黑，出上黨，以其鬭死不止，故用其尾飾武臣首云，今時俗人所謂鶡鷄者也，音曷，非此鳻雀也。」案：《説文》：「鶡，似雉，出上黨。」「鴧鳥似鶡而青，出羌中。」然則鴧音介，不音芬也。鳻是鳫名，見《爾雅》，今《漢書》本誤矣。案：今板本誤芥爲芬，誤鴧爲鳻，非師古誤也。徐楚金、宋景文皆有校正。銜鱣魚。《後漢書·楊震傳》「有冠雀銜三鱣魚，飛集講堂前」注：「冠音貫，即鸛雀也。鱓音善。韓子云：『鱓似蛇』。臣賢案《續漢書》及《謝承書》鱣皆作鱓，然則鱣、鱓古字通也。鱓魚長者不過三尺，黄地黑文，故都講云『蛇鱓，卿大夫之服象也』。郭璞云『鱣魚長二三丈，音知然反。安有鸛雀能勝二三丈乎？此爲鱓明矣。」案：《顔氏家訓·書證》篇説此爲詳。周文弱枝之棗。《顔氏家訓·勉學》篇：「太山羊肅讀爲杖策之杖。」容成造歷。同上。以歷爲碓磨之磨。案：《國策》「故鼎反乎磿室」，俗亦誤磿爲「磨」。百草權輿，瑞雉無釋。《大戴禮·誥志》篇。《史記·曆書》作「百草奮興，秭鳺先滜」。《索隱》曰：「字體各譌變。」種桐釀酒。《顔氏家訓·勉學》篇：「撞挏乃成。」鼓夜誦詩。《大戴禮·保傅》篇。注：「瞽與鼓聲誤，夜、史爲字誤。」虙羲非宓羲。仝上。北丁馗廚。《物類相感志》引孫炎《爾雅注》曰：「聞雷即生，俗呼地菌，白如脂，可食，亦名地蕈，北丁馗廚，江東人今呼土菌可食者。」案：北丁馗廚疑當爲「亦曰馗廚」，字之譌也。有郭璞《爾雅注》可參訂。丞相隗林。《顔氏家訓·書證》篇案：「秦時鐵稱權銘，林當爲狀貌之『狀』，爿旁作犬。則知俗作『隗林』，非也。」中外禔福。《書證》篇云：「字當從示。禔，安也。而江南書本多誤從手，〔一一〕屬文者對耦，並爲提挈之意，恐爲誤也。」長仙縣。《水經·漸江水·北過餘杭東入於海·注》云：「穀水東逕長山縣南，或謂之長仙縣，言赤松采药此山，因而居之，故以爲名。」後轉呼乖謬，字亦因改。齊人歸衛俘。惠氏《周易古義·繫辭下》「聖人之大寶曰位，孟喜本作『大保』。保，古寶字。『漢尚方鑑』云：『壽比金石之固保。』《春秋·莊六年》『齊人來歸衛俘』，《左傳》俘作『寶』。《正義》云：『案《說文》，保從人孚，省聲。古文保不省。』然則古字通用，寶或保字，與俘相似，故誤作俘。」三老五更。惠氏《禮記古義·文王世子》云：「蔡邕以更字爲『叟』，云字誤也云云。」形夭無千歲。洪容齋曰：「舊本淵明《讀山海經》詩『形夭無千歲』，疑上下文義不貫，遂取《經》文參校，形夭，獸名也，好啣干戚而舞，乃知是『刑天舞干戚』。五字皆譌。」壺矢相樂。《九經古義·同人·九五》引古本《漢書·薛宣傳》云：「『壺矢相樂。』應劭曰：『以壺矢相樂也。』」今本云「壹矣相樂」。晉灼曰：「書篆形『壹矣』字象壺矢，因曰壺矢。」百果甲坼。《解》象曰：「百果草木皆甲坼。」《釋文》云：「馬、陸『坼』作『宅』，云根也。」棟案：「古文宅字作垞，與圻相似，故誤作坼。」七月鳴鶪。王肅《傳》云：「七當爲五，古『五』字如『七』，因譌爲之。」《九經古義》：「《書》『七世之廟』，七字亦當作五。」甲午祠兵。《公羊·莊八年》經文。鄭康成駁《五經異義》云：「祠兵者，《公羊》字之誤，以治爲祠，因而作說之。」《詩·采芑》箋引作「治」。敗於臺鮐。《檀弓上》文。注云：「臺當爲『壺』，字之誤也。《春秋傳》作『狐鮐』，襄四年秋。」君子好其正，小人毒其正。《緇衣》注：

「正當爲『匹』，字之誤也。匹謂知識朋友。」案：漢碑『正』字俱作『匹』，因致斯誤。越大夫舌庸。宋景文《筆記》云：「莒公言《左氏》、《國語》越大夫舌庸，今《春秋傳》作『后庸』。而《姓纂》：『舌氏引越大夫爲祖。』」五廟觀怪。《吕覽》引《商書》曰：「五世之廟，可以觀怪。」〔二〕怪字傳寫之誤。四亨加璧。《儀禮考下》注云：「四當爲三。古書作三、四或皆積畫，此篇又多四字，字相似，由此誤也。又，《春秋傳》：『子革曰：是四國者，專足畏也。』劉光伯規過云：『《楚語》云「今吾城三國」，無四國也。』」有蜮。隸古《春秋》作蜮。莊十八年《經》。伯于陽。《公羊傳》「昭十二年春：齊高偃帥師，納北燕伯于陽。」《傳》云：「伯于陽者何？公子陽生也云云。」何休注云：「孔子案史，知『公』誤爲『伯』，『子』誤爲『于』，『陽』在『生』刊云云。」鮑昭。宋景文《筆記》云：「今人多誤以鮑照爲昭。李商隱有詩云：『濃烹鮑昭葵。』又，金陵有人得地中石刻，作鮑照字。」寧爲雞口，無爲牛後。《顔氏家訓·書證》篇：「案：延篤《戰國策音義》曰：『尸，雞中之主。從，牛子。』然則『口』當爲『尸』，『後』當爲『從』，俗寫誤也。」扊扅。案：蔡邕《月令章句》曰：「鍵，關牡也，牡所以止扉也，或謂之剡移。」《聲類》作「扊扅」，又或作「扂」。

校記

〔一〕《逸周書》卷六《謚法解》，《四部備要》本作：「述義不克曰丁。迷而不悌曰丁。」孔晁注：「述義不克，不能成義。不悌，不遜順也，迷，舊作述，今從前編；《正義》脱此條。」

〔二〕《莊子》注及《釋文》，「貌」字均作「見」。

〔三〕以上三「邵」字，《水經注》卷十八均作「召」。

〔四〕《水經注》卷六「渦」作「過」。

〔五〕劉淵，《水經注》卷六作「劉曜」。

〔六〕《漢書》卷六十三《武五子傳·戾太子據》孟康注「正作閿」之「閿」作「閺」。又「蜜」作「密」。

〔七〕《翁注困學紀聞》卷十二無「縣」字。

〔八〕「壬」字、「王」字刻顛倒。參閱《十三經注疏》本《春秋左傳正義·經襄公元年》阮元校勘記。

〔九〕河北，《顏氏家訓》卷六《書證》作「河北本」。

〔一〇〕《公羊傳·文公十三年》注「以新」之「以」作「二」。又「羣公廩注」應作「周公盛、魯公燾注」。

〔一一〕《顏氏家訓》卷六注「多誤從手」下有原注曰：「下云『恐爲誤』，則此處『誤』字衍。」

〔一二〕《尚書正義》卷八《商書·咸有一德》作「七世之廟，可以觀德。」

第十七

方言

潁川語小曰哥。《韻會》。兒墮地能開目視者謂之㾓生。《風俗通》。案：《左傳》：「莊公㾓生。」小兒學言曰啞嘔，《集韻》音鴉歐。亦曰唲嘔。《玉篇》：「唲嘔，小兒語也。唲音娃。」《荀子·富國篇》：「拊循之，唲嘔之。」南方人謂抱小兒爲雍樹。《漢書·夏侯嬰傳》蘇林説。楚人謂嘑極無聲爲嗄。《集韻》音沙，去聲。又，於邁切，音隘。《老子》曰：「終日號而嗌不嗄。」江淮之間謂小兒多詐、狡獪爲亡賴。《漢書·高帝紀》晉灼説。小兒多詐而獪謂之央亡，或謂之嚜杘，或謂之婚。《方言》郭注：「嚜音目，杘，丑夷反，婚，胡刮反。嚜杘，潛潛狡也。婚言黠婚也。」案：今世小兒謂無其事而相詐爲者爲央亡。《廣雅》作䩭罔。又謂小兒狡戲曰嚜婚，讀嚜若禡；謂口不言而内狡獪者曰嚜杘，讀若目杵。小兒匍匐曰跁。

《集韻》：浦巴切，音爬。

東方人名我爲阿。《魏志·東夷傳》。巴濮之人自呼阿陽。《爾雅·釋詁》注。案：阿，蓋語辭，東漢末已有阿誰之語。《蜀志·龐統傳》云：「向者之論，阿誰爲是。」《隸釋》載「《漢殽阬碑》陰云：『其間四十人，皆字其名，而繫以阿字。』如劉興阿興、潘京阿京之類，必編户民未嘗表其德，書石者欲其整齊而强加之，猶今閭巷之婦以阿挈其姓也。《成陽靈臺碑》陰有『主吏仲東阿東』，又云：『惟仲阿東，年在元冠，幼有中質』，又可見其年少而未有字云云」。詳見《日知録》三十二卷。又云：「阿字今南人讀爲入聲，非。」案：《韻會小補》：「阿音屋。古詩『家中有阿誰』，《木蘭詩》『阿爺無大兒』，《世説新語》『一門則有阿大、中郎』，皆讀入聲也。」南蠻呼我曰歹。音戴。上聲。田汝成《炎徼紀聞》：「南蠻稱人曰歹，自稱亦曰歹，猶晉之言咱，楚之言儂也。」北人稱我曰俺，《集韻》。案：《爾雅》：「卬、吾、我也。」蓋卬轉爲阿，又轉爲俺耳。《説文》：「俺，大也。」稱我，大非。成曰喒，《字彙》：「喒，祖含切，昝平聲，俗云我也。」《字典》。案：北音喒，本讀上聲，《字彙》誤。亦曰咱。《篇海》：「咱，子葛切，音呾，俗稱自己爲咱。」案：咱與喒似一聲之轉。我曰我們，人曰你們。《方言》注：「們，渾肥滿也。」今作語辭，亦非。元代稱我每、你每，蓋聲轉爲們爾。南人謂我爲儂，《集韻》。謂彼渠。濃，甌人呼爲能。《六書故》：「吳人謂人儂，即人聲之轉，甌人呼若能。」案：能亦即儂聲之轉。蜀人稱尊老者爲波，或曰天波。宋范成大《吳船録》：「發嘉州僅行二十里，至王波渡宿。蜀中稱尊老者爲波，祖及外祖皆曰波。」又曰：「有所謂天波、日波、月波、雷波者，皆尊之之稱，此王波蓋王老或王翁也。」宋景文嘗辨之，謂當作皤字，魯直貶涪州别駕，自號涪皤，或從其俗云。漢世謂蜀爲叟。《後漢書·董卓傳》：「布軍有叟兵内反。」注：「叟兵即蜀兵也。」又，《劉焉傳》：「焉遣叟兵五千助之。」注云：「漢世謂蜀爲叟。」孔安國注《尚書》云：「蜀，叟也。」本《牧誓》注。

《正義》曰「叟者，蜀夷之別名。」此説非也。古讀蜀爲叟，漢世猶然，非蜀夷別名也。《華陽國志》謂夷人大種曰昆，小種曰叟。並非。宋時稱川藞苴。《唐韻》：藞，盧下切。《玉篇》作藞。《類篇》：「藞苴，泥不熟貌。」《言鯖》：「前代呼蜀人爲川老鼠，以其善鑽，非也。宋時謂蜀人誕，故稱川藞苴，見《山谷集》，老鼠其訛也。」案：苴，側下切，讀如補苴之苴，今俗罵人不修飾曰藞苴，本於此也。五代宋初人自稱沙家。《字典》佘字注：「古有余，無佘。余之轉韻爲禪遮切，音蛇，姓也。楊慎曰：『今人姓有此而妄寫作佘，此不通曉《説文》而自作聰明者。余字从舍省，舍與蛇近，則禪遮之切爲正音矣。五代宋初人自稱曰沙家，即余家之近聲可證，而賒字从余，亦可知也。』」案：沙家亦曰洒家。吴人謂中州人爲傖。《晉陽秋》：「吴人謂中州人爲傖。陸機呼左思爲傖父。宋孝武比擬羣臣，目王玄謨爲老傖。」或曰：吴人罵楚人曰傖。《漢書·賈誼傳》注，晉灼説。楚人曰乾魚頭。《言鯖》：「荆楚人善治鱃魚。《海録碎事》謂鮑爲乾魚，故楚人謂之乾魚頭。」南人詈北人爲奤子。《菽園雜記》：「奤音胎上聲。《集韻》：普伴切。面大曰奤。」京師謂江西人曰雞。明京師人語。王崇簡《談助》：「嚴分宜生辰，江西士紳致賀，分宜長身聳立，諸公俯躬趨謁，高新鄭旁睨大笑，分宜問故，曰：偶思昌黎詩云『大雞昂然來，小雞悚而待』，是以失笑耳。京師市語，謂江西人爲雞，故云。」《言鯖》：「元時江西人仕於朝者，多以腊雞爲贄，故江西人呼爲臘雞頭。」南朝江右人曰傒。《南史·胡諧之傳》：「是何傒狗？諧之南昌人，故云。」案：傒狗之傒，讀如今「罵人曰入」之「入」。《傳》云「諧之家人語傒音不正」是也。又，傒亦有雞音。《淮南·本經訓》云：「傒人之子女。」高誘注云：

「傒讀曰雞」是也。任身傭作曰㑳。焦竑《俗用雜字》音縐。謂賤丈夫爲漢子。《輟耕録》。《北齊書》：「何物漢子，與官不就。」江西俚語罵人曰客作兒。客作兒者，傭夫也。《天禄識餘》。「《三國志》：焦先飢則爲人客作，飽食而已。」見田汝成《委巷叢談》。女子賤者曰丫頭。《委巷叢談》：「劉賓客詩：『花面丫頭十二三』。」措大，士也。《書言故事》：「窮措大，眼孔小，與錢十萬貫，塞破屋子矣。」額上有壯髮爲圭頭。《漢書·外戚傳》，師古曰：「壯髮當額前侵下而生，今俗呼爲圭頭者是也。」齊人謂無髮爲禿楬。《禮·明堂位》注。案：楬，通作扢。《淮南·齊俗訓》云：「親母爲其子治扢禿。」扢音蓋也。山東新沐浴飲酒謂之幾頭。顔師古《匡謬正俗》：「幾字當作禨，音譏。」《玉藻》「進禨進羞」，禨謂福祥也。吳人呼瞬目爲恂目。《列子·黄帝》篇：「怵然有恂目之志。」何承天《纂文集韻》：「恂音瞬。」齊人名手足掔爲骹。(二)《考工記·弓人》注：「茭讀如齊人名手足掔爲骹之骹。」案：《輪人》注：「人脛近足者細於骨謂之骹。羊脛細者亦曰骹。」《集韻》：「骹，丘交切，音敲。」三輔謂憂愁面省瘦曰嫶冥。《漢書·外戚傳》悼李夫人辭：「嫶妍太息。」晉灼曰：「嫶冥猶嫶妍也。」瘦曰太瘦生。李白《戲杜甫》詩：「借問別來太瘦生。」生，語辭也。關中人以腹大爲胍肫。音孤都。宋景文《筆記》。《集韻》：「一曰椎之大者，故俗謂杖頭大爲胍肫。關中語譌爲胍檛。」案：肫从乇，加宀爲宅，故一音陟加切。胍檛字變而音未變，《集韻》謂語譌，非也。《天禄識餘》：「俗謂杖頭大者爲胍肫，後譌爲骨朵，今京師猶有此稱。骨朵，宿衛人所執，宋鹵簿中有之，即今長柄手檛之類。」案：乇加言爲託，又，宅與度古字通，骨朵亦字變音未變，高澮人以爲謞，非也。京師目形短矮曰蓮。七禾切。左思《魏都賦》：「宵貌蕞陋，禀質蓮脃。」《唐書·王伾傳》：「形容蓮陋。」桂林之間謂人短爲矲矮。《周禮·典同》注。《釋文》：「罷，皮買反，或作矲。」案：《方言》：「桂林之中謂短矲。」郭注：「言矲矲也。」矲音苦駭切，矲矲即矲矮，聲轉耳。《集韻》又作矲矵，音亞。此亦矮聲之轉也。又，《典同》注：「陂讀爲短罷之罷。」《司弓矢》注：「司農云：痹矢讀如人罷短之罷。」罷、矲古字通。江南謂口吃爲喋。《集韻》：「喋，去涉切，音瘞。」案：今北方人亦曰喋巴。冀州人謂懦弱爲孱。《漢書·張耳傳》注孟康説。北方人謂鈍拙爲椎儲，或曰名拙，語爲椎儲。《漢書·周勃傳》應劭説。杭州謂羸耋人曰杓子。今京師語亦然。音標。朴實曰艮頭。《輟耕録》。蜀人謂病風者爲雲。《老學庵筆記》三：「蜀人謂病風者爲雲，畫家所謂趙雲子是矣。京師市人亦有此語。」北方人謂媚好爲詡畜。《漢書·張敞傳》孟康説。滇棘謂好曰嫭扒。楊慎《奇字韻》。俏醋，好也。《廣韻》。案：俏，《方言》作釥，云：「釥，嫽好也。青、徐、海、岱之間曰釥，或謂之嫽。」郭注：「今通呼小姣潔喜好者爲嫽釥。」物不浄曰婄臟。焦竑《俗用雜字》。浙人言闒嬯曰阿帶。《説文長箋》：「闒嬯，浙省方言曰阿帶，愚贛貌。阿入聲，帶平聲。一曰阿獃。」閹人曰私白。《唐書·宦者傳》：「宣宗時，諸道歲進閹兒，號私白。」六朝謂内家爲夫娘。《天禄識餘》：「南宋蕭齊崇尚佛法，閣内夫娘悉令持戒，麾下將士，咸使誦經。夫娘之稱，夫人娘子也。陶九成謂是罵語，蓋未見《六朝雜説》耳。」古人謂年曰兹。《説文》：「兹，草木多益也。」一年草生一番，故以兹爲年。古詩：「爲樂當及時，何能待來兹？」《吕氏春秋·任地》篇云：「今兹美禾，來兹美麥。」《左傳》「今兹」注云：「此歲。」《孟子》「今兹未能」注云：「今年未能盡去。」亦曰稔。《説文》：「稔，穀熟也。《春秋傳》曰：鮮不五稔。」案：《左氏·襄二十七年傳》「不及五稔」注：「稔，年也，熟也。穀一熟爲一年。」瓊州西鄉音謂一年爲一火。《廣東通志》：「火音微。」東鄉人謂一年謂喜，或謂之化。又云：「乃喜之變音。」案：喜、化皆火之變音也。梵言一年爲一白。《傳鐙録》：「我止林間已經九白。」

兖州人謂澤曰掌。《釋名》云：「水泆出所爲澤曰掌，水停處如手掌中也。今兖州人謂澤曰掌也。」保定、河間之間謂淺水曰淀。《天禄識餘》：「淀，亦作澱。保定、河間之間有大小淤淀，及白洋、掘鯉、五官、洋東諸淀，出蒲葦、藕芡、魚蝦，其利與北地耕植相等。」案：左思《吴都賦》「掘鯉之淀」，注：「淀如淵而淺。」《玉篇》：「淺水也。」一曰陂淀，泊屬。然則淀蓋南北通名耳。齊人謂泉涌高數尺曰瀑流。又曰趵突。曾鞏《趵突泉記》：「有泉涌出，高或至數尺，齊人名曰趵突之泉。嘗有棄糠于黑水之灣者，而見之於此。蓋泉自渴馬之崖，潛流地中，而至此復出也。趵突之泉冬温，泉旁之蔬甲，經冬常榮，故又謂之温泉。」元好問《濟南行記》：「爆流泉在城之西南，泉，濼水源也，近世有太守改泉名檻泉，又立檻泉坊，取詩義而言。然土人呼爆流如故。爆流字又作趵突。」鮑山甫云：「濟南德王府内，池水皆趵突高數尺，即民間處處皆然。濟水善伏，濟南水多趵突者，以伏流所積故也。」閩人謂水曰林。《類篇》：「音捶。」越人謂瀑布爲洩《水經·漸江水·注》云：「浦陽江水導源烏傷縣，東逕諸暨縣，與洩谿合。凡有五洩，此是瀑布，土人號爲洩也。」楚、越之間謂水之反流者爲濄。柳子厚《袁家濄記》。濄音若衣褐之褐。蜀人謂江石磧水淺曰磧。楊慎《蜀江水路險名》云：「今有上磧、下磧。」扶南謂谿瀨曰究。《水經·温水·注》云：「竺枝《扶南記》：山谿瀨中謂之究。」案：《水經注》又云：「九德浦内逕越裳究、九德究、南陵究。皆究之類也。」灘磧相湊曰林。又云：「音子。今有石梔子、折危子。水疾崖傾曰碥。今有閻王碥、燕子碥。案：今北方謂山傾亦曰碥。水如轉轂曰漕。今有野猪漕。水黑不流曰盧奴。《水經·滱水·東過唐縣南·注》云：「盧奴城内西北隅，有水淵而不流，南北百步，東西百餘步，水色甚黑，俗名曰黑水池。或云水黑曰盧，不流曰奴，故此城藉水以取名矣。」水漫不流曰沱。洞，疾流也。「江中有達洞、構木洞。」又云：「其名尤多，不盡書也。」江東謂山隴之間曰干。宋張敦頤《六朝事迹》云：「建康南五里有山岡，其間平地，庶民雜居，有大長干、小長干、東長干，並是地名。」案：《韓詩章句·考盤在干》：「地下而黄曰干」（《文選·吴都賦》引）。今《詩》作澗。《小雅》：「秩秩斯干。」《傳》：「干，澗也。」則是干與澗其義同。但《考盤》以干、寬相韻，尤協。證以張氏「江東山隴之間曰干」之説，則知山岡、平地可居皆曰干，正與《韓詩》義合。今人徒見《詩》有「河干」，便謂「水旁曰干」，殊不知山間平地亦謂之干。且如《易》「鴻漸于干」，蓋「初六」居《艮》之初，是在山下平處，進此則爲磐。而注者謂干「大水之旁，故停水處」，非也。艮爲山，不爲水也。《韓詩》「地下而黄曰干」，黄者謂土，與水無涉。此字誤訓久矣。即墨人謂峯爲崓。明陳沂《龍山記》：「龍山一曰勞山，有大勞、小勞，《齊記》謂泰山高，不如東海勞，始皇登勞盛山即此，以勞於陟也。

在今即墨之東南四十里，土人以峯名崓，山多崓名。」案：崓，依字當爲固也。蜀人謂山間之流通江者曰瀼。杜甫《夔府詠懷》詩自注曰：「江水横通山谷處，方人謂之瀼。」陸游《入蜀記》：「東屯，少陵故居也。」又云：「在瀼之西，故一曰瀼西，土人謂山間之流通江者曰瀼云。」齊魯謂田中高處爲部。《風俗通》云：「《春秋左氏傳》『培塿無松柏』，言其卑小。部者，阜之類也，今齊魯之間，田中少高卬名之爲部矣。」嶺南謂邨市爲墟，水津爲步。《青箱雜記》。水際謂之步，上虞有石駞步，吴中有瓜步，吴人賣瓜於江畔，因以名也。江中有魚步、黿步，湘中有靈妃步。案：吴楚間謂浦爲步，蓋語訛耳。《太平御覽》七十五卷引《述異記》。《水經注》：「贛水徑豫章郡，北爲津步，步即水渚也。」案：水中渚可通人步，故謂之步。江之滸凡舟可縻而上下者曰步。柳子厚《鐵爐步志》。《字典》：「韓愈《孔戣墓誌》：『蕃舶至泊步，下有碇之税。』通作埠。今人呼船會曰埠頭。埠，音如步。」瀨，湍也。吴越謂之瀨，中國謂之磧。《漢書·武帝紀》元鼎五年注，薛瓚記。〔二〕楚人謂橋曰圯。《漢書·張良傳》服虔説。圯音頤。北方謂田爲晌。有田者不計畝，但以人工窮日之力數之，曰有田若干晌。案：齊齊哈爾〔在東北邊，與黑龍江毗連〕種地，以六畝爲一晌：二晌爲一套。套之長短，畝之大小，均無定數，總以自晨至午半日之内，牛力所到爲度。上洛謂田爲索。山田亦不計畝，但以百尺繩量之，曰某家種得若干索。《天禄識餘》。案：《大戴禮·主言》篇云：「十尋而索。」然則索亦古名也。雲南謂田一畝爲一雙。仝上。遼西人謂甽畝爲堷。《吕氏春秋·任地》篇高誘注云：「古者以耜耕，廣六尺爲畝，三尺爲甽，遼西之人謂之埆也。」案：埆字字書無攷。西南黑水之間、廣都之野，謂播殖爲播琴。《山海經》：「西南黑水之間，有廣都之野，冬夏播琴。」郭注：「播琴猶播殖，方俗言耳。」楚人謂冢爲琴。《水經·泚水·注》云：「六安縣都陂中有大冢，民傳曰公琴者，即皋陶冢也。楚人謂冢爲琴。」又，《汝水·注》云：「鮦陽縣有楚武王冢，民謂之楚王琴。」徐州人謂塵土爲蓬塊。《博物志》云：「徐州人謂塵土爲蓬塊，吳人謂塵土爲埃块。見《藝文類聚》六卷所引。」東北人名土塊爲蓬顆。《漢書·賈山傳》晉灼説。師古曰：「顆謂土塊，蓬顆言塊上生蓬者耳。」案：顆即塊聲之轉耳。晉説是。又，俗謂蓬子顆。岐道謂之差。《集韻》：「䟳，楚嫁切，音衩，岐道也。差亦楚嫁切，異也。韓愈《瀧吏》詩：『颶風有時作，掀簸真差事。』」案：《集韻》以差爲異，䟳爲岐道，然以聲求之，岐道亦當爲差，取其聲也，故《韻會小補》引唐詩「枯木巖前差路多。」董逌周《吹景集》記俗語亦引之。河東謂治道爲繇，繇，役也。臿，鏵也，青州謂之鏵有刃也，三輔謂之鍤也。三輔人謂休華樹下爲菻也。楚人樹上大本小如車蓋狀爲越，言多蔭也。高誘《淮南·精神訓》注。晉人謂平地除坌曰拔。《集韻》：「拔，筆别切，讀若分别之别。」北方謂土曰拓、謂后曰跋，《廣韻》：「有拓跋氏。初，黄帝子昌意少子受封此土，〔三〕黄帝以土德王，北地謂土爲拓，謂后爲跋，故以拓跋爲氏。跋亦作拔。或説：自云拓天而生，拔地而長，遂以氏焉。」謂忠貞爲賀若。《廣韻》：「北俗謂忠貞爲賀若。魏孝文以其先祖有忠貞之稱，遂以賀若爲氏。《周書·賀拔勝傳》云：『北方謂土爲拔，〔四〕爲其總有地土，時人相賀，因爲賀拔氏。』」東方人以物臿地中爲事。《漢書·蒯通傳》李奇説。師古曰：「事音側吏反，字本作傳。」泰山平原所樹立物爲菑。博立梟棊亦爲菑。《考工記》注。案：《漢書·武帝紀》：「《瓠子歌》『隤林竹兮楗石菑，』師古曰：『石菑謂臿石立之也。』」北人以物探水爲沁。音滲。韓愈詩「義泉雖至近，盜索不敢沁」注云。閩南人謂雨淋曰沃。鄭瑗《井觀瑣言》。楚人謂扇爲箑。高誘《淮南·精神訓》注。青州謂伏爲俛。高誘《淮南·時則訓》注。吳音呼緒爲紵。《宋書·樂志》「一白紵舞」云云。紵本吳地所出，宜是吳舞，疑白紵即白緒也。齊人言常曰終古。《考工記》云：「輪已庳，則於馬終古登阤也。」鄭注云：「齊人之言終古，猶言常也。」案：今讀如終究，轉爲自棍平聲。越人謂鹽曰餘。《越絶書》云：「朱餘者，越鹽官也。」齊人謂苦曰車，燉煌呼苦曰庫，漢陽曰古。桂未谷《繆篆分均》有苦成勃、苦成衆、苦成喜、苦成樂印云。案：《潛夫論·氏姓》篇：〔五〕「苦城，城名也，在鹽池東北。後人書之或爲『枯』，齊人聞其音，則書之曰車，燉煌見其字，呼之曰庫城；其在漢陽者，不喜『枯』、『苦』之字，則更書之曰『古城氏』。」《通志·氏族略》：「苦成氏，姬姓，郤犨別封於苦，爲苦成子。《潛夫論》『苦城，城名』，然此城因苦成子之封，而得苦成城之名，其實，『成』謚也。」又，「庫成氏，《風俗通》云：『本苦成，方言音變爲庫城。』」又，「苦氏即郤氏，越大夫苦成。漢有苦灼，會稽太守，音庫。」馥案：「此姓古無定音，今從《通志》。」鮮卑呼艸爲俟汾，遂號爲俟汾氏，後世通稱宇文，蓋音譌也。《廣韻》宇字注。五代時人謂應如此曰趙。後宋有天下也，村中人家稍密，有鎮守之官，名曰買節。《真臘風土記》。《字典》節字注。晉言四十里曰由旬。《顏氏家訓·歸心》篇。吳楚俗謂牽引前却爲根格。《灌夫傳》注。關西俗謂得杖呼及小兒啼呼爲呼㕮。《田蚡傳》注。閩人謂無爲謨。《南唐書·黨與傳》：「趙人謨信，未可速攻。」注云：「謨信，無信也，閩人語音。」

鳥雀尾上肉曰脂餅。舊説鳥雀尾上有肉高有穴者名脂餅，每引觜取脂以塗翅毛則悦澤，雨露不能濡。楚人命鴞曰服。《史記·賈誼傳》鄧展云：「似鵲而大。」《吳録》云：「服，黑色也，鳴自呼其名。」三輔謂牛蹄處爲躅。《漢書·敘傳》鄭氏曰：「躅，迹也。」牛羊乳汁曰構。《漢書·敘傳》如淳説。案：《左氏·宣四年傳》：「楚人謂乳㲉。」蓋㲉是假借字，義當作構，故如淳曰「㲉音構」。川人謂豬爲烏鬼。《漫叟詩話》：「川人家家養豬，每呼豬作烏鬼聲，故謂之烏鬼。」元微之《江陵》詩「病賽烏稱鬼」，自注云：「南人染病，競賽烏鬼。」蜀人謂牝豬爲母。蘇軾《豬佛母泉記》。案：今時牛、羊、雞、狗之類通曰母，不獨豬也。揚雄所謂「初别國不相往來之言，今或同」者，此類是已。古謂馬牡爲騭馬，牝爲草馬。《爾雅》注。案：草，本作騲。《廣韻》：「牝馬曰騲。」《顔氏家訓》有云：「騲騭」。《魏志·杜畿傳》：「爲河東太守，課民畜牸牛、草馬。」是漢末已有此語。今人謂牡爲兒馬，牝爲騍馬，牝驢爲草驢。《北齊書·楊愔傳》：「選人魯漫漢，在元子思坊騎秃尾草驢。」是北齊時已有此語。詳見《日知録》三十二卷。山東、河北人謂牝貓爲女貓。《隋書·外戚·獨孤陁傳》：「貓女可來，無住宫中。」是隋時已有此語。凡牡而去勢者，曰淨猫、善狗、鐓雞、閹豬、羯羊、宦牛、騸馬。《臞仙肘後經》。〔六〕案：接樹亦曰騸。《月令廣義》有騸樹法。通作扇。《五代史·郭崇韜傳》：「謂繼岌曰：『當盡去宦官。至於扇馬，亦不可騎。』」虎，江、淮、南楚之間謂之李耳。《方言》注：「虎食物值耳即止，以觸其諱故。」案：應劭謂南郡李翁化爲虎，故呼李耳。此説近是。《太平御覽》引《風俗通義》云：「俗説虎本南郡中廬李氏公所化，爲呼李耳，因喜，呼班便怒。」案：《廣雅疏證》謂及説及《方言》注皆失之鑿，云於𧆢，虎文貌，與《説文》𤉡字聲義並同，引《春秋傳》「楚鬬穀於菟，字子文」，是其證也。又引《易林·隨之否》云：「鹿求其子，虎廬之里；唐伯李耳，貪不我許。」豈更有唐氏公所化哉。雲南蠻人呼虎爲羅羅。見《天中記》。《海外北經》云：「有青獸，狀如虎，名曰羅羅。」自燕以北，濼水之間謂之老𧆢子。《方言》「或謂之於𧆢」。注：「於音烏，今江南山夷呼虎爲𧆢，音狗竇。」案：今北人呼爲老頭子，即竇聲，語有輕重耳。本《左傳》「楚人謂虎於菟」。《漢書·叙傳》又作「謂虎於檡」。注：「檡字或作菟，並音塗。」愚案：檡本音鐸，轉爲塗，又轉爲竇耳。越人呼豹爲程。《尸子》。案：越一作秦。《莊子·至樂》篇：「青寧生程，程生馬。」注：「程，豹也。或謂程爲貘。」《筆談》言：「延州人至今呼虎豹爲程。」鄭人以乾鼠爲璞。《漢書·應劭傳》注：「《尹文子》曰：『鄭人謂玉未琢者爲璞，周人謂鼠未腊者爲璞，周人遇鄭賈人曰：欲買璞乎？鄭賈曰欲之，出璞視之，乃鼠也，因謝不取。』」《戰國策》亦然。今此乃云「鄭人以乾鼠爲璞」，便與二説不同。此云「乾鼠」，彼云「未腊」，事又差舛。世人呼秃尾狗爲厥。衣之短後者亦曰厥。劉貢父《詩話》云：「歐陽永叔《寄陶尚書》詩有『末厥兵』，則此兵正爲末賊耳。」《天禄識餘》。案：厥當爲臀，《廣雅·釋親》云：「䐐，臀也。䐐或作翠，臀或作橛。《内則》注云：翠，尾肉也。」《素問·骨空論》注云：尾窮謂之橛。然則橛爲尾後之稱。

《爾雅》：鸗，白鷺。白鷺亦謂白尾也。兔岐脣曰火。《韻會小補》：「火，虎何切。蓋古音也。《莊子·外物》篇：『利害相摩，生火實多，〔七〕衆人焚和，月固不勝火。』」案：今謂破處曰火口子。京師人將出，則令犕馬。《南渡録》：「康王質於金，間道南奔，倦息崔府君廟，蘿神曰：『追騎已至，宜速去，已備馬候矣。』」案：備當爲犕。《後漢書·皇甫嵩傳》：「義真犕未乎？」注：「犕音服。《説文》曰：『犕牛乘馬。』犕，古服字。」今河朔人又有此言，音備。江西諺曰：豬來窮家，狗來富家，貓來孝家。又曰：笑狗落雨。明江盈科《雪濤談叢》：「余邑諺云：『豬、貓二物，皆為人忌，有至必殺之。』而邑中博士張宗聖者，解曰：『諺語正不爾，無足忌者。蓋窮家籬穿壁破，故豬來，非豬能兆窮也。富家飲饌豐，遺骨多，故狗來，非狗能兆富也。家多鼠，蟲爲耗，故貓來，孝字則耗之譌，非貓能兆孝也。笑狗謂瘦狗，江西人呼瘦爲笑。落雨者，謂落尾，亦江西人讀字之譌也。余每觀狗之瘦者尾必下妥。』」。蜀人謂蠶眠曰幼。陸放翁詩：「婢喜蠶三幼。」注云：「鄉中謂蠶眠爲幼。」恩平謂蛇爲訛。《埤雅》：「恩平郡譜，蛇謂之訛。」關中謂毒蟲曰蛇。《集韻》。《字彙補》：「蛇，以遮切，音耶。」蠻語謂魚爲娵隅。郝隆《南蠻參軍詩》：「娵隅躍清池。」吳人謂腌魚爲膎䐗。《集韻》：「《釋名》：鮓，滓也。以鹽米釀之如菹，熟而食之也。」案：鮓同鯗。陸廣微《吳地記》：「闔閭思海魚，而難於生致，治生魚鹽漬而日乾之，故名爲鯗。」讀如想〔《困學紀聞》四卷〕。案：王氏此讀，非也。鯗，从魚，差省聲，非从養省聲，讀如想，誤矣〔案：「讀如想」三字，是王伯厚語〕。今俗讀想，以爲海魚之名，亦誤。《周禮·籩人》注：「鱐者，析乾之，出東海。」

即《吴地記》所謂鮝也。又案：《説文》：「鮝，藏魚也。南方謂之魿，北方謂之鮝。一曰大魚爲鮝，小魚爲魿。」然則鮝蓋藏魚通名矣。今謂之糟，糟與鮝一聲之轉。凡熟食謂之膎。《太玄經》：「多田不婁，費我膎功。」注：「孰食曰膎。」《説文》：「膎，脯也。」徐鍇曰：古謂脯之屬爲膎，因通謂儲蓄食味爲膎。」《韻會》引《南史》：「孔靖飲宋高祖酒，無膎，取伏雞卵爲肴。」案：今俗謂雞子爲肴，蓋本此。膎又通作鮭。《集韻》、《廣韻》：「鮭，吴人謂魚、菜總稱。」《世説》：「庾杲之清貧，每食三韭，任昉戲之曰：誰謂庾郎貧，每食鮭菜，常有二十七種。」細剉肉謂之劇。《南史·恩倖傳》：「齊東昏時，宫中訛云：趙鬼食鴨劇，諸鬼盡著調。俗謂以細剉肉糅以薑桂曰劇，意者以凶黨皆當細剉而烹之也。」案：劇，先弔切。《廣韻》作䐹，云：「切肉食糅也。」肉裹劇謂之脂。《釋名》：「脂，銜也。銜炙細密肉，〔八〕和以薑、椒、鹽、豉，已，乃以肉銜裹其表而炙之也。」案：脂音陷，或作餡。《字彙》：「凡米麪食物，坎其中，實以雜味曰餡，或作𩞯。」歐陽修《歸田録》：「京師賣酸𩞯者，俚俗誤書爲酸餡，滑稽子謂爲俊叨，蓋不知餡之从臽，而誤从舀也。」東齊謂蠅爲羊，江東呼羊如蠅。《方言》注。徽州呼蝗爲横。《唐韻古音》：「蝗音横。《演春秋繁露》云：徽州稻苦蟲害，俗呼横蟲。」兖州謂蝗曰螣，謂蟦爲螣。音殆。見《吕氏春秋》高誘注。蚜蚄，螟也，蝗，螽也。《齊民要術·氾勝之術》曰：「牽馬令就穀堆食數口，即以馬踐過爲種，無蚜蚄蟲也。」或謂之蚱蜢。《本艸》：「蟲蟲一名蚱蜢。」《集韻》：蝗類，似螽而小。《六書正譌》：「蚱蜢，艸上蟲也。又借爲船名，取譬其小也，别作舴艋。並非。」案：蚱蜢，今聲轉爲蚸蚭，音陌窄。或謂之簸鍾。《漢書·文帝紀》：「旱蝗。」師古曰：「蝗即螽也。食苗爲災，今俗呼爲簸鍾。」案：今俗呼步䦨子，即簸鍾聲轉也。宋、魯人皆謂汁爲瀋。《釋名》。《左氏·哀三年傳》云：「猶拾瀋也。」注：「瀋，汁也。」高誘引作潘。筆，楚謂之聿，吴謂之不律，燕謂之弗，秦謂之筆，《説文》。染紙謂之裝潢。《釋名》：「潢，染紙也。」《齊民要術》有裝潢紙法。《唐六典》：「崇文館有裝潢匠五人。」高澹人曰：「裝潢謂裝成而以蠟潢紙也。」案：潢有上、去二音。書衣謂之袠。《説文》：「帙，書衣也，或作袠。」《天禄識餘》：「古人書卷，外必有帙藏之，如今裹袱之類。白樂天嘗以文集留廬山草堂，屢亡逸。宋真宗命崇文院寫校，包以斑竹帙。近項子京家王右丞畫一卷，以外斑竹帙裹之，云是宋物，帙如細簾，其内襲以薄繒，觀『帙』用『巾』旁，可想也。今大内藏《黄庭内經》墨蹟，亦有蝦鬚草細簾裹之，亦是宣和物也。」卷首帖綾曰贉。徒感切，音萏。米芾《書史》：「隋唐藏書，皆金題錦贉。」注：「贉，卷首帖綾，又謂之玉池。有毬路錦贉、樓臺錦贉、摴蒲錦贉。」案：買物先入直者名曰贉。《玉篇》「預入錢是也。」或曰玉池。楊慎《墐户録》「古裝裱卷軸，引首後以綾黏者曰贉，唐人謂之玉池。」紙條不黏曰驚燕。《天禄識餘》：「畫上例裝二紙條，名曰驚燕。燕怕紙，凡有紙條處則飛去。畫上紙條，古不黏。」蜀人謂糊窗曰泥窗。花蘂夫人《宫詞》：「紅錦泥窗繞四廊。」齊魯名竹篗曰筍。《公羊·文十五年傳》注：「筍者竹篗，一名編輿，齊魯以此名之曰筍。」齊人謂柯（斧柄）爲椑，《考工記·廬人》注。謂鋤柄曰橿，《釋名》：「齊人謂鋤柄曰橿。」案：《説文》：「橿，枋也，一曰鉏柄。」籠燭曰照道。《儀禮》注。東方人謂斧斤之斤爲鐇。左思《蜀都賦》注。楚人謂刃頓爲銖。《淮南·齊俗訓》云：「其兵戈銖而無刃。」高誘注云。蛋人謂筯曰梯。《廣東新語》。案：筯同箸。船柂尾曰梢，篙師曰梢子。《字彙》：「或作𥳑。」案：今亦曰梢工。蜀人謂柂師爲長年三老，杜甫詩用之，見宋景文《筆記》。吳人謂盛衣之櫝曰㢛，亦曰廚。《集韻》：「㢛，丘廉切，音㰝。」案：今北方通謂之櫃，或謂之廚。廚亦古語也。《晉書·顧愷之傳》：「愷之嘗以一廚畫寄桓玄。」《南史·齊·陸澄傳》：「王儉戲之曰：陸公書廚也。」關東器物漆者謂之捎。《漢書·外戚·趙皇后傳》：「殿上髤漆。」師古曰：「以漆漆物謂之髤，音許求反，又許昭反。今關東俗，器物一再著漆者謂之捎漆。捎即髤聲之轉重耳。髤字或作髹，音義亦與髤同。今關西俗云黑髤盤、朱髤盤，其音如此，兩義並通。」珠琲謂之顆。《六書故》：「凡圜物，以顆計。」《韻會》：「今言物一顆猶一頭也。」北土呼物一凷爲一顆。《顏氏家訓·書證》篇。

武夷茶園謂之喊山。《天禄識餘》：「宋御茶園在武夷第四曲中，有喊山臺，每歲驚蟄日，有司爲文致祭，祭畢鳴金揚鼓，同喊曰茶發芽，謂之喊山。」南越茗苦澀謂之過羅。又云：「即今之苦丁，亦名皋盧。」酒酣爲白著。《唐書·劉晏傳》：「稅外橫取謂之白著。」《春明退朝録》：「世人謂酒酣爲白著，言刻薄之後，人必顛沛酩酊，如飲者之著也。」飲酒多者爲大户。《吳志》：「孫皓每饗宴，人以七升爲限，小户雖不入，並澆灌取盡。」唐白居易詩：「户大嫌甜酒。」《言鯖》：「酒家有進户法，謂以酒漸漸誘之，以開其量。老而血氣衰，則當漸漸節飲，恐亂其血氣，用退户法。」飲酒曰喫酒。《正韻》：「喫，飲也。」杜甫《送李校書》詩：「對酒不能喫。」案：今世亦有斯語。亦曰食酒。《漢書·于定國傳》：「定國食酒至數石不亂。」案：食猶喫也。如淳說食酒猶「喜酒」，師古說猶食言之「食」，蓋皆不知喫酒之義耳。京師謂飲曰呷。《唐韻》：「呷，呼甲切。」《說文》：「吸呷也。」案：今讀呼可切。齊人命浩酒曰滌。《周禮·司尊彝》「凡酒脩酌」注：「脩讀如滌濯之滌，滌酌以水和而泲之。今齊人命浩酒曰滌。」女麴，小麴也，《齊民要術》。麴塵，麴衣也。《周禮·内司服》注：「鞠衣，黄桑服也，色如鞠塵。」案：鞠、麴同。造麴者鬱之使生黄衣，乃可用。齊人名麴餅曰媒。《漢書·李陵傳》：「隨而媒糵其短。」孟康曰：「媒，酒教糵麴也，謂釀成其罪也。」師古曰：「孟說是也，齊人名麴餅曰媒。」案：今齊人名麴麩曰媒。《周禮·媒氏》注文：「麩音魚列切，糵也。」媒，通作梅。《集韻》：「酒本曰梅，或作酶。」《五音集韻》：「酶，酒母也，教，蓋與酵通。」《集韻》：「酵，酒滓。」《正字通》：「以酒母起麪曰發酵是也。」江南謂酢母爲䰰。《說文》：「䰰，髮貌，讀若江南謂酢母爲䰰。」案：凡讀若之字，例非本文。䰰字疑傳寫之譌。䰰，《唐韻》奴禮切。秦人溲曰滫，齊人滑曰瀡。《禮·内則》注。案：溲、糔義同。《内則》：「爲稻粉糔溲之以爲酏。」注：「糔溲亦博異語也。糔讀與滫瀡之滫同。」《玉篇》：「溲，水調粉麪也。」《說文》：「滫，久泔也。」《玉篇》：「瀡，滑也。」燕俗名湯熱爲觀。《周禮·司爟》注。案：觀與涫音同。涫，鬻也。今東齊讀涫聲如滚。吴人謂冰曰冷澤。《集韻》音靈鐸。案：冷又音靈上聲。滓冷，寒也。又，冰，一讀去聲。《唐書·韋思謙傳》：「涕泗冰須。」注：「謂涕著須而凝也。」李商隱詩：「碧玉冰寒漿。」煤，火也。《方言》：「楚轉語也。猶齊言焜火也。」注：「煤，呼隗反。焜音毁。」楚人曰煤，齊人曰燬，吴人曰焜。《詩》：「王室如燬。」《釋文》案：本《方言》而少異。江南謂喫爲喋。《集韻》云：「喋，去涉切，音瘱。江南謂喫爲喋。」閩人謂喫爲噍，謂喫飯爲噍菶，喫烟爲噍芬。案：噍皆讀爲子詐切，今時閩人語也。《漢書·高帝紀》：「襄城無噍類。」如淳曰：「噍音祚笑反，無復有活而噍食者也。青州俗呼無孑遺爲無噍類。」紀莒之間名諸爲濫。《禮·内則》注。《釋文》：「乾桃、乾梅皆曰諸。」蜀人呼鹽曰䶠。《廣韻》云：「䶠，薄泫切。」見《二十七銑》。南夷名鹽曰䶢。《廣韻》云：「倉奏切。」見《五十候》。楚人名布爲曹。高誘注《淮南·説林訓》云：「楚人名布爲曹，今俗間以始織布繫著其旁，謂之曹布，以燒傅蠚蝫瘡，則愈。」蜀人呼舟曰舽。《廣韻》云：「巨禁切。」見《五十二沁》。南方呼醬曰䤈。《廣韻》云：「楚夫切。」見《十七夬》。楚人謂中庭爲壇，《淮南·説林訓》云：「腐鼠在壇，燒薰於宫。」高誘注云。謂精進爲精摇，謂澤濁爲眵挐，《淮南·要略》云：「精摇靡覽，棄其眵挐。」高誘注云云。謂牢爲霤。《淮南·本經訓》云：「牢籠天地。」高誘注云：「牢讀屋霤，楚人謂牢爲霤。」物小而甘美者曰沙。韓彦直《橘録》云：「沙橘取其細而甘美。或曰種之沙州之上，故其味特珍。然邦人稱物之小而甘美者，必曰沙，如沙瓜、沙蜜、沙糖之類，特方言耳。」青州呼彈弓曰⿰弓是。⿰弓是，陟吏切。見《廣韻·七志》。古人呼手版曰簿。《蜀志·秦宓傳》：「以簿擊頰。」裴松之注：「簿，手版也。」蜀人謂平川曰堨。《玉篇·土部》云：「堨，必駕切。」

齊人謂穛爲相。《禮·樂記》注。關中謂桑榆孽生爲葆，禾野生曰旅。《漢書·天文志》：「參主葆旅事。」晉如淳及晉灼説。案：旅與穭、稆並通。京師人謂麤屑爲紇頭。〔九〕《漢書·陳平傳》：「亦食穅覈耳。」晉灼説。孟康曰：「麧，麥糠中不破者也。」案：麧、紇並假借字，當作麧，《説文》：「堅麥也。」蜀人呼粒爲逼。《顔氏家訓·勉學》篇云：「是豆逼耳。命取將來，乃小豆也。窮訪蜀土，呼粒爲逼云云。」青州謂麥曰稞。《集韻》音科。淮南謂麥爲昧。《字典》：「楊慎謂麥有『昧』音，引范文正公安撫江淮，進民間所食烏昧草，謂即今燕麥也。淮南謂麥爲昧，故史從音爲文。殊不知燕麥即野稷也，升菴失考，乃引范文正所進烏昧草當之。蓋烏昧草實蕨也，附辨於此。」案：今即墨人呼麥爲妹，則謂麥有『昧』音是矣。然以烏昧爲燕麥則非。蓋禾有蕎麥者，即莜麥，一名烏麥，升菴殆必因斯致誤。吳謂善稻謂伊緩。《春秋·襄五年》「會吳于善稻」。《穀梁傳》注：「善稻，吳謂之伊緩。」沛國謂稻曰稬。《説文》。《集韻》：「奴卧切，音愞。」俗作糯、穤。萊陽之間，刈稻聚把爲筥。《儀禮·聘禮記》注：「筥，穧名也，若今萊陽之間，刈稻聚把有名爲筥者。」案：《周禮·掌客》注：「筥讀爲棟梠之梠。」齊謂芓爲莒。《説文》。案：莒州疑以此得名。

齊人或名全菹爲芋。《儀禮·士喪禮》注。汝南名收芋爲叔。《説文》：「叔，拾也。」案：《詩》「九月叔苴」，是豳國名收麻爲叔。

作事不常爲伄儻。《玉篇》：「伄儻，不常也。」《集韻》：「伄音弔。儻，當去聲。」使人不休曰絡索。《顔氏家訓》引時諺云：「絡索阿姑餐。」迂緩不曉事曰儒輸。《方言》：「儒輸，愚也。」《説文》：「懦輸，輸尚小也。」〔一〇〕其義同。《左氏·哀二十一年傳》：「惟其儒書，以爲二國憂。」意亦如此。杜氏以《周禮》釋之，非也。儒與懦、輸與書，字異音同。凡疊韻之字，取聲不取字也。杜氏坐不曉方言耳。猶與不前曰眠娗。田汝成《委巷叢談》：「眠娗音如緬忝，出《列子》。」案：出《列子·力命》篇也。《方言》云：「眠娗、脈蜴〔音析〕、𢜅〔音麗〕、他〔音醯〕，皆欺謾之語。」與此異。胸次不坦夷、逞獨見以忤人者曰㚖奊。《委巷叢談》：「音如列挈。《漢書》：『㚖奊而無志節。』」案：引《漢書》非也。《賈誼傳》：「㚖詬亡節。」師古曰：「謂無志分也。」《集韻》：「㚖音頡，頭哀骫也。奊音結，頭傾也。」今北方讀如頡列，或列決。詈人桀猾不循理者曰雜種。《委巷叢談》：「《晉書·前燕載記》贊曰：『蠢茲雜種，奕世彌昌。』」案：亦見杜詩。《淮南·墬形訓》云：「五類雜種，興乎外，肖形而蕃。」事多褒貶曰包彈。又云：「蓋宋人以包孝肅多所彈劾，故云包彈，畏憚之詞也。」見人不當意者曰嘴鼻。又云：「《金史》：『宋破金泗州，守將畢資倫不肯降，繫獄十四年。及盱眙守將納合買住降，北望哭拜，謂之辭故主。資倫見買住罵曰：「國家未嘗負汝，何所求死不可，乃作如此嘴鼻也！」』」案：今亦曰「嘴臉」。女子及笄曰上頭。倡女初薦寢於人亦曰上頭。又云：花蘂夫人《宮詞》：「新賜雲鬟使上頭。」案：已上六事，並《委巷叢談》載杭人語也。今或同，故不名一方。時人以無分別爲邾婁。《字典》引《蘇氏演義》：「時人以無分別者爲邾婁不辨。邾婁小國，微小之人不能分別也。《六書故》：「春秋邾國號邾婁。」世俗謂盡死殺人爲鏖糟。《漢書·霍去病傳》：「合短兵，鏖皋蘭下」晉灼說。師古曰：「今俗猶謂打擊之甚者曰鏖。」案：《委巷叢談》載「杭人言不潔曰鏖糟」，引此《傳》注，以爲蓋血污狼藉之意。非也。今人言不潔曰婄臟，不言鏖糟也。鏖糟是狠惡之意。燕代謂恐懼曰謾台，齊楚曰脅閲。《方言》注「台音怡」，非也。謾台今讀若䕻臺。注：脅閲猶潤沐也。潤沐，注云：喘喈貌也。今人惶懼曰澗沐，〔一一〕讀若靴熾。牟默人説。齊人以相絞訐爲掉磬，北海人謂相激事爲掉磬。《禮·内則》釋文。案：今京師人謂相絞訐爲門根〔讀上聲〕，蓋即掉磬聲之譌轉也。市語無交涉爲羅師。唐張鷟《朝野僉載》：「袁守一性行淺促，時人號爲料鬬鳧翁雞，與竇懷貞不協，於朝堂抗衡於貞曰：「與公羅師。」羅師者，市郭兒語，無交涉也。」俗語以職煩爲鞅掌。《詩·小雅·傳》：「鞅掌，失容也。」《疏》云：「《傳》以鞅掌爲煩勞之狀，故云失容。」今俗語以職煩爲鞅掌，其言出於此。案：此蓋古語，至唐猶然也。《莊子·庚桑楚》：「擁腫之與居，鞅掌之爲使。」蓋皆朴鄙無似之狀。今俗謂鞅掌讀如卬髒。工穩成就曰妥帖，韓愈《薦士》詩：「妥帖力排奡。」注：「今方言工穩、成就，皆曰妥帖。」亦曰帖妥。韓愈《元和聖德詩》：「獸盾騰挐，圓壇帖妥。」叶音土。西北方言以墮爲妥。《漁隱叢話》：「杜甫詩：『花妥鶯捎蝶』。」俗言把穩爲將牢。《天禄識餘》：「《晉·載記》：『後秦諸將謂姚萇曰：『若值魏武王，不令苻登至今，陛下將牢太過耳。』」注：「魏武王謂姚襄，將牢猶俗言把穩，與《五代史·莊宗紀》『持牢』義同。」不知而問曰拾没。《字典》：「没，母果切，音麽。本《集韻》。」亦曰甚麽。古今語異，聲之轉也。蓋十有諶音。《老學菴筆記》：「十轉平聲，可讀爲諶。」白樂天詩：「緑浪東西南北路，紅欄三百九十橋。」宋文安公《宫詞》：「三十六所春宫館，一一香風送管絃。」鼂以道詩：「煩君一日殷勤意，示我十年感遇詩。」或曰怎麽。《方言》云：「曾、訾，何也。湘潭之原荆之南鄙謂何爲曾，或謂之訾。」注云：「今江東人亦云訾，爲聲如斯。」案：今京師人讀訾如薩，或如唼，謂曰唼底即怎麽底也。曾、訾，怎，方音雖異，並一聲之轉也。底，語助也。《字典》案：「怎字，《廣韻》、《集韻》皆未收，唯韓孝彦《五音集韻》收之。今時揚州人讀爭上聲，吴人讀尊上聲，金陵人讀津上聲，河南人讀如樝，各從鄉音而分也。」謂何物爲何等，亦曰等。《匡謬正俗》：「俗謂何物爲底，此本言何等物，後省「何」，直云等物耳。應璩詩云：「用等稱才學」，言用何等才學也。去何言等，其言已舊，今人不詳根本，乃作底字，非也。」案：等字聲轉爲底，古人言等，後人言底，其義同也。何事爲底事。亦曰底。又云：「唐人詩多用底字。杜甫《寄王陶二少尹》詩：「文章差底病。」韓愈《曲江寄白舍人》詩：「有底忙事不肯來？」案：晉《子夜歌》：「郎喚奴底爲？」又，北朝人讀庾信《人日》詩，曰：「是底言？」蓋此語起於六朝，非始唐人也。

噫歆，警神也。或曰噫興，《儀禮·士虞禮》「聲三」注：「聲者，噫歆也，將啓户警覺神也。」《禮·曾子問》「祝聲三」注：「聲噫歆警神也。」《既夕禮》「聲三」注：「舊説以爲噫興也。」牟默人謂余曰：「噫音乙戒反，歆讀如亨。噫歆，嘆聲，警神，冀神聽之也。興亦歆也。《爾雅·釋詁》：『歞，興也。』歞、歆同。先儒未達斯意，謂神所享謂之歆，作聲欲令神歆享，非也。」余案：《詩·大雅》：「歆，攸介攸止。」歆亦嘆聲。或曰噫嘻。《詩·周頌》：「噫嘻成王。」噫嘻即噫興也。字異音轉，義實同耳。《爾雅·釋詁》：「熙，興也。」鄭注《樂記》：「興之言喜也、歆也。」孔疏引《爾雅》：「歆、喜，興也。」是則熙、喜古通用，嘻音又同熙，故假借通用。《老學菴筆記》：「蜀人見人物之可誇者，則曰嗚呼；可鄙者，則曰噫嘻。」此説非也。審如所言，《詩·頌》將鄙成王，可乎？攷李白《蜀道難》詩，起句疊用嗚呼、噫嘻，蓋嗚呼是詫聲，噫嘻是嘆聲。宋景文《筆記》

云：「蜀人見物驚異，輒曰噫嘻嚱，李白作《蜀道難》因用之。」阿堵，若個也。若音諾，今即墨人讀若個聲如此。堵音賭，又音者，阿堵晉詩人方言。説見前六卷。無那，無柰也。唐人方言。《日知録》三十二卷：「六朝人多書奈爲那。《三國志·注》：『文欽與郭淮書曰：所向全勝，要那後無繼何？』《宋書·劉敬宣傳》：『牢之曰：平玄之後，令我那驃騎何？』唐人詩多以無奈爲無那。」案：奈，俗字。那、柰，何也。疾言之曰那，緩讀之曰柰何。《日知録》：「《周書·召誥》『曷其柰何弗敬』（案：原書引《五子之歌》），《左傳》『河魚腹疾柰何』，《曲禮》曰：「國君去其國，止之曰：柰何去社稷也」，《楚辭·九歌·大司命》『愁人兮柰何』，《九辯》『君不知兮可柰何』，此『柰何』二字之祖。《左傳》華元之歌曰：『棄甲則那』，直言之曰那，長言之曰柰何，一也。又，《書》『如五器』，鄭康成讀『如』爲『乃個』反。《論語》『吾末如之何也已矣』，音亦與『柰』同。」案：古人曰「如之何」，曰「若之何」，曰「柰之何」，其音一耳。《左傳·莊七年》、《僖二十六年》注：並云「如，而也」。《公羊·宣九年傳》：「乃難乎而也。」古讀如、而皆如乃。乃又通「若」，《周語》：「必有忍也，若能有濟也。」若又通「汝」，《史記·項羽本紀》「吾翁即若翁」，《漢書》作「吾翁即汝翁」。又，《唐韻古音》引《三略》云：「尊卑相若，强弱相虜。古人讀若爲汝，亦可見也。」那又音「乃個」切，韻書以爲語助，非也。《後漢書·逸民傳》：「公是韓伯休那（注：「那，語餘聲也」）？乃不二價乎！」言公是韓伯休便柰何。杜甫詩：「杖藜不睡誰能那？」亦言誰能柰何也。那又讀上聲。《集韻》：「何也。」《玉篇》：「俗言那事。」囉嗊，來羅也。囉嗊音「魯何」、「呼孔」二切。《玉篇》：「歌曲也。」《通雅》：「囉嗊猶來羅。」《雲溪友議》：「元稹贈劉采春曰：「選詞能唱望夫歌」，即囉嗊曲也。又，金陵有囉嗊樓。案：《集韻》：「囉，歌助聲。」王褒《洞簫賦》：「行鍖銋以龢囉。」注：「龢囉，聲迭蕩相雜貌。」然則囉嗊歌之餘聲，所以助成曲調來羅者。來音釐，今歌有憐來羅，轉爲連理樂，即此曲歟？狼扈，狼藉也。《周禮·條狼氏》注：「條當爲滌器之滌。狼，狼扈道上。」疏：「『狼，狼扈道上』者，謂不蠲之物在道，猶今言狼藉也。」浩穰，繁盛也。《漢書·張敞傳》：「長安中浩穰。」師古曰：「浩，大也；穰，盛也，言人衆之多也。」案：浩音閤，讀如浩亹之浩，今人言「浩浩穰穰」。秋秋，疾行也。《荀子·解蔽篇》「鳳皇秋秋」注：「秋秋猶蹌蹌，謂舞也。」《漢書·禮樂志》：「飛龍秋游上天」，揚雄《羽獵賦》：「秋秋蹌蹌入西園」，秋，七遥切，音篍，蕭該讀。案：《荀子》云：「鳳皇秋秋，其翼若干，其音若簫」，（二）亦秋與簫爲韻。今讀如篘酒之篘。于諸，寘也。《公羊·哀六年傳》注：「齊人語也。」因諸，獄也。《公羊·昭二十一年傳》注：「周曰囹圄，齊曰因諸。」是月，月邊也。《公羊·僖十六年傳》注：「是月，是月邊也。魯人語。《釋文》：是，如字，一音徒兮反。」恁地，如此也。《説文》：「恁，下齎也，从心，任聲。徐鍇曰：心所齎，卑下也，俗言『如此』也。」

燕齊謂勉强爲文莫。《晉書》「欒肇《論語駮》」案：《方言》：「侔莫，强也。北燕之外郊凡勞而相勉若言努力者，謂之侔莫。」侔與文一聲之轉。《博雅》：「莫，强也。」《淮南·繆稱訓》「猶未之莫與」注：「莫，勉之也。」關中謂呻吟爲呻悀。顏師古《匡謬正俗》。楚人謂恨不得爲杌治。《淮南·道應訓》云：「乃止駕杌治。」高誘注云：「楚人謂『恨不得』爲杌治。」杌音坏。吴人語且止爲罷休。《言鯖》：「吴人言罷則以休繼之，古如是也。吴王闔閭語孫武曰：『將軍罷休。』」杭人言寧可曰耐可。田汝成《委巷叢談》：「音如能可。《漢書》『揚越之人耐暑』注：『與能同。』李太白詩：『耐可乘明月。』又，『耐可乘流直上天。』皆讀如能。」案：引《漢書》非也。其言寧可曰能可，今東齊人語亦然。事相邂逅曰豆湊。《委巷叢談》：「蓋鬬湊之訛也。或言吴越風俗，除日互擎炒豆交納之，且餐且祈曰湊投，殆此語所從出歟？」不通時宜者曰方頭。又云：「陸魯望詩：『頭方不會王門事，塵土空緇白紵衣。』」《言鯖》：「今人謂不通時宜者曰執古，謂不圓活轉變者曰方頭。」觀陸詩，唐時已有此語。蓋頭尖則善鑽刺，方頭則不能。案：今駡人曰方頭，讀如旁。《集韻》方有旁音。言事頻煩不易作者曰鄭重。又云：《漢書·王莽傳》：『非皇天所以鄭重符命之意。』師古曰：『鄭重，頻煩也。』」案：《三國志》：「國家哀汝，故鄭重賜汝好物。」《顔氏家訓·勉學》篇云：「吾亦不能鄭重，聊舉近世切要云云」，蓋亦頻煩之意。令人俱作珍重用，非漢人意也。遷居而鄰友治具過飲曰煖屋，亦曰煖房。又云：「王建《宫詞》：『大家前日暖房來。』」日光微煖曰温暾。又云：「王建《宫詞》：『新晴草色緑温暾。』白樂天詩：『池水暖温暾。』」《言鯖》引《輟耕録》：「南人方言曰温暾者，得懷煖也。今俗多以温煖曰温暾，本此。」暾音吞。稱善能營生者曰經紀。又云：「唐滕王、蔣王，皆好聚斂，太宗嘗賜諸王帛，敕曰：『滕叔、蔣兄，自能經紀，不須賜物。』」案：事見張鷟《朝野僉載》。今駔儈曰經紀，本此。人虚僞不檢者曰樓頭。又云：「蓋宋時何家樓下多亡賴，以濫惡物欺人，其時有何樓之號。樓頭者，蓋何樓之惡物也。」言人儀矩可喜者曰庯峭。又云：「音如波峭。」《言鯖》：「今美人之儀容輕麗者，謂之波俏。」案：魏收有「庯峭難爲」之語，人多不知其意。文潞公以問蘇子容，子容曰：「《木經》云：梁上小柱有曲折之勢者謂之庯峭。」又案：齊魏間以人之儀矩可喜者謂之庯峭。庯，奔謨切。今人轉相傳改，謂之波俏。宋景文《筆記》又引《集韻》曰：「庯庩，屋不平也。庩，同都切。」艸木稃而初萼者曰始花。又云：「音如試。《月令》：『桃始華，蟬始鳴。』注：『皆去聲。』」案：毛晃曰：「本始之始，上聲，《易》『資始』、『大始』之類是也。方始爲之始，去聲，《禮·月令》『桃始華』、『蟬始鳴』之類是也。」言已是如此曰隔是。又云：「元微之詩：『隔是身如夢，頻來不爲名。』」問何人曰兀誰。又云：「阿誰訛爲兀誰。《蜀志·龐統傳》：『先主謂曰：向者之論，阿誰爲失。』」案：江南人讀阿入聲，故轉爲兀誰。兀誰蓋北宋人語。言人猶與不前猛者曰墨屎。又云：「音如迷癡，出《列子》。又，皮日休《反招魂》：『上曖昧而下墨屎。』」案：《方言》：「嚜屎，獪也。」嚜音目。言人進退不果曰佁儗。又云：「音如熾膩。司馬相如賦：『仡以佁儗。』」柳子厚《夢歸賦》：『紛若倚而佁儗兮。』」案：已上十四事，並《委巷叢談》載杭人語。賣雜玩寶貨曰骨董。《言鯖》：「今賣雜玩寶貨肆曰骨董鋪。《仇池筆記》：『陸道士詩：投醪骨董羹。』羅浮穎老取飲食雜烹之，名曰骨董羹。俗譌爲古董。《香祖筆記》七云：「古董字，東坡作骨董，晦菴作汩董。見《霏雪録》。」稱所寫字曰筆腳，亦曰字腳。又云：「蓋本唐詩『柳家新樣元和腳』也。」詩文無出處曰杜撰。又云：「道家經懺，俱杜光庭所撰，多涉虚誕；杜默爲詩，多不合律，引用無據，故曰杜撰。」有鑑別者曰品藻。又云：「品藻，水苔名。一名品萍，以萍形如品字也。今人言有鑑別者，借爲品藻之名，言如苕之有文藻也。」案：《説文》：「蕎，草也。」《唐韻》音樵，不言形狀。此説可證。意所忽過曰不保。又云：「不偢保，里諺也。不保亦有出處。《北齊書》：「後王穆后名舍利，母名輕霄。後入宮幸于後主，女侍中陸大姬（即令萱）養以爲女，后以陸爲母，提婆爲家，更不保輕霄。」蓋南北朝已有此語。案：保當作睬。《字彙補》：「偢睬，俗言也，詞家多用此字。偢音秋。」又，偢，《集韻》：「音峭。傻偢不仁。」偢一作俏。傻，沙上聲，一音灑，義並與此異。心中不快爲牢愁。又云：「愁，《集韻》音曹。揚雄有《畔牢愁》。今人言心中不快爲心曹，當用此愁字。後又訛爲牢騷。騷乃曹音之誤也。」人不振拔曰踏趿。又云：「俗謂事之不振者曰踏趿。唐人有此語。《酉陽雜俎》：『錢知微賣卜，爲韻語曰：世人踏趿，不肯下錢。』今訛爲塌趿。」案：與偈傷異。《玉篇》：「偈傷，惡也。一曰不謹貌。」來相觸忤爲唐突。又云：「律有唐突之罪。劉禹錫《磨鏡篇》云：『却思未磨時，瓦礫來唐突。』曹子建《牛鬭》詩：『行至土山頭，欻起相唐突。』其語蓋有自也。」心不分曉爲糊塗。又云：「鶻突二字當作糊塗，謂其不分曉也。」案：呂原明《家塾記》云：『太宗欲相呂正惠公，左右或曰：呂端之爲人糊塗。（原明自注，讀爲鶻突。）帝曰：端小事糊塗，大事不糊塗。決意相之。糊塗二字不讀本音也。」案：心不曉了亦曰媒晦。《莊子·知北遊》：「媒媒晦晦。」今俗讀如倍倍潰潰。案：已上九事，並《言鯖》所記。俗謂自誇鬻曰賣卦。《釋名》《釋姿容篇》云：「卦賣，卦挂也。自挂于市而自賣邊（疑當作「之」），自可無慚色，言此似之也。」案：古言卦賣，今言賣卦，但語有倒轉，其實一爾。

瓠落，廓落也。《莊子·逍遥遊》：「則瓠落無所容。」注以爲「零落」，非也。陸長庚《副墨解》云：「瓠落，大貌，猶廓落也。」此説近是。今俗謂大而不中運掉者曰瓠落，讀若喇。孟浪，不子細也。《齊物論》：「夫子以爲孟浪之言。」徐邈讀莽朗，向秀讀漫瀾。案：今讀如毛朗。又，《則陽》篇：「勿鹵莽，勿滅裂。」滅裂爲孟浪之轉聲，鹵莽即滅裂之倒文。弔詭猶譎觚也。《齊物論》：「是其言也，其名爲弔詭。」注：「弔音的，弔詭，至怪也。」案：弔讀如字，今世有此言。又，譎怪謂之詭觚，亦古語也。《周禮·宫正》注：「奇衺，譎觚非常。」譎觚即詭觚矣。疏云：「兵書有譎觚之人，謂譎詐桀出，觚角非常也。」觚角，蓋如今人言乖角。措置曰安排。《大宗師》：「安排而去化。」慙沮曰卑陬。《天地》篇：「子貢卑陬失色，頊然不自得。〔一三〕」注：「卑陬，愧恧貌。」案：陬，今讀若豎。瑣細之事曰淩誶。《徐無鬼》篇：「察士無淩誶之事則不樂。」《列子·力命》篇：「譃㥛淩誶。」注：「謂好淩辱責駡人也。」案：今俗作零碎，非也。《史記·天官書》「淩雜米鹽」，其義亦同。案：已上六事，皆《莊子》書，疑當時方言，姑識之。

俗語嚏云人道我。《詩·邶風》：「願言則嚏。」箋：「今俗人嚏云人道我。此古之遺語也。」嚇詐人曰拏訛頭。《日知録》三十二卷：「泰昌元年八月，御史張潑言：京師奸宄叢集，游手成羣，有謂之把棍者，有謂之拏訛頭者，〔原注：偵知一人作奸，則尾隨其後，陷人於罪，從而嚇詐金錢，謂之拏訛頭，即漢律所謂恐愒受賕。〕請將巡城改爲中差，一年一代。」京師依託官府、賺人財貨者名撞太歲，吳中名賣廳角，江西名樹背張風。明李如一《水南翰記》。案：今名此輩爲撞木鐘，不知所起。以事干人謂之相干摩。《後漢書·董卓傳》：「乘金華青蓋，爪畫兩幡，時人號『竿摩車』，言其服飾近天子也。」注：「竿摩謂相逼近也。」今俗以事干人者，謂之『相干摩』。凡人不慧者曰不鯽溜。宋景文《筆記》云：「孫炎作反切語，本出於俚俗常言，故謂『就』爲『鯽溜』，凡人不慧者，即曰不鯽溜。謂『團』曰『突欒』，謂『精』曰『鯽令』，謂『孔』曰『窟籠』，不可勝舉。而唐盧仝詩云：『不鯽溜鈍漢。』國朝林逋詩云：『團欒空遶百千回。』是不曉俚人反語。逋雖變『突』爲『團』，亦其謬也。」作事助力曰阿癐癐。田汝成《委巷叢談》：「武后時，南皮縣丞郭勝静，每巡鄉，喚民婦託衣縫補而姦之。其夫至，縛勝静鞭數十，主簿李懋往救解之。勝静羞諱其事，但忍痛不禁，低聲唱云：勝静不被打阿癐癐。」案：《輟耕録》：「淮人寇江南，齊聲大喊阿癐癐。」《字彙補》：「癐音威，喊聲也。」《委巷叢談》云「作事助力」，未詳。人無用者曰不中用。《委巷叢談》：「《史記》：『始皇聞盧生竊議亡去，怒曰：吾前收天下書不中用者盡去之。』」聆言不省曰耳邊風。又云：「杜荀鶴詩：『百歲有涯頭上雪，萬般無染耳邊風。』」言人不快曰不耐煩。又云：「《庾炳之傳》：『爲人强急而不耐煩。』」又云：『言人有病曰不快。《華陀傳》：『體有不快，起作一禽之戲。』」鄙人之庸賤微薄者曰小家子。又云：「《霍光傳》：『任宣謂霍禹曰：史樂成小家子，得幸大將軍。』」言人作事無據者曰没雕當，又曰没巴鼻。又云：「蘇長公詩，『有甚意頭求富貴，没些巴鼻使奸邪。』」案：已上六事，並《委巷叢談》載杭人語。蜀語鮮明曰翠欲流。《困學紀聞》十八卷：「陸務觀記東坡詩『翠欲流』，謂蜀語鮮翠猶言鮮明也。愚案：嵇叔夜《琴賦》云：『新衣翠粲。』李周翰注：『翠粲，鮮色。』李善注引《子虚賦》

『翕呷翠粲』。張揖曰：『翠粲，衣聲。《漢書》作『萃蔡』。班倢伃賦：『紛綷縩兮紈素聲。』其義一也。以鮮明爲翠乃古語。」今人謂熱曰熱湯湯。《釋名》第十三云：「湯，熱湯湯也。」是東漢以來有此語。虎拍思，湖撥四也。《天禄識餘》：「北方人唱小曲，有名虎拍詞者。案《北征事蹟》云：『也先奉上酒，自彈虎撥思兒唱曲，衆齊聲賀之。』《庶物異名疏》云：『即湖撥四，長二尺許，三弦。』《席上腐談》云：『王昭君琵琶壞重造，而其形小。昭君笑曰：「渾不似。」今訛爲「湖撥四」。』《楊升菴集》以『湖撥四』對『漢秋千』。一作『虎拍思』，又作『琥珀思』。」作麽生，怎麽生也。生，語辭也。歐陽修詩：「問向青州作麽生。」又，李白《戲杜甫》詩：「借問別來太瘦生。」案：詩人又云「可憐生」。今東齊人有「怎麽生」之語。

北人以候爲等。《天禄識餘》：「北人土語以候爲等，詩人未有用者。范石湖《州橋》詩云：『州橋南北是天街，父老年年等駕迴。』用『等』字亦新。」河北人謂待曰徯。《爾雅·釋詁》「徯，待也」注。邀人同行曰拉。《正韻》：「拉，招也。諺言邀人同行曰拉。」河朔謂無曰毛。《後漢書·馮衍傳》：「飢者毛食。」注：「案衍集，『毛』字作『無』。今俗語猶然者，或古亦通用。」案：毛與無，聲之轉也。《五代史》：「黄幡綽賜緋，毛魚袋。」毛亦無也。故《佩觿集》：「河朔謂無曰毛。」又，《水經·瀔水·注》引《地理風俗記》曰：「燕語呼毛爲無。」又案：秏，韻書亦音毛，引《漢書·高惠高后文功臣表》：「靡有孑遺，秏矣。」注：「孟康曰：『謂無有毛米在者也。』師古曰：『孟康説非也。言無有獨存者，至於秏盡也。』」楚人謂多爲夥，《史記·陳勝世家》。〔一四〕燕人曰夥，《集韻》：「烏禾切。燕人謂多曰夥。」夥亦夥也。蓋聲轉而然。或曰齊謂多爲錁。《説文》。案：錁、夥一字。㛀字下云：「讀若楚人名多夥。」知錁、夥一耳。或曰楚、或曰齊者，《方言》：「齊宋之郊、楚魏之際曰夥。」吴亦謂多曰夥。《字典》：「今吴音謂多曰夥。問幾何曰幾夥。」又，「俗謂同本合謀曰夥計。」楚亦謂多曰㚊。《陳勝世家》：「夥頤，涉之爲王沈沈者。」《集解》：「沈音長含反。」沈亦作㚊，音耽。《玉篇》云：「多也。」吴又謂多曰䆐。《方言》：「凡物盛多謂之䆐。」注：「今江東有小鳧，其多無數，俗謂之䆐鳧。」越謂齊人爲多。《越絶書》云：「麻林山一名多山，句踐欲伐吴，種麻以爲弓絃，使齊人守之。越謂齊人多，故曰麻林多，以防吴。」建州人謂口爲苦，走爲祖。《唐韻正》：「口，古音苦。」引朱子《韓文考異》云：「今建州人謂口爲苦，走爲祖，雖出俚俗，亦由音本相近，故與古暗合也。」秦人言蹴曰跑。《集韻》：「弼各切，音雹。」《博雅》：「跑，趵也。」《集韻》：「趵音剥。」《玉篇》：「足擊聲。」跑謂之波，立謂之站。李翊《俗呼小録》。案：跑，大奔也，讀庖上聲。站讀爲驛站之站。今福山人謂相過曰來站。吴人云坐曰跨。《集韻》音誇。《類篇》：「跨，大坐也。」京師謂怯曰齼。《天禄識餘》：「齼音楚，去聲，齒怯也。今京師語，謂怯皆曰齼。曾茶山《和曾宏父餉柑》詩云：『莫向君家樊素口，瓠犀微齼遠山顰。』黄山谷《和人送梅子》云：『相如病渴應須此，莫與文君蹙遠山。』茶山之詩全效之。」案：《説文》：「齭，齒傷酢也。讀若楚。」《玉篇》齭作齼。今謂怯曰褪齼。又案：謂怯曰齼之齼當作孎。《説文》云：「人不孫爲不孎，輟欲反。」牟默人説。江東呼打爲度。《方言》：「僉或謂之度。」注：「今江東呼打爲度，音量度也。」案：《説文》：「笪，笞也。當割切〔割音工八反〕。」

俗作打字，非也。打有數音。《唐韻》：「都挺切，音頂。」《穀梁·宣十八年傳》「棁殺也」注：「棁，捶打也。」打音頂。又，唐人詩有「打頭風」，即石尤風，今俗語云頂頭風。歐陽修《歸田録》：「打字當滴耿切。」是也。又，《唐韻》：「德冷切，讀若等。今江南人讀打爲等，東齊人讀打爲頂，或轉去聲，讀若定。南北異讀，皆古音也。」又，打與撻同義。楊慎曰：「《尚書》撻音入聲，又轉上聲。俗用打爲撻。」《字典》云：「從撻轉音亦未合，今讀德馬切，答上聲爲正。」《北史·張彝傳》：「羽林武賁將幾千人，至尚書省，以瓦石擊打公門。」正从此讀也。今北人讀打亦然。北人呼打爲扶，直質切，音秩。今齊東語。謂過度曰跌。《公羊·莊二十二年傳》：「肆者何？跌也。」注：「跌，過度也。」案：此齊人語也。而注不言。跌讀如鐵，今萊陽人曰跌太。語太甚曰痛，《漢書·食貨志》：「以稽市物，痛騰躍。」晉灼曰：「痛，甚也。」案：凡事盡力爲之者，皆曰痛。《世説新語》：「痛飲酒，熟讀《離騷》，便可稱名士。」又，俗言痛快也。或曰殺。《天禄識餘》：「白樂天《半開花》詩：『西日憑輕照，東風莫殺吹。』自注：『殺去聲，音廈。俗語太甚曰殺。』《容齋隨筆序》：『殺有好處。』元人傳奇『忒風流』、『忒殺思』。今京師語猶然，大曰殺大，高曰殺高。」案：傳奇有一殺、二殺。《集韻》：「或作煞。」齊人謂疾曰僂，力主反。《公羊·莊二十四年傳》：「夫人不僂。」注：「僂，疾也。齊人語。」案：《方言》：「汩（于筆反），疾行也。今東齊謂疾行曰汩僂僂。」或曰戚。《考工記》：「不微至，無以爲戚速也。」注：「齊人有名疾爲戚者。《春秋傳》曰：『蓋以操之，爲已蹙矣。』」案：戚與促同。今東齊謂疾爲急戚。楚人謂倨爲倦。《淮南·道應訓》云：「若士方倦龜殼，而受蛤梨。」高誘注云。幽州人謂耿爲簡。《蜀志·簡雍傳》注：「或曰雍本姓耿，幽州人語謂耿爲簡，遂隨音變之。」白謂之鮮。齊魯之間謂之斯。《詩·小雅》：「有兔斯首。」箋：「斯，白也。今俗語斯白之斯作鮮，齊魯之間聲近斯。」〔二五〕案：斯、鮮，語有輕重耳。斯又音賜。《詩·大雅》：「王赫斯怒」，箋：「斯，盡也。」《釋文》：「鄭音賜。」案：《方言》：「賜、澌皆盡也。」鄭此讀假借，非正音。江東以物蒙頭曰娓。音混，《通鑑》：「梁敬帝太平元年，人人以荷葉裹飯，娓以鴨肉數臠」。注：「江東人以物蒙頭曰娓。」齊人謂涼爲惠。《釋名》：「繐，惠也。齊人謂涼爲惠，言服之輕細涼惠也。」案：《禮·檀弓》：「綌衰繐裳，非古也。」注：「非時尚輕涼慢禮。」吳人謂冷爲渹。《集韻》：「楚慶切，請去聲。」《世説》云：「劉真長見王導，導以腹熨彈棊局曰：『何乃渹！』」劉出曰：『未見他異，惟聞吳語。』」《字典》又引《字牖》云：「江東呼厭極爲渹。音罄。」楚人謂我曰塊。《字典》：「塊，孑也。」案：此義别無可攷。燕趙人謂師曰史。李翺《韓公行狀》：「先太史爲國打朱滔、王武俊，贈太史。呼太史者，燕趙人語也。」案：今猶呼老師爲老史。陳宋之俗言桓聲如和。《漢書·酷吏·尹賞傳》注：「如淳曰：『舊亭傳於四角面百步，築土四方，上有屋，屋上有柱，出高丈餘，有大板貫柱四出，名曰桓表。縣所治夾兩邊各一桓。陳宋之俗言桓聲如和，今猶謂之和表。』師古曰：『即華表也。』」齊人言殷聲如衣。《禮·中庸》注。汾陰呼葵如誰。《漢書·武帝紀》「元鼎四年」注。關中讀中爲烝。劉貢父《詩話》：「關中讀中爲烝。《詩·大雅》：『泉之竭矣，不云自中。』叶上頻。班固《高祖泗水亭碑》：『天期乘祚，受爵漢中。』叶下秦。古東韻與庚、陽通。」案：烝、塵、填，古音通用。今人言鎮日，或云烝日，或云塵日，鎮與填通也。楚人曰漚，齊人曰淒。《考工記·㡛氏》「漚其絲」注。江東呼獵爲獠。《爾雅·釋天》：「宵田爲獠。」注：「今江東呼獵爲獠。或曰，即今夜獵載鑪照也。」案：《管子·四稱》篇：「獠獵畢弋。」司馬相如《子虛賦》：「乃相與獠於蕙圃」，則獠不必夜獵也。南方謂都爲豬。鄭注《檀弓》云：「豬，都也。」南人呼棱爲斂。《南方草木狀》「五斂子」。齊人謂得爲登，《公羊·隱五年傳》：「登來之也。」注：「登讀言得。得來之者，齊人語也。齊人名求得爲得來，作登來者，其言大而急，由口授也。」謂萌爲蒙。李鼎祚《周易集解·鄭注》。無垢加工曰漱，去垢曰浣。《公羊·莊三十一年傳》注：「齊人語也。案：漱，浣未必齊人語。《禮·内則》：「冠帶垢，和灰請漱；衣裳垢，和灰請澣。」《曲禮》：「諸母不漱裳。」《詩·周南》：「薄澣我衣。」康成齊人，豈忘齊語而無一及邪？得非誤歟！楚人名滿曰憑。《楚辭》注：「方言。」齊語讀獻爲莎。《周禮·司尊彝》注：「獻讀爲摩莎之莎，齊語聲之轉也。」《郊特牲》注：「獻讀當爲莎，齊語聲之誤也。」吳語謂避人爲畔。《言鯖》：「今吳語謂避人爲畔，亦有出。陳後主興齊雲觀，謠曰：『齊雲觀，寇來無處畔。』」齊人謂疾疫曰痾。《公羊·莊二十年傳》：「大災者何？大瘠也。大瘠者何？痾也。」注：「瘠，病也。齊人語痾者，民疾疫也。」案：痾音例，瘠本作漬。《曲禮》云：「四足曰漬。」注引此《傳》，作「大漬也，謂相瀸污而死」。蓋疫鬼傳染病人也。今東齊人謂疫曰瘟災，延巫嫗曰看災。踊，豫也。齊曰踊，關西曰渾。《公羊·僖十年傳》：「踊爲文公諱也。」注：「踊，豫也，齊人語，若關西言渾矣。」關西謂致力於一事爲所。《字典》。關西方言，致力於一事爲所，所謂絶利一源也。《書·無逸》：「君子所其無逸。」《召誥》：「王敬作所。」又，指物之辭。《禮·檀弓》：「其高可隱也。」注：「謂高四尺所。」《前漢·疏廣傳》：「問金餘尚有幾所。」注：「幾所猶幾許也。」《張良傳》：「父去里所復還。」注：「里所猶里許也。」瀘戎間謂笛爲獨。《老學庵筆記》二。案：黄山谷在戎州作樂府，以「笛」與「竹」協韻，故放翁辨之如此。其實笛从由聲，《周禮》作「篴」，可知古讀聲近，後人强分之耳。齊人謂所曰黨。《公羊·文十三年傳》「往黨」注：「黨，所也。所猶時，齊人語也。」案：黨訓爲所，又見《左傳·哀五年》「萊人之歌曰：師乎，師乎！何黨之乎」注：「黨，所也。」案：杜注本服虔，萊人亦齊人，此注蓋本《公羊》也。今京師人語「者箇黨兒」，猶言「者箇時候」也。又案：《釋名》云：「上黨，黨，所也，在山上，其所最高，故曰上黨也。」中國亦稱上黨。《越語上》云：「夫上黨之國。」韋昭注云：「黨，所也。上所之國，謂中國。」是皆以黨爲處所也。齊魯之間，語資爲至；祈之言是，齊西偏之語也。《禮·緇衣》注。其，語助也，齊魯之間聲如姬，《記》曰「何居」。《書·微子》：「若之何其。」《史記》裴駰《集解》引鄭注。案：《禮·檀弓》「何居」注：「居讀爲姬姓之姬，齊魯之間語助也。」青齊呼意所好曰爲忺。《字典》。案：忺讀如酣。今人謂所好熙忺。齊人所善曰麾。《禮·禮器》：「不麾蚤。」注：「麾之音快也。」汝南人有恨曰嫋。《説文》。齊魯之間謂祭爲墮。《儀禮·士虞禮》注。案：《三禮》注，齊言。詳《困學紀聞》七卷，兹未具録。齊人謂隨行曰殆，《公羊·襄五年傳》：「故相與往殆乎晉也。」注：「殆，疑，疑讞於晉。齊人語。」案：注非也。《傳》意蓋謂叔孫豹如晉，鄫世子巫亦將如晉，故殆之同行耳。今俗有此語，注以殆爲疑，殊不成文。凡無高下有絶加躡板曰棓，《公羊·成二年傳》注：「齊人語也。」謂燒爲樵，《公羊·桓七年傳》：「焚之者何？樵之也。樵之者何？以火攻也。」注：「樵之，齊人語。」狂曰怴，《公羊·桓五年傳》：「怴也。」注：「怴者狂也。齊人語。」（一六）案：怴，呼述反。今人謂迷怴。」卒曰詐，《公羊·僖三十三年傳》注：「詐，卒也。齊人語也。」案：殽之戰，非以譎詐勝秦，直出其不意爾。故曰：詐，卒也。今語曰「詐然間」。不如曰如。《公羊·隱元年傳》注：「如即不如，齊人語也。」案：此不必齊人語。《左傳》此語尤多。《僖二十二年》：「宋子魚曰：若愛重傷，則如勿傷，愛其二毛，則如服焉。」《昭十三年》：「蔡朝吳曰：二三子若能死亡，則如違之，以待所濟。若求安定，則如與之，以濟所欲。」此類凡六七處，蓋由語急，故以如爲不如。《正義》曰：「古人語然，猶不敢之言敢也。」此說是矣。何得皆齊人之語乎？凡何休所指齊語，略具於此矣。餘所不知，姑闕疑焉耳。

咄，嗟也。《集韻》：「咄，當没切，敦入聲。」《漢書·李陵傳》：「立政日咄，少卿良苦。」《東方朔傳》：「朔笑之曰：『咄！』」師古曰：「咄，叱咄之聲。」案：《說文》：「咄，相謂也。」蓋咨嗟相命之聲。今聲轉讀若吺，又讀若諵，又讀若殆，皆咄之聲隨方音而變也。《晉書·石崇傳》：「嘗爲客作豆粥，咄嗟立辦。」又，重之爲咄咄。《後漢書·嚴光傳》：「咄咄子陵。」《晉書·殷浩傳》：「但終日書空，作『咄咄怪事』四字而已。」汾晉之間，尊者呼左右曰咄，左右必諾。唐司空圖《休沐記》。案：諾當爲喏，休沐當作休休亭。見宋景文《筆記》。喏，語辭也。《集韻》：「喏，余者切，意惹。」《玉篇》：「敬言。」《字彙》：「俗云唱喏。」案：唐杜荀鶴《松窗雜記》：「裴休問黄衣人，『吾賢所任何官？』率爾對曰：『喏，郎不敢，新授宣州廣德令。』反問裴曰：『押衙所任何職？』裴效之曰：『喏，郎不敢，新授宣州觀察使。』」者者猶言諾諾也。尤侗《明史樂府》云：「大明天子雲端坐，誰人推向沙場墮，窩兒帳房黄龍卧，赤光籠罩望如火。也先耶？伯顏耶？大同賽刊耶？今日宰牛，明日宰馬，大婦唱歌，小妻洗斝，風吹草低，橐駝盈野，送君還歸，羣呼者者。」注云：「伯顏曰：大明天子雲端裏坐，不知上天何故推下之云云，當報中國，遣使迎還，一旦復坐寶位，豈不有萬世美名哉。衆皆曰『者者』者，然詞也。」案：今滿洲人語猶爾。喏喏、唯唯，應聲也，阿，聲之緩也。《集韻》：「喏，應聲。」《六書統》：「古文諾字。」《淮南·道應訓》：「子發曰喏，不問其詞而遣之。」《説文》：「唯，諾也。」《禮·曲禮》：「必慎唯諾。」《釋文》：「唯，于癸反。」又，「父召無諾，先生召無諾，唯而起。」《戰國策》：「范睢曰：『唯唯』。」《老子》曰：「唯之與阿，相去幾何？」注：「唯與阿，遲速小異。」案：應聲曰喏喏，即諾諾也。阿阿亦喏喏也。古音阿與喏相近。《説文》：「諾，譍也，从言，若聲。」當讀以灼切，而《唐韻》：「諾，奴各切。若，而灼切。不知古讀「而」如「尼」，則諾與若同一聲也。从《説文》，古音諾、若，並以灼切，音藥。又案：古如、而通用，則「如」古讀乃余切，而今皆讀人余切，亦爲失其古音矣。《儀禮·鄉飲酒禮》云：「公如大夫入。」注云：「如，讀若今之『若』。」《周禮·旅師職》云：「而用之以質劑致民。」注云：「而讀爲『若』，聲之誤也。」據鄭氏注，則漢人讀「若」爲奴各切，故注云讀若今之「若」，明古「若」字不如此讀也。若既讀奴各切，即與而、如並可通用，故康成作注「而」、「如」之字，並讀爲「若」。然則「若」之二字，蓋有二音歟。唉亦阿也。《説文》：「唉，譍也，讀若埃。」《莊子·知北遊》：「狂屈曰：『唉，吾知之。』」《釋文》：「唉，烏來反。又，烏在反。李音熙。」又，嘆聲。《史記·項羽本紀》：「唉！豎子不足與謀。」《索隱》曰：「唉，嘆恨發聲之辭，音虛其反。」案：唉與阿一聲之轉，今京師人譍聲曰唉。譥亦唉也。《方言》：「欸〔音醫，或音塵埃〕、譥〔皛䮖〕然也。南楚凡言然者曰欸，或曰譥。」案：譥與唉亦一聲之轉，唉、欸其聲同。又，發語辭。《楚辭·九章》：「欸秋冬之緒風。」哈，蚩笑也。楚人謂相笑曰哈。呼來切。左思《吳都賦》「東吳王孫囅然而哈」劉淵林注。咳，小兒笑也。《説文》：「古文作孩。」案：《禮·内則》：「父執子之右手，咳而名之。」《史記·扁鵲傳》：「曾不可以告咳嬰之兒終日。」注：「咳嬰，言嬰兒初知笑者。」案：今俗呼嬰兒爲孩子，誤矣。羌，語辭也。《楚辭》注：「猶言卿何爲。」非也。閩人謂戲曰狡獪。陸放翁詩注：「晉人謂戲爲狡獪，今閩語尚爾。」語餘聲曰來。《莊子·人間世》：「仲尼謂顔回，嘗以語我來。」又，「葉公子高謂仲尼，子其有以語我來。」案：來，語辭。《公羊·隱五年傳》：「登來之也。」注：「齊人名求得爲得來。」蓋亦語辭也。來、戾，古音同。《禮·大學》注：「《春秋傳》曰『登戾之』，即登來之也。」又，來、里，古音同。《大雅》『云如何里』，里亦來也。里，俗作哩，元人詞曲借爲語助，蓋即里字耳。攷里字作語餘聲者，不獨見於《雲漢》詩，又，《正月》云：〔一七〕「悠悠我里」，其義亦同。鄭箋：「里，憂也。」〔一八〕《釋文》本亦作悝，《爾雅》作瘇。案

《釋詁》：「痺，病也；悝，憂也。」其字俱不作里。蓋《詩》中之里，同《莊子》之來，先儒附會《爾雅》，失其義也。枝落之曰泄。《人間世》：「實熟則剥，剥則辱；大枝折，小枝泄。」案：《方言》：「戲，泄，歇也。楚謂之戲泄。」《莊子》之義，蓋與此同。大聲笑曰嗑。《天地》篇：「《折楊》《皇荂》則嗑然而笑。」案：《集韻》：「嗑，谷盍切，音閤。又，迄甲切，音呷。」二音並通。今謂大笑曰嗑嗑。《孔叢子》：「子路嗑嗑，尚飲百榼。」人不受而彊予之曰柴。《天地》篇：「趣舍聲色，以柴其内。」又云：「内支盈於柴柵。」注：「柴，塞也。」案：柴讀去聲。《説文》徐鉉曰：「師行野次，豎散木爲區落，名曰柴籬，後人語譌，轉入去聲，又别作寨字，非是。」小兒諵之笑曰誰。《天運》篇：「子生五月而能言，不致乎孩而始誰。」案：誰讀如堆，孩，小兒笑也。喫謂之撮。《秋水》篇：「鴟鵂夜撮，蚤察毫末。」案：注或訓撮爲聚，非也。今村氓或以喫飯爲撮飽，義如《曲禮》「無嘬炙」之「嘬」，其聲亦似因嘬而轉。以足梯物曰跐。《秋水》篇：「且彼方跐黄泉而登大皇。」案：跐音此，蹈也。《廣雅》曰：「跐，躡也。」《吴都賦》曰：「將抗足而跐之。」今之謂架木登屋曰跐脚。怒而拒之曰嚇。《秋水》篇：「鴟得腐鼠，鵷鶵過之，仰而視之曰：『嚇！』」案：嚇音赫，聲轉爲恨，今以怒聲加人爲嚇。責人不已曰誶。《山木》篇：「虞人逐而誶之。」《説文》：「誶，讓也。」《吴語》：「吴王還自伐齊，誶申胥。」案：誶音祟，今謂責人不休曰誶作，是也。又，《廣雅》：「誶，諫也，問也。」《莊子·徐無鬼》篇《釋文》：「誶，問也，音祟，又音峻。」此説非也。《説文》：「誶，从言，卒聲。訊，問也，从言，凡聲。」二字音異義别。自張揖以「問」訓「誶」，而陸德明因之，既誤其義，並誤其聲，於是《莊子》釋文，音峻亦音信矣，《詩》釋文，音信又作誶矣。誶、訊二文，形聲相亂，推尋其故，蓋始於《爾雅》及《詩》。《釋詁》云：「誶，告也。」今本譌作「訊」，與《釋言》之「訊」字相亂，後之傳《詩》者，又因《爾雅》而譌。如：《墓門》篇「歌以誶止」與「有鴞萃止」爲韻，《雨無正》篇「莫肯用誶」與「憯憯日瘁」爲韻，而今本並譌爲「訊」，聲義俱乖，斯巨謬也。唯《前、後漢書》二「誶」字不誤。一則《賈誼傳》之「誶曰」，《史記》作「訊」，此作「誶」，李奇曰：「誶，告也」。一則張衡《思玄賦》之「占水火而妄誶」，《文選》作「訊」，《後漢書》作「誶」，注引《爾雅》曰：「誶，告也。」此可以訂《爾雅》之誤矣。《離騷》「謇朝誶而夕替」注引《詩》云「誶予不顧」，此可以訂《詩》之誤矣。《詩》雖誤爲「訊」，而《毛傳》「訊，告也」，《韓詩》「訊，諫也」，賴此二文，可訂《廣雅》諸書之誤。又，《莊子》書「誶」字凡三見，俱不誤，而《釋文》又欲亂之，賴《楚辭》、《漢書》可以訂正，《集韻》諸書不察其本，妄謂訊、誶通用。夫古字固多通借，如此二文，較然殊異，譌誤相循，雖通人如陸德明，亦似牽於俗而不能定也。偶讀《莊子》書，而附識於此。以足踏物曰踂。《庚桑楚》：「踂市人之足。」案：踂，尼展切，音輦。謂嗽曰欬。《徐無鬼》：「而況乎昆弟親戚之謦欬其側者乎！」注：「欬，苦愛反。」案：今聲轉讀爲克，曰欬嗽。謂打曰抶。《則陽》篇：「抶其背，折其脊。」案：抶音秩。奔走追及曰連。《讓王》篇：「民相連而從之，遂成國於岐山之下。」案：今讀如輦，韻書無此音。已上十三事，並《莊子》所載者。

不麤莽曰子細。《北史·源思禮傳》：「爲政當舉大綱，何必太子細也。」案：俗作「仔細」，非。不可曰不中。蕭參《希通録》引《左傳·成公二年》「無能爲役」注：「不中爲之役使。」諸凡曰一切。《言鯖》：「一切音『砌』，出佛書，猶言諸凡也。今俗通作本音，非也。」摒擋事物曰打疊。《言鯖》：「俗打疊二字，當作打揲。趙槩《聞見録》云：『須當打揲，先往排辦。』東坡《與潘彦明書》云：『雪堂如要偃息，先與打揲相伴。』俱用『揲』字。」案：摒擋，魏晉人語也〔音併當，去聲〕，亦作屏當。《晉書·阮孚傳》：「祖約性好財，正料財物，客至，屏當不盡。」數語人曰叮嚀、囑付。《玉篇》云：「叮嚀，囑付也。」案：今俗亦有是言。其叮、嚀、囑三字，依字並當去口旁。偵探事情曰打聽。《項氏家説》：「俗助語每與本辭相反，其於『打』字，用之尤多，凡打疊、打聽、打量、打睡，無非『打』者。」勢不順利曰乖刺。《言鯖》：「勢有不便順謂之乖刺。刺音賴，讀作刺，非也。東方朔謂『吾强乖刺而無當』；杜欽謂『陛下無乖刺之心』。今俗駡人曰『歪刺』，沿此。」案：此説非也，其音則是。今俗謂罣礙於物曰乖刺。不能直前曰跁跒。《集韻》：「跁，部下切，音罷。跒，口下切，音價，行貌。」《玉篇》：「跁跒，不肯前。」李建勳詩：「跁跒爲詩跁跒書。」到底謂之至竟。《言鯖》：「唐人多言至竟，即今俗言到底也，杜牧之詩『至竟息亡緣底事』、『至竟江山誰是主』之類。」喫虧謂之喫虛。《言鯖》：「李義山《定子詩》云：『檀槽一抹廣陵春，定子初開睡臉新；卻笑喫虛隋煬帝，破家亡國爲何人。』定子，牛相小青也。《北里志》：『劉泰娘門有樗樹，有贈詩云：「尋常凡木最輕樗，今日尋樗桂不如；漢高新破咸陽後，莫使奔波遂喫虛。」』此詩見杜牧《外集》。喫虛當是唐時語，竟不知何解。或以爲即今之喫虧。虧、虛音相同，或傳寫之誤耳。」案：若作喫虧，不應二詩俱誤，後一詩韻又不叶，可知爲當時方言無疑也。尋其義，蓋如今人言「包空」〔空讀去聲〕，相似喫虧，義亦相近，而不可謂字之誤。

上恩頒賜謂之克什。《言鯖》：「上賜餅餌，皆稱爲克食。不知滿洲以恩澤爲克什，凡頒賜之物出自上恩者，皆謂之克什，即賜飯一桌及衣服、果品皆然，不獨餅餌爲克什也。」由鹿謂之哨鹿。又云：「今制秋獮，謂之哨鹿。獵人冒鹿皮，入山林深處，口銜蘆管作鹿聲，鹿乃羣至，然後取之，即古之由鹿也。唐呂溫《由鹿賦》曰：『由此鹿以致他鹿，故曰由鹿。』《說文》云：『率鳥者，繫生鳥以來之，名囮。』則由鹿又當作囮。」

虛棺未用謂之𣞤器。《言鯖》：「人未死先合棺爲𣞤器。」見《類聚音韻》。案：𣞤音受。《集韻》：「棺也。」《玉篇》：「壽板。」今人通謂之壽器。蓋未檢《玉篇》也。棺成，今皆實物其中，亦起於古。《禮·檀弓》「君即位而爲椑，歲一漆之」，注：「若未成然」；「藏焉」注：「虛之不令。」案：令，善也，言必藏物於中，不令虛也。《釋文》：「令，本又作『合』，謂虛之，但不以蓋合其上，不欲人見，故藏焉。」於義亦通，然作「令」字爲長。冢謂之宰。《左氏·僖三十二年傳》：「中壽，爾墓之木拱矣。」《公羊·三十三年傳》：「若爾之年者，宰上之木拱矣。」注：「宰，冢也。」案：《傳》，蓋齊人謂冢曰宰，何休不知，故闕爾。墓謂之良。《莊子·列禦寇》篇：「闔胡嘗視其良，既爲秋柏之實矣。」注：「良，墓也。」案：良，後人加土旁作「埌」，見《廣韻·四十二宕》，云：「埌，冢也，魯當切。」此俗字也。「秋」蓋與「楸」同，宰上木也。觀

《春秋》二《傳》，則知古人預爲冢墓，逮其生存，所樹之木拱且實矣。今人蓋不知此，或反以爲豫凶事也。

墳謂之堌。堌音固。《廣川書跋》「古冢」作「堌冢」。《山東考古録》：「曹縣有冉堌，乃穰侯魏冉冢，今以爲仲弓云。」案：古冢今人謂之「堌堆」，本此。

過所，符傳也。《漢書·文帝紀》：「除關無用傳。」張晏曰：「傳，信也，若今過所也。」如淳曰：「兩行書繒帛，分持其一，出入關，合之乃得過，謂之傳也。」李奇曰：「傳，棨也。」師古曰：「張説是也。古者或用棨，或用繒帛。棨者，刻木爲合符也。」案：今之行路文引也，漢謂之過所。《周禮·司關》「以節傳出之」注：「傳如今移過所文書。」《釋名》云：「過所至關津以示之」，是矣。如淳以爲書繒帛，則《終軍傳》「關吏予軍繻」是也。蘇林曰：「繻，帛邊也。舊關出入皆以傳。傳須，〔一九〕因裂繻頭合以爲符信也。」李奇以爲棨，則《後漢書·竇武傳》「取棨信，閉諸禁門」是也。《説文》：「棨，傳信也。」《韻會》：「形如戟，有旛書之，吏執爲信。皆今之所謂路引爾。」排馬牒，馬牌也。《言鯖》：「唐時御史所過，皆給驛馬，先有牒文飭候，謂之排馬牒，即今之馬牌。」零丁，招子也。《天禄識餘》：「《齊諧記》云：『有失兒女零丁。』」謝承《後漢書》：『戴良有失父零丁。』」零丁，今之尋人招子也。」案：零丁，失志貌，或作伶仃，《晉書·李密傳》「零丁孤苦，至于成立」是也。以爲尋人招子，存以俟攷。

藺石，雷石也。渠答，鐵蒺藜也。《漢書·鼂錯傳》：「具藺石，布渠答。」詳見如淳、蘇林説。撒撥架梁，軍語也。

都會爲馬頭，架手爲鏕客。《天禄識餘》：「《程途一覽》云：『臨清爲天下水馬頭，南宮爲旱馬頭，鏕客所集。』」《言鯖》：「《通鑑》：『史憲成據魏博，於黎陽築馬頭，爲渡河之勢。』注：『附岸築土，植木夾之，以便兵馬入船，謂之馬頭。』馬頭之名始此。」

賊曰幡城。《漢書·王莽傳》：「無鹽索盧恢等舉兵反城。」師古曰：「反城，據城以反也。」一曰：反音幡，今語賊猶曰幡城。」劫盗曰馬哈沁。紀宗伯《灤陽銷夏録》：「額魯特名劫盗爲馬哈沁。」小偷翦衫袖以掏財物，杭州謂之翦綹。《委巷叢談》。翦脱衣服、環佩、荷包者，謂之覓帖兒。《委巷叢談》。暗换易物曰搠包兒。並杭州語也。《輟耕録》。扒音爬首，安徽語也，揚州名刮兒，京師曰小利。案：小利蓋搜牢之轉聲。扒雞收曬，徽州語也。割包翦縷，京師語也。案：翦縷即翦綹子，當作綹。白手騙人謂之打清水網，杭州語也。《委巷叢談》。

校記

〔一〕「掔」，《士喪禮》注：「手後節中也。」案：即手腕之「腕」。

〔二〕「元鼎」至「瓚記」八字有舛誤。據《漢書》卷六《武帝紀》應作：元鼎五年「下蒼梧」臣瓚注。

〔三〕「此土」之「此」，《廣韻·入聲十九鐸》作「北」。

〔四〕「謂土」之「土」，《廣韻·去聲三十八箇》作「本」。

〔五〕《潛夫論》新編諸子集成本及百子全書本「氏」上有「志」字。

〔六〕臞，爲「臞」字之誤。臞音紹，苗條。臞音渠，身體清瘦而精神矍鑠。矍鑠，音角朔，精神抖擻。

〔七〕生火實多，晉郭象注《莊子》明世德堂本「實」作「甚」。

〔八〕《釋名疏證補》卷四《釋飲食》王先謙注：「吴校云：銜炙二字衍；密作切。」

〔九〕屑，《説文》「屑」字。

〔一〇〕《説文解字注》十四篇下《子部·孺》作「輸孺也。輸孺，尚小也」。

〔一一〕沐，《方言校箋及通檢》第一卷第五頁周祖謨校作「沭」。

〔一二〕音，《荀子·解蔽篇》作「聲」。

〔一三〕項然，《莊子·天地第十二》光緒十九年鴻文書局據華亭張氏本校印本作「頊頊然」。注：「頊頊，本又作旭旭。許玉反。李云：自失貌。」

〔一四〕勝《史記》卷四十八《陳涉世家》作「涉」，下同。

〔一五〕之斯，《毛詩正義》卷十五《小雅·瓠葉》箋作「之字」。

〔一六〕《公羊傳注疏》卷四《桓公五年》阮元《校勘記》：「怴當作『怴』，字之訛也。《廣雅·釋詁二》：『怴，怒也』；又《釋訓》：『怴怴，亂也。』按《玉篇》：『怴，許聿切。』」音蓄。又上下三「怴」字，均應作「怴」。

〔一七〕正月之交，《毛詩正義》卷十二之二《小雅·十月之交》作「十月之交」。

〔一八〕同上《鄭箋》：「悠悠，憂也。里，（居）〔病〕也」〔（居）〔病〕，據阮元《校勘記》校正〕。

〔一九〕須，《漢書》點校本卷六十四下《終軍傳·注》作「頒」。

第十八

外國

單于姓虛連鞮。《後漢書·南匈奴傳》。一曰姓攣鞮氏，其國稱之曰撐犁孤塗單于。匈奴謂天爲撐犁，謂子爲孤塗，單于者，廣大之貌也，言其象天單于然也。匈奴謂賢曰屠耆，《漢書·匈奴傳》。案：單，《集韻》：「時連切，音蟬。」孝曰若鞮，一曰鞮，《南匈奴傳》注：「匈奴謂孝爲若鞮。自呼韓邪單于降後，與漢親密，見漢帝謚常爲孝，慕之。至其子復株纍單于以下皆稱若鞮，南單于比以下直稱鞮也。」妻曰閼氏，《匈奴傳》注師古曰：「閼氏，匈奴皇后號也。閼音於連反。氏音支。」一曰可敦。單于又曰可汗。《魏書·吐谷渾傳》：「可汗此非復人事。」《唐書·突厥傳》：「可汗猶單于也，妻曰可敦。」《字彙補》：「可，苦格切，音克。」一曰匈奴謂天爲祁連也。《漢書·武帝紀》「天漢二年，與右賢王戰於天山」注師古曰：「即祁連山也。匈奴謂天爲祁連。祁音巨夷反。今鮮卑語尚然。」案：《九州要記》：「涼州古武城有天山，黃帝受金液神丹於此。一曰在伊州。」注：「天山即祁連山。」

日本謂星曰付泥，金曰空措泥，銀曰失禄楷泥，船曰浮泥。薛俊《日本寄語》。高麗謂星曰屑金。

《清異録》。吐蕃謂星宿爲火敦。《河源記》。

百濟國號王所都城曰固麻，邑曰檐魯，如中國言郡縣也。《南史·百濟傳》。案：百濟，《後漢書》作「伯濟」，南與倭接，北則三韓。見《東夷傳》。

南詔本哀牢夷後，烏蠻別種也。渠帥有六，自號六詔，曰蒙巂詔，今建昌。越析詔，《滇載記》作「摩步詔」，今麗江府。浪穹詔，今浪穹縣。邆賧詔，今鄧川州。施浪詔，今浪穹縣蒙次和之地。蒙舍詔。今蒙化府。蠻語謂詔爲王。楊慎《滇載記》。

哀牢本名安樂，語譌爲哀牢。楊慎《雲南山川志》。其母鳥語，謂背爲九，謂坐爲隆，因名子曰九隆。《後漢書·南蠻西南夷傳》：「哀牢夷者，其先有婦人名沙壹，居于牢山。嘗捕魚水中，觸沈木若有感，因懷妊，十月，産子男十人。後沈木化爲龍，出水上。沙壹忽聞龍語曰：『若爲我生子，今悉何在？』九子見龍驚走，獨小子不能去，背龍而坐，龍因舐之。其母鳥語，謂背爲九，謂坐爲隆，因名子曰九隆。」獠言紵曰蘭干。又云：「蘭干細布。」注：「《華陽國志》曰：蘭干，獠言紵。」

槃瓠《後漢書·南蠻傳》「帝有畜狗，其毛五采，名曰槃瓠」注：「《魏略》曰：高辛氏有老婦，居王室，得耳疾，挑之，乃得物大如繭。婦人盛瓠中，覆之以槃，俄頃化爲犬，其文五色，因名槃瓠。」名渠帥曰精夫，相呼爲姎徒。注：「《説文》曰：『姎，女人自稱，我也。』音胡朗反。已上並見《風俗通》。」

獠《集韻》：「音老。西南夷謂之獠獠。獠音爪，又音老。」無名字，以長幼次第呼之。丈夫稱阿謩、阿段，婦人稱阿夷、阿等之類，皆語之次第稱謂也。《北史》。案：杜甫有《示獠奴阿段》詩。一曰山獠無年甲姓名，一郗中惟有事力者曰郎火，餘但稱火。范成大《桂海虞衡志》。

廣西猺俗，男子老者，一寨呼之曰婆，其老婦則呼之曰公。《字典》。《桂海虞衡志》：「猺本五溪槃瓠之後，其壤接廣右。」案：公婆顛倒，猶稱謂之謬耳。至於唐人所記，産翁可以代女事，産婦可以操男工，此又奇也。尉遲樞《南楚新聞》載：「南方有獠，婦生子便起，其夫卧床褥，飲食皆如乳婦，稍不衛護，其孕婦疾皆生焉。其妻亦無所苦，炊爨樵蘇自若。」又云：「越俗，其妻或誕子，經三日便澡身於溪河，返具糜以餉壻。壻擁衾抱雛坐於寢榻，稱爲産翁。其顛倒有如此。」案：此已奇矣，尤有奇者。《後漢書·東沃沮傳》：「其耆老言，海中有女國，無男人。或傳其國有神井，闚之輒生子云。」夫闚井孕胎，亦如鵁鶄目交而成孕，鷺鷥影抱而懷卵，野鵲傳枝，黽蛙叫子，雖然，猶有雌雄也。至於大腰無雄，細腰無雌，並資他族，絪緼化生，乃若鵌鼵同穴，共爲雌雄［《爾雅·釋鳥》］，師奇異類，自爲牝牡。《莊子·天運》篇：「類自爲雌雄，故風化。」《山海經》：「亶爰之山，有獸如狸，名曰師類；帶山有鳥，其狀如鳳，名曰奇類，皆自雌雄而生。」迹涉奇詭，事乖聞見，信乎天地之間，何物不有哉！

𤄫𤄫蠻國，其王號鬼王，其別帥曰羅殿王。《言鯖》：「在辰、交之間，即今雲、貴界外也，世用其蛤飾器，謂之羅殿。今江南徽州工人以製杯盤屏匣，精工細巧，實出於此。俗謂之螺甸，乃羅殿之誤也。」《桂海虞衡志》：「羅甸自杞等以國名。」又云：「羅甸等處乃成聚落，亦有文書，公文稱守羅甸國王。」案：此則羅

甸是國名，非渠帥之稱，與《言鯖》異也。其王號鬼王，蓋即《詩》之鬼方，殷之高宗所伐者。《淮南傳》
曰：「吳人鬼，越人禨，其俗尊鬼，故號鬼王爾。」
九真徼外蠻里張游。《後漢書·南蠻傳》注：「里蠻之别號，今呼爲俚人。案：俚人疑即黎人，《桂海虞衡志》
所謂「海南四郡隖上蠻」是矣。張游者，號也，蠻以張爲號。桂林之宜州有西南蕃大小張、大小王、亦見
《桂海虞衡志》。
且蘭有椓船牂牁處，乃改其名爲牂牁。《南蠻傳》：「初，楚頃襄王時，遣將莊豪從沅水伐夜郎，軍至且
蘭，椓船於岸而步戰。既滅夜郎，因留王滇池。牂牁，繫船杙也。《異物志》。
羈縻州、洞，通謂之蠻。其種落大者爲州，小者爲縣，又小者爲洞。州、縣、洞五十餘所，有知
州、權州、監州、知縣、知洞，其次有同發遣、權發遣之屬，謂之主户，餘民皆稱提陀，猶言
百姓也。民户強壯可教勸者謂之田子、田丁，亦曰馬前牌，總謂之洞丁。酋豪或娶數妻，皆曰
媚娘。見《桂海虞衡志》。又，黎人女及笄，即黥頰爲細花紋，謂之繡面。女既黥，集親客相廣賀，惟婢獲
則不繡面。又云：婦人加銅環耳墜垂肩。案：耳墜當作錘字，見《釋名》。凡州、洞歸朝者，皆稱出宋。
《桂海虞衡志》。
《禮記》稱「南方曰蠻，雕題、交阯」，其俗男女同川而浴，故曰交阯。題，額也。雕之謂刻其肌，
以丹青涅也。案：男雕題、女繡面，正復相似。其西有噉人國，生首子輒解而食之，謂之宜弟。《南蠻

傳》。案：《前漢書·元后傳》：「羌胡尚殺首子，以盪腸正世。」師古曰：「盪，洗滌也，言婦初來，所生之子或他姓。此與宜弟，皆蠻荒之惡俗。」

夫餘國以六畜名官，有馬加、牛加、狗加，其邑落皆主屬諸加。食飲用俎豆，會同拜爵洗爵，揖讓升降。以臘月祭天，大會連日，飲食歌舞，名曰迎鼓。是時斷刑獄，解囚徒。有軍事，亦祭天，殺牛，以蹄占其吉凶。《魏志》曰：「蹄解者爲凶，合者爲吉。」行人無晝夜，好歌吟，音聲不絕。《後漢書·東夷傳》。

高句驪置官，有相加、對盧、沛者、古鄒大加。「古鄒大加，高句驪掌賓客之官，如鴻臚也。」主部、優台、使者、帛衣先人。〔一〕好祠鬼神、社稷、零星，《前書音義》：「龍星左角曰天田，則農祥也。辰日祠以牛，號曰零星。」《風俗通》曰：「辰之神爲零星，故以辰日祀於東南也。」以十月祭天大會，名曰「東盟」。其國東有大穴，號襚神，亦以十月迎而祭之。其公會衣服皆錦繡，金銀以自飾。大加、主簿案：主簿蓋即主部之譌。皆著幘，如冠幘而無後；案：今高驪人著幘有後，如冠幘也。其小加著折風，形如弁。案：今其人著如中國艸笠之形而屋高者，其折風歟。無牢獄。有罪，諸加評議便殺之，没入妻子爲奴婢。《東夷傳》。高句驪名城爲溝漊。《三國志·東夷傳》云。

濊及沃沮、句驪，本皆朝鮮之地也。「昔武王封箕子於朝鮮，箕子教以禮義田蠶，又置八條之教。《前書》曰：「箕子教以八條者，相殺者以當時償殺，相傷者以穀償，相盗者男没入爲其家奴，女子爲婢，欲自贖者人五十萬。」《音義》曰：「八條不具見也。」其人終不相盜，無門户之閉，婦人貞信。飲食以籩豆。已後，風俗稍薄，法禁亦浸多，至有六十餘條。其官有侯、邑君、三者。〔二〕常用十月祭天，晝夜飲酒歌舞，名之爲『舞天』。又祠虎以爲神。邑落有相侵犯者，輒相罰，責生口牛馬，名之爲『責禍』。殺人者償死。少寇盜。其地有果下馬，「高三尺，乘之可於果樹下行。」案：今之高麗馬。海出從魚，使來皆獻之。」《東夷傳》。案：從魚疑鱘鰉之屬。

韓有三種：「一曰馬韓，二曰辰韓，三曰弁辰。馬韓常以五月田竟祭鬼神，十月農功畢，亦復如之。諸國邑各以一人主祭天神，號爲『天君』。又立蘇塗，《魏志》曰：「諸國各有別邑，爲蘇塗，諸亡逃至其中，皆不還之。蘇塗之義，有似浮屠。建大木以懸鈴鼓，事鬼神。辰韓，耆老自言秦之亡人，避苦役，適韓國，馬韓割東界地與之。其名國爲邦，馬爲弧，賊爲寇，行酒爲行解，相別爲徒，〔三〕有似秦語，故或名之爲秦韓。有城柵屋室。諸小別邑各有渠帥，大者名臣智，次有儉側，次有樊秖，次有殺奚，次有邑借。皆其官名。嫁娶以禮。行者讓路。兒生欲令其頭扁，皆押之以石。」《東夷傳》。

倭在韓東南大海中，依山島爲居，凡百餘國。國皆稱王。其大倭王居邪馬臺國。今名邪摩推，音之譌也。飲食以手，而用籩豆。俗皆徒跣，以蹲踞爲恭敬。人性嗜酒。多壽考，至百餘歲者甚衆。灼骨以卜，用決吉凶。行來渡海，令一人不櫛沐，不食肉，不近婦人，名曰「持衰」。若在塗吉利，則雇以財物；如病疾遭害，以爲持衰不謹，便共殺之。《東夷傳》。

伊都國官曰爾支，副曰泄謨觚、柄渠觚。又，奴國官曰兕馬觚。《魏志·東夷倭人傳》。

琉球，海中小國也。土産惟蕉布硫磺，其烟刀紙張摺扇漆器之類，皆來自日本。國有米麥，祇可供應王府，民皆食番茹，狀如薯蕷。彼國人雖與中國同，而語言大别。金曰額膩，銀曰喀難。爺曰安知。大曰倭捕煞，小曰彌煞。紅曰呀噶煞，白曰十六煞。男曰會耕噶，女曰會南宫。幼小曰蛙籃璧，父母曰倭呀。吃曰米小利，飯曰安班，酒曰薩几。好曰優嗟煞，不好曰挖煞。醉曰威帝，睡覺曰殷帝。人名俱有四五字者，如「馬爛敏達羅」，如「喀難顧司姑」之類。惟有「阿彌多」、「夜弗蘇」二名，呼唤者甚多。張學禮《使琉球紀》。《中山紀略》。

高麗俗謂刺蝟毛爲苦苦苦，過苦苦苦，距竹島不遠，此山林木茂盛而不大，正如蝟毛，故以名之。謂笠爲軋。過鴉子苦，亦名軋居苦。麗人謂笠爲軋，其山形如之。因以得名。舟人以風勢未定尚候其孰，海上以風轉至次日不改者謂之孰。宋·徐兢《使高麗録》。

高麗方言謂白曰漢，謂水曰没，井曰烏没，熟水曰泥根没，冷水曰時根没。孫穆《雞林類事》。

高麗用中國書，獨以姦爲好字，好爲姦字。《字典》引《正字通》。

黔中苗人稱天子爲京裹老皇帝，稱大小官府皆曰皇帝。其私稱官府則曰矇。粤西稱官曰瞎，稱官府之僕從皆曰老爺，各衙門曰朝廷。噫！矇瞎之稱，殆《春秋》一字之譏歟！又曰：苗人呼漢官爲流官，甚畏懼之。呼上市爲趕場。又曰：諸苗呼父爲索。《關索嶺考》：世俗謂前將軍第三子曰關索，從諸葛丞相南征孟獲，威動甚盛，没而民思之，立廟於此，以其名名嶺。考《三國志》，前將軍有二子，長曰平，次曰興。平與前將軍俱被害於臨沮。次興，爲丞相所器重，任侍中，嘗監軍，有令聞。無所謂第三子名索也。或曰：諸苗謂父爲索，猶言關父，關索封順忠王，俗稱小關王廟。然則順忠王得非其次子名興者歟。謝肇淛《滇略》云：「漢昭烈章武元年，丞相亮南征，左將軍之子索亦有戰功。」未審所据何書。又，諸葛元聲《滇事紀略》云：「建興三年五月，武侯渡瀘水，進征益州，從征自趙雲、魏延外，如張翼、王平、句扶及雲長少子關興，即關索，尤以驍勇前驅，多建奇功。」觀此，則從前臆測，若有符合。又考《雲南通志》，路南州北，亦有關索嶺，以其險峻，必引之以索而後能度。此又一説也，存之以備討論。又曰：「苗人多衣艸衣。婦人以筒布爲裙，以荷葉包飯，澗水澆而食之，以蘆管漬酒飲之，謂之竿兒酒。呼坐爲歹戴平聲。雞。」又曰：「安南至新興所，苗類甚繁，輿徒力役皆苗也。漢人戲稱之曰同年，則囅然色喜，不知其何所取義，聞呼踴躍也。」又曰：「苗中歲臘，有以十月、十一月者，迎春多扮故事，殊怪奇。俗用雞卜，吹蘆笙，賽神打鼓爲戲。」又曰：「男女未婚匹者，每晚食後，打鼓聚會，女携竿，男簪花。謂之跳月。」又曰：「苗民無城郭，據險而居，每一處合募一勇士，號曰老虎，戰則老虎當先。」許纘曾《滇行紀程》。

北語云翕陸連，漢言驢駒河也。河之北有大山曰窟速吾，漢言黑色也。自一舍外望之，黯然若有茂林者，迫而視之，皆蒼石也。蓋有陰靄之氣覆其上焉，即黑山也。北語云渾犯剌，漢言兔兒也。自黑山之陽西南行九驛，復臨一河，深廣加翕陸連三之一，其水始西流，深急不可涉，北語云渾犯剌，漢言兔兒也。遵河而西行一驛，有契丹所築故城，可方三里，背山面水，自是水北流矣。過大澤泊，周廣約六七十里，水極澄徹，北語謂吾悮竭腦兒。元張耀卿《邊堠紀行》。

白狼王、唐菆並國名，隸莋都下。等，慕化歸義，作詩三章。注：「《東觀記》載其歌，並載夷人本語，並重譯訓詁爲華言，今《范史》所載者是也。今録《東觀》夷言，以爲此注也。」《遠夷樂德歌詩》曰：「大漢是治，提官隗構。與天意合。魏冒踰糟。吏譯平端，罔驛劉脾。不從我來。旁莫支留。案：注「旁莫」，疑當爲「莫旁」。聞風向化，徵衣隨旅。所見奇異。知唐桑艾。多賜繒布，邪毗𦅗鋪。甘美酒食。推潭僕遠。昌樂肉飛，拓拒蘇便。屈申悉備。局後仍離。蠻夷貧薄，僂讓龍洞。無所報嗣。莫支度由。願主長壽，陽雒僧鱗。子孫昌熾。莫稚角存。」《遠夷慕德歌詩》曰：「蠻夷所處，僂讓彼尼。案：注「彼尼」，疑當作「支尼」。日入之部。旦交陵悟。慕義向化，繩動隨旅。歸日出主。路旦揀雒。聖德深恩，聖德渡諸。與人富厚。魏菌度洗。冬多霜雪，綜邪流藩。夏多和雨。莋邪尋螺。寒温時適，藐潯瀘灘。部人多有。菌補邪推。案：「菌補」應作「補菌」。注誤。涉危歷險，辟危歸險。不遠萬里。莫受萬柳。去俗歸德，術疊附德。心歸慈母。仍路孳摸。」《遠夷懷德歌》曰：「荒服之外，荒服之儀。土地墝埆。犂籍憐憐。食肉衣皮，阻蘇邪犂。不見鹽穀。莫碭麤沐。吏譯傳風，罔驛傳微。大漢安樂。是漢夜拒。携負歸仁，蹤優路仁。觸冒險陜。雷折險龍。高山岐岐，倫狼藏幡。緣崖磻石。扶路側禄。木薄發家，息落服淫。百宿到洛。理瀝髭雒。父子同賜，捕茝菌毗。懷抱匹帛。懷稟匹漏。傳告種人，傳言呼敕。長願臣僕。陵陽臣僕。」《後漢書·西南夷傳》。案：注雖本《東觀記》，但《東觀記》今不可見，傳刻既久，容有錯譌，今亦不能考正，唯中有重文，詳加讎校，信爲鑿然不誤者，附録於此，以資博覽云。提官，大漢也。彼言提官，此言大漢，又言是漢也。魏，與也。罔驛，吏譯也。莫，不也，無也。支，我也，所也。知，所也，彼所也。衣，風也。微，風也。隨旅，向化也。邪，多也，衣也。毗，賜也。推，甘也，有也。拓，昌也。角，昌也。拒，樂也。蘇，肉也。仍，悉也，心也。陽，願也。雒，主也。莫，子也。茝，子也。僂讓，蠻夷也。旦，日也。陵，之也。陵，長也。路，歸也。附，歸也。菌，人也，同也。路，崖也。敕，人也。自餘誤否？不可知矣。其注文顯見錯譌者，如旁莫當爲莫旁，菌補當爲補菌，彼尼疑支尼之譌，莫穉、捕茝，亦疑字形之譌，餘所不知者，蓋闕如也。

益州諺曰：虜來尚可，尹來殺我。《後漢書·西南夷傳》：前中郎將尹就討益州叛羌，益州諺云。

歌曰：漢德廣，開不賓。度博南，越蘭津。度蘭倉，爲它人。《西南夷傳》：「始通博南山，度蘭倉水，行者苦之，歌云。」案：蘭倉，或作瀾滄。李元陽《西洱海志》。「即黑水也。」《華陽國志》：「蘭倉水有金沙，洗取融爲金。」

盟曰：秦犯夷，輸黄龍一雙；夷犯秦，輸清酒一鍾。《南蠻傳·板楯蠻》：「秦昭襄王乃刻石盟要，復夷人頃田不租，十妻不算。傷人者論，殺人得以倓錢贖死。盟云。」岑陬者，官號也，名軍須靡。昆莫，王號也，名獵驕靡，後書「昆彌」云。《漢書·西域·烏孫傳》。

驢非驢，馬非馬，若龜茲王，所謂贏也。《西域傳》：「龜茲王絳賓，樂漢衣服制度，歸其國，治宫室，作徼道周衛，出入傳呼，撞鐘鼓，如漢家儀。外國人皆云。」《困學紀聞》十九卷：「驢非驢，馬非馬；烏不烏，鵲不鵲（《戰國策》），可以爲對。」若璩案：「後魏宣武孝明，民間謡曰：『狐非狐，貉非貉。』」

烏秅國民接手飲。師古曰：「自高山下谿澗中飲水，故接連其手，如蝯之爲。」其西則有縣度。縣度者，石山也，谿谷不通，以繩索相引而度云。楊慎《度索尋橦説》：「《西域傳》有度索尋橦之國，唐獨孤及招北客辭笮復引一索，其名爲笮，人懸半空，度彼絶壑。予案：今蜀松茂之地，皆有此橋。其河水險惡，既不可舟楫，乃施植兩柱於兩岸，以繩絙其中，繩上有一木筒，所謂橦也。欲度者，則以繩縛人於橦上，人自以手緣索而進，行達彼岸，復有人解之，所謂尋橦也。非目見其制，不知其解。」范成大《吳船録》：「將至青城，當再度繩橋。每橋長百二十丈，分爲五架。橋之廣十二繩，相繼排連，上布竹笆，攢立大木數十於江沙中，輦石固其根，每數木作一架，掛橋於半空。大風過之，掀舉幡幡然，大略如魚人曬網、染家涼彩帛之狀。又須舍輿疾步，稍從容則震掉不可行，望者皆失色。」案：杜詩云：「運糧繩橋壯士喜，斬木火井窮猿呼。」皆蜀地也。

舊《圖經》云：「灩澦大如樸，瞿唐不可觸，灩澦大如馬，瞿唐不可下。此俗傳：灩澦大如象，瞿唐不可上。蓋非是也，後人立石辨之甚詳。」《吳船録》。又曰「泊夔州早遣，視瞿唐水僅能没灩澦之頂，盤渦撇出其上，謂之灩澦撇髮。」又曰：「峽江水性大惡，飲輒生癭，婦人尤不能免。」

烏弋山離國，行可百餘日，乃至條支。國臨西海。安息長老傳聞條支有弱水西王母，亦未嘗見也。自條支乘水西行，可百餘日，近日所入云。案：《後漢書·西域傳》「德若國」下：〔四〕「或云其國西有弱水、流沙，近西王母所居處，幾於日所入也。」與《漢書》異。又言『有飛橋數百里，可渡海北』。」案：此海亦謂西海也。烏弋有桃拔。孟康曰：「桃拔一名符拔，似鹿，長尾，一角者或爲天鹿，兩角者或爲辟邪。」

安息國，書革，旁行爲書記。《漢書·西域傳》注服虔曰：「横行爲書記也。」師古曰：「今西方胡國及南方林邑之徒，書皆横行，不直下也。革爲皮之不柔者。」

天竺國一名身毒，案：《前漢書》有捐毒，非此國也。乘象而戰，修浮圖道，不殺伐，遂以成俗。浮圖即佛也。案：《前書·霍去病傳》：「收休屠祭天金人」，豈即浮屠歟？張晏曰：「佛徒祠金人也。」師古曰：「今之佛像是也。」「世傳明帝夢見金人，長大，頂有光明，以問羣臣。或曰：『西方有神，名曰佛，其形長丈六尺而黄金色。』帝於是遣使天竺問佛道法，遂於中國圖畫形像焉。楚王英始信其術，中國因此頗有奉其道者。後桓帝好神，數祀浮圖、老子，百姓稍有奉者，後遂轉盛。」《後漢書·西域傳》。案：《列子·周穆王》篇：「西極之國，有化人來云云」，則佛入中國，非始於漢明帝也。或曰：《列子》寓言爾。然亦可見佛之由來，蓋已久矣。

「羌人謂奴爲無弋，以爰劍嘗爲奴隸，故因名之。《後漢書·西羌傳》。元帝時，彡姐等七種羌寇隴西，彡音先廉反，又所廉反。姐音紫。案：又有蕩姐，亦羌屬，蓋七種之一也。《前書·匈奴傳》：「籍蕩姐之場。」遣右將軍馮奉世擊破降之。」

西羌之本，出自三苗，姜姓之别也。其俗氏族無定，或以父名母姓爲種號。十二世後，相與婚姻。以戰死爲吉利，病終爲不祥。《西羌傳》。又云：「湟中月氏亦以父名母姓爲種。」又，《烏桓傳》：「氏姓無常，以大人健者名字爲姓。」

羌目鬼曰唐述，復因名爲之。唐述山指其堂密之居，謂之唐述窟。《水經注·河水下》：「河北有層山，遠望參參，若攢圖之託霄上。其下層巖峭舉，壁岸無階，縣巖之中，多石室焉。室中若有積卷矣，而世士罕有津逮者，因謂之積書巖。巖堂之内，每時見神人往還矣。」

部人三百帳别屬役之，食其税。帳者，猶中國之户數也。《後漢書·西域傳》。

耨達兀兒火敦，崑崙也，一曰悶磨黎山。楊慎《黄河源考》：「唐薛元鼎使吐蕃，自隴西成紀出塞二千里，得源於悶磨黎山，中高四下，所謂崑崙，水東北流，與積石河相連。」佛書言，阿耨達山有大淵水，即崑崙也。元梁寅《河源記》。河源在吐蕃朵甘思西鄙，有泉百餘泓，沮洳散涣，弗可逼視。方可七八十里，履高山下瞰，燦若列星，故名火敦腦兒。火敦，譯言星宿也；腦兒者，海也。《元史·地理志·河源附録》。《大藏西域記》云：「阿耨達池在香山之南，大雪山北，案：《黄河源考》：「朵甘思東北有大雪山。即崑崙也。」周八百里。東南流入海者曰殑《廣韻》：「殑，其餧切，琴去聲。」伽河，西南流入海者曰縛芻河，西北流入海者曰徙多河。又潛流地下，出積石東北流入海者，爲中國河源。」阿耨達，華言無煩惱。殑伽，華言天堂。縛芻，華言青。徙多，華言冷。《翻譯名義集》。

「突厥署子和爲屋利設。突厥别部典兵者曰設，屋利者，一設之號也。」《唐書·李子和傳》注。突厥世居金山，工於鐵作。金山狀如兜鍪，俗呼兜鍪爲突厥，因爲國號。《韻會》：「厥，九勿切，音剧。」

契丹契，《集韻》：欺訖切，音乞。契丹，國號。宋爲南朝，契丹北朝，後改號遼。「所居曰梟羅箇没里。没里者，河也」。《五代史·附録》。

秋冬遠寒，〔五〕春夏避暑，各有行在，謂之捺鉢。《遼史》。

居先鋒前二十餘里，偵探敵人動静曰攔子軍。《遼史·兵衛志》。金翜，馬首飾也。《遼史·儀衛志》。馬融《廣成頌》：「揚金翜而把玉瓖。」蔡邕《獨斷》：「金翜，馬冠。玉瓖，馬帶。」案：古有此名。歲時鈞魚，得頭魚輒置酒張宴，名頭魚宴，與頭鵞宴同。《遼史》。

宋余靖使契丹，爲彼語詩：「微臣雅魯祝若統，聖壽鐵擺俱弗忒。」雅魯，拜舞也。若統，福祐也。鐵擺，嵩高也。《古今詩話》。

金人，其官長皆稱曰勃極烈。都勃極烈，總治官也。諳版勃極烈，官之尊者也。國論勃極烈，尊禮優崇得自由者也。胡魯勃極烈，統領官也。斡里朶，官府治事之所也。阿胡迭，長子也。骨赧，季也。蒲陽温，幼子也。按答海，客也。散亦孛，奇男子也。撒答，老人也。〔六〕阿里孫，貌不揚也。胡魯剌，户長也。阿合，人奴也。兀朮，頭也。枯罕，心也。界可，牙也，又曰吾亦可。亦謂牙也。盤里合，將指也。謾都訶，癡呆也。〔七〕謀良虎，無賴也。〔八〕辭不失，酒醒也。奴申，和睦也。訛出虎，寬容也。賽里，安樂也。迪古乃，來也。撒八，迅速也。與人同受福曰「忽都」。以力助人曰「阿息保」。凡市物已得曰「兀帶」。「物象」則：兀典，明星也。阿鄰，山也。阿懶，坡陀也。魯忒鄰，〔九〕海也。沙忽帶，舟也。斡論，生鐵也。闍母，釜也。斜烈，刃也。婆盧者，〔一〇〕槌也。按春，金也。銀朮可，珠也。蒲盧渾，布囊也。阿里虎，盆也。活女，罐也。沙剌，衣襟也。胡剌，竈突也。「物類」則：桓端，松也。阿虎里，松子也。孰輦，蓮也。活里罕，羔也。〔一一〕合喜，犬子也。訛古乃，犬之有文者也。斜哥，貂鼠也。蒲阿，山雞也。窩謀罕，鳥卵也。「姓氏」則：完顔，王也。〔一二〕烏古論，商也。紇古烈，高也。徒單，杜也。女奚烈，郎也。兀顔，朱也。蒲察，李也。顔盞，張也。温迪罕，温也。石抹，蕭也。奥屯，曹也。勃术魯，魯也。移剌，劉也。斡勒，石也。納剌，康也。裴滿，麻也。尼忙古，魚也。斡准，趙也。阿典，雷也。阿里侃，何也。吾魯，惠也。抹顔，孟也。撒答，駱也。呵不哈，田也。雨林，〔一三〕蔡也。僕散，林也。术虎，董也。古里甲，汪也。《金史·國語解》。〔一四〕

元之先，國號蒙古，今塞外四十八家即其後也。蒙古，國言銀也，因女真號國曰金，乃以銀號其國也。《言鯖》。

分番宿衛，元謂之怯薛。《元史》曰：「宿衛皆領於四怯薛，以太祖功臣博爾忽、博爾术、木華黎、赤老温四族，世領怯薛之長。」年勞既久，即擢爲一品，或以才能任使。責任雖極，一日歸至内庭，則執事如故。《天禄識餘》。

阿禚音介。主。《愁憤詩》曰：主，元梁王女，滇總管段功之妻，功有勳勞，梁王疑而誘殺之，主作詩。「吾家住在鴈門深，一片閑雲到滇海。心懸明月照青天，青天不語今三載。欲隨明月到蒼山，誤我一生路裏彩。路裏彩，錦被名也。吐嚕吐嚕段阿奴，吐嚕，可惜也。施宗施秀同奴歹。歹，不好也。雲片波潾不見人，押不蘆花顔色改。押不蘆乃北方起死回生草名。肉屏獨坐細思量，肉屏，駱駝背也。西山鐵立霜瀟灑。」鐵立，松林也。

德宗以懷光外孫燕八八爲後。《唐書·李懷光傳》。八八，外國語稱巴巴。《通雅》。案：「燕八八」須與

「殷七七」作對。

鮮卑，地名也。《後漢書·鮮卑傳》：「依鮮卑山，故因號焉。」《楚辭·大招》：「小腰秀頸，若鮮卑只。」注：「鮮卑，衮帶頭也。言腰支細小、頸鋭秀長，若以鮮卑帶約而束之也。」牟默人曰：「鮮卑，亦作師比，亦作胥紕，亦作犀毗。張晏以爲郭落帶，瑞獸名，東胡好服之。師古亦曰胡帶之鉤也。見《戰國策》、《史記》、《漢書》詳矣。」

徐偃王，國名也，周宣王之舅申伯所封也。《詩》曰：「申伯番番，既入于徐。」《楚辭》注。或曰：徐先君僭號稱駒王，西討濟於河。《禮·檀弓》注：「駒王，徐先君僭號。」〔一五〕蓋當「周穆王之十三年，王西征，次于陽紆，徐戎侵洛，造父御王入于宗周。十四年，王帥楚子伐徐戎，克之」。《竹書紀年》。而史載「繆王使造父御，西巡狩，見西王母，樂之忘歸。而徐偃王反，繆王日馳千里馬，攻徐偃王，大破之」。《史記·趙世家》。是則徐戎即徐偃王，偃王國號，駒王僭號也。案：《後漢書·東夷傳》云：「徐夷率九夷以伐宗周，西至河上，穆王畏其方熾，乃分東方諸侯，命徐偃王主之。」然則徐偃王非反者，乃誅反者爾。《檀弓》謂「西討濟于河」是已。此説與《史記》、《竹書》並異，而以爲繆王時則同。譙周乃謂徐偃王與楚文王同時，去周穆王遠。《史記》《索隱》。其説非也。《尸子》曰：「偃王有筋而無骨，故曰偃。」《博物志》以爲「生而偃，故以爲名」。並非。《史記》《正義》及《後漢書·東夷傳》注並引《博物志》曰：「徐君宮人娠而生卵，以爲不祥，棄於水濱。孤獨母有犬名鵠倉，銜所棄卵以歸，覆煖之，遂成小兒。生而偃，故以爲名。宮人聞之，乃更録取。長襲爲徐君。後鵠蒼臨死，生角而九尾，實黄龍也。鵠蒼或名后蒼。」

西王母，國名也。《竹書》：「帝舜九年，西王母來朝。」沈約注：「西王母之來朝，獻白環玉玦。」《大戴禮記》：「西王母來獻其白琯。」《少閒》篇盧辯注：「西王母，神也，其狀如人。琯所以候氣，漢明帝時，於舜廟下得玉琯一枚也。」「周穆王十七年，西征昆侖丘，見西王母。其年，西王母來朝，賓於昭宮。」《竹書紀年》。《爾雅·釋地》：「西王母與觚竹、北户、日下，謂之四荒。」郭璞注：「皆四方昏荒之國，次四極者。」《漢書·西域傳》：「聞條支有弱水，西王母亦未嘗見。」師古注引《玄中記》云：「昆侖之弱水，鴻毛不能起也。」或云：「大秦國西有弱水流沙，西王母所居處，幾於日所入。」《後漢書·西域傳》。是皆以爲國名無疑也。案：譙周亦云：「或曰地名，在西域。」見《史記·索隱》。《山海經》始以爲神人，而云「狀如人，豹尾，蓬髮戴勝，善嘯」。《穆天子傳》注云：「虎齒，蓬髮。」《困學紀聞》二十卷。案：《山海·西荒經》云：「西海之南，流沙之濱，赤水之後，黑水之前，有大山，名崑崙之丘，〔一六〕有人，戴勝、虎齒、有尾、〔一七〕穴處，名曰西王母。」〔《爾雅·釋地》邢疏引。〕怪矣。然推尋《山海經》、《穆天子傳》之意，或即謂其國人皆形狀如此，未必以爲神名也。《穆天子傳》亦止稱穆王與西王母觴于瑶池之上，作歌，不言神異幻怪。而「譙周不信此事，而云：『余嘗聞之，代俗以東西陰陽所出入，宗其神，謂之王父母』。」《史記索隱·趙世家》。〔一八〕案：代俗即世俗，蓋避唐諱也。其所謂王父母者，即是東王公、西王母之説所由來也。要皆世俗之論矣。其説尤怪。是以郭璞注《山海經》及《爾雅》，於此事曾不一言，蓋已覺其誣矣。《漢武内傳》之類，託名班固，乃展轉增加，而後世談神怪者，據以爲言，非經傳傳疑之旨也。紀大宗伯《庚辰集》注：「司馬遷不信《山海經》。郭璞注，後復注《爾雅》，於此事曾不一言。蓋作史、釋經謹嚴如是。陸氏《釋文》、邢氏疏中乃引之，陋矣。文人援引始於相如《大人賦》，今已沿爲故實，不可不辨其源委。」或單稱西王。《荀子》云「禹學于西王國」，《莊子》云「西王坐乎少廣」是也。詩詞内或單稱王母者，非王母，是禽名，見於杜詩。杜少陵《玄都壇歌》：「子規夜啼山竹裂，王母晝下雲旗翻。」人多不曉王母，宋中官陳彦和在宣和間，掌禽苑，言蜀中貢王母鳥，狀如燕，色紺翠，尾甚長，飛則尾開，顫裊如兩旗，少陵詩正指此。見《天禄識餘》。

雨師妾，國名。《山海經》：「雨師妾在其北。」《字典》：「楊慎曰：『雨師妾如姮娥、織女之類。』」非。下文『元股國在雨師妾北』可證。」丈夫國。《山海經》：「丈夫國在維鳥北。」〔一九〕又云：「夫夫山在風伯山之東。」女子國。又云：「在巫咸北。」郭璞《圖贊》：「女子之國，浴于黄水，乃娠乃字，〔二〇〕生男則死。」又，東女國女主號賓就。見《唐書·西域傳》。

姑妹珍，國名。《逸周書·王會解》注：「姑妹國，後屬越。」母兒獸。《王會解》：「周公旦主東方所之。青馬黑鬣，謂之母兒。」注：「馬名」，未聞。八百媳婦。尤侗《外國竹枝詞》曰：「漢宮嘗説三千女，酋長何居八百妻。」注云：「世傳土酋有妻八百，各領一寨，故名。元征之，道路不通而返。明立八百大甸司。」

校記

〔一〕《後漢書》卷八十五「主部」之「部」作「簿」。

〔二〕「三老」之「老」，原書誤作「者」，應據《後漢書·東夷列傳》校正。

〔三〕《後漢書》卷八十五《東夷列傳》「馬爲」之「馬」作「弓」；「解」作「觴」；「別」作「呼」；「徙」作「徒」。

〔四〕德若國，據同上應爲「大秦國」。

〔五〕遠，《遼史·營衛志中》作「違」。

〔六〕《金史》卷末《金國語解》作「總治官名。……官之尊且貴者。……客之通稱。……老人之稱也。」

〔七〕同上，作「謾都訶，癡騃之謂」。

〔八〕同上，作「無賴之名」。

〔九〕《金史·金國語解》無「魯」字。

〔一〇〕同上作「婆盧火者」。

〔一一〕里，《金史》卷末《金國語解》作「离」。

〔一二〕同上「完顏」下脱「漢姓曰」三字。

〔一三〕雨林，同上作「烏林荅」。

〔一四〕同上作「金國語解」。

〔一五〕《禮記·檀弓下》「容居對曰」鄭注：「駒王，徐先君僭號。容居，其子孫也。濟，渡也。言西討濟於河，廣大其國。」

〔一六〕《山海經校注》卷十一《大荒西經》，上海古籍出版社版作「名昆侖之丘」。

〔一七〕同上「有尾」作「有豹尾」。

〔一八〕《史記·趙世家》「繆王使造父御，西巡狩，見西王母」，唐司馬貞《索隱》引三國蜀譙周語。

〔一九〕「鳥」下「北」字，據《山海經校注》卷七《海外西經》校補。

〔二〇〕嫎，《玉篇》：「如欲切，懈惰也。」案：此「嫎」字，疑爲「娠」字之誤。

第十九

梵語

浮屠，佛也，西域天竺國有佛道焉。佛者，漢言覺也，將以覺悟羣生也。其教也，以修善慈心爲主，不殺生，專務清静，其精者爲沙門。沙門，漢言息也，蓋息意者（一）欲歸於無爲。袁宏《漢紀》。見《後漢書·楚王英傳》注。

菩提薩，華言「覺有情」也，從簡稱菩薩。柳子厚《無姓和尚碑》注：佛書云。菩，普也；薩，濟也，能普濟衆生。釋典。《綱目集覽》：「菩之爲言了也；薩之爲言見也，謂智慧了見也。」

桑門爲息心，比丘爲行乞。《魏書·釋老傳》。案：桑門即沙門也。

僧伽藍，衆園也。梵書譯云：「園取生植義，今浮屠所居是也。凡稱釋氏曰僧伽。」

梵言阿蘭若，音惹。漢言精舍也，譯曰無諍也，或曰空静處也。《言鯖》：「若以爲香草、乾草，則非梵音矣。」

伊蒲塞即優婆塞也，中華翻爲近住，言受戒行堪近僧住也。《後漢書·楚王英傳》：「以助伊蒲塞桑門之盛饌」注：「桑門即沙門。」

佛有妻，名耶須。梵書《蓮經》注。《言鯖》云：「人知有火居道士，唐鄭熊《番禺雜志》：『廣僧有室家者謂之火宅僧。』近陝西邊郡山中，僧人自耕自種，俱有室家。有人往西陲，經深山中，投宿僧寺，僧待客甚豐，酒肉精腆，且奉盤匜者俱年少婦女。客驚謝之。僧曰：『不然，若無家小，大老爺豈容住持此處？』蓋深山中恐藏姦宄，有妻子則有家累，盜賊亦無可容故也。」案：浮屠不三宿桑下，爲生愛戀心，況火宅僧乎？或曰：「佛有妻何邪？」蓋顏叔子云：「柳下惠則可，吾故不可。」

梵言婆利耶，華言婦。又云：梵言阿摩，此言女。言母蘇弗室利，此言善女。又云：梵言馱索迦，華言奴。

梵言薜荔，此言餓鬼。

那伽，龍也。竭伽，犀也。梵書。伽那，象也。《駢雅》。頻伽，人面鳥也。釋典。《舊唐書·憲宗紀》：「元和十八年，訶陵國獻僧祇童頻伽鳥二枚。」蚊蚋小蟲之屬，名諸趣。梵書。

金曰蘇伐羅，銀曰阿路巴。梵言。

梵言耆婆，華言長壽天神。梵言貧婆，華言叢林。梵言優婆塞，華言善士。《祖庭事苑》。案：優婆塞說，以《後漢書》爲長。

有婆娑國。梵言婆娑，華言堪忍。梵書《阿彌陀經》。

有頻婆果。梵言頻婆，華言相思。

梵語般若，唐言智慧。梵語波羅蜜，唐言到彼岸。又，西土俗語，凡作事了辦，皆言到彼岸。《金剛經·集註》。般若，一曰波若。《晉書·曇霍傳》：「霍持一錫杖，令人跪曰：『此是波若眼。』」

釋氏團墮，言食墮在鉢中也。梵言傧茶波，一曰濱茶夜，華言團。團者，食團，謂行乞食也。

鮮渠，華言碧，上沮，華言芬也。《明皇雜録》：「玄宗與貴妃避暑興慶宮，命進碧芬之裘。碧芬出林氏國，乃騶虞與豹交而生，大如犬，碧如黛，香聞數十里，太宗時貢，名曰鮮渠上沮。」

伊黎沙掌挐，此言妒。梵書。

阿耨多羅阿，此云無也，耨多羅，此云上也。内典。

西竺譽人曰蘭奢。《朱子語録》：「王導爲相，只周旋人過一生。嘗坐客二十許人，逐一稱讚，獨不及西僧，徐謂僧曰蘭奢。」

葱河以東名震旦。《樓炭經》。案：震旦，西域稱中國之名。

梵言吃栗多，華言賤人。底栗多，華言畜生。《字典》。

校記

〔一〕者，《後漢書》卷四十二《楚王英傳》注作「去」；又「欲」下有「而」字。

點校後記

郝氏在《證俗文述首》中，已對本書成書之經過予以概述，並謂「命曰《證俗文》，蓋慕服子慎《通俗文》，兼取《儒林傳》『疏通證明』之意云」。意即本書在於訓釋經史用字，對字形不合規範之俗文（俗體字），區分正誤，辨其真僞。近人許維遹在其《郝蘭臯夫婦年譜·附著述考》中稱：「嘉慶十七年壬申，先生五十六歲，始整理《證俗文》。先生云：『近六七年來，遇有所得，用紙劄記，藏弆遂多。』嘉慶十八年癸酉，先生五十七歲，《證俗文》成。據本書。維遹案：此書爲治經時零星劄記，其條貫古今，縱橫經史，援引廣博，斷制切實，意在補《爾雅》、《方言》、《釋名》之所未備。《爾雅義疏》之作，類發軔於此，亦可謂其具備。」① 許氏的論述，指出了本書的意義和價值，大致是中肯的。但通讀全書，瑣碎和穿鑿之處，亦時有之。

正因爲本書係由零星劄記整理而成，全書無内在聯繫，而又「縱横經史，援引廣博」，這就爲點校工作增加了困難。郝氏習慣於在自己行文中間，隨手引用别人著作，而有的又不明指出，

① 見《清華學報》一九三五年一月第十七卷第一期。

且有些引文不盡完整，本文和引文，難以截然分清。另一方面，一些引文又過長，引文中一再轉引，而中間並未加任何停頓、轉折之語，以致層次過多，語意難明。復加本書内容極爲廣泛，又全部都是考證文字，所引各書門類繁多，難以一一查考。因此，在點校方面勢必出現某些疏失與錯誤，敬請方家、讀者予以批評和指教。

《證俗文》在辨析文字正誤的同時，也論及一些俗體字、常見字在形音義上的變化和發展，這部點校書稿，除對清代因避諱而代用的字如「𠀉」、「𢆶」、「宏」、「甯」、「寕」、「甝」、「宁直呂切上聲」、「肻」、「宀二」、「紵」、「貯」已分別復原爲「丘」、「玄」、「弘」、「寧」、「胤」、「紵」、「貯」之外，全依《證俗文》原書所用字體繕寫；古文、小篆則依《説文解字》。書中引文加單引號，引文較長又夾注較多者，下單引號衹加在全段引文之末；引文中再有引文，加雙引號。書内正文用大字排印；注用小字排印；注中之夾注原用更小的字排印，今則改加方括弧，以清眉目。原書有脱誤或者有衍文，一般在《校記》中説明；有的則逕改並加説明。

《證俗文》共十九卷，大體以類相從。《補證俗文目録》已標明第一卷至第十三卷之子目和第十四卷至第十九卷之總目，尚缺第一卷至第十三卷之總目和第十四卷至第十九卷之子目，今均於新編《證俗文點校本目次》中補出，兩者參看，可利尋檢。

此次整理所根據的底本爲《證俗文》六册十九卷清光緒十年甲申（公元一八八四年）曬書堂藏板東路廳署刻本。卷首有隸書《補證俗文目録·序》一篇，爲董恂於清光緒十一年乙酉所撰，當係《證俗文》自甲申年起陸續印行過程中增入的。今將該《序》移在郝氏《證俗文述首》之後。董恂，原名醇，字忱甫，號藴卿，清江蘇甘泉（今江蘇江都）人，道光進士，著有《荻芬書屋詩文稿》。

此次點校由李念孔、高文達、趙立綱、劉淑賢、張金霞五位同志負責，分工情況如下：《證俗文述首》、《補證俗文目録·序》、《補證俗文目録》、第一卷、第二卷、第七卷和第八卷中的「璽」、「詔」二條由高文達點校。

第三卷、第四卷、第五卷、第六卷由趙立綱點校。

第八卷中的「簡」、「書」、「經」、「書卷」四條與第九卷和第十卷由張金霞點校。

第十一卷由劉淑賢點校。

第十二卷、第十三卷、第十四卷、第十五卷、第十六卷、第十七卷、第十八卷和第十九卷由李念孔點校。

趙立綱在第三至第六卷《校記》中出校的有：第三卷校記的第六、第七、第八、第九、第十一、第十三、第十五和第十八條，第四卷《校記》的第六、第二十三和第二十九條，第五卷校記的第五條和第十條，第六卷校記的第三十六、第三十九和第四十條。

高文達在第七卷校記中出校的有第二條。第十八卷校記的第六條。

張金霞在第八至第十卷校記中出校的有：第八卷校記的第四條，第九卷校記的第五、第十四、第十八、第十九和第二十條，第十卷校記的第十三條。

劉淑賢在第十一卷校記中出校的有第十六條。

李念孔在第十八卷校記中出校的有第二、第九和第十條。

本書點校初稿，出自多人之手，各人所掌握的標準不盡相同，而且持續時間較長，前後也未能完全連貫一致，因而存在問題較多。最後由管謹訒同志通校一遍，除全面檢查外，爲了統一體例，在搜查原書、復核引文、一一加上引號和編寫各卷《校記》三百五十八條與《證俗文點校本目次》方面，花費精力尤多，因而使本書的點校質量有了比較明顯的提高。一九九六年三月李念孔記。

附記

在《證俗文》點校稿付印之際，李念孔先生和管謹訒先生已相繼去世，原稿和清樣最後由高文達、趙立綱進行了校訂。

二〇〇八年七月記